法|学|研|究|文|丛
—— 刑法学 ——

中国刑法邻界问题
集合研究

李永升 ◎ 著

知识产权出版社
全国百佳图书出版单位
— 北京 —

图书在版编目（CIP）数据

中国刑法邻界问题集合研究／李永升著 . —北京：知识产权出版社，2022. 1
ISBN 978－7－5130－8052－1

Ⅰ. ①中… Ⅱ. ①李… Ⅲ. ①刑法—研究—中国 Ⅳ. ①D924. 04

中国版本图书馆 CIP 数据核字（2022）第 013247 号

责任编辑：彭小华　　　　　　　　　责任校对：潘凤越
封面设计：智兴设计室　　　　　　　责任印制：孙婷婷

中国刑法邻界问题集合研究

李永升　著

出版发行：知识产权出版社 有限责任公司		网　　址：http：//www. ipph. cn	
社　　址：北京市海淀区气象路 50 号院		邮　　编：100081	
责编电话：010－82000860 转 8115		责编邮箱：huapxh@ sina. com	
发行电话：010－82000860 转 8101/8102		发行传真：010－82000893/82005070/82000270	
印　　刷：天津嘉恒印务有限公司		经　　销：新华书店、各大网上书店及相关专业书店	
开　　本：880mm×1230mm　1/32		印　　张：20. 75	
版　　次：2022 年 1 月第 1 版		印　　次：2022 年 1 月第 1 次印刷	
字　　数：500 千字		定　　价：120. 00 元	

ISBN 978－7－5130－8052－1

自　序

　　《中国刑法邻界问题集合研究》是以数学领域的集合论运用于犯罪构成理论研究的最终成果，是继本人所撰写的《犯罪构成集合论》之后于集合领域研究的又一重要成果。本成果的诞生有赖于本人对数学领域中的集合所产生的浓厚兴趣。自从本人在大学期间学习刑法之后，就对刑法领域中的核心理论——犯罪构成理论与数学领域中的集合之间的共通性有了一些感悟。大学毕业后有幸考上全国著名高等学府——西南政法大学的研究生，在进一步研究刑法理论的过程中，对犯罪构成与数学领域中的集合的关系有了更为深刻的理解和领悟。研究生毕业留校任教后，对这一问题的研究有了更为清晰的思路。于是于2000年6月本人出版的《刑法学的基本范畴研究》一书中专门设立一章就"犯罪构成集合论"作了初步的研究。虽然这一章的内容仅有2万字，但对于本人后来的研究却打下了坚实的基础。正是有了这些前沿性研究成果，才使得本人对这一问题的研究不断向前挺进，直至在经历了数年努力的基础上形成了《犯罪构成集合论》这本专著，于是本人在此基础上又结合我国刑法总论与分论中有关邻界问题，对其进行了较为系统的研究，并最终完成《中国刑法邻界问题集合研究》这一专著。

本书的特点主要是利用数学领域中的集合论对我国刑法总论与分论领域中的邻界问题从方法论上进行了大胆的尝试。本人之所以运用数学领域中的集合方法来研究刑法领域中的邻界问题，主要是为了让初涉刑法核心理论的学子有一种快速入门的轻松感。马克思曾经指出："一种科学只有在成功地运用数学时，才算达到了真正完善的地步。"恩格斯也曾经说过："科学在两门学科的交界处是最有前途的。"上述论断不仅对学科之间的交叉研究给予了充分的肯定，同时对这种研究方法给予了最高的褒奖。方法是掌握理论的敲门砖，任何艰深的理论只要掌握了洞悉其精髓的方法，就一定会使初学者感到酣畅淋漓而不是晦涩难懂。因此，学习任何一门科学，方法比理论本身更为重要。因而要全面正确地掌握某一方面的理论，掌握某一科学的方法就显得尤为关键。之所以如此强调方法的重要性，是因为在我们的现实生活中不是缺少各种各样的理论，而是缺少掌握各种各样理论的途径和方法。只要我们正确地掌握了学习理论的方法，就一定不会在各种各样的理论面前望而却步，相反地，会进一步促进我们向理论的大厦大踏步地跨越，从而更有效地掌握各种各样理论的真谛。

本书的内容主要包括刑法总论与分论中的某些重要邻界问题的界限划分。刑法总论部分的内容主要包括犯罪构成要素、刑法中的正当行为、故意犯罪的结束形态、共同犯罪、罪数形态、刑罚的种类、刑罚的裁量与刑罚的执行等方面的邻界问题。刑法分论部分的内容主要涉及危害国家安全罪、危害公共安全罪、破坏社会主义市场经济秩序罪、侵犯公民人身权利、民主权利罪、侵犯财产罪、妨害社会管理秩序罪、危害国防利益罪、贪污贿赂罪、渎职罪、军人违反职责罪等十大章规定的各种常见多发型犯罪的此罪与彼罪的界限。

本书所研究的具体罪名涵盖了 1997 年《中华人民共和国刑法》、1998 年 12 月 29 日全国人民代表大会常务委员会（以下简称人大常委会）通过的《关于惩治骗购外汇、逃汇和非法买卖外汇犯罪的决定》、1999 年 12 月 25 日全国人大常委会通过的《中华人民共和国刑法修正案》、2001 年 8 月 31 日全国人大常委会通过的《中华人民共和国刑法修正案（二）》、2001 年 12 月 29 日全国人大常委会通过的《中华人民共和国刑法修正案（三）》、2002 年 12 月 28 日全国人大常委会通过的《中华人民共和国刑法修正案（四）》、2005 年 2 月 28 日全国人大常委会通过的《中华人民共和国刑法修正案（五）》、2006 年 6 月 29 日全国人大常委会通过的《中华人民共和国刑法修正案（六）》、2009 年 2 月 28 日全国人大常委会通过的《中华人民共和国刑法修正案（七）》、2011 年 2 月 25 日全国人大常委会通过的《中华人民共和国刑法修正案（八）》、2015 年 8 月 29 日全国人大常委会通过的《中华人民共和国刑法修正案（九）》、2017 年 11 月 5 日全国人大常委会通过的《中华人民共和国刑法修正案（十）》、2020 年 12 月 26 日全国人大常委会通过的《中华人民共和国刑法修正案（十一）》所规定的总则与分则方面的主要邻界问题。

希望本书的出版能对刑法学界的莘莘学子迅速、快捷地掌握刑法理论有所裨益，同时也希望对其他法律工作者有一定的参考价值。只是需要指出的是，由于本书的研究是对刑法学研究方法的一大创新和尝试，因此，这一方法是否有效还有待于广大学者和司法人员的检验，但愿本书的出版给读者带来的是一种从未有过的阅读体验，倘能如此，则本人心满意足矣！

李永升
2021 年 3 月谨识于西政

目 录

CONTENTS

| 第一编 |

刑法总论中邻界问题集合研究

第一章

犯罪构成要素

第一节　犯罪主体

一、自然人犯罪主体与单位犯罪主体

（一）自然人犯罪主体的概念和要素

1. 自然人犯罪主体的概念

自然人犯罪主体是指达到法定刑事责任年龄、具有刑事责任能力应负刑事责任的自然人。

2. 自然人犯罪主体的要素

关于自然人犯罪主体的要素，根据我国现有的刑法理论，主要有以下三个方面，其集合表现为：

设 A 为自然人犯罪主体的集合，则 A = {自然人犯罪主体}；

设 A1 为刑事责任年龄要素的集合，则 A1 = {法定刑事责任年龄} = {已满 12 周岁不满 14 周岁} ∪ {已满 14 周岁不满 16 周岁} ∪ {已满 16 周岁} = {已满 12 周岁不满 14 周岁，已满 14 周岁不满 16 周岁，已满 16 周岁}；

设 A2 为刑事责任能力要素的集合，则 A2 = {刑事责任能力} = {具有辨认能力} ∪ {具有控制能力} = {具有辨认能力和控制能力} =

{具有完全辨认能力和控制能力}∪{具有限制辨认能力和控制能力}={完全刑事责任能力，限制刑事责任能力}；

设 A3 为自然人要素的集合，则 A3 ={自然人}={因自然规律出生的有生命的人类个体}；

则 A = A1∪A2∪A3，即 {自然人犯罪主体}={法定刑事责任年龄}∪{刑事责任能力}∪{自然人}={法定刑事责任年龄，刑事责任能力，因自然规律出生的有生命的人类个体}={达到法定刑事责任年龄、具有刑事责任能力、因自然规律出生的有生命的人类个体}。

（二）单位犯罪主体的概念和要素

1. 单位犯罪主体的概念

单位犯罪主体是指具有刑事责任能力、实施了刑法所规定的犯罪行为并且能够独立承担刑事责任的单位。

2. 单位犯罪主体的要素

关于单位犯罪主体的要素，根据我国现有的刑法理论，主要有以下两个方面，其集合表现为：

设 B 为单位犯罪主体的集合，则 B ={单位犯罪主体}；

设 B1 为刑事责任能力的集合，则 B1 ={刑事责任能力}={具有辨认能力}∪{具有控制能力}={具有辨认能力和控制能力}；

设 B2 为单位的集合，则 B2 ={单位}={公司}∪{企业}∪{事业单位}∪{机关}∪{团体}={公司、企业、事业单位、机关、团体}；

则 B = B1∪B2，即 {单位犯罪主体}={刑事责任能力}∪{单位}={具有辨认能力和控制能力}∪{公司、企业、事业单位、机关、团体}={具有辨认能力和控制能力，公司、企业、事业单位、机关、团体}。

（三）自然人犯罪主体与单位犯罪主体的异同

A ＝｜自然人犯罪主体｜；B ＝｜单位犯罪主体｜

A∩B ＝｜自然人犯罪主体｜∩｜单位犯罪主体｜＝｜法定刑事责任年龄，刑事责任能力，因自然规律出生的有生命的人类个体｜∩｜刑事责任能力，单位｜＝｜刑事责任能力｜。

A∪B ＝｜自然人犯罪主体｜∪｜单位犯罪主体｜＝｜法定刑事责任年龄，刑事责任能力，因自然规律出生的有生命的人类个体｜∪｜刑事责任能力，公司、企业、事业单位、机关、团体｜＝｜法定刑事责任年龄，刑事责任能力，因自然规律出生的有生命的人类个体，公司、企业、事业单位、机关、团体｜。

那么，自然人犯罪主体与单位犯罪主体的相同点：A∩B ＝｜刑事责任能力｜。

自然人犯罪主体与单位犯罪主体的不同点：A∪B － A∩B ＝｜法定刑事责任年龄，因自然规律出生的有生命的人类个体，公司、企业、事业单位、机关、团体｜。

二、自然人犯罪一般主体与自然人犯罪特殊主体

（一）自然人犯罪一般主体的概念和要素

1. 自然人犯罪一般主体的概念

自然人犯罪的一般主体是指达到法定刑事责任年龄、具有刑事责任能力应负刑事责任的人。

2. 自然人犯罪一般主体的要素

关于自然人犯罪一般主体的要素，根据我国现有的刑法理论，主要有以下两个方面，其集合表现为：

设 C 为自然人犯罪一般主体的集合，则 C ＝｜自然人犯罪一般主体｜；

设 C1 为刑事责任年龄要素的集合，则 C1 ＝｜法定刑事责任年

龄}={已满 12 周岁不满 14 周岁}∪{已满 14 周岁不满 16 周岁}∪{已满 16 周岁}={已满 12 周岁不满 14 周岁,已满 14 周岁不满 16 周岁,已满 16 周岁};

设 C2 为刑事责任能力要素的集合,则 C2={刑事责任能力}={具有辨认能力}∪{具有控制能力}={具有辨认能力和控制能力}={具有完全辨认能力和控制能力}∪{具有限制辨认能力和控制能力}={完全刑事责任能力,限制刑事责任能力};

则 C=C1∪C2,即 {自然人犯罪一般主体}={法定刑事责任年龄}∪{刑事责任能力}={已满 12 周岁不满 14 周岁,已满 14 周岁不满 16 周岁,已满 16 周岁}∪{完全刑事责任能力,限制刑事责任能力}={法定刑事责任年龄,完全刑事责任能力,限制刑事责任能力}={法定刑事责任年龄,刑事责任能力}。

(二)自然人犯罪特殊主体的概念和要素

1. 自然人犯罪特殊主体的概念

自然人犯罪特殊主体是指达到法定刑事责任年龄、具有刑事责任能力且具有一定身份的人。

2. 自然人犯罪特殊主体的要素

设 D 为自然人犯罪特殊主体的集合,则 D={自然人犯罪特殊主体};

设 D1 为刑事责任年龄要素的集合,则 D1={法定刑事责任年龄}={年满 16 周岁};

设 D2 为刑事责任能力要素的集合,则 D2={刑事责任能力}={具有辨认能力}∪{具有控制能力}={具有辨认能力和控制能力}={具有完全辨认能力和控制能力}∪{具有限制辨认能力和控制能力}={完全刑事责任能力,限制刑事责任能力};

设 D3 为一定身份的集合,则 D3={一定身份}={国家工作人员}∪{特定职业或行业的从业人员}∪{其他负有特定刑事法律义务的人员} = {国家工作人员，特定职业或行业的从业人员，其他负有特定刑事法律义务的人员}；

则 D = D1∪D2∪D3，即 {自然人犯罪特殊主体} = {法定刑事责任年龄}∪{刑事责任能力}∪{一定身份} = {年满 16 周岁}∪{刑事责任能力}∪{国家工作人员，特定职业或行业的从业人员，其他负有特定刑事法律义务的人员} = {刑事责任年龄，刑事责任能力，一定身份}。

（三）自然人犯罪一般主体与自然人犯罪特殊主体的异同

C = {自然人犯罪一般主体}；D = {自然人犯罪特殊主体}

C∩D = {自然人犯罪一般主体}∩{自然人犯罪特殊主体} = {法定刑事责任年龄，刑事责任能力}∩{法定刑事责任年龄，刑事责任能力，一定身份} = {法定刑事责任年龄，刑事责任能力}。

C∪D = {自然人犯罪一般主体}∪{自然人犯罪特殊主体} = {法定刑事责任年龄，刑事责任能力}∪{法定刑事责任年龄，刑事责任能力，一定身份（国家工作人员，特定职业或行业的从业人员，其他负有特定刑事法律义务的人员）} = {法定刑事责任年龄，刑事责任能力，一定身份（国家工作人员，特定职业或行业的从业人员，其他负有特定刑事法律义务的人员）}。

那么，自然人犯罪一般主体与自然人犯罪特殊主体的相同点：C∩D = {法定刑事责任年龄，刑事责任能力}。

自然人犯罪一般主体与自然人犯罪特殊主体的不同点：C∪D − C∩D = {一定身份（国家工作人员，特定职业或行业的从业人员，其他负有特定刑事法律义务的人员）}。

三、单位犯罪一般主体与单位犯罪特殊主体

（一）单位犯罪一般主体的概念和要素

1. 单位犯罪一般主体的概念

单位犯罪的一般主体是指具有刑事责任能力、实施了刑法所

规定的犯罪行为并且能够独立承担刑事责任的一般单位。

2. 单位犯罪一般主体的要素

关于单位犯罪一般主体的要素，根据我国现有的刑法理论，主要有以下两个方面，其集合表现为：

设 E 为单位犯罪一般主体的集合，则 E = {单位犯罪一般主体}；

设 E1 为刑事责任能力的集合，则 E1 = {刑事责任能力} = {辨认能力} ∪ {控制能力} = {具有辨认能力和控制能力}；

设 E2 为一般单位的集合，则 E2 = {一般单位} = {公司} ∪ {企业} ∪ {事业单位} ∪ {机关} ∪ {团体} = {公司、企业、事业单位、机关、团体}；

则 E = E1 ∪ E2，即 {单位犯罪一般主体} = {刑事责任能力} ∪ {一般单位} = {具有辨认能力和控制能力} ∪ {公司、企业、事业单位、机关、团体} = {具有辨认能力和控制能力，公司、企业、事业单位、机关、团体}。

（二）单位犯罪特殊主体的概念和要素

1. 单位犯罪特殊主体的概念

单位犯罪的特殊主体是指具有刑事责任能力、实施了刑法所规定的犯罪行为并且能够独立承担刑事责任的特殊单位。

2. 单位犯罪特殊主体的要素

关于单位犯罪特殊主体的要素，根据我国现有的刑法理论，主要有以下两个方面，其集合表现为：

设 F 为单位犯罪特殊主体的集合，则 F = {单位犯罪特殊主体}；

设 F1 为刑事责任能力的集合，则 F1 = {刑事责任能力} = {辨认能力} ∪ {控制能力} = {具有辨认能力和控制能力}；

设 F2 为特殊单位的集合，则 F2 = {特殊单位} = {具有特定所

有制的单位}∪{具有特定职能的单位}∪{具有特定身份的单位}={具有特定所有制、特定职能与特定身份的单位};

则 F=F1∪F2,即 {单位犯罪的特殊主体}={刑事责任能力}∪{特殊单位}={具有辨认能力和控制能力}∪{具有特定所有制、特定职能、特定身份的单位}={具有辨认能力和控制能力,具有特定所有制、特定职能、特定身份的单位}。

（三）单位犯罪一般主体与单位犯罪特殊主体的异同

E={单位犯罪一般主体};F={单位犯罪特殊主体}

E∩F={单位犯罪一般主体}∩{单位犯罪特殊主体}={刑事责任能力,一般单位}∩{刑事责任能力,特殊单位}={具有辨认能力和控制能力,公司、企业、事业单位、机关、团体}∩{具有辨认能力和控制能力,具有特定所有制、特定职能、特定身份的单位}={具有辨认能力和控制能力,单位}。

E∪F={单位犯罪一般主体}∪{单位犯罪特殊主体}={刑事责任能力,一般单位}∪{刑事责任能力,特殊单位}={具有辨认能力和控制能力,公司、企业、事业单位、机关、团体}∪{具有辨认能力和控制能力,具有特定所有制、特定职能、特定身份的单位}={具有辨认能力和控制能力,公司、企业、事业单位、机关、团体,具有特定所有制、特定职能、特定身份的单位}。

那么,单位犯罪的一般主体与单位犯罪的特殊主体的相同点:E∩F={具有辨认能力和控制能力,单位}。

单位犯罪的一般主体与单位犯罪的特殊主体的不同点:E∪F−E∩F={公司、企业、事业单位、机关、团体,具有特定所有制、特定职能、特定身份的单位}。

第二节 犯罪故意与过失

一、直接故意与间接故意

(一) 直接故意的概念和要素

1. 直接故意的概念

直接故意是指行为人明知自己的行为会发生危害社会的结果并且希望这种结果发生的心理态度。

2. 直接故意的要素

关于直接故意的要素，根据我国现有的刑法理论和刑事立法的规定，主要有以下两个方面，其集合表现为：

设 A 为直接故意的集合，则 A = {直接故意}；

设 A1 为直接故意认识因素的集合，则 A1 = {直接故意认识因素} = {行为人明知自己的行为会发生危害社会的结果} = {行为人明知自己的行为必然发生危害社会的结果} ∪ {行为人明知自己的行为可能发生危害社会的结果} = {行为人明知自己的行为必然或者可能发生危害社会的结果}；

设 A2 为直接故意意志因素的集合，则 A2 = {直接故意意志因素} = {行为人希望这种危害结果发生} = {行为人持积极争取、刻意追求的心理态度}；

则 A = A1 ∪ A2，即 {直接故意} = {直接故意认识因素} ∪ {直接故意意志因素} = {行为人明知自己的行为必然或者可能发生危害社会的结果} ∪ {行为人持积极争取、刻意追求的心理态度} = {行为人明知自己的行为必然或者可能发生危害社会的结果，行为人持积极争取、刻意追求的心理态度}。

（二）间接故意的概念和要素

1. 间接故意的概念

间接故意是指行为人明知自己的行为会发生危害社会的结果并放任这种结果发生的心理态度。

2. 间接故意的要素

关于间接故意的要素，根据我国现有的刑法理论和刑事立法的规定，主要有以下两个方面，其集合表现为：

设 B 为间接故意的集合，则 B = ｛间接故意｝；

设 B1 为间接故意认识因素的集合，则 B1 = ｛间接故意认识因素｝= ｛行为人明知自己的行为会发生危害社会的结果｝= ｛行为人明知自己的行为必然发生危害社会的结果｝∪｛行为人明知自己的行为可能发生危害社会的结果｝= ｛行为人明知自己的行为必然或者可能发生危害社会的结果｝；

设 B2 为间接故意意志因素的集合，则 B2 = ｛间接故意意志因素｝= ｛行为人放任这种危害结果发生｝= ｛行为人持有意纵容、无意制止的心理态度｝；

则 B = B1∪B2，即 ｛间接故意｝= ｛间接故意认识因素｝∪｛间接故意意志因素｝= ｛行为人明知自己的行为必然或者可能发生危害社会的结果｝∪｛行为人持有意纵容、无意制止的心理态度｝= ｛行为人明知自己的行为必然或者可能发生危害社会的结果，行为人持有意纵容、无意制止的心理态度｝。

（三）直接故意与间接故意的异同

A = ｛直接故意｝；B = ｛间接故意｝

A∩B = ｛直接故意｝∩｛间接故意｝= ｛行为人明知自己的行为必然或者可能发生危害社会的结果，行为人持积极争取、刻意追求的心理态度｝∩｛行为人明知自己的行为必然或者可能发生危害社会的结果，行为人持有意纵容、无意制止的心理态度｝= ｛行为人明知自己的行为必然或者可能发生危害社会的结果}。

$A \cup B = \{$ 直接故意 $\} \cup \{$ 间接故意 $\} = \{$ 行为人明知自己的行为必然或者可能发生危害社会的结果，行为人持积极争取、刻意追求的心理态度 $\} \cup \{$ 行为人明知自己的行为必然或者可能发生危害社会的结果，行为人持有意纵容、无意制止的心理态度 $\} = \{$ 行为人明知自己的行为必然或者可能发生危害社会的结果，行为人持积极争取、刻意追求的心理态度，行为人持有意纵容、无意制止的心理态度 $\}$。

那么，直接故意与间接故意的相同点：$A \cap B = \{$ 行为人明知自己的行为必然或者可能发生危害社会的结果 $\}$。

直接故意与间接故意的不同点：$A \cup B - A \cap B = \{$ 行为人持积极争取、刻意追求的心理态度，行为人持有意纵容、无意制止的心理态度 $\}$。

二、疏忽大意过失与过于自信过失

（一）疏忽大意过失的概念和要素

1. 疏忽大意过失的概念

疏忽大意过失，是指行为人应当预见自己的行为可能发生危害社会的结果，因为疏忽大意而没有预见，以致这种结果发生的心理态度。由于在疏忽大意过失中行为人对危害结果的发生没有预见，所以，这种过失也称为无认识的过失。

2. 疏忽大意过失的要素

关于疏忽大意过失的要素，根据我国现有的刑法理论和刑事立法规定，主要有以下两个方面，其集合表现为：

设 C 为疏忽大意过失的集合，则 $C = \{$ 疏忽大意的过失 $\}$；

设 C1 为疏忽大意过失认识因素的集合，则 $C1 = \{$ 疏忽大意过失认识因素 $\} = \{$ 行为人应当预见自己的行为可能发生危害社会的结果}；

设 C2 为疏忽大意过失意志因素的集合，则 C2 ={疏忽大意过失意志因素} ={行为人由于疏忽大意而没有预见到自己的行为可能发生危害社会的结果}；

则 C = C1∪C2，即 {疏忽大意过失} ={疏忽大意过失认识因素}∪{疏忽大意过失意志因素} ={行为人应当预见自己的行为可能发生危害社会的结果}∪{行为人由于疏忽大意而没有预见到自己的行为可能发生危害社会的结果} ={行为人应当预见自己的行为可能发生危害社会的结果，行为人由于疏忽大意而没有预见到自己的行为可能发生危害社会的结果}。

（二）过于自信过失的概念和要素

1. 过于自信过失的概念

过于自信过失，是指行为人已经预见到自己的行为可能发生危害社会的结果，但轻信能够避免，以致发生这种结果的心理态度。由于行为人事先已经预见到自己的行为可能发生危害社会的结果，所以，这种过失也称为有认识的过失。

2. 过于自信过失的要素

设 D 为过于自信过失的集合，则 D ={过于自信过失}；

设 D1 为过于自信过失认识因素的集合，则 D1 ={过于自信过失认识因素} ={行为人已经预见自己的行为可能发生危害社会的结果}；

设 D2 为过于自信过失意志因素的集合，则 D2 ={过于自信过失意志因素} ={行为人轻信能够避免以致发生了危害社会的结果}；

则 D = D1∪D2，即 {过于自信过失} ={过于自信过失认识因素}∪{过于自信过失意志因素} ={行为人已经预见自己的行为可能发生危害社会的结果}∪{行为人轻信能够避免以致发生这种结果}={行为人已经预见自己的行为可能发生危害社会的结果,行为人轻信能够避免以致发生了危害社会的结果}。

（三）疏忽大意过失与过于自信过失的异同

C={疏忽大意过失};D={过于自信过失}

C∩D={疏忽大意过失}∩{过于自信过失}={行为人应当预见自己的行为可能发生危害社会的结果,行为人由于疏忽大意而没有预见到自己的行为可能发生危害社会的结果}∩{行为人已经预见自己的行为可能发生危害社会的结果,行为人轻信能够避免以致发生了危害社会的结果}={犯罪过失}。

C∪D={疏忽大意过失}∪{过于自信过失}={行为人应当预见自己的行为可能发生危害社会的结果,行为人由于疏忽大意而没有预见到自己的行为可能发生危害社会的结果}∪{行为人已经预见自己的行为可能发生危害社会的结果,行为人轻信能够避免以致发生了危害社会的结果}={行为人应当预见自己的行为可能发生危害社会的结果,行为人由于疏忽大意而没有预见到自己的行为可能发生危害社会的结果,行为人已经预见自己的行为可能发生危害社会的结果,行为人轻信能够避免以致发生了危害社会的结果}。

那么,疏忽大意过失与过于自信过失的相同点:C∩D={犯罪过失}。

疏忽大意过失与过于自信过失的不同点:C∪D – C∩D={行为人应当预见自己的行为可能发生危害社会的结果,行为人由于疏忽大意而没有预见到自己的行为可能发生危害社会的结果,行为人已经预见自己的行为可能发生危害社会的结果,行为人轻信能够避免以致发生了危害社会的结果}。

三、间接故意与过于自信过失

(一)间接故意的概念和要素

1. 间接故意的概念

间接故意是指行为人明知自己的行为会发生危害社会的结果并放任这种结果发生的心理态度。

2. 间接故意的要素

关于间接故意的要素,根据我国现有的刑法理论和刑事立法的规定,主要有以下两个方面,其集合表现为:

设 E 为间接故意的集合,则 E = {间接故意};

设 E1 为间接故意认识因素的集合,则 E1 = {间接故意认识因素} = {行为人明知自己的行为会发生危害社会的结果} = {行为人明知自己的行为必然发生危害社会的结果} ∪ {行为人明知自己的行为可能发生危害社会的结果} = {行为人明知自己的行为必然或者可能发生危害社会的结果};

设 E2 为间接故意意志因素的集合,则 E2 = {间接故意意志因素} = {行为人放任这种危害结果发生} = {行为人持有意纵容、无意制止的心理态度};

则 E = E1 ∪ E2,即 {间接故意} = {间接故意认识因素} ∪ {间接故意意志因素} = {行为人明知自己的行为必然或者可能发生危害社会的结果} ∪ {行为人持有意纵容、无意制止的心理态度} = {行为人明知自己的行为必然或者可能发生危害社会的结果,行为人持有意纵容、无意制止的心理态度}。

(二)过于自信过失的概念和要素

1. 过于自信过失的概念

过于自信的过失,是指行为人已经预见到自己的行为可能发生危害社会的结果,但轻信能够避免,以致发生这种结果的心理态度。由于行为人事先已经预见到自己的行为可能发生危害社会的结果，所以，这种过失也称为有认识的过失。

2. 过于自信过失的要素

设 F 为过于自信过失的集合，则 F = {过于自信过失}；

设 F1 为过于自信过失认识因素的集合，则 F1 = {过于自信过失认识因素} = {行为人已经预见自己的行为可能发生危害社会的结果}；

设 F2 为过于自信过失意志因素的集合，则 F2 = {过于自信过失意志因素} = {行为人轻信能够避免以致发生了危害社会的结果}；

则 F = F1∪F2，即 {过于自信过失} = {过于自信过失认识因素}∪{过于自信过失意志因素} = {行为人已经预见自己的行为可能发生危害社会的结果}∪{行为人轻信能够避免以致发生这种结果} = {行为人已经预见自己的行为可能发生危害社会的结果，行为人轻信能够避免以致发生了危害社会的结果}。

（三）间接故意与过于自信过失的异同

E = {间接故意}；F = {过于自信过失}

E∩F = {间接故意}∩{过于自信过失} = {行为人明知自己的行为必然或者可能发生危害社会的结果，行为人持有意纵容、无意制止的心理态度}∩{行为人已经预见自己的行为可能发生危害社会的结果，行为人轻信能够避免以致发生了危害社会的结果} = {行为人已经认识自己的行为可能发生危害社会的结果}。

E∪F = {间接故意}∪{过于自信过失} = {行为人明知自己的行为必然或者可能发生危害社会的结果，行为人持有意纵容、无意制止的心理态度}∪{行为人已经预见自己的行为可能发生危害社会的结果，行为人轻信能够避免以致发生了危害社会的结果} =

{行为人明知自己的行为必然或者可能发生危害社会的结果，行为人持有意纵容、无意制止的心理态度，行为人已经预见自己的行为可能发生危害社会的结果，行为人轻信能够避免以致发生了危害社会的结果}。

那么，间接故意与过于自信过失的相同点：$E \cap F = ${行为人已经认识自己的行为可能发生危害社会的结果}。

间接故意与过于自信过失的不同点：$E \cup F - E \cap F = ${行为人明知自己的行为必然或者可能发生危害社会的结果，行为人持有意纵容、无意制止的心理态度，行为人已经预见自己的行为可能发生危害社会的结果，行为人轻信能够避免以致发生了危害社会的结果}。

四、疏忽大意过失与意外事件

（一）疏忽大意过失的概念和要素

1. 疏忽大意过失的概念

疏忽大意的过失，是指行为人应当预见自己的行为可能发生危害社会的结果，因为疏忽大意而没有预见，以致这种结果发生的心理态度。由于在疏忽大意过失中行为人对危害结果的发生没有预见，所以，这种过失也称为无认识的过失。

2. 疏忽大意过失的要素

关于疏忽大意过失的要素，根据我国现有的刑法理论和刑事立法规定，主要有以下两个方面，其集合表现为：

设 G 为疏忽大意过失的集合，则 G = {疏忽大意的过失}；

设 G1 为疏忽大意过失认识因素的集合，则 G1 = {疏忽大意过失认识因素} = {行为人应当预见自己的行为可能发生危害社会的结果}；

设 G2 为疏忽大意过失意志因素的集合，则 G2 = {疏忽大意过

失意志因素} = {行为人由于疏忽大意而没有预见到自己的行为可能发生危害社会的结果};

则 G = G1∪G2，即 {疏忽大意过失} = {疏忽大意过失认识因素} ∪ {疏忽大意过失意志因素} = {行为人应当预见自己的行为可能发生危害社会的结果} ∪ {行为人由于疏忽大意而没有预见到自己的行为可能发生危害社会的结果} = {行为人应当预见自己的行为可能发生危害社会的结果，行为人由于疏忽大意而没有预见到自己的行为可能发生危害社会的结果}。

（二）意外事件的概念和要素

1. 意外事件的概念

意外事件，是指行为人的行为在客观上虽然造成了损害结果，但不是出于行为人的故意或者过失，而是由于不能预见的原因所引起的情形。

2. 意外事件的要素

关于意外事件的要素，根据我国现有的刑法理论和刑事立法规定，主要有以下三个方面，其集合表现为：

设 K 为意外事件的集合，则 K = {意外事件};

设 K1 为损害结果的集合，则 K1 = {损害结果} = {行为人的行为在客观上造成了损害结果};

设 K2 为主观罪过的集合，则 K2 = {主观罪过} = {行为人不是出于故意或过失};

设 K3 为引起原因的集合，则 K3 = {引起原因} = {损害结果是由于行为人不能预见的原因所引起};

则 K = K1∪K2∪K3，即 {意外事件} = {行为人的行为在客观上造成了损害结果} ∪ {行为人不是出于故意或过失} ∪ {损害结果是由于行为人不能预见的原因所引起} = {行为人的行为在客观上造成了损害结果，行为人不是出于故意或过失，损害结果是由于行为人不能预见的原因所引起}。

（三）疏忽大意过失与意外事件的异同

G＝{疏忽大意的过失}；K＝{意外事件}

G∩K＝{疏忽大意过失}∩{意外事件}＝{行为人应当预见自己的行为可能发生危害社会的结果，行为人由于疏忽大意而没有预见到自己的行为可能发生危害社会的结果}∩{行为人的行为在客观上造成了损害结果，行为人不是出于故意或过失，损害结果是由于行为人不能预见的原因所引起}＝{行为人的行为在客观上造成了损害结果，行为人对损害结果没有预见}。

G∪K＝{疏忽大意过失}∪{意外事件}＝{行为人应当预见自己的行为可能发生危害社会的结果，行为人由于疏忽大意而没有预见到自己的行为可能发生危害社会的结果}∪{行为人的行为在客观上造成了损害结果，行为人不是出于故意或过失，损害结果是由于行为人不能预见的原因所引起}＝{行为人在主观上应当预见由于疏忽大意而没有预见，行为人在主观上存在过失，行为人在主观上根本无法预见，行为人在主观上没有故意或者过失}。

那么，疏忽大意过失与意外事件的相同点：G∩K＝{行为人的行为在客观上造成了损害结果，行为人对损害结果没有预见}。

疏忽大意过失与意外事件的不同点：G∪K－G∩K＝{行为人在主观上应当预见由于疏忽大意而没有预见，行为人在主观上存在过失，行为人在主观上根本无法预见，行为人在主观上没有故意或者过失}。

第三节　犯罪行为

一、作为与不作为

（一）作为的概念和成立条件

1. 作为的概念

作为，是指积极的行为，即行为人违反刑法的禁止性规范，以积极行动实施的为刑法所禁止实施的行为。

2. 作为的成立条件

设 A 为刑法意义上的作为的集合，则 A = {刑法意义上的作为}；

设 A1 为刑法意义上的作为所违反的刑法规范的集合，则A1 = {违反刑法的禁止性规范}；

设 A2 为刑法意义上的作为的表现形式的集合，则 A2 = {实施积极的身体动作}；

设 A3 为刑法意义上的作为的动作的集合，则 A3 = {由人的一系列积极动作所组成的整体，而不是单指某一个别动作环节}；

则 A = A1∪A2∪A3，即 {刑法意义上的作为} = {违反刑法的禁止性规范}∪{实施积极的身体动作}∪{由人的一系列积极动作所组成的整体，而不是单指某一个别动作环节} = {违反刑法的禁止性规范，实施积极的身体动作，由人的一系列积极动作所组成的整体，而不是单指某一个别动作环节}。

（二）不作为的概念和成立条件

1. 不作为的概念

不作为，是指消极的行为，即行为人违反刑法的命令性规范，消极地不去实施自己有义务实施且能够实施的行为。

2. 不作为的成立条件

设 B 为刑法意义上的不作为的集合，则 B = ｛刑法意义上的不作为｝；

设 B1 为刑法意义上的不作为的前提条件的集合，则 B1 = ｛行为人负有实施某种积极行为的特定义务｝= ｛法律明文规定的义务｝∪｛职务上或业务上要求履行的义务｝∪｛法律行为引起的义务｝∪｛先行行为引起的义务｝= ｛法律明文规定的义务，职务上或业务上要求履行的义务，法律行为引起的义务，先行行为引起的义务｝；

设 B2 为刑法意义上不作为的合理条件的集合，则 B2 = ｛行为人能够履行自己所承担的作为义务｝；

设 B3 为刑法意义上不作为的实质条件的集合，则 B3 = ｛行为人没有履行自己所承担的作为义务｝；

则 B = B1∪B2∪B3，即 ｛刑法意义上的不作为｝= ｛行为人负有实施某种积极行为的特定义务｝∪｛行为人能够履行自己所应当承担的作为义务｝∪｛行为人没有履行自己所应当承担的作为义务｝= ｛行为人负有实施某种积极行为的特定义务，行为人能够履行自己所应当承担的作为义务，行为人没有履行自己所应当承担的作为义务｝。

（三）作为与不作为的异同

A = ｛刑法意义上的作为｝；B = ｛刑法意义上的不作为｝

A∩B = ｛刑法意义上的作为｝∩｛刑法意义上的不作为｝= ｛刑法意义上的危害行为｝= ｛行为人在其意识支配之下实施的、具有社会危害性并为刑事法律所禁止的身体动静｝。

A∪B = ｛刑法意义上的作为｝∪｛刑法意义上的不作为｝= ｛行为人违反刑法的禁止性规范，以积极行动实施的为刑法所禁止实施的行为｝∪｛行为人违反刑法的命令性规范，消极地不去实施自已有义务实施且能够实施的行为} = {行为人违反刑法的禁止性规范，以积极行动实施的为刑法所禁止实施的行为，行为人违反刑法的命令性规范，消极地不去实施自己有义务实施且能够实施的行为}。

那么，作为与不作为的相同点：A∩B = {刑法意义上的危害行为} = {行为人在其意识支配之下实施的、具有社会危害性并为刑事法律所禁止的身体动静}。

作为与不作为的不同点：A∪B − A∩B = {行为人违反刑法的禁止性规范，以积极行动实施的为刑法所禁止实施的行为，行为人违反刑法的命令性规范，消极地不去实施自己有义务实施且能够实施的行为}。

二、纯正不作为犯与不纯正不作为犯

（一）纯正不作为犯的概念和特征

1. 纯正不作为犯的概念

纯正不作为犯，是指刑法明文规定只能由不作为形式构成的犯罪。

2. 纯正不作为犯的特征

关于纯正不作为犯的特征，根据我国现有的刑法理论，主要有以下三个方面，其集合表现为：

设 C 为纯正不作为的集合，则 C = {纯正不作为犯}；

设 C1 为纯正不作为犯的前提条件的集合，则 C1 = {行为人负有实施一定作为的义务，且其作为义务直接由刑法加以规定}；

设 C2 为纯正不作为犯的合理条件的集合，则 C2 = {行为人有履行该作为义务的可能}；

设 C3 为纯正不作为犯的实质条件的集合，则 C3 = {行为人没有履行这种义务}；

则 C = C1∪C2∪C3，即 ｛纯正不作为犯｝=｛行为人负有实施一定作为的义务，且其作为义务直接由刑法加以规定｝∪｛行为人有履行该作为义务的可能｝∪｛行为人没有履行这种义务｝=｛行为人负有实施一定作为的义务，且其作为义务直接由刑法加以规定，行为人有履行该作为义务的可能，行为人没有履行这种义务｝。

（二）不纯正不作为的概念和特征

1. 不纯正不作为的概念

不纯正不作为犯，是指依照刑法规定，负有防止犯罪结果发生义务的人，能够履行义务而不履行，从而与作为方式构成同一种犯罪的不作为犯罪。

2. 不纯正不作为的特征

关于不纯正不作为犯的特征，根据我国现有的刑法理论，主要有以下四个方面，其集合表现为：

设 D 为不纯正不作为犯的集合，则 D =｛不纯正不作为犯｝；

设 D1 为不纯正不作为犯的犯罪前提的集合，则 D1 =｛不纯正不作为犯必须具有法定性｝；

设 D2 为不纯正不作为犯的犯罪构造的集合，则 D2 =｛不纯正不作为犯必须符合对犯罪形态定义的各项要求｝；

设 D3 为不纯正不作为犯的犯罪属性的集合，则 D3 =｛不纯正不作为犯是与作为犯属于同一种犯罪类型的不作为犯｝；

设 D4 = 为不纯正不作为犯的犯罪形态的集合，则 D4 =｛不纯正不作为犯并不限于有结果发生的犯罪｝；

则 D = D1∪D2∪D3∪D4，即 ｛不纯正不作为犯｝=｛不纯正不作为犯必须具有法定性｝∪｛不纯正不作为犯必须符合对犯罪形态定义的各项要求｝∪｛不纯正不作为犯是与作为犯属于同一种犯罪类型的不作为犯｝∪｛不纯正不作为犯并不限于有结果发生的犯罪｝=｛不纯正不作为犯必须具有法定性，不纯正不作为犯必须符合对犯罪形态定义的各项要求，不纯正不作为犯是与作为犯属于同一种犯罪类型的不作为犯，不纯正不作为犯并不限于有结果发生的犯罪}。

（三）纯正不作为犯与不纯正不作为犯的异同

C = {纯正不作为犯}；D = {不纯正不作为犯}

C∩D = {纯正不作为犯} ∩ {不纯正不作为犯} = {行为人负有实施一定作为的义务，且其作为义务直接由刑法加以规定，行为人有履行该作为义务的可能，行为人没有履行这种义务} ∩ {不纯正不作为犯必须具有法定性，不纯正不作为犯必须符合对犯罪形态定义的各项要求，不纯正不作为犯是与作为犯属于同一种犯罪类型的不作为犯，不纯正不作为犯并不限于有结果发生的犯罪} = {必须具有法定性，行为人必须具有作为义务，行为人没有履行义务，行为人没有履行义务的行为不以结果的发生为必要}。

C∪D = {纯正不作为犯} ∪ {不纯正不作为犯} = {行为人负有实施一定作为的义务，且其作为义务直接由刑法加以规定，行为人有履行该作为义务的可能，行为人没有履行这种义务} ∪ {不纯正不作为犯必须具有法定性，不纯正不作为犯必须符合对犯罪形态定义的各项要求，不纯正不作为犯是与作为犯属于同一种犯罪类型的不作为犯，不纯正不作为犯并不限于有结果发生的犯罪} = {行为人负有实施一定作为的义务，且其作为义务直接由刑法加以规定，行为人有履行该作为义务的可能，行为人没有履行这种义务，不纯正不作为犯必须具有法定性，不纯正不作为犯必须符合对犯罪形态定义的各项要求，不纯正不作为犯是与作为犯属于同一种犯罪类型的不作为犯，不纯正不作为犯并不限于有结果发生的犯罪}。

那么，纯正不作为犯与不纯正不作为犯的相同点：C∩D = {必须具有法定性，行为人必须具有作为义务，行为人没有履行义

务，行为人没有履行义务的行为不以结果的发生为必要｝。

纯正不作为犯与不纯正不作为犯的不同点：$C \cup D - C \cap D =$ ｛行为人负有实施一定作为的义务，行为人有履行该作为义务的可能，不纯正不作为犯必须符合对犯罪形态定义的各项要求，不纯正不作为犯是与作为犯属于同一种犯罪类型的不作为犯，不纯正不作为犯并不限于有结果发生的犯罪｝。

第二章

刑法中的正当行为

第一节　正当防卫与防卫过当

一、正当防卫的概念和成立条件

（一）正当防卫的概念

正当防卫，是指防卫人针对正在进行的不法侵害行为，采取对不法侵害者本人造成损害的方法，以使国家、公共利益，本人或者他人的人身、财产和其他权利免受侵害的行为。

（二）正当防卫的成立条件

关于正当防卫的成立条件，根据我国现行刑法的规定，主要有以下几个方面，其用集合表现为：

设 A 为正当防卫成立条件的集合，则 A =｛正当防卫的成立条件｝；

设 A1 为正当防卫的前提条件的集合，则 A1 =｛必须有实际的不法侵害存在｝；

设 A2 为正当防卫的时间条件的集合，则 A2 =｛必须是不法侵害正在进行｝=｛不法侵害行为必须处于已经开始尚未结束的过程中｝；

设 A3 为正当防卫的对象条件的集合，则 A3 = ｛必须是针对不法侵害人本人实行｝；

设 A4 为正当防卫的主观条件的集合，则 A4 = ｛必须是出于防卫的意图｝＝｛行为人实施正当防卫的目的是保护国家利益、公共利益、本人或他人的人身、财产和其他权利｝；

设 A5 为正当防卫的限度条件的集合，则 A5 = ｛防卫行为不能明显超过必要限度造成重大损害｝；

则 A = A1∪A2∪A3∪A4∪A5，即 ｛正当防卫的成立条件｝ = ｛必须有实际的不法侵害存在｝∪｛必须是不法侵害正在进行｝∪｛必须是针对不法侵害人本人实行｝∪｛必须是出于防卫的意图｝∪｛防卫行为不能明显超过必要限度造成重大损害｝＝｛必须有实际的不法侵害存在，必须是不法侵害正在进行，必须是针对不法侵害人本人实行，必须是出于防卫的意图，防卫行为不能明显超过必要限度造成重大损害｝。

二、防卫过当的概念和成立条件

（一）防卫过当的概念

防卫过当，是指行为人防卫行为明显超过必要限度并且造成重大损害的情形。

（二）防卫过当的成立条件

关于防卫过当的成立条件，根据我国现行刑法的规定，主要有以下几个方面，其用集合表现为：

设 B 为防卫过当成立条件的集合，则 B = ｛防卫过当的成立条件｝；

设 B1 为防卫过当的前提条件的集合，则 B1 = ｛必须有实际的不法侵害存在｝；

设 B2 为防卫过当的时间条件的集合，则 B2 = ｛必须是不法侵害正在进行}={不法侵害行为必须处于已经开始尚未结束的过程中}；

设 B3 为防卫过当的对象条件的集合，则 B3 = {必须是针对不法侵害人本人实行}；

设 B4 为防卫过当的主观条件的集合，则 B4 = {必须是出于防卫的意图}={行为人实施正当防卫的目的是保护国家利益、公共利益、本人或他人的人身、财产和其他权利}；

设 B5 为防卫过当的限度条件的集合，则 B5 = {防卫行为明显超过必要限度造成重大损害}；

则 B = B1∪B2∪B3∪B4∪B5，即 {防卫过当的成立条件}={必须有实际的不法侵害存在}∪{必须是不法侵害正在进行}∪{必须是针对不法侵害人本人实行}∪{必须是出于防卫的意图}∪{防卫行为明显超过必要限度造成重大损害}={必须有实际的不法侵害存在，必须是不法侵害正在进行，必须是针对不法侵害人本人实行，必须是出于防卫的意图，防卫行为明显超过必要限度造成重大损害}。

（三）正当防卫与防卫过当的异同

A = {正当防卫的成立条件}；B = {防卫过当的成立条件}

A∩B = {正当防卫的成立条件}∩{防卫过当的成立条件}={必须有实际的不法侵害存在，必须是不法侵害正在进行，必须是针对不法侵害人本人实行，必须是出于防卫的意图，防卫行为不能明显超过必要限度造成重大损害}∩{必须有实际的不法侵害存在，必须是不法侵害正在进行，必须是针对不法侵害人本人实行，必须是出于防卫的意图，防卫行为明显超过必要限度造成重大损害}={必须有实际的不法侵害存在，必须是不法侵害正在进行，必须是针对不法侵害人本人实行，必须是出于防卫的意图}。

A∪B = {正当防卫的成立条件}∪{防卫过当的成立条件}=

｜必须有实际的不法侵害存在，必须是不法侵害正在进行，必须是针对不法侵害人本人实行，必须是出于防卫的意图，防卫行为不能明显超过必要限度造成重大损害｝∪｛必须有实际的不法侵害存在，必须是不法侵害正在进行，必须是针对不法侵害人本人实行，必须是出于防卫的意图，防卫行为明显超过必要限度造成重大损害｝＝｛必须有实际的不法侵害存在，必须是不法侵害正在进行，必须是针对不法侵害人本人实行，必须是出于防卫的意图，防卫行为不能明显超过必要限度造成重大损害，防卫行为明显超过必要限度造成重大损害｝。

那么，正当防卫与防卫过当的相同点：A∩B＝｛必须有实际的不法侵害存在，必须是不法侵害正在进行，必须是针对不法侵害人本人实行，必须是出于防卫的意图｝。

正当防卫与防卫过当的不同点：A∪B－A∩B＝｛防卫行为不能明显超过必要限度造成重大损害，防卫行为明显超过必要限度造成重大损害｝。

第二节 紧急避险与避险过当

一、紧急避险的概念和成立条件

（一）紧急避险的概念

紧急避险，是指为了使国家、公共利益、本人或者他人的人身、财产和其他权利避免正在发生的危险，不得已而采取的损害另一个小的合法权益的行为。

（二）紧急避险的成立条件

关于紧急避险的成立条件，根据我国现行刑法的规定，主要有以下几个方面，其用集合表现为：

设 C 为紧急避险成立条件的集合，则 C = {紧急避险的成立条件}；

设 C1 为紧急避险的前提条件的集合，则 C1 = {必须是合法权益受到现实危险的威胁}；

设 C2 为紧急避险的时间条件的集合，则 C2 = {必须是危险正在发生} = {危险必须处于已经开始尚未结束的过程中}；

设 C3 为紧急避险的限度条件的集合，则 C3 = {必须是在迫不得已的情况下实施}；

设 C4 为紧急避险的主观条件的集合，则 C4 = {必须是为了合法权益免受正在发生的危险侵袭} = {行为人实施紧急避险的目的是保护国家利益、公共利益、本人或他人的人身、财产和其他权利}；

设 C5 为紧急避险的限度条件的集合，则 C5 = {避险行为不得超过必要限度造成不应有的损害}；

则 C = C1∪C2∪C3∪C4∪C5，即 {紧急避险的成立条件} = {必须是合法权益受到现实危险的威胁}∪{必须是危险正在发生}∪{必须是在迫不得已的情况下实施}∪{必须是为了合法权益免受正在发生的危险侵袭}∪{避险行为不得超过必要限度造成不应有的损害} = {必须是合法权益受到现实危险的威胁，必须是危险正在发生，必须是在迫不得已的情况下实施，必须是为了合法权益免受正在发生的危险侵袭，避险行为不得超过必要限度造成不应有的损害}。

二、避险过当的概念和成立条件

（一）避险过当的概念

避险过当，是指行为人避险行为超过必要限度造成不应有的损害的情形。

（二）避险过当的成立条件

关于避险过当的成立条件，根据我国现行刑法的规定，主要有以下几个方面，其用集合表现为：

设 D 为避险过当成立条件的集合，则 D = {避险过当的成立条件}；

设 D1 为避险过当的前提条件的集合，则 D1 = {必须是合法权益受到现实危险的威胁}；

设 D2 为避险过当的时间条件的集合，则 D2 = {必须是危险正在发生} = {危险必须处于已经开始尚未结束的过程中}；

设 D3 为避险过当的限制条件的集合，则 D3 = {必须是在迫不得已的情况下实施}；

设 D4 为避险过当的主观条件的集合，则 D4 = {必须是为了合法权益免受正在发生的危险侵袭} = {行为人实施紧急避险的目的是保护国家利益、公共利益、本人或他人的人身、财产和其他权利}；

设 D5 为避险过当的限度条件的集合，则 D5 = {避险行为超过必要限度造成不应有的损害}；

则 D = D1∪D2∪D3∪D4∪D5，即 {避险过当的成立条件} = {必须是合法权益受到现实危险的威胁}∪{必须是危险正在发生}∪{必须是在迫不得已的情况下实施}∪{必须是为了合法权益免受正在发生的危险侵袭}∪{避险行为不得超过必要限度造成不应有的损害} = {必须是合法权益受到现实危险的威胁，必须是危险正在发生，必须是在迫不得已的情况下实施，必须是为了合法权益免受正在发生的危险侵袭，避险行为超过必要限度造成不应有的损害}。

（三）紧急避险与避险过当的异同

C = {紧急避险的成立条件}；D = {避险过当的成立条件}

C∩D ={紧急避险的成立条件}∩{避险过当的成立条件}=
{必须是合法权益受到现实危险的威胁，必须是危险正在发生，必
须是在迫不得已的情况下实施，必须是为了合法权益免受正在发
生的危险侵袭，避险行为不得超过必要限度造成不应有的损害}∩
{必须是合法权益受到现实危险的威胁，必须是危险正在发生，必
须是在迫不得已的情况下实施，必须是为了合法权益免受正在发
生的危险侵袭，避险行为超过必要限度造成不应有的损害}={必
须是合法权益受到现实危险的威胁，必须是危险正在发生，必须
是在迫不得已的情况下实施，必须是为了合法权益免受正在发生
的危险侵袭}。

C∪D ={紧急避险的成立条件}∪{避险过当的成立条件}=
{必须是合法权益受到现实危险的威胁，必须是危险正在发生，必
须是在迫不得已的情况下实施，必须是为了合法权益免受正在发
生的危险侵袭，避险行为不得超过必要限度造成不应有的损害}∪
{必须是合法权益受到现实危险的威胁，必须是危险正在发生，必
须是在迫不得已的情况下实施，必须是为了合法权益免受正在发
生的危险侵袭，避险行为超过必要限度造成不应有的损害}={必
须是合法权益受到现实危险的威胁，必须是危险正在发生，必须
是在迫不得已的情况下实施，必须是为了合法权益免受正在发生
的危险侵袭，避险行为不得超过必要限度造成不应有的损害，避
险行为超过必要限度造成不应有的损害}。

那么，紧急避险与避险过当的相同点：C∩D ={必须是合法
权益受到现实危险的威胁，必须是危险正在发生，必须是在迫不
得已的情况下实施，必须是为了合法权益免受正在发生的危险
侵袭}。

紧急避险与避险过当的不同点：C∪D－C∩D ={避险行为不
得超过必要限度造成不应有的损害，避险行为超过必要限度造成
不应有的损害}。

第三节　正当防卫与紧急避险

一、正当防卫的概念和成立条件

（一）正当防卫的概念

正当防卫，是指防卫人针对正在进行的不法侵害行为，采取对不法侵害者本人造成损害的方法，以使国家、公共利益、本人或者他人的人身、财产和其他权利免受侵害的行为。

（二）正当防卫的成立条件

关于正当防卫的成立条件，根据我国现行刑法的规定，主要有以下几个方面，其用集合表现为：

设 E 为正当防卫成立条件的集合，则 E = ｛正当防卫的成立条件｝；

设 E1 为正当防卫的前提条件的集合，则 E1 = ｛必须有实际的不法侵害存在｝；

设 E2 为正当防卫的时间条件的集合，则 E2 = ｛必须是不法侵害正在进行｝= ｛不法侵害行为必须处于已经开始尚未结束的过程中｝；

设 E3 为正当防卫的对象条件的集合，则 E3 = ｛必须是针对不法侵害人本人实行｝；

设 E4 为正当防卫的主观条件的集合，则 E4 = ｛必须是出于防卫的意图｝= ｛行为人实施正当防卫的目的是保护国家利益、公共利益、本人或他人的人身、财产和其他权利｝；

设 E5 为正当防卫的限度条件的集合，则 E5 = ｛防卫行为不能明显超过必要限度造成重大损害｝；

则 E = E1∪E2∪E3∪E4∪E5，即 ｛正当防卫的成立条件｝=
｛必须有实际的不法侵害存在｝∪｛必须是不法侵害正在进行｝∪
｛必须是针对不法侵害人本人实行｝∪｛必须是出于防卫的意图｝∪
｛防卫行为不能明显超过必要限度造成重大损害｝=｛必须有实际的
不法侵害存在，必须是不法侵害正在进行，必须是针对不法侵害
人本人实行，必须是出于防卫的意图，防卫行为不能明显超过必
要限度造成重大损害｝。

二、紧急避险的概念和成立条件

（一）紧急避险的概念

紧急避险，是指为了使国家、公共利益、本人或者他人的人
身、财产和其他权利避免正在发生的危险，不得已而采取的损害
另一个小的合法权益的行为。

（二）紧急避险的成立条件

关于紧急避险的成立条件，根据我国现行刑法的规定，主要
有以下几个方面，其用集合表现为：

设 F 为紧急避险成立条件的集合，则 F = ｛紧急避险的成立
条件｝；

设 F1 为紧急避险的前提条件的集合，则 F1 = ｛必须是合法权
益受到现实危险的威胁｝；

设 F2 为紧急避险的时间条件的集合，则 F2 = ｛必须是危险正
在发生｝=｛危险必须处于已经开始尚未结束的过程中｝；

设 F3 为紧急避险的限度条件的集合，则 F3 = ｛必须是在迫不
得已的情况下实施｝；

设 F4 为紧急避险的主观条件的集合，则 F4 = ｛必须是为了合
法权益免受正在发生的危险侵袭｝=｛行为人实施紧急避险的目的
是保护国家利益、公共利益、本人或他人的人身、财产和其他权

利｝；

设 F5 为紧急避险的限度条件的集合，则 F5 =｛避险行为不得超过必要限度造成不应有的损害｝；

设 F6 为紧急避险的例外条件的集合，则 F6 =｛在职务上、业务上负有特定责任的人，不得因为避免本人的合法权益免受危险的损害而实行紧急避险｝；

则 F = F1∪F2∪F3∪F4∪F5∪F6，即｛紧急避险的成立条件｝=｛必须是合法权益受到现实危险的威胁｝∪｛必须是危险正在发生｝∪｛必须是在迫不得已的情况下实施｝∪｛必须是为了合法权益免受正在发生的危险侵袭｝∪｛避险行为不得超过必要限度造成不应有的损害｝∪｛在职务上、业务上负有特定责任的人，不得因为避免本人的合法权益免受危险的损害而实行紧急避险｝=｛必须是合法权益受到现实危险的威胁，必须是危险正在发生，必须是在迫不得已的情况下实施，必须是为了合法权益免受正在发生的危险侵袭，避险行为不得超过必要限度造成不应有的损害，在职务上、业务上负有特定责任的人，不得因为避免本人的合法权益免受危险的损害而实行紧急避险｝。

三、正当防卫与紧急避险的异同

E =｛正当防卫的成立条件｝；F =｛紧急避险的成立条件｝

E∩F =｛正当防卫的成立条件｝∩｛紧急避险的成立条件｝=｛必须有实际的不法侵害存在，必须是不法侵害正在进行，必须是针对不法侵害人本人实行，必须是出于防卫的意图，防卫行为不能明显超过必要限度造成重大损害｝∩｛必须是合法权益受到现实危险的威胁，必须是危险正在发生，必须是在迫不得已的情况下实施，必须是为了合法权益免受正在发生的危险侵袭，在职务上、业务上负有特定责任的人，不得因为避免本人的合法权益免受危险的损害而实行紧急避险，避险行为不得超过必要限度造成不应有的损害｝＝｛必须有实际的不法侵害或者危险存在，不法侵害行为或者危险必须处于已经开始尚未结束的过程中，行为人实施正当防卫或者紧急避险的目的是保护国家利益、公共利益、本人或他人的人身、财产和其他权利，正当防卫或者紧急避险不能超过必要限度｝。

　　E∪F＝｛正当防卫的成立条件｝∪｛紧急避险的成立条件｝＝｛必须有实际的不法侵害存在，必须是不法侵害正在进行，必须是针对不法侵害人本人实行，必须是出于防卫的意图，防卫行为不能明显超过必要限度造成重大损害｝∪｛必须是合法权益受到现实危险的威胁，必须是危险正在发生，必须是在迫不得已的情况下实施，必须是为了合法权益免受正在发生的危险侵袭，避险行为不得超过必要限度造成不应有的损害，在职务上、业务上负有特定责任的人，不得因为避免本人的合法权益免受危险的损害而实行紧急避险｝＝｛必须有实际的不法侵害存在，必须是不法侵害正在进行，必须是针对不法侵害人本人实行，必须是出于防卫的意图，防卫行为不能明显超过必要限度造成重大损害，必须是合法权益受到现实危险的威胁，必须是危险正在发生，必须是在迫不得已的情况下实施，必须是为了合法权益免受正在发生的危险侵袭，避险行为不得超过必要限度造成不应有的损害，在职务上、业务上负有特定责任的人，不得因为避免本人的合法权益免受危险的损害而实行紧急避险｝。

　　那么，正当防卫与紧急避险的相同点：E∩F＝｛必须有实际的不法侵害或者危险存在，不法侵害行为或者危险必须处于已经开始尚未结束的过程中，行为人实施正当防卫或者紧急避险的目的是保护国家利益、公共利益、本人或他人的人身、财产和其他权利，正当防卫或者紧急避险不能超过必要限度｝。

　　正当防卫与紧急避险的不同点：E∪F－E∩F＝｛必须有实际的不法侵害存在，必须是不法侵害正在进行，必须是针对不法侵害人本人实行，必须是出于防卫的意图，防卫行为不能明显超过必要限度造成重大损害，必须是合法权益受到现实危险的威胁，必须是危险正在发生，必须是在迫不得已的情况下实施，必须是为了合法权益免受正在发生的危险侵袭，避险行为不得超过必要限度造成不应有的损害，避险行为不得超过必要限度造成不应有的损害，在职务上、业务上负有特定责任的人，不得因为避免本人的合法权益免受危险的损害而实行紧急避险。

第三章

故意犯罪的结束形态

第一节　犯罪预备与犯罪未遂

一、犯罪预备的概念和特征

（一）犯罪预备的概念

犯罪预备，是指行为人为了犯罪，准备工具、制造条件，但由于行为人意志以外的原因而未能着手犯罪实行行为的犯罪未完成形态。

（二）犯罪预备的特征

关于犯罪预备的特征，根据我国刑法理论和刑事立法的规定，主要有以下几个方面，用集合表现为：

设 A 为犯罪预备的集合，则 A = {犯罪预备}；

设 A1 为犯罪预备的主观要素的集合，则 A1 = {行为人为了犯罪}；

设 A2 为犯罪预备的客观要素的集合，则 A2 = {准备工具，制造条件}；

设 A3 为犯罪预备的停止原因的集合，则 A3 = {由于行为人意志以外的原因而未能着手犯罪的实行行为}；

则 A = A1∪A2∪A3，即 ｛犯罪预备｝=｛行为人为了犯罪｝∪｛准备工具，制造条件｝∪｛由于行为人意志以外的原因而未能着手犯罪的实行行为｝=｛行为人为了犯罪，准备工具，制造条件，由于行为人意志以外的原因而未能着手犯罪的实行行为｝。

二、犯罪未遂的概念和特征

（一）犯罪未遂的概念

犯罪未遂，是指行为人已经着手实施犯罪的实行行为，由于行为人意志以外的原因或者障碍，而未能完成犯罪的未完成形态。

（二）犯罪未遂的特征

关于犯罪未遂的特征，根据我国刑法理论和刑事立法的规定，主要有以下几个方面，用集合表现为：

设 B 为犯罪未遂的集合，则 B =｛犯罪未遂｝；

设 B1 为犯罪未遂的客观要素的集合，则 B1 =｛行为人已经着手实施犯罪的实行行为｝；

设 B2 为犯罪未遂的停止原因的集合，则 B2 =｛由于行为人意志以外的原因或者障碍｝；

设 B3 为犯罪未遂的结局形态的集合，则 B3 =｛行为人未完成犯罪，即犯罪未得逞｝；

则 B = B1∪B2∪B3，即 ｛犯罪未遂｝=｛行为人已经着手实施犯罪的实行行为｝∪｛由于行为人意志以外的原因或者障碍｝∪｛行为人未完成犯罪（即犯罪未得逞）｝=｛行为人已经着手实施犯罪的实行行为，由于行为人意志以外的原因或者障碍，行为人未完成犯罪（即犯罪未得逞）｝。

三、犯罪预备与犯罪未遂的异同

A =｛犯罪预备｝；B =｛犯罪未遂｝

A∩B＝｛犯罪预备｝∩｛犯罪未遂｝＝｛行为人为了犯罪，准备工具，制造条件，由于行为人意志以外的原因而未能着手犯罪的实行行为｝∩｛行为人已经着手实施犯罪的实行行为，由于行为人意志以外的原因或者障碍，行为人未完成犯罪（即犯罪未得逞）｝＝｛由于行为人意志以外的原因或者障碍未完成犯罪｝。

A∪B＝｛犯罪预备｝∪｛犯罪未遂｝＝｛行为人为了犯罪，准备工具，制造条件，由于行为人意志以外的原因而未能着手犯罪的实行行为｝∪｛行为人已经着手实施犯罪的实行行为，由于行为人意志以外的原因或者障碍，行为人未完成犯罪（即犯罪未得逞）｝＝｛行为人为了犯罪，准备工具，制造条件，由于行为人意志以外的原因而未能着手犯罪的实行行为，行为人已经着手实施犯罪的实行行为，由于行为人意志以外的原因或者障碍，行为人未完成犯罪（即犯罪未得逞）｝。

那么，犯罪预备与犯罪未遂的相同点：A∩B＝｛由于行为人意志以外的原因或者障碍未完成犯罪｝。

犯罪预备与犯罪未遂的不同点：A∪B－A∩B＝｛行为人为了犯罪，准备工具，制造条件，行为人已经着手实施犯罪的实行行为，行为人未完成犯罪（即犯罪未得逞）｝。

第二节　犯罪未遂与犯罪中止

一、犯罪未遂的概念和特征

（一）犯罪未遂的概念

犯罪未遂，是指行为人已经着手实施犯罪的实行行为，由于行为人意志以外的原因或者障碍，而未能完成犯罪的未完成形态。

（二）犯罪未遂的特征

关于犯罪未遂的特征，根据我国刑法理论和刑事立法的规定，主要有以下几个方面，用集合表现为：

设 C 为犯罪未遂的集合，则 C =｛犯罪未遂｝；

设 C1 为犯罪未遂的客观要素的集合，则 C1 =｛行为人已经着手实施犯罪的实行行为｝；

设 C2 为犯罪未遂的停止原因的集合，则 C2 =｛由于行为人意志以外的原因或者障碍｝；

设 C3 为犯罪未遂的结局形态的集合，则 C3 =｛行为人未完成犯罪，即犯罪未得逞｝；

则 C = C1∪C2∪C3，即 ｛犯罪未遂｝=｛行为人已经着手实施犯罪的实行行为｝∪｛由于行为人意志以外的原因或者障碍｝∪｛行为人未完成犯罪（即犯罪未得逞）｝=｛行为人已经着手实施犯罪的实行行为，由于行为人意志以外的原因或者障碍，行为人未完成犯罪（即犯罪未得逞）｝。

二、犯罪中止的概念和特征

（一）犯罪中止的概念

犯罪中止，是指行为人在犯罪过程中，自动放弃犯罪或者自动有效地防止犯罪结果发生的行为。

（二）犯罪中止的特征

关于犯罪中止的特征，根据我国刑法的有关规定，主要有以下几个方面，用集合表现为：

设 D 为犯罪中止的集合，则 D =｛犯罪中止｝；

设 D1 为犯罪中止的时间性集合，则 D1 =｛行为人实施犯罪中止的行为发生在犯罪过程中｝；

设 D2 为犯罪中止的自动性集合，则 D2 =｛行为人实施犯罪中

止的行为是出于意志以内的原因};

设 D3 为犯罪中止的有效性集合，则 D3 = {行为人最终放弃犯罪行为或者有效地防止犯罪结果发生};

则 D = D1∪D2∪D3，即 {犯罪中止} = {行为人实施犯罪中止的行为发生在犯罪过程中}∪{行为人实施犯罪中止的行为是出于意志以内的原因}∪{行为人放弃犯罪行为或者有效地防止犯罪结果发生} = {行为人实施犯罪中止的行为发生在犯罪过程中，行为人实施犯罪中止的行为是出于意志以内的原因，行为人最终放弃犯罪行为或者有效地防止犯罪结果发生}。

三、犯罪未遂与犯罪中止的异同

C = {犯罪未遂}；D = {犯罪中止}

C∩D = {犯罪未遂}∩{犯罪中止} = {行为人已经着手实施犯罪的实行行为，由于行为人意志以外的原因或者障碍，行为人未完成犯罪（即犯罪未得逞）}∩{行为人实施犯罪中止的行为发生在犯罪过程中，行为人实施犯罪中止的行为是出于意志以内的原因，行为人最终放弃犯罪行为或者有效地防止犯罪结果发生} = {行为人已经着手实施犯罪的实行行为，行为人未完成犯罪}。

C∪D = {犯罪未遂}∪{犯罪中止} = {行为人已经着手实施犯罪的实行行为，由于行为人意志以外的原因或者障碍，行为人未完成犯罪（即犯罪未得逞）}∪{行为人实施犯罪中止的行为发生在犯罪过程中，行为人实施犯罪中止的行为是出于意志以内的原因，行为人最终放弃犯罪行为或者有效地防止犯罪结果发生} = {行为人已经着手实施犯罪的实行行为，由于行为人意志以外的原因或者障碍，行为人未完成犯罪（即犯罪未得逞），行为人实施犯罪中止的行为发生在犯罪过程中，行为人实施犯罪中止的行为是出于意志以内的原因，行为人最终放弃犯罪行为或者有效地防止犯罪结果发生}。

那么，犯罪未遂与犯罪中止的相同点：$C \cap D = \{$行为人已经着手实施犯罪的实行行为，行为人未完成犯罪$\}$。

犯罪未遂与犯罪中止的不同点：$C \cup D - C \cap D = \{$行为人已经着手实施犯罪的实行行为，由于行为人意志以外的原因或者障碍，犯罪未得逞，行为人实施犯罪中止的行为发生在犯罪过程中，行为人实施犯罪中止的行为是出于意志以内的原因，行为人最终放弃犯罪行为或者有效地防止犯罪结果发生$\}$。

第四章

共同犯罪

第一节　共同犯罪的概念

一、共同犯罪与单位犯罪

（一）共同犯罪的概念和特征

1. 共同犯罪的概念

共同犯罪，是指二人以上共同故意犯罪。

2. 共同犯罪的特征

关于共同犯罪的特征，根据我国刑法的有关规定，主要有以下几个方面，用集合表现为：

设 A 为共同犯罪的集合，则 A = ｛共同犯罪｝；

设 A1 为共同犯罪主体的集合，则 A1 = ｛犯罪主体必须为二人以上｝= ｛犯罪主体必须为两个以上达到刑事责任年龄、具有刑事责任能力的人｝；

设 A2 为共同犯罪主观方面的集合，则 A2 = ｛二人以上的犯罪主体必须有共同的犯罪故意｝= ｛二人以上的犯罪主体必须明知自己的行为有造成危害社会的结果并希望或者放任结果的发生｝；

设 A3 为共同犯罪客观方面的集合，则 A3 = ｛二人以上的犯罪主体必须有共同的犯罪行为}={二人以上的犯罪主体必须实施了共同作为、共同不作为或者两者兼而有之的行为}；

则 A＝A1∪A2∪A3，即 {共同犯罪}={犯罪主体必须为两个以上达到刑事责任年龄、具有刑事责任能力的人}∪{二人以上的犯罪主体在主观上必须明知自己的行为有造成危害社会的结果并希望或者放任结果的发生}∪{二人以上的犯罪主体在客观上必须实施了共同作为、共同不作为或者两者兼而有之的行为}={犯罪主体必须为两个以上达到刑事责任年龄、具有刑事责任能力的人，二人以上的犯罪主体在主观上必须明知自己的行为有造成危害社会的结果并希望或者放任结果的发生，二人以上的犯罪主体在客观上必须实施了共同作为、共同不作为或者两者兼而有之的行为}。

（二）单位犯罪的概念和特征

1. 单位犯罪的概念

单位犯罪，是指公司、企业、事业单位、机关、团体实施的，法律规定为单位犯罪，应负刑事责任的行为。

2. 单位犯罪的特征

关于单位犯罪的特征，根据我国刑法的有关规定，主要有以下几个方面，用集合表现为：

设 B 为单位犯罪的集合，则 B＝{单位犯罪}；

设 B1 为单位犯罪主体的集合，则 B1＝{单位犯罪主体必须是公司、企业、事业单位、机关、团体}；

设 B2 为单位犯罪主观方面的集合，则 B2＝{公司、企业、事业单位、机关、团体的主管人员或者其他直接负责的人员在主观上必须有犯罪的故意或者过失}；

设 B3 为单位犯罪客观方面的集合，则 B3＝{公司、企业、事业单位、机关、团体的主管人员或者其他直接负责的人员在客观上必须有犯罪的行为}；

则 B = B1∪B2∪B3，即 {单位犯罪} = {单位犯罪主体必须是公司、企业、事业单位、机关、团体}∪{公司、企业、事业单位、机关、团体的主管人员或者其他直接负责的人员在主观上必须有犯罪的故意或者过失}∪{公司、企业、事业单位、机关、团体的主管人员或者其他直接负责的人员在客观上必须有犯罪的行为} = {单位犯罪主体必须是公司、企业、事业单位、机关、团体，公司、企业、事业单位、机关、团体的主管人员或者其他直接负责的人员在主观上必须有犯罪的故意或者过失，公司、企业、事业单位、机关、团体的主管人员或者其他直接负责的人员在客观上必须实施了犯罪的行为}。

（三）共同犯罪与单位犯罪的异同

A = {共同犯罪}；B = {单位犯罪}

A∩B = {共同犯罪} ∩ {单位犯罪} = {犯罪主体必须为两个以上达到刑事责任年龄、具有刑事责任能力的人，二个以上的犯罪主体必须明知自己的行为有造成危害社会的结果并希望或者放任结果的发生，二个以上的犯罪主体必须实施了共同作为、共同不作为或者两者兼而有之的行为} ∩ {单位犯罪主体必须是公司、企业、事业单位、机关、团体，公司、企业、事业单位、机关、团体的主管人员或者其他直接负责的人员，在主观上必须有犯罪的故意或者过失，公司、企业、事业单位、机关、团体的主管人员或者其他直接负责的人员在客观上必须实施了犯罪的行为} = {行为人必须达到刑事责任年龄、具有刑事责任能力，行为人在主观上必须出于故意，行为人在客观上实施了危害社会的行为}。

A∪B = {共同犯罪} ∪ {单位犯罪} = {犯罪主体必须为两个以上达到刑事责任年龄、具有刑事责任能力的人，二个以上的犯罪主体在主观上必须明知自己的行为有造成危害社会的结果并希望或者放任结果的发生，二个以上的犯罪主体在客观上必须实施了共同作为、共同不作为或者两者兼而有之的行为}∪{单位犯罪主体必须是公司、企业、事业单位、机关、团体，公司、企业、事业单位、机关、团体的主管人员或者其他直接负责的人员，在主观上必须有犯罪的故意或者过失，公司、企业、事业单位、机关、团体的主管人员或者其他直接负责的人员在客观上必须实施了犯罪的行为}={犯罪主体必须为两个以上达到刑事责任年龄、具有刑事责任能力的人，二个以上的犯罪主体在主观上必须明知自己的行为有造成危害社会的结果并希望或者放任结果的发生，二个以上的犯罪主体在客观上必须实施了共同作为、共同不作为或者两者兼而有之的行为，单位犯罪主体必须是公司、企业、事业单位、机关、团体，公司、企业、事业单位、机关、团体的主管人员或者其他直接负责的人员，在主观上必须有犯罪的故意或者过失，公司、企业、事业单位、机关、团体的主管人员或者其他直接负责的人员在客观上必须实施了犯罪的行为}。

那么，共同犯罪与单位犯罪的相同点：A∩B={行为人必须达到刑事责任年龄、具有刑事责任能力，行为人在主观上必须出于故意，行为人在客观上实施了危害社会的行为}。

共同犯罪与单位犯罪的不同点：A∪B－A∩B={犯罪主体必须为两个以上达到刑事责任年龄、具有刑事责任能力的人，二个以上的犯罪主体在客观上必须实施了共同作为、共同不作为或者两者兼而有之的行为，单位犯罪主体必须是公司、企业、事业单位、机关、团体的主管人员或者其他直接负责的人员，单位犯罪主体在主观上有犯罪的过失，公司、企业、事业单位、机关、团体的主管人员或者其他直接负责的人员在客观上必须实施了犯罪的行为}。

二、自然人共同犯罪与单位共同犯罪

（一）自然人共同犯罪的概念和特征

1. 自然人共同犯罪的概念

自然人共同犯罪，是指两个以上的自然人基于共同的犯罪故意而实施的犯罪行为。

2. 自然人共同犯罪的特征

关于自然人共同犯罪的特征，根据我国刑法的有关规定，主要有以下几个方面，用集合表现为：

设 C 为自然人共同犯罪的集合，则 C = ｛自然人共同犯罪｝；

设 C1 为自然人共同犯罪主体的集合，则 C1 = ｛自然人共同犯罪主体必须是两个以上的自然人｝= ｛两个以上的自然人必须为达到刑事责任年龄、具有刑事责任能力的人｝；

设 C2 为自然人共同犯罪主观方面的集合，则 C2 = ｛两个以上的自然人在主观上必须有共同犯罪的故意｝= ｛两个以上的自然人在主观上必须明知自己的行为有造成危害社会的结果并希望或者放任结果的发生｝；

设 C3 为自然人共同犯罪客观方面的集合，则 C3 = ｛两个以上的自然人在客观上必须有共同犯罪的行为｝= ｛两个以上的自然人在客观上必须实施了共同作为、共同不作为或者两者兼而有之的行为｝；

则 C = C1∪C2∪C3，即 ｛自然人共同犯罪｝=｛两个以上的自然人必须为达到刑事责任年龄、具有刑事责任能力的人｝∪｛两个以上的自然人在主观上必须明知自己的行为有造成危害社会的结果并希望或者放任结果的发生｝∪｛两个以上的自然人在客观上必须实施了共同作为、共同不作为或者两者兼而有之的行为｝=｛两个以上的自然人必须为达到刑事责任年龄、具有刑事责任能力的人，两个以上的自然人在主观上必须明知自己的行为有造成危害社会的结果并希望或者放任结果的发生，两个以上的自然人在客观上必须实施了共同作为、共同不作为或者两者兼而有之的行为｝。

（二）单位共同犯罪的概念和特征

1. 单位共同犯罪的概念

单位共同犯罪，是指两个以上的单位或者一方为单位与个人基于共同的犯罪故意而实施的犯罪行为。

2. 单位共同犯罪的特征

关于单位共同犯罪的特征，根据我国刑法的有关规定，主要有以下几个方面，用集合表现为：

设 D 为单位共同犯罪的集合，则 D = ｛单位共同犯罪｝；

设 D1 为单位共同犯罪主体的集合，则 D1 = ｛单位共同犯罪主体必须是两个以上的单位或者一方为单位与个人｝= ｛两个以上的单位必须是两个以上的公司、企业、事业单位、机关、团体｝∪ ｛一方为单位必须是公司、企业、事业单位、机关、团体，一方为自然人必须是达到刑事责任年龄、具有刑事责任能力的人｝= ｛两个以上的单位必须是两个以上的公司、企业、事业单位、机关、团体，一方为单位必须是公司、企业、事业单位、机关、团体，一方为自然人必须是达到刑事责任年龄、具有刑事责任能力的人｝；

设 D2 为单位共同犯罪主观方面的集合，则 D2 = ｛两个以上的单位或者一方为单位与个人在主观上必须有共同犯罪的故意｝= ｛两个以上的单位或者一方为单位与个人在主观上必须明知自己的行为有造成危害社会的结果并希望或者放任结果的发生｝；

设 D3 为单位共同犯罪客观方面的集合，则 D3 = ｛两个以上的单位或者一方为单位与个人在客观上必须有共同犯罪的行为｝=

{两个以上的单位或者一方为单位与个人在客观上必须实施了共同作为、共同不作为或者两者兼而有之的行为};

则 D = D1∪D2∪D3，即 {单位共同犯罪} = {单位共同犯罪主体必须是两个以上的单位或者一方为单位与个人}∪{两个以上的单位或者一方为单位与个人在主观上必须明知自己的行为有造成危害社会的结果并希望或者放任结果的发生}∪{两个以上的单位或者一方为单位与个人在客观上必须实施了共同作为、共同不作为或者两者兼而有之的行为} = {单位共同犯罪主体必须是两个以上的单位或者一方为单位与个人，两个以上的单位或者一方为单位与个人在主观上必须明知自己的行为有造成危害社会的结果并希望或者放任结果的发生，两个以上的单位或者一方为单位与个人在客观上必须实施了共同作为、共同不作为或者两者兼而有之的行为}。

（三）自然人共同犯罪与单位共同犯罪的异同

C = {自然人共同犯罪}；D = {单位共同犯罪}

C∩D = {自然人共同犯罪}∩{单位共同犯罪} = {两个以上的自然人必须为达到刑事责任年龄、具有刑事责任能力的人，两个以上的自然人在主观上必须明知自己的行为有造成危害社会的结果并希望或者放任结果的发生，两个以上的自然人在客观上必须实施了共同作为、共同不作为或者两者兼而有之的行为}∩{单位共同犯罪主体必须是两个以上的单位或者一方为单位与个人，两个以上的单位或者一方为单位与个人在主观上必须明知自己的行为有造成危害社会的结果并希望或者放任结果的发生，两个以上的单位或者一方为单位与个人在客观上必须实施了共同作为、共同不作为或者两者兼而有之的行为} = {行为人必须是两个以上的单位或者一方为单位，行为人在主观上必须明知自己的行为有造成危害社会的结果并希望或者放任结果的发生，行为人在客观上必须实施了共同作为、共同不作为或者两者兼而有之的行为}。

C∪D＝{自然人共同犯罪}∪{单位共同犯罪}＝{两个以上的自然人必须为达到刑事责任年龄、具有刑事责任能力的人，两个以上的自然人在主观上必须明知自己的行为有造成危害社会的结果并希望或者放任结果的发生，两个以上的自然人在客观上必须实施了共同作为、共同不作为或者两者兼而有之的行为}∪{单位共同犯罪主体必须是两个以上的单位或者一方为单位与个人，两个以上的单位或者一方为单位与个人在主观上必须明知自己的行为有造成危害社会的结果并希望或者放任结果的发生，两个以上的单位或者一方为单位与个人在客观上必须实施了共同作为、共同不作为或者两者兼而有之的行为}＝{两个以上的自然人必须为达到刑事责任年龄、具有刑事责任能力的人，两个以上的自然人在主观上必须明知自己的行为有造成危害社会的结果并希望或者放任结果的发生，两个以上的自然人在客观上必须实施了共同作为、共同不作为或者两者兼而有之的行为，单位共同犯罪主体必须是两个以上的单位或者一方为单位与个人，两个以上的单位或者一方为单位与个人在主观上必须明知自己的行为有造成危害社会的结果并希望或者放任结果的发生，两个以上的单位或者一方为单位与个人在客观上必须实施了共同作为、共同不作为或者两者兼而有之的行为}。

那么，自然人共同犯罪与单位共同犯罪的相同点：C∩D＝{行为人必须是两个以上的单位或者一方为单位，其余行为人为个人，行为人在主观上必须明知自己的行为有造成危害社会的结果并希望或者放任结果的发生，行为人在客观上必须实施了共同作为、共同不作为或者两者兼而有之的行为}。

自然人共同犯罪与单位共同犯罪的不同点：C∪D－C∩D＝{两个以上的自然人必须为达到刑事责任年龄、具有刑事责任能力的人，两个以上的自然人在主观上必须出于故意，两个以上的自然人在客观上必须实施了危害社会的行为，单位共同犯罪主体必须是两个以上的单位或者一方为单位其他行为人为个人，两个以上的单位或者一方为单位与个人在主观上必须出于故意，两个以上的单位或者一方为单位与个人在客观上必须实施了危害社会的行为｝。

三、犯罪团伙与犯罪集团

（一）犯罪团伙的概念和特征

1. 犯罪团伙的概念

犯罪团伙，又称犯罪结伙，是指两人或者三人以上为共同实施犯罪而组成的较为松散的犯罪组织。

2. 犯罪团伙的特征

关于犯罪团伙的特征，根据我国刑法理论的有关学说，主要有以下几个方面，用集合表现为：

设 E 为犯罪团伙的集合，则 E ＝｛犯罪团伙｝；

设 E1 为犯罪团伙主体特征的集合，则 E1 ＝｛主体数量的不特定性｝＝｛犯罪主体可以是两人以上，也可以是三人以上｝＝｛如果犯罪主体是两人以上，如符合一般共同犯罪的特征，则可以认定为一般共同犯罪，如果犯罪主体是三人以上，如符合特殊共同犯罪（即犯罪集团）的特征，则可以认定为特殊共同犯罪（即犯罪集团）｝；

设 E2 为犯罪团伙主观特征的集合，则 E2 ＝｛目的的特定性与明确性｝＝｛犯罪团伙是为共同实施犯罪而组织起来的。一般来讲，犯罪团伙是以实施某种或者某几种犯罪为目的而组织起来｝；

设 E3 为犯罪团伙根本特征的集合，则 E3 ＝｛犯罪组织的松散性与不稳定性｝＝｛犯罪团伙是一个没有固定成员固定组织性的犯罪组织｝；

则 E ＝E1∪E2∪E3，即 ｛犯罪团伙｝＝｛主体可以是两人以上，也可以是三人以上｝∪｛犯罪团伙是为共同实施犯罪而组织起来的｝∪

｛犯罪团伙是一个没有固定成员固定组织性的犯罪组织｝＝｛主体可以是两人以上，也可以是三人以上，犯罪团伙是为共同实施犯罪而组织起来的，犯罪团伙是一个没有固定成员固定组织性的犯罪组织｝。

（二）犯罪集团的概念和特征

1. 犯罪集团的概念

根据《刑法》第 26 条第 2 款的规定，"犯罪集团"是指三人以上为共同实施犯罪而组成的较为固定的犯罪组织。

2. 犯罪集团的特征

关于犯罪集团的特征，根据我国刑法的上述规定，主要有以下几个方面，用集合表现为：

设 F 为犯罪集团的集合，则 F ＝｛犯罪集团｝；

设 F1 为犯罪集团主体特征的集合，则 F1 ＝｛主体数量的特定性｝＝｛犯罪主体必须是三人以上｝；

设 F2 为犯罪集团主观特征的集合，则 F2 ＝｛犯罪目的的特定性与明确性｝＝｛犯罪集团是为共同实施犯罪而组织起来的｝；

设 F3 为犯罪集团根本特征的集合，则 F3 ＝｛犯罪组织的固定性与稳定性｝＝｛犯罪集团是一个较为固定的犯罪组织｝；

则 F ＝ F1∪F2∪F3，即 ｛犯罪集团｝＝｛犯罪主体必须是三人以上｝∪｛犯罪集团是为共同实施犯罪而组织起来的｝∪｛犯罪集团是一个较为固定的犯罪组织｝＝｛犯罪主体必须是三人以上，犯罪集团是为共同实施犯罪而组织起来的，犯罪集团是一个较为固定的犯罪组织｝。

（三）犯罪团伙与犯罪团伙的异同

E ＝｛犯罪团伙｝；F ＝｛犯罪集团｝

E∩F ＝｛犯罪团伙｝∩｛犯罪集团｝＝｛犯罪主体可以是两人以上，也可以是三人以上，犯罪团伙是为共同实施犯罪而组织起来的，犯罪团伙是一个没有固定成员固定组织性的犯罪组织｝∩｛犯罪主体必须是三人以上，犯罪集团是为共同实施犯罪而组织起来的，犯罪集团是一个较为固定的犯罪组织｝＝｛犯罪主体可以是三人以上，为共同实施犯罪而组织起来的｝。

E∪F＝｛犯罪团伙｝∪｛犯罪集团｝＝｛犯罪主体可以是两人以上，也可以是三人以上，犯罪团伙是为共同实施犯罪而组织起来的，犯罪团伙是一个没有固定成员固定组织性的犯罪组织｝∪｛犯罪主体必须是三人以上，犯罪集团是为共同实施犯罪而组织起来的，犯罪集团是一个较为固定的犯罪组织｝＝｛犯罪主体可以是两人以上，也可以是三人以上，犯罪团伙是以实施某种或者某几种犯罪为目的而组织起来，犯罪团伙是一个没有固定成员固定组织性的犯罪组织，犯罪主体必须是三人以上，犯罪集团是为共同实施犯罪而组织起来的，犯罪集团是一个较为固定的犯罪组织｝。

那么，犯罪团伙与犯罪集团的相同点：E∩F＝｛犯罪主体可以是三人以上，为共同实施犯罪而组织起来的｝。

犯罪团伙与犯罪集团的不同点：E∪F－E∩F＝｛犯罪主体可以是两人以上，也可以是三人以上，犯罪团伙是以实施某种或者某几种犯罪为目的而组织起来，犯罪团伙是一个没有固定成员固定组织性的犯罪组织，犯罪主体必须是三人以上，犯罪集团是一个较为固定的犯罪组织｝。

第二节　共同犯罪人的种类

一、首要分子与主犯

（一）首要分子的概念与类型

1. 首要分子的概念

根据《刑法》第97条的规定，"首要分子"，是指在犯罪集团或者聚众犯罪中起组织、策划、指挥作用的犯罪分子。

2. 首要分子的类型

关于首要分子的类型，根据我国刑法的上述规定，主要有以下几个方面，用集合表现为：

设 A 为首要分子的集合，则 A ={首要分子}；

设 A1 为首要分子在犯罪集团中的集合，则 A1 ={首要分子是在犯罪集团中起组织、策划、指挥作用的犯罪分子}={只存在于犯罪集团当中且必须实施了组织、领导犯罪集团进行犯罪活动的犯罪分子}；

设 A2 为首要分子在聚众犯罪中的集合，则 A2 ={首要分子是在聚众犯罪中起组织、策划、指挥作用的犯罪分子}；

则 A = A1∪A2，即 {首要分子} ={在犯罪集团中起组织、策划、指挥作用的犯罪分子}∪{在聚众犯罪中起组织、策划、指挥作用的犯罪分子}={首要分子是在犯罪集团中起组织、策划、指挥作用的犯罪分子，首要分子是在聚众犯罪中起组织、策划、指挥作用的犯罪分子}。

（二）主犯的概念与类型

1. 主犯的概念

根据《刑法》第 26 条第 1 款规定，组织、领导犯罪集团进行犯罪活动的或者在共同犯罪中起主要作用的，是主犯。

2. 主犯的类型

关于主犯的类型，根据我国刑法的上述规定，主要有以下几个方面，用集合表现为：

设 B 为主犯的集合，则 B ={主犯}；

设 B1 为主犯在犯罪集团中的集合，则 B1 ={主犯是组织、领导犯罪集团进行犯罪活动的犯罪分子}；

设 B2 为主犯在共同犯罪中的集合，则 B2 ={主犯是在共同犯罪中起主要作用的犯罪分子}={它包括在犯罪集团中起主要作用的犯罪人,也就是我们常说的犯罪集团中的骨干分子,在一般共同犯罪中起主要作用的犯罪分子,在聚众犯罪中起主要作用的犯罪分子};

则 B = B1∪B2,即 {主犯}={组织、领导犯罪集团进行犯罪活动的犯罪分子}∪{在共同犯罪中起主要作用的犯罪分子}={主犯是组织、领导犯罪集团进行犯罪活动的犯罪分子,主犯是在共同犯罪中起主要作用的犯罪分子}。

（三）首要分子与主犯的异同

A ={首要分子};B ={主犯}

A∩B ={首要分子}∩{主犯}={首要分子是在犯罪集团中起组织、策划、指挥作用的犯罪分子,首要分子是在聚众犯罪中起组织、策划、指挥作用的犯罪分子}∩{主犯是组织、领导犯罪集团进行犯罪活动的犯罪分子,主犯是在共同犯罪中起主要作用的犯罪分子}={在犯罪集团或者聚众犯罪中起组织、策划、指挥作用的犯罪分子}。

A∪B ={首要分子}∪{主犯}={首要分子是在犯罪集团中起组织、策划、指挥作用的犯罪分子,首要分子是在聚众犯罪中起组织、策划、指挥作用的犯罪分子}∪{主犯是组织、领导犯罪集团进行犯罪活动的犯罪分子,主犯是在共同犯罪中起主要作用的犯罪分子}={首要分子是在犯罪集团中起组织、策划、指挥作用的犯罪分子,首要分子是在聚众犯罪中起组织、策划、指挥作用的犯罪分子,主犯是组织、领导犯罪集团进行犯罪活动的犯罪分子,主犯是在共同犯罪中起主要作用的犯罪分子}。

那么,首要分子与主犯的相同点:A∩B ={在犯罪集团或者聚众犯罪中起组织、策划、指挥作用的犯罪分子}。

首要分子与主犯的不同点:A∪B – A∩B ={在犯罪集团中起

主要作用的犯罪人，在一般共同犯罪中起主要作用的犯罪分子，在聚众犯罪中起主要作用的犯罪分子}。

二、主犯与从犯

（一）主犯的概念与类型

1. 主犯的概念

根据《刑法》第 26 条第 1 款规定，组织、领导犯罪集团进行犯罪活动的或者在共同犯罪中起主要作用的，是主犯。

2. 主犯的类型

关于主犯的类型，根据我国刑法的上述规定，主要有以下几个方面，用集合表现为：

设 B 为主犯的集合，则 B = {主犯}；

设 B1 为主犯在犯罪集团中的集合，则 B1 = {主犯是组织、领导犯罪集团进行犯罪活动的犯罪分子}；

设 B2 为主犯在共同犯罪中的集合，则 B2 = {主犯是在共同犯罪中起主要作用的犯罪分子} = {它包括在犯罪集团中起主要作用的犯罪人，也就是我们常说的犯罪集团中的骨干分子，在一般共同犯罪中起主要作用的犯罪分子，在聚众犯罪中起主要作用的犯罪分子}；

则 B = B1∪B2，即 {主犯} = {组织、领导犯罪集团进行犯罪活动的犯罪分子}∪{在共同犯罪中起主要作用的犯罪分子} = {主犯是组织、领导犯罪集团进行犯罪活动的犯罪分子，主犯是在共同犯罪中起主要作用的犯罪分子}。

（二）从犯的概念与类型

1. 从犯的概念

根据《刑法》第 27 条第 1 款规定，在共同犯罪中起次要作用或者辅助作用的，是从犯。

2. 从犯的类型

关于从犯的类型，根据我国刑法的上述规定，主要有以下几个方面，用集合表现为：

设 C 为从犯的集合，则 C = {从犯}；

设 C1 为起次要作用的从犯的集合，则 C1 = {在共同犯罪中起次要作用的犯罪分子} = {这里所说的次要作用是与主犯的主要作用而言的。所谓在共同犯罪中起次要作用，是指行为人虽然直接实施了刑法分则所规定的某种犯罪的客观方面的行为，但是在共同犯罪中较主犯所起的作用小}；

设 C2 为起辅助作用的从犯的集合，则 C2 = {在共同犯罪中起辅助作用的犯罪分子} = {这里所说的辅助作用，实际上也是一种次要作用。它一般是指行为人虽然没有直接实施某种犯罪构成客观方面的行为，但却为共同犯罪的实行和完成提供了有利的条件}；

则 C = C1∪C2，即从犯 = {从犯是在共同犯罪中起次要作用的犯罪分子} ∪ {从犯是在共同犯罪中起辅助作用的犯罪分子} = {从犯是在共同犯罪中起次要作用的犯罪分子，从犯是在共同犯罪中起辅助作用的犯罪分子}。

（三）主犯与从犯的异同

B = {主犯}；C = {从犯}；

B∩C = {主犯} ∩ {从犯} = {主犯是组织、领导犯罪集团进行犯罪活动的犯罪分子，主犯是在共同犯罪中起主要作用的犯罪分子} ∩ {从犯是在共同犯罪中起次要作用的犯罪分子，从犯是在共同犯罪中起辅助作用的犯罪分子} = {在共同犯罪中起一定作用的犯罪分子}。

B∪C = {主犯} ∪ {从犯} = {主犯是组织、领导犯罪集团进行犯罪活动的犯罪分子，主犯是在共同犯罪中起主要作用的犯罪分子｝∪｛在共同犯罪中起次要作用的犯罪分子，在共同犯罪中起辅助作用的犯罪分子｝＝｛主犯是组织、领导犯罪集团进行犯罪活动的犯罪分子或者在共同犯罪中起主要作用的犯罪分子，从犯是在共同犯罪中起次要、辅助作用的犯罪分子｝。

那么，主犯与从犯的相同点：$B \cap C$＝｛在共同犯罪中起一定作用的犯罪分子｝。

主犯与从犯的不同点：$B \cup C - B \cap C$＝｛主犯是组织、领导犯罪集团进行犯罪活动的犯罪分子或者在共同犯罪中起主要作用的犯罪分子，从犯是在共同犯罪中起次要、辅助作用的犯罪分子｝。

三、从犯与胁从犯

（一）从犯的概念与类型

1. 从犯的概念

根据《刑法》第 27 条第 1 款规定，在共同犯罪中起次要作用或者辅助作用的，是从犯。

2. 从犯的类型

关于从犯的类型，根据我国刑法的上述规定，主要有以下几个方面，用集合表现为：

设 C 为从犯的集合，则 C＝｛从犯｝；

设 C1 为起次要作用的从犯的集合，则 C1＝｛在共同犯罪中起次要作用的犯罪分子｝＝｛在共同犯罪中起次要作用，是指行为人虽然直接实施了刑法分则所规定的某种犯罪的客观方面的行为，但是在共同犯罪中较主犯所起的作用小｝；

设 C2 为起辅助作用的从犯的集合，则 C2＝｛在共同犯罪中起辅助作用的犯罪分子｝＝｛这里所说的辅助作用，实际上也是一种次要作用。它一般是指行为人虽然没有直接实施某种犯罪构成客观方面的行为，但却为共同犯罪的实行和完成提供了有利的

条件};

则 C = C1∪C2，即 {从犯} = {从犯是在共同犯罪中起次要作用的犯罪分子}∪{从犯是在共同犯罪中起辅助作用的犯罪分子} = {从犯是在共同犯罪中起次要作用的犯罪分子，从犯是在共同犯罪中起辅助作用的犯罪分子}。

（二）胁从犯的概念与类型

1. 胁从犯的概念

根据《刑法》第 28 条规定，"胁从犯"是指在共同犯罪中被胁迫参加犯罪的人。

2. 胁从犯的类型

关于胁从犯的类型，根据我国刑法的上述规定，主要有以下几个方面，用集合表现为：

设 D 为胁从犯的集合，则 D = {胁从犯}；

设 D1 为胁从犯的犯罪类型的集合，则 D1 = {胁从犯是指在共同犯罪过程中参加犯罪的人}；

设 D2 为胁从犯的犯罪行为的集合，则 D2 = {胁从犯是指在共同犯罪过程中被胁迫参加犯罪的人}；

则 D = D1∪D2，即 {胁从犯} = {胁从犯是指在共同犯罪过程中参加犯罪的人}∪{胁从犯是指在共同犯罪过程中被胁迫参加犯罪的人} = {胁从犯是指在共同犯罪过程中参加犯罪的人，胁从犯是指在共同犯罪过程中被胁迫参加犯罪的人}。

（三）从犯与胁从犯的异同

C = {从犯}；D = {胁从犯}

C∩D = {从犯}∩{胁从犯} = {从犯是在共同犯罪中起次要作用的犯罪分子，从犯是在共同犯罪中起辅助作用的犯罪分子}∩{胁从犯是指在共同犯罪过程中参加犯罪的人，胁从犯是指在共同犯罪过程中被胁迫参加犯罪的人} = {在共同犯罪过程中参加犯罪的人}。

C∪D = {从犯} ∪ {胁从犯} = {从犯是在共同犯罪中起次要作用的犯罪分子，从犯是在共同犯罪中起辅助作用的犯罪分子} ∪ {胁从犯是指在共同犯罪过程中参加犯罪的人，胁从犯是指在共同犯罪过程中被胁迫参加犯罪的人} = {从犯是在共同犯罪中起次要、辅助作用的犯罪分子，胁从犯是指在共同犯罪过程中被胁迫参加犯罪的人}。

那么，从犯与胁从犯的相同点：C∩D = {在共同犯罪过程中参加犯罪的人}。

从犯与胁从犯的不同点：C∪D – C∩D = {从犯是在共同犯罪中起次要、辅助作用的犯罪分子，胁从犯是指在共同犯罪过程中被胁迫参加犯罪的人}。

第五章

罪数形态

第一节　想象竞合犯与法条竞合犯

一、想象竞合犯的概念与特征

（一）想象竞合犯的概念

想象竞合犯，是指一个危害行为同时造成了数个危害结果，而该行为与不同危害结果分别组合则触犯不同罪名的情况。

（二）想象竞合犯的特征

关于想象竞合犯的特征，根据我国刑法理论的通说，主要有以下几个方面，用集合表现为：

设 A 为想象竞合犯的集合，则 A = ｛想象竞合犯｝；

设 A1 为想象竞合犯的危害行为的集合，则 A1 = ｛行为人只实施了一个危害行为，行为本身是无法分离当作数行为看待的｝；

设 A2 为想象竞合犯的危害结果的集合，则 A2 = ｛行为人造成了数个刑法意义上的危害结果｝；

设 A3 为想象竞合犯的主观方面的集合，则 A3 = ｛行为人对数结果分别具有故意或过失的罪过｝；

设 A4 为想象竞合犯的客观方面的集合，则 A4 = ｛行为人所实施的一个危害行为与不同危害结果的分别组合触犯不同的罪名｝；

则 A ＝ A1∪A2∪A3∪A4，即 ｛想象竞合犯｝＝｛行为人只实施了一个危害行为，行为本身是无法分离当作数行为看待的｝∪｛行为人造成了数个刑法意义上的危害结果｝∪｛行为人对数结果分别具有故意或过失的罪过｝∪｛行为人所实施的一个危害行为与不同危害结果的分别组合触犯不同的罪名｝＝｛行为人只实施了一个危害行为，行为本身是无法分离当作数行为看待的，行为人造成了数个刑法意义上的危害结果，行为人对数结果分别具有故意或过失的罪过，行为人所实施的一个危害行为与不同危害结果的分别组合触犯不同的罪名｝。

二、法条竞合犯的概念与特征

（一）法条竞合犯的概念

法条竞合犯，是指一个危害行为同时造成了数个危害结果，而该行为与不同危害结果分别组合则触犯不同罪名的情况。

（二）法条竞合犯的特征

关于法条竞合犯的特征，根据我国刑法理论的通说，主要有以下几个方面，用集合表现为：

设 B 为法条竞合犯的集合，则 B ＝｛法条竞合犯｝；

设 B1 为法条竞合犯的危害行为的集合，则 B1 ＝｛行为人只实施了一个危害行为，行为本身是无法分离当作数行为看待的｝；

设 B2 为法条竞合犯的危害结果的集合，则 B2 ＝｛行为人所实施的一个危害行为同时触犯数个刑法规范｝；

设 B3 为法条竞合犯的主观方面的集合，则 B3 ＝｛行为人的所实施的一个危害行为形式上符合数个不同的犯罪构成｝；

设 B4 为法条竞合犯的客观方面的集合，则 B4 ＝｛行为人所实施的一个危害行为组成的数个犯罪构成在法律上具有包容关系｝；

则 B = B1∪B2∪B3∪B4，即｛法条竞合犯｝=｛行为人只实施了一个危害行为，行为本身是无法分离当作数行为看待的｝∪｛行为人所实施的一个危害行为同时触犯数个刑法规范｝∪｛行为人的所实施的一个危害行为形式上符合数个不同的犯罪构成｝∪｛行为人所实施的一个危害行为组成的数个犯罪构成在法律上具有包容关系｝=｛行为人只实施了一个危害行为，行为本身是无法分离当作数行为看待的，行为人所实施的一个危害行为同时触犯数个刑法规范，行为人的所实施的一个危害行为形式上符合数个不同的犯罪构成，行为人所实施的一个危害行为组成的数个犯罪构成在法律上具有包容关系｝。

三、想象竞合犯与法条竞合犯的异同

A =｛想象竞合犯｝；B =｛法条竞合犯｝

A∩B =｛想象竞合犯｝∩｛法条竞合犯｝=｛行为人只实施了一个危害行为，行为本身是无法分离当作数行为看待的，行为人造成了数个刑法意义上的危害结果，行为人对数结果分别具有故意或过失的罪过，行为人所实施的一个危害行为与不同危害结果的分别组合触犯不同的罪名｝∩｛行为人只实施了一个危害行为，行为本身是无法分离当作数行为看待的，行为人所实施的一个危害行为同时触犯数个刑法规范，行为人的所实施的一个危害行为形式上符合数个不同的犯罪构成，行为人所实施的一个危害行为组成的数个犯罪构成在法律上具有包容关系｝=｛行为人只实施了一个危害行为，行为本身是无法分离当作数行为看待的，行为人所实施的一个危害行为同时触犯数个刑法规范｝。

A∪B =｛想象竞合犯｝∪｛法条竞合犯｝=｛行为人只实施了一

个危害行为，行为本身是无法分离当作数行为看待的，行为人造成了数个刑法意义上的危害结果，行为人对数结果分别具有故意或过失的罪过，行为人所实施的一个危害行为与不同危害结果的分别组合触犯不同的罪名｝∪｛行为人只实施了一个危害行为，行为本身是无法分离当作数行为看待的，行为人所实施的一个危害行为同时触犯数个刑法规范，行为人的所实施的一个危害行为形式上符合数个不同的犯罪构成，行为人所实施的一个危害行为组成的数个犯罪构成在法律上具有包容关系｝＝｛行为人只实施了一个危害行为，行为本身是无法分离当作数行为看待的，行为人造成了数个刑法意义上的危害结果，行为人对数结果分别具有故意或过失的罪过，行为人所实施的一个危害行为与不同危害结果的分别组合触犯不同的罪名，行为人只实施了一个危害行为，行为本身是无法分离当作数行为看待的，行为人所实施的一个危害行为同时触犯数个刑法规范，行为人的所实施的一个危害行为形式上符合数个不同的犯罪构成，行为人所实施的一个危害行为组成的数个犯罪构成在法律上具有包容关系｝。

　　那么，想象竞合犯与法条竞合犯的相同点：A∩B＝｛行为人只实施了一个危害行为，行为本身是无法分离当作数行为看待的，行为人所实施的一个危害行为同时触犯数个刑法规范｝。

　　想象竞合犯与法条竞合犯的不同点：A∪B－A∩B＝｛行为人造成了数个刑法意义上的危害结果，行为人对数结果分别具有故意或过失的罪过，行为人所实施的一个危害行为与不同危害结果的分别组合触犯不同的罪名，行为人所实施的一个危害行为形式上符合数个不同的犯罪构成，行为人所实施的一个危害行为组成的数个犯罪构成在法律上具有包容关系｝。

第二节 结果加重犯与情节加重犯

一、结果加重犯的概念与特征

（一）结果加重犯的概念

结果加重犯，也叫加重结果犯，是指某种犯罪行为因发生法定的严重结果而被加重法定刑的犯罪形态。

（二）结果加重犯的特征

关于结果加重犯的特征，根据我国刑法理论的通说，主要有以下几个方面，用集合表现为：

设 A 为结果加重犯的集合，则 A = {结果加重犯}；

设 A1 为结果加重犯的前提条件的集合，则 A1 = {行为人实施了一个基本犯罪行为}；

设 A2 为结果加重犯的客观特征的集合，则 A2 = {行为人所实施的基本犯罪行为引起加重结果}；

设 A3 为结果加重犯的主观特征的集合，则 A3 = {行为人对加重结果的发生具有罪过心理}；

设 A4 为结果加重犯的法律特征的集合，则 A4 = {行为人所实施的犯罪行为的刑罚是以法律规定为根据的，法律明确规定仅加重其法定刑，而不改变罪名}；

则 A = A1 ∪ A2 ∪ A3 ∪ A4，即 {结果加重犯} = {行为人所实施的是一个基本犯罪行为} ∪ {行为人所实施的基本犯罪行为引起加重结果} ∪ {行为人对加重结果的发生具有罪过心理} ∪ {行为人所实施的犯罪行为的刑罚是以法律规定为根据的，法律明确规定仅加重其法定刑，而不改变罪名} = {行为人所实施的是一个基本犯罪行为，行为人所实施的基本犯罪行为引起加重结果，行为人对加重结果的发生具有罪过心理，行为人所实施的犯罪行为的加重刑罚是以法律规定为根据的，法律明确规定仅加重其法定刑，而不改变罪名}。

二、情节加重犯的概念与特征

（一）情节加重犯的概念

情节加重犯，也叫加重情节犯，是指某种基本犯罪因具有某种严重情节或者特别严重的情节而被加刑的犯罪形态。

（二）情节加重犯的特征

关于情节加重犯的特征，根据我国刑法理论的通说，主要有以下几个方面，用集合表现为：

设 B 为情节加重犯的集合，则 B = {情节加重犯}；

设 B1 为情节加重犯的前提条件的集合，则 B1 = {行为人所实施的是一个基本犯罪行为}；

设 B2 为情节加重犯的形式特征的集合，则 B2 = {行为人所实施的基本犯罪行为具有加重情节，即严重情节或者特别严重情节，是情节加重犯的形式特征}；

设 B3 为情节加重犯的法律特征的集合，则 B3 = {行为人所实施的犯罪行为的加重刑罚是以法律规定为根据的，法律明确规定仅加重其法定刑，而不改变罪名}；

则 B = B1∪B2∪B3，即 {情节加重犯} = {行为人所实施的是一个基本犯罪行为}∪{行为人所实施的基本犯罪行为具有加重情节，即严重情节或者特别严重情节，是情节加重犯的形式特征}∪{行为人所实施的犯罪行为的加重刑罚是以法律规定为根据的，法律明确规定仅加重其法定刑，而不改变罪名} = {行为人所实施的是一个基本犯罪行为，行为人所实施的基本犯罪行为具有加重情节，即严重情节或者特别严重情节，是情节加重犯的形式特征，行为人所实施的犯罪行为的加重刑罚是以法律规定为根据的，法律明确规定仅加重其法定刑，而不改变罪名｝。

三、结果加重犯与情节加重犯的异同

A＝｛结果加重犯｝；B＝｛情节加重犯｝

A∩B＝｛结果加重犯｝∩｛情节加重犯｝＝｛行为人所实施的是一个基本犯罪行为，行为人所实施的基本犯罪行为引起加重结果，行为人对加重结果的发生具有罪过心理，行为人所实施的犯罪行为的加重刑罚是以法律规定为根据的，法律明确规定仅加重其法定刑，而不改变罪名｝∩｛行为人所实施的是一个基本犯罪行为，行为人所实施的基本犯罪行为具有加重情节，即严重情节或者特别严重情节，是情节加重犯的形式特征，行为人所实施的犯罪行为的加重刑罚是以法律规定为根据的，法律明确规定仅加重其法定刑，而不改变罪名｝＝｛行为人所实施的是一个基本犯罪行为，行为人所实施的犯罪行为的加重刑罚是以法律规定为根据的，法律明确规定仅加重其法定刑，而不改变罪名｝。

A∪B＝｛结果加重犯｝∪｛情节加重犯｝＝｛行为人所实施的是一个基本犯罪行为，行为人所实施的基本犯罪行为引起加重结果，行为人对加重结果的发生具有罪过心理，行为人所实施的犯罪行为的加重刑罚是以法律规定为根据的，法律明确规定仅加重其法定刑，而不改变罪名｝∪｛行为人所实施的是一个基本犯罪行为，行为人所实施的基本犯罪行为具有加重情节，即严重情节或者特别严重情节，是情节加重犯的形式特征，行为人所实施的犯罪行为的加重刑罚是以法律规定为根据的，法律明确规定仅加重其法定刑，而不改变罪名｝＝｛行为人所实施的是一个基本犯罪行为，行为人所实施的基本犯罪行为引起加重结果，行为人对加重结果的发生具有罪过心理，行为人所实施的犯罪行为的加重刑罚是以法律规定为根据的，法律明确规定仅加重其法定刑，而不改变罪名，行为人所实施的基本犯罪行为具有加重情节，即严重情节或者特别严重情节，是情节加重犯的形式特征｝。

那么，结果加重犯与情节加重犯的相同点：$A \cap B =$｛行为人所实施的是一个基本犯罪行为，行为人所实施的犯罪行为的加重刑罚是以法律规定为根据的，法律明确规定仅加重其法定刑，而不改变罪名｝。

结果加重犯与情节加重犯的不同点：$A \cup B - A \cap B =$｛行为人所实施的基本犯罪行为引起加重结果，行为人对加重结果的发生具有罪过心理，行为人所实施的基本犯罪行为具有加重情节，即严重情节或者特别严重情节，是情节加重犯的形式特征｝。

第三节 继续犯与连续犯

一、继续犯的概念与特征

（一）继续犯的概念

继续犯，是指行为人所实施的犯罪行为必须与不法状态在一定的时间内处于继续状态的犯罪。

（二）继续犯的特征

关于继续犯的特征，根据我国刑法理论的通说，主要有以下几个方面，用集合表现为：

设 A 为继续犯的集合，则 $A =$｛继续犯｝；

设 A1 为继续犯的犯罪行为的集合，则 $A1 =$｛行为人所实施的必须是一个犯罪行为｝；

设 A2 为继续犯的犯罪行为特征的集合，则 $A2 =$｛行为人所实施的犯罪行为必须持续不断}；

设 A3 为继续犯的实质特征的集合，则 A3 = {行为人所实施的犯罪行为必须与不法状态同时继续}；

设 A4 为继续犯的时间特征的集合，则 A4 = {行为人所实施的犯罪行为必须持续一定的时间}；

设 A5 为继续犯的对象特征的集合，则 A5 = {行为人所实施的犯罪行为必须是持续地侵害同一对象}；

则 A = A1∪A2∪A3∪A4∪A5，即 {继续犯} = {行为人所实施的必须是一个犯罪行为}∪{行为人所实施的犯罪行为必须持续不断}∪{行为人所实施的犯罪行为必须与不法状态同时继续}∪{行为人所实施的犯罪行为必须持续一定的时间}∪{行为人所实施的犯罪行为必须是持续地侵害同一对象} = {行为人所实施的必须是一个犯罪行为，行为人所实施的犯罪行为必须持续不断，行为人所实施的犯罪行为必须与不法状态同时继续，行为人所实施的犯罪行为必须持续一定的时间，行为人所实施的犯罪行为必须是持续地侵害同一对象}。

二、连续犯的概念与特征

（一）连续犯的概念

连续犯，是指行为人出于同一的犯罪故意，实施数个危害行为，触犯同一罪名的情况。

（二）连续犯的特征

关于连续犯的特征，根据我国刑法理论的通说，主要有以下几个方面，用集合表现为：

设 B 为连续犯的集合，则 B = {连续犯}；

设 B1 为连续犯的时间特征的集合，则 B1 = {行为人连续实施了数个危害行为，行为之间间隔较短，且每个行为一般都已单独

构成犯罪};

设 B2 为连续犯的主观特征的集合，则 B2 ={行为人所实施的数行为均出于同一犯罪故意};

设 B3 为连续犯的触犯罪名的集合，则 B3 ={行为人所实施的数行为均触犯同一罪名};

则 B = B1∪B2∪B3，即 {连续犯}={行为人连续实施了数个危害行为，行为之间间隔较短，且每个行为一般都已单独构成犯罪}∪{行为人所实施的数行为均出于同一犯罪故意}∪{行为人所实施的数行为均触犯同一罪名}={行为人连续实施了数个危害行为，行为之间间隔较短，且每个行为一般都已单独构成犯罪，行为人所实施的数行为均出于同一犯罪故意，行为人所实施的数行为均触犯同一罪名}。

三、继续犯与连续犯的异同

A ={继续犯};B ={连续犯}

A∩B ={继续犯}∩{连续犯}={行为人所实施的必须是一个犯罪行为，行为人所实施的犯罪行为必须持续不断，行为人所实施的犯罪行为必须与不法状态同时继续，行为人所实施的犯罪行为必须持续一定的时间，行为人所实施的犯罪行为必须是持续地侵害同一对象}∩{行为人连续实施了数个危害行为，行为之间间隔较短，且每个行为一般都已单独构成犯罪，行为人所实施的数行为均出于同一犯罪故意，行为人所实施的数行为均触犯同一罪名}={行为人所实施的犯罪行为均出于同一犯罪故意，行为人所实施的犯罪行为均触犯同一罪名}。

A∪B ={继续犯}∪{连续犯}={行为人所实施的必须是一个犯罪行为，行为人所实施的犯罪行为必须持续不断，行为人所实施的犯罪行为必须与不法状态同时继续，行为人所实施的犯罪行为必须持续一定的时间，行为人所实施的犯罪行为必须是持续地侵害同一对象｝∪｛行为人连续实施了数个危害行为，行为之间间隔较短，且每个行为一般都已单独构成犯罪，行为人所实施的数行为均出于同一犯罪故意，行为人所实施的数行为均触犯同一罪名｝＝｛行为人所实施的必须是一个犯罪行为，行为人所实施的犯罪行为必须持续不断，行为人所实施的犯罪行为必须与不法状态同时继续，行为人所实施的犯罪行为必须持续一定的时间，行为人所实施的犯罪行为必须是持续地侵害同一对象，行为人连续实施了数个危害行为，行为之间间隔较短，且每个行为一般都已单独构成犯罪，行为人所实施的数行为均出于同一犯罪故意，行为人所实施的数行为均触犯同一罪名｝。

那么，继续犯与连续犯的相同点：$A \cap B = $｛行为人所实施的犯罪行为均出于同一犯罪故意，行为人所实施的犯罪行为均触犯同一罪名｝。

继续犯与连续犯的不同点：$A \cup B - A \cap B = $｛行为人所实施的必须是一个犯罪行为，行为人所实施的犯罪行为必须持续不断，行为人所实施的犯罪行为必须与不法状态同时继续，行为人所实施的犯罪行为必须持续一定的时间，行为人所实施的犯罪行为必须是持续地侵害同一对象，行为人连续实施了数个危害行为，行为之间间隔较短，且每个行为一般都已单独构成犯罪｝。

第四节　牵连犯与吸收犯

一、牵连犯的概念与特征

（一）牵连犯的概念

牵连犯，是指行为人以实施某一犯罪为目的，而其犯罪的方法或结果又触犯其他罪名的情况。

（二）牵连犯的特征

关于牵连犯的特征，根据我国刑法理论的通说，主要有以下几个方面，用集合表现为：

设 A 为牵连犯的集合，则 A = {牵连犯}；

设 A1 为牵连犯的主观特征的集合，则 A1 = {行为人出于一个犯罪目的} = {在牵连犯中牵连到数个行为，但不论是手段行为还是结果行为，最终都服务于或附属于目的行为，围绕特定的犯罪目的而进行}；

设 A2 为牵连犯的客观特征的集合，则 A2 = {行为人实施了数个危害行为，且数行为分别独立成罪}；

设 A3 为牵连犯的实质特征的集合，则 A3 = {数个犯罪行为之间必须具有方法上或结果上的紧密联系} = {牵连犯一定具有两个以上的犯罪行为，在两个行为中，一个是目的行为，另一个是方法行为或结果行为，方法行为或结果行为紧紧服从或派生于目的行为，即具有必然的牵连关系}；

则 A = A1∪A2∪A3，即 {牵连犯} = {行为人出于一个犯罪目的}∪{行为人实施了数个危害行为，且数行为分别独立成罪}∪{行为人所实施的数个犯罪行为之间必须具有方法上或结果上的紧密联系} = {行为人出于一个犯罪目的，行为人实施了数个危害行为，且数行为分别独立成罪，行为人所实施的数个犯罪行为之间必须具有方法上或结果上的紧密联系}。

二、吸收犯的概念与特征

（一）吸收犯的概念

吸收犯，是指对事实上存在的数个犯罪行为，司法定罪中出于多方面策略的考虑，以其中一行为吸收其余行为，仅仅成立吸收行为一个罪名的情况。

（二）吸收犯的特征

关于吸收犯的特征，根据我国刑法理论的通说，主要有以下几个方面，用集合表现为：

设 B 为吸收犯的集合，则 B = {吸收犯}；

设 B1 为吸收犯的前提特征的集合，则 B1 = {行为人必须具有数个犯罪行为}；

设 B2 为吸收犯的客观特征的集合，则 B2 = {行为人的数个行为之间存在吸收关系} = {这种吸收关系有三种情形，即重行为吸收轻行为、实行行为吸收预备行为、主行为吸收从行为}；

设 B3 为吸收犯的罪名特征的集合，则 B3 = {行为人实施的数个犯罪行为必须侵犯同一或者相同的直接客体，并且指向同一的具体犯罪对象}；

则 B = B1∪B2∪B3，即 {吸收犯} = {行为人必须具有数个犯罪行为}∪{行为人的数个行为之间存在吸收关系}∪{行为人所实施的数个犯罪行为必须侵犯同一或者相同的直接客体，并且指向同一的具体犯罪对象} = {行为人必须具有数个犯罪行为，行为人所实施的数个行为之间存在吸收关系，行为人所实施的数个犯罪行为必须侵犯同一或者相同的直接客体，并且指向同一的具体犯罪对象}。

三、牵连犯与吸收犯的异同

A = {牵连犯}；B = {吸收犯}

A∩B = {牵连犯}∩{吸收犯} = {行为人出于一个犯罪目的，行为人实施了数个危害行为，且数行为分别独立成罪，数个犯罪行为之间必须具有方法上或结果上的紧密联系}∩{行为人必须具有数个犯罪行为，行为人所实施的数个行为之间存在吸收关系，行为人实施的数个犯罪行为必须侵犯同一或者相同的直接客体，并且指向同一的具体犯罪对象}={行为人出于一个犯罪目的，行为人实施了数个危害行为，且数行为分别独立成罪}。

A∪B={牵连犯}∪{吸收犯}={行为人出于一个犯罪目的，行为人实施了数个危害行为，且数行为分别独立成罪，数个犯罪行为之间必须具有方法上或结果上的紧密联系}∪{行为人必须具有数个犯罪行为，行为人所实施的数个行为之间存在吸收关系，行为人实施的数个犯罪行为必须侵犯同一或者相同的直接客体，并且指向同一的具体犯罪对象}={行为人出于一个犯罪目的，行为人实施了数个危害行为，且数行为分别独立成罪，数个犯罪行为之间必须具有方法上或结果上的紧密联系，行为人必须具有数个犯罪行为，行为人所实施的数个行为之间存在吸收关系，行为人实施的数个犯罪行为必须侵犯同一或者相同的直接客体，并且指向同一的具体犯罪对象}。

那么，牵连犯与吸收犯的相同点：A∩B={行为人出于一个犯罪目的，行为人实施了数个危害行为，且数行为分别独立成罪}。

牵连犯与吸收犯的不同点：A∪B−A∩B={数个犯罪行为之间必须具有方法上或结果上的紧密联系，行为人的数个行为之间存在吸收关系，行为人实施的数个犯罪行为必须侵犯同一或者相同的直接客体，并且指向同一的具体犯罪对象}。

第六章

刑罚的种类

第一节　拘役与有期徒刑

一、拘役的概念与特征

（一）拘役的概念

拘役，是指人民法院依法短期剥夺犯罪分子人身自由，就近实行劳动改造的刑罚方法。

（二）拘役的特征

关于拘役的特征，根据我国刑法的有关规定，主要有以下几个方面，用集合表现为：

设 A 为拘役的集合，则 A = {拘役}；

设 A1 为拘役的法律性质的集合，则 A1 = {拘役是我国刑法规定的一种较轻的刑罚方法}；

设 A2 为拘役的适用对象的集合，则 A2 = {拘役适用于犯罪性质比较轻微、社会危害性不大的犯罪分子}；

设 A3 为拘役的适用期限的集合，则 A3 = {拘役的期限为 1 个月以上 6 个月以下，数罪并罚时最高可以达到 1 年}；

设 A4 为拘役的适用机关的集合，则 A4 = {拘役由人民法院判决、公安机关就近执行。拘役一般由罪犯所在的市、县或市辖区公安机关设立的拘役所执行，没有拘役所的，可以在离罪犯所在地较近的监狱或者看守所执行}；

则 A ＝ A1∪A2∪A3∪A4，即 ｛拘役｝＝｛拘役是我国刑法规定的一种较轻的刑罚方法｝∪｛拘役适用于犯罪性质比较轻微、社会危害性不大的犯罪分子｝∪｛拘役的期限为 1 个月以上 6 个月以下，数罪并罚时最高可以达到 1 年｝∪｛拘役由人民法院判决、公安机关就近执行，拘役一般由罪犯所在的市、县或市辖区公安机关设立的拘役所执行，没有拘役所的，可以在离罪犯所在地较近的监狱或者看守所执行｝＝｛拘役是我国刑法规定的一种较轻的刑罚方法，拘役适用于犯罪性质比较轻微、社会危害性不大的犯罪分子，拘役的期限为 1 个月以上 6 个月以下，数罪并罚时最高可以达到 1 年，拘役由人民法院判决、公安机关就近执行，拘役一般由罪犯所在的市、县或市辖区公安机关设立的拘役所执行，没有拘役所的，可以在离罪犯所在地较近的监狱或者看守所执行｝。

二、有期徒刑的概念与特征

（一）有期徒刑的概念

有期徒刑，是指人民法院依法剥夺犯罪分子一定期限的人身自由，实行强制劳动改造的刑罚方法。

（二）有期徒刑的特征

关于有期徒刑的特征，根据我国刑法的有关规定，主要有以下几个方面，用集合表现为：

设 B 为有期徒刑的集合，则 B ＝｛有期徒刑｝；

设 B1 为有期徒刑的法律性质的集合，则 B1 ＝｛有期徒刑是我国刑法规定的一种较重的刑罚方法｝；

设 B2 为有期徒刑的适用对象的集合，则 B2 ＝｛有期徒刑适用

于犯罪性质比较严重、社会危害性较大的犯罪分子};

设 B3 为有期徒刑的适用期限的集合，则 B3 ={有期徒刑的期限为 6 个月以上 15 年以下，数罪并罚时最高可以达到 25 年}；

设 B4 为有期徒刑的执行方式的集合，则 B4 ={有期徒刑一般在监狱或者其他劳动场所执行，凡有劳动能力的，一律强制参加劳动}；

则 B = B1∪B2∪B3∪B4，即 {有期徒刑} = {有期徒刑是我国刑法规定的一种较重的刑罚方法}∪{有期徒刑适用于犯罪性质比较严重、社会危害性较大的犯罪分子}∪{有期徒刑的期限为 6 个月以上 15 年以下，数罪并罚时最高可以达到 25 年}∪{有期徒刑一般在监狱或者其他劳动场所执行，凡有劳动能力的，一律强制参加劳动} = {有期徒刑是我国刑法规定的一种较重的刑罚方法，有期徒刑适用于犯罪性质比较严重、社会危害性较大的犯罪分子，有期徒刑的期限为 6 个月以上 15 年以下，数罪并罚时最高可以达到 25 年，有期徒刑一般在监狱或者其他劳动场所执行，凡有劳动能力的，一律强制参加劳动}。

三、拘役与有期徒刑的异同

A = {拘役}；B = {有期徒刑}

A∩B = {拘役}∩{有期徒刑} = {拘役是我国刑法规定的一种较轻的刑罚方法，拘役适用于犯罪性质比较轻微、社会危害性不大的犯罪分子，拘役的期限为 1 个月以上 6 个月以下，数罪并罚时最高可以达到 1 年，拘役由人民法院判决、公安机关就近执行，拘役一般由罪犯所在的市、县或市辖区公安机关设立的拘役所执行，没有拘役所的，可以在离罪犯所在地较近的监狱或者看守所执行}∩{有期徒刑是我国刑法规定的一种较重的刑罚方法，有期徒刑适用于犯罪性质比较严重、社会危害性较大的犯罪分子，有期徒刑的期限为 6 个月以上 15 年以下，数罪并罚时最高可以达到 25 年，有期徒刑一般在监狱或者其他劳动场所执行，凡有劳动能力的，一律强制参加劳动｝＝｛我国刑法规定的一种的刑罚方法，适用于犯罪分子，具有一定的期限，由人民法院判决，属于剥夺自由刑，由司法机关进行关押改造｝。

　　A∪B =｛拘役｝∪｛有期徒刑｝=｛拘役是我国刑法规定的一种较轻的刑罚方法，拘役适用于犯罪性质比较轻微、社会危害性不大的犯罪分子，拘役的期限为 1 个月以上 6 个月以下，数罪并罚时最高可以达到 1 年，拘役由人民法院判决、公安机关就近执行，拘役一般由罪犯所在的市、县或市辖区公安机关设立的拘役所执行，没有拘役所的，可以在离罪犯所在地较近的监狱或者看守所执行｝∪｛有期徒刑是我国刑法规定的一种较重的刑罚方法，有期徒刑适用于犯罪性质比较严重、社会危害性较大的犯罪分子，有期徒刑的期限为 6 个月以上 15 年以下，数罪并罚时最高可以达到 25 年，有期徒刑一般在监狱或者其他劳动场所执行，凡有劳动能力的，一律强制参加劳动｝=｛拘役是我国刑法规定的一种较轻的刑罚方法，拘役适用于犯罪性质比较轻微、社会危害性不大的犯罪分子，拘役的期限为 1 个月以上 6 个月以下，数罪并罚时最高可以达到 1 年，拘役由人民法院判决、公安机关就近执行，拘役一般由罪犯所在的市、县或市辖区公安机关设立的拘役所执行，没有拘役所的，可以在离罪犯所在地较近的监狱或者看守所执行，有期徒刑是我国刑法规定的一种较重的刑罚方法，有期徒刑适用于犯罪性质比较严重、社会危害性较大的犯罪分子，有期徒刑的期限为 6 个月以上 15 年以下，数罪并罚时最高可以达到 25 年，有期徒刑一般在监狱或者其他劳动场所执行，凡有劳动能力的，一律强制参加劳动｝。

　　那么，拘役与有期徒刑的相同点：A∩B =｛我国刑法规定的一种的刑罚方法，适用于犯罪分子，具有一定的期限，由人民法院判决，属于剥夺自由刑，由司法机关进行关押改造｝。

拘役与有期徒刑的不同点：A∪B−A∩B＝{拘役是我国刑法规定的一种较轻的刑罚方法，拘役适用于犯罪性质比较轻微、社会危害性不大的犯罪分子，拘役的期限为 1 个月以上 6 个月以下，数罪并罚时最高可以达到 1 年，拘役由人民法院判决、公安机关就近执行，拘役一般由罪犯所在的市、县或市辖区公安机关设立的拘役所执行，没有拘役所的，可以在离罪犯所在地较近的监狱或者看守所执行，有期徒刑是我国刑法规定的一种较重的刑罚方法，有期徒刑适用于犯罪性质比较严重、社会危害性较大的犯罪分子，有期徒刑的期限为 6 个月以上 15 年以下，数罪并罚时最高可以达到 25 年，有期徒刑一般在监狱或者其他劳动场所执行，凡有劳动能力的，一律强制参加劳动}。

第二节　有期徒刑与无期徒刑

一、有期徒刑的概念与特征

（一）有期徒刑的概念

有期徒刑，是指人民法院依法剥夺犯罪分子一定期限的人身自由，实行强制劳动改造的刑罚方法。

（二）有期徒刑的特征

关于有期徒刑的特征，根据我国刑法的有关规定，主要有以下几个方面，用集合表现为：

设 A 为有期徒刑的集合，则 A＝{有期徒刑}；

设 A1 为有期徒刑的法律性质的集合，则 A1＝{有期徒刑是我国刑法规定的一种较重的刑罚方法}；

设 A2 为有期徒刑的适用对象的集合，则 A2＝{有期徒刑适用

于犯罪性质比较严重、社会危害性较大的犯罪分子|；

设 A3 为有期徒刑的适用期限的集合，则 A3 = |有期徒刑的期限为 6 个月以上 15 年以下，数罪并罚时最高可以达到 25 年|；

设 A4 为有期徒刑的执行方式的集合，则 A4 = |有期徒刑一般在监狱或者其他劳动场所执行，凡有劳动能力的，一律强制参加劳动|；

则 A = A1∪A2∪A3∪A4，即 |有期徒刑| = |有期徒刑是我国刑法规定的一种较重的刑罚方法|∪|有期徒刑适用于犯罪性质比较严重、社会危害性较大的犯罪分子|∪|有期徒刑的期限为 6 个月以上 15 年以下，数罪并罚时最高可以达到 25 年|∪|有期徒刑一般在监狱或者其他劳动场所执行，凡有劳动能力的，一律强制参加劳动| = |有期徒刑是我国刑法规定的一种较重的刑罚方法，有期徒刑适用于犯罪性质比较严重、社会危害性较大的犯罪分子，有期徒刑的期限为 6 个月以上 15 年以下，数罪并罚时最高可以达到 25 年，有期徒刑一般在监狱或者其他劳动场所执行，凡有劳动能力的，一律强制参加劳动|。

二、无期徒刑的概念与特征

（一）无期徒刑的概念

无期徒刑，是指人民法院依法剥夺犯罪分子终身自由，实行强制劳动改造的刑罚方法。

（二）无期徒刑的特征

关于无期徒刑的特征，根据我国刑法的有关规定，主要有以下几个方面，用集合表现为：

设 B 为无期徒刑的集合，则 B = |无期徒刑|；

设 B1 为无期徒刑的法律性质的集合，则 B1 = |无期徒刑是我国刑法规定的一种严重的刑罚方法|；

设 B2 为无期徒刑的适用对象的集合，则 B2 = {无期徒刑适用于犯罪性质非常严重、社会危害性极大的犯罪分子}；

设 B3 为无期徒刑的适用期限的集合，则 B3 = {无期徒刑的期限为剥夺终身自由}；

设 B4 为无期徒刑的执行方式的集合，则 B4 = {无期徒刑一般在监狱或者其他劳动场所执行，凡有劳动能力的，一律强制参加劳动}；

则 B = B1∪B2∪B3∪B4，即 {无期徒刑} = {无期徒刑是我国刑法规定的一种严重的刑罚方法}∪{无期徒刑适用于犯罪性质非常严重、社会危害性极大的犯罪分子}∪{无期徒刑的期限为剥夺终身自由}∪{无期徒刑一般在监狱或者其他劳动场所执行，凡有劳动能力的，一律强制参加劳动} = {无期徒刑是我国刑法规定的一种严重的刑罚方法，无期徒刑适用于犯罪性质非常严重、社会危害性极大的犯罪分子，无期徒刑的期限为剥夺终身自由，无期徒刑一般在监狱或者其他劳动场所执行，凡有劳动能力的，一律强制参加劳动}。

三、有期徒刑与无期徒刑的异同

A = {有期徒刑}；B = {无期徒刑}

A∩B = {有期徒刑}∩{无期徒刑} = {有期徒刑是我国刑法规定的一种较重的刑罚方法，有期徒刑适用于犯罪性质比较严重、社会危害性较大的犯罪分子，有期徒刑的期限为 6 个月以上 15 年以下，数罪并罚时最高可以达到 25 年，有期徒刑一般在监狱或者其他劳动场所执行，凡有劳动能力的，一律强制参加劳动}∩{无期徒刑是我国刑法规定的一种严重的刑罚方法，无期徒刑适用于犯罪性质非常严重、社会危害性极大的犯罪分子，无期徒刑的期限为剥夺终身自由，无期徒刑一般在监狱或者其他劳动场所执行，凡有劳动能力的，一律强制参加劳动} = {我国刑法规定的一种的刑罚方法，由人民法院判决，适用于犯罪分子，属于剥夺自由刑，一般在监狱或者其他劳动场所执行，凡有劳动能力的，一律强制参加劳动｝。

A∪B = ｛有期徒刑｝∪｛无期徒刑｝= ｛有期徒刑是我国刑法规定的一种较重的刑罚方法，有期徒刑适用于犯罪性质比较严重、社会危害性较大的犯罪分子，有期徒刑的期限为 6 个月以上 15 年以下，数罪并罚时最高可以达到 25 年，有期徒刑一般在监狱或者其他劳动场所执行，凡有劳动能力的，一律强制参加劳动｝∪｛无期徒刑是我国刑法规定的一种严重的刑罚方法，无期徒刑适用于犯罪性质非常严重、社会危害性极大的犯罪分子，无期徒刑的期限为剥夺终身自由，无期徒刑一般在监狱或者其他劳动场所执行，凡有劳动能力的，一律强制参加劳动｝= ｛有期徒刑是我国刑法规定的一种较重的刑罚方法，有期徒刑适用于犯罪性质比较严重、社会危害性较大的犯罪分子，有期徒刑的期限为 6 个月以上 15 年以下，数罪并罚时最高可以达到 25 年；无期徒刑是我国刑法规定的一种严重的刑罚方法，无期徒刑适用于犯罪性质非常严重、社会危害性极大的犯罪分子，无期徒刑的期限为剥夺终身自由，一般在监狱或者其他劳动场所执行，凡有劳动能力的，一律强制参加劳动｝。

那么，有期徒刑与无期徒刑的相同点：A∩B = ｛我国刑法规定的一种刑罚方法，由人民法院判决，适用于犯罪分子，属于剥夺自由刑，一般在监狱或者其他劳动场所执行，凡有劳动能力的，一律强制参加劳动｝。

有期徒刑与无期徒刑的不同点：A∪B – A∩B = ｛有期徒刑是我国刑法规定的一种较重的刑罚方法，有期徒刑适用于犯罪性质比较严重、社会危害性较大的犯罪分子，有期徒刑的期限为 6 个月以上 15 年以下，数罪并罚时最高可以达到 25 年，无期徒刑是我国刑法规定的一种严重的刑罚方法，无期徒刑适用于犯罪性质非常严重、社会危害性极大的犯罪分子，无期徒刑的期限为剥夺终身自由}。

第三节　死刑与死缓

一、死刑的概念与特征

（一）死刑的概念

死刑，又称生命刑，或者极刑，是指人民法院依法剥夺犯罪分子生命的刑罚方法。

（二）死刑的特征

关于死刑的适用限制，根据我国刑法与刑事诉讼法的有关规定，主要有以下几个方面，用集合表现为：

设 A 为死刑的集合，则 A = {死刑}；

设 A1 为死刑的适用机关的集合，则 A1 = {根据我国刑法与刑事诉讼法的规定，死刑只能由中级以上人民法院判决}；

设 A2 为死刑的适用范围的集合，则 A2 = {根据《刑法》第48 条规定，死刑只适用于罪行极其严重的犯罪分子} = {所谓罪行极其严重是指犯罪行为对国家和人民利益危害特别严重、情节特别恶劣}；

设 A3 为死刑的适用对象的集合，则 A3 = {根据《刑法》第49 条规定，犯罪的时候不满 18 周岁的人和审判的时候怀孕的妇女，不适用死刑；审判的时候已满 75 周岁的人，不适用死刑，但以特别残忍手段致人死亡的除外}；

设 A4 为死刑的适用程序的集合，则 A4 = {根据《刑法》第48 条规定，死刑除依法由最高人民法院判决的以外，都应当报经最高人民法院核准｝；

则 A = A1∪A2∪A3∪A4，即 ｛死刑｝=｛根据我国刑法与刑事诉讼法的规定，死刑只能由中级以上人民法院判决｝∪｛根据《刑法》第48条规定，死刑只适用于罪行极其严重的犯罪分子｝∪｛根据《刑法》第49条规定，犯罪的时候不满18周岁的人和审判的时候怀孕的妇女，不适用死刑；审判的时候已满75周岁的人，不适用死刑，但以特别残忍手段致人死亡的除外｝∪｛根据《刑法》第48条规定，死刑除依法由最高人民法院判决的以外，都应当报经最高人民法院核准｝=｛根据我国刑法与刑事诉讼法的规定，死刑只能由中级以上人民法院判决，根据《刑法》第48条规定，死刑只适用于罪行极其严重的犯罪分子，根据《刑法》第49条规定，犯罪的时候不满18周岁的人和审判的时候怀孕的妇女，不适用死刑；审判的时候已满75周岁的人，不适用死刑，但以特别残忍手段致人死亡的除外，根据《刑法》第48条规定，死刑除依法由最高人民法院判决的以外，都应当报经最高人民法院核准｝。

二、死缓的概念与特征

（一）死缓的概念

死缓，是死刑缓期执行的简称，根据我国《刑法》第48条规定，它是指对于应当判处死刑的犯罪分子，如果不是必须立即执行的，可以判处死刑同时宣告缓期二年执行。

（二）死缓的特征

关于死缓的适用限制，根据我国刑法与刑事诉讼法的有关规定，主要有以下几个方面，用集合表现为：

设 A 为死缓的集合，则 A =｛死缓｝；

设 A1 为死缓的适用机关的集合，则 A1 =｛根据我国刑法与刑事诉讼法的规定，死缓只能由中级以上人民法院判决｝；

设 A2 为死缓的适用范围的集合，则 A2 = {根据刑法规定，死缓只适用于罪该处死不是必须立即执行的犯罪分子}；

设 A3 为死缓的适用对象的集合，则 A3 = {根据《刑法》第 49 条规定，犯罪的时候不满 18 周岁的人和审判的时候怀孕的妇女，不适用死刑，也不适用死缓；除以特别残忍手段致人死亡的，审判的时候已满 75 周岁的人，不适用死刑，也不适用死缓}；

设 A4 为死缓的适用程序的集合，则 A4 = {根据《刑法》第 48 条规定，死刑缓期执行的，可以由高级人民法院判决或者核准}；

则 A = A1∪A2∪A3∪A4，即 {死缓} = {根据我国刑法与刑事诉讼法的规定，死缓只能由中级以上人民法院判决}∪{根据刑法规定，死缓只适用于罪该处死不是必须立即执行的犯罪分子}∪{根据《刑法》第 49 条规定，犯罪的时候不满 18 周岁的人和审判的时候怀孕的妇女，不适用死刑，也不适用死缓；除以特别残忍手段致人死亡的，审判的时候已满 75 周岁的人，不适用死刑，也不适用死缓}∪{根据《刑法》第 48 条规定，死刑缓期执行的，可以由高级人民法院判决或者核准} = {根据我国刑法与刑事诉讼法的规定，死刑只能由中级以上人民法院判决，根据刑法规定，死缓只适用于罪该处死不是必须立即执行的犯罪分子，根据《刑法》第 49 条规定，犯罪的时候不满 18 周岁的人和审判的时候怀孕的妇女，不适用死刑，也不适用死缓；除以特别残忍手段致人死亡的，审判的时候已满 75 周岁的人，不适用死刑，也不适用死缓，根据《刑法》第 48 条规定，死刑缓期执行的，可以由高级人民法院判决或者核准}。

三、死刑与死缓的异同

A = {死刑}；B = {死缓}

A∩B = {死刑}∩{死缓} = {根据我国刑法与刑事诉讼法的规

定，死刑只能由中级以上人民法院判决，根据《刑法》第 48 条规定，死刑只适用于罪行极其严重的犯罪分子，根据《刑法》第 49 条规定，犯罪的时候不满 18 周岁的人和审判的时候怀孕的妇女，不适用死刑；审判的时候已满 75 周岁的人，不适用死刑，但以特别残忍手段致人死亡的除外，根据《刑法》第 48 条规定，死刑除依法由最高人民法院判决的以外，都应当报经最高人民法院核准 ⌋ ∩ ⌈根据我国刑法与刑事诉讼法的规定，死缓只能由中级以上人民法院判决，根据刑法规定，死缓只适用于罪该处死不是必须立即执行的犯罪分子，根据《刑法》第 49 条规定，犯罪的时候不满 18 周岁的人和审判的时候怀孕的妇女，不适用死刑，也不适用死缓；除以特别残忍手段致人死亡的，审判的时候已满 75 周岁的人，不适用死刑，也不适用死缓，根据《刑法》第 48 条规定，死刑缓期执行的，可以由高级人民法院判决或者核准 ⌋ ＝ ⌈根据我国刑法与刑事诉讼法的规定，死刑只能由中级以上人民法院判决，根据《刑法》第 49 条规定，犯罪的时候不满 18 周岁的人和审判的时候怀孕的妇女，不适用死刑，也不适用死缓；除以特别残忍手段致人死亡的，审判的时候已满 75 周岁的人，不适用死刑，也不适用死缓 ⌋。

A∪B ＝ ⌈死刑⌋ ∪ ⌈死缓⌋ ＝ ⌈根据我国刑法与刑事诉讼法的规定，死刑只能由中级以上人民法院判决，根据《刑法》第 48 条规定，死刑只适用于罪行极其严重的犯罪分子，根据《刑法》第 49 条规定，犯罪的时候不满 18 周岁的人和审判的时候怀孕的妇女，不适用死刑；审判的时候已满 75 周岁的人，不适用死刑，但以特别残忍手段致人死亡的除外，根据《刑法》第 48 条规定，死刑除依法由最高人民法院判决的以外，都应当报经最高人民法院核准 ⌋ ∪ ⌈根据我国刑法与刑事诉讼法的规定，死缓只能由中级以上人民法院判决，根据刑法规定，死缓只适用于罪该处死不是必须立即执行的犯罪分子，根据《刑法》第 49 条规定，犯罪的时候不满 18

周岁的人和审判的时候怀孕的妇女，不适用死刑，也不适用死缓；除以特别残忍手段致人死亡的，审判的时候已满75周岁的人，不适用死刑，也不适用死缓，根据《刑法》第48条规定，死刑缓期执行的，可以由高级人民法院判决或者核准}=｛根据我国刑法与刑事诉讼法的规定，死刑只能由中级以上人民法院判决，根据《刑法》第48条规定，死刑只适用于罪行极其严重的犯罪分子，根据《刑法》第49条规定，犯罪的时候不满18周岁的人和审判的时候怀孕的妇女，不适用死刑，也不适用死缓；除以特别残忍手段致人死亡的，审判的时候已满75周岁的人，不适用死刑，也不适用死缓，根据《刑法》第48条规定，死刑除依法由最高人民法院判决的以外，都应当报经最高人民法院核准，死缓只适用于罪该处死不是必须立即执行的犯罪分子，死刑缓期执行的，可以由高级人民法院判决或者核准}。

那么，死刑与死缓的相同点：A∩B=｛根据我国刑法与刑事诉讼法的规定，死刑只能由中级以上人民法院判决，根据《刑法》第49条规定，犯罪的时候不满18周岁的人和审判的时候怀孕的妇女，不适用死刑，也不适用死缓；除以特别残忍手段致人死亡的，审判的时候已满75周岁的人，不适用死刑，也不适用死缓}。

死刑与死缓的不同点：A∪B–A∩B=｛根据《刑法》第48条规定，死刑只适用于罪行极其严重的犯罪分子，死缓只适用于罪该处死不是必须立即执行的犯罪分子，根据《刑法》第48条规定，死刑除依法由最高人民法院判决的以外，都应当报经最高人民法院核准，根据《刑法》第48条规定，死刑缓期执行的，可以由高级人民法院判决或者核准}。

第七章

刑罚的裁量

第一节 普通累犯与特殊累犯

一、普通累犯的概念与特征

（一）普通累犯的概念

普通累犯，亦称一般累犯，根据《刑法》第 65 条第 1 款的规定，累犯是指被判处有期徒刑以上刑罚的犯罪分子，刑罚执行完毕或者赦免以后，在 5 年以内再犯应当判处有期徒刑以上刑罚之罪的犯罪分子。

（二）普通累犯的特征

关于普通累犯的特征，根据我国刑法的上述规定，主要有以下几个方面，用集合表现为：

设 A 为普通累犯的集合，则 A ={普通累犯}；

设 A1 为普通累犯的罪质条件的集合，则 A1 ={前罪与后罪都是故意犯罪} ={根据我国刑法规定前罪与后罪只能是故意犯罪。也就是说，前后两罪都是过失犯罪或其中有一是过失犯罪，即不构成累犯}；

设 A2 为普通累犯的刑度条件的集合，则 A2 ={前罪所判处的刑罚和后罪应当判处的刑罚均是有期徒刑以上的刑罚}={如果前后各罪所判的刑罚均低于有期徒刑，或者其中一个低于有期徒刑，则不构成普通累犯}；

设 A3 为普通累犯的时间条件的集合，则 A3 ={后罪发生在前罪的刑罚执行完毕或者赦免以后 5 年内}={所谓刑罚执行完毕，是指主刑执行完毕，不包括附加刑在内。主刑执行完毕，附加刑尚在执行中的犯罪分子又犯新罪的，不影响累犯的成立}；

设 A4 为普通累犯的年龄条件的集合，则 A4 ={前罪与后罪都是在已满 18 周岁后所犯}={犯罪人犯后罪时仍不满 18 周岁，或者犯罪人犯前罪时不满 18 周岁，犯后罪时虽然已经满 18 周岁，都不构成累犯}；

则 A = A1∪A2∪A3∪A4，即 {普通累犯}={前罪与后罪都是故意犯罪}∪{前罪所判处的刑罚和后罪应当判处的刑罚均是有期徒刑以上的刑罚}∪{后罪发生在前罪的刑罚执行完毕或者赦免以后 5 年内}∪{前罪与后罪都是在已满 18 周岁后所犯}={前罪与后罪都是故意犯罪，前罪所判处的刑罚和后罪应当判处的刑罚均是有期徒刑以上的刑罚，后罪发生在前罪的刑罚执行完毕或者赦免以后 5 年内，前罪与后罪都是在已满 18 周岁后所犯}。

二、特殊累犯的概念与特征

（一）特殊累犯的概念

根据《刑法》第 66 条的规定，特殊累犯，即指因危害国家安全犯罪、恐怖活动犯罪、黑社会性质的组织犯罪被判刑，在刑罚执行完毕或者赦免以后，再犯危害国家安全犯罪、恐怖活动犯罪、黑社会性质的组织犯罪的犯罪分子。

（二）特殊累犯的特征

关于特殊累犯的特征，根据我国刑法的上述规定，主要有以下几个方面，用集合表现为：

设 B 为特殊累犯的集合，则 B = {特殊累犯}；

设 B1 为特殊累犯的罪质条件的集合，则 B1 = {前罪与后罪都是危害国家安全犯罪、恐怖活动犯罪、黑社会性质的组织犯罪中的任一具体犯罪} = {如果前后罪中有一罪是其他类犯罪的，不构成特殊累犯，如果符合普通累犯条件的，可以构成普通累犯}；

设 B2 为特殊累犯的刑度条件的集合，则 B2 = {前罪所判刑罚和后罪应判刑罚的轻重不受限制} = {即使前后两罪或者其中一罪判处了管制、拘役甚至单处附加刑的，均不影响特殊累犯的构成}；

设 B3 为特殊累犯的时间条件的集合，则 B3 = {后罪可以发生在前罪刑罚执行完毕或者赦免以后的任何时候，不受两罪间隔时间长短的限制}；

则 B = B1∪B2∪B3，即 {特殊累犯} = {前罪与后罪都是危害国家安全犯罪、恐怖活动犯罪、黑社会性质的组织犯罪中的任一具体犯罪}∪{前罪所判刑罚和后罪应判刑罚的轻重不受限制}∪{后罪可以发生在前罪刑罚执行完毕或者赦免以后的任何时候，不受两罪间隔时间长短的限制} = {前罪与后罪都是危害国家安全犯罪、恐怖活动犯罪、黑社会性质的组织犯罪中的任一具体犯罪，前罪所判刑罚和后罪应判刑罚的轻重不受限制，后罪可以发生在前罪刑罚执行完毕或者赦免以后的任何时候，不受两罪间隔时间长短的限制}。

三、普通累犯与特殊累犯的异同

A = {普通累犯}；B = {特殊累犯}

A∩B = {普通累犯}∩{特殊累犯} = {前罪与后罪都是故意犯罪，前罪所判处的刑罚和后罪应当判处的刑罚均是有期徒刑以上的刑罚，后罪发生在前罪的刑罚执行完毕或者赦免以后 5 年内，前罪与后罪都是在已满 18 周岁后所犯}∩{前罪与后罪都是危害国家安全犯罪、恐怖活动犯罪、黑社会性质的组织犯罪中的任一具体犯罪，前罪所判刑罚和后罪应判刑罚的轻重不受限制，后罪可以发生在前罪刑罚执行完毕或者赦免以后的任何时候，不受两罪间隔时间长短的限制} = {前罪与后罪都是故意犯罪，后罪发生在前罪的刑罚执行完毕或者赦免以后}。

A∪B = {普通累犯}∪{特殊累犯} = {前罪与后罪都是故意犯罪，前罪所判处的刑罚和后罪应当判处的刑罚均是有期徒刑以上的刑罚，后罪发生在前罪的刑罚执行完毕或者赦免以后 5 年内，前罪与后罪都是在已满 18 周岁后所犯}∪{前罪与后罪都是危害国家安全犯罪、恐怖活动犯罪、黑社会性质的组织犯罪中的任一具体犯罪，前罪所判刑罚和后罪应判刑罚的轻重不受限制，后罪可以发生在前罪刑罚执行完毕或者赦免以后的任何时候，不受两罪间隔时间长短的限制} = {前罪与后罪都是故意犯罪，前罪所判处的刑罚和后罪应当判处的刑罚均是有期徒刑以上的刑罚，后罪发生在前罪的刑罚执行完毕或者赦免以后 5 年内，前罪与后罪都是在已满 18 周岁后所犯；前罪与后罪都是危害国家安全犯罪、恐怖活动犯罪、黑社会性质的组织犯罪中的任一具体犯罪，前罪所判刑罚和后罪应判刑罚的轻重不受限制，后罪可以发生在前罪刑罚执行完毕或者赦免以后的任何时候，不受两罪间隔时间长短的限制}。

那么，普通累犯与特殊累犯的相同点：A∩B = {前罪与后罪都是故意犯罪，后罪发生在前罪的刑罚执行完毕或者赦免以后}。

普通累犯与特殊累犯的不同点：A∪B − A∩B = {前罪所判处的刑罚和后罪应当判处的刑罚均是有期徒刑以上的刑罚，后罪发生在前罪的刑罚执行完毕或者赦免以后 5 年内，前罪与后罪都是在已满 18 周岁后所犯，前罪与后罪都是危害国家安全犯罪、恐怖活动犯罪、黑社会性质的组织犯罪中的任一具体犯罪，前罪所判刑罚和后罪应判刑罚的轻重不受限制，后罪可以发生在前罪刑罚执行完毕或者赦免以后的任何时候，不受两罪间隔时间长短的限制}。

第二节　一般自首与余罪自首

一、一般自首的概念与特征

（一）一般自首的概念

根据《刑法》第 67 条的规定，一般自首，是指犯罪分子犯罪以后自动投案，如实供述自己的罪行的行为。根据刑法的规定，一般自首的成立需要具备两个条件，即自动投案和如实供述自己的罪行。

（二）一般自首的特征

关于一般自首的特征，根据我国刑法的上述规定，主要有以下几个方面，用集合表现为：

设 A 为一般自首的集合，则 A ={一般自首}；

设 A1 为一般自首的适用对象的集合，则 A1 ={一般自首的适用对象}={是指犯罪之后，犯罪事实未被司法机关发觉，或者虽被发觉，但尚未受到讯问、未被采取强制措施时的犯罪嫌疑人}；

设 A2 为一般自首的供罪要求的集合，则 A2 ={一般自首的供罪要求}={自动投案}；

设 A3 为一般自首的供罪内容的集合，则 A3 ={一般自首的供罪内容}={如实供述自己的罪行}={犯罪嫌疑人自动投案后，如实交代自己的主要犯罪事实}；

则 A = A1 ∪ A2 ∪ A3，即 {一般自首}={一般自首的适用对象}={犯罪之后，犯罪事实未被司法机关发觉，或者虽被发觉，但尚未受到讯问、未被采取强制措施时的犯罪嫌疑人}∪{一般自首的供罪要求}={自动投案}∪{一般自首的供罪内容}={如实供述自己的罪行}={犯罪嫌疑人自动投案后,如实交代自己的主要犯罪事实}={犯罪之后,犯罪事实未被司法机关发觉,或者虽被发觉,但尚未受到讯问、未被采取强制措施时的犯罪嫌疑人,自动投案,如实供述自己的罪行}。

二、余罪自首的概念与特征

(一) 余罪自首的概念

所谓余罪自首,是指被采取强制措施的犯罪嫌疑人、被告人和正在服刑的罪犯,如实供述司法机关还未掌握的本人其他罪行的行为。

(二) 余罪自首的特征

关于余罪自首的特征,根据我国刑法的上述规定,主要有以下几个方面,用集合表现为:

设 B 为余罪自首的集合,则 B={余罪自首};

设 B1 为余罪自首的适用对象的集合,则 B1={余罪自首的适用对象}={是已被采取强制措施的犯罪嫌疑人、被告人和正在服刑的罪犯};

设 B2 为余罪自首的供罪要求的集合,则 B2={余罪自首的供罪要求}={如实供述了自己的其他罪行}={所谓其他罪行,是相对于已被查获的罪行而言的,指的是犯罪嫌疑人、被告人和服刑的罪犯被指控、处理的罪行以外的罪行};

设 B3 为余罪自首的供罪内容的集合,则 B3={余罪自首的供罪内容}={所供述的罪行须是尚未被司法机关发觉的罪行};

则 B=B1∪B2∪B3,即 {余罪自首}={余罪自首的适用对象是已被采取强制措施的犯罪嫌疑人、被告人和正在服刑的罪犯}∪

｛余罪自首的供罪要求是如实供述了自己的其他罪行｝∪｛余罪自首的供罪内容是行为人所供述的罪行须是尚未被司法机关发觉的罪行｝＝｛余罪自首的适用对象是已被采取强制措施的犯罪嫌疑人、被告人和正在服刑的罪犯，余罪自首的供罪要求是如实供述了自己的其他罪行，余罪自首的供罪内容是行为人所供述的罪行须是尚未被司法机关发觉的罪行｝。

三、一般自首与余罪的自首的异同

A＝｛一般自首｝；B＝｛余罪自首｝

A∩B＝｛一般自首｝∩｛余罪自首｝＝｛一般自首的适用对象是指犯罪之后，犯罪事实未被司法机关发觉，或者虽被发觉，但尚未受到讯问、未被采取强制措施时的犯罪嫌疑人，一般自首的供罪要求是自动投案，一般自首的供罪内容是犯罪嫌疑人自动投案后，如实交代自己的主要犯罪事实｝∩｛余罪的自首的适用对象是已被采取强制措施的犯罪嫌疑人、被告人和正在服刑的罪犯，余罪的自首的供罪要求是如实供述了自己的其他罪行，余罪的自首的供述内容是行为人所供述的罪行须是尚未被司法机关发觉的罪行｝＝｛一般自首与余罪自首的供罪要求是如实供述自己的罪行｝。

A∪B＝｛一般自首｝∪｛余罪自首｝＝｛一般自首的适用对象是指犯罪之后，犯罪事实未被司法机关发觉，或者虽被发觉，但尚未受到讯问、未被采取强制措施时的犯罪嫌疑人，一般自首的供罪要求是自动投案，一般自首的供罪内容是犯罪嫌疑人自动投案后，如实交代自己的主要犯罪事实｝∪｛余罪自首的适用对象是已被采取强制措施的犯罪嫌疑人、被告人和正在服刑的罪犯，余罪自首的供罪要求是如实供述了自己的其他罪行，余罪自首的供述内容是行为人所供述的罪行须是尚未被司法机关发觉的罪行｝＝｛一般自首的适用对象是指犯罪之后，犯罪事实未被司法机关发觉，或者虽被发觉，但尚未受到讯问、未被采取强制措施时的犯罪嫌疑人，一般自首的供罪要求是自动投案，一般自首的供罪内容是犯罪嫌疑人自动投案后，如实交代自己的主要犯罪事实，余罪自首的适用对象是已被采取强制措施的犯罪嫌疑人、被告人和正在服刑的罪犯，余罪自首的供罪要求是如实供述了自己的其他罪行，余罪自首的供述内容是行为人所供述的罪行须是尚未被司法机关发觉的罪行｝。

那么，一般自首与余罪自首的相同点：A∩B＝｛供罪要求是如实供述自己的罪行｝。

一般自首与余罪自首的不同点：A∪B－A∩B＝｛一般自首的适用对象是指犯罪之后，犯罪事实未被司法机关发觉，或者虽被发觉，但尚未受到讯问、未被采取强制措施时的犯罪嫌疑人，一般自首的供罪要求是自动投案，余罪自首的适用对象是已被采取强制措施的犯罪嫌疑人、被告人和正在服刑的罪犯，余罪自首的供述内容是行为人所供述的罪行须是尚未被司法机关发觉的罪行｝。

第三节　一般自首与坦白

一、一般自首的概念与特征

（一）一般自首的概念

根据《刑法》第 67 条的规定，一般自首，是指犯罪分子犯罪以后自动投案，如实供述自己的罪行的行为。根据刑法的规定，一般自首的成立需要具备两个条件，即自动投案和如实供述自己的罪行。

（二）一般自首的特征

关于一般自首的特征，根据我国刑法的上述规定，主要有以下几个方面，用集合表现为：

设 A 为一般自首的集合，则 A = ｛一般自首｝；

设 A1 为一般自首的适用对象的集合，则 A1 = ｛犯罪之后，犯罪事实未被司法机关发觉，或者虽被发觉，但尚未受到讯问、未被采取强制措施时的犯罪嫌疑人｝；

设 A2 为一般自首的供罪要求的集合，则 A2 = ｛自动投案｝；

设 A3 为一般自首的供罪内容的集合，则 A3 = ｛如实供述自己的罪行｝ = ｛犯罪嫌疑人自动投案后，如实交代自己的主要犯罪事实｝；

则 A = A1∪A2∪A3，即 ｛一般自首｝ = ｛犯罪之后，犯罪事实未被司法机关发觉，或者虽被发觉，但尚未受到讯问、未被采取强制措施时的犯罪嫌疑人｝∪｛自动投案｝∪｛如实供述自己的罪行｝ = ｛犯罪之后，犯罪事实未被司法机关发觉，或者虽被发觉，但尚未受到讯问、未被采取强制措施时的犯罪嫌疑人，自动投案，如实供述自己的罪行｝。

二、坦白的概念与特征

（一）坦白的概念

刑法上的坦白一般是指犯罪嫌疑人被动归案后，如实供述自己的罪行的行为。

（二）坦白的特征

关于坦白的特征，根据我国刑法的上述规定，主要有以下几个方面，用集合表现为：

设 B 为坦白的集合，则 B = ｛坦白｝；

设 B1 为坦白的归案形式的集合，则 B1 = ｛犯罪嫌疑人被动归案｝；

设 B2 为坦白的供罪要求的集合，则 B2 = ｛犯罪嫌疑人如实供述罪行｝；

设 B3 为坦白的供罪内容的集合，则 B3 ＝｛犯罪嫌疑人供述的是自己的罪行｝；

设 B4 为坦白的供述时间的集合，则 B4 ＝｛犯罪嫌疑人在成为被告人以前如实供述｝；

则 B ＝B1∪B2∪B3∪B4，即 ｛坦白｝＝｛坦白的归案形式是犯罪嫌疑人被动归案｝∪｛坦白的供罪要求是犯罪嫌疑人如实供述罪行｝∪｛坦白的供罪内容是犯罪嫌疑人自己的罪行｝∪｛坦白的供罪时间是犯罪嫌疑人在成为被告人以前如实供述｝＝｛犯罪嫌疑人被动归案，犯罪嫌疑人如实供述罪行，犯罪嫌疑人供述的是自己的罪行，犯罪嫌疑人在成为被告人以前如实供述｝。

三、一般自首与坦白的异同

A ＝｛一般自首｝；B ＝｛坦白｝

A∩B ＝｛一般自首｝∩｛坦白｝＝｛犯罪之后，犯罪事实未被司法机关发觉，或者虽被发觉，但尚未受到讯问、未被采取强制措施时的犯罪嫌疑人，自动投案，如实供述自己的罪行｝∩｛犯罪嫌疑人被动归案，犯罪嫌疑人如实供述罪行，犯罪嫌疑人供述的是自己的罪行，犯罪嫌疑人在成为被告人以前如实供述｝＝｛供罪内容是犯罪嫌疑人自己的罪行｝。

A∪B ＝｛一般自首｝∪｛坦白｝＝｛犯罪之后，犯罪事实未被司法机关发觉，或者虽被发觉，但尚未受到讯问、未被采取强制措施时的犯罪嫌疑人，自动投案，如实供述自己的罪行｝∪｛犯罪嫌疑人被动归案，犯罪嫌疑人如实供述罪行，犯罪嫌疑人供述的是自己的罪行，犯罪嫌疑人在成为被告人以前如实供述｝＝｛犯罪之后，犯罪事实未被司法机关发觉，或者虽被发觉，但尚未受到讯问、未被采取强制措施时的犯罪嫌疑人，自动投案，如实供述自己的罪行，犯罪嫌疑人被动归案，犯罪嫌疑人如实供述罪行，犯罪嫌疑人供述的是自己的罪行，犯罪嫌疑人在成为被告人以前如实供述}。

那么，一般自首与坦白的相同点：$A \cap B =$ {供罪内容是犯罪嫌疑人自己的罪行}。

一般自首与坦白的不同点：$A \cup B - A \cap B =$ {犯罪之后，犯罪事实未被司法机关发觉，或者虽被发觉，但尚未受到讯问、未被采取强制措施时的犯罪嫌疑人，自动投案，犯罪嫌疑人被动归案，犯罪嫌疑人在成为被告人以前如实供述}。

第八章

刑罚的执行

第一节　缓刑与特别缓刑

一、缓刑的概念与特征

（一）缓刑的概念

根据我国《刑法》第 72 条的规定，缓刑是指人民法院对于被判处拘役、3 年以下有期徒刑的犯罪分子，因为其犯罪情节较轻，有悔罪表现，没有再犯罪危险，认为暂不执行原判刑罚对其所居住社区没有重大不良影响，对其规定一定的考验期，在考验期内如果没有再犯新罪，或者没有严重违反法律、法规、规定以及没有被发现判决宣告以前还有其他罪没有判决的，原判刑罚就不再执行的一种刑罚制度。

（二）缓刑的特征

关于缓刑的特征，根据我国刑法的上述规定，主要有以下几个方面，用集合表现为：

设 A 为缓刑的集合，则 A = {缓刑}；

设 A1 为缓刑的对象特征的集合，则 A1 = {犯罪分子被判处拘役或 3 年以下有期徒刑的刑罚}；

设 A2 为缓刑的实质特征的集合，则 A2 = {犯罪人必须是犯罪情节较轻，有悔罪表现，没有再犯罪危险，认为暂不执行原判刑罚对其所居住社区没有重大不良影响的犯罪人}；

设 A3 为缓刑的例外特征的集合，则 A3 = {犯罪人不是累犯和犯罪集团的首要分子}；

设 A4 为缓刑的后果特征的集合，则 A4 = {在缓刑考验期内犯新罪或者发现漏罪的，应当撤销缓刑，实行数罪并罚，违反有关缓刑的监督管理规定或违反禁止令，情节严重的，应当撤销缓刑，执行原判刑罚}；

则 A = A1∪A2∪A3∪A4，则 {缓刑} = {被判处拘役或 3 年以下有期徒刑的刑罚的犯罪分子}∪{犯罪人必须是犯罪情节较轻，有悔罪表现，没有再犯罪危险，认为暂不执行原判刑罚对其所居住社区没有重大不良影响的犯罪人}∪{犯罪人不是累犯和犯罪集团的首要分子}∪{在缓刑考验期内犯新罪或者发现漏罪的，应当撤销缓刑，实行数罪并罚，违反有关缓刑的监督管理规定或违反禁止令，情节严重的，应当撤销缓刑，执行原判刑罚} = {被判处拘役或 3 年以下有期徒刑的刑罚的犯罪分子，犯罪人必须是犯罪情节较轻，有悔罪表现，没有再犯罪危险，认为暂不执行原判刑罚对其所居住社区没有重大不良影响的犯罪人，犯罪人不是累犯和犯罪集团的首要分子，在缓刑考验期内犯新罪或者发现漏罪的，应当撤销缓刑，实行数罪并罚，违反有关缓刑的监督管理规定或违反禁止令，情节严重的，应当撤销缓刑，执行原判刑罚}。

二、特别缓刑的概念与特征

（一）特别缓刑的概念

根据《刑法》第 449 条规定，特别缓刑是指在战时，对被判处 3 年以下有期徒刑没有现实危险宣告缓刑的犯罪军人，允许其戴罪立功，确有立功表现时，可以撤销原判刑罚，不以犯罪论处的刑法制度。

（二）特别缓刑的特征

关于特别缓刑的特征，根据我国刑法的上述规定，主要有以下几个方面，用集合表现为：

设 B 为特别缓刑的集合，则 B = {特别缓刑}；

设 B1 为特别缓刑的时间特征的集合，则 B1 = {战时} = {是指国家宣布进入战争状态、部队受领作战任务或者遭敌突然袭击时}；

设 B2 为特别缓刑的对象特征的集合，则 B2 = {被判处 3 年以下有期徒刑没有现实危险宣告缓刑的犯罪军人}；

设 B3 为特别缓刑的实质特征的集合，则 B3 = {允许犯罪的军人戴罪立功，确有立功表现时，可以撤销原判刑罚，不以犯罪论处}；

设 B4 为特别缓刑的后果特征的集合，则 B4 = {不仅不执行原判刑罚，而且也不认为被宣告缓刑的军人是犯罪人}；

则 B = B1∪B2∪B3∪B4，即 {特别缓刑} = {是指国家宣布进入战争状态、部队受领作战任务或者遭敌突然袭击时}∪{被判处 3 年以下有期徒刑没有现实危险宣告缓刑的犯罪军人}∪{允许犯罪的军人戴罪立功，确有立功表现时，可以撤销原判刑罚，不以犯罪论处}∪{不仅不执行原判刑罚，而且也不认为被宣告缓刑的军人是犯罪人} = {国家宣布进入战争状态、部队受领作战任务或者遭敌突然袭击时，被判处 3 年以下有期徒刑没有现实危险宣告缓刑的犯罪军人，允许犯罪的军人戴罪立功，确有立功表现时，可以撤销原判刑罚，不以犯罪论处，不仅不执行原判刑罚，而且也不认为被宣告缓刑的军人是犯罪人}。

三、缓刑与特别缓刑的异同

A = {缓刑}；B = {特别缓刑}

A∩B＝｛缓刑｝∩｛特别缓刑｝＝｛被判处拘役或 3 年以下有期徒刑的刑罚的犯罪分子，犯罪人必须是犯罪情节较轻，有悔罪表现，没有再犯罪危险，认为暂不执行原判刑罚对其所居住社区没有重大不良影响的犯罪人，犯罪人不是累犯和犯罪集团的首要分子，在缓刑考验期内犯新罪或者发现漏罪的，应当撤销缓刑，实行数罪并罚，违反有关缓刑的监督管理规定或违反禁止令，情节严重的，应当撤销缓刑，执行原判刑罚｝∩｛国家宣布进入战争状态、部队受领作战任务或者遭敌突然袭击时，被判处 3 年以下有期徒刑没有现实危险宣告缓刑的犯罪军人，允许犯罪的军人戴罪立功，确有立功表现时，可以撤销原判刑罚，不以犯罪论处，不仅不执行原判刑罚，而且也不认为被宣告缓刑的军人是犯罪人｝＝｛犯罪对象都是判处 3 年以下有期徒刑的犯罪分子｝。

A∪B＝｛缓刑｝∪｛特别缓刑｝＝｛被判处拘役或 3 年以下有期徒刑的刑罚的犯罪分子，犯罪人必须是犯罪情节较轻，有悔罪表现，没有再犯罪危险，认为暂不执行原判刑罚对其所居住社区没有重大不良影响的犯罪人，犯罪人不是累犯和犯罪集团的首要分子，在缓刑考验期内犯新罪或者发现漏罪的，应当撤销缓刑，实行数罪并罚，违反有关缓刑的监督管理规定或违反禁止令，情节严重的，应当撤销缓刑，执行原判刑罚｝∪｛国家宣布进入战争状态、部队受领作战任务或者遭敌突然袭击时，被判处 3 年以下有期徒刑没有现实危险宣告缓刑的犯罪军人，允许犯罪的军人戴罪立功，确有立功表现时，可以撤销原判刑罚，不以犯罪论处，不仅不执行原判刑罚，而且也不认为被宣告缓刑的军人是犯罪人｝＝｛被判处拘役或 3 年以下有期徒刑的刑罚的犯罪分子，犯罪人必须是犯罪情节较轻，有悔罪表现，没有再犯罪危险，认为暂不执行原判刑罚对其所居住社区没有重大不良影响的犯罪人，犯罪人不是累犯和犯罪集团的首要分子，在缓刑考验期内犯新罪或者发现漏罪的，应当撤销缓刑，实行数罪并罚，违反有关缓刑的监督管理规定或违反禁止令,情节严重的,应当撤销缓刑,执行原判刑罚,国家宣布进入战争状态、部队受领作战任务或者遭敌突然袭击时,被判处 3 年以下有期徒刑没有现实危险宣告缓刑的犯罪军人,允许犯罪的军人戴罪立功,确有立功表现时,可以撤销原判刑罚,不以犯罪论处,不仅不执行原判刑罚,而且也不认为被宣告缓刑的军人是犯罪人}。

那么,缓刑与特别缓刑的相同点:A∩B = {犯罪对象都是判处 3 年以下有期徒刑的犯罪分子}。

缓刑与特别缓刑的不同点:A∪B − A∩B = {被判处拘役的刑罚的犯罪分子,犯罪人必须是犯罪情节较轻,有悔罪表现,没有再犯罪危险,认为暂不执行原判刑罚对其所居住社区没有重大不良影响的犯罪人,犯罪人不是累犯和犯罪集团的首要分子,在缓刑考验期内犯新罪或者发现漏罪的,应当撤销缓刑,实行数罪并罚,违反有关缓刑的监督管理规定或违反禁止令,情节严重的,应当撤销缓刑,执行原判刑罚,国家宣布进入战争状态、部队受领作战任务或者遭敌突然袭击时,没有现实危险宣告缓刑的犯罪军人,允许犯罪的军人戴罪立功,确有立功表现时,可以撤销原判刑罚,不以犯罪论处,不仅不执行原判刑罚,而且也不认为被宣告缓刑的军人是犯罪人}。

第二节　缓刑与监外执行

一、缓刑的概念与特征

(一)缓刑的概念

根据我国《刑法》第 72 条的规定,缓刑是指人民法院对于被判处拘役、3 年以下有期徒刑的犯罪分子，因为其犯罪情节较轻，有悔罪表现，没有再犯罪危险，认为暂不执行原判刑罚对其所居住社区没有重大不良影响，对其规定一定的考验期，在考验期内如果没有再犯新罪，或者没有严重违反法律、法规、规定以及没有被发现判决宣告以前还有其他罪没有判决的，原判刑罚就不再执行的一种刑罚制度。

（二）缓刑的特征

关于缓刑的特征，根据我国刑法的上述规定，主要有以下几个方面，用集合表现为：

设 A 为缓刑的集合，则 A ＝｛缓刑｝；

设 A1 为缓刑的对象特征的集合，则 A1 ＝｛犯罪分子被判处拘役或 3 年以下有期徒刑的刑罚｝；

设 A2 为缓刑的实质特征的集合，则 A2 ＝｛犯罪人必须是犯罪情节较轻，有悔罪表现，没有再犯罪危险，认为暂不执行原判刑罚对其所居住社区没有重大不良影响的犯罪人｝；

设 A3 为缓刑的例外特征的集合，则 A3 ＝｛犯罪人不是累犯和犯罪集团的首要分子｝；

设 A4 为缓刑的后果特征的集合，则 A4 ＝｛在缓刑考验期内犯新罪或者发现漏罪的，应当撤销缓刑，实行数罪并罚，违反有关缓刑的监督管理规定或违反禁止令，情节严重的，应当撤销缓刑，执行原判刑罚｝；

则 A ＝ A1∪A2∪A3∪A4，则 ｛缓刑｝＝｛被判处拘役或 3 年以下有期徒刑的刑罚的犯罪分子｝∪｛犯罪人必须是犯罪情节较轻，有悔罪表现，没有再犯罪危险，认为暂不执行原判刑罚对其所居住社区没有重大不良影响的犯罪人｝∪｛犯罪人不是累犯和犯罪集团的首要分子｝∪｛在缓刑考验期内犯新罪或者发现漏罪的，应当撤销缓刑，实行数罪并罚，违反有关缓刑的监督管理规定或违反禁止令，情节严重的，应当撤销缓刑，执行原判刑罚} = {被判处拘役或3年以下有期徒刑的刑罚的犯罪分子，犯罪人必须是犯罪情节较轻，有悔罪表现，没有再犯罪危险，认为暂不执行原判刑罚对其所居住社区没有重大不良影响的犯罪人，犯罪人不是累犯和犯罪集团的首要分子，在缓刑考验期内犯新罪或发现漏罪的，应当撤销缓刑，实行数罪并罚，违反有关缓刑的监督管理规定或违反禁止令，情节严重的，应当撤销缓刑，执行原判刑罚}。

二、监外执行的概念与特征

(一) 监外执行的概念

监外执行，是指犯罪分子具有某种法定的条件，因而可以暂在监外执行刑罚的一种刑罚制度。

(二) 监外执行的特征

关于监外执行的特征，根据我国刑法的有关规定，主要有以下几个方面，用集合表现为：

设 B 为监外执行的集合，则 B = {监外执行}；

设 B1 为监外执行的对象特征的集合，则 B1 = {被判处拘役以上剥夺自由刑的犯罪分子}；

设 B2 为监外执行的实质特征的集合，则 B2 = {患有严重疾病需要保外就医、怀孕或者需要哺乳婴儿}；

设 B3 为监外执行的后果特征的集合，则 B3 = {一旦疾病痊愈或者已生育和哺乳婴儿期已过，仍收监执行}；

则 B = B1∪B2∪B3，即 {监外执行} = {被判处拘役以上剥夺自由刑的犯罪分子}∪{患有严重疾病需要保外就医、怀孕或者需要哺乳婴儿}∪{一旦疾病痊愈或者已生育和哺乳婴儿期已过，仍收监执行} = {被判处拘役以上剥夺自由刑的犯罪分子，患有严重疾病需要保外就医、怀孕或者需要哺乳婴儿，一旦疾病痊愈或者已生育和哺乳婴儿期已过，仍收监执行}。

三、缓刑与监外执行的异同

A = {缓刑}；B = {监外执行}

A∩B = {缓刑} ∩ {监外执行} = {被判处拘役或 3 年以下有期徒刑的刑罚的犯罪分子，犯罪人必须是犯罪情节较轻，有悔罪表现，没有再犯罪危险，认为暂不执行原判刑罚对其所居住社区没有重大不良影响的犯罪人，犯罪人不是累犯和犯罪集团的首要分子，在缓刑考验期内犯新罪或发现漏罪的，应当撤销缓刑，实行数罪并罚，违反有关缓刑的监督管理规定或违反禁止令，情节严重的，应当撤销缓刑，执行原判刑罚} ∩ {被判处拘役以上剥夺自由刑的犯罪分子，患有严重疾病需要保外就医、怀孕或者需要哺乳婴儿，一旦疾病痊愈或者已生育和哺乳婴儿期已过，仍收监执行} = {犯罪对象都包括被判处拘役或 3 年以下有期徒刑的刑罚的犯罪分子}。

A∪B = {缓刑} ∪ {监外执行} = {被判处拘役或 3 年以下有期徒刑的刑罚的犯罪分子，犯罪人必须是犯罪情节较轻，有悔罪表现，没有再犯罪危险，认为暂不执行原判刑罚对其所居住社区没有重大不良影响的犯罪人，犯罪人不是累犯和犯罪集团的首要分子，在缓刑考验期内犯新罪或发现漏罪的，应当撤销缓刑，实行数罪并罚，违反有关缓刑的监督管理规定或违反禁止令，情节严重的，应当撤销缓刑，执行原判刑罚} ∪ {被判处拘役以上剥夺自由刑的犯罪分子，患有严重疾病需要保外就医、怀孕或者需要哺乳婴儿，一旦疾病痊愈或者已生育和哺乳婴儿期已过，仍收监执行} = {被判处拘役或 3 年以下有期徒刑的刑罚的犯罪分子，犯罪人必须是犯罪情节较轻，有悔罪表现，没有再犯罪危险，认为暂不执行原判刑罚对其所居住社区没有重大不良影响的犯罪人，犯罪人不是累犯和犯罪集团的首要分子，在缓刑考验期内犯新罪或发现漏罪的，应当撤销缓刑，实行数罪并罚，违反有关缓刑的监督管理规定或违反禁止令，情节严重的，应当撤销缓刑，执行原判刑罚，被判处拘役以上剥夺自由刑的犯罪分子，患有严重疾病需要保外就医、怀孕或者需要哺乳婴儿，一旦疾病痊愈或者已生育和哺乳婴儿期已过，仍收监执行}。

那么，缓刑与监外执行的相同点：$A \cap B = \{$犯罪对象都包括被判处拘役或 3 年以下有期徒刑的刑罚的犯罪分子$\}$。

缓刑与监外执行的不同点：$A \cup B - A \cap B = \{$犯罪人必须是犯罪情节较轻，有悔罪表现，没有再犯罪危险，认为暂不执行原判刑罚对其所居住社区没有重大不良影响的犯罪人，犯罪人不是累犯和犯罪集团的首要分子，在缓刑考验期内犯新罪或发现漏罪的，应当撤销缓刑，实行数罪并罚，违反有关缓刑的监督管理规定或违反禁止令，情节严重的，应当撤销缓刑，执行原判刑罚，患有严重疾病需要保外就医、怀孕或者需要哺乳婴儿，一旦疾病痊愈或者已生育和哺乳婴儿期已过，仍收监执行}。

第三节　缓刑与减刑

一、缓刑的概念与特征

（一）缓刑的概念

根据我国《刑法》第 72 条的规定，缓刑是指人民法院对于被判处拘役、3 年以下有期徒刑的犯罪分子，因为其犯罪情节较轻，有悔罪表现，没有再犯罪危险，认为暂不执行原判刑罚对其所居住社区没有重大不良影响，对其规定一定的考验期，在考验期内如果没有再犯新罪，或者没有严重违反法律、法规、规定以及没有被发现判决宣告以前还有其他罪没有判决的，原判刑罚就不再执行的一种刑罚制度。

（二）缓刑的特征

关于缓刑的特征，根据我国刑法的上述规定，主要有以下几个方面，用集合表现为：

设 A 为缓刑的集合，则 A =｛缓刑｝；

设 A1 为缓刑的对象特征的集合，则 A1 =｛犯罪分子被判处拘役或 3 年以下有期徒刑的刑罚｝；

设 A2 为缓刑的实质特征的集合，则 A2 =｛犯罪人必须是犯罪情节较轻，有悔罪表现，没有再犯罪危险，认为暂不执行原判刑罚对其所居住社区没有重大不良影响的犯罪人｝；

设 A3 为缓刑的例外特征的集合，则 A3 =｛犯罪人不是累犯和犯罪集团的首要分子｝；

设 A4 为缓刑的后果特征的集合，则 A4 =｛在缓刑考验期内犯新罪或发现漏罪的，应当撤销缓刑，实行数罪并罚，违反有关缓刑的监督管理规定或违反禁止令，情节严重的，应当撤销缓刑，执行原判刑罚｝；

则 A = A1∪A2∪A3∪A4，则 ｛缓刑｝=｛被判处拘役或 3 年以下有期徒刑的刑罚的犯罪分子｝∪｛犯罪人必须是犯罪情节较轻，有悔罪表现，没有再犯罪危险，认为暂不执行原判刑罚对其所居住社区没有重大不良影响的犯罪人｝∪｛犯罪人不是累犯和犯罪集团的首要分子｝∪｛在缓刑考验期内犯新罪或发现漏罪的，应当撤销缓刑，实行数罪并罚，违反有关缓刑的监督管理规定或违反禁止令，情节严重的，应当撤销缓刑，执行原判刑罚｝=｛被判处拘役或 3 年以下有期徒刑的刑罚的犯罪分子，犯罪人必须是犯罪情节较轻，有悔罪表现，没有再犯罪危险，认为暂不执行原判刑罚对其所居住社区没有重大不良影响的犯罪人，犯罪人不是累犯和犯罪集团的首要分子，在缓刑考验期内犯新罪或发现漏罪的，应当撤销缓刑，实行数罪并罚，违反有关缓刑的监督管理规定或违反禁止令，情节严重的，应当撤销缓刑，执行原判刑罚}。

二、减刑的概念与特征

(一) 减刑的概念

根据我国《刑法》第 78 条规定，减刑是指对于被判处管制、拘役、徒刑等自由刑的犯罪人，在刑罚执行期间，具有悔改表现或者有立功表现的给予适当减轻其原判刑罚的一项刑罚执行制度。

(二) 减刑的特征

关于减刑的特征，根据我国刑法的有关规定，主要有以下几个方面，用集合表现为：

设 B 为减刑的集合，则 B ={减刑}；

设 B1 为减刑的对象特征的集合，则 B1 ={减刑只适用于被判处管制、拘役、有期徒刑、无期徒刑的犯罪人，包括死刑缓期执行，2 年期满减为无期徒刑或有期徒刑的，即适用所有被判处自由刑的犯罪人，不适用判处非自由刑的执行变更}；

设 B2 为减刑的实质特征的集合，则 B2 ={受刑人在刑罚执行过程中确有悔改或立功表现}；

设 B3 为减刑的后果特征的集合，则 B3 ={减刑并不是对原判决的否定，只是对符合法定减刑条件的犯罪人的一种奖励}；

则 B = B1 ∪ B2 ∪ B3，即 {减刑} ={减刑只适用于被判处管制、拘役、有期徒刑、无期徒刑的犯罪人，包括死刑缓期执行，2年期满减为无期徒刑或有期徒刑的，即适用所有被判处自由刑的犯罪人} ∪ {受刑人在刑罚执行过程中确有悔改或立功表现} ∪ {减刑并不是对原判决的否定，只是对符合法定减刑条件的犯罪人的一种奖励} ={减刑只适用于被判处管制、拘役、有期徒刑、无期徒刑的犯罪人，包括死刑缓期执行，2 年期满减为无期徒刑或有期徒刑的，即适用所有被判处自由刑的犯罪人，受刑人在刑罚执行过程中确有悔改或立功表现，减刑并不是对原判决的否定，只是对符合法定减刑条件的犯罪人的一种奖励｝。

三、缓刑与减刑的异同

A = ｛缓刑｝；B = ｛减刑｝

A∩B = ｛缓刑｝∩｛减刑｝=｛被判处拘役或 3 年以下有期徒刑的刑罚的犯罪分子，犯罪人必须是犯罪情节较轻，有悔罪表现，没有再犯罪危险，认为暂不执行原判刑罚对其所居住社区没有重大不良影响的犯罪人，犯罪人不是累犯和犯罪集团的首要分子，在缓刑考验期内犯新罪或发现漏罪的，应当撤销缓刑，实行数罪并罚，违反有关缓刑的监督管理规定或违反禁止令，情节严重的，应当撤销缓刑，执行原判刑罚｝∩｛减刑只适用于被判处管制、拘役、有期徒刑、无期徒刑的犯罪人，包括死刑缓期执行，2 年期满减为无期徒刑或有期徒刑的，即适用所有被判处自由刑的犯罪人，受刑人在刑罚执行过程中确有悔改或立功表现，减刑并不是对原判决的否定，只是对符合法定减刑条件的犯罪人的一种奖励｝=｛犯罪人确有悔罪表现｝。

A∪B = ｛缓刑｝∪｛减刑｝=｛被判处拘役或 3 年以下有期徒刑的刑罚的犯罪分子，犯罪人必须是犯罪情节较轻，有悔罪表现，没有再犯罪危险，认为暂不执行原判刑罚对其所居住社区没有重大不良影响的犯罪人，犯罪人不是累犯和犯罪集团的首要分子，在缓刑考验期内犯新罪或发现漏罪的，应当撤销缓刑，实行数罪并罚，违反有关缓刑的监督管理规定或违反禁止令，情节严重的，应当撤销缓刑，执行原判刑罚｝∪｛减刑只适用于被判处管制、拘役、有期徒刑、无期徒刑的犯罪人，包括死刑缓期执行，2 年期满减为无期徒刑或有期徒刑的，即适用所有被判处自由刑的犯罪人，受刑人在刑罚执行过程中确有悔改或立功表现，减刑并不是对原判决的否定，只是对符合法定减刑条件的犯罪人的一种奖励 $\}$ = $\{$被判处拘役或 3 年以下有期徒刑的刑罚的犯罪分子，犯罪人必须是犯罪情节较轻，有悔罪表现，没有再犯罪危险，认为暂不执行原判刑罚对其所居住社区没有重大不良影响的犯罪人，犯罪人不是累犯和犯罪集团的首要分子，在缓刑考验期内犯新罪或发现漏罪的，应当撤销缓刑，实行数罪并罚，违反有关缓刑的监督管理规定或违反禁止令，情节严重的，应当撤销缓刑，执行原判刑罚，减刑只适用于被判处管制、拘役、有期徒刑、无期徒刑的犯罪人，包括死刑缓期执行，2 年期满减为无期徒刑或有期徒刑的，即适用所有被判处自由刑的犯罪人，受刑人在刑罚执行过程中确有悔改或立功表现，减刑并不是对原判决的否定，只是对符合法定减刑条件的犯罪人的一种奖励 $\}$。

那么，缓刑与减刑的相同点：A∩B = $\{$犯罪人确有悔罪表现 $\}$。

缓刑与减刑的不同点：A∪B – A∩B = $\{$被判处拘役或 3 年以下有期徒刑的刑罚的犯罪分子，犯罪人必须是犯罪情节较轻，没有再犯罪危险，认为暂不执行原判刑罚对其所居住社区没有重大不良影响的犯罪人，犯罪人不是累犯和犯罪集团的首要分子，在缓刑考验期内犯新罪或发现漏罪的，应当撤销缓刑，实行数罪并罚，违反有关缓刑的监督管理规定或违反禁止令，情节严重的，应当撤销缓刑，执行原判刑罚，减刑只适用于被判处管制、拘役、有期徒刑、无期徒刑的犯罪人，包括死刑缓期执行，2 年期满减为无期徒刑或有期徒刑的，即适用所有被判处自由刑的犯罪人，受刑人在刑罚执行过程中确有立功表现，减刑并不是对原判决的否定，只是对符合法定减刑条件的犯罪人的一种奖励 $\}$。

第四节　减刑与假释

一、减刑的概念与特征

（一）减刑的概念

根据我国《刑法》第 78 条规定，减刑是指对于被判处管制、拘役、徒刑等自由刑的犯罪人，在刑罚执行期间，具有悔改表现或者有立功表现的给予适当减轻其原判刑罚的一项刑罚执行制度。

（二）减刑的特征

关于减刑的特征，根据我国刑法的有关规定，主要有以下几个方面，用集合表现为：

设 A 为减刑的集合，则 A =｛减刑｝；

设 A1 为减刑的对象特征的集合，则 A1 =｛减刑只适用于被判处管制、拘役、有期徒刑、无期徒刑的犯罪人，包括死刑缓期执行，2 年期满减为无期徒刑或有期徒刑的，即适用所有被判处自由刑的犯罪人，不适用判处非自由刑的执行变更｝；

设 A2 为减刑的实质特征的集合，则 A2 =｛受刑人在刑罚执行过程中确有悔改或立功表现｝；

设 A3 为减刑的后果特征的集合，则 A3 =｛减刑并不是对原判决的否定，只是对符合法定减刑条件的犯罪人的一种奖励｝；

则 A = A1∪A2∪A3，即 ｛减刑｝=｛减刑只适用于被判处管制、拘役、有期徒刑、无期徒刑的犯罪人，包括死刑缓期执行，2 年期满减为无期徒刑或有期徒刑的，即适用所有被判处自由刑的犯罪人｝∪｛受刑人在刑罚执行过程中确有悔改或立功表现｝∪｛减刑并不是对原判决的否定，只是对符合法定减刑条件的犯罪人的一种奖励｝＝｛减刑只适用于被判处管制、拘役、有期徒刑、无期徒刑的犯罪人，包括死刑缓期执行，2 年期满减为无期徒刑或有期徒刑的，即适用所有被判处自由刑的犯罪人，受刑人在刑罚执行过程中确有悔改或立功表现，减刑并不是对原判决的否定，只是对符合法定减刑条件的犯罪人的一种奖励｝。

二、假释的概念与特征

（一）假释的概念

根据我国《刑法》第 81 条规定，假释是指对于被判处有期徒刑、无期徒刑的犯罪人，在刑罚执行期间，认真遵守监规，接受教育改造，确有悔改表现，没有再犯罪的危险，有条件地提前予以释放的一项刑罚执行制度。

（二）假释的特征

关于假释的特征，根据我国刑法的有关规定，主要有以下几个方面，用集合表现为：

设 B 为假释的集合，则 B ＝｛假释｝；

设 B1 为假释的对象特征的集合，则 B1 ＝｛假释只适用于被判处有期徒刑或无期徒刑的犯罪人，其中包括由判处死刑缓期二年执行后减为无期徒刑或有期徒刑的犯罪人｝；

设 B2 为假释的实质特征的集合，则 B2 ＝｛假释只适用于认真遵守监规，接受教育改造，确有悔改表现，没有再犯罪的危险的犯罪人｝；

设 B3 为假释的后果特征的集合，则 B3 ＝｛假释是对犯罪分人有条件地提前释放，并不排除对其继续执行尚未执行的那部分刑罚的可能性｝；

设 B4 为假释的附加特征的集合，则 B4 ＝｛对犯罪分子决定假释时，应当考虑其假释后对所居住社区的影响，假释后对所居住社区有不利影响以及不具备有效监管的条件的，是不能适用假释的}；

设 B5 为假释的排除特征的集合，则 B5 =｛对累犯以及因故意杀人、强奸、抢劫、绑架、放火、爆炸、投放危险物质或者有组织的暴力性犯罪被判处 10 年以上有期徒刑、无期徒刑的犯罪分子，不得假释}；

则 B = B1∪B2∪B3∪B4∪B5，即 ｛假释}=｛假释只适用于被判处有期徒刑或无期徒刑的犯罪人，其中包括由判处死刑缓期二年执行后减为无期徒刑或有期徒刑的犯罪人}∪｛假释只适用于认真遵守监规，接受教育改造，确有悔改表现，没有再犯罪的危险的犯罪人}∪｛假释是对犯罪分人有条件地提前释放，并不排除对其继续执行尚未执行的那部分刑罚的可能性}∪｛对犯罪分子决定假释时，应当考虑其假释后对所居住社区的影响，假释后对所居住社区有不利影响以及不具备有效监管的条件的，是不能适用假释的}∪｛对累犯以及因故意杀人、强奸、抢劫、绑架、放火、爆炸、投放危险物质或者有组织的暴力性犯罪被判处 10 年以上有期徒刑、无期徒刑的犯罪分子，不得假释}=｛假释只适用于被判处有期徒刑或无期徒刑的犯罪人，其中包括由判处死刑缓期二年执行后减为无期徒刑或有期徒刑的犯罪人，假释只适用于认真遵守监规，接受教育改造，确有悔改表现，没有再犯罪的危险的犯罪人，假释是对犯罪分人有条件地提前释放，并不排除对其继续执行尚未执行的那部分刑罚的可能性，对犯罪分子决定假释时，应当考虑其假释后对所居住社区的影响，假释后对所居住社区有不利影响以及不具备有效监管的条件的，是不能适用假释的，对累犯以及因故意杀人、强奸、抢劫、绑架、放火、爆炸、投放危险物质或者有组织的暴力性犯罪被判处 10 年以上有期徒刑、无期徒刑的犯罪分子，不得假释}。

三、减刑与假释的异同

A＝｛减刑｝；B＝｛假释｝

A∩B＝｛减刑｝∩｛假释｝＝｛减刑只适用于被判处管制、拘役、有期徒刑、无期徒刑的犯罪人，包括死刑缓期执行，2年期满减为无期徒刑或有期徒刑的犯罪人，即适用所有被判处自由刑的犯罪人，受刑人在刑罚执行过程中确有悔改或立功表现，减刑并不是对原判决的否定，只是对符合法定减刑条件的犯罪人的一种奖励｝∩｛假释只适用于被判处有期徒刑或无期徒刑的犯罪人，其中包括由判处死刑缓期二年执行后减为无期徒刑或有期徒刑的犯罪人，假释只适用于认真遵守监规，接受教育改造，确有悔改表现，没有再犯罪的危险的犯罪人，假释是对犯罪分人有条件地提前释放，并不排除对其继续执行尚未执行的那部分刑罚的可能性，对犯罪分子决定假释时，应当考虑其假释后对所居住社区的影响，假释后对所居住社区有不利影响以及不具备有效监管的条件的，是不能适用假释的，对累犯以及因故意杀人、强奸、抢劫、绑架、放火、爆炸、投放危险物质或者有组织的暴力性犯罪被判处10年以上有期徒刑、无期徒刑的犯罪分子，不得假释｝＝｛被判处有期徒刑、无期徒刑的犯罪人，包括死刑缓期执行，2年期满减为无期徒刑或有期徒刑的犯罪人，受刑人在刑罚执行过程中确有悔改表现｝。

A∪B＝｛减刑｝∪｛假释｝＝｛减刑只适用于被判处管制、拘役、有期徒刑的犯罪人，包括死刑缓期执行，2年期满减为无期徒刑或有期徒刑的犯罪人，即适用所有被判处自由刑的犯罪人，受刑人在刑罚执行过程中确有悔改或立功表现，减刑并不是对原判决的否定，只是对符合法定减刑条件的犯罪人的一种奖励｝∪｛假释只适用于被判处有期徒刑或无期徒刑的犯罪人，其中包括由判处死刑缓期二年执行后减为无期徒刑或有期徒刑的犯罪人，假释只适用于认真遵守监规，接受教育改造，确有悔改表现，没有再犯罪的危险的犯罪人，假释是对犯罪分人有条件地提前释放，并不排除对其继续执行尚未执行的那部分刑罚的可能性，对犯罪分子决定假释时，应当考虑其假释后对所居住社区的影响，假释后对所居住社区有不利影响以及不具备有效监管的条件的，是不能适用假释的，对累犯以及因故意杀人、强奸、抢劫、绑架、放火、爆炸、投放危险物质或者有组织的暴力性犯罪被判处 10 年以上有期徒刑、无期徒刑的犯罪分子，不得假释 $\}=\{$ 减刑只适用于被判处管制、拘役、有期徒刑、无期徒刑的犯罪人，包括死刑缓期执行，2 年期满减为无期徒刑或有期徒刑的犯罪人，即适用所有被判处自由刑的犯罪人，受刑人在刑罚执行过程中确有悔改或立功表现，减刑并不是对原判决的否定，只是对符合法定减刑条件的犯罪人的一种奖励，假释只适用于被判处有期徒刑或无期徒刑的犯罪人，其中包括由判处死刑缓期二年执行后减为无期徒刑或有期徒刑的犯罪人，假释只适用于认真遵守监规，接受教育改造，确有悔改表现，没有再犯罪的危险的犯罪人，假释是对犯罪分人有条件地提前释放，并不排除对其继续执行尚未执行的那部分刑罚的可能性，对犯罪分子决定假释时，应当考虑其假释后对所居住社区的影响，假释后对所居住社区有不利影响以及不具备有效监管的条件的，是不能适用假释的，对累犯以及因故意杀人、强奸、抢劫、绑架、放火、爆炸、投放危险物质或者有组织的暴力性犯罪被判处 10 年以上有期徒刑、无期徒刑的犯罪分子，不得假释 $\}$。

那么，减刑与假释的相同点：$A \cap B = \{$ 被判处有期徒刑、无期徒刑的犯罪人，包括死刑缓期执行，2 年期满减为无期徒刑或有期徒刑的犯罪人，受刑人在刑罚执行过程中确有悔改表现 $\}$。

减刑与假释的不同点：$A \cup B - A \cap B = \{$ 减刑只适用于被判处管制、拘役、有期徒刑、无期徒刑的犯罪人，受刑人在刑罚执行过程中确有立功表现，减刑并不是对原判决的否定，只是对符合法定减刑条件的犯罪人的一种奖励，假释只适用于认真遵守监规，接受教育改造，没有再犯罪的危险的犯罪人，假释是对犯罪分人有条件地提前释放，并不排除对其继续执行尚未执行的那部分刑罚的可能性，对犯罪分子决定假释时，应当考虑其假释后对所居住社区的影响，假释后对所居住社区有不利影响以及不具备有效监管的条件的，是不能适用假释的，对累犯以及因故意杀人、强奸、抢劫、绑架、放火、爆炸、投放危险物质或者有组织的暴力性犯罪被判处 10 年以上有期徒刑、无期徒刑的犯罪分子，不得假释}。

第五节 假释与释放

一、假释的概念与特征

（一）假释的概念

根据我国《刑法》第 81 条规定，假释是指对于被判处有期徒刑、无期徒刑的犯罪人，在刑罚执行期间，认真遵守监规，接受教育改造，确有悔改表现，没有再犯罪的危险，有条件地予以提前释放的一项刑罚执行制度。

（二）假释的特征

关于假释的特征，根据我国刑法的有关规定，主要有以下几个方面，用集合表现为：

设 A 为假释的集合，则 A = {假释}；

设 A1 为假释的对象特征的集合，则 A1 = {假释只适用于被判处有期徒刑或无期徒刑的犯罪人，其中包括由判处死刑缓期二年执行后减为无期徒刑或有期徒刑的犯罪人}；

设 A2 为假释的实质特征的集合，则 A2 ＝ ｛假释只适用于认真遵守监规，接受教育改造，确有悔改表现，没有再犯罪的危险的犯罪人｝；

设 A3 为假释的后果特征的集合，则 A3 ＝ ｛假释是对犯罪分人有条件地提前释放，并不排除对其继续执行尚未执行的那部分刑罚的可能性｝；

设 A4 为假释的附加特征的集合，则 A4 ＝ ｛对犯罪分子决定假释时，应当考虑其假释后对所居住社区的影响，假释后对所居住社区有不利影响以及不具备有效监管的条件的，是不能适用假释的｝；

设 A5 为假释的排除特征的集合，则 A5 ＝ ｛对累犯以及因故意杀人、强奸、抢劫、绑架、放火、爆炸、投放危险物质或者有组织的暴力性犯罪被判处 10 年以上有期徒刑、无期徒刑的犯罪分子，不得假释｝；

则 A ＝ A1∪A2∪A3∪A4∪A5，即 ｛假释｝＝｛假释只适用于被判处有期徒刑或无期徒刑的犯罪人，其中包括由判处死刑缓期二年执行后减为无期徒刑或有期徒刑的犯罪人｝∪｛假释只适用于认真遵守监规，接受教育改造，确有悔改表现，没有再犯罪的危险的犯罪人｝∪｛假释是对犯罪分人有条件地提前释放，并不排除对其继续执行尚未执行的那部分刑罚的可能性｝∪｛对犯罪分子决定假释时，应当考虑其假释后对所居住社区的影响，假释后对所居住社区有不利影响以及不具备有效监管的条件的，是不能适用假释的｝∪｛对累犯以及因故意杀人、强奸、抢劫、绑架、放火、爆炸、投放危险物质或者有组织的暴力性犯罪被判处 10 年以上有期徒刑、无期徒刑的犯罪分子，不得假释｝＝｛假释只适用于被判处有期徒刑或无期徒刑的犯罪人，其中包括由判处死刑缓期二年执行后减为无期徒刑或有期徒刑的犯罪人，假释只适用于认真遵守监规，接受教育改造，确有悔改表现，没有再犯罪的危险的犯罪人，假释是对犯罪分人有条件地提前释放，并不排除对其继续执行尚未执行的那部分刑罚的可能性，对犯罪分子决定假释时，应当考虑其假释后对所居住社区的影响，假释后对所居住社区有不利影响以及不具备有效监管的条件的，是不能适用假释的，对累犯以及因故意杀人、强奸、抢劫、绑架、放火、爆炸、投放危险物质或者有组织的暴力性犯罪被判处 10 年以上有期徒刑、无期徒刑的犯罪分子，不得假释}。

二、释放的概念与特征

（一）释放的概念

释放，指被判处有期徒刑、无期徒刑的犯罪人和适用被判处拘役刑的犯罪人以及判决宣告无罪的人因为刑罚执行完毕或是特赦而解除监禁或者释放，恢复受刑人或者无罪的人的人身自由的情形。

（二）释放的特征

关于释放的特征，根据我国刑法的有关规定，主要有以下几个方面，用集合表现为：

设 B 为释放的集合，则 B = {释放}；

设 B1 为释放的对象特征的集合，则 B1 = {被判处有期徒刑、无期徒刑的犯罪人和适用被判处拘役刑的犯罪人以及判决宣告无罪的人}；

设 B2 为释放的实质特征的集合，则 B2 = {因为刑罚执行完毕或是特赦而解除监禁或者宣告无罪而释放}；

设 B3 为释放的后果特征的集合，则 B3 = {恢复受刑人或者无罪的人的人身自由}；

则 B = B1∪B2∪B3，即 {释放} = {被判处有期徒刑、无期徒刑的犯罪人和适用被判处拘役刑的犯罪人以及判决宣告无罪的人}

∪ |因为刑罚执行完毕或是特赦而解除监禁或者宣告无罪而释放|
∪ |恢复受刑人或者无罪的人的人身自由| = |被判处有期徒刑、无
期徒刑的犯罪人和适用被判处拘役刑的犯罪人以及判决宣告无罪
的人，因为刑罚执行完毕或是特赦而解除监禁或者宣告无罪而释
放，恢复受刑人或者无罪的人的人身自由|。

三、假释与释放的异同

A = |假释|；B = |释放|

A∩B = |假释| ∩ |释放| = |假释只适用于被判处有期徒刑或
无期徒刑的犯罪人，其中包括由判处死刑缓期二年执行后减为无
期徒刑或有期徒刑的犯罪人，假释只适用于认真遵守监规，接受
教育改造，确有悔改表现，没有再犯罪的危险的犯罪人，假释是
对犯罪分人有条件地提前释放，并不排除对其继续执行尚未执行
的那部分刑罚的可能性，对犯罪分子决定假释时，应当考虑其假
释后对所居住社区的影响，假释后对所居住社区有不利影响以及
不具备有效监管的条件的，是不能适用假释的，对累犯以及因故
意杀人、强奸、抢劫、绑架、放火、爆炸、投放危险物质或者有
组织的暴力性犯罪被判处 10 年以上有期徒刑、无期徒刑的犯罪分
子，不得假释| ∩ |被判处有期徒刑、无期徒刑的犯罪人和适用被
判处拘役刑的犯罪人以及判决宣告无罪的人，因为刑罚执行完毕
或是特赦而解除监禁或者宣告无罪而释放，恢复受刑人或者无罪
的人的人身自由| = |被判处有期徒刑、无期徒刑的犯罪人和其中
包括由判处死刑缓期二年执行后减为无期徒刑或有期徒刑的犯
罪人|。

A∪B = |假释| ∪ |释放| = |假释只适用于被判处有期徒刑或
无期徒刑的犯罪人，其中包括由判处死刑缓期二年执行后减为无
期徒刑或有期徒刑的犯罪人，假释只适用于认真遵守监规，接受
教育改造，确有悔改表现，没有再犯罪的危险的犯罪人，假释是

对犯罪分人有条件地提前释放，并不排除对其继续执行尚未执行的那部分刑罚的可能性，对犯罪分子决定假释时，应当考虑其假释后对所居住社区的影响，假释后对所居住社区有不利影响以及不具备有效监管的条件的，是不能适用假释的，对累犯以及因故意杀人、强奸、抢劫、绑架、放火、爆炸、投放危险物质或者有组织的暴力性犯罪被判处 10 年以上有期徒刑、无期徒刑的犯罪分子，不得假释｝∪｛被判处有期徒刑、无期徒刑的犯罪人和适用被判处拘役刑的犯罪人以及判决宣告无罪的人，因为刑罚执行完毕或是特赦而解除监禁或者宣告无罪而释放，恢复受刑人或者无罪的人的人身自由｝＝｛假释只适用于被判处有期徒刑或无期徒刑的犯罪人，其中包括由判处死刑缓期二年执行后减为无期徒刑或有期徒刑的犯罪人，假释只适用于认真遵守监规，接受教育改造，确有悔改表现，没有再犯罪的危险的犯罪人，假释是对犯罪分人有条件地提前释放，并不排除对其继续执行尚未执行的那部分刑罚的可能性，对犯罪分子决定假释时，应当考虑其假释后对所居住社区的影响，假释后对所居住社区有不利影响以及不具备有效监管的条件的，是不能适用假释的，对累犯以及因故意杀人、强奸、抢劫、绑架、放火、爆炸、投放危险物质或者有组织的暴力性犯罪被判处 10 年以上有期徒刑、无期徒刑的犯罪分子，不得假释，被判处有期徒刑、无期徒刑的犯罪人和适用被判处拘役刑的犯罪人以及判决宣告无罪的人，因为刑罚执行完毕或是特赦而解除监禁或者宣告无罪而释放，恢复受刑人或者无罪的人的人身自由｝。

那么，假释与释放的相同点：A∩B＝｛被判处有期徒刑、无期徒刑的犯罪人，其中包括由判处死刑缓期二年执行后减为无期徒刑或有期徒刑的犯罪人｝。

假释与释放的不同点：A∪B－A∩B＝｛假释只适用于认真遵守监规，接受教育改造，确有悔改表现，没有再犯罪的危险的犯罪人，假释是对犯罪分人有条件地提前释放，并不排除对其继续执行尚未执行的那部分刑罚的可能性，对犯罪分子决定假释时，应当考虑其假释后对所居住社区的影响，假释后对所居住社区有不利影响以及不具备有效监管的条件的，是不能适用假释的，对累犯以及因故意杀人、强奸、抢劫、绑架、放火、爆炸、投放危险物质或者有组织的暴力性犯罪被判处 10 年以上有期徒刑、无期徒刑的犯罪分子，不得假释，被判处有期徒刑、无期徒刑的犯罪人和适用被判处拘役刑的犯罪人以及判决宣告无罪的人，因为刑罚执行完毕或是特赦而解除监禁或者宣告无罪而释放，恢复受刑人或者无罪的人的人身自由}。

| 第二编 |

刑法分论中邻界问题集合研究

第一章

危害国家安全罪

第一节　危害政权、分裂国家罪

一、危害政权、分裂国家罪概述

（一）危害政权、分裂国家罪的概念

危害政权、分裂国家罪，是指行为人故意实施背叛国家、分裂国家、煽动分裂国家、武装叛乱、暴乱、颠覆国家政权、煽动颠覆国家政权、资助危害国家安全犯罪活动，依法应负刑事责任的行为。

（二）危害政权、分裂国家罪的构成特征

关于危害政权、分裂国家罪的构成特征，根据现行刑法的规定，主要有以下几个方面，其集合表现为：

设 A 为危害政权、分裂国家罪的集合，则 A = ｛危害政权、分裂国家罪｝；

设 B 为危害政权、分裂国家罪客体的集合，则 B = ｛客体是中华人民共和国的国家安全｝；

设 C 为危害政权、分裂国家罪客观方面的集合，则 C = ｛客体方面表现为行为人实施了背叛国家、分裂国家、煽动分裂国家、武装叛乱、暴乱、颠覆国家政权、煽动颠覆国家政权、资助危害国家安全犯罪活动，依法应负刑事责任的行为｝；

设 D 为危害政权、分裂国家罪主体的集合，则 D =｛主体是年满 16 周岁、具有刑事责任能力的中国人、外国人或者无国籍人｝；

设 E 为危害政权、分裂国家罪主观方面的集合，则 E =｛主观方面是直接故意｝；

则 A = B∪C∪D∪E，即 ｛危害政权、分裂国家罪｝=｛客体是中华人民共和国的国家安全｝∪｛客观方面表现为行为人实施了背叛国家、分裂国家、煽动分裂国家、武装叛乱、暴乱、颠覆国家政权、煽动颠覆国家政权、资助危害国家安全犯罪活动，依法应负刑事责任的行为｝∪｛主体是年满 16 周岁、具有刑事责任能力的中国人、外国人或者无国籍人｝∪｛主观方面是直接故意｝=｛客体是中华人民共和国的国家安全，客观方面表现为行为人实施了背叛国家、分裂国家、煽动分裂国家、武装叛乱、暴乱、颠覆国家政权、煽动颠覆国家政权、资助危害国家安全犯罪活动，依法应负刑事责任的行为，主体是年满 16 周岁、具有刑事责任能力的中国人、外国人或者无国籍人，主观方面是直接故意｝。

（三）危害政权、分裂国家罪的类型

根据现行刑法对危害政权、分裂国家罪所作的规定来看，本节共有 7 种具体犯罪，用子集的方式来表达，其构造表现为：

｛危害政权、分裂国家罪｝

｛背叛国家罪｝

｛分裂国家罪｝

｛煽动分裂国家罪｝

｛武装叛乱、暴乱罪｝

｛颠覆国家政权罪｝

｛煽动颠覆国家政权罪｝

｛资助危害国家安全犯罪活动罪｝

（类罪的部分集合，下同）

……

（前面省略了中间层次的类罪集合，下同）

｛背叛国家罪，分裂国家罪，煽动分裂国家罪，武装叛乱、暴乱罪，颠覆国家政权罪，煽动颠覆国家政权罪，资助危害国家安全犯罪活动罪｝（类罪的整体集合，下同）

二、危害政权、分裂国家罪的界限

（一）背叛国家罪与分裂国家罪

A ＝｛背叛国家罪｝；B ＝｛分裂国家罪｝

A∩B ＝｛背叛国家罪｝∩｛分裂国家罪｝＝｛客体是中华人民共和国主权、领土完整和安全，客观方面实施了勾结外国或者境外机构、组织、个人，危害中华人民共和国主权、领土完整和安全的行为，主体只能是年满 16 周岁、具有刑事责任能力的具有特定身份的中国人，主观方面是直接故意｝∩｛客体是国家与民族的团结与统一，客观方面实施了组织、策划、实施各种分裂国家的活动，企图破坏我国各民族相互团结、各地区相互统一的行为，主体是年满 16 周岁、具有刑事责任能力的人，主观方面是直接故意｝＝｛主体是年满 16 周岁、具有刑事责任能力的人，主观方面是直接故意｝。

A∪B ＝｛背叛国家罪｝∪｛分裂国家罪｝＝｛客体是中华人民共和国主权、领土完整和安全，客观方面实施了勾结外国或者境外机构、组织、个人，危害中华人民共和国主权、领土完整和安全的行为，主体只能是年满 16 周岁、具有刑事责任能力的具有特定身份的中国人，主观方面是直接故意｝∪｛客体是国家与民族的团结与统一，客观方面实施了组织、策划、实施各种分裂国家的活动，企图破坏我国各民族相互团结、各地区相互统一的行为，主体是年满 16 周岁、具有刑事责任能力的人，主观方面是直接故意｝=｛客体是中华人民共和国主权、领土完整和安全，客观方面实施了勾结外国或者境外机构、组织、个人，危害中华人民共和国主权、领土完整和安全的行为，主体只能是年满 16 周岁、具有刑事责任能力的人，主观方面是直接故意，客体是国家与民族的团结与统一，客观方面实施了组织、策划、实施各种分裂国家的活动，企图破坏我国各民族相互团结、各地区相互统一的行为｝。

那么，背叛国家罪与分裂国家罪的相同点：A∩B =｛主体是年满 16 周岁、具有刑事责任能力的人，主观方面是直接故意｝。

背叛国家罪与分裂国家罪的不同点：A∪B – A∩B =｛客体是中华人民共和国主权、领土完整和安全，客观方面实施了勾结外国或者境外机构、组织、个人，危害中华人民共和国主权、领土完整和安全的行为，主体只能是具有特定身份的中国人，客体是国家与民族的团结与统一，客观方面实施了组织、策划、实施各种分裂国家的活动，企图破坏我国各民族相互团结、各地区相互统一的行为｝。

（二）分裂国家罪与煽动分裂国家罪

B =｛分裂国家罪｝；C =｛煽动分裂国家罪｝

B∩C =｛分裂国家罪｝∩｛煽动分裂国家罪｝=｛客体是国家与民族的团结与统一，客观方面实施了组织、策划、实施各种分裂国家的活动，企图破坏我国各民族相互团结、各地区相互统一的行为，主体是年满 16 周岁、具有刑事责任能力的人，主观方面是直接故意｝∩｛客体是国家与民族的团结与统一，客观方面实施了煽动分裂国家、破坏国家统一的行为，主体是年满 16 周岁、具有刑事责任能力的人，主观方面是直接故意｝＝｛客体是国家与民族的团结与统一，主体是年满 16 周岁、具有刑事责任能力的人，主观方面是直接故意｝。

B∪C＝｛分裂国家罪｝∪｛煽动分裂国家罪｝＝｛客体是国家与民族的团结与统一，客观方面实施了组织、策划、实施各种分裂国家的活动，企图破坏我国各民族相互团结、各地区相互统一的行为，主体是年满 16 周岁、具有刑事责任能力的人，主观方面是直接故意｝∪｛客体是国家与民族的团结与统一，客观方面实施了煽动分裂国家、破坏国家统一的行为，主体是年满 16 周岁、具有刑事责任能力的人，主观方面是直接故意｝＝｛客体是国家与民族的团结与统一，客观方面实施了组织、策划、实施各种分裂国家的活动，企图破坏我国各民族相互团结、各地区相互统一的行为，主体是年满 16 周岁、具有刑事责任能力的人，主观方面是直接故意，客观方面实施了煽动分裂国家、破坏国家统一的行为｝。

那么，分裂国家罪与煽动分裂国家罪的相同点：B∩C＝｛客体是国家与民族的团结与统一，主体是年满 16 周岁、具有刑事责任能力的人，主观方面是直接故意｝。

分裂国家罪与煽动分裂国家罪的不同点：B∪C－B∩C＝｛客观方面实施了组织、策划、实施各种分裂国家的活动，企图破坏我国各民族相互团结、各地区相互统一的行为，客观方面实施了煽动分裂国家、破坏国家统一的行为｝。

（三）背叛国家罪与武装叛乱、暴乱罪

A＝｛背叛国家罪｝；D＝｛武装叛乱、暴乱罪｝

A∩D＝｛背叛国家罪｝∩｛武装叛乱、暴乱罪｝＝｛客体是中华人民共和国主权、领土完整和安全，客观方面实施了勾结外国或者境外机构、组织、个人，危害中华人民共和国主权、领土完整和安全的行为，主体只能是年满 16 周岁、具有刑事责任能力的具有特定身份的中国人，主观方面是直接故意}∩{客体是人民民主专政的国家政权和社会主义制度，客观方面实行了组织、策划、实施武装叛乱或者武装暴乱的行为，主体是年满16周岁、具有刑事责任能力的人，主观方面是直接故意}={主体是年满16周岁、具有刑事责任能力的人，主观方面是直接故意}。

A∪D={背叛国家罪}∪{武装叛乱、暴乱罪}={客体是中华人民共和国主权、领土完整和安全，客观方面实施了勾结外国或者境外机构、组织、个人，危害中华人民共和国主权、领土完整和安全的行为，主体只能是年满16周岁、具有刑事责任能力的具有特定身份的中国人，主观方面是直接故意}∪{客体是人民民主专政的国家政权和社会主义制度，客观方面实行了组织、策划、实施武装叛乱或者武装暴乱的行为，主体是年满16周岁、具有刑事责任能力的人，主观方面是直接故意}={客体是中华人民共和国主权、领土完整和安全，客观方面实施了勾结外国或者境外机构、组织、个人，危害中华人民共和国主权、领土完整和安全的行为，主体只能是年满16周岁、具有刑事责任能力的人，主观方面是直接故意，客体是人民民主专政的国家政权和社会主义制度，客观方面实行了组织、策划、实施武装叛乱或者武装暴乱的行为}。

那么，背叛国家罪与武装叛乱、暴乱罪的相同点：A∩D={主体是年满16周岁、具有刑事责任能力的人，主观方面是直接故意}。

背叛国家罪与武装叛乱、暴乱罪的不同点：A∪D−A∩D={客体是中华人民共和国主权、领土完整和安全，客观方面实施了勾结外国或者境外机构、组织、个人，危害中华人民共和国主权、领土完整和安全的行为，主体只能是具有特定身份的中国人，客体是人民民主专政的国家政权和社会主义制度，客观方面实行了组织、策划、实施武装叛乱或者武装暴乱的行为}。

（四）分裂国家罪与武装叛乱、暴乱罪

B＝｛分裂国家罪｝；D＝｛武装叛乱、暴乱罪｝

B∩D＝｛分裂国家罪｝∩｛武装叛乱、暴乱罪｝＝｛客体是国家与民族的团结与统一，客观方面实施了组织、策划、实施各种分裂国家的活动，企图破坏我国各民族相互团结、各地区相互统一的行为，主体是年满16周岁、具有刑事责任能力的人，主观方面是直接故意｝∩｛客体是人民民主专政的国家政权和社会主义制度，客观方面实行了组织、策划、实施武装叛乱或者武装暴乱的行为，主体是年满16周岁、具有刑事责任能力的人，主观方面是直接故意｝＝｛主体是年满16周岁、具有刑事责任能力的人，主观方面是直接故意｝。

B∪D＝｛分裂国家罪｝∪｛武装叛乱、暴乱罪｝＝｛客体是国家与民族的团结与统一，客观方面实施了组织、策划、实施各种分裂国家的活动，企图破坏我国各民族相互团结、各地区相互统一的行为，主体是年满16周岁、具有刑事责任能力的人，主观方面是直接故意｝∪｛客体是人民民主专政的国家政权和社会主义制度，客观方面实行了组织、策划、实施武装叛乱或者武装暴乱的行为，主体是年满16周岁、具有刑事责任能力的人，主观方面是直接故意｝＝｛客体是国家与民族的团结与统一，客观方面实施了组织、策划、实施各种分裂国家的活动，企图破坏我国各民族相互团结、各地区相互统一的行为，主体是年满16周岁、具有刑事责任能力的人，主观方面是直接故意，客体是人民民主专政的国家政权和社会主义制度，客观方面实行了组织、策划、实施武装叛乱或者武装暴乱的行为｝。

那么，分裂国家罪与武装叛乱、暴乱罪的相同点：B∩D＝｛主体是年满16周岁、具有刑事责任能力的人，主观方面是直接故意｝。

分裂国家罪与武装叛乱、暴乱罪的不同点：$B \cup D - B \cap D = $ {客体是国家与民族的团结与统一，客观方面实施了组织、策划、实施各种分裂国家的活动，企图破坏我国各民族相互团结、各地区相互统一的行为，客体是人民民主专政的国家政权和社会主义制度，客观方面实行了组织、策划、实施武装叛乱或者武装暴乱的行为}。

（五）背叛国家罪与颠覆国家政权罪

$A = $ {背叛国家罪}；$E = $ {颠覆国家政权罪}

$A \cap E = $ {背叛国家罪} $\cap$ {颠覆国家政权罪} $= $ {客体是中华人民共和国主权、领土完整和安全，客观方面实施了勾结外国或者境外机构、组织、个人，危害中华人民共和国主权、领土完整和安全的行为，主体只能是年满 16 周岁、具有刑事责任能力的具有特定身份的中国人，主观方面是直接故意} $\cap$ {客体是人民民主专政的国家政权和社会主义制度，客观方面实行了组织、策划、实施颠覆国家政权、推翻社会主义制度的行为，主体是年满 16 周岁、具有刑事责任能力的人，主观方面是直接故意} $= $ {主体是年满 16 周岁、具有刑事责任能力的人，主观方面是直接故意}。

$A \cup E = $ {背叛国家罪} $\cup$ {颠覆国家政权罪} $= $ {客体是中华人民共和国主权、领土完整和安全，客观方面实施了勾结外国或者境外机构、组织、个人，危害中华人民共和国主权、领土完整和安全的行为，主体只能是年满 16 周岁、具有刑事责任能力的具有特定身份的中国人，主观方面是直接故意} $\cup$ {客体是人民民主专政的国家政权和社会主义制度，客观方面实行了组织、策划、实施颠覆国家政权、推翻社会主义制度的行为，主体是年满 16 周岁、具有刑事责任能力的人，主观方面是直接故意} $= $ {客体是中华人民共和国主权、领土完整和安全，客观方面实施了勾结外国或者境外机构、组织、个人，危害中华人民共和国主权、领土完整和安全的行为，主体只能是年满 16 周岁、具有刑事责任能力的人，主观方面是直接故意，客体是人民民主专政的国家政权和社会主义制度，客观方面实行了组织、策划、实施颠覆国家政权、推翻社会主义制度的行为}。

那么，背叛国家罪与颠覆国家政权罪的相同点：A∩E = {主体是年满 16 周岁、具有刑事责任能力的人，主观方面是直接故意}。

背叛国家罪与颠覆国家政权罪的不同点：A∪E − A∩E = {客体是中华人民共和国主权、领土完整和安全，客观方面实施了勾结外国或者境外机构、组织、个人，危害中华人民共和国主权、领土完整和安全的行为，主体只能是具有特定身份的中国人，客体是人民民主专政的国家政权和社会主义制度，客观方面实行了组织、策划、实施颠覆国家政权、推翻社会主义制度的行为}。

（六）分裂国家罪与颠覆国家政权罪

B = {分裂国家罪}；E = {颠覆国家政权罪}

B∩E = {分裂国家罪} ∩ {颠覆国家政权罪} = {客体是国家与民族的团结与统一，客观方面实施了组织、策划、实施各种分裂国家的活动，企图破坏我国各民族相互团结、各地区相互统一的行为，主体是年满 16 周岁、具有刑事责任能力的人，主观方面是直接故意} ∩ {客体是人民民主专政的国家政权和社会主义制度，客观方面实行了组织、策划、实施颠覆国家政权、推翻社会主义制度的行为，主体是年满 16 周岁、具有刑事责任能力的人，主观方面是直接故意} = {主体是年满 16 周岁、具有刑事责任能力的人，主观方面是直接故意}。

B∪E = {分裂国家罪} ∪ {颠覆国家政权罪} = {客体是国家与民族的团结与统一，客观方面实施了组织、策划、实施各种分裂国家的活动，企图破坏我国各民族相互团结、各地区相互统一的行为，主体是年满 16 周岁、具有刑事责任能力的人，主观方面是直接故意}∪{客体是人民民主专政的国家政权和社会主义制度，客观方面实行了组织、策划、实施颠覆国家政权、推翻社会主义制度的行为，主体是年满 16 周岁、具有刑事责任能力的人，主观方面是直接故意}={客体是国家与民族的团结与统一，客观方面实施了组织、策划、实施各种分裂国家的活动，企图破坏我国各民族相互团结、各地区相互统一的行为，主体是年满 16 周岁、具有刑事责任能力的人，主观方面是直接故意，客体是人民民主专政的国家政权和社会主义制度，客观方面实行了组织、策划、实施颠覆国家政权、推翻社会主义制度的行为}。

那么，分裂国家罪与颠覆国家政权罪的相同点：B∩E={主体是年满 16 周岁、具有刑事责任能力的人，主观方面是直接故意}。

分裂国家罪与颠覆国家政权罪的不同点：B∪E−B∩E={客体是国家与民族的团结与统一，客观方面实施了组织、策划、实施各种分裂国家的活动，企图破坏我国各民族相互团结、各地区相互统一的行为，客体是人民民主专政的国家政权和社会主义制度，客观方面实行了组织、策划、实施颠覆国家政权、推翻社会主义制度的行为}。

（七）颠覆国家政权罪与煽动颠覆国家政权罪

E={颠覆国家政权罪}；F={煽动颠覆国家政权罪}

E∩F={颠覆国家政权罪}∩{煽动颠覆国家政权罪}={客体是人民民主专政的国家政权和社会主义制度，客观方面实行了组织、策划、实施颠覆国家政权、推翻社会主义制度的行为，主体是年满 16 周岁、具有刑事责任能力的人，主观方面是直接故意}∩{客体是人民民主专政的国家政权和社会主义制度，客观方面实施了以造谣、诽谤或者其他方式煽动颠覆国家政权、推翻社会主义制度的行为，主体是年满 16 周岁、具有刑事责任能力的人，主观方面是直接故意}={客体是人民民主专政的国家政权和社会主义制度，主体是年满16周岁、具有刑事责任能力的人，主观方面是直接故意}。

E∪F={颠覆国家政权罪}∪{煽动颠覆国家政权罪}={客体是人民民主专政的国家政权和社会主义制度，客观方面实行了组织、策划、实施颠覆国家政权、推翻社会主义制度的行为，主体是年满16周岁、具有刑事责任能力的人，主观方面是直接故意}∪{客体是人民民主专政的国家政权和社会主义制度，客观方面实施了以造谣、诽谤或者其他方式煽动颠覆国家政权、推翻社会主义制度的行为，主体是年满16周岁、具有刑事责任能力的人，主观方面是直接故意}={客体是人民民主专政的国家政权和社会主义制度，客观方面实行了组织、策划、实施颠覆国家政权、推翻社会主义制度的行为，主体是年满16周岁、具有刑事责任能力的人，主观方面是直接故意，客观方面实施了以造谣、诽谤或者其他方式煽动颠覆国家政权、推翻社会主义制度的行为}。

那么，颠覆国家政权罪与煽动颠覆国家政权罪的相同点：E∩F={客体是人民民主专政的国家政权和社会主义制度，主体是年满16周岁、具有刑事责任能力的人，主观方面是直接故意}。

颠覆国家政权罪与煽动颠覆国家政权罪的不同点：E∪F−E∩F={客观方面实行了组织、策划、实施颠覆国家政权、推翻社会主义制度的行为，客观方面实施了以造谣、诽谤或者其他方式煽动颠覆国家政权、推翻社会主义制度的行为}。

（八）资助危害国家安全犯罪活动罪与背叛国家罪

G={资助危害国家安全犯罪活动罪}；A={背叛国家罪}；

G∩A={资助危害国家安全犯罪活动罪}∩{背叛国家罪}={客体是中华人民共和国的国家安全，客观方面实施了资助境内组织或者个人实施危害国家安全的犯罪活动的行为，主体是境内外的机构、组织或者个人，既包括自然人，也包括单位，主观方面是直接故意｝∩｛客体是中华人民共和国主权、领土完整和安全，客观方面实施了勾结外国或者境外机构、组织、个人，危害中华人民共和国主权、领土完整和安全的行为，主体只能是具有特定身份的中国人，主观方面是直接故意｝＝｛主观方面是直接故意｝。

G∪A＝｛资助危害国家安全犯罪活动罪｝∪｛背叛国家罪｝＝｛客体是中华人民共和国的国家安全，客观方面实施了资助境内组织或者个人实施危害国家安全的犯罪活动的行为，主体是境内外的机构、组织或者个人，既包括自然人，也包括单位，主观方面是直接故意｝∪｛客体是中华人民共和国主权、领土完整和安全，客观方面实施了勾结外国或者境外机构、组织、个人，危害中华人民共和国主权、领土完整和安全的行为，主体只能是具有特定身份的中国人，主观方面是直接故意｝＝｛客体是中华人民共和国的国家安全，客观方面实施了资助境内组织或者个人实施危害国家安全的犯罪活动的行为，主体是境内外的机构、组织或者个人，既包括自然人，也包括单位，主观方面是直接故意，客体是中华人民共和国主权、领土完整和安全，客观方面实施了勾结外国或者境外机构、组织、个人，危害中华人民共和国主权、领土完整和安全的行为，主体只能是具有特定身份的中国人｝。

那么，资助危害国家安全犯罪活动罪与背叛国家罪的相同点：G∩A＝｛主观方面是直接故意｝。

资助危害国家安全犯罪活动罪与背叛国家罪的不同点：G∪A－G∩A＝｛客体是中华人民共和国的国家安全，客观方面实施了资助境内组织或者个人实施危害国家安全的犯罪活动的行为，主体是境内外的机构、组织或者个人，既包括自然人，也包括单位，客体是中华人民共和国主权、领土完整和安全，客观方面实施了勾结外国或者境外机构、组织、个人，危害中华人民共和国主权、领土完整和安全的行为，主体只能是具有特定身份的中国人｝。

第二节 叛变、叛逃罪

一、叛变、叛逃罪概述

（一）叛变、叛逃罪的概念

叛变、叛逃罪，是指中国公民故意背叛国家、投奔敌方，或者在被捕、被俘后投降敌人，进行危害国家安全活动，或者国家机关工作人员或者其他掌握国家秘密的国家工作人员在履行公务期间，擅离岗位，叛逃境外或者在境外叛逃，依法应负刑事责任的行为。

（二）叛变、叛逃罪的构成特征

关于叛变、叛逃罪的构成特征，根据现行刑法的规定，主要有以下几个方面，其集合表现为：

设 A 为叛变、叛逃罪的集合，则 A = {叛变、叛逃罪}；

设 B 为叛变、叛逃罪客体的集合，则 B = {客体是中华人民共和国的国家安全}；

设 C 为叛变、叛逃罪客观方面的集合，则 C = {客观方面表现为行为人背叛国家、投奔敌方，或者在被捕、被俘后投降敌人，进行危害国家安全活动，或者在履行公务期间，擅离岗位，叛逃境外或者在境外叛逃，依法应负刑事责任的行为}；

设 D 为叛变、叛逃罪主体的集合，则 D = {主体是年满 16 周岁、具有刑事责任能力的中国公民或者国家工作人员}；

设 E 为叛变、叛逃罪主观方面的集合，则 E = {主观方面是直接故意}；

则 A＝B∪C∪D∪E，即 ｛叛变、叛逃罪｝＝｛客体是中华人民共和国的国家安全｝∪｛客观方面表现为行为人实施了背叛国家、投奔敌方，或者在被捕、被俘后投降敌人，进行危害国家安全活动，或者在履行公务期间，擅离岗位，叛逃境外或者在境外叛逃，依法应负刑事责任的行为｝∪｛主体是年满 16 周岁、具有刑事责任能力的中国公民或者国家工作人员｝∪｛主观方面是直接故意｝＝｛客体是中华人民共和国的国家安全，客观方面表现为行为人实施了背叛国家、投奔敌方，或者在被捕、被俘后投降敌人，进行危害国家安全活动，或者在履行公务期间，擅离岗位，叛逃境外或者在境外叛逃，依法应负刑事责任的行为，主体是年满 16 周岁、具有刑事责任能力的中国公民或者国家工作人员，主观方面是直接故意｝。

（三）叛变、叛逃罪的类型

根据现行刑法对叛变、叛逃罪所作的规定来看，本节共有 2 种具体犯罪，用子集的方式来表达，其构造表现为：

｛叛变、叛逃罪｝

｛投敌叛变罪｝

｛叛逃罪｝

……

｛投敌叛变罪、叛逃罪｝

二、叛变、叛逃罪的界限

（一）背叛国家罪与投敌叛变罪

A＝｛背叛国家罪｝；B＝｛投敌叛变罪｝

A∩B＝｛背叛国家罪｝∩｛投敌叛变罪｝＝｛客体是中华人民共和国主权、领土完整和安全，客观方面实施了勾结外国或者境外机构、组织、个人，危害中华人民共和国主权、领土完整和安全的行为，主体只能是年满 16 周岁、具有刑事责任能力的具有特定身份的中国公民，主观方面是直接故意｝∩｛客体是中华人民共和国的国家安全，客观方面实施了背叛国家、投奔敌方，或者在被捕、被俘后投降敌人，进行危害国家安全活动的行为，主体是年满 16 周岁、具有刑事责任能力的中国公民，主观方面是直接故意｝＝｛主体是年满 16 周岁、具有刑事责任能力的中国公民，主观方面是直接故意｝。

A∪B =｛背叛国家罪｝∪｛投敌叛变罪｝=｛客体是中华人民共和国主权、领土完整和安全，客观方面实施了勾结外国或者境外机构、组织、个人，危害中华人民共和国主权、领土完整和安全的行为，主体只能是年满 16 周岁、具有刑事责任能力的具有特定身份的中国公民，主观方面是直接故意｝∪｛客体是中华人民共和国的国家安全，客观方面实施了背叛国家、投奔敌方，或者在被捕、被俘后投降敌人，进行危害国家安全活动的行为，主体是年满 16 周岁、具有刑事责任能力的中国公民，主观方面是直接故意｝＝｛客体是中华人民共和国主权、领土完整和安全，客观方面实施了勾结外国或者境外机构、组织、个人，危害中华人民共和国主权、领土完整和安全的行为，主体只能是年满 16 周岁、具有刑事责任能力的中国公民，主观方面是直接故意，客体是中华人民共和国的国家安全，客观方面实施了背叛国家、投奔敌方，或者在被捕、被俘后投降敌人，进行危害国家安全活动的行为｝。

那么，背叛国家罪与投敌叛变罪的相同点：A∩B =｛主体是年满 16 周岁、具有刑事责任能力的中国公民，主观方面是直接故意｝。

背叛国家罪与投敌叛变罪的不同点：A∪B － A∩B =｛客体是中华人民共和国主权、领土完整和安全，客观方面实施了勾结外国或者境外机构、组织、个人，危害中华人民共和国主权、领土完整和安全的行为，客体是中华人民共和国的国家安全，客观方面实施了背叛国家、投奔敌方，或者在被捕、被俘后投降敌人，进行危害国家安全活动的行为}。

（二）背叛国家罪与叛逃罪

A = {背叛国家罪}；C = {叛逃罪}

A∩C = {背叛国家罪} ∩ {叛逃罪} = {客体是中华人民共和国主权、领土完整和安全，客观方面实施了勾结外国或者境外机构、组织、个人，危害中华人民共和国主权、领土完整和安全的行为，主体只能是具有特定身份的中国公民，主观方面是直接故意} ∩ {客体是中华人民共和国的国家安全，客观方面表现为行为人在履行公务期间，擅离岗位，叛逃境外或者在境外叛逃的行为，主体主要是国家机关工作人员，也包括掌握国家秘密的国家工作人员，主观方面是直接故意} = {主观方面是直接故意}。

A∪C = {背叛国家罪} ∪ {叛逃罪} = {客体是中华人民共和国主权、领土完整和安全，客观方面实施了勾结外国或者境外机构、组织、个人，危害中华人民共和国主权、领土完整和安全的行为，主体只能是具有特定身份的中国公民，主观方面是直接故意} ∪ {客体是中华人民共和国的国家安全，客观方面表现为行为人在履行公务期间，擅离岗位，叛逃境外或者在境外叛逃的行为，主体主要是国家机关工作人员，也包括掌握国家秘密的国家工作人员，主观方面是直接故意} = {客体是中华人民共和国主权、领土完整和安全，客观方面实施了勾结外国或者境外机构、组织、个人，危害中华人民共和国主权、领土完整和安全的行为，主体只能是具有特定身份的中国公民，主观方面是直接故意，客体是中华人民共和国的国家安全，客观方面表现为行为人在履行公务期间，擅离岗位，叛逃境外或者在境外叛逃的行为，主体主要是国家机关工作人员，也包括掌握国家秘密的国家工作人员}。

那么，背叛国家罪与叛逃罪的相同点：A∩C = {主观方面是直接故意｝。

背叛国家罪与叛逃罪的不同点：A∪C － A∩C ＝｛客体是中华人民共和国主权、领土完整和安全，客观方面实施了勾结外国或者境外机构、组织、个人，危害中华人民共和国主权、领土完整和安全的行为，主体只能是具有特定身份的中国公民，客体是中华人民共和国的国家安全，客观方面表现为行为人在履行公务期间，擅离岗位，叛逃境外或者在境外叛逃的行为，主体主要是国家机关工作人员，也包括掌握国家秘密的国家工作人员｝。

（三）投敌叛变罪与叛逃罪

B ＝｛投敌叛变罪｝；C ＝｛叛逃罪｝

B∩C ＝｛投敌叛变罪｝∩｛叛逃罪｝＝｛客体是中华人民共和国的国家安全，客观方面表现为行为人实施了背叛国家、投奔敌方，或者在被捕、被俘后投降敌人，进行危害国家安全活动的行为，主体是年满16周岁、具有刑事责任能力的中国公民，主观方面是直接故意｝∩｛客体是中华人民共和国的国家安全，客观方面表现为行为人在履行公务期间，擅离岗位，叛逃境外或者在境外叛逃，实施了危害中华人民共和国国家安全的行为，主体主要是国家机关工作人员，也包括掌握国家秘密的国家工作人员，主观方面是直接故意｝＝｛客体是中华人民共和国的国家安全，主观方面是直接故意｝。

B∪C ＝｛投敌叛变罪｝∪｛叛逃罪｝＝｛客体是中华人民共和国的国家安全，客观方面表现为行为人实施了背叛国家、投奔敌方，或者在被捕、被俘后投降敌人，进行危害国家安全活动的行为，主体是年满16周岁、具有刑事责任能力的中国公民，主观方面是直接故意｝∪｛客体是中华人民共和国的国家安全，客观方面表现为行为人在履行公务期间，擅离岗位，叛逃境外或者在境外叛逃的行为，主体主要是国家机关工作人员，也包括掌握国家秘密的国家工作人员，主观方面是直接故意}={客体是中华人民共和国的国家安全，客观方面表现为行为人实施了背叛国家、投奔敌方，或者在被捕、被俘后投降敌人，进行危害国家安全活动的行为，主体是年满 16 周岁、具有刑事责任能力的中国公民，主观方面是直接故意，客观方面表现为行为人在履行公务期间，擅离岗位，叛逃境外或者在境外叛逃的行为，主体主要是国家机关工作人员，也包括掌握国家秘密的国家工作人员}。

那么，投敌叛变罪与叛逃罪的相同点：$B \cap C =${客体是中华人民共和国的国家安全，主观方面是直接故意}。

投敌叛变罪与叛逃罪的不同点：$B \cup C - B \cap C =${客观方面表现为行为人实施了背叛国家、投奔敌方，或者在被捕、被俘后投降敌人，进行危害国家安全活动的行为，主体是年满 16 周岁、具有刑事责任能力的中国公民，客观方面表现为行为人在履行公务期间，擅离岗位，叛逃境外或者在境外叛逃的行为，主体主要是国家机关工作人员，也包括掌握国家秘密的国家工作人员}。

第三节 间谍、资敌罪

一、间谍、资敌罪概述

(一) 间谍、资敌罪的概念

间谍、资敌罪，是指行为人故意参加间谍组织或者接受间谍组织及其代理人的任务以及为敌人指示轰击目标，或者为境外机构、组织、人员窃取、刺探、收买、非法提供国家秘密或者情报以及在战时故意向敌人提供武器装备、军用物资予以资助，依法应负刑事责任的行为。

（二）间谍、资敌罪的构成特征

关于间谍、资敌罪的构成特征，根据现行刑法的规定，主要有以下几个方面，其集合表现为：

设 A 为间谍、资敌罪的集合，则 A = ｛间谍、资敌罪｝；

设 B 为间谍、资敌罪客体的集合，则 B = ｛客体是中华人民共和国的国家安全｝；

设 C 为间谍、资敌罪客观方面的集合，则 C = ｛客观方面表现为行为人参加间谍组织或者接受间谍组织及其代理人的任务以及为敌人指示轰击目标，或者为境外机构、组织、人员窃取、刺探、收买、非法提供国家秘密或者情报以及在战时故意向敌人提供武器装备、军用物资予以资助，依法应负刑事责任的行为｝；

设 D 为间谍、资敌罪主体的集合，则 D = ｛主体是年满 16 周岁、具有刑事责任能力的人｝；

设 E 为间谍、资敌罪主观方面的集合，则 E = ｛主观方面是故意｝；

则 A = B∪C∪D∪E，即 ｛间谍、资敌罪｝ = ｛客体是中华人民共和国的国家安全｝∪｛客观方面表现为行为人参加间谍组织或者接受间谍组织及其代理人的任务以及为敌人指示轰击目标，或者为境外机构、组织、人员窃取、刺探、收买、非法提供国家秘密或者情报以及在战时故意向敌人提供武器装备、军用物资予以资助，依法应负刑事责任的行为｝∪｛主体是年满 16 周岁、具有刑事责任能力的人｝∪｛主观方面是故意｝ = ｛客体是中华人民共和国的国家安全，客观方面表现为行为人参加间谍组织或者接受间谍组织及其代理人的任务以及为敌人指示轰击目标，或者为境外机构、组织、人员窃取、刺探、收买、非法提供国家秘密或者情报以及在战时故意向敌人提供武器装备、军用物资予以资助，依法应负刑事责任的行为，主体是年满 16 周岁、具有刑事责任能力的人，主观方面是故意}。

（三）间谍、资敌罪的类型

根据现行刑法对间谍、资敌罪所作的规定来看，本节共有 3 种具体犯罪，用子集的方式来表达，其构造表现为：

{间谍、资敌罪}

{间谍罪}

{为境外窃取、刺探、收买、非法提供国家秘密、情报罪}

{资敌罪}

……

{间谍罪，为境外窃取、刺探、收买、非法提供国家秘密、情报罪，资敌罪}

二、间谍、资敌罪的界限

（一）间谍罪与叛逃罪

A = {间谍罪}；B = {叛逃罪}

A∩B = {间谍罪} ∩ {叛逃罪} = {客体是中华人民共和国的国家安全，客观方面表现为行为人参加间谍组织或者接受间谍组织及其代理人的任务以及为敌人指示轰击目标的行为，主体是年满 16 周岁、具有刑事责任能力的人，主观方面是故意} ∩ {客体是中华人民共和国的国家安全，客观方面表现为行为人在履行公务期间，擅离岗位，叛逃境外或者在境外叛逃，实施了危害中华人民共和国国家安全的行为，主体主要是国家机关工作人员，也包括掌握国家秘密的国家工作人员，主观方面是故意} = {客体是中华人民共和国的国家安全，主观方面是故意}。

A∪B = {间谍罪} ∪ {叛逃罪} = {客体是中华人民共和国的国家安全，客观方面表现为行为人参加间谍组织或者接受间谍组织及其代理人的任务以及为敌人指示轰击目标的行为，主体是年满

16 周岁、具有刑事责任能力的人，主观方面是故意}∪{客体是中华人民共和国的国家安全，客观方面表现为行为人在履行公务期间，擅离岗位，叛逃境外或者在境外叛逃，实施了危害中华人民共和国国家安全的行为，主体主要是国家机关工作人员，也包括掌握国家秘密的国家工作人员，主观方面是故意}={客体是中华人民共和国的国家安全，客观方面表现为行为人参加间谍组织或者接受间谍组织及其代理人的任务以及为敌人指示轰击目标的行为，主体是年满 16 周岁、具有刑事责任能力的人，主观方面是故意，客观方面表现为行为人在履行公务期间，擅离岗位，叛逃境外或者在境外叛逃，实施了危害中华人民共和国国家安全的行为，主体主要是国家机关工作人员，也包括掌握国家秘密的国家工作人员}。

那么，间谍罪与叛逃罪的相同点：A∩B={客体是中华人民共和国的国家安全，主观方面是故意}。

间谍罪与叛逃罪的相同点：A∪B－A∩B={客观方面表现为行为人参加间谍组织或者接受间谍组织及其代理人的任务以及为敌人指示轰击目标的行为，主体是年满 16 周岁、具有刑事责任能力的人，客观方面表现为行为人在履行公务期间，擅离岗位，叛逃境外或者在境外叛逃，实施了危害中华人民共和国国家安全的行为，主体主要是国家机关工作人员，也包括掌握国家秘密的国家工作人员}。

（二）间谍罪与为境外窃取、刺探、收买、非法提供国家秘密、情报罪

A={间谍罪}；C={为境外窃取、刺探、收买、非法提供国家秘密、情报罪}

A∩C={间谍罪}∩{为境外窃取、刺探、收买、非法提供国家秘密、情报罪}={客体是中华人民共和国的国家安全，客观方

面表现为行为人参加间谍组织或者接受间谍组织及其代理人的任务以及为敌人指示轰击目标的行为，主体是年满16周岁、具有刑事责任能力的人，主观方面是故意｝∩｛客体是中华人民共和国的国家安全，客观方面表现为行为人为境外机构、组织、人员窃取、刺探、收买、非法提供国家秘密或者情报的行为，主体是年满16周岁、具有刑事责任能力的人，主观方面是故意｝＝｛客体是中华人民共和国的国家安全，主体是年满16周岁、具有刑事责任能力的人，主观方面是故意｝。

A∪C＝｛间谍罪｝∪｛为境外窃取、刺探、收买、非法提供国家秘密、情报罪｝＝｛客体是中华人民共和国的国家安全，客观方面表现为行为人参加间谍组织或者接受间谍组织及其代理人的任务以及为敌人指示轰击目标的行为，主体是年满16周岁、具有刑事责任能力的人，主观方面是故意｝∪｛客体是中华人民共和国的国家安全，客观方面表现为行为人为境外机构、组织、人员窃取、刺探、收买、非法提供国家秘密或者情报的行为，主体是年满16周岁、具有刑事责任能力的人，主观方面是故意｝＝｛客体是中华人民共和国的国家安全，客观方面表现为行为人参加间谍组织或者接受间谍组织及其代理人的任务以及为敌人指示轰击目标的行为，主体是年满16周岁、具有刑事责任能力的人，主观方面是故意，客观方面表现为行为人为境外机构、组织、人员窃取、刺探、收买、非法提供国家秘密或者情报的行为｝。

那么，间谍罪与为境外窃取、刺探、收买、非法提供国家秘密、情报罪的相同点：A∩C＝｛客体是中华人民共和国的国家安全，主体是年满16周岁、具有刑事责任能力的人，主观方面是故意｝。

间谍罪与为境外窃取、刺探、收买、非法提供国家秘密、情报罪的不同点：A∪C－A∩C＝｛客观方面表现为行为人参加间谍组织或者接受间谍组织及其代理人的任务以及为敌人指示轰击目标的行为，客观方面表现为行为人为境外机构、组织、人员窃取、刺探、收买、非法提供国家秘密或者情报的行为｝。

（三）资敌罪与资助危害国家安全犯罪活动罪

D＝｛资敌罪｝；E＝｛资助危害国家安全犯罪活动罪｝

D∩E＝｛资敌罪｝∩｛资助危害国家安全犯罪活动罪｝＝｛客体是中华人民共和国的国家安全，客观方面表现为行为人在战时向敌人提供武器装备、军用物资予以资助的行为，主体是年满16周岁、具有刑事责任能力的人，主观方面是故意｝∩｛客体是中华人民共和国的国家安全，客观方面实施了资助境内组织或者个人实施危害国家安全的犯罪活动的行为，主体是境内外的机构、组织或者个人，既包括自然人，也包括单位，主观方面是故意｝＝｛客体是中华人民共和国的国家安全，主观方面是故意｝。

D∪E＝｛资敌罪｝∪｛资助危害国家安全犯罪活动罪｝＝｛客体是中华人民共和国的国家安全，客观方面表现为行为人在战时向敌人提供武器装备、军用物资予以资助的行为，主体是年满16周岁、具有刑事责任能力的人，主观方面是故意｝∪｛客体是中华人民共和国的国家安全，客观方面实施了资助境内组织或者个人实施危害国家安全的犯罪活动的行为，主体是境内外的机构、组织或者个人，既包括自然人，也包括单位，主观方面是故意｝＝｛客体是中华人民共和国的国家安全，客观方面表现为行为人在战时向敌人提供武器装备、军用物资予以资助的行为，主体是年满16周岁、具有刑事责任能力的人，主观方面是故意，客观方面实施了资助境内组织或者个人实施危害国家安全的犯罪活动的行为，主体是境内外的机构、组织或者个人，既包括自然人，也包括单位｝。

那么，资敌罪与资助危害国家安全犯罪活动罪的相同点：D∩E＝｛客体是中华人民共和国的国家安全，主观方面是故意｝。

资敌罪与资助危害国家安全犯罪活动罪的不同点：D∪E﹣D∩E＝{客观方面表现为行为人在战时向敌人提供武器装备、军用物资予以资助的行为，主体是年满 16 周岁、具有刑事责任能力的人，客观方面实施了资助境内组织或者个人实施危害国家安全的犯罪活动的行为，主体是境内外的机构、组织或者个人，既包括自然人，也包括单位}。

（四）资敌罪与投敌叛变罪

D＝{资敌罪}；F＝{投敌叛变罪}

D∩F＝{资敌罪}∩{投敌叛变罪}＝{客体是中华人民共和国的国家安全，客观方面表现为行为人在战时向敌人提供武器装备、军用物资予以资助的行为，主体是年满 16 周岁、具有刑事责任能力的人，主观方面是直接故意}∩{客体是中华人民共和国的国家安全，客观方面实施了背叛国家、投奔敌方，或者在被捕、被俘后投降敌人，进行危害国家安全活动的行为，主体是年满 16 周岁、具有刑事责任能力的中国公民，主观方面是直接故意}＝{客体是中华人民共和国的国家安全，主体是年满 16 周岁、具有刑事责任能力的人，主观方面是直接故意}。

D∪F＝{资敌罪}∪{投敌叛变罪}＝{客体是中华人民共和国的国家安全，客观方面表现为行为人在战时向敌人提供武器装备、军用物资予以资助的行为，主体是年满 16 周岁、具有刑事责任能力的人，主观方面是直接故意}∪{客体是中华人民共和国的国家安全，客观方面实施了背叛国家、投奔敌方，或者在被捕、被俘后投降敌人，进行危害国家安全活动的行为，主体是年满 16 周岁、具有刑事责任能力的中国公民，主观方面是直接故意}＝{客体是中华人民共和国的国家安全，客观方面表现为行为人在战时向敌人提供武器装备、军用物资予以资助的行为，主体是年满 16 周岁、具有刑事责任能力的人，主观方面是直接故意，客观方面实施了背叛国家、投奔敌方，或者在被捕、被俘后投降敌人，进行危害国家安全活动的行为，主体是年满 16 周岁、具有刑事责任能力的中国公民}。

那么，资敌罪与投敌叛变罪的相同点：$D \cap F = \{$客体是中华人民共和国的国家安全，主体是年满 16 周岁、具有刑事责任能力的人，主观方面是直接故意}。

资敌罪与投敌叛变罪的不同点：$D \cup F - D \cap F = \{$客观方面表现为行为人在战时向敌人提供武器装备、军用物资予以资助的行为，客观方面实施了背叛国家、投奔敌方，或者在被捕、被俘后投降敌人，进行危害国家安全活动的行为，主体是年满 16 周岁、具有刑事责任能力的中国公民}。

第二章

危害公共安全罪

第一节　以危险方法危害公共安全罪

一、以危险方法危害公共安全罪概述

（一）以危险方法危害公共安全罪的概念

以危险方法危害公共安全罪，是指行为人故意或者过失地实施了放火、决水、爆炸、投放危险物质以及以其他危险方法危害公共安全，依法应负刑事责任的行为。

（二）以危险方法危害公共安全罪的构成特征

关于以危险方法危害公共安全罪构成特征，根据现行刑法的规定，主要有以下几个方面，其集合表现为：

设 A 为以危险方法危害公共安全罪的集合，则 A = ｛以危险方法危害公共安全罪｝；

设 B 为以危险方法危害公共安全罪客体的集合，则 B = ｛客体为社会的公共安全｝= ｛即客体为不特定多数人的生命、健康以及重大公私财产的安全｝；

设 C 为以危险方法危害公共安全罪客观方面的集合，则 C = ｛客观方面表现为行为人实施了放火、决水、爆炸、投放危险物

质以及以其他危险方法危害公共安全，依法应负刑事责任的行为}；

设 D 为以危险方法危害公共安全罪主体的集合，则 D ={主体是年满 14 周岁、具有刑事责任能力的自然人}∪{主体是年满 16 周岁、具有刑事责任能力的自然人}={主体是年满 14 周岁或者年满 16 周岁、具有刑事责任能力的自然人}；

设 E 为以危险方法危害公共安全罪主观方面的集合，则 E ={主观方面为故意或者过失}；

则 A =B∪C∪D∪E，即 {以危险方法危害公共安全罪}={客体是社会的公共安全}∪{客观方面表现为行为人实施了放火、决水、爆炸、投放危险物质以及以其他危险方法危害公共安全，依法应负刑事责任的行为}∪{主体是年满 14 周岁或者年满 16 周岁、具有刑事责任能力的自然人}∪{主观方面为故意或者过失}={客体是社会的公共安全，客观方面表现为行为人实施了放火、决水、爆炸、投放危险物质以及以其他危险方法危害公共安全，依法应负刑事责任的行为，主体是年满 14 周岁或者年满 16 周岁、具有刑事责任能力的自然人，主观方面为故意或者过失}。

（三）以危险方法危害公共安全罪的类型

根据现行刑法对以危险方法危害公共安全罪所作的规定来看，本节共有 10 种具体犯罪，用子集的方式来表达，其构造表现为：

{以危险方法危害公共安全罪}

{放火罪}

{决水罪}

{爆炸罪}

{投放危险物质罪}

{以危险方法危害公共安全罪}

{失火罪}

｛过失决水罪｝

｛过失爆炸罪｝

｛过失投放危险物质罪｝

｛过失以危险方法危害公共安全罪｝

……

｛放火罪、决水罪、爆炸罪、投放危险物质罪、以危险方法危害公共安全罪、失火罪、过失决水罪、过失爆炸罪、过失投放危险物质罪、过失以危险方法危害公共安全罪｝

二、以危险方法危害公共安全罪的界限

（一）放火罪与失火罪

A =｛放火罪｝；B =｛失火罪｝

A∩B =｛放火罪｝∩｛失火罪｝=｛客体是不特定多数人的生命、健康与重大公私财产的安全，客观方面表现为行为人实施了放火焚烧公私财物，危害公共安全的行为，主体是年满14周岁、具有刑事责任能力的人，主观方面是故意｝∩｛客体是不特定多数人的生命、健康与重大公私财产的安全，客观方面表现为行为人实施了引起火灾，造成严重后果，危害公共安全的行为，主体是年满16周岁、具有刑事责任能力的人，主观方面是过失｝=｛客体是不特定多数人的生命、健康与重大公私财产的安全｝。

A∪B =｛放火罪｝∪｛失火罪｝=｛客体是不特定多数人的生命、健康与重大公私财产的安全，客观方面表现为行为人实施了放火焚烧公私财物，危害公共安全的行为，主体是年满14周岁、具有刑事责任能力的人，主观方面是故意｝∪｛客体是不特定多数人的生命、健康与重大公私财产的安全，客观方面表现为行为人实施了引起火灾，造成严重后果，危害公共安全的行为，主体是年满16周岁、具有刑事责任能力的人，主观方面是过失｝=｛客体是不

特定多数人的生命、健康与重大公私财产的安全，客观方面表现为行为人实施了放火焚烧公私财物，危害公共安全的行为，主体是年满 14 周岁、具有刑事责任能力的人，主观方面是故意，客观方面表现为行为人实施了引起火灾，造成严重后果，危害公共安全的行为，主体是年满 16 周岁、具有刑事责任能力的人，主观方面是过失}。

那么，放火罪与失火罪的相同点：A∩B = {客体是不特定多数人的生命、健康与重大公私财产的安全}。

放火罪与失火罪的不同点：A∪B－A∩B = {客观方面表现为行为人实施了放火焚烧公私财物，危害公共安全的行为，主体是年满 14 周岁、具有刑事责任能力的人，主观方面是故意，客观方面表现为行为人实施了引起火灾，造成严重后果，危害公共安全的行为，主体是年满 16 周岁、具有刑事责任能力的人，主观方面是过失}。

（二）决水罪与过失决水罪

C = {决水罪}；D = {过失决水罪}

C∩D = {决水罪} ∩ {过失决水罪} = {客体是不特定多数人的生命、健康与重大公私财产的安全，客观方面表现为行为人实行了破坏水利设施，引起或者足以引起水灾，危害公共安全的行为，主体是年满 16 周岁、具有刑事责任能力的人，主观方面是故意} ∩ {客体是不特定多数人的生命、健康与重大公私财产的安全，客观方面表现为行为人实施了引起水灾，造成严重后果，危害公共安全的行为，主体是年满 16 周岁、具有刑事责任能力的人，主观方面是过失} = {客体是不特定多数人的生命、健康与重大公私财产的安全，主体是年满 16 周岁、具有刑事责任能力的人}。

C∪D = {决水罪} ∪ {过失决水罪} = {客体是不特定多数人的生命、健康与重大公私财产的安全，客观方面表现为行为实行了破坏水利设施，引起或者足以引起水灾，危害公共安全的行为，主体是年满16周岁、具有刑事责任能力的人，主观方面是故意｝∪｛客体是不特定多数人的生命、健康与重大公私财产的安全，客观方面表现为行为人实施了引起水灾，造成严重后果，危害公共安全的行为，主体是年满16周岁、具有刑事责任能力的人，主观方面是过失｝=｛客体是不特定多数人的生命、健康与重大公私财产的安全，客观方面表现为行为人实行了破坏水利设施，引起或者足以引起水灾，危害公共安全的行为，主体是年满16周岁、具有刑事责任能力的人，主观方面是故意，客观方面表现为行为人实施了引起水灾，造成严重后果，危害公共安全的行为，主观方面是过失｝。

那么，决水罪与过失决水罪的相同点：C∩D=｛客体是不特定多数人的生命、健康与重大公私财产的安全，主体是年满16周岁、具有刑事责任能力的人｝。

决水罪与过失决水罪的不同点：C∪D−C∩D=｛客观方面表现为行为人实行了破坏水利设施，引起或者足以引起水灾，危害公共安全的行为，主观方面是故意，客观方面表现为行为人实施了引起水灾，造成严重后果，危害公共安全的行为，主观方面是过失｝。

（三）爆炸罪与过失爆炸罪

E=｛爆炸罪｝；F=｛过失爆炸罪｝

E∩F=｛爆炸罪｝∩｛过失爆炸罪｝=｛客体是不特定多数人的生命、健康与重大公私财产的安全，客观方面表现为行为人实施了使用爆炸的方法，杀伤不特定多数人或者毁坏公私财物，危害公共安全的行为，主体是年满14周岁、具有刑事责任能力的人，主观方面是故意｝∩｛客体是不特定多数人的生命、健康与重大公私财产的安全，客观方面表现为行为人实施了引起爆炸事故，造成严重后果，危害公共安全的行为，主体是年满 16 周岁、具有刑事责任能力的人，主观方面是过失｝＝｛客体是不特定多数人的生命、健康与重大公私财产的安全｝。

E∪F＝｛爆炸罪｝∪｛过失爆炸罪｝＝｛客体是不特定多数人的生命、健康与重大公私财产的安全，客观方面表现为行为人实施了使用爆炸的方法，杀伤不特定多数人或者毁坏公私财物，危害公共安全的行为，主体是年满 14 周岁、具有刑事责任能力的人，主观方面是故意｝∪｛客体是不特定多数人的生命、健康与重大公私财产的安全，客观方面表现为行为人实施了引起爆炸事故，造成严重后果，危害公共安全的行为，主体是年满 16 周岁、具有刑事责任能力的人，主观方面是过失｝＝｛客体是不特定多数人的生命、健康与重大公私财产的安全，客观方面表现为行为人实施了使用爆炸的方法，杀伤不特定多数人或者毁坏公私财物，危害公共安全的行为，主体是年满 14 周岁、具有刑事责任能力的人，主观方面是故意，客观方面表现为行为人实施了引起爆炸事故，造成严重后果，危害公共安全的行为，主体是年满 16 周岁、具有刑事责任能力的人，主观方面是过失｝。

那么，爆炸罪与过失爆炸罪的相同点：E∩F＝｛客体是不特定多数人的生命、健康与重大公私财产的安全｝。

爆炸罪与过失爆炸罪的不同点：E∪F－E∩F＝｛客观方面表现为行为人实施了使用爆炸的方法，杀伤不特定多数人或者毁坏公私财物，危害公共安全的行为，主体是年满 14 周岁、具有刑事责任能力的人，主观方面是故意，客观方面表现为行为人实施了引起爆炸事故，造成严重后果，危害公共安全的行为，主体是年满 16 周岁、具有刑事责任能力的人，主观方面是过失｝。

（四）投放危险物质罪与过失投放危险物质罪

G＝｛投放危险物质罪｝；H＝｛过失投放危险物质罪｝

G∩H＝{投放危险物质罪}∩{过失投放危险物质罪}＝{客体是不特定多数人的生命、健康与重大公私财产的安全，客观方面是行为人实施了投放毒害性、放射性、传染病病原体等物质，危害公共安全的行为，主体是年满 14 周岁、具有刑事责任能力的人，主观方面是故意}∩{客体是不特定多数人的生命、健康与重大公私财产的安全，客观方面是行为人实施了投放毒害性、放射性、传染病病原体等物质，造成严重后果，危害公共安全的行为，主体是年满 16 周岁、具有刑事责任能力的人，主观方面是过失}＝{客体是不特定多数人的生命、健康与重大公私财产的安全，客观方面是行为人实施了投放毒害性、放射性、传染病病原体等物质，危害公共安全的行为}。

G∪H＝{投放危险物质罪}∪{过失投放危险物质罪}＝{客体是不特定多数人的生命、健康与重大公私财产的安全，客观方面是行为人实施了投放毒害性、放射性、传染病病原体等物质，危害公共安全的行为，主体是年满 14 周岁、具有刑事责任能力的人，主观方面是故意}∪{客体是不特定多数人的生命、健康与重大公私财产的安全，客观方面是行为人实施了投放毒害性、放射性、传染病病原体等物质，造成严重后果，危害公共安全的行为，主体是年满 16 周岁、具有刑事责任能力的人，主观方面是过失}＝{客体是不特定多数人的生命、健康与重大公私财产的安全，客观方面是行为人实施了投放毒害性、放射性、传染病病原体等物质，危害公共安全的行为，主体是年满 14 周岁、具有刑事责任能力的人，主观方面是故意，客观方面是行为人实施了投放毒害性、放射性、传染病病原体等物质，造成严重后果，危害公共安全的行为，主体是年满 16 周岁、具有刑事责任能力的人，主观方面是过失}。

那么，投放危险物质罪与过失投放危险物质罪的相同点：G∩H＝{客体是不特定多数人的生命、健康与重大公私财产的安全，客观方面是行为人实施了投放毒害性、放射性、传染病病原体等物质，危害公共安全的行为}。

投放危险物质罪与过失投放危险物质罪的不同点：G∪H－G∩H＝{客观方面是行为人实施了投放毒害性、放射性、传染病病原体等物质，危害公共安全的行为，主体是年满 14 周岁、具有刑事责任能力的人，主观方面是故意，客观方面是行为人实施了投放毒害性、放射性、传染病病原体等物质，造成严重后果，危害公共安全的行为，主体是年满 16 周岁、具有刑事责任能力的人，主观方面是过失}。

（五）以危险方法危害公共安全罪与过失以危险方法危害公共安全罪

I＝{以危险方法危害公共安全罪}；J＝{过失以危险方法危害公共安全罪}

I∩J＝{以危险方法危害公共安全罪}∩{过失以危险方法危害公共安全罪}＝{客体是不特定多数人的生命、健康与重大公私财产的安全，客观方面表现为行为人实施了以放火、决水、爆炸、投放危险物质以外的其他危险方法危害公共安全的行为，主体是年满 16 周岁、具有刑事责任能力的人，主观方面是故意}∩{客体是不特定多数人的生命、健康与重大公私财产的安全，客观方面表现为行为人实施了以其他危险方法而引起事故，造成严重后果，危害公共安全的行为，主体是年满 16 周岁、具有刑事责任能力的人，主观方面是过失}＝{客体是不特定多数人的生命、健康与重大公私财产的安全，主体是年满 16 周岁、具有刑事责任能力的人}。

I∪J＝{以危险方法危害公共安全罪}∪{过失以危险方法危害公共安全罪}＝{客体是不特定多数人的生命、健康与重大公私财产的安全，客观方面表现为行为人实施了以放火、决水、爆炸、投放危险物质以外的其他危险方法危害公共安全的行为，主体是年满 16 周岁、具有刑事责任能力的人，主观方面是故意} ∪ {客体是不特定多数人的生命、健康与重大公私财产的安全，客观方面表现为行为人实施了以其他危险方法而引起事故，造成严重后果，危害公共安全的行为，主体是年满 16 周岁、具有刑事责任能力的人，主观方面是过失} = {客体是不特定多数人的生命、健康与重大公私财产的安全，客观方面表现为行为人实施了以放火、决水、爆炸、投放危险物质以外的其他危险方法危害公共安全的行为，主体是年满 16 周岁、具有刑事责任能力的人，主观方面是故意，客观方面表现为行为人实施了以其他危险方法而引起事故，造成严重后果，危害公共安全的行为，主观方面是过失}。

那么，以危险方法危害公共安全罪与过失以危险方法危害公共安全罪的相同点：$I \cap J$ = {客体是不特定多数人的生命、健康与重大公私财产的安全，客观方面表现为行为人实施了以放火、决水、爆炸、投放危险物质以外的其他危险方法危害公共安全的行为，主体是年满 16 周岁、具有刑事责任能力的人}。

以危险方法危害公共安全罪与过失以危险方法危害公共安全罪的不同点：$I \cup J - I \cap J$ = {客观方面表现为行为人实施了以放火、决水、爆炸、投放危险物质以外的其他危险方法危害公共安全的行为，主观方面是故意，客观方面表现为行为人实施了以其他危险方法而引起事故，造成严重后果，危害公共安全的行为，主观方面是过失}。

第二节 破坏公用工具、设施 危害公共安全罪

一、破坏公用工具、设施危害公共安全罪概述

(一) 破坏公用工具、设施危害公共安全罪的概念

破坏公用工具、设施危害公共安全罪，是指行为人故意或者过失地实施了破坏交通工具、交通设施、电力设备、易燃易爆设备、广播电视设施、公用电信设施危害公共安全，依法应负刑事责任的行为。

(二) 破坏公用工具、设施危害公共安全罪的构成特征

关于破坏公用工具、设施危害公共安全罪的构成特征，根据现行刑法的规定，主要有以下几个方面，其集合表现为：

设 A 为关于破坏公用工具、设施危害公共安全罪的集合，则 A = {破坏公用工具、设施危害公共安全罪}；

设 B 为破坏公用工具、设施危害公共安全罪客体的集合，则 B = {客体是社会的公共安全} = {即不特定多数人的生命、健康以及重大公私财产的安全}；

设 C 为破坏公用工具、设施危害公共安全罪客观方面的集合，则 C = {客观方面表现为行为人实施了破坏交通工具、交通设施、电力设备、易燃易爆设备、广播电视设施、公用电信设施危害公共安全，依法应负刑事责任的行为}；

设 D 为破坏公用工具、设施危害公共安全罪主体的集合，则 D = {主体是年满 16 周岁、具有刑事责任能力的自然人}；

设 E 为破坏公用工具、设施危害公共安全罪主观方面的集合，

则 E = {主观方面为故意或者过失};

则 A = B∪C∪D∪E，即 {破坏公用工具、设施危害公共安全罪} = {客体是社会的公共安全}∪{客观方面表现为行为人实施了破坏交通工具、交通设施、电力设备、易燃易爆设备、广播电视设施、公用电信设施危害公共安全，依法应负刑事责任的行为}∪{主体是年满16周岁、具有刑事责任能力的自然人}∪{主观方面为故意或者过失} = {客体是社会的公共安全，客观方面表现为行为人实施了破坏交通工具、交通设施、电力设备、易燃易爆设备、广播电视设施、公用电信设施危害公共安全，依法应负刑事责任的行为，主体是年满16周岁、具有刑事责任能力的自然人，主观方面为故意或者过失}。

（三）破坏公用工具、设施危害公共安全罪的类型

根据现行刑法对破坏公用工具、设施危害公共安全罪所作的规定来看，本节共有10种具体犯罪，用子集的方式来表达，其构造表现为：

{破坏公用工具、设施危害公共安全罪}

{破坏交通工具罪}

{破坏交通设施罪}

{破坏电力设备罪}

{破坏易燃易爆设备罪}

{过失损坏交通工具罪}

{过失损坏交通设施罪}

{过失损坏电力设备罪}

{过失损坏易燃易爆设备罪}

{破坏广播电视设施、公用电信设施罪}

{过失损坏广播电视设施、公用电信设施罪}

……

｛破坏交通工具罪，破坏交通设施罪，破坏电力设备罪，破坏易燃易爆设备罪，过失损坏交通工具罪，过失损坏交通设施罪，过失损坏电力设备罪，过失损坏易燃易爆设备罪，破坏广播电视设施、公用电信设施罪，过失损坏广播电视设施、公用电信设施罪｝

二、破坏公用工具、设施危害公共安全罪的界限

（一）破坏交通工具罪与过失损坏交通工具罪

A ＝｛破坏交通工具罪｝；B ＝｛过失损坏交通工具罪｝

A∩B ＝｛破坏交通工具罪｝∩｛过失损坏交通工具罪｝＝｛客体是交通运输安全，客观方面表现为行为人破坏正在使用的火车、汽车、电车、船只、航空器，已经或者足以使火车、汽车、电车、船只、航空器发生倾覆、毁坏危险的行为，主体是年满 16 周岁、具有刑事责任能力的人，主观方面是故意｝∩｛客体是交通运输安全，客观方面表现为行为人实施了损坏火车、汽车、电车、船只、航空器，造成严重后果，危害交通运输安全的行为，主体是年满 16 周岁、具有刑事责任能力的人，主观方面是故意｝＝｛客体是交通运输安全，主体是年满 16 周岁、具有刑事责任能力的人｝。

A∪B ＝｛破坏交通工具罪｝∪｛过失损坏交通工具罪｝＝｛客体是交通运输安全，客观方面表现为行为人破坏正在使用的火车、汽车、电车、船只、航空器，已经或者足以使火车、汽车、电车、船只、航空器发生倾覆、毁坏危险的行为，主体是年满 16 周岁、具有刑事责任能力的人，主观方面是故意｝∪｛客体是交通运输安全，客观方面表现为行为人实施了损坏火车、汽车、电车、船只、航空器，造成严重后果，危害交通运输安全的行为，主体是年满 16 周岁、具有刑事责任能力的人，主观方面是过失｝＝｛客体是交通运输安全，客观方面表现为行为人破坏正在使用的火车、汽车、

电车、船只、航空器，已经或者足以使火车、汽车、电车、船只、航空器发生倾覆、毁坏危险的行为，主体是年满 16 周岁、具有刑事责任能力的人，主观方面是故意，客观方面表现为行为人实施了损坏火车、汽车、电车、船只、航空器，造成严重后果，危害交通运输安全的行为，主观方面是过失}。

那么，破坏交通工具罪与过失损坏交通工具罪的相同点：A∩B = {客体是交通运输安全，主体是年满 16 周岁、具有刑事责任能力的人}。

破坏交通工具罪与过失损坏交通工具罪的不同点：A∪B − A∩B = {客观方面表现为行为人破坏正在使用的火车、汽车、电车、船只、航空器，已经或者足以使火车、汽车、电车、船只、航空器发生倾覆、毁坏危险的行为，主观方面是故意，客观方面表现为行为人实施了损坏火车、汽车、电车、船只、航空器，造成严重后果，危害交通运输安全的行为，主观方面是过失}。

（二）破坏交通工具罪与破坏交通设施罪

A = {破坏交通工具罪}；C = {破坏交通设施罪}

A∩C = {破坏交通工具罪} ∩ {破坏交通设施罪} = {客体是交通运输安全，客观方面表现为行为人破坏正在使用的火车、汽车、电车、船只、航空器，已经或者足以使火车、汽车、电车、船只、航空器发生倾覆、毁坏危险的行为，主体是年满 16 周岁、具有刑事责任能力的人，主观方面是故意} ∩ {客体是交通运输安全，客观方面表现为行为人破坏轨道、桥梁、隧道、公路、机场、航道、灯塔、标志或者进行其他破坏活动，已经或者足以使火车、汽车、电车、船只、航空器发生倾覆、毁坏危险的行为，主体是年满 16 周岁、具有刑事责任能力的人，主观方面是故意} = {客体是交通运输安全，主体是年满 16 周岁、具有刑事责任能力的人，主观方面是故意}。

　　A∪C＝｛破坏交通工具罪｝∪｛破坏交通设施罪｝＝｛客体是交通运输安全，客观方面表现为行为人破坏正在使用的火车、汽车、电车、船只、航空器，已经或者足以使火车、汽车、电车、船只、航空器发生倾覆、毁坏危险的行为，主体是年满16周岁、具有刑事责任能力的人，主观方面是故意｝∪｛客体是交通运输安全，客观方面表现为行为人破坏轨道、桥梁、隧道、公路、机场、航道、灯塔、标志或者进行其他破坏活动，已经或者足以使火车、汽车、电车、船只、航空器发生倾覆、毁坏危险的行为，主体是年满16周岁、具有刑事责任能力的人，主观方面是故意｝＝｛客体是交通运输安全，客观方面表现为行为人破坏正在使用的火车、汽车、电车、船只、航空器，已经或者足以使火车、汽车、电车、船只、航空器发生倾覆、毁坏危险的行为，主体是年满16周岁、具有刑事责任能力的人，主观方面是故意，客观方面表现为行为人破坏轨道、桥梁、隧道、公路、机场、航道、灯塔、标志或者进行其他破坏活动，已经或者足以使火车、汽车、电车、船只、航空器发生倾覆、毁坏危险的行为｝。

　　那么，破坏交通设施罪与破坏交通设施罪的相同点：A∩C＝｛客体是交通运输安全，客观方面表现为行为人破坏正在使用的交通工具或者交通设施，已经或者足以使火车、汽车、电车、船只、航空器发生倾覆、毁坏危险的行为，主体是年满16周岁、具有刑事责任能力的人，主观方面是故意｝。

　　破坏交通设施罪与破坏交通设施罪的不同点：A∪C－A∩C＝｛客观方面表现为行为人破坏正在使用的火车、汽车、电车、船只、航空器，已经或者足以使火车、汽车、电车、船只、航空器发生倾覆、毁坏危险的行为，客观方面表现为行为人破坏轨道、桥梁、隧道、公路、机场、航道、灯塔、标志或者进行其他破坏活动，已经或者足以使火车、汽车、电车、船只、航空器发生倾覆、毁坏危险的行为｝。

（三）破坏交通设施罪与过失损坏交通设施罪

C＝{破坏交通设施罪}；D＝{过失损坏交通设施罪}

C∩D＝{破坏交通设施罪}∩{过失损坏交通设施罪}＝{客体是交通运输安全，客观方面表现为行为人破坏轨道、桥梁、隧道、公路、机场、航道、灯塔、标志或者进行其他破坏活动，已经或者足以使火车、汽车、电车、船只、航空器发生倾覆、毁坏危险的行为，主体是年满16周岁、具有刑事责任能力的人，主观方面是故意}∩{客体是交通运输安全，客观方面表现为行为人实施了损坏轨道、桥梁、隧道、公路、机场、航道、灯塔、标志等交通设施，造成严重后果，危害交通运输安全的行为，主体是年满16周岁、具有刑事责任能力的人，主观方面是过失}＝{客体是交通运输安全，主体是年满16周岁、具有刑事责任能力的人}。

C∪D＝{破坏交通设施罪}∪{过失损坏交通设施罪}＝{客体是交通运输安全，客观方面表现为行为人破坏轨道、桥梁、隧道、公路、机场、航道、灯塔、标志或者进行其他破坏活动，已经或者足以使火车、汽车、电车、船只、航空器发生倾覆、毁坏危险的行为，主体是年满16周岁、具有刑事责任能力的人，主观方面是故意}∪{客体是交通运输安全，客观方面表现为行为人实施了损坏轨道、桥梁、隧道、公路、机场、航道、灯塔、标志等交通设施，造成严重后果，危害交通运输安全的行为，主体是年满16周岁、具有刑事责任能力的人，主观方面是过失}＝{客体是交通运输安全，客观方面表现为行为人破坏轨道、桥梁、隧道、公路、机场、航道、灯塔、标志或者进行其他破坏活动，已经或者足以使火车、汽车、电车、船只、航空器发生倾覆、毁坏危险的行为，主体是年满16周岁、具有刑事责任能力的人，主观方面是故意，客观方面表现为行为人实施了损坏轨道、桥梁、隧道、公路、机场、航道、灯塔、标志等交通设施，造成严重后果，危害交通运输安全的行为，主观方面是过失}。

那么，破坏交通设施罪与过失损坏交通设施罪的相同点：C∩D＝{客体是交通运输安全，主体是年满16周岁、具有刑事责任能力的人}。

破坏交通设施罪与过失损坏交通设施罪的不同点：C∪D－C∩D＝{客观方面表现为行为人破坏轨道、桥梁、隧道、公路、机场、航道、灯塔、标志或者进行其他破坏活动，已经或者足以使火车、汽车、电车、船只、航空器发生倾覆、毁坏危险的行为，主观方面是故意，客观方面表现为行为人实施了损坏轨道、桥梁、隧道、公路、机场、航道、灯塔、标志等交通设施，造成严重后果，危害交通运输安全的行为，主观方面是过失}。

（四）破坏电力设备罪与破坏易燃易爆设备罪

E＝{破坏电力设备罪}；F＝{破坏易燃易爆设备罪}

E∩F＝{破坏电力设备罪}∩{破坏易燃易爆设备罪}＝{客体是电力设备的安全，客观方面表现为行为人实施了破坏电力设备，已经或者足以造成严重后果，危害公共安全的行为，主体是年满16周岁、具有刑事责任能力的人，主观方面是故意}∩{客体是不特定多数人的生命、健康和重大公私财产的安全，客观方面表现为行为人实施了破坏燃气或者其他易燃易爆设备，已经或者足以造成严重后果，危害公共安全的行为，主体是年满16周岁、具有刑事责任能力的人，主观方面是故意}＝{主体是年满16周岁、具有刑事责任能力的人，主观方面是故意}。

E∪F＝{破坏电力设备罪}∪{破坏易燃易爆设备罪}＝{客体是电力设备的安全，客观方面表现为行为人实施了破坏电力设备，已经或者足以造成严重后果，危害公共安全的行为，主体是年满16周岁、具有刑事责任能力的人，主观方面是故意}∪{客体是不特定多数人的生命、健康和重大公私财产的安全，客观方面表现为行为人实施了破坏燃气或者其他易燃易爆设备，已经或者足以造成严重后果，危害公共安全的行为，主体是年满 16 周岁、具有刑事责任能力的人，主观方面是故意｝＝｛客体是电力设备的安全，客观方面表现为行为人实施了破坏电力设备，已经或者足以造成严重后果，危害公共安全的行为，主体是年满 16 周岁、具有刑事责任能力的人，主观方面是故意，客体是不特定多数人的生命、健康和重大公私财产的安全，客观方面表现为行为人实施了破坏燃气或者其他易燃易爆设备，已经或者足以造成严重后果，危害公共安全的行为｝。

那么，破坏电力设备罪与破坏易燃易爆设备罪的相同点：E∩F＝｛主体是年满 16 周岁、具有刑事责任能力的人，主观方面是故意｝。

破坏电力设备罪与破坏易燃易爆设备罪的不同点：E∪F－E∩F＝｛客体是电力设备的安全，客体是不特定多数人的生命、健康和重大公私财产的安全，客观方面表现为行为人实施了破坏电力设备，已经或者足以造成严重后果，危害公共安全的行为，客观方面表现为行为人实施了破坏燃气或者其他易燃易爆设备，已经或者足以造成严重后果，危害公共安全的行为｝。

（五）破坏电力设备罪与过失损坏电力设备罪

E＝｛破坏电力设备罪｝；G＝｛过失损坏电力设备罪｝

E∩G＝｛破坏电力设备罪｝∩｛过失损坏电力设备罪｝＝｛客体是电力设备的安全，客观方面表现为行为人实施了破坏电力设备，已经或者足以造成严重后果，危害公共安全的行为，主体是年满 16 周岁、具有刑事责任能力的人，主观方面是故意｝∩｛客体是电力设备的安全，客观方面表现为行为人实施了使正在使用中的电力设备受到损坏，以致造成严重后果，危害公共安全的行为，主体是年满 16 周岁、具有刑事责任能力的人，主观方面是过失｝＝

{客体是电力设备的安全，主体是年满16周岁、具有刑事责任能力的人}。

E∪G={破坏电力设备罪}∪{过失损坏电力设备罪}={客体是电力设备的安全，客观方面表现为行为人实施了破坏电力设备，已经或者足以造成严重后果，危害公共安全的行为，主体是年满16周岁、具有刑事责任能力的人，主观方面是故意}∪{客体是电力设备的安全，客观方面表现为行为人实施了使正在使用中的电力设备受到损坏，以致造成严重后果，危害公共安全的行为，主体是年满16周岁、具有刑事责任能力的人，主观方面是过失}={客体是电力设备的安全，客观方面表现为行为人实施了破坏电力设备，已经或者足以造成严重后果，危害公共安全的行为，主体是年满16周岁、具有刑事责任能力的人，主观方面是故意，客观方面表现为行为人实施了使正在使用中的电力设备受到损坏，以致造成严重后果，危害公共安全的行为，主观方面是过失}。

那么，破坏电力设备罪与过失损坏电力设备罪的相同点：E∩G={客体是电力设备的安全，主体是年满16周岁、具有刑事责任能力的人}。

破坏电力设备罪与过失损坏电力设备罪的不同点：E∪G－E∩G={客观方面表现为行为人实施了破坏电力设备，已经或者足以造成严重后果，危害公共安全的行为，主观方面是故意，客观方面表现为行为人实施了使正在使用中的电力设备受到损坏，以致造成严重后果，危害公共安全的行为，主观方面是过失}。

（六）破坏易燃易爆设备罪与过失损坏易燃易爆设备罪

H={破坏易燃易爆设备罪}；I={过失损坏易燃易爆设备罪}

H∩I={破坏易燃易爆设备罪}∩{过失损坏易燃易爆设备罪}={客体是不特定多数人的生命、健康和重大公私财产的安全，客观方面表现为行为人实施了破坏燃气或者其他易燃易爆设备，已经或者足以造成严重后果，危害公共安全的行为，主体是年满 16 周岁、具有刑事责任能力的人，主观方面是故意｝∩｛客体是不特定的多数人的生命、健康和重大公私财产的安全，客观方面表现为行为人实施了损坏燃气或者其他易燃易爆设备，以致造成严重后果，危害公共安全的行为，主体是年满 16 周岁、具有刑事责任能力的人，主观方面是过失｝＝｛客体是不特定多数人的生命、健康和重大公私财产的安全，主体是年满 16 周岁、具有刑事责任能力的人｝。

H∪I＝｛破坏易燃易爆设备罪｝∪｛过失损坏易燃易爆设备罪｝＝｛客体是不特定多数人的生命、健康和重大公私财产的安全，客观方面表现为行为人实施了破坏燃气或者其他易燃易爆设备，已经或者足以造成严重后果，危害公共安全的行为，主体是年满 16 周岁、具有刑事责任能力的人，主观方面是故意｝∪｛客体是不特定的多数人的生命、健康和重大公私财产的安全，客观方面表现为行为人实施了损坏燃气或者其他易燃易爆设备，以致造成严重后果，危害公共安全的行为，主体是年满 16 周岁、具有刑事责任能力的人，主观方面是过失｝＝｛客体是不特定多数人的生命、健康和重大公私财产的安全，客观方面表现为行为人实施了破坏燃气或者其他易燃易爆设备，已经或者足以造成严重后果，危害公共安全的行为，主体是年满 16 周岁、具有刑事责任能力的人，主观方面是故意，客观方面表现为行为人实施了损坏燃气或者其他易燃易爆设备，以致造成严重后果，危害公共安全的行为，主观方面是过失｝。

那么，破坏易燃易爆设备罪与过失损坏易燃易爆设备罪的相同点：H∩I＝｛客体是不特定的多数人的生命、健康和重大公私财产的安全，主体是年满 16 周岁、具有刑事责任能力的人｝。

破坏易燃易爆设备罪与过失损坏易燃易爆设备罪的不同点：H∪I－H∩I＝｛客观方面表现为行为人实施了破坏燃气或者其他易

燃易爆设备，已经或者足以造成严重后果，危害公共安全的行为，主观方面是故意，客观方面表现为行为人实施了损坏燃气或者其他易燃易爆设备，以致造成严重后果，危害公共安全的行为，主观方面是过失｝。

（七）破坏电力设备罪与破坏广播电视设施、公用电信设施罪

E＝｛破坏电力设备罪｝；J＝｛破坏广播电视设施、公用电信设施罪｝

E∩J＝｛破坏电力设备罪｝∩｛破坏广播电视设施、公用电信设施罪｝＝｛客体是电力设备安全，客观方面表现为行为人实施了破坏电力设备，已经或者足以造成严重后果，危害公共安全的行为，主体是年满16周岁、具有刑事责任能力的人，主观方面是故意｝∩｛客体是公共通信的安全，客观方面表现为行为人实施了破坏广播电视设施、公用电信设施，危害公共安全的行为，主体是年满16周岁、具有刑事责任能力的人，主观方面是故意｝＝｛主体是年满16周岁、具有刑事责任能力的人，主观方面是故意｝。

E∪J＝｛破坏电力设备罪｝∪｛破坏广播电视设施、公用电信设施罪｝＝｛客体是电力设备安全，客观方面表现为行为人实施了破坏电力设备，已经或者足以造成严重后果，危害公共安全的行为，主体是年满16周岁、具有刑事责任能力的人，主观方面是故意｝∪｛客体是公共通信的安全，客观方面表现为行为人实施了破坏广播电视设施、公用电信设施，危害公共安全的行为，主体是年满16周岁、具有刑事责任能力的人，主观方面是故意｝＝｛客体是电力设备安全，客观方面表现为行为人实施了破坏电力设备，已经或者足以造成严重后果，危害公共安全的行为，主体是年满16周岁、具有刑事责任能力的人，主观方面是故意，客体是公共通信的安全，客观方面表现为行为人实施了破坏广播电视设施、公用

电信设施，危害公共安全的行为}。

那么，破坏电力设备罪与破坏广播电视设施、公用电信设施罪的相同点：E∩J={主体是年满 16 周岁、具有刑事责任能力的人，主观方面是故意}。

破坏电力设备罪与破坏广播电视设施、公用电信设施罪的不同点：E∪J－E∩J={客体是电力设备安全，客观方面表现为行为人实施了破坏电力设备，已经或者足以造成严重后果，危害公共安全的行为，客体是公共通信的安全，客观方面表现为行为人实施了破坏广播电视设施、公用电信设施，危害公共安全的行为}。

（八）破坏广播电视设施、公用电信设施罪与过失损坏广播电视设施、公用电信设施罪

J={破坏广播电视设施、公用电信设施罪}；L={过失损坏广播电视设施、公用电信设施罪}

J∩L={破坏广播电视设施、公用电信设施罪}∩{过失损坏广播电视设施、公用电信设施罪}={客体是公共通信的安全，客观方面表现为行为人实施了破坏广播电视设施、公用电信设施，危害公共安全的行为，主体是年满 16 周岁、具有刑事责任能力的人，主观方面是故意}∩{客体是公共通信的安全，客观方面表现为行为人实施了损坏广播电视设施、公用电信设施，造成严重后果，危害公共安全的行为，主体是年满 16 周岁、具有刑事责任能力的人，主观方面是过失}={客体是公共通信的安全，主体是年满 16 周岁、具有刑事责任能力的人}。

J∪L={破坏广播电视设施、公用电信设施罪}∪{过失损坏广播电视设施、公用电信设施罪}={客体是公共通信的安全，客观方面表现为行为人实施了破坏广播电视设施、公用电信设施，危害公共安全的行为，主体是年满 16 周岁、具有刑事责任能力的人，主观方面是故意}∪{客体是公共通信的安全，客观方面表现为行

为人实施了损坏广播电视设施、公用电信设施，造成严重后果，危害公共安全的行为，主体是年满16周岁、具有刑事责任能力的人，主观方面是过失 | = | 客体是公共通信的安全，客观方面表现为行为人实施了破坏广播电视设施、公用电信设施，危害公共安全的行为，主体是年满16周岁、具有刑事责任能力的人，主观方面是故意，客观方面表现为行为人实施了损坏广播电视设施、公用电信设施，造成严重后果，危害公共安全的行为，主观方面是过失 | 。

那么，破坏广播电视设施、公用电信设施罪与过失损坏广播电视设施、公用电信设施罪的相同点：J∩L = | 客体是公共通信的安全，主体是年满16周岁、具有刑事责任能力的人 | 。

破坏广播电视设施、公用电信设施罪与过失损坏广播电视设施、公用电信设施罪的不同点：J∪L – J∩L = | 客观方面表现为行为人实施了破坏广播电视设施、公用电信设施，危害公共安全的行为，主观方面是故意，客观方面表现为行为人实施了损坏广播电视设施、公用电信设施，造成严重后果，危害公共安全的行为，主观方面是过失 | 。

第三节 实施恐怖、危险活动危害公共安全罪

一、实施恐怖、危险活动危害公共安全罪概述

（一）实施恐怖、危险活动危害公共安全罪的概念

实施恐怖、危险活动危害公共安全罪，是指行为人故意组织、领导、参加恐怖组织、宣扬恐怖主义、极端主义、煽动实施、帮

助、准备实施恐怖活动、利用极端主义破坏法律实施、强制穿戴宣扬恐怖主义、极端主义服饰、标志、非法持有宣扬恐怖主义、极端主义物品、劫持航空器、船只、汽车以及暴力危及飞行安全，依法应负刑事责任的行为。

（二）实施恐怖、危险活动危害公共安全罪的构成特征

关于实施恐怖、危险活动危害公共安全罪的构成特征，根据现行刑法的规定，主要有以下几个方面，其集合表现为：

设 A 为实施恐怖、危险活动危害公共安全罪的集合，则 A = ｛实施恐怖、危险活动危害公共安全罪｝；

设 B 为实施恐怖、危险活动危害公共安全罪客体的集合，则 B = ｛客体是社会的公共安全｝= ｛即不特定多数人的生命、健康以及重大公私财产的安全｝；

设 C 为实施恐怖、危险活动危害公共安全罪客观方面的集合，则 C = ｛客观方面表现为行为人组织、领导、参加恐怖组织、宣扬恐怖主义、极端主义、煽动实施、帮助、准备实施恐怖活动、利用极端主义破坏法律实施、强制穿戴宣扬恐怖主义、极端主义服饰、标志、非法持有宣扬恐怖主义、极端主义物品、劫持航空器、船只、汽车以及暴力危及飞行安全，依法应负刑事责任的行为｝；

设 D 为实施恐怖、危险活动危害公共安全罪主体的集合，则 D = ｛主体是年满 16 周岁、具有刑事责任能力的自然人｝；

设 E 为实施恐怖、危险活动危害公共安全罪主观方面的集合，则 E = ｛主观方面是故意｝；

则 A = B∪C∪D∪E，即 ｛实施恐怖、危险活动危害公共安全罪｝= ｛客体是社会的公共安全｝∪｛客观方面表现为行为人组织、领导、参加恐怖组织、宣扬恐怖主义、极端主义、煽动实施、帮助、准备实施恐怖活动、利用极端主义破坏法律实施、强制穿戴宣扬恐怖主义、极端主义服饰、标志、非法持有宣扬恐怖主义、

极端主义物品、劫持航空器、船只、汽车以及暴力危及飞行安全，依法应负刑事责任的行为}∪{主体是年满 16 周岁、具有刑事责任能力的自然人}∪{主观方面为故意} = {客体是社会的公共安全，客观方面表现为行为人组织、领导、参加恐怖组织、宣扬恐怖主义、极端主义、煽动实施、帮助、准备实施恐怖活动、利用极端主义破坏法律实施、强制穿戴宣扬恐怖主义、极端主义服饰、标志、非法持有宣扬恐怖主义、极端主义物品、劫持航空器、船只、汽车以及暴力危及飞行安全，依法应负刑事责任的行为，主体是年满 16 周岁、具有刑事责任能力的自然人，主观方面是故意}。

（三）实施恐怖、危险活动危害公共安全罪的类型

根据现行刑法对实施恐怖、危险活动危害公共安全罪所作的规定来看，本节共有 10 种具体犯罪，用子集的方式来表达，其构造表现为：

{实施恐怖、危险活动危害公共安全罪}

{组织、领导、参加恐怖组织罪}

{帮助恐怖活动罪}

{准备实施恐怖活动罪}

{宣扬恐怖主义、极端主义、煽动实施恐怖活动罪}

{利用极端主义破坏法律实施罪}

{强制穿戴宣扬恐怖主义、极端主义服饰、标志罪}

{非法持有宣扬恐怖主义、极端主义物品罪}

{劫持航空器罪}

{劫持船只、汽车罪}

{暴力危及飞行安全罪}

……

{组织、领导、参加恐怖组织罪，帮助恐怖活动罪，准备实施

恐怖活动罪，宣扬恐怖主义、极端主义、煽动实施恐怖活动罪，利用极端主义破坏法律实施罪，强制穿戴宣扬恐怖主义、极端主义服饰、标志罪，非法持有宣扬恐怖主义、极端主义物品罪，劫持航空器罪，劫持船只、汽车罪，暴力危及飞行安全罪｝

二、实施恐怖、危险活动危害公共安全罪的界限

（一）组织、领导、参加恐怖组织罪与帮助恐怖活动罪

A ＝｛组织、领导、参加恐怖组织罪｝；B ＝｛帮助恐怖活动罪｝

A∩B ＝｛组织、领导、参加恐怖组织罪｝∩｛帮助恐怖活动罪｝＝｛客体是不特定的多数人的生命、健康和重大公私财产的安全，客观方面表现为行为人实施了组织、领导、参加恐怖组织，危害公共安全的行为，主体是年满 16 周岁、具有刑事责任能力的人，主观方面是故意｝∩｛客体是不特定的多数人的生命、健康和重大公私财产的安全，客观方面表现为行为人实施了资助恐怖活动组织、实施恐怖活动的个人的，或者资助恐怖活动培训的，或者为恐怖活动组织、实施恐怖活动或者恐怖活动培训招募、运送人员的行为，主体可以是年满 16 周岁、具有刑事责任能力的人，也可以是单位，主观方面是故意｝＝｛客体是不特定的多数人的生命、健康和重大公私财产的安全，主体是年满 16 周岁、具有刑事责任能力的人，主观方面是故意｝。

A∪B ＝｛组织、领导、参加恐怖组织罪｝∪｛帮助恐怖活动罪｝＝｛客体是不特定的多数人的生命、健康和重大公私财产的安全，客观方面表现为行为人实施了组织、领导、参加恐怖组织，危害公共安全的行为，主体是年满 16 周岁、具有刑事责任能力的人，主观方面是故意｝∪｛客体是不特定的多数人的生命、健康和重大公私财产的安全，客观方面表现为行为人实施了资助恐怖活动组织、实施恐怖活动的个人的，或者资助恐怖活动培训的，或者为恐怖

活动组织、实施恐怖活动或者恐怖活动培训招募、运送人员的行为，主体可以是年满 16 周岁、具有刑事责任能力的人，也可以是单位，主观方面是故意}={客体是不特定的多数人的生命、健康和重大公私财产的安全，客观方面表现为行为人实施了组织、领导、参加恐怖组织，危害公共安全的行为，主体是年满 16 周岁、具有刑事责任能力的人，主观方面是故意}={客体是不特定的多数人的生命、健康和重大公私财产的安全，客观方面表现为行为人实施了资助恐怖活动组织、实施恐怖活动的个人的，或者资助恐怖活动培训的，或者为恐怖活动组织、实施恐怖活动或者恐怖活动培训招募、运送人员的行为，主体可以是年满 16 周岁、具有刑事责任能力的人，也可以是单位，主观方面是故意，客观方面表现为行为人实施了组织、领导、参加恐怖组织，危害公共安全的行为}。

那么，组织、领导、参加恐怖组织罪与帮助恐怖活动罪的相同点：$A \cap B$ = {客体是不特定的多数人的生命、健康和重大公私财产的安全，主体是年满 16 周岁、具有刑事责任能力的人，主观方面是故意}。

组织、领导、参加恐怖组织罪与帮助恐怖活动罪的不同点：$A \cup B - A \cap B$ = {客观方面表现为行为人实施了组织、领导、参加恐怖组织，危害公共安全的行为，客观方面表现为行为人实施了资助恐怖活动组织、实施恐怖活动的个人的，或者资助恐怖活动培训的，或者为恐怖活动组织、实施恐怖活动或者恐怖活动培训招募、运送人员的行为，主体也可以是单位}。

（二）组织、领导、参加恐怖组织罪与准备实施恐怖活动罪

A = {组织、领导、参加恐怖组织罪}；C = {准备实施恐怖活动罪}

A∩C = {组织、领导、参加恐怖组织罪} ∩ {准备实施恐怖活动罪} = {客体是不特定的多数人的生命、健康和重大公私财产的安全，客观方面表现为行为人实施了组织、领导、参加恐怖组织，危害公共安全的行为，主体是年满 16 周岁、具有刑事责任能力的人，主观方面是故意} ∩ {客体是不特定的多数人的生命、健康和重大公私财产的安全，客观方面表现为行为人为实施恐怖活动准备凶器、危险物品或者其他工具的，或者组织恐怖活动培训或者积极参加恐怖活动培训的，或者为实施恐怖活动与境外恐怖活动组织或者人员联络的，以及为实施恐怖活动进行策划或者其他准备的行为，主体是年满 16 周岁、具有刑事责任能力的人，主观方面是故意} = {客体是不特定的多数人的生命、健康和重大公私财产的安全，主体是年满 16 周岁、具有刑事责任能力的人，主观方面是故意}。

A∪C = {组织、领导、参加恐怖组织罪} ∪ {准备实施恐怖活动罪} = {客体是不特定的多数人的生命、健康和重大公私财产的安全，客观方面表现为行为人实施了组织、领导、参加恐怖组织，危害公共安全的行为，主体是年满 16 周岁、具有刑事责任能力的人，主观方面是故意} ∪ {客体是不特定的多数人的生命、健康和重大公私财产的安全，客观方面表现为行为人为实施恐怖活动准备凶器、危险物品或者其他工具的，或者组织恐怖活动培训或者积极参加恐怖活动培训的，或者为实施恐怖活动与境外恐怖活动组织或者人员联络的，以及为实施恐怖活动进行策划或者其他准备的行为，主体是年满 16 周岁、具有刑事责任能力的人，主观方面是故意} = {客体是不特定的多数人的生命、健康和重大公私财产的安全，客观方面表现为行为人实施了组织、领导、参加恐怖组织，危害公共安全的行为，主体是年满 16 周岁、具有刑事责任能力的人，主观方面是故意，客观方面表现为行为人为实施恐怖活动准备凶器、危险物品或者其他工具的，或者组织恐怖活动培训或者积极参加恐怖活动培训的，或者为实施恐怖活动与境外恐怖活动组织或者人员联络的，以及为实施恐怖活动进行策划或者其他准备的行为}。

那么，组织、领导、参加恐怖组织罪与准备实施恐怖活动罪的相同点：A∩C = {客体是不特定的多数人的生命、健康和重大公私财产的安全，主体是年满16周岁、具有刑事责任能力的人，主观方面是故意}。

组织、领导、参加恐怖组织罪与准备实施恐怖活动罪的不同点：A∪C - A∩C = {客观方面表现为行为人实施了组织、领导、参加恐怖组织，危害公共安全的行为，客观方面表现为行为人为实施恐怖活动准备凶器、危险物品或者其他工具的，或者组织恐怖活动培训或者积极参加恐怖活动培训的，或为实施恐怖活动与境外恐怖活动组织或者人员联络的，以及为实施恐怖活动进行策划或者其他准备的行为}。

（三）帮助恐怖活动罪与准备实施恐怖活动罪

C = {帮助恐怖活动罪}；D {准备实施恐怖活动罪}

C∩D = {帮助恐怖活动罪} ∩ {准备实施恐怖活动罪} = {客体是不特定的多数人的生命、健康和重大公私财产的安全，客观方面表现为行为人实施了资助恐怖活动组织、实施恐怖活动的个人的，或者资助恐怖活动培训的，或者为恐怖活动组织、实施恐怖活动或者恐怖活动培训招募、运送人员的行为，主体可以是年满16周岁、具有刑事责任能力的人，也可以是单位，主观方面是故意} ∩ {客体是不特定的多数人的生命、健康和重大公私财产的安全，客观方面表现为行为人为实施恐怖活动准备凶器、危险物品或者其他工具的，或者组织恐怖活动培训或者积极参加恐怖活动培训的，或者为实施恐怖活动与境外恐怖活动组织或者人员联络的，以及为实施恐怖活动进行策划或者其他准备的行为，主体是年满 16 周岁、具有刑事责任能力的人，主观方面是故意 = 客体是不特定的多数人的生命、健康和重大公私财产的安全，主体是年满 16 周岁、具有刑事责任能力的人，主观方面是故意 。

C∪D = 帮助恐怖活动罪 ∪ 准备实施恐怖活动罪 = 客体是不特定的多数人的生命、健康和重大公私财产的安全，客观方面表现为行为人实施了资助恐怖活动组织、实施恐怖活动的个人的，或者资助恐怖活动培训的，或者为恐怖活动组织、实施恐怖活动或者恐怖活动培训招募、运送人员的行为，主体可以是年满 16 周岁、具有刑事责任能力的人，也可以是单位，主观方面是故意 ∪ 客体是不特定的多数人的生命、健康和重大公私财产的安全，客观方面表现为行为人为实施恐怖活动准备凶器、危险物品或者其他工具的，或者组织恐怖活动培训或者积极参加恐怖活动培训的，或者为实施恐怖活动与境外恐怖活动组织或者人员联络的，以及为实施恐怖活动进行策划或者其他准备的行为，主体是年满 16 周岁、具有刑事责任能力的人，主观方面是故意 = 客体是不特定的多数人的生命、健康和重大公私财产的安全，客观方面表现为行为人实施了资助恐怖活动组织、实施恐怖活动的个人的，或者资助恐怖活动培训的，或者为恐怖活动组织、实施恐怖活动或者恐怖活动培训招募、运送人员的行为，主体可以是年满 16 周岁、具有刑事责任能力的人，也可以是单位，主观方面是故意，客观方面表现为行为人为实施恐怖活动准备凶器、危险物品或者其他工具的，或者组织恐怖活动培训或者积极参加恐怖活动培训的，或者为实施恐怖活动与境外恐怖活动组织或者人员联络的，以及为实施恐怖活动进行策划或者其他准备的行为 。

那么，帮助恐怖活动罪与准备实施恐怖活动罪的相同点：C∩D = 客体是不特定的多数人的生命、健康和重大公私财产的安全，主体是年满 16 周岁、具有刑事责任能力的人，主观方面是故意 。

帮助恐怖活动罪与准备实施恐怖活动罪的不同点：C∪D－C∩D＝{客观方面表现为行为人实施了组织、领导、参加恐怖组织，危害公共安全的行为，主体也可以是单位，客观方面表现为行为人实施了资助恐怖活动组织、实施恐怖活动的个人的，或者资助恐怖活动培训的，或者为恐怖活动组织、实施恐怖活动或者恐怖活动培训招募、运送人员的行为}。

（四）组织、领导、参加恐怖组织罪与宣扬恐怖主义、极端主义、煽动实施恐怖活动罪

A＝{组织、领导、参加恐怖组织罪}；E＝{宣扬恐怖主义、极端主义、煽动实施恐怖活动罪}

A∩E＝{组织、领导、参加恐怖组织罪}∩{宣扬恐怖主义、极端主义、煽动实施恐怖活动罪}＝{客体是不特定的多数人的生命、健康和重大公私财产的安全，客观方面表现为行为人实施了组织、领导、参加恐怖组织，危害公共安全的行为，主体是年满16周岁、具有刑事责任能力的人，主观方面是故意}∩{客体是不特定的多数人的生命、健康和重大公私财产的安全，客观方面表现为行为人实施了以制作、散发宣扬恐怖主义、极端主义的图书、音频视频资料或者其他物品，或者通过讲授、发布信息等方式宣扬恐怖主义、极端主义的，或者煽动实施恐怖活动的行为，主体是年满16周岁、具有刑事责任能力的人，主观方面是故意}＝{客体是不特定的多数人的生命、健康和重大公私财产的安全，主体是年满16周岁、具有刑事责任能力的人，主观方面是故意}。

A∪E＝{组织、领导、参加恐怖组织罪}∪{宣扬恐怖主义、极端主义、煽动实施恐怖活动罪}＝{客体是不特定的多数人的生命、健康和重大公私财产的安全，客观方面表现为行为人实施了组织、领导、参加恐怖组织，危害公共安全的行为，主体是年满16周岁、具有刑事责任能力的人，主观方面是故意}∪{客体是不

特定的多数人的生命、健康和重大公私财产的安全，客观方面表现为行为人实施了以制作、散发宣扬恐怖主义、极端主义的图书、音频视频资料或者其他物品，或者通过讲授、发布信息等方式宣扬恐怖主义、极端主义的，或者煽动实施恐怖活动的行为，主体是年满 16 周岁、具有刑事责任能力的人，主观方面是故意}={客体是不特定的多数人的生命、健康和重大公私财产的安全，客观方面表现为行为人实施了组织、领导、参加恐怖组织，危害公共安全的行为，主体是年满 16 周岁、具有刑事责任能力的人，主观方面是故意，客观方面表现为行为人实施了以制作、散发宣扬恐怖主义、极端主义的图书、音频视频资料或者其他物品，或者通过讲授、发布信息等方式宣扬恐怖主义、极端主义的，或者煽动实施恐怖活动的行为}。

那么，组织、领导、参加恐怖组织罪与宣扬恐怖主义、极端主义、煽动实施恐怖活动罪的相同点：A∩E={客体是不特定的多数人的生命、健康和重大公私财产的安全，主体是年满 16 周岁、具有刑事责任能力的人，主观方面是故意}。

组织、领导、参加恐怖组织罪与宣扬恐怖主义、极端主义、煽动实施恐怖活动罪的不同点：A∪E－A∩E={客观方面表现为行为人实施了组织、领导、参加恐怖组织，危害公共安全的行为，客观方面表现为行为人实施了以制作、散发宣扬恐怖主义、极端主义的图书、音频视频资料或者其他物品，或者通过讲授、发布信息等方式宣扬恐怖主义、极端主义的，或者煽动实施恐怖活动的行为}。

（五）组织、领导、参加恐怖组织罪与利用极端主义破坏法律实施罪

A={组织、领导、参加恐怖组织罪}；F={利用极端主义破坏法律实施罪}

A∩F＝{组织、领导、参加恐怖组织罪}∩{利用极端主义破坏法律实施罪}＝{客体是不特定的多数人的生命、健康和重大公私财产的安全，客观方面表现为行为人实施了组织、领导、参加恐怖组织，危害公共安全的行为，主体是年满 16 周岁、具有刑事责任能力的人，主观方面是故意}∩{客体是不特定的多数人的生命、健康和重大公私财产的安全，客观方面表现行为人为利用极端主义煽动、胁迫群众破坏国家法律确立的婚姻、司法、教育、社会管理等制度实施的行为，主体是年满 16 周岁、具有刑事责任能力的人，主观方面是故意}＝{客体是不特定的多数人的生命、健康和重大公私财产的安全，主体是年满 16 周岁、具有刑事责任能力的人，主观方面是故意}。

A∪F＝{组织、领导、参加恐怖组织罪}∪{利用极端主义破坏法律实施罪}＝{客体是不特定的多数人的生命、健康和重大公私财产的安全，客观方面表现为行为人实施了组织、领导、参加恐怖组织，危害公共安全的行为，主体是年满 16 周岁、具有刑事责任能力的人，主观方面是故意}∪{客体是不特定的多数人的生命、健康和重大公私财产的安全，客观方面表现行为人为利用极端主义煽动、胁迫群众破坏国家法律确立的婚姻、司法、教育、社会管理等制度实施的行为，主体是年满 16 周岁、具有刑事责任能力的人，主观方面是故意}＝{客体是不特定的多数人的生命、健康和重大公私财产的安全，客观方面表现为行为人实施了组织、领导、参加恐怖组织，危害公共安全的行为，主体是年满 16 周岁、具有刑事责任能力的人，主观方面是故意，客观方面表现行为人为利用极端主义煽动、胁迫群众破坏国家法律确立的婚姻、司法、教育、社会管理等制度实施的行为}。

那么，组织、领导、参加恐怖组织罪与利用极端主义破坏法律实施罪的相同点：A∩F＝{客体是不特定的多数人的生命、健康和重大公私财产的安全，主体是年满 16 周岁、具有刑事责任能力的人，主观方面是故意｝。

组织、领导、参加恐怖组织罪与利用极端主义破坏法律实施罪的不同点：A∪F－A∩F＝｛客观方面表现为行为人实施了组织、领导、参加恐怖组织，危害公共安全的行为，客观方面表现行为人为利用极端主义煽动、胁迫群众破坏国家法律确立的婚姻、司法、教育、社会管理等制度实施的行为｝。

（六）组织、领导、参加恐怖组织罪与强制穿戴宣扬恐怖主义、极端主义服饰、标志罪

A＝｛组织、领导、参加恐怖组织罪｝；G＝｛强制穿戴宣扬恐怖主义、极端主义服饰、标志罪｝

A∩G＝｛组织、领导、参加恐怖组织罪｝∩｛强制穿戴宣扬恐怖主义、极端主义服饰、标志罪｝＝｛客体是不特定的多数人的生命、健康和重大公私财产的安全，客观方面表现为行为人实施了组织、领导、参加恐怖组织，危害公共安全的行为，主体是年满16周岁、具有刑事责任能力的人，主观方面是故意｝∩｛客体是不特定的多数人的生命、健康和重大公私财产的安全，客观方面表现为行为人实施了以暴力、胁迫等方式强制他人在公共场所穿着、佩戴宣扬恐怖主义、极端主义服饰、标志的行为，主体是年满16周岁、具有刑事责任能力的人，主观方面是直接故意｝＝｛客体是不特定的多数人的生命、健康和重大公私财产的安全，主体是年满16周岁、具有刑事责任能力的人，主观方面是故意｝。

A∪G＝｛组织、领导、参加恐怖组织罪｝∪｛强制穿戴宣扬恐怖主义、极端主义服饰、标志罪｝＝｛客体是不特定的多数人的生命、健康和重大公私财产的安全，客观方面表现为行为人实施了组织、领导、参加恐怖组织，危害公共安全的行为，主体是年满16周岁、具有刑事责任能力的人，主观方面是故意｝∪｛客体是不特定的多数人的生命、健康和重大公私财产的安全，客观方面表

现为行为人实施了以暴力、胁迫等方式强制他人在公共场所穿着、佩戴宣扬恐怖主义、极端主义服饰、标志的行为，主体是年满16周岁、具有刑事责任能力的人，主观方面是直接故意｝＝｛客体是不特定的多数人的生命、健康和重大公私财产的安全，客观方面表现为行为人实施了组织、领导、参加恐怖组织，危害公共安全的行为，主体是年满16周岁、具有刑事责任能力的人，主观方面是故意，客观方面表现为行为人实施了以暴力、胁迫等方式强制他人在公共场所穿着、佩戴宣扬恐怖主义、极端主义服饰、标志的行为｝。

那么，组织、领导、参加恐怖组织罪与强制穿戴宣扬恐怖主义、极端主义服饰、标志罪的相同点：$A \cap G =$｛客体是不特定的多数人的生命、健康和重大公私财产的安全，主体是年满16周岁、具有刑事责任能力的人，主观方面是故意｝。

组织、领导、参加恐怖组织罪与强制穿戴宣扬恐怖主义、极端主义服饰、标志罪的不同点：$A \cup G - A \cap G =$｛客观方面表现为行为人实施了组织、领导、参加恐怖组织，危害公共安全的行为，客观方面表现为行为人实施了以暴力、胁迫等方式强制他人在公共场所穿着、佩戴宣扬恐怖主义、极端主义服饰、标志的行为｝。

（七）组织、领导、参加恐怖组织罪与非法持有宣扬恐怖主义、极端主义物品罪

$A =$｛组织、领导、参加恐怖组织罪｝；$H =$｛非法持有宣扬恐怖主义、极端主义物品罪｝

$A \cap H =$｛组织、领导、参加恐怖组织罪｝∩｛非法持有宣扬恐怖主义、极端主义物品罪｝＝｛客体是不特定的多数人的生命、健康和重大公私财产的安全，客观方面表现为行为人实施了组织、领导、参加恐怖组织，危害公共安全的行为，主体是年满16周岁、具有刑事责任能力的人，主观方面是故意｝∩｛客体是不特定的多

数人的生命、健康和重大公私财产的安全，客观方面表现为行为
人明知是宣扬恐怖主义、极端主义的图书、音频视频资料或者其
他物品而非法持有，情节严重的行为，主体是年满 16 周岁、具有
刑事责任能力的人，主观方面是故意}＝{客体是不特定的多数人
的生命、健康和重大公私财产的安全，主体是年满 16 周岁、具有
刑事责任能力的人，主观方面是故意}。

A∪H＝{组织、领导、参加恐怖组织罪}∪{非法持有宣扬恐
怖主义、极端主义物品罪}＝{客体是不特定的多数人的生命、健
康和重大公私财产的安全，客观方面表现为行为人实施了组织、
领导、参加恐怖组织，危害公共安全的行为，主体是年满 16 周岁、
具有刑事责任能力的人，主观方面是故意}∪{客体是不特定的多
数人的生命、健康和重大公私财产的安全，客观方面表现为行为
人明知是宣扬恐怖主义、极端主义的图书、音频视频资料或者其
他物品而非法持有，情节严重的行为，主体是年满 16 周岁、具有
刑事责任能力的人，主观方面是故意}＝{客体是不特定的多数人
的生命、健康和重大公私财产的安全，客观方面表现为行为人实
施了组织、领导、参加恐怖组织，危害公共安全的行为，主体是
年满 16 周岁、具有刑事责任能力的人，主观方面是故意，客观方
面表现为行为人明知是宣扬恐怖主义、极端主义的图书、音频视
频资料或者其他物品而非法持有，情节严重的行为}。

那么，组织、领导、参加恐怖组织罪与非法持有宣扬恐怖主
义、极端主义物品罪的相同点：A∩H＝{客体是不特定的多数人
的生命、健康和重大公私财产的安全，主体是年满 16 周岁、具有
刑事责任能力的人，主观方面是故意}。

组织、领导、参加恐怖组织罪与非法持有宣扬恐怖主义、极
端主义物品罪的不同点：A∪H－A∩H＝{客观方面表现为行为人
实施了组织、领导、参加恐怖组织，危害公共安全的行为，客观
方面表现为行为人明知是宣扬恐怖主义、极端主义的图书、音频

视频资料或者其他物品而非法持有，情节严重的行为}。

（八）劫持航空器罪与劫持船只、汽车罪

I ＝{劫持航空器罪}；J ＝{劫持船只、汽车罪}

I∩J ＝{劫持航空器罪}∩{劫持船只、汽车罪}＝{客体是航空器的飞行安全，客观方面表现为行为人实施了以暴力、胁迫或者其他方法劫持航空器，危害社会的公共安全的行为，主体是年满16周岁、具有刑事责任能力的人，主观方面是直接故意}∩{客体是船只、汽车的运输安全，客观方面表现为行为人实施了以暴力、胁迫或者其他方法劫持船只、汽车，危害公共安全的行为，主体是年满16周岁、具有刑事责任能力的人，主观方面是直接故意}＝{客体是交通运输的安全，主体是年满16周岁、具有刑事责任能力的人，主观方面是直接故意}。

I∪J ＝{劫持航空器罪}∪{劫持船只、汽车罪}＝{客体是航空器的飞行安全，客观方面表现为行为人实施了以暴力、胁迫或者其他方法劫持航空器，危害社会的公共安全的行为，主体是年满16周岁、具有刑事责任能力的人，主观方面是直接故意}∪{客体是船只、汽车的运输安全，客观方面表现为行为人实施了以暴力、胁迫或者其他方法劫持船只、汽车，危害公共安全的行为，主体是年满16周岁、具有刑事责任能力的人，主观方面是直接故意}＝{客体是航空器的飞行安全，客观方面表现为行为人实施了以暴力、胁迫或者其他方法劫持航空器，危害社会的公共安全的行为，主体是年满16周岁、具有刑事责任能力的人，主观方面是直接故意，客体是船只、汽车的运输安全，客观方面表现为行为人实施了以暴力、胁迫或者其他方法劫持船只、汽车，危害公共安全的行为}。

那么，劫持航空器罪与劫持船只、汽车罪的相同点：I∩J ＝{客体是交通运输的安全，主体是年满16周岁、具有刑事责任能力的人，主观方面是直接故意}。

劫持航空器罪与劫持船只、汽车罪的不同点：I∪J−I∩J＝{客体是航空器的飞行安全，客观方面表现为行为人实施了以暴力、胁迫或者其他方法劫持航空器，危害社会的公共安全的行为，客体是船只、汽车的运输安全，客观方面表现为行为人实施了以暴力、胁迫或者其他方法劫持船只、汽车，危害公共安全的行为}。

（九）劫持航空器罪与暴力危及飞行安全罪

I＝{劫持航空器罪}；K＝{暴力危及飞行安全罪}

I∩K＝{劫持航空器罪}∩{暴力危及飞行安全罪}＝{客体是航空器的飞行安全，客观方面表现为行为人实施了以暴力、胁迫或者其他方法劫持航空器，危害社会的公共安全的行为，主体是年满16周岁、具有刑事责任能力的人，主观方面是直接故意}∩{客体是航空器的飞行安全，客观方面表现为行为人实施了对飞行中的航空器上的人员使用暴力，危及飞行安全的行为，主体是年满16周岁、具有刑事责任能力的人，主观方面是故意}＝{客体是航空器的飞行安全，主体是年满16周岁、具有刑事责任能力的人，主观方面是故意}。

I∪K＝{劫持航空器罪}∪{暴力危及飞行安全罪}＝{客体是航空器的飞行安全，客观方面表现为行为人实施了以暴力、胁迫或者其他方法劫持航空器，危害社会的公共安全的行为，主体是年满16周岁、具有刑事责任能力的人，主观方面是直接故意}∪{客体是航空器的飞行安全，客观方面表现为行为人实施了对飞行中的航空器上的人员使用暴力，危及飞行安全的行为，主体是年满16周岁、具有刑事责任能力的人，主观方面是故意}＝{客体是航空器的飞行安全，客观方面表现为行为人实施了以暴力、胁迫或者其他方法劫持航空器，危害社会的公共安全的行为，主体是年满16周岁、具有刑事责任能力的人，主观方面是直接故意，客观方面表现为行为人实施了对飞行中的航空器上的人员使用暴力，危及飞行安全的行为}。

那么，劫持航空器罪与暴力危及飞行安全罪的相同点：I∩K = {客体是航空器的飞行安全，主体是年满 16 周岁、具有刑事责任能力的人，主观方面是故意}。

劫持航空器罪与暴力危及飞行安全罪的不同点：I∪K – I∩K = {客观方面表现为行为人实施了以暴力、胁迫或者其他方法劫持航空器，危害社会的公共安全的行为，客观方面表现为行为人实施了对飞行中的航空器上的人员使用暴力，危及飞行安全的行为}。

第四节 违反枪支、弹药、爆炸物、危险物质管理规定罪

一、违反枪支、弹药、爆炸物、危险物质管理规定罪概述

（一）违反枪支、弹药、爆炸物、危险物质管理规定罪的概念

违反枪支、弹药、爆炸物、危险物质管理规定罪，是指行为人违反枪支、弹药、爆炸物、危险物质、管制刀具、危险物品管理规定，非法制造、买卖、运输、邮寄、储存枪支、弹药、爆炸物、危险物质，或者违规制造、销售枪支，或者盗窃、抢夺、抢劫、非法持有、私藏、枪支、弹药、爆炸物、危险物质，或者非法出租、出借枪支，或者丢失枪支不报以及非法携带枪支、弹药、管制刀具、危险物品危及公共安全，依法应负刑事责任的行为。

（二）违反枪支、弹药、爆炸物、危险物质管理规定罪的构成特征

关于违反枪支、弹药、爆炸物、危险物质管理规定罪的构成特征，根据现行刑法的规定，主要有以下几个方面，其集合表现为：

设 A 为违反枪支、弹药、爆炸物、危险物质管理规定罪的集合，则 A =｛违反枪支、弹药、爆炸物、危险物质管理规定罪｝；

设 B 为违反枪支、弹药、爆炸物、危险物质管理规定罪客体的集合，则 B =｛客体是社会的公共安全｝=｛即不特定多数人的生命、健康以及重大公私财产的安全｝；

设 C 为违反枪支、弹药、爆炸物、危险物质管理规定罪客观方面的集合，则 C =｛客观方面表现为行为人违反枪支、弹药、爆炸物、危险物质、管制刀具、危险物品管理规定，非法制造、买卖、运输、邮寄、储存枪支、弹药、爆炸物、危险物质，或者违规制造、销售枪支，或者盗窃、抢夺、抢劫、非法持有、私藏、枪支、弹药、爆炸物、危险物质，或者非法出租、出借枪支，或者丢失枪支不报以及非法携带枪支、弹药、管制刀具、危险物品危及公共安全，依法应负刑事责任的行为｝；

设 D 为违反枪支、弹药、爆炸物、危险物质管理规定罪主体的集合，则 D =｛主体是年满 16 周岁、具有刑事责任能力的自然人｝；

设 E 为违反枪支、弹药、爆炸物、危险物质管理规定罪主观方面的集合，则 E =｛主观方面是故意｝；

则 A =B∪C∪D∪E，即｛违反枪支、弹药、爆炸物、危险物质管理规定罪｝=｛客体是社会的公共安全｝∪｛客观方面表现为行为人违反枪支、弹药、爆炸物、危险物质、管制刀具、危险物品管理规定，非法制造、买卖、运输、邮寄、储存枪支、弹药、爆炸

物、危险物质，或者违规制造、销售枪支，或者盗窃、抢夺、抢劫、非法持有、私藏、枪支、弹药、爆炸物、危险物质，或者非法出租、出借枪支，或者丢失枪支不报以及非法携带枪支、弹药、管制刀具、危险物品危及公共安全，依法应负刑事责任的行为｝∪｛主体是年满 16 周岁、具有刑事责任能力的自然人｝∪｛主观方面是故意｝＝｛客体是社会的公共安全，客观方面表现为行为人违反枪支、弹药、爆炸物、危险物质、管制刀具、危险物品管理规定，非法制造、买卖、运输、邮寄、储存枪支、弹药、爆炸物、危险物质，或者违规制造、销售枪支，或者盗窃、抢夺、抢劫、非法持有、私藏、枪支、弹药、爆炸物、危险物质，或者非法出租、出借枪支，或者丢失枪支不报以及非法携带枪支、弹药、管制刀具、危险物品危及公共安全，依法应负刑事责任的行为，主体是年满 16 周岁、具有刑事责任能力的自然人，主观方面是故意｝。

（三）违反枪支、弹药、爆炸物、危险物质管理规定罪的类型

根据现行刑法对违反枪支、弹药、爆炸物、危险物质管理规定罪所作的规定来看，本节共有 9 种具体犯罪，用子集的方式来表达，其构造表现为：

｛违反枪支、弹药、爆炸物、危险物质管理规定罪｝

｛非法制造、买卖、运输、邮寄、储存枪支、弹药、爆炸物罪｝

｛非法制造、买卖、运输、储存危险物质罪｝

｛违规制造、销售枪支罪｝

｛盗窃、抢夺枪支、弹药、爆炸物、危险物质罪｝

｛抢劫枪支、弹药、爆炸物、危险物质罪｝

｛非法持有、私藏枪支、弹药罪｝

｛非法出租、出借枪支罪｝

｛丢失枪支不报罪｝

｛非法携带枪支、弹药、管制刀具、危险物品危及公共安全罪｝

……

｛非法制造、买卖、运输、邮寄、储存枪支、弹药、爆炸物罪，非法制造、买卖、运输、储存危险物质罪，违规制造、销售枪支罪，盗窃、抢夺枪支、弹药、爆炸物、危险物质罪，抢劫枪支、弹药、爆炸物、危险物质罪，非法持有、私藏枪支、弹药罪，非法出租、出借枪支罪，丢失枪支不报罪，非法携带枪支、弹药、管制刀具、危险物品危及公共安全罪｝

二、违反枪支、弹药、爆炸物、危险物质管理规定罪的界限

（一）非法制造、买卖、运输、邮寄、储存枪支、弹药、爆炸物罪与非法制造、买卖、运输、储存危险物质罪

A＝｛非法制造、买卖、运输、邮寄、储存枪支、弹药、爆炸物罪｝；B＝｛非法制造、买卖、运输、储存危险物质罪｝

A∩B＝｛非法制造、买卖、运输、邮寄、储存枪支、弹药、爆炸物罪｝∩｛非法制造、买卖、运输、储存危险物质罪｝＝｛客体是社会的公共安全和国家对枪支、弹药、爆炸物的管理制度，客观方面表现为行为人违反国家枪支、弹药、爆炸物管理规定，非法制造、买卖、运输、邮寄、储存枪支、弹药、爆炸物的行为，主体可以是年满 16 周岁、具有刑事责任能力的人，也可以是单位，主观方面是直接故意｝∩｛客体是社会的公共安全和国家对危险物质的管理制度，客观方面表现为行为人违反国家对危险物质的管理规定，非法制造、买卖、运输、储存毒害性、放射性、传染病病原体等物质，危害公共安全的行为，主体可以是年满 16 周岁、

具有刑事责任能力的人，也可以是单位，主观方面是直接故意｝＝
｛客体是社会的公共安全，主体可以是年满 16 周岁、具有刑事责
任能力的人，也可以是单位，主观方面是直接故意｝。

A∪B ＝｛非法制造、买卖、运输、邮寄、储存枪支、弹药、
爆炸物罪｝∪｛非法制造、买卖、运输、储存危险物质罪｝＝｛客体
是社会的公共安全和国家对枪支、弹药、爆炸物的管理制度，客
观方面表现为行为人违反国家枪支、弹药、爆炸物管理规定，非
法制造、买卖、运输、邮寄、储存枪支、弹药、爆炸物的行为，主
体可以是年满 16 周岁、具有刑事责任能力的人，也可以是单位，
主观方面是直接故意｝∪｛客体是社会的公共安全和国家对危险物
质的管理制度，客观方面表现为行为人违反国家对危险物质的管
理规定，非法制造、买卖、运输、储存毒害性、放射性、传染病
病原体等物质，危害公共安全的行为，主体可以是年满 16 周岁、
具有刑事责任能力的人，也可以是单位，主观方面是直接故意｝＝
｛客体是社会的公共安全和国家对枪支、弹药、爆炸物的管理制
度，客观方面表现为行为人违反国家枪支、弹药、爆炸物管理规
定，非法制造、买卖、运输、邮寄、储存枪支、弹药、爆炸物的行
为，主体可以是年满 16 周岁、具有刑事责任能力的人，也可以是
单位，主观方面是直接故意，客体是社会的公共安全和国家对危
险物质的管理制度，客观方面表现为行为人违反国家对危险物质
的管理规定，非法制造、买卖、运输、储存毒害性、放射性、传
染病病原体等物质，危害公共安全的行为｝。

那么，非法制造、买卖、运输、邮寄、储存枪支、弹药、爆炸
物罪与非法制造、买卖、运输、储存危险物质罪的相同点：A∩B ＝
｛客体是社会的公共安全，主体可以是年满 16 周岁、具有刑事责
任能力的人，也可以是单位，主观方面是直接故意｝。

非法制造、买卖、运输、邮寄、储存枪支、弹药、爆炸物罪
与非法制造、买卖、运输、储存危险物质罪的不同点：A∪B －

A∩B＝｛客体是国家对枪支、弹药、爆炸物的管理制度，客观方面表现为行为人违反国家枪支、弹药、爆炸物管理规定，非法制造、买卖、运输、邮寄、储存枪支、弹药、爆炸物的行为，客体是国家对危险物质的管理制度，客观方面表现为行为人违反国家对危险物质的管理规定，非法制造、买卖、运输、储存毒害性、放射性、传染病病原体等物质，危害公共安全的行为｝。

（二）非法制造、买卖、运输、邮寄、储存枪支、弹药、爆炸物罪与违规制造、销售枪支罪

A＝｛非法制造、买卖、运输、邮寄、储存枪支、弹药、爆炸物罪｝；C＝｛违规制造、销售枪支罪｝

A∩C＝｛非法制造、买卖、运输、邮寄、储存枪支、弹药、爆炸物罪｝∩｛违规制造、销售枪支罪｝＝｛客体是社会的公共安全和国家对枪支、弹药、爆炸物的管理制度，客观方面表现为行为人违反国家枪支、弹药、爆炸物管理规定，非法制造、买卖、运输、邮寄、储存枪支、弹药、爆炸物的行为，主体可以是年满16周岁、具有刑事责任能力的人，也可以是单位，主观方面是直接故意｝∩｛客体是社会的公共安全和国家对枪支制造与销售的管理制度，客观方面表现为有关企业违反枪支管理规定，擅自制造、销售枪支的行为，主体只能是依法被指定、确定的枪支制造企业、销售企业，主观方面是直接故意｝＝｛客体是社会的公共安全，主观方面是直接故意｝。

A∪C＝｛非法制造、买卖、运输、邮寄、储存枪支、弹药、爆炸物罪｝∪｛违规制造、销售枪支罪｝＝｛客体是社会的公共安全和国家对枪支、弹药、爆炸物的管理制度，客观方面表现为行为人违反国家枪支、弹药、爆炸物管理规定，非法制造、买卖、运输、邮寄、储存枪支、弹药、爆炸物的行为，主体可以是年满16周岁、具有刑事责任能力的人，也可以是单位，主观方面是直接

故意}∪{客体是国家对枪支制造与销售的管理制度，客观方面表现为有关企业违反枪支管理规定，擅自制造、销售枪支的行为，主体只能是依法被指定、确定的枪支制造企业、销售企业，主观方面是直接故意}={客体是社会的公共安全和国家对枪支、弹药、爆炸物的管理制度，客观方面表现为行为人违反国家枪支、弹药、爆炸物管理规定，非法制造、买卖、运输、邮寄、储存枪支、弹药、爆炸物的行为，主体可以是年满 16 周岁、具有刑事责任能力的人，也可以是单位，主观方面是直接故意，客体是国家对枪支制造与销售的管理制度，客观方面表现为有关企业违反枪支管理规定，擅自制造、销售枪支的行为，主体只能是依法被指定、确定的枪支制造企业、销售企业}。

那么，非法制造、买卖、运输、邮寄、储存枪支、弹药、爆炸物罪与违规制造、销售枪支罪的相同点：A∩C={客体是社会的公共安全，主观方面是直接故意}。

非法制造、买卖、运输、邮寄、储存枪支、弹药、爆炸物罪与违规制造、销售枪支罪的不同点：A∪C−A∩C={客体是国家对枪支、弹药、爆炸物的管理制度，客观方面表现为行为人违反国家枪支、弹药、爆炸物管理规定，非法制造、买卖、运输、邮寄、储存枪支、弹药、爆炸物的行为，主体可以是年满 16 周岁、具有刑事责任能力的人，也可以是单位，客体是国家对枪支制造与销售的管理制度，客观方面表现为有关企业违反枪支管理规定，擅自制造、销售枪支的行为，主体只能是依法被指定、确定的枪支制造企业、销售企业}。

（三）盗窃、抢夺枪支、弹药、爆炸物、危险物质罪与抢劫枪支、弹药、爆炸物、危险物质罪

D={盗窃、抢劫枪支、弹药、爆炸物、危险物质罪}；E={抢劫枪支、弹药、爆炸物、危险物质罪}

D∩E ={盗窃、抢夺枪支、弹药、爆炸物、危险物质罪} ∩ {抢劫枪支、弹药、爆炸物、危险物质罪} ={客体是社会的公共安全和国家对枪支、弹药、爆炸物、危险物质的管理制度，客观方面表现为行为人实施了盗窃、抢夺枪支、弹药、爆炸物以及毒害性、放射性、传染病病原体等物质，危害公共安全的行为，主体是年满 16 周岁、具有刑事责任能力的人，主观方面是直接故意} ∩ {客体是社会的公共安全和他人的生命、健康权利，客观方面表现为行为人以暴力、胁迫或者其他方法，强行将枪支、弹药、爆炸物以及毒害性、放射性、传染病病原体等物质的持有者、保管者所持有、保管的枪支、弹药、爆炸物、危险物质劫走，危害公共安全的行为，主体是年满 16 周岁、具有刑事责任能力的人，主观方面是直接故意} ={客体是社会的公共安全和国家对枪支、弹药、爆炸物、危险物质的管理制度，主体是年满 16 周岁、具有刑事责任能力的人，主观方面是直接故意}。

D∪E ={盗窃、抢夺枪支、弹药、爆炸物、危险物质罪} ∪ {抢劫枪支、弹药、爆炸物、危险物质罪} ={客体是社会的公共安全和国家对枪支、弹药、爆炸物、危险物质的管理制度，客观方面表现为行为人实施了盗窃、抢夺枪支、弹药、爆炸物以及毒害性、放射性、传染病病原体等物质，危害公共安全的行为，主体是年满 16 周岁、具有刑事责任能力的人，主观方面是直接故意} ∪ {客体是社会的公共安全和国家对枪支、弹药、爆炸物、危险物质的管理制度，客观方面表现为行为人以暴力、胁迫或者其他方法，强行将枪支、弹药、爆炸物以及毒害性、放射性、传染病病原体等物质的持有者、保管者所持有、保管的枪支、弹药、爆炸物、危险物质劫走，危害公共安全的行为，主体是年满 16 周岁、具有刑事责任能力的人，主观方面是直接故意} ={客体是社会的公共安全和国家对枪支、弹药、爆炸物、危险物质的管理制度，客观方面表现为行为人实施了盗窃、抢夺枪支、弹药、爆炸物以及毒害性、放射性、传染病病原体等物质，危害公共安全的行为，主体是年满 16 周岁、具有刑事责任能力的人，主观方面是直接故意，客观方面表现为行为人以暴力、胁迫或者其他方法，强行将枪支、弹药、爆炸物以及毒害性、放射性、传染病病原体等物质的持有者、保管者所持有、保管的枪支、弹药、爆炸物、危险物质劫走，危害公共安全的行为}。

那么，盗窃、抢夺枪支、弹药、爆炸物、危险物质罪与抢劫枪支、弹药、爆炸物、危险物质罪的相同点：D∩E＝{客体是社会的公共安全和国家对枪支、弹药、爆炸物、危险物质的管理制度，主体是年满 16 周岁、具有刑事责任能力的人，主观方面是直接故意}。

盗窃、抢夺枪支、弹药、爆炸物、危险物质罪与抢劫枪支、弹药、爆炸物、危险物质罪的不同点：D∪E－D∩E＝{客观方面表现为行为人实施了盗窃、抢夺枪支、弹药、爆炸物以及毒害性、放射性、传染病病原体等物质，危害公共安全的行为，客观方面表现为行为人以暴力、胁迫或者其他方法，强行将枪支、弹药、爆炸物以及毒害性、放射性、传染病病原体等物质的持有者、保管者所持有、保管的枪支、弹药、爆炸物、危险物质劫走，危害公共安全的行为}。

（四）非法持有、私藏枪支、弹药罪与非法出租、出借枪支罪

F＝{非法持有、私藏枪支、弹药罪}；G＝{非法出租、出借枪支罪}

F∩G＝{非法持有、私藏枪支、弹药罪}∩{非法出租、出借枪支罪}＝{客体是社会的公共安全和国家对枪支、弹药的管理制度，客观方面表现为行为人违反枪支管理规定，非法持有、私藏枪支、弹药，危害公共安全的行为，主体是年满 16 周岁、具有刑

事责任能力的人，主观方面是直接故意}∩{客体是社会的公共安全和国家对枪支的管理制度，客观方面表现为行为人违反枪支管理规定，非法出租、出借枪支，或者违反枪支管理规定，非法出租、出借枪支，造成严重后果的行为，主体是依法配备公务用枪和依法配置枪支的人员和单位，主观方面是直接故意}＝{客体是社会的公共安全，主观方面是直接故意}。

F∪G＝{非法持有、私藏枪支、弹药罪}∪{非法出租、出借枪支罪}＝{客体是社会的公共安全和国家对枪支、弹药的管理制度，客观方面表现为行为人违反枪支管理规定，非法持有、私藏枪支、弹药，危害公共安全的行为，主体是年满 16 周岁、具有刑事责任能力的人，主观方面是直接故意}∪{客体是社会的公共安全和国家对枪支的管理制度，客观方面表现为行为人违反枪支管理规定，非法出租、出借枪支，或者违反枪支管理规定，非法出租、出借枪支，造成严重后果的行为，主体是依法配备公务用枪和依法配置枪支的人员和单位，主观方面是直接故意}＝{客体是社会的公共安全和国家对枪支、弹药的管理制度，客观方面表现为行为人违反枪支管理规定，非法持有、私藏枪支、弹药，危害公共安全的行为，主体是年满 16 周岁、具有刑事责任能力的人，主观方面是直接故意，客观方面表现为行为人违反枪支管理规定，非法出租、出借枪支，或者违反枪支管理规定，非法出租、出借枪支，造成严重后果的行为，主体是依法配备公务用枪和依法配置枪支的人员和单位}。

那么，非法持有、私藏枪支、弹药罪与非法出租、出借枪支罪的相同点：F∩G＝{客体是社会的公共安全和国家对枪支的管理制度，主观方面是直接故意}。

非法持有、私藏枪支、弹药罪与非法出租、出借枪支罪的不同点：F∪G－F∩G＝{客体是国家对弹药的管理制度，客观方面表现为行为人违反枪支管理规定，非法持有、私藏枪支、弹药，危害公共安全的行为，主体是年满 16 周岁、具有刑事责任能力的人，客观方面表现为行为人违反枪支管理规定，非法出租、出借枪支，或者违反枪支管理规定，非法出租、出借枪支，造成严重后果的行为，主体是依法配备公务用枪和依法配置枪支的人员和单位｝。

（五）非法持有、私藏枪支、弹药罪与非法携带枪支、弹药、管制刀具、危险物品危及公共安全罪

F ＝｛非法持有、私藏枪支、弹药罪｝；G ＝｛非法携带枪支、弹药、管制刀具、危险物品危及公共安全罪｝；

F∩G ＝｛非法持有、私藏枪支、弹药罪｝∩｛非法携带枪支、弹药、管制刀具、危险物品危及公共安全罪｝＝｛客体是社会的公共安全和国家对枪支、弹药的管理制度，客观方面表现为行为人违反枪支管理规定，非法持有、私藏枪支、弹药，危害公共安全的行为，主体是年满 16 周岁、具有刑事责任能力的人，主观方面是直接故意｝∩｛客体是不特定的多数人的生命、健康和重大公私财产的安全，客观方面表现为行为人非法携带枪支、弹药、管制刀具、危险物品，进入公共场所或者公共交通工具，危及公共安全，情节严重的行为，主体是年满 16 周岁、具有刑事责任能力的人，主观方面是直接故意｝＝｛主体是年满 16 周岁、具有刑事责任能力的人，主观方面是直接故意｝。

F∪G ＝｛非法持有、私藏枪支、弹药罪｝∪｛非法携带枪支、弹药、管制刀具、危险物品危及公共安全罪｝＝｛客体是社会的公共安全和国家对枪支、弹药的管理制度，客观方面表现为行为人违反枪支管理规定，非法持有、私藏枪支、弹药，危害公共安全的行为，主体是年满 16 周岁、具有刑事责任能力的人，主观方面是直接故意｝∪｛客体是不特定的多数人的生命、健康和重大公私财产的安全，客观方面表现为行为人非法携带枪支、弹药、管制

刀具、危险物品，进入公共场所或者公共交通工具，危及公共安全，情节严重的行为，主体是年满 16 周岁、具有刑事责任能力的人，主观方面是直接故意｝＝｛客体是社会的公共安全和国家对枪支、弹药的管理制度，客观方面表现为行为人违反枪支管理规定，非法持有、私藏枪支、弹药，危害公共安全的行为，主体是年满 16 周岁、具有刑事责任能力的人，主观方面是直接故意，客体是不特定的多数人的生命、健康和重大公私财产的安全，客观方面表现为行为人非法携带枪支、弹药、管制刀具、危险物品，进入公共场所或者公共交通工具，危及公共安全，情节严重的行为｝。

那么，非法持有、私藏枪支、弹药罪与非法携带枪支、弹药、管制刀具、危险物品危及公共安全罪的相同点：F∩G＝｛主体是年满 16 周岁、具有刑事责任能力的人，主观方面是直接故意｝。

非法持有、私藏枪支、弹药罪与非法携带枪支、弹药、管制刀具、危险物品危及公共安全罪的不同点：F∪G－F∩G＝｛客体是社会的公共安全和国家对枪支、弹药的管理制度，客观方面表现为行为人违反枪支管理规定，非法持有、私藏枪支、弹药，危害公共安全的行为，客体是不特定的多数人的生命、健康和重大公私财产的安全，客观方面表现为行为人非法携带枪支、弹药、管制刀具、危险物品，进入公共场所或者公共交通工具，危及公共安全，情节严重的行为｝。

第五节　造成重大责任事故危害公共安全罪

一、造成重大责任事故危害公共安全罪概述

（一）造成重大责任事故危害公共安全罪的概念

造成重大责任事故危害公共安全罪，是指航空人员、铁路运

营人员或者其他人员违反航空、铁路运营、交通运输等法律法规，造成重大飞行事故、铁路运营安全事故、交通肇事、重大责任事故，或者强令、组织他人违章冒险作业，或者造成重大劳动安全事故、大型群众性活动重大安全事故、危险物品肇事、工程重大安全事故、教育设施重大安全事故、消防责任事故以及不报、谎报安全事故，依法应负刑事责任的行为。

（二）造成重大责任事故危害公共安全罪的构成特征

关于造成重大责任事故危害公共安全罪的构成特征，根据现行刑法的规定，主要有以下几个方面，其集合表现为：

设 A 为造成重大责任事故危害公共安全罪的集合，则 A = ｜造成重大责任事故危害公共安全罪｝；

设 B 为造成重大责任事故危害公共安全罪客体的集合，则 B = ｜客体是社会的公共安全｝= ｜即不特定多数人的生命、健康以及重大公私财产的安全｝；

设 C 为造成重大责任事故危害公共安全罪客观方面的集合，则 C = ｜客观方面表现为行为人违反航空、铁路运营、交通运输等法律法规，造成重大飞行事故、铁路运营安全事故、交通肇事、重大责任事故，或者强令、组织他人违章冒险作业，或者造成重大劳动安全事故、大型群众性活动重大安全事故、危险物品肇事、工程重大安全事故、教育设施重大安全事故、消防责任事故以及不报、谎报安全事故，依法应负刑事责任的行为｝；

设 D 为造成重大责任事故危害公共安全罪主体的集合，则 D = ｜主体是年满 16 周岁、具有刑事责任能力的航空人员、铁路运营人员或者其他人员｝；

设 E 为造成重大责任事故危害公共安全罪主观方面的集合，则 E = ｜主观方面是故意与过失｝；

则 A = B∪C∪D∪E，即 ｜造成重大责任事故危害公共安全罪｝= ｜客体是社会的公共安全｝∪｜客观方面表现为行为人违反航空、铁路运营、交通运输等法律法规，造成重大飞行事故、铁路运营安全事故、交通肇事、重大责任事故，或者强令、组织他人违章冒险作业，或者造成重大劳动安全事故、大型群众性活动重大安全事故、危险物品肇事、工程重大安全事故、教育设施重大安全事故、消防责任事故以及不报、谎报安全事故，依法应负刑事责任的行为}∪{主体是年满 16 周岁、具有刑事责任能力的航空人员、铁路运营人员或者其他人员}∪{主观方面是故意与过失}＝{客体是社会的公共安全，客观方面表现为行为人违反航空、铁路运营、交通运输等法律法规，造成重大飞行事故、铁路运营安全事故、交通肇事、重大责任事故，或者强令、组织他人违章冒险作业，或者造成重大劳动安全事故、大型群众性活动重大安全事故、危险物品肇事、工程重大安全事故、教育设施重大安全事故、消防责任事故以及不报、谎报安全事故，依法应负刑事责任的行为，主体是年满 16 周岁、具有刑事责任能力的航空人员、铁路运营人员或者其他人员，主观方面是故意与过失}。

（三）造成重大责任事故危害公共安全罪的类型

根据现行刑法对造成重大责任事故危害公共安全罪所作的规定来看，本节共有 15 种具体犯罪，用子集的方式来表达，其构造表现为：

{造成重大责任事故危害公共安全罪}

{重大飞行事故罪}

{铁路运营安全事故罪}

{交通肇事罪}

{危险驾驶罪}

{妨害安全驾驶罪}

{重大责任事故罪}

{强令、组织他人违章冒险作业罪}

{危险作业罪}

{重大劳动安全事故罪}

{大型群众性活动重大安全事故罪}

{危险物品肇事罪}

{工程重大安全事故罪}

{教育设施重大安全事故罪}

{消防责任事故罪}

{不报、谎报安全事故罪}

……

{重大飞行事故罪，铁路运营安全事故罪，交通肇事罪，危险驾驶罪，妨害安全驾驶罪，重大责任事故罪，强令、组织他人违章冒险作业罪，危险作业罪，重大劳动安全事故罪，大型群众性活动重大安全事故罪，危险物品肇事罪，工程重大安全事故罪，教育设施重大安全事故罪，消防责任事故罪，不报、谎报安全事故罪}

二、造成重大责任事故危害公共安全罪的界限

（一）重大飞行事故罪与交通肇事罪

A = {重大飞行事故罪}；B = {交通肇事罪}

A∩B = {重大飞行事故罪} ∩ {交通肇事罪} = {客体是航空交通运输安全，客观方面表现为行为人违反规章制度，导致重大飞行事故，造成严重后果的行为，主体是航空人员，主观方面是过失} ∩ {客体是陆路、水路交通运输安全，客观方面表现为行为人违反交通运输管理法规，因而发生重大事故，致人重伤、死亡或者使公私财产遭受重大损失的行为，主体是年满 16 周岁、具有刑事责任能力的人，主观方面是过失} = {客体是交通运输安全，主观方面是过失}。

A∪B = {重大飞行事故罪} ∪ {交通肇事罪} = {客体是航空交通运输安全，客观方面表现为行为人违反规章制度，导致重大飞

行事故，造成严重后果的行为，主体是航空人员，主观方面是过失｝∪｛客体是陆路、水路交通运输安全，客观方面表现为行为人违反交通运输管理法规，因而发生重大事故，致人重伤、死亡或者使公私财产遭受重大损失的行为，主体是年满 16 周岁、具有刑事责任能力的人，主观方面是过失｝＝｛客体是航空交通运输安全，客观方面表现为行为人违反规章制度，导致重大飞行事故，造成严重后果的行为，主体是航空人员，主观方面是过失，客体是陆路、水路交通运输安全，客观方面表现为行为人违反交通运输管理法规，因而发生重大事故，致人重伤、死亡或者使公私财产遭受重大损失的行为，主体是年满 16 周岁、具有刑事责任能力的人｝。

那么，重大飞行事故罪与交通肇事罪的相同点：$A \cap B = $｛客体是交通运输安全，主观方面是过失｝。

重大飞行事故罪与交通肇事罪的不同点：$A \cup B - A \cap B = $｛客体是航空交通运输安全，客观方面表现为行为人违反规章制度，导致重大飞行事故，造成严重后果的行为，主体是航空人员，客体是陆路、水路交通运输安全，客观方面表现为行为人违反交通运输管理法规，因而发生重大事故，致人重伤、死亡或者使公私财产遭受重大损失的行为，主体是年满 16 周岁、具有刑事责任能力的自然人｝。

（二）铁路运营安全事故罪与交通肇事罪

$C = $｛铁路运营安全事故罪｝；$B = $｛交通肇事罪｝

$C \cap B = $｛铁路运营安全事故罪｝∩｛交通肇事罪｝$ = $｛客体是铁路运营安全，客观方面表现为行为人违反规章制度，导致发生铁路运营安全事故，造成严重后果的行为，主体是铁路职工，主观方面是过失｝∩｛客体是陆路、水路交通运输安全，客观方面表现为行为人违反交通运输管理法规，因而发生重大事故，致人重伤、

死亡或者使公私财产遭受重大损失的行为，主体是年满 16 周岁、具有刑事责任能力的人，主观方面是过失 | = |客体是交通运输安全，主观方面是过失|。

C∪B = |铁路运营安全事故罪| ∪ |交通肇事罪| = |客体是铁路运营安全，客观方面表现为行为人违反规章制度，导致发生铁路运营安全事故，造成严重后果的行为，主体是铁路职工，主观方面是过失| ∪ |客体是陆路、水路交通运输安全，客观方面表现为行为人违反交通运输管理法规，因而发生重大事故，致人重伤、死亡或者使公私财产遭受重大损失的行为，主体是年满 16 周岁、具有刑事责任能力的人，主观方面是过失| = |客体是铁路运营安全，客观方面表现为行为人违反规章制度，导致发生铁路运营安全事故，造成严重后果的行为，主体是铁路职工，主观方面是过失，客体是陆路、水路交通运输安全，客观方面表现为行为人违反交通运输管理法规，因而发生重大事故，致人重伤、死亡或者使公私财产遭受重大损失的行为，主体是年满 16 周岁、具有刑事责任能力的人|。

那么，铁路运营安全事故罪与交通肇事罪的相同点：C∩B = |客体是交通运输安全，主观方面是过失|。

铁路运营安全事故罪与交通肇事罪的不同点：C∪B − C∩B = |客体是铁路运营安全，客观方面表现为行为人违反规章制度，导致发生铁路运营安全事故，造成严重后果的行为，主体是铁路职工，客体是陆路、水路交通运输安全，客观方面表现为行为人违反交通运输管理法规，因而发生重大事故，致人重伤、死亡或者使公私财产遭受重大损失的行为，主体是年满 16 周岁、具有刑事责任能力的自然人|。

（三）交通肇事罪与危险驾驶罪

B = |交通肇事罪|；D = |危险驾驶罪|

B∩D＝｛交通肇事罪｝∩｛危险驾驶罪｝＝｛客体是陆路、水路交通运输安全，客观方面表现为行为人违反交通运输管理法规，因而发生重大事故，致人重伤、死亡或者使公私财产遭受重大损失的行为，主体是年满 16 周岁、具有刑事责任能力的人，主观方面是过失｝∩｛客体是道路交通运输安全，客观方面表现为行为人在道路上驾驶机动车追逐竞驶，情节恶劣的，或者在道路上醉酒驾驶机动车的，或者从事校车业务或者旅客运输，严重超过额定乘员载客，或者严重超过规定时速行驶的，或者违反危险化学品安全管理规定运输危险化学品，危及公共安全的行为，主体是特殊主体，只能是直接驾驶机动车的且符合一般犯罪主体条件的自然人或者对《刑法》第 133 条之一第 1 款的第（3）项和第（4）项行为负有直接责任的机动车所有人、管理人，主观方面是故意｝＝｛客体是交通运输安全，主体是年满 16 周岁、具有刑事责任能力的人｝。

B∪D＝｛交通肇事罪｝∪｛危险驾驶罪｝＝｛客体是陆路、水路交通运输安全，客观方面表现为行为人违反交通运输管理法规，因而发生重大事故，致人重伤、死亡或者使公私财产遭受重大损失的行为，主体是年满 16 周岁、具有刑事责任能力的人，主观方面是过失｝∪｛客体是道路交通运输安全，客观方面表现为行为人在道路上驾驶机动车追逐竞驶，情节恶劣的，或者在道路上醉酒驾驶机动车的，或者从事校车业务或者旅客运输，严重超过额定乘员载客，或者严重超过规定时速行驶的，或者违反危险化学品安全管理规定运输危险化学品，危及公共安全的行为，主体是特殊主体，只能是直接驾驶机动车的且符合一般犯罪主体条件的自然人或者对《刑法》第 133 条之一第 1 款的第（3）项和第（4）项行为负有直接责任的机动车所有人、管理人，主观方面是故意｝＝｛客体是陆路、水路交通运输安全，客观方面表现为行为人违反交通运输管理法规，因而发生重大事故，致人重伤、死亡或者使公私财产遭受重大损失的行为，主体是年满 16 周岁、具有刑事责任能力的人，主观方面是过失，客体是道路交通运输安全，客观方面表现为行为人在道路上驾驶机动车追逐竞驶，情节恶劣的，或者在道路上醉酒驾驶机动车的，或者从事校车业务或者旅客运输，严重超过额定乘员载客，或者严重超过规定时速行驶的，或者违反危险化学品安全管理规定运输危险化学品，危及公共安全的行为，主体是特殊主体，只能是直接驾驶机动车的且符合一般犯罪主体条件的自然人或者对《刑法》第 133 条之一第 1 款的第（3）项和第（4）项行为负有直接责任的机动车所有人、管理人，主观方面是故意｝。

那么，交通肇事罪与危险驾驶罪的相同点：$B \cap D = $｛客体是交通运输安全，主体是年满 16 周岁、具有刑事责任能力的人｝。

交通肇事罪与危险驾驶罪的不同点：$B \cup D - B \cap D = $｛客体是陆路、水路交通运输安全，客观方面表现为行为人违反交通运输管理法规，因而发生重大事故，致人重伤、死亡或者使公私财产遭受重大损失的行为，主体是年满 16 周岁、具有刑事责任能力的人，主观方面是过失，客体是道路交通运输安全，客观方面表现为行为人在道路上驾驶机动车追逐竞驶，情节恶劣的，或者在道路上醉酒驾驶机动车的，或者从事校车业务或者旅客运输，严重超过额定乘员载客，或者严重超过规定时速行驶的，或者违反危险化学品安全管理规定运输危险化学品，危及公共安全的行为，主体是特殊主体，只能是直接驾驶机动车的且符合一般犯罪主体条件的自然人或者对《刑法》第 133 条之一第 1 款的第（3）项和第（4）项行为负有直接责任的机动车所有人、管理人，主观方面是故意｝。

（四）交通肇事罪与妨害安全驾驶罪

$B = $｛交通肇事罪｝；$D1 = $｛妨害安全驾驶罪｝

B∩D1 = {交通肇事罪} ∩ {妨害安全驾驶罪} = {客体是陆路、水路交通运输安全，客观方面表现为行为人违反交通运输管理法规，因而发生重大事故，致人重伤、死亡或者使公私财产遭受重大损失的行为，主体是年满 16 周岁、具有刑事责任能力的人，主观方面是过失} ∩ {客体是陆路、水路、铁路、航空交通运输安全，客观方面表现为行为人对行驶中的公共交通工具的驾驶人员使用暴力或者抢控驾驶操纵装置，干扰公共交通工具正常行驶，危及公共安全的行为，主体是年满 16 周岁、具有刑事责任能力的人，主观方面是故意} = {客体是交通运输安全，主体是年满 16 周岁、具有刑事责任能力的人}。

B∪D1 = {交通肇事罪} ∪ {妨害安全驾驶罪} = {客体是陆路、水路交通运输安全，客观方面表现为行为人违反交通运输管理法规，因而发生重大事故，致人重伤、死亡或者使公私财产遭受重大损失的行为，主体是年满 16 周岁、具有刑事责任能力的人，主观方面是过失} ∪ {客体是陆路、水路、铁路、航空交通运输安全，客观方面表现为行为人对行驶中的公共交通工具的驾驶人员使用暴力或者抢控驾驶操纵装置，干扰公共交通工具正常行驶，危及公共安全的行为，主体是年满 16 周岁、具有刑事责任能力的人，主观方面是故意} = {客体是陆路、水路交通运输安全，客观方面表现为行为人违反交通运输管理法规，因而发生重大事故，致人重伤、死亡或者使公私财产遭受重大损失的行为，主体是年满 16 周岁、具有刑事责任能力的人，主观方面是过失，客体是陆路、水路、铁路、航空交通运输安全，客观方面表现为行为人对行驶中的公共交通工具的驾驶人员使用暴力或者抢控驾驶操纵装置，干扰公共交通工具正常行驶，危及公共安全的行为，主观方面是故意}。

那么，交通肇事罪与妨害安全驾驶罪的相同点：B∩D1 = {客体是交通运输安全，主体是年满 16 周岁、具有刑事责任能力的人｝。

交通肇事罪与妨害安全驾驶罪的不同点：B∪D1－B∩D1＝
｛客体是陆路、水路交通运输安全，客观方面表现为行为人违反交
通运输管理法规，因而发生重大事故，致人重伤、死亡或者使公
私财产遭受重大损失的行为，主观方面是过失，客体是陆路、水
路、铁路、航空交通运输安全，客观方面表现为行为人对行驶中
的公共交通工具的驾驶人员使用暴力或者抢控驾驶操纵装置，干
扰公共交通工具正常行驶，危及公共安全的行为，主观方面是
故意｝。

（五）重大责任事故罪与强令、组织他人违章冒险作业罪

E＝｛重大责任事故罪｝；F＝｛强令、组织他人违章冒险作
业罪｝

E∩F＝｛重大责任事故罪｝∩｛强令、组织他人违章冒险作业
罪｝＝｛客体是企业、事业或者其他单位正常的生产、作业安全，
客观方面表现为行为人违反有关安全管理的规定，因而发生重大
伤亡事故或者造成其他严重后果的行为，主体是任何生产、作业
中的人员，主观方面是过失｝∩｛客体是企业、事业或者其他单位
正常的生产、作业安全和不特定多数人的生命、健康权，客观方
面表现为行为人强令他人违章冒险作业，或者明知存在重大事故
隐患而不排除，仍冒险组织作业，因而发生重大伤亡事故或者造
成其他严重后果的行为，主体是对生产、作业具有组织、指挥或
者管理职责的负责人、管理人员、实际控制人、投资人等人员，
主观方面是过失｝＝｛客体是企业、事业或者其他单位正常的生产、
作业安全，主观方面是过失｝。

E∪F＝｛重大责任事故罪｝∪｛强令、组织他人违章冒险作业
罪｝＝｛客体是企业、事业或者其他单位正常的生产、作业安全，
客观方面表现为行为人违反有关安全管理的规定，因而发生重大
伤亡事故或者造成其他严重后果的行为，主体是任何生产、作业

中的人员，主观方面是过失｝∪｛客体是企业、事业或者其他单位正常的生产、作业安全和不特定多数人的生命、健康权，客观方面表现为行为人强令他人违章冒险作业，或者明知存在重大事故隐患而不排除，仍冒险组织作业，因而发生重大伤亡事故或者造成其他严重后果的行为，主体是对生产、作业具有组织、指挥或者管理职责的负责人、管理人员、实际控制人、投资人等人员，主观方面是过失｝＝｛客体是企业、事业或者其他单位正常的生产、作业安全，客观方面表现为行为人违反有关安全管理的规定，因而发生重大伤亡事故或者造成其他严重后果的行为，主体是任何生产、作业中的人员，主观方面是过失，客体是企业、事业或者其他单位正常的生产、作业安全和不特定多数人的生命、健康权，客观方面表现为行为人强令他人违章冒险作业，或者明知存在重大事故隐患而不排除，仍冒险组织作业，因而发生重大伤亡事故或者造成其他严重后果的行为，主体是对生产、作业具有组织、指挥或者管理职责的负责人、管理人员、实际控制人、投资人等人员｝。

那么，重大责任事故罪与强令违章冒险作业罪的相同点：E∩F＝｛客体是企业、事业或者其他单位正常的生产、作业安全，主观方面是过失｝。

重大责任事故罪与强令违章冒险作业罪的不同点：E∪F－E∩F＝｛客观方面表现为行为人违反有关安全管理的规定，因而发生重大伤亡事故或者造成其他严重后果的行为，主体是任何生产、作业中的人员，客体是不特定多数人的生命、健康权，客观方面表现为行为人强令他人违章冒险作业，或者明知存在重大事故隐患而不排除，仍冒险组织作业，因而发生重大伤亡事故或者造成其他严重后果的行为，主体是对生产、作业具有组织、指挥或者管理职责的负责人、管理人员、实际控制人、投资人等人员｝。

（六）重大责任事故罪与危险作业罪

E = ｛重大责任事故罪｝；F1 = ｛危险作业罪｝

E∩F1 = ｛重大责任事故罪｝∩｛危险作业罪｝= ｛客体是企业、事业或者其他单位正常的生产、作业安全，客观方面表现为行为人违反有关安全管理的规定，因而发生重大伤亡事故或者造成其他严重后果的行为，主体是任何生产、作业中的人员，主观方面是过失｝∩｛客体是企业、事业或者其他单位正常的生产、作业安全和不特定多数人的生命、健康权，客观方面表现为行为人在生产、作业中违反有关安全管理的规定，关闭、破坏直接关系生产安全的监控、报警、防护、救生设备、设施，或者篡改、隐瞒、销毁其相关数据、信息，因存在重大事故隐患被依法责令停产停业、停止施工、停止使用有关设备、设施、场所或者立即采取排除危险的整改措施，而拒不执行，或者涉及安全生产的事项未经依法批准或者许可，擅自从事矿山开采、金属冶炼、建筑施工，以及危险物品生产、经营、储存等高度危险的生产作业活动的行为，主体是对生产、作业具有组织、指挥或者管理职责的负责人、管理人员、实际控制人等人员，主观方面是过失｝= ｛客体是企业、事业或者其他单位正常的生产、作业安全，主观方面是过失｝。

E∪F1 = ｛重大责任事故罪｝∪｛危险作业罪｝= ｛客体是企业、事业或者其他单位正常的生产、作业安全，客观方面表现为行为人违反有关安全管理的规定，因而发生重大伤亡事故或者造成其他严重后果的行为，主体是任何生产、作业中的人员，主观方面是过失｝∪｛客体是不特定多数人的生命、健康权，客观方面表现为行为人在生产、作业中违反有关安全管理的规定，关闭、破坏直接关系生产安全的监控、报警、防护、救生设备、设施，或者篡改、隐瞒、销毁其相关数据、信息，因存在重大事故隐患被依法责令停产停业、停止施工、停止使用有关设备、设施、场所或者立即采取排除危险的整改措施，而拒不执行，或者涉及安全生产的事项未经依法批准或者许可，擅自从事矿山开采、金属冶炼、建筑施工，以及危险物品生产、经营、储存等高度危险的生产作业活动的行为，主体是对生产、作业具有组织、指挥或者管理职责的负责人、管理人员、实际控制人等人员，主观方面是过失} = {客体是企业、事业或者其他单位正常的生产、作业安全，客观方面表现为行为人违反有关安全管理的规定，因而发生重大伤亡事故或者造成其他严重后果的行为，主体是任何生产、作业中的人员，主观方面是过失，客体是企业、事业或者其他单位正常的生产、作业安全和不特定多数人的生命、健康权，客观方面表现为行为人在生产、作业中违反有关安全管理的规定，关闭、破坏直接关系生产安全的监控、报警、防护、救生设备、设施，或者篡改、隐瞒、销毁其相关数据、信息，因存在重大事故隐患被依法责令停产停业、停止施工、停止使用有关设备、设施、场所或者立即采取排除危险的整改措施，而拒不执行，或者涉及安全生产的事项未经依法批准或者许可，擅自从事矿山开采、金属冶炼、建筑施工，以及危险物品生产、经营、储存等高度危险的生产作业活动的行为，主体是对生产、作业具有组织、指挥或者管理职责的负责人、管理人员、实际控制人等人员}。

那么，重大责任事故罪与危险作业罪的相同点：$E \cap F1 =$ {客体是企业、事业或者其他单位正常的生产、作业安全，主观方面是过失}。

重大责任事故罪与危险作业罪的不同点：$E \cup F1 - E \cap F1 =$ {客观方面表现为行为人违反有关安全管理的规定，因而发生重大伤亡事故或者造成其他严重后果的行为，主体是任何生产、作业中的人员，客体是不特定多数人的生命、健康权，客观方面表现为行为人在生产、作业中违反有关安全管理的规定，关闭、破坏直接关系生产安全的监控、报警、防护、救生设备、设施，或者篡改、隐瞒、销毁其相关数据、信息，因存在重大事故隐患被依法责令停产停业、停止施工、停止使用有关设备、设施、场所或者立即采取排除危险的整改措施，而拒不执行，或者涉及安全生产的事项未经依法批准或者许可，擅自从事矿山开采、金属冶炼、建筑施工，以及危险物品生产、经营、储存等高度危险的生产作业活动的行为，主体是对生产、作业具有组织、指挥或者管理职责的负责人、管理人员、实际控制人等人员}。

（七）重大责任事故罪与重大劳动安全事故罪

E = {重大责任事故罪}；G = {重大劳动安全事故罪}

E∩G = {重大责任事故罪} ∩ {重大劳动安全事故罪} = {客体是企业、事业或者其他单位正常的生产、作业安全，客观方面表现为行为人违反有关安全管理的规定，因而发生重大伤亡事故或者造成其他严重后果的行为，主体是任何生产、作业中的人员，主观方面是过失} ∩ {客体是企业、事业单位或者其他组织正常的生产、作业安全，客观方面表现为安全生产设施或者安全生产条件不符合国家规定，因而发生重大伤亡事故或者造成其他严重后果的行为，主体是安全生产设施或者安全生产条件不符合国家规定的企业、事业单位或者其他组织中的直接负责的主管人员和其他直接责任人员，主观方面是过失} = {客体是企业、事业或者其他单位正常的生产、作业安全，主观方面是过失}。

E∪G = {重大责任事故罪} ∪ {重大劳动安全事故罪} = {客体是企业、事业或者其他单位正常的生产、作业安全，客观方面表现为行为人违反有关安全管理的规定，因而发生重大伤亡事故或者造成其他严重后果的行为，主体是任何生产、作业中的人员，主观方面是过失} ∪ {客体是企业、事业单位或者其他组织正常的生产、作业安全，客观方面表现为安全生产设施或者安全生产条件不符合国家规定，因而发生重大伤亡事故或者造成其他严重后果的行为，主体是安全生产设施或者安全生产条件不符合国家规定的企业、事业单位或者其他组织中的直接负责的主管人员和其他直接责任人员，主观方面是过失｝＝｛客体是企业、事业或者其他单位正常的生产、作业安全，客观方面表现为行为人违反有关安全管理的规定，因而发生重大伤亡事故或者造成其他严重后果的行为，主体是任何生产、作业中的人员，主观方面是过失，客观方面表现为安全生产设施或者安全生产条件不符合国家规定，因而发生重大伤亡事故或者造成其他严重后果的行为，主体是安全生产设施或者安全生产条件不符合国家规定的企业、事业单位或者其他组织中的直接负责的主管人员和其他直接责任人员｝。

那么，重大责任事故罪与重大劳动安全事故罪的相同点：$E \cap G =$｛客体是企业、事业或者其他单位正常的生产、作业安全，主观方面是过失｝。

重大责任事故罪与重大劳动安全事故罪的不同点：$E \cup G - E \cap G =$｛客观方面表现为行为人违反有关安全管理的规定，因而发生重大伤亡事故或者造成其他严重后果的行为，主体是任何生产、作业中的人员，客观方面表现为安全生产设施或者安全生产条件不符合国家规定，因而发生重大伤亡事故或者造成其他严重后果的行为，主体是安全生产设施或者安全生产条件不符合国家规定的企业、事业单位或者其他组织中的直接负责的主管人员和其他直接责任人员｝。

（八）重大责任事故罪与危险物品肇事罪

$E =$｛重大责任事故罪｝；$H =$｛危险物品肇事罪｝

$E \cap H =$｛重大责任事故罪｝$\cap$｛危险物品肇事罪｝$=$｛客体是企业、事业或者其他单位正常的生产、作业安全，客观方面表现为行为人违反有关安全管理的规定，因而发生重大伤亡事故或者造成其他严重后果的行为，主体是任何生产、作业中的人员，主观方面是过失$\}$∩$\{$客体是不特定多数人的生命、健康和重大公私财产的安全，客观方面表现为行为人违反爆炸性、易燃性、放射性、毒害性、腐蚀性物品的管理规定，在生产、储存、运输、使用中发生重大事故，造成严重后果的行为，主体是从事危险物品生产、储存、运输、使用的人员，主观方面是过失$\}$＝$\{$主观方面是过失$\}$。

E∪H＝$\{$重大责任事故罪$\}$∪$\{$危险物品肇事罪$\}$＝$\{$客体是企业、事业或者其他单位正常的生产、作业安全，客观方面表现为行为人违反有关安全管理的规定，因而发生重大伤亡事故或者造成其他严重后果的行为，主体是任何生产、作业中的人员，主观方面是过失$\}$∪$\{$客体是不特定多数人的生命、健康和重大公私财产的安全，客观方面表现为行为人违反爆炸性、易燃性、放射性、毒害性、腐蚀性物品的管理规定，在生产、储存、运输、使用中发生重大事故，造成严重后果的行为，主体是从事危险物品生产、储存、运输、使用的人员，主观方面是过失$\}$＝$\{$客体是企业、事业或者其他单位正常的生产、作业安全，客观方面表现为行为人违反有关安全管理的规定，因而发生重大伤亡事故或者造成其他严重后果的行为，主体是任何生产、作业中的人员，主观方面是过失，客体是不特定多数人的生命、健康和重大公私财产的安全，客观方面表现为行为人违反爆炸性、易燃性、放射性、毒害性、腐蚀性物品的管理规定，在生产、储存、运输、使用中发生重大事故，造成严重后果的行为，主体是从事危险物品生产、储存、运输、使用的人员$\}$。

那么，重大责任事故罪与危险物品肇事罪的相同点：E∩H＝$\{$主观方面是过失$\}$。

重大责任事故罪与危险物品肇事罪的不同点：E∪H－E∩H＝$\{$客体是企业、事业或者其他单位正常的生产、作业安全，客观方面表现为行为人违反有关安全管理的规定，因而发生重大伤亡事故或者造成其他严重后果的行为，主体是任何生产、作业中的人员，客体是不特定多数人的生命、健康和重大公私财产的安全，客观方面表现为行为人违反爆炸性、易燃性、放射性、毒害性、腐蚀性物品的管理规定，在生产、储存、运输、使用中发生重大事故，造成严重后果的行为，主体是从事危险物品生产、储存、运输、使用的人员}。

（九）重大责任事故罪与工程重大安全事故罪

E = {重大责任事故罪}；I = {工程重大安全事故罪}

E∩I = {重大责任事故罪}∩{工程重大安全事故罪} = {客体是企业、事业或者其他单位正常的生产、作业安全，客观方面表现为行为人违反有关安全管理的规定，因而发生重大伤亡事故或者造成其他严重后果的行为，主体是任何生产、作业中的人员，主观方面是过失}∩{客体是不特定多数人的生命、健康和重大公私财产的安全，客观方面表现为单位违反国家规定，降低工程质量标准，造成重大安全事故的行为，主体是建设单位、设计单位、施工单位、工程监理单位，主观方面是过失} = {主观方面是过失}。

E∪I = {重大责任事故罪}∪{工程重大安全事故罪} = {客体是企业、事业或者其他单位正常的生产、作业安全，客观方面表现为行为人违反有关安全管理的规定，因而发生重大伤亡事故或者造成其他严重后果的行为，主体是任何生产、作业中的人员，主观方面是过失}∪{客体是不特定多数人的生命、健康和重大公私财产的安全，客观方面表现为单位违反国家规定，降低工程质量标准，造成重大安全事故的行为，主体是建设单位、设计单位、施工单位、工程监理单位，主观方面是过失} = {客体是企业、事业或者其他单位正常的生产、作业安全，客观方面表现为行为人违反有关安全管理的规定，因而发生重大伤亡事故或者造成其他严重后果的行为，主体是任何生产、作业中的人员，主观方面是过失，客体是不特定多数人的生命、健康和重大公私财产的安全，客观方面表现为单位违反国家规定，降低工程质量标准，造成重大安全事故的行为，主体是建设单位、设计单位、施工单位、工程监理单位}。

那么，重大责任事故罪与工程重大安全事故罪的相同点：$E \cap I = \{$主观方面是过失$\}$。

重大责任事故罪与工程重大安全事故罪的不同点：$E \cup I - E \cap I = \{$客体是企业、事业或者其他单位正常的生产、作业安全，客观方面表现为行为人违反有关安全管理的规定，因而发生重大伤亡事故或者造成其他严重后果的行为，主体是任何生产、作业中的人员，客体是不特定多数人的生命、健康和重大公私财产的安全，客观方面表现为单位违反国家规定，降低工程质量标准，造成重大安全事故的行为，主体是建设单位、设计单位、施工单位、工程监理单位$\}$。

（十）重大责任事故罪与教育设施重大安全事故罪

$E = \{$重大责任事故罪$\}$；$J = \{$教育设施重大安全事故罪$\}$

$E \cap J = \{$重大责任事故罪$\} \cap \{$教育设施重大安全事故罪$\} = \{$客体是企业、事业或者其他单位正常的生产、作业安全，客观方面表现为行为人违反有关安全管理的规定，因而发生重大伤亡事故或者造成其他严重后果的行为，主体是任何生产、作业中的人员，主观方面是过失$\} \cap \{$客体是不特定多数人的生命、健康和重大公私财产的安全，客观方面表现为行为人明知校舍或者教育教学设施有危险，而不采取措施或者不及时报告，致使发生重大伤亡事故的行为，主体是负责校舍或者教育教学设施安全的直接责任人员，主观方面是过失$\} = \{$主观方面是过失$\}$。

$E \cup J = \{$重大责任事故罪$\} \cup \{$教育设施重大安全事故罪$\} = \{$客体是企业、事业或者其他单位正常的生产、作业安，客观方面表现为行为人违反有关安全管理的规定，因而发生重大伤亡事故或者造成其他严重后果的行为，主体是任何生产、作业中的人员，主观方面是过失｝∪｛客体是不特定多数人的生命、健康和重大公私财产的安全，客观方面表现为行为人明知校舍或者教育教学设施有危险，而不采取措施或者不及时报告，致使发生重大伤亡事故的行为，主体是负责校舍或者教育教学设施安全的直接责任人员，主观方面是过失｝＝｛客体是企业、事业或者其他单位正常的生产、作业安全，客观方面表现为行为人违反有关安全管理的规定，因而发生重大伤亡事故或者造成其他严重后果的行为，主体是任何生产、作业中的人员，主观方面是过失，客体是不特定多数人的生命、健康和重大公私财产的安全，客观方面表现为行为人明知校舍或者教育教学设施有危险，而不采取措施或者不及时报告，致使发生重大伤亡事故的行为，主体是负责校舍或者教育教学设施安全的直接责任人员｝。

那么，重大责任事故罪与教育设施重大安全事故罪的相同点：$E \cap J = \{$主观方面是过失$\}$。

重大责任事故罪与教育设施重大安全事故罪的不同点：$E \cup J - E \cap J = \{$客体是企业、事业或者其他单位正常的生产、作业安全，客观方面表现为行为人违反有关安全管理的规定，因而发生重大伤亡事故或者造成其他严重后果的行为，主体是任何生产、作业中的人员，客体是不特定多数人的生命、健康和重大公私财产的安全，客观方面表现为行为人明知校舍或者教育教学设施有危险，而不采取措施或者不及时报告，致使发生重大伤亡事故的行为，主体是负责校舍或者教育教学设施安全的直接责任人员$\}$。

（十一）重大责任事故罪与消防责任事故罪的界限

$E = \{$重大责任事故罪$\}$；$K = \{$消防责任事故罪$\}$

$E \cap K = \{$重大责任事故罪$\} \cap \{$消防责任事故罪$\} = \{$客体是企业、事业或者其他单位正常的生产、作业安全，客观方面表现为行为人违反有关安全管理的规定，因而发生重大伤亡事故或者造成其他严重后果的行为，主体是任何生产、作业中的人员，主观方面是过失}∩{客体是不特定多数人的生命、健康和重大公私财产的安全，客观方面表现为行为人违反消防管理法规，经消防监督机构通知采取改正措施而拒绝执行，造成严重后果的行为，主体是单位负责消防工作的直接责任人员，主观方面是过失} = {主观方面是过失}。

E∪K = {重大责任事故罪}∪{消防责任事故罪} = {客体是企业、事业或者其他单位正常的生产、作业安全，客观方面表现为行为人违反有关安全管理的规定，因而发生重大伤亡事故或者造成其他严重后果的行为，主体是任何生产、作业中的人员，主观方面是过失}∪{客体是不特定多数人的生命、健康和重大公私财产的安全，客观方面表现为行为人违反消防管理法规，经消防监督机构通知采取改正措施而拒绝执行，造成严重后果的行为，主体是单位负责消防工作的直接责任人员，主观方面是过失} = {客体是企业、事业或者其他单位正常的生产、作业安全，客观方面表现为行为人违反有关安全管理的规定，因而发生重大伤亡事故或者造成其他严重后果的行为，主体是任何生产、作业中的人员，主观方面是过失，客体是不特定多数人的生命、健康和重大公私财产的安全，客观方面表现为行为人违反消防管理法规，经消防监督机构通知采取改正措施而拒绝执行，造成严重后果的行为，主体是单位负责消防工作的直接责任人员}。

那么，重大责任事故罪与消防责任事故罪的相同点：E∩K = {主观方面是过失}。

重大责任事故罪与消防责任事故罪的不同点：E∪K - E∩K = {客体是企业、事业或者其他单位正常的生产、作业安全，客观方面表现为行为人违反有关安全管理的规定，因而发生重大伤亡事故或者造成其他严重后果的行为，主体是任何生产、作业中的人员，客体是不特定多数人的生命、健康和重大公私财产的安全，客观方面表现为行为人违反消防管理法规，经消防监督机构通知采取改正措施而拒绝执行，造成严重后果的行为，主体是单位负责消防工作的直接责任人员｝。

第三章

破坏社会主义市场经济秩序罪

第一节 生产、销售伪劣商品罪

一、生产、销售伪劣商品罪概述

（一）生产、销售伪劣商品罪的概念

生产、销售伪劣商品罪，是指行为人违反商品质量管理法律、法规，在产品生产、销售过程中掺杂、掺假，以假充真，以次充好，或者以不合格商品冒充合格商品，依法应负刑事责任的行为。

（二）生产、销售伪劣商品罪的构成特征

关于生产、销售伪劣商品罪的构成特征，根据现行刑法的规定，主要有以下几个方面，其集合表现为：

设 A 为生产、销售伪劣商品罪的集合，则 A = {生产、销售伪劣商品罪}；

设 B 为生产、销售伪劣商品罪的客体的集合，则 B = {客体是商品质量管理制度和广大消费者的合法权益}；

设 C 为生产、销售伪劣商品罪的客观方面的集合，则 C = {客观方面表现为行为人违反商品质量管理法律、法规，在产品生产、销售过程中掺杂、掺假，以假充真，以次充好，或者以不合格产

品冒充合格产品，依法应负刑事责任的行为｝；

设 D 为生产、销售伪劣商品罪的主体的集合，则 D＝｛主体是年满 16 周岁、具有刑事责任能力的人，也可以是单位｝；

设 E 为生产、销售伪劣商品罪的主观方面的集合，则 E＝｛主观方面是故意｝；

则 A＝B∪C∪D∪E，即 ｛生产、销售伪劣商品罪｝＝｛客体是商品质量管理制度和广大消费者的合法权益｝∪｛客观方面表现为行为人违反商品质量管理法律、法规，在产品生产、销售过程中掺杂、掺假，以假充真，以次充好，或者以不合格产品冒充合格产品，销售金额较大，依法应负刑事责任的行为｝∪｛主体可以是年满 16 周岁、具有刑事责任能力的人，也可以是单位｝∪｛主观方面是故意｝＝｛客体是商品质量管理制度和广大消费者的合法权益，客观方面表现为行为人违反商品质量管理法律、法规，在商品生产、销售过程中掺杂、掺假，以假充真，以次充好，或者以不合格商品冒充合格商品，依法应负刑事责任的行为，主体可以是年满 16 周岁、具有刑事责任能力的人，也可以是单位，主观方面是故意｝。

（三）生产、销售伪劣商品罪的类型

根据现行刑法对生产、销售伪劣商品罪所作的规定来看，本节共有 10 种具体犯罪，用子集的方式来表达，其构造表现为：

｛生产、销售伪劣商品罪｝

｛生产、销售伪劣产品罪｝

｛生产、销售、提供假药罪｝

｛生产、销售、提供劣药罪｝

｛妨害药品管理罪｝

｛生产、销售不符合卫生标准的食品罪｝

｛生产、销售有毒、有害食品罪｝

{生产、销售不符合标准的医用器材罪}

{生产、销售不符合安全标准的产品罪}

{生产、销售伪劣农药、兽药、化肥、种子罪}

{生产、销售不符合卫生标准的化妆品罪}

……

{生产、销售伪劣产品罪，生产、销售、提供假药罪，生产、销售、提供劣药罪，妨害药品管理罪，生产、销售不符合卫生标准的食品罪，生产、销售有毒、有害食品罪，生产、销售不符合标准的医用器材罪，生产、销售不符合安全标准的产品罪，生产、销售伪劣农药、兽药、化肥、种子罪，生产、销售不符合卫生标准的化妆品罪}

二、生产、销售伪劣商品罪的界限

（一）生产、销售伪劣产品罪与生产、销售、提供假药罪

A＝{生产、销售伪劣产品罪}；B＝{生产、销售、提供假药罪}

A∩B＝{生产、销售伪劣产品罪}∩{生产、销售、提供假药罪}＝{客体是产品质量管理制度和广大消费者的合法权益，客观方面表现为行为人违反产品质量管理法律、法规，在产品生产、销售过程中掺杂、掺假，以假充真，以次充好，或者以不合格产品冒充合格产品，销售金额较大的行为，主体可以是年满16周岁、具有刑事责任能力的人，也可以是单位，主观方面是故意}∩{客体是国家药品管理制度和不特定多数人的生命、健康的安全，客观方面表现为行为人违反药品管理法律、法规，生产、销售假药的行为，主体可以是年满16周岁、具有刑事责任能力的人，也可以是单位，主观方面是故意}＝{主体可以是年满16周岁、具有刑事责任能力的人，也可以是单位，主观方面是故意}。

A∪B＝{生产、销售伪劣产品罪}∪{生产、销售、提供假药

罪}＝{客体是产品质量管理制度和广大消费者的合法权益，客观方面表现为行为人违反产品质量管理法律、法规，在产品生产、销售过程中掺杂、掺假，以假充真，以次充好，或者以不合格产品冒充合格产品，销售金额较大的行为，主体可以是年满 16 周岁、具有刑事责任能力的人，也可以是单位，主观方面是故意}∪{客体是国家药品管理制度和不特定多数人的生命、健康的安全，客观方面表现为行为人违反药品管理法律、法规，生产、销售、提供假药的行为，主体可以是年满 16 周岁、具有刑事责任能力的人，也可以是单位，主观方面是故意}＝{客体是产品质量管理制度和广大消费者的合法权益，客观方面表现为行为人违反产品质量管理法律、法规，在产品生产、销售过程中掺杂、掺假，以假充真，以次充好，或者以不合格产品冒充合格产品，销售金额较大的行为，主体可以是年满 16 周岁、具有刑事责任能力的人，也可以是单位，主观方面是故意，客体是国家药品管理制度和不特定多数人的生命、健康的安全，客观方面表现为行为人违反药品管理法律、法规，生产、销售、提供假药的行为}。

那么，生产、销售伪劣产品罪与生产、销售、提供假药罪的相同点：A∩B＝{主体可以是年满 16 周岁、具有刑事责任能力的人，也可以是单位，主观方面是故意}。

生产、销售伪劣产品罪与生产、销售、提供假药罪的不同点：A∪B－A∩B＝{客体是产品质量管理制度和广大消费者的合法权益，客观方面表现为行为人违反产品质量管理法律、法规，在产品生产、销售过程中掺杂、掺假，以假充真，以次充好，或者以不合格产品冒充合格产品，销售金额较大的行为，客体是国家药品管理制度和不特定多数人的生命、健康的安全，客观方面表现为行为人违反药品管理法律、法规，生产、销售、提供假药的行为}。

（二）生产、销售伪劣产品罪与生产、销售、提供劣药罪

A＝｛生产、销售伪劣产品罪｝；C＝｛生产、销售、提供劣药罪｝

A∩C＝｛生产、销售伪劣产品罪｝∩｛生产、销售、提供劣药罪｝＝｛客体是产品质量管理制度和广大消费者的合法权益，客观方面表现为行为人违反产品质量管理法律、法规，在产品生产、销售过程中掺杂、掺假，以假充真，以次充好，或者以不合格产品冒充合格产品，销售金额较大的行为，主体可以是年满 16 周岁、具有刑事责任能力的人，也可以是单位，主观方面是故意｝∩｛客体是国家药品管理制度和不特定多数人的生命、健康的安全，客观方面表现为行为人违反药品管理法律、法规，生产、销售、提供劣药，对人体造成严重危害的行为，主体可以是年满 16 周岁、具有刑事责任能力的人，也可以是单位，主观方面是故意｝＝｛主体可以是年满 16 周岁、具有刑事责任能力的人，也可以是单位，主观方面是故意｝。

A∪C＝｛生产、销售伪劣产品罪｝∪｛生产、销售、提供劣药罪｝＝｛客体是产品质量管理制度和广大消费者的合法权益，客观方面表现为行为人违反产品质量管理法律、法规，在产品生产、销售过程中掺杂、掺假，以假充真，以次充好，或者以不合格产品冒充合格产品，销售金额较大的行为，主体可以是年满 16 周岁、具有刑事责任能力的人，也可以是单位，主观方面是故意｝∪｛客体是国家药品管理制度和不特定多数人的生命、健康的安全，客观方面表现为行为人违反药品管理法律、法规，生产、销售、提供劣药，对人体造成严重危害的行为，主体可以是年满 16 周岁、具有刑事责任能力的人，也可以是单位，主观方面是故意｝＝｛客体是产品质量管理制度和广大消费者的合法权益，客观方面表现为行为人违反产品质量管理法律、法规，在产品生产、销售过程中掺杂、掺假，以假充真，以次充好，或者以不合格产品冒充合

格产品，销售金额较大的行为，主体可以是年满 16 周岁、具有刑事责任能力的人，也可以是单位，主观方面是故意，客体是国家药品管理制度和不特定多数人的生命、健康的安全，客观方面表现为行为人违反药品管理法律、法规，生产、销售、提供劣药，对人体造成严重危害的行为}。

那么，生产、销售伪劣产品罪与生产、销售、提供劣药罪的相同点：A∩C =｛主体可以是年满 16 周岁、具有刑事责任能力的人，也可以是单位，主观方面是故意}。

生产、销售伪劣产品罪与生产、销售、提供劣药罪的不同点：A∪C－A∩C =｛客体是产品质量管理制度和广大消费者的合法权益，客观方面表现为行为人违反产品质量管理法律、法规，在产品生产、销售过程中掺杂、掺假，以假充真，以次充好，或者以不合格产品冒充合格产品，销售金额较大的行为，客体是国家药品管理制度和不特定多数人的生命、健康的安全，客观方面表现为行为人违反药品管理法律、法规，生产、销售、提供劣药，对人体造成严重危害的行为}。

（三）生产、销售伪劣产品罪与生产、销售不符合安全标准的食品罪

A =｛生产、销售伪劣产品罪}；D =｛生产、销售不符合安全标准的食品罪}

A∩D =｛生产、销售伪劣产品罪} ∩｛生产、销售不符合安全标准的食品罪} =｛客体是产品质量管理制度和广大消费者的合法权益，客观方面表现为行为人违反产品质量管理法律、法规，在产品生产、销售过程中掺杂、掺假，以假充真，以次充好，或者以不合格产品冒充合格产品，销售金额较大的行为，主体可以是年满 16 周岁、具有刑事责任能力的人，也可以是单位，主观方面是故意}∩｛客体是食品安全标准管理制度和不特定多数人的生命、

健康的安全，客观方面表现为行为人违反食品安全标准的管理法律法规，生产、销售不符合安全标准的食品，足以造成食物中毒或者其他严重食源性疾患的行为，主体可以是年满 16 周岁、具有刑事责任能力的人，也可以是单位，主观方面是故意｝＝｛主体可以是年满 16 周岁、具有刑事责任能力的人，也可以是单位，主观方面是故意｝。

A∪D＝｛生产、销售伪劣产品罪｝∪｛生产、销售不符合安全标准的食品罪｝＝｛客体是产品质量管理制度和广大消费者的合法权益，客观方面表现为行为人违反产品质量管理法律、法规，在产品生产、销售过程中掺杂、掺假，以假充真，以次充好，或者以不合格产品冒充合格产品，销售金额较大的行为，主体可以是年满 16 周岁、具有刑事责任能力的人，也可以是单位，主观方面是故意｝∪｛客体是食品安全标准管理制度和不特定多数人的生命、健康的安全，客观方面表现为行为人违反食品安全标准的管理法律法规，生产、销售不符合安全标准的食品，足以造成食物中毒或者其他严重食源性疾患的行为，主体可以是年满 16 周岁、具有刑事责任能力的人，也可以是单位，主观方面是故意｝＝｛客体是产品质量管理制度和广大消费者的合法权益，客观方面表现为行为人违反产品质量管理法律、法规，在产品生产、销售过程中掺杂、掺假，以假充真，以次充好，或者以不合格产品冒充合格产品，销售金额较大的行为，主体可以是年满 16 周岁、具有刑事责任能力的人，也可以是单位，主观方面是故意，客体是食品安全标准管理制度和不特定多数人的生命、健康的安全，客观方面表现为行为人违反食品安全标准的管理法律法规，生产、销售不符合安全标准的食品，足以造成食物中毒或者其他严重食源性疾患的行为｝。

那么，生产、销售伪劣产品罪与生产、销售不符合安全标准的食品罪的相同点：A∩D＝｛主体可以是年满 16 周岁、具有刑事责任能力的人，也可以是单位，主观方面是故意}。

生产、销售伪劣产品罪与生产、销售不符合安全标准的食品罪的不同点：$A \cup D - A \cap D =$ {客体是产品质量管理制度和广大消费者的合法权益，客观方面表现为行为人违反产品质量管理法律、法规，在产品生产、销售过程中掺杂、掺假，以假充真，以次充好，或者以不合格产品冒充合格产品，销售金额较大的行为，客体是食品安全标准管理制度和不特定多数人的生命、健康的安全，客观方面表现为行为人违反食品安全标准的管理法律法规，生产、销售不符合安全标准的食品，足以造成食物中毒或者其他严重食源性疾患的行为}。

（四）生产、销售伪劣产品罪与生产、销售有毒、有害食品罪

$A =$ {生产、销售伪劣产品罪}；$E =$ {生产、销售有毒、有害食品罪}

$A \cap E =$ {生产、销售伪劣产品罪} $\cap$ {生产、销售有毒、有害食品罪} = {客体是产品质量管理制度和广大消费者的合法权益，客观方面表现为行为人违反产品质量管理法律、法规，在产品生产、销售过程中掺杂、掺假，以假充真，以次充好，或者以不合格产品冒充合格产品，销售金额较大的行为，主体可以是年满16周岁、具有刑事责任能力的人，也可以是单位，主观方面是故意} $\cap$ {客体是食品安全标准管理制度和不特定多数人的生命、健康的安全，客观方面表现为行为人违反食品安全标准管理法律法规，在生产、销售的食品中掺入有毒、有害的非食品原料，或者明知是掺入有毒、有害的非食品原料的食品而予以销售的行为，主体可以是年满16周岁、具有刑事责任能力的人，也可以是单位，主观方面是故意} = {主体可以是年满16周岁、具有刑事责任能力的人，也可以是单位，主观方面是故意}。

A∪E＝{生产、销售伪劣产品罪}∪{生产、销售有毒、有害食品罪}＝{客体是产品质量管理制度和广大消费者的合法权益，客观方面表现为行为人违反产品质量管理法律、法规，在产品生产、销售过程中掺杂、掺假，以假充真，以次充好，或者以不合格产品冒充合格产品，销售金额较大的行为，主体可以是年满16周岁、具有刑事责任能力的人，也可以是单位，主观方面是故意}∪{客体是食品安全标准管理制度和不特定多数人的生命、健康的安全，客观方面表现为行为人违反食品安全标准管理法律法规，在生产、销售的食品中掺入有毒、有害的非食品原料，或者明知是掺入有毒、有害的非食品原料的食品而予以销售的行为，主体可以是年满16周岁、具有刑事责任能力的人，也可以是单位，主观方面是故意}＝{客体是产品质量管理制度和广大消费者的合法权益，客观方面表现为行为人违反产品质量管理法律、法规，在产品生产、销售过程中掺杂、掺假，以假充真，以次充好，或者以不合格产品冒充合格产品，销售金额较大的行为，主体可以是年满16周岁、具有刑事责任能力的人，也可以是单位，主观方面是故意，客体是食品安全标准管理制度和不特定多数人的生命、健康的安全，客观方面表现为行为人违反食品安全标准管理法律法规，在生产、销售的食品中掺入有毒、有害的非食品原料，或者明知是掺入有毒、有害的非食品原料的食品而予以销售的行为}。

那么，生产、销售伪劣产品罪与生产、销售有毒、有害食品罪的相同点：A∩E＝{主体可以是年满16周岁、具有刑事责任能力的人，也可以是单位，主观方面是故意}。

生产、销售伪劣产品罪与生产、销售有毒、有害食品罪的不同点：A∪E－A∩E＝{客体是产品质量管理制度和广大消费者的合法权益，客观方面表现为行为人违反产品质量管理法律、法规，在产品生产、销售过程中掺杂、掺假，以假充真，以次充好，或者以不合格产品冒充合格产品，销售金额较大的行为，客体是食品安全标准管理制度和不特定多数人的生命、健康的安全，客观方面表现为行为人违反食品安全标准管理法律法规，在生产、销售的食品中掺入有毒、有害的非食品原料，或者明知是掺入有毒、有害的非食品原料的食品而予以销售的行为}。

（五）生产、销售伪劣产品罪与生产、销售不符合标准的医用器材罪

A＝{生产、销售伪劣产品罪}；F＝{生产、销售不符合标准的医用器材罪}

A∩F＝{生产、销售伪劣产品罪}∩{生产、销售不符合标准的医用器材罪}＝{客体是产品质量管理制度和广大消费者的合法权益，客观方面表现为行为人违反产品质量管理法律、法规，在产品生产、销售过程中掺杂、掺假，以假充真，以次充好，或者以不合格产品冒充合格产品，销售金额较大的行为，主体可以是年满16周岁、具有刑事责任能力的人，也可以是单位，主观方面是故意}∩{客体是产品质量管理制度和不特定多数人的生命、健康的安全，客观方面表现为行为人违反产品质量管理法律、法规，生产不符合保障人体健康的国家标准、行业标准的医疗器械、医用卫生材料，或者销售明知是不符合保障人体健康的国家标准、行业标准的医疗器械、医用卫生材料，足以严重危害人体健康的行为，主体可以是年满16周岁、具有刑事责任能力的人，也可以是单位，主观方面是故意}＝{主体可以是年满16周岁、具有刑事责任能力的人，也可以是单位，主观方面是故意}。

A∪F＝{生产、销售伪劣产品罪}∪{生产、销售不符合标准的医用器材罪}＝{客体是产品质量管理制度和广大消费者的合法权益，客观方面表现为行为人违反产品质量管理法律、法规，在产品生产、销售过程中掺杂、掺假，以假充真，以次充好，或者

以不合格产品冒充合格产品，销售金额较大的行为，主体可以是年满 16 周岁、具有刑事责任能力的人，也可以是单位，主观方面是故意｝∪｛客体是产品质量管理制度和不特定多数人的生命、健康的安全，客观方面表现为行为人违反产品质量管理法律、法规，生产不符合保障人体健康的国家标准、行业标准的医疗器械、医用卫生材料，或者销售明知是不符合保障人体健康的国家标准、行业标准的医疗器械、医用卫生材料，足以严重危害人体健康的行为，主体可以是年满 16 周岁、具有刑事责任能力的人，也可以是单位，主观方面是故意｝＝｛客体是产品质量管理制度和广大消费者的合法权益，客观方面表现为行为人违反产品质量管理法律、法规，在产品生产、销售过程中掺杂、掺假，以假充真，以次充好，或者以不合格产品冒充合格产品，销售金额较大的行为，主体可以是年满 16 周岁、具有刑事责任能力的人，也可以是单位，主观方面是故意，客体是产品质量管理制度和不特定多数人的生命、健康的安全，客观方面表现为行为人违反产品质量管理法律、法规，生产不符合保障人体健康的国家标准、行业标准的医疗器械、医用卫生材料，或者销售明知是不符合保障人体健康的国家标准、行业标准的医疗器械、医用卫生材料，足以严重危害人体健康的行为｝。

那么，生产、销售伪劣产品罪与生产、销售不符合标准的医用器材罪的相同点：A∩F＝｛主体可以是年满 16 周岁、具有刑事责任能力的人，也可以是单位，主观方面是故意｝。

生产、销售伪劣产品罪与生产、销售不符合标准的医用器材罪的不同点：A∪F－A∩F＝｛客体是产品质量管理制度和广大消费者的合法权益，客观方面表现为行为人违反产品质量管理法律、法规，在产品生产、销售过程中掺杂、掺假，以假充真，以次充好，或者以不合格产品冒充合格产品，销售金额较大的行为，客体是产品质量管理制度和不特定多数人的生命、健康的安全，客

观方面表现为行为人违反产品质量管理法律、法规，生产不符合保障人体健康的国家标准、行业标准的医疗器械、医用卫生材料，或者销售明知是不符合保障人体健康的国家标准、行业标准的医疗器械、医用卫生材料，足以严重危害人体健康的行为|。

（六）生产、销售伪劣产品罪与生产、销售不符合安全标准的产品罪

A = |生产、销售伪劣产品罪|；G = |生产、销售不符合安全标准的产品罪|

A∩G = |生产、销售伪劣产品罪| ∩ |生产、销售不符合安全标准的产品罪| = |客体是产品质量管理制度和广大消费者的合法权益，客观方面表现为行为人违反产品质量管理法律、法规，在产品生产、销售过程中掺杂、掺假，以假充真，以次充好，或者以不合格产品冒充合格产品，销售金额较大的行为，主体可以是年满16周岁、具有刑事责任能力的人，也可以是单位，主观方面是故意| ∩ |客体是产品质量管理制度和不特定多数人的生命、健康和重大公私财产的安全，客观方面表现为行为人违反产品质量管理法律、法规，生产不符合保障人身、财产安全的国家标准、行业标准的电器、压力容器、易燃易爆产品或者其他不符合保障人身、财产安全的国家标准、行业标准的产品，或者销售明知是以上不符合保障人身、财产安全的国家标准、行业标准的产品，造成严重后果的行为，主体可以是年满16周岁、具有刑事责任能力的人，也可以是单位，主观方面是故意| = |主体可以是年满16周岁、具有刑事责任能力的人，也可以是单位，主观方面是故意|。

A∪G = |生产、销售伪劣产品罪| ∪ |生产、销售不符合安全标准的产品罪| = |客体是产品质量管理制度和广大消费者的合法权益，客观方面表现为行为人违反产品质量管理法律、法规，在

产品生产、销售过程中掺杂、掺假，以假充真，以次充好，或者以不合格产品冒充合格产品，销售金额较大的行为，主体可以是年满 16 周岁、具有刑事责任能力的人，也可以是单位，主观方面是故意}∪{客体是产品质量管理制度和不特定多数人的生命、健康和重大公私财产的安全，客观方面表现为行为人违反产品质量管理法律、法规，生产不符合保障人身、财产安全的国家标准、行业标准的电器、压力容器、易燃易爆产品或者其他不符合保障人身、财产安全的国家标准、行业标准的产品，或者销售明知是以上不符合保障人身、财产安全的国家标准、行业标准的产品，造成严重后果的行为，主体可以是年满 16 周岁、具有刑事责任能力的人，也可以是单位，主观方面是故意}={客体是产品质量管理制度和广大消费者的合法权益，客观方面表现为行为人违反产品质量管理法律、法规，在产品生产、销售过程中掺杂、掺假，以假充真，以次充好，或者以不合格产品冒充合格产品，销售金额较大的行为，主体可以是年满 16 周岁、具有刑事责任能力的人，也可以是单位，主观方面是故意，客体是产品质量管理制度和不特定多数人的生命、健康和重大公私财产的安全，客观方面表现为行为人违反产品质量管理法律、法规，生产不符合保障人身、财产安全的国家标准、行业标准的电器、压力容器、易燃易爆产品或者其他不符合保障人身、财产安全的国家标准、行业标准的产品，或者销售明知是以上不符合保障人身、财产安全的国家标准、行业标准的产品，造成严重后果的行为}。

那么，生产、销售伪劣产品罪与生产、销售不符合安全标准的产品罪的相同点：A∩G＝{主体可以是年满 16 周岁、具有刑事责任能力的人，也可以是单位，主观方面是故意}。

生产、销售伪劣产品罪与生产、销售不符合安全标准的产品罪的不同点：A∪G－A∩G＝{客体是产品质量管理制度和广大消费者的合法权益，客观方面表现为行为人违反产品质量管理法律、法规，在产品生产、销售过程中掺杂、掺假，以假充真，以次充好，或者以不合格产品冒充合格产品，销售金额较大的行为，客体是产品质量管理制度和不特定多数人的生命、健康和重大公私财产的安全，客观方面表现为行为人违反产品质量管理法律、法规，生产不符合保障人身、财产安全的国家标准、行业标准的电器、压力容器、易燃易爆产品或者其他不符合保障人身、财产安全的国家标准、行业标准的产品，或者销售明知是以上不符合保障人身、财产安全的国家标准、行业标准的产品，造成严重后果的行为}。

（七）生产、销售伪劣产品罪与生产、销售伪劣农药、兽药、化肥、种子罪

A ={生产、销售伪劣产品罪}；H ={生产、销售伪劣农药、兽药、化肥、种子罪}

A∩H ={生产、销售伪劣产品罪} ∩ {生产、销售伪劣农药、兽药、化肥、种子罪} ={客体是产品质量管理制度和广大消费者的合法权益，客观方面表现为行为人违反产品质量管理法律、法规，在产品生产、销售过程中掺杂、掺假，以假充真，以次充好，或者以不合格产品冒充合格产品，销售金额较大的行为，主体可以是年满16周岁、具有刑事责任能力的人，也可以是单位，主观方面是故意} ∩ {客体是农业生产资料质量管理制度和农业生产资料消费者的合法权益，客观方面表现为行为人违反农业生产资料质量管理法律、法规，生产假农药、假兽药、假化肥，销售明知是假的或者失去使用效能的农药、兽药、化肥、种子，或者生产者、销售者以不合格的农药、兽药、化肥、种子冒充合格的农药、兽药、化肥、种子，使生产遭受较大损失的行为，主体可以是年满16周岁、具有刑事责任能力的人，也可以是单位，主观方面是故意} ={主体可以是年满16周岁、具有刑事责任能力的人，也可

以是单位，主观方面是故意}。

A∪H＝{生产、销售伪劣产品罪}∪{生产、销售伪劣农药、兽药、化肥、种子罪}＝{客体是产品质量管理制度和广大消费者的合法权益，客观方面表现为行为人违反产品质量管理法律、法规，在产品生产、销售过程中掺杂、掺假，以假充真，以次充好，或者以不合格产品冒充合格产品，销售金额较大的行为，主体可以是年满16周岁、具有刑事责任能力的人，也可以是单位，主观方面是故意}∪{客体是农业生产资料质量管理制度和农业生产资料消费者的合法权益，客观方面表现为行为人违反农业生产资料质量管理法律、法规，生产假农药、假兽药、假化肥，销售明知是假的或者失去使用效能的农药、兽药、化肥、种子，或者生产者、销售者以不合格的农药、兽药、化肥、种子冒充合格的农药、兽药、化肥、种子，使生产遭受较大损失的行为，主体可以是年满16周岁、具有刑事责任能力的人，也可以是单位，主观方面是故意}＝{客体是产品质量管理制度和广大消费者的合法权益，客观方面表现为行为人违反产品质量管理法律、法规，在产品生产、销售过程中掺杂、掺假，以假充真，以次充好，或者以不合格产品冒充合格产品，销售金额较大的行为，主体可以是年满16周岁、具有刑事责任能力的人，也可以是单位，主观方面是故意，客体是农业生产资料质量管理制度和农业生产资料消费者的合法权益，客观方面表现为行为人违反农业生产资料质量管理法律、法规，生产假农药、假兽药、假化肥，销售明知是假的或者失去使用效能的农药、兽药、化肥、种子，或者生产者、销售者以不合格的农药、兽药、化肥、种子冒充合格的农药、兽药、化肥、种子，使生产遭受较大损失的行为}。

那么，生产、销售伪劣产品罪与生产、销售伪劣农药、兽药、化肥、种子罪的相同点：A∩H＝{主体可以是年满16周岁、具有刑事责任能力的人，也可以是单位，主观方面是故意}。

生产、销售伪劣产品罪与生产、销售伪劣农药、兽药、化肥、种子罪的不同点：A∪H－A∩H＝{客体是产品质量管理制度和广大消费者的合法权益，客观方面表现为行为人违反产品质量管理法律、法规，在产品生产、销售过程中掺杂、掺假，以假充真，以次充好，或者以不合格产品冒充合格产品，销售金额较大的行为，客体是农业生产资料质量管理制度和农业生产资料消费者的合法权益，客观方面表现为行为人违反农业生产资料质量管理法律、法规，生产假农药、假兽药、假化肥，销售明知是假的或者失去使用效能的农药、兽药、化肥、种子，或者生产者、销售者以不合格的农药、兽药、化肥、种子冒充合格的农药、兽药、化肥、种子，使生产遭受较大损失的行为}。

（八）生产、销售伪劣产品罪与生产、销售不符合卫生标准的化妆品罪

A＝{生产、销售伪劣产品罪}；I＝{生产、销售不符合卫生标准的化妆品罪}

A∩I＝{生产、销售伪劣产品罪}∩{生产、销售不符合卫生标准的化妆品罪}＝{客体是产品质量管理制度和广大消费者的合法权益，客观方面表现为行为人违反产品质量管理法律、法规，在产品生产、销售过程中掺杂、掺假，以假充真，以次充好，或者以不合格产品冒充合格产品，销售金额较大的行为，主体可以是年满16周岁、具有刑事责任能力的人，也可以是单位，主观方面是故意}∩{客体是化妆品卫生质量管理制度和不特定多数人的健康安全，客观方面表现为行为人违反化妆品卫生质量管理法律、法规，生产不符合卫生标准的化妆品，或者销售明知是不符合卫生标准的化妆品，造成严重后果的行为，主体可以是年满16周岁、具有刑事责任能力的人，也可以是单位，主观方面是故意}＝{主体可以是年满16周岁、具有刑事责任能力的人，也可以是单位，

主观方面是故意}。

AUI={生产、销售伪劣产品罪}∪{生产、销售不符合卫生标准的化妆品罪}={客体是产品质量管理制度和广大消费者的合法权益，客观方面表现为行为人违反产品质量管理法律、法规，在产品生产、销售过程中掺杂、掺假，以假充真，以次充好，或者以不合格产品冒充合格产品，销售金额较大的行为，主体可以是年满 16 周岁、具有刑事责任能力的人，也可以是单位，主观方面是故意}∪{客体是化妆品卫生质量管理制度和不特定多数人的健康安全，客观方面表现为行为人违反化妆品卫生质量管理法律、法规，生产不符合卫生标准的化妆品，或者销售明知是不符合卫生标准的化妆品，造成严重后果的行为，主体可以是年满 16 周岁、具有刑事责任能力的人，也可以是单位，主观方面是故意}={客体是产品质量管理制度和广大消费者的合法权益，客观方面表现为行为人违反产品质量管理法律、法规，在产品生产、销售过程中掺杂、掺假，以假充真，以次充好，或者以不合格产品冒充合格产品，销售金额较大的行为，主体可以是年满 16 周岁、具有刑事责任能力的人，也可以是单位，主观方面是故意，客体是化妆品卫生质量管理制度和不特定多数人的健康安全，客观方面表现为行为人违反化妆品卫生质量管理法律、法规，生产不符合卫生标准的化妆品，或者销售明知是不符合卫生标准的化妆品，造成严重后果的行为}。

那么，生产、销售伪劣产品罪与生产、销售不符合卫生标准的化妆品罪的相同点：A∩I={主体可以是年满 16 周岁、具有刑事责任能力的人，也可以是单位，主观方面是故意}。

生产、销售伪劣产品罪与生产、销售不符合卫生标准的化妆品罪的不同点：AUI-A∩I={客体是产品质量管理制度和广大消费者的合法权益，客观方面表现为行为人违反产品质量管理法律、法规，在产品生产、销售过程中掺杂、掺假，以假充真，以次充好，或者以不合格产品冒充合格产品，销售金额较大的行为，客体是化妆品卫生质量管理制度和不特定多数人的健康安全，客观方面表现为行为人违反化妆品卫生质量管理法律、法规，生产不符合卫生标准的化妆品，或者销售明知是不符合卫生标准的化妆品，造成严重后果的行为｝。

（九）生产、销售、提供假药罪与生产、销售、提供劣药罪

B =｛生产、销售、提供假药罪｝；C =｛生产、销售、提供劣药罪｝

B∩C =｛生产、销售、提供假药罪｝∩｛生产、销售、提供劣药罪｝=｛客体是国家药品管理制度和不特定多数人的生命、健康的安全，客观方面表现为行为人违反药品管理法律、法规，生产、销售、提供假药的行为，主体可以是年满 16 周岁、具有刑事责任能力的人，也可以是单位，主观方面是故意｝∩｛客体是药品安全标准管理制度和不特定多数人的生命、健康的安全，客观方面表现为行为人违反药品管理法律、法规，生产、销售、提供劣药，对人体造成严重危害的行为，主体可以是年满 16 周岁、具有刑事责任能力的人，也可以是单位，主观方面是故意｝=｛客体是国家药品管理制度和不特定多数人的生命、健康的安全，主体可以是年满 16 周岁、具有刑事责任能力的人，也可以是单位，主观方面是故意｝。

B∪C =｛生产、销售、提供假药罪｝∪｛生产、销售、提供劣药罪｝=｛客体是国家药品管理制度和不特定多数人的生命、健康的安全，客观方面表现为行为人违反药品管理法律、法规，生产、销售、提供假药的行为，主体可以是年满 16 周岁、具有刑事责任能力的人，也可以是单位，主观方面是故意｝∪｛客体是国家药品管理制度和不特定多数人的生命、健康的安全，客观方面表现为

行为人违反药品管理法律、法规，生产、销售、提供劣药，对人体造成严重危害的行为，主体可以是年满 16 周岁、具有刑事责任能力的人，也可以是单位，主观方面是故意}＝{客体是国家药品管理制度和不特定多数人的生命、健康的安全，客观方面表现为行为人违反药品管理法律、法规，生产、销售、提供假药的行为，主体可以是年满 16 周岁、具有刑事责任能力的人，也可以是单位，主观方面是故意，客观方面表现为行为人违反药品管理法律、法规，生产、销售、提供劣药，对人体造成严重危害的行为}。

那么，生产、销售、提供假药罪与生产、销售、提供劣药罪的相同点：B∩C＝{客体是国家药品管理制度和不特定多数人的生命、健康的安全，主体可以是年满 16 周岁、具有刑事责任能力的人，也可以是单位，主观方面是故意}。

生产、销售、提供假药罪与生产、销售、提供劣药罪的不同点：B∪C－B∩C＝{客观方面表现为行为人违反药品管理法律、法规，生产、销售、提供假药的行为，客观方面表现为行为人违反药品管理法律、法规，生产、销售、提供劣药，对人体造成严重危害的行为}。

（十）生产、销售、提供假药罪与妨害药品管理罪

B＝{生产、销售、提供假药罪}；J＝{妨害药品管理罪}

B∩J＝{生产、销售、提供假药罪}∩{妨害药品管理罪}＝{客体是国家药品管理制度和不特定多数人的生命、健康的安全，客观方面表现为行为人违反药品管理法律、法规，生产、销售、提供假药的行为，主体可以是年满 16 周岁、具有刑事责任能力的人，也可以是单位，主观方面是故意}∩{客体是药品安全标准管理制度和不特定多数人的生命、健康的安全，客观方面表现为行为人生产、销售国务院药品监督管理部门禁止使用的药品，未取得药品相关批准证明文件生产、进口药品或者明知是上述药品而销售，药品申请注册中提供虚假的证明、数据、资料、样品或者

采取其他欺骗手段，或者编造生产、检验记录的行为，主体可以是年满 16 周岁、具有刑事责任能力的人，也可以是单位，主观方面是故意｝＝｛客体是国家药品管理制度和不特定多数人的生命、健康的安全，主体可以是年满 16 周岁、具有刑事责任能力的人，也可以是单位，主观方面是故意｝。

B∪J＝｛生产、销售、提供假药罪｝∪｛妨害药品管理罪｝＝｛客体是国家药品管理制度和不特定多数人的生命、健康的安全，客观方面表现为行为人违反药品管理法律、法规，生产、销售假药的行为，主体可以是年满 16 周岁、具有刑事责任能力的人，也可以是单位，主观方面是故意｝∪｛客体是国家药品管理制度和不特定多数人的生命、健康的安全，客观方面表现为行为人生产、销售国务院药品监督管理部门禁止使用的药品，未取得药品相关批准证明文件生产、进口药品或者明知是上述药品而销售，药品申请注册中提供虚假的证明、数据、资料、样品或者采取其他欺骗手段，或者编造生产、检验记录的行为，主体可以是年满 16 周岁、具有刑事责任能力的人，也可以是单位，主观方面是故意｝＝｛客体是国家药品管理制度和不特定多数人的生命、健康的安全，客观方面表现为行为人违反药品管理法律、法规，生产、销售假药的行为，主体可以是年满 16 周岁、具有刑事责任能力的人，也可以是单位，主观方面是故意，客观方面表现为行为人生产、销售国务院药品监督管理部门禁止使用的药品，未取得药品相关批准证明文件生产、进口药品或者明知是上述药品而销售，药品申请注册中提供虚假的证明、数据、资料、样品或者采取其他欺骗手段，或者编造生产、检验记录的行为｝。

那么，生产、销售、提供假药罪与妨害药品管理罪的相同点：B∩J＝｛客体是国家药品管理制度和不特定多数人的生命、健康的安全，主体可以是年满 16 周岁、具有刑事责任能力的人，也可以是单位，主观方面是故意｝。

生产、销售、提供假药罪与妨害药品管理罪的不同点：B∪J－B∩J＝{客观方面表现为行为人违反药品管理法律、法规，生产、销售、提供假药的行为，客观方面表现为行为人生产、销售国务院药品监督管理部门禁止使用的药品，未取得药品相关批准证明文件生产、进口药品或者明知是上述药品而销售，药品申请注册中提供虚假的证明、数据、资料、样品或者采取其他欺骗手段，或者编造生产、检验记录的行为}。

（十一）生产、销售不符合安全标准的食品罪与生产、销售有毒、有害食品罪

D＝{生产、销售不符合安全标准的食品罪}；E＝{生产、销售有毒、有害食品罪}

D∩E＝{生产、销售不符合安全标准的食品罪}∩{生产、销售有毒、有害食品罪}＝{客体是食品安全标准管理制度和不特定多数人的生命、健康的安全，客观方面表现为行为人违反食品安全标准管理法律法规，生产、销售不符合安全标准的食品，足以造成食物中毒或者其他严重食源性疾患的行为，主体可以是年满16周岁、具有刑事责任能力的人，也可以是单位，主观方面是故意}∩{客体是食品安全标准管理制度和不特定多数人的生命、健康的安全，客观方面表现为行为人违反食品安全标准管理法律法规，在生产、销售的食品中掺入有毒、有害的非食品原料，或者明知是掺入有毒、有害的非食品原料的食品而予以销售的行为，主体可以是年满16周岁、具有刑事责任能力的人，也可以是单位，主观方面是故意}＝{客体是食品安全标准管理制度和不特定多数人的生命、健康的安全，主体可以是年满16周岁、具有刑事责任能力的人，也可以是单位，主观方面是故意}。

D∪E＝{客体是食品安全标准管理制度和不特定多数人的生命、健康的安全，客观方面表现为行为人违反食品安全标准管理

法律法规，生产、销售不符合安全标准的食品，足以造成食物中毒或者其他严重食源性疾患的行为，主体可以是年满 16 周岁、具有刑事责任能力的人，也可以是单位，主观方面是故意｝∪｛客体是食品安全标准管理制度和不特定多数人的生命、健康的安全，客观方面表现为行为人违反食品安全标准管理法律法规，在生产、销售的食品中掺入有毒、有害的非食品原料，或者明知是掺入有毒、有害的非食品原料的食品而予以销售的行为，主体可以是年满 16 周岁、具有刑事责任能力的人，也可以是单位，主观方面是故意｝=｛客体是食品安全标准管理制度和不特定多数人的生命、健康的安全，客观方面表现为行为人违反食品安全标准管理法律法规，生产、销售不符合安全标准的食品，足以造成食物中毒或者其他严重食源性疾患的行为，主体可以是年满 16 周岁、具有刑事责任能力的人，也可以是单位，主观方面是故意，客观方面表现为行为人违反食品安全标准管理法律法规，在生产、销售的食品中掺入有毒、有害的非食品原料，或者明知是掺入有毒、有害的非食品原料的食品而予以销售的行为｝。

那么，生产、销售不符合安全标准的食品罪与生产、销售有毒、有害食品罪的相同点：D∩E =｛客体是食品安全标准管理制度和不特定多数人的生命、健康的安全，主体可以是年满 16 周岁、具有刑事责任能力的人，也可以是单位，主观方面是故意｝。

生产、销售不符合安全标准的食品罪与生产、销售有毒、有害食品罪的不同点：D∪E – D∩E =｛客观方面表现为行为人违反食品安全标准管理法律法规，生产、销售不符合卫生标准的食品，足以造成食物中毒或者其他严重食源性疾患的行为，客观方面表现为行为人违反食品安全标准管理法律法规，在生产、销售的食品中掺入有毒、有害的非食品原料，或者明知是掺入有毒、有害的非食品原料的食品而予以销售的行为｝。

第二节　走私罪

一、走私罪概述

（一）走私罪的概念

走私罪，是指行为人违反海关法律、法规，逃避海关监管，运输、携带、邮寄普通货物、物品以及特殊货物、物品进出境，或者直接向私人非法收购以及在内海、领海、界河、界湖运输、收购、贩卖上述货物、物品，依法应负刑事责任的行为。

（二）走私罪的构成特征

关于走私罪的构成特征，根据现行刑法的规定，主要有以下几个方面，其集合表现为：

设 A 为走私罪的集合，则 A＝{走私罪}；

设 B 为走私罪的客体的集合，则 B＝{客体是国家对外贸易管理制度}；

设 C 为走私罪的客观方面的集合，则 C＝{客观方面表现为行为人违反海关法律、法规，逃避海关监管，运输、携带、邮寄普通货物、物品以及特殊货物、物品进出境，或者直接向私人非法收购以及在内海、领海、界河、界湖运输、收购、贩卖上述货物、物品，依法应负刑事责任的行为}；

设 D 为走私罪的主体的集合，则 D＝{主体是年满 16 周岁、具有刑事责任能力的人，也可以是单位}；

设 E 为走私罪的主观方面的集合，则 E＝{主观方面是故意}；

则 A＝B∪C∪D∪E，即{走私罪}＝{客体是国家对外贸易管理制度}∪{客观方面表现为行为人违反海关法律、法规，逃避海关监管，运输、携带、邮寄普通货物、物品以及特殊货物、物品进出境，或者直接向私人非法收购以及在内海、领海、界河、界湖运输、收购、贩卖上述货物、物品，依法应负刑事责任的行为｝∪｛主体是年满 16 周岁、具有刑事责任能力的人，也可以是单位｝∪｛主观方面是故意｝=｛客体是国家对外贸易管理制度，客观方面表现为行为人违反海关法律、法规，逃避海关监管，运输、携带、邮寄普通货物、物品以及特殊货物、物品进出境，或者直接向私人非法收购以及在内海、领海、界河、界湖运输、收购、贩卖上述货物、物品，依法应负刑事责任的行为，主体可以是年满 16 周岁、具有刑事责任能力的人，也可以是单位，主观方面是故意｝。

（三）走私罪的类型

根据现行刑法对走私罪所作的规定来看，本节共有 10 种具体犯罪，用子集的方式来表达，其构造表现为：

｛走私罪｝
｛走私武器、弹药罪｝
｛走私核材料罪｝
｛走私假币罪｝
｛走私文物罪｝
｛走私贵重金属罪｝
｛走私珍贵动物、珍贵动物制品罪｝
｛走私国家禁止进出口的货物、物品罪｝
｛走私淫秽物品罪｝
｛走私废物罪｝
｛走私普通货物、物品罪｝
……

｛走私武器、弹药罪，走私核材料罪，走私假币罪，走私文物罪，走私贵重金属罪，走私珍贵动物、珍贵动物制品罪，走私国

家禁止进出口的货物、物品罪，走私淫秽物品罪，走私废物罪，走私普通货物、物品罪}

二、走私罪的界限

（一）走私武器、弹药罪与走私普通货物、物品罪

A ={走私武器、弹药罪}；B ={走私普通货物、物品罪}

A∩B ={走私武器、弹药罪}∩{走私普通货物、物品罪}={客体是国家对外贸易管制和不特定多数人的生命、健康和重大公私财产的安全，客观方面表现为行为人违反海关法律、法规，逃避海关监管，运输、携带、邮寄武器、弹药进出境，或者直接向私人非法收购以及在内海、领海、界河、界湖运输、收购、贩卖武器、弹药的行为，主体可以是年满16周岁、具有刑事责任能力的人，也可以是单位，主观方面是故意}∩{客体是国家对外贸易管制和关税征收制度，客观方面表现为行为人违反海关法规，逃避海关监管，非法运输、携带、邮寄普通货物、物品进出国（边）境，偷逃应缴税额较大或者一年内曾因走私被给予二次行政处罚后又走私的行为，主体可以是年满16周岁、具有刑事责任能力的人，也可以是单位，主观方面是故意}={客体是国家对外贸易管制，主体可以是年满16周岁、具有刑事责任能力的人，也可以是单位，主观方面是故意}。

A∪B ={走私武器、弹药罪}∪{走私普通货物、物品罪}={客体是国家对外贸易管制和不特定多数人的生命、健康和重大公私财产的安全，客观方面表现为行为人违反海关法律、法规，逃避海关监管，运输、携带、邮寄武器、弹药进出境，或者直接向私人非法收购以及在内海、领海、界河、界湖运输、收购、贩卖武器、弹药的行为，主体可以是年满16周岁、具有刑事责任能力的人，也可以是单位，主观方面是故意}∪{客体是国家对外贸易

管制和关税征收制度，客观方面表现为行为人违反海关法规，逃避海关监管，非法运输、携带、邮寄普通货物、物品进出国（边）境，偷逃应缴税额较大或者一年内曾因走私被给予二次行政处罚后又走私的行为，主体可以是年满 16 周岁、具有刑事责任能力的人，也可以是单位，主观方面是故意 } = {客体是国家对外贸易管制和不特定多数人的生命、健康和重大公私财产的安全，客观方面表现为行为人违反海关法律、法规，逃避海关监管，运输、携带、邮寄武器、弹药进出境，或者直接向私人非法收购以及在内海、领海、界河、界湖运输、收购、贩卖武器、弹药的行为，主体可以是年满 16 周岁、具有刑事责任能力的人，也可以是单位，主观方面是故意，客体是国家对外贸易管制和关税征收制度，客观方面表现为行为人违反海关法规，逃避海关监管，非法运输、携带、邮寄普通货物、物品进出国（边）境，偷逃应缴税额较大或者一年内曾因走私被给予二次行政处罚后又走私的行为 }。

那么，走私武器、弹药罪与走私普通货物、物品罪的相同点：A∩B = {客体是国家对外贸易管制，主体可以是年满 16 周岁、具有刑事责任能力的人，也可以是单位，主观方面是故意 }。

走私武器、弹药罪与走私普通货物、物品罪的不同点：A∪B – A∩B = {客体是不特定多数人的生命、健康和重大公私财产的安全，客观方面表现为行为人违反海关法律、法规，逃避海关监管，运输、携带、邮寄武器、弹药进出境，或者直接向私人非法收购以及在内海、领海、界河、界湖运输、收购、贩卖武器、弹药的行为，客体是国家关税征收制度，客观方面表现为行为人违反海关法规，逃避海关监管，非法运输、携带、邮寄普通货物、物品进出国（边）境，偷逃应缴税额较大或者一年内曾因走私被给予二次行政处罚后又走私的行为 }。

（二）走私核材料罪与走私普通货物、物品罪

C = {走私核材料罪 }；B = {走私普通货物、物品罪 }

C∩B ＝ ｛走私核材料罪｝∩｛走私普通货物、物品罪｝＝ ｛客体是国家对外贸易管制和不特定多数人的生命、健康和重大公私财产的安全，客观方面表现为行为人违反海关法律、法规，逃避海关监管，运输、携带、邮寄核材料进出境，或者直接向私人非法收购以及在内海、领海、界河、界湖运输、收购、贩卖核材料的行为，主体可以是年满 16 周岁、具有刑事责任能力的人，也可以是单位，主观方面是故意｝∩｛客体是国家对外贸易管制和关税征收制度，客观方面表现为行为人违反海关法规，逃避海关监管，非法运输、携带、邮寄普通货物、物品进出国（边）境，偷逃应缴税额较大或者一年内曾因走私被给予二次行政处罚后又走私的行为，主体可以是年满 16 周岁、具有刑事责任能力的人，也可以是单位，主观方面是故意｝＝ ｛客体是国家对外贸易管制，主体可以是年满 16 周岁、具有刑事责任能力的人，也可以是单位，主观方面是故意｝。

C∪B ＝ ｛走私核材料罪｝∪｛走私普通货物、物品罪｝＝ ｛客体是国家对外贸易管制和不特定多数人的生命、健康和重大公私财产的安全，客观方面表现为行为人违反海关法律、法规，逃避海关监管，运输、携带、邮寄核材料进出境，或者直接向私人非法收购以及在内海、领海、界河、界湖运输、收购、贩卖核材料的行为，主体可以是年满 16 周岁、具有刑事责任能力的人，也可以是单位，主观方面是故意｝∪｛客体是国家对外贸易管制和关税征收制度，客观方面表现为行为人违反海关法规，逃避海关监管，非法运输、携带、邮寄普通货物、物品进出国（边）境，偷逃应缴税额较大或者一年内曾因走私被给予二次行政处罚后又走私的行为，主体可以是年满 16 周岁、具有刑事责任能力的人，也可以是单位，主观方面是故意｝＝ ｛客体是国家对外贸易管制和不特定多数人的生命、健康和重大公私财产的安全，客观方面表现为行为人违反海关法律、法规，逃避海关监管，运输、携带、邮寄核材料进出境，或者直接向私人非法收购以及在内海、领海、界河、界湖运输、收购、贩卖核材料的行为，主体可以是年满 16 周岁、具有刑事责任能力的人，也可以是单位，主观方面是故意，客体是国家对外贸易管制和关税征收制度，客观方面表现为行为人违反海关法规，逃避海关监管，非法运输、携带、邮寄普通货物、物品进出国（边）境，偷逃应缴税额较大或者一年内曾因走私被给予二次行政处罚后又走私的行为}。

那么，走私核材料罪与走私普通货物、物品罪的相同点：C∩B＝{客体是国家对外贸易管制，主体可以是年满 16 周岁、具有刑事责任能力的人，也可以是单位，主观方面是故意}。

走私核材料罪与走私普通货物、物品罪的不同点：C∪B－C∩B＝{客体是不特定多数人的生命、健康和重大公私财产的安全，客观方面表现为行为人违反海关法律、法规，逃避海关监管，运输、携带、邮寄核材料进出境，或者直接向私人非法收购以及在内海、领海、界河、界湖运输、收购、贩卖核材料的行为，客体是国家关税征收制度，客观方面表现为行为人违反海关法规，逃避海关监管，非法运输、携带、邮寄普通货物、物品进出国（边）境，偷逃应缴税额较大或者一年内曾因走私被给予二次行政处罚后又走私的行为}。

（三）走私假币罪与走私普通货物、物品罪

D＝{走私假币罪}；B＝{走私普通货物、物品罪}

D∩B＝{走私假币罪}∩{走私普通货物、物品罪}＝{客体是国家对外贸易管制和金融管理秩序，客观方面表现为行为人违反海关法律、法规，逃避海关监管，运输、携带、邮寄假币进出境，或者直接向私人非法收购以及在内海、领海、界河、界湖运输、收购、贩卖假币的行为，主体可以是年满 16 周岁、具有刑事责任能力的人，也可以是单位，主观方面是故意}∩{客体是国家对外贸易管制和关税征收制度，客观方面表现为行为人违反海关法规，逃避海关监管，非法运输、携带、邮寄普通货物、物品进出国（边）境，偷逃应缴税额较大或者一年内曾因走私被给予二次行政处罚后又走私的行为，主体可以是年满16周岁、具有刑事责任能力的人，也可以是单位，主观方面是故意｝＝｛客体是国家对外贸易管制，主体可以是年满16周岁、具有刑事责任能力的人，也可以是单位，主观方面是故意｝。

D∪B＝｛走私假币罪｝∪｛走私普通货物、物品罪｝＝｛客体是国家对外贸易管制和金融管理秩序，客观方面表现为行为人违反海关法律、法规，逃避海关监管，运输、携带、邮寄假币进出境，或者直接向私人非法收购以及在内海、领海、界河、界湖运输、收购、贩卖假币的行为，主体可以是年满16周岁、具有刑事责任能力的人，也可以是单位，主观方面是故意｝∪｛客体是国家对外贸易管制和关税征收制度，客观方面表现为行为人违反海关法规，逃避海关监管，非法运输、携带、邮寄普通货物、物品进出国（边）境，偷逃应缴税额较大或者一年内曾因走私被给予二次行政处罚后又走私的行为，主体可以是年满16周岁、具有刑事责任能力的人，也可以是单位，主观方面是故意｝＝｛客体是国家对外贸易管制和金融管理秩序，客观方面表现为行为人违反海关法律、法规，逃避海关监管，运输、携带、邮寄假币进出境，或者直接向私人非法收购以及在内海、领海、界河、界湖运输、收购、贩卖假币的行为，主体可以是年满16周岁、具有刑事责任能力的人，也可以是单位，主观方面是故意，客体是国家对外贸易管制和关税征收制度，客观方面表现为行为人违反海关法规，逃避海关监管，非法运输、携带、邮寄普通货物、物品进出国（边）境，偷逃应缴税额较大或者一年内曾因走私被给予二次行政处罚后又走私的行为｝。

那么，走私假币罪与走私普通货物、物品罪的相同点：D∩B＝

｛客体是国家对外贸易管制，主体可以是年满 16 周岁、具有刑事责任能力的人，也可以是单位，主观方面是故意｝。

走私假币罪与走私普通货物、物品罪的不同点：$D \cup B - D \cap B =$ ｛客体是国家金融管理秩序，客观方面表现为行为人违反海关法律、法规，逃避海关监管，运输、携带、邮寄假币进出境，或者直接向私人非法收购以及在内海、领海、界河、界湖运输、收购、贩卖假币的行为，客体是国家关税征收制度，客观方面表现为行为人违反海关法规，逃避海关监管，非法运输、携带、邮寄普通货物、物品进出国（边）境，偷逃应缴税额较大或者一年内曾因走私被给予二次行政处罚后又走私的行为｝。

（四）走私文物罪与走私普通货物、物品罪

$E =$｛走私文物罪｝；$B =$｛走私普通货物、物品罪｝

$E \cap B =$｛走私文物罪｝$\cap$｛走私普通货物、物品罪｝$=$｛客体是国家对外贸易管制和国家对文物的保护和管理秩序，客观方面表现为行为人违反海关法律、法规，逃避海关监管，运输、携带、邮寄国家禁止出口的文物出境，或者直接向私人非法收购以及在内海、领海、界河、界湖运输、收购、贩卖国家禁止出口的文物的行为，主体可以是年满 16 周岁、具有刑事责任能力的人，也可以是单位，主观方面是故意｝$\cap$｛客体是国家对外贸易管制和关税征收制度，客观方面表现为行为人违反海关法规，逃避海关监管，非法运输、携带、邮寄普通货物、物品进出国（边）境，偷逃应缴税额较大或者一年内曾因走私被给予二次行政处罚后又走私的行为，主体可以是年满 16 周岁、具有刑事责任能力的人，也可以是单位，主观方面是故意｝$=$｛客体是国家对外贸易管制，主体可以是年满 16 周岁、具有刑事责任能力的人，也可以是单位，主观方面是故意｝。

$E \cup B =$｛走私文物罪｝$\cup$｛走私普通货物、物品罪｝$=$｛客体是国家对外贸易管制和国家对文物的保护和管理秩序，客观方面表现为行为人违反海关法律、法规，逃避海关监管，运输、携带、邮寄国家禁止出口的文物出境，或者直接向私人非法收购以及在内海、领海、界河、界湖运输、收购、贩卖国家禁止出口的文物的行为，主体可以是年满 16 周岁、具有刑事责任能力的人，也可以是单位，主观方面是故意｝∪｛客体是国家对外贸易管制和关税征收制度，客观方面表现为行为人违反海关法规，逃避海关监管，非法运输、携带、邮寄普通货物、物品进出国（边）境，偷逃应缴税额较大或者一年内曾因走私被给予二次行政处罚后又走私的行为，主体可以是年满 16 周岁、具有刑事责任能力的人，也可以是单位，主观方面是故意｝＝｛客体是国家对外贸易管制和国家对文物的保护和管理秩序，客观方面表现为行为人违反海关法律、法规，逃避海关监管，运输、携带、邮寄国家禁止出口的文物出境，或者直接向私人非法收购以及在内海、领海、界河、界湖运输、收购、贩卖国家禁止出口的文物的行为，主体可以是年满 16 周岁、具有刑事责任能力的人，也可以是单位，主观方面是故意，客体是国家对外贸易管制和关税征收制度，客观方面表现为行为人违反海关法规，逃避海关监管，非法运输、携带、邮寄普通货物、物品进出国（边）境，偷逃应缴税额较大或者一年内曾因走私被给予二次行政处罚后又走私的行为｝。

那么，走私文物罪与走私普通货物、物品罪的相同点：$E \cap B = $｛客体是国家对外贸易管制，主体可以是年满 16 岁、具有刑事责任能力的人，也可以是单位，主观方面是故意｝。

走私文物罪与走私普通货物、物品罪的不同点：$E \cup B - E \cap B = $｛客体是国家对文物的保护和管理秩序，客观方面表现为行为人违反海关法律、法规，逃避海关监管，运输、携带、邮寄国家禁止出口的文物出境，或者直接向私人非法收购以及在内海、领海、界河、界湖运输、收购、贩卖国家禁止出口的文物的行为，客体是国家关税征收制度，客观方面表现为行为人违反海关法规，逃避海关监管，非法运输、携带、邮寄普通货物、物品进出国（边）境，偷逃应缴税额较大或者一年内曾因走私被给予二次行政处罚后又走私的行为｝。

（五）走私贵重金属罪与走私普通货物、物品罪

F =｛走私贵重金属罪｝；B =｛走私普通货物、物品罪｝

F∩B =｛走私贵重金属罪｝∩｛走私普通货物、物品罪｝=｛客体是国家对外贸易管制和国家对贵重金属的管理秩序，客观方面表现为行为人违反海关法律、法规，逃避海关监管，运输、携带、邮寄国家禁止出口的黄金、白银和其他贵重金属出境，或者直接向私人非法收购以及在内海、领海、界河、界湖运输、收购、贩卖国家禁止出口的黄金、白银和其他贵重金属的行为，主体可以是年满16周岁、具有刑事责任能力的人，也可以是单位，主观方面是故意｝∩｛客体是国家对外贸易管制和关税征收制度，客观方面表现为行为人违反海关法规，逃避海关监管，非法运输、携带、邮寄普通货物、物品进出国（边）境，偷逃应缴税额较大或者一年内曾因走私被给予二次行政处罚后又走私的行为，主体可以是年满16周岁、具有刑事责任能力的人，也可以是单位，主观方面是故意｝=｛客体是国家对外贸易管制，主体可以是年满16周岁、具有刑事责任能力的人，也可以是单位，主观方面是故意｝。

F∪B =｛走私贵重金属罪｝∪｛走私普通货物、物品罪｝=｛客体是国家对外贸易管制和国家对贵重金属的管理秩序，客观方面表现为行为人违反海关法律、法规，逃避海关监管，运输、携带、邮寄国家禁止出口的黄金、白银和其他贵重金属出境，或者直接向私人非法收购以及在内海、领海、界河、界湖运输、收购、贩卖国家禁止出口的黄金、白银和其他贵重金属的行为，主体可以是年满16周岁、具有刑事责任能力的人，也可以是单位，主观方面是故意｝∪｛客体是国家对外贸易管制和关税征收制度，客观方

面表现为行为人违反海关法规，逃避海关监管，非法运输、携带、邮寄普通货物、物品进出国（边）境，偷逃应缴税额较大或者一年内曾因走私被给予二次行政处罚后又走私的行为，主体可以是年满 16 周岁、具有刑事责任能力的人，也可以是单位，主观方面是故意}={客体是国家对外贸易管制和国家对贵重金属的管理秩序，客观方面表现为行为人违反海关法律、法规，逃避海关监管，运输、携带、邮寄国家禁止出口的黄金、白银和其他贵重金属出境，或者直接向私人非法收购以及在内海、领海、界河、界湖运输、收购、贩卖国家禁止出口的黄金、白银和其他贵重金属的行为，主体可以是年满 16 周岁、具有刑事责任能力的人，也可以是单位，主观方面是故意，客体是国家对外贸易管制和关税征收制度，客观方面表现为行为人违反海关法规，逃避海关监管，非法运输、携带、邮寄普通货物、物品进出国（边）境，偷逃应缴税额较大或者一年内曾因走私被给予二次行政处罚后又走私的行为}。

那么，走私贵重金属罪与走私普通货物、物品罪的相同点：F∩B={客体是国家对外贸易管制，主体可以是年满 16 周岁、具有刑事责任能力的人，也可以是单位，主观方面是故意}。

走私贵重金属罪与走私普通货物、物品罪的不同点：F∪B−F∩B={客体是国家对贵重金属的管理秩序，客观方面表现为行为人违反海关法律、法规，逃避海关监管，运输、携带、邮寄国家禁止出口的黄金、白银和其他贵重金属出境，或者直接向私人非法收购以及在内海、领海、界河、界湖运输、收购、贩卖国家禁止出口的黄金、白银和其他贵重金属的行为，客体是国家关税征收制度，客观方面表现为行为人违反海关法规，逃避海关监管，非法运输、携带、邮寄普通货物、物品进出国（边）境，偷逃应缴税额较大或者一年内曾因走私被给予二次行政处罚后又走私的行为}。

（六）走私珍贵动物、珍贵动物制品罪与走私普通货物、物品罪

G = {走私珍贵动物、珍贵动物制品罪}；B = {走私普通货物、物品罪}

G∩B = {走私珍贵动物、珍贵动物制品罪} ∩ {走私普通货物、物品罪} = {客体是国家对外贸易管制和国家对珍贵动物的保护和管理秩序，客观方面表现为行为人违反海关法律、法规，逃避海关监管，运输、携带、邮寄国家禁止进出口的珍贵动物及其制品进出境，或者直接向私人非法收购以及在内海、领海、界河、界湖运输、收购、贩卖国家禁止出口的珍贵动物及其制品行为，主体可以是年满 16 周岁、具有刑事责任能力的人，也可以是单位，主观方面是故意} ∩ {客体是国家对外贸易管制和关税征收制度，客观方面表现为行为人违反海关法规，逃避海关监管，非法运输、携带、邮寄普通货物、物品进出国（边）境，偷逃应缴税额较大或者一年内曾因走私被给予二次行政处罚后又走私的行为，主体可以是年满 16 周岁、具有刑事责任能力的人，也可以是单位，主观方面是故意} = {客体是国家对外贸易管制，主体可以是年满 16 周岁、具有刑事责任能力的人，也可以是单位，主观方面是故意}。

G∪B = {走私珍贵动物、珍贵动物制品罪} ∪ {走私普通货物、物品罪} = {客体是国家对外贸易管制和国家对珍贵动物的保护和管理秩序，客观方面表现为行为人违反海关法律、法规，逃避海关监管，运输、携带、邮寄国家禁止进出口的珍贵动物及其制品进出境，或者直接向私人非法收购以及在内海、领海、界河、界湖运输、收购、贩卖国家禁止出口的珍贵动物及其制品行为，主体可以是年满 16 周岁、具有刑事责任能力的人，也可以是单位，主观方面是故意} ∪ {客体是国家对外贸易管制和关税征收制度，

客观方面表现为行为人违反海关法规，逃避海关监管，非法运输、携带、邮寄普通货物、物品进出国（边）境，偷逃应缴税额较大或者一年内曾因走私被给予二次行政处罚后又走私的行为，主体可以是年满 16 周岁、具有刑事责任能力的人，也可以是单位，主观方面是故意｝＝｛客体是国家对外贸易管制和国家对珍贵动物的保护和管理秩序，客观方面表现为行为人违反海关法律、法规，逃避海关监管，运输、携带、邮寄国家禁止进出口的珍贵动物及其制品进出境，或者直接向私人非法收购以及在内海、领海、界河、界湖运输、收购、贩卖国家禁止出口的珍贵动物及其制品行为，主体可以是年满 16 周岁、具有刑事责任能力的人，也可以是单位，主观方面是故意，客体是国家对外贸易管制和关税征收制度，客观方面表现为行为人违反海关法规，逃避海关监管，非法运输、携带、邮寄普通货物、物品进出国（边）境，偷逃应缴税额较大或者一年内曾因走私被给予二次行政处罚后又走私的行为｝。

那么，走私珍贵动物、珍贵动物制品罪与走私普通货物、物品罪的相同点：G∩B ＝｛客体是国家对外贸易管制，主体可以是年满 16 周岁、具有刑事责任能力的人，也可以是单位，主观方面是故意｝。

走私珍贵动物、珍贵动物制品罪与走私普通货物、物品罪的不同点：G∪B－G∩B ＝｛客体是国家对珍贵动物的保护和管理秩序，客观方面表现为行为人违反海关法律、法规，逃避海关监管，运输、携带、邮寄国家禁止进出口的珍贵动物及其制品进出境，或者直接向私人非法收购以及在内海、领海、界河、界湖运输、收购、贩卖国家禁止出口的珍贵动物及其制品行为，客体是国家关税征收制度，客观方面表现为行为人违反海关法规，逃避海关监管，非法运输、携带、邮寄普通货物、物品进出国（边）境，偷逃应缴税额较大或者一年内曾因走私被给予二次行政处罚后又走私的行为｝。

（七）走私国家禁止进出口的货物、物品罪与走私普通货物、物品罪

H＝|走私国家禁止进出口的货物、物品罪|；B＝|走私普通货物、物品罪|

H∩B＝|走私国家禁止进出口的货物、物品罪|∩|走私普通货物、物品罪|＝|客体是国家对外贸易管制和国家对禁止进出口货物、物品的保护和管理秩序，客观方面表现为行为人违反海关法律、法规，逃避海关监管，运输、携带、邮寄珍稀植物及其制品等国家禁止进出口的其他货物、物品进出境，或者直接向私人非法收购以及在内海、领海、界河、界湖运输、收购、贩卖珍稀植物及其制品等国家禁止进出口的其他货物、物品的行为，主体可以是年满16周岁、具有刑事责任能力的人，也可以是单位，主观方面是故意|∩|客体是国家对外贸易管制和关税征收制度，客观方面表现为行为人违反海关法规，逃避海关监管，非法运输、携带、邮寄普通货物、物品进出国（边）境，偷逃应缴税额较大或者一年内曾因走私被给予二次行政处罚后又走私的行为，主体可以是年满16周岁、具有刑事责任能力的人，也可以是单位，主观方面是故意|＝|客体是国家对外贸易管制，主体可以是年满16周岁、具有刑事责任能力的人，也可以是单位，主观方面是故意|。

H∪B＝|走私国家禁止进出口的货物、物品罪|∪|走私普通货物、物品罪|＝|客体是国家对外贸易管制和国家对禁止进出口货物、物品的保护和管理秩序，客观方面表现为行为人违反海关法律、法规，逃避海关监管，运输、携带、邮寄珍稀植物及其制品等国家禁止进出口的其他货物、物品进出境，或者直接向私人非法收购以及在内海、领海、界河、界湖运输、收购、贩卖珍稀植物及其制品等国家禁止进出口的其他货物、物品的行为，主体

可以是年满 16 周岁、具有刑事责任能力的人，也可以是单位，主观方面是故意｝∪｛客体是国家对外贸易管制和关税征收制度，客观方面表现为行为人违反海关法规，逃避海关监管，非法运输、携带、邮寄普通货物、物品进出国（边）境，偷逃应缴税额较大或者一年内曾因走私被给予二次行政处罚后又走私的行为，主体可以是年满 16 周岁、具有刑事责任能力的人，也可以是单位，主观方面是故意｝＝｛客体是国家对外贸易管制和国家对禁止进出口货物、物品的保护和管理秩序，客观方面表现为行为人违反海关法律、法规，逃避海关监管，运输、携带、邮寄珍稀植物及其制品等国家禁止进出口的其他货物、物品进出境，或者直接向私人非法收购以及在内海、领海、界河、界湖运输、收购、贩卖珍稀植物及其制品等国家禁止进出口的其他货物、物品的行为，主体可以是年满 16 周岁、具有刑事责任能力的人，也可以是单位，主观方面是故意，客体是国家对外贸易管制和关税征收制度，客观方面表现为行为人违反海关法规，逃避海关监管，非法运输、携带、邮寄普通货物、物品进出国（边）境，偷逃应缴税额较大或者一年内曾因走私被给予二次行政处罚后又走私的行为｝。

那么，走私国家禁止进出口的货物、物品罪与走私普通货物、物品罪的相同点：H∩B＝｛客体是国家对外贸易管制，主体可以是年满 16 周岁、具有刑事责任能力的人，也可以是单位，主观方面是故意｝。

走私国家禁止进出口的货物、物品罪与走私普通货物、物品罪的不同点：H∪B－H∩B＝｛客体是国家对禁止进出口货物、物品的保护和管理秩序，客观方面表现为行为人违反海关法律、法规，逃避海关监管，运输、携带、邮寄珍稀植物及其制品等国家禁止进出口的其他货物、物品进出境，或者直接向私人非法收购以及在内海、领海、界河、界湖运输、收购、贩卖珍稀植物及其制品等国家禁止进出口的其他货物、物品的行为，客体是国家关税征收制度，客观方面表现为行为人违反海关法规，逃避海关监管，非法运输、携带、邮寄普通货物、物品进出国（边）境，偷逃应缴税额较大或者一年内曾因走私被给予二次行政处罚后又走私的行为｝。

（八）走私淫秽物品罪与走私普通货物、物品罪

Ⅰ＝｛走私淫秽物品罪｝；B＝｛走私普通货物、物品罪｝

Ⅰ∩B＝｛走私淫秽物品罪｝∩｛走私普通货物、物品罪｝＝｛客体是国家对外贸易管制、文化市场的管理秩序和良好的社会风尚，客观方面表现为行为人违反海关法律、法规，逃避海关监管，运输、携带、邮寄淫秽的影片、录像带、录音带、图片、书刊或者其他淫秽物品进出境，或者直接向私人非法收购以及在内海、领海、界河、界湖运输、收购、贩卖上述淫秽物品的行为，主体可以是年满 16 周岁、具有刑事责任能力的人，也可以是单位，主观方面是故意，且以牟利和传播为目的｝∩｛客体是国家对外贸易管制和关税征收制度，客观方面表现为行为人违反海关法规，逃避海关监管，非法运输、携带、邮寄普通货物、物品进出国（边）境，偷逃应缴税额较大或者一年内曾因走私被给予二次行政处罚后又走私的行为，主体可以是年满 16 周岁、具有刑事责任能力的人，也可以是单位，主观方面是故意｝＝｛客体是国家对外贸易管制，主体可以是年满 16 周岁、具有刑事责任能力的人，也可以是单位，主观方面是故意｝。

Ⅰ∪B＝｛走私淫秽物品罪｝∪｛走私普通货物、物品罪｝＝｛客体是国家对外贸易管制、文化市场的管理秩序和良好的社会风尚，客观方面表现为行为人违反海关法律、法规，逃避海关监管，运输、携带、邮寄淫秽的影片、录像带、录音带、图片、书刊或者其他淫秽物品进出境，或者直接向私人非法收购以及在内海、领海、界河、界湖运输、收购、贩卖上述淫秽物品的行为，主体可以是年满 16 周岁、具有刑事责任能力的人，也可以是单位，主观

方面是故意，且以牟利和传播为目的｝∪｛客体是国家对外贸易管制和关税征收制度，客观方面表现为行为人违反海关法规，逃避海关监管，非法运输、携带、邮寄普通货物、物品进出国（边）境，偷逃应缴税额较大或者一年内曾因走私被给予二次行政处罚后又走私的行为，主体可以是年满 16 周岁、具有刑事责任能力的人，也可以是单位，主观方面是故意｝＝｛客体是国家对外贸易管制、文化市场的管理秩序和良好的社会风尚，客观方面表现为行为人违反海关法律、法规，逃避海关监管，运输、携带、邮寄淫秽的影片、录像带、录音带、图片、书刊或者其他淫秽物品进出境，或者直接向私人非法收购以及在内海、领海、界河、界湖运输、收购、贩卖上述淫秽物品的行为，主体可以是年满 16 周岁、具有刑事责任能力的人，也可以是单位，主观方面是故意，且以牟利和传播为目的，客体是国家对外贸易管制和关税征收制度，客观方面表现为行为人违反海关法规，逃避海关监管，非法运输、携带、邮寄普通货物、物品进出国（边）境，偷逃应缴税额较大或者一年内曾因走私被给予二次行政处罚后又走私的行为｝。

那么，走私淫秽物品罪与走私普通货物、物品罪的相同点：I∩B＝｛客体是国家对外贸易管制，主体可以是年满 16 周岁、具有刑事责任能力的人，也可以是单位，主观方面是故意｝。

走私淫秽物品罪与走私普通货物、物品罪的不同点：I∪B － I∩B＝｛客体是国家对文化市场的管理秩序和良好的社会风尚，客观方面表现为行为人违反海关法律、法规，逃避海关监管，运输、携带、邮寄淫秽的影片、录像带、录音带、图片、书刊或者其他淫秽物品进出境，或者直接向私人非法收购以及在内海、领海、界河、界湖运输、收购、贩卖上述淫秽物品的行为，主观方面是故意，且以牟利和传播为目的，客体是国家关税征收制度，客观方面表现为行为人违反海关法规，逃避海关监管，非法运输、携带、邮寄普通货物、物品进出国（边）境，偷逃应缴税额较大或者一年内曾因走私被给予二次行政处罚后又走私的行为}。

（九）走私废物罪与走私普通货物、物品罪

J = {走私废物罪}；B = {走私普通货物、物品罪}

J∩B = {走私废物罪} ∩ {走私普通货物、物品罪} = {客体是国家对外贸易管制、环境保护和管理秩序以及社会的公共安全，客观方面表现为行为人违反海关法律、法规，逃避海关监管，将境外固体废物、液态废物和气态废物运输进境，或者直接向私人非法收购以及在内海、领海、界河、界湖运输、收购、贩卖上述境外废物的行为，主体可以是年满16周岁、具有刑事责任能力的人，也可以是单位，主观方面是故意} ∩ {客体是国家对外贸易管制和关税征收制度，客观方面表现为行为人违反海关法规，逃避海关监管，非法运输、携带、邮寄普通货物、物品进出国（边）境，偷逃应缴税额较大或者一年内曾因走私被给予二次行政处罚后又走私的行为，主体可以是年满16周岁、具有刑事责任能力的人，也可以是单位，主观方面是故意} = {客体是国家对外贸易管制，主体可以是年满16周岁、具有刑事责任能力的人，也可以是单位，主观方面是故意}。

J∪B = {走私废物罪} ∪ {走私普通货物、物品罪} = {客体是国家对外贸易管制、环境保护和管理秩序以及社会的公共安全，客观方面表现为行为人违反海关法律、法规，逃避海关监管，将境外固体废物、液态废物和气态废物运输进境，或者直接向私人非法收购以及在内海、领海、界河、界湖运输、收购、贩卖上述境外废物的行为，主体可以是年满16周岁、具有刑事责任能力的人，也可以是单位，主观方面是故意} ∪ {客体是国家对外贸易管制和关税征收制度，客观方面表现为行为人违反海关法规，逃避海关监管，非法运输、携带、邮寄普通货物、物品进出国（边）境，偷逃应缴税额较大或者一年内曾因走私被给予二次行政处罚后又走私的行为，主体可以是年满 16 周岁、具有刑事责任能力的人，也可以是单位，主观方面是故意}＝{客体是国家对外贸易管制、环境保护和管理秩序以及社会的公共安全，客观方面表现为行为人违反海关法律、法规，逃避海关监管，将境外固体废物、液态废物和气态废物运输进境，或者直接向私人非法收购以及在内海、领海、界河、界湖运输、收购、贩卖上述境外废物的行为，主体可以是年满 16 周岁、具有刑事责任能力的人，也可以是单位，主观方面是故意，客体是国家对外贸易管制和关税征收制度，客观方面表现为行为人违反海关法规，逃避海关监管，非法运输、携带、邮寄普通货物、物品进出国（边）境，偷逃应缴税额较大或者一年内曾因走私被给予二次行政处罚后又走私的行为}。

那么，走私废物罪与走私普通货物、物品罪的相同点：J∩B ={客体是国家对外贸易管制，主体可以是年满 16 周岁、具有刑事责任能力的人，也可以是单位，主观方面是故意}。

走私废物罪与走私普通货物、物品罪的不同点：J∪B－J∩B ={客体是国家环境保护和管理秩序以及社会的公共安全，客观方面表现为行为人违反海关法律、法规，逃避海关监管，将境外固体废物、液态废物和气态废物运输进境，或者直接向私人非法收购以及在内海、领海、界河、界湖运输、收购、贩卖上述境外废物的行为，客体是国家关税征收制度，客观方面表现为行为人违反海关法规，逃避海关监管，非法运输、携带、邮寄普通货物、物品进出国（边）境，偷逃应缴税额较大或者一年内曾因走私被给予二次行政处罚后又走私的行为}。

第三节　妨害对公司、企业的管理秩序罪

一、妨害对公司、企业的管理秩序罪概述

（一）妨害对公司、企业的管理秩序罪的概念

妨害对公司、企业的管理秩序罪，是指公司、企业违反公司法、企业法或者其他法律、法规的规定，妨害国家对公司、企业的管理制度和管理活动，侵犯公司、企业及其投资者和债权人的合法权益，破坏社会主义市场经济秩序，严重危害市场经济发展，依法应负刑事责任的行为。

（二）妨害对公司、企业的管理秩序罪的构成特征

关于妨害对公司、企业的管理秩序罪的构成特征，根据现行刑法的规定，主要有以下几个方面，其集合表现为：

设 A 为妨害对公司、企业的管理秩序罪的集合，则 A = ｛妨害对公司、企业的管理秩序罪｝；

设 B 为妨害对公司、企业的管理秩序罪的客体的集合，则 B = ｛客体是国家对公司、企业的管理秩序｝；

设 C 为妨害对公司、企业的管理秩序罪的客观方面的集合，则 C = ｛客观方面表现为行为人违反公司法、企业法及其他市场经济管理法规的规定，侵犯公司、企业及其投资者和债权人的合法权益，破坏社会主义市场经济秩序，危害市场经济发展，情节严重，依法应负刑事责任的行为｝；

设 D 为妨害对公司、企业的管理秩序罪的主体的集合，则 D = ｛主体是年满 16 周岁、具有刑事责任能力的人，也可以是单位｝；

设 E 为妨害对公司、企业的管理秩序罪的主观方面的集合，则 E = {主观方面大部分为故意，极少数为过失}；

则 A = B∪C∪D∪E，即 {妨害对公司、企业的管理秩序罪} = {客体是国家对公司、企业的管理秩序}∪{客观方面表现为行为人违反公司法、企业法及其他市场经济管理法规的规定，侵犯公司、企业及其投资者和债权人的合法权益，破坏社会主义市场经济秩序，危害市场经济发展，情节严重，依法应负刑事责任的行为}∪{主体可以是年满 16 周岁、具有刑事责任能力的人，也可以是单位}∪{主观方面大部分为故意，极少数为过失} = {客体是国家对公司、企业的管理秩序，客观方面表现为行为人违反公司法、企业法及其他市场经济管理法规的规定，侵犯公司、企业及其投资者和债权人的合法权益，破坏社会主义市场经济秩序，危害市场经济发展，情节严重，依法应负刑事责任的行为，主体可以是年满 16 周岁、具有刑事责任能力的人，也可以是单位，主观方面大部分为故意，极少数为过失}。

（三）妨害对公司、企业的管理秩序罪的类型

根据现行刑法对妨害对公司、企业的管理秩序罪所作的规定来看，本节共有 17 种具体犯罪，用子集的方式来表达，其构造表现为：

{妨害对公司、企业的管理秩序罪}

{虚报注册资本罪}

{虚假出资、抽逃出资罪}

{欺诈发行证券罪}

{违规披露、不披露重要信息罪}

{妨害清算罪}

{隐匿、故意销毁会计凭证、会计账簿、财务会计报告罪}

{虚假破产罪}

{非国家工作人员受贿罪}

{对非国家工作人员行贿罪}

{对外国公职人员、国际公共组织官员行贿罪}

{非法经营同类营业罪}

{为亲友非法牟利罪}

{签订、履行合同失职被骗罪}

{国有公司、企业、事业单位人员失职罪}

{国有公司、企业、事业单位人员滥用职权罪}

{徇私舞弊低价折股、出售国有资产罪}

{背信损害上市公司利益罪}

……

{虚报注册资本罪，虚假出资、抽逃出资罪，欺诈发行证券罪，违规披露、不披露重要信息罪，妨害清算罪，隐匿、故意销毁会计凭证、会计账簿、财务会计报告罪，虚假破产罪，非国家工作人员受贿罪，对非国家工作人员行贿罪，对外国公职人员、国际公共组织官员行贿罪，非法经营同类营业罪，为亲友非法牟利罪，签订、履行合同失职被骗罪，国有公司、企业、事业单位人员失职罪，国有公司、企业、事业单位人员滥用职权罪，徇私舞弊低价折股、出售国有资产罪，背信损害上市公司利益罪}

二、妨害对公司、企业的管理秩序罪的界限

（一）虚报注册资本罪与虚假出资、抽逃出资罪

A = {虚报注册资本罪}；B = {虚假出资、抽逃出资罪}

A∩B = {虚报注册资本罪} ∩ {虚假出资、抽逃出资罪} = {客体是公司注册资本登记管理制度和公司未来的债权人或者其他人的合法权益，客观方面表现为行为人违反公司管理法律、法规，申请公司登记使用虚假证明文件或者采取其他欺诈手段虚报注册

资本，欺骗公司登记主管部门，取得公司登记，虚报注册资本数额巨大、后果严重或者有其他严重情节的行为，主体可以是实行注册资本实缴登记制的申请公司登记的人，也可以是单位，主观方面是故意}∩{客体是国家对公司资本的管理制度，客观方面表现为行为人违反公司管理法律、法规，未交付货币、实物或者未转移财产权，虚假出资，或者在公司成立后又抽逃其出资，数额巨大、后果严重或者有其他严重情节的行为，主体是依法实行注册资本实缴登记制的公司，主观方面是故意} = {客体是公司注册资本登记管理制度，主观方面是故意}。

A∪B = {虚报注册资本罪}∪{虚假出资、抽逃出资罪} = {客体是公司注册资本登记管理制度和公司未来的债权人或者其他人的合法权益，客观方面表现为行为人违反公司管理法律、法规，申请公司登记使用虚假证明文件或者采取其他欺诈手段虚报注册资本，欺骗公司登记主管部门，取得公司登记，虚报注册资本数额巨大、后果严重或者有其他严重情节的行为，主体可以是实行注册资本实缴登记制的申请公司登记的人，也可以是单位，主观方面是故意}∪{客体是国家对公司资本的管理制度，客观方面表现为行为人违反公司管理法律、法规，未交付货币、实物或者未转移财产权，虚假出资，或者在公司成立后又抽逃其出资，数额巨大、后果严重或者有其他严重情节的行为，主体是依法实行注册资本实缴登记制的公司，主观方面是故意} = {客体是公司注册资本登记管理制度和公司未来的债权人或者其他人的合法权益，客观方面表现为行为人违反公司管理法律、法规，申请公司登记使用虚假证明文件或者采取其他欺诈手段虚报注册资本，欺骗公司登记主管部门，取得公司登记，虚报注册资本数额巨大、后果严重或者有其他严重情节的行为，主体可以是实行注册资本实缴登记制的申请公司登记的人，也可以是单位，主观方面是故意，客体是国家对公司资本的管理制度，客观方面表现为行为人违反公司管理法律、法规，未交付货币、实物或者未转移财产权，虚假出资，或者在公司成立后又抽逃其出资，数额巨大、后果严重或者有其他严重情节的行为，主体是依法实行注册资本实缴登记制的公司}。

那么，虚报注册资本罪与虚假出资、抽逃出资罪的相同点：A∩B = {客体是公司注册资本登记管理制度，主观方面是故意}。

虚报注册资本罪与虚假出资、抽逃出资罪的不同点：A∪B － A∩B = {客体是公司未来的债权人或者其他人的合法权益，客观方面表现为行为人违反公司管理法律、法规，申请公司登记使用虚假证明文件或者采取其他欺诈手段虚报注册资本，欺骗公司登记主管部门，取得公司登记，虚报注册资本数额巨大、后果严重或者有其他严重情节的行为，主体可以是实行注册资本实缴登记制的申请公司登记的人，也可以是单位，客体是国家对公司注册资本登记管理制度之外的管理制度，客观方面表现为行为人违反公司管理法律、法规，未交付货币、实物或者未转移财产权，虚假出资，或者在公司成立后又抽逃其出资，数额巨大、后果严重或者有其他严重情节的行为，主体是依法实行注册资本实缴登记制的公司}。

（二）对非国家工作人员行贿罪与对外国公职人员、国际公共组织官员行贿罪

C = {对非国家工作人员行贿罪}；D = {对外国公职人员、国际公共组织官员行贿罪}

C∩D = {对非国家工作人员行贿罪}∩{对外国公职人员、国际公共组织官员行贿罪} = {客体是公司、企业或者其他单位工作人员的职务廉洁制度和市场竞争秩序，客观方面表现为行为人为谋取不正当利益，给予公司、企业或者其他单位的工作人员以财物，数额较大的行为，主体是年满16周岁、具有刑事责任能力的

自然人和单位，主观方面是故意，且以谋取不正当利益为目的}∩
{客体是国家对公司、企业的管理秩序，客观方面表现为行为人为
谋取不正当商业利益，给予外国公职人员或者国际公共组织官员
以财物，数额较大的行为，主体是年满 16 周岁、具有刑事责任能
力的自然人和单位，主观方面是故意，且以谋取不正当商业利益
为目的} = {主体是年满 16 周岁、具有刑事责任能力的人和单位，
主观方面是故意}。

　　C∪D = {对非国家工作人员行贿罪}∪{对外国公职人员、国
际公共组织官员行贿罪} = {客体是公司、企业或者其他单位工作
人员的职务廉洁制度和市场竞争秩序，客观方面表现为行为人为
谋取不正当利益，给予公司、企业或者其他单位的工作人员以财
物，数额较大的行为，主体是年满 16 周岁、具有刑事责任能力的
自然人和单位，主观方面是故意，且以谋取不正当利益为目的}∪
{客体是国家对公司、企业的管理秩序，客观方面表现为行为人为
谋取不正当商业利益，给予外国公职人员或者国际公共组织官员
以财物，数额较大的行为，主体是年满 16 周岁、具有刑事责任能
力的自然人和单位，主观方面是故意，且以谋取不正当商业利益
为目的} = {客体是公司、企业或者其他单位工作人员的职务廉洁
制度和市场竞争秩序，客观方面表现为行为人为谋取不正当利益，
给予公司、企业或者其他单位的工作人员以财物，数额较大的行
为，主体是年满 16 周岁、具有刑事责任能力的自然人和单位，主
观方面是故意，且以谋取不正当利益为目的，客体是国家对公司、
企业的管理秩序，客观方面表现为行为人为谋取不正当商业利益，
给予外国公职人员或者国际公共组织官员以财物，数额较大的行
为，主观方面是故意，且以谋取不正当商业利益为目的}。

　　那么，对非国家工作人员行贿罪与对外国公职人员、国际公
共组织官员行贿罪的相同点：C∩D = {主体是年满 16 周岁、具有
刑事责任能力的人和单位，主观方面是故意}。

对非国家工作人员行贿罪与对外国公职人员、国际公共组织官员行贿罪的不同点：$C \cup D - C \cap D = \{$客体是公司、企业或者其他单位工作人员的职务廉洁制度和市场竞争秩序，客观方面表现为行为人为谋取不正当利益，给予公司、企业或者其他单位的工作人员以财物，数额较大的行为，主观方面是故意，且以谋取不正当利益为目的，客体是国家对公司、企业的管理秩序，客观方面表现为行为人为谋取不正当商业利益，给予外国公职人员或者国际公共组织官员以财物，数额较大的行为，主观方面是故意，且以谋取不正当商业利益为目的$\}$。

（三）非法经营同类营业罪与为亲友非法牟利罪

$E = \{$非法经营同类营业罪$\}$；$F = \{$为亲友非法牟利罪$\}$

$E \cap F = \{$非法经营同类营业罪$\} \cap \{$为亲友非法牟利罪$\} = \{$客体是国家对公司、企业的管理制度和国有公司、企业的利益以及国家利益，客观方面表现为行为人利用职务便利，自己经营或者为他人经营与其所任职公司、企业同类的营业，获取非法利益，数额巨大的行为，主体是国有公司、企业的董事、经理，主观方面是故意$\} \cap \{$客体是国家对公司、企业的管理制度和国有公司、企业、事业单位的利益以及国家利益，客观方面表现为行为人利用职务便利，以损害本单位的经营利益为代价为亲友非法牟取私利，致使国家利益遭受重大损失的行为，主体是国有公司、企业、事业单位的工作人员，主观方面是故意$\} = \{$客体是国家对公司、企业的管理制度和国有公司、企业、事业单位的利益以及国家利益，主观方面是故意$\}$。

$E \cup F = \{$非法经营同类营业罪$\} \cup \{$为亲友非法牟利罪$\} = \{$客体是国家对公司、企业的管理制度和国有公司、企业的利益以及国家利益，客观方面表现为行为人利用职务便利，自己经营或者为他人经营与其所任职公司、企业同类的营业，获取非法利益，数额巨大的行为，主体是国有公司、企业的董事、经理，主观方面是故意｝∪｛客体是国家对公司、企业的管理制度和国有公司、企业、事业单位的利益以及国家利益，客观方面表现为行为人利用职务便利，以损害本单位的经营利益为代价为亲友非法牟取私利，致使国家利益遭受重大损失的行为，主体是国有公司、企业、事业单位的工作人员，主观方面是故意｝＝｛客体是国家对公司、企业的管理制度和国有公司、企业的利益以及国家利益，客观方面表现为行为人利用职务便利，自己经营或者为他人经营与其所任职公司、企业同类的营业，获取非法利益，数额巨大的行为，主体是国有公司、企业的董事、经理，主观方面是故意，客观方面表现为行为人利用职务便利，以损害本单位的经营利益为代价为亲友非法牟取私利，致使国家利益遭受重大损失的行为，主体是国有公司、企业、事业单位的工作人员｝。

那么，非法经营同类营业罪与为亲友非法牟利罪的相同点：$E \cap F =$｛客体是国家对公司、企业的管理制度和国有公司、企业、事业单位的利益以及国家利益，主观方面是故意｝。

非法经营同类营业罪与为亲友非法牟利罪的不同点：$E \cup F - E \cap F =$｛客观方面表现为行为人利用职务便利，自己经营或者为他人经营与其所任职公司、企业同类的营业，获取非法利益，数额巨大的行为，主体是国有公司、企业的董事、经理，客观方面表现为行为人利用职务便利，以损害本单位的经营利益为代价为亲友非法牟取私利，致使国家利益遭受重大损失的行为，主体是国有公司、企业、事业单位的工作人员｝。

（四）国有公司、企业、事业单位人员失职罪与国有公司、企业、事业单位人员滥用职权罪

$G =$｛国有公司、企业、事业单位人员失职罪｝；$H =$｛国有公司、企业、事业单位人员滥用职权罪｝

G∩H＝{国有公司、企业、事业单位人员失职罪}∩{国有公司、企业、事业单位人员滥用职权罪}＝{客体是国家对公司、企业的管理制度和国有公司、企业、事业单位的利益以及国家利益，客观方面表现为行为人由于严重不负责任，造成国有公司、企业、事业单位破产或者严重损失，致使国家利益遭受重大损失的行为，主体是国有公司、企业、事业单位的工作人员，主观方面是过失}∩{客体是国家对公司、企业的管理制度和国有公司、企业、事业单位的利益以及国家利益，客观方面表现为行为人滥用职权，造成国有公司、企业、事业单位破产或者严重损失，致使国家利益遭受重大损失的行为，主体是国有公司、企业、事业单位的工作人员，主观方面是故意}＝{客体是国家对公司、企业的管理制度和国有公司、企业、事业单位的利益以及国家利益，主体是国有公司、企业、事业单位的工作人员}。

G∪H＝{国有公司、企业、事业单位人员失职罪}∪{国有公司、企业、事业单位人员滥用职权罪}＝{客体是国家对公司、企业的管理制度和国有公司、企业、事业单位的利益以及国家利益，客观方面表现为行为人由于严重不负责任，造成国有公司、企业、事业单位破产或者严重损失，致使国家利益遭受重大损失的行为，主体是国有公司、企业、事业单位的工作人员，主观方面是过失}∪{客体是国家对公司、企业的管理制度和国有公司、企业、事业单位的利益以及国家利益，客观方面表现为行为人滥用职权，造成国有公司、企业、事业单位破产或者严重损失，致使国家利益遭受重大损失的行为，主体是国有公司、企业、事业单位的工作人员，主观方面是故意}＝{客体是国家对公司、企业的管理制度和国有公司、企业、事业单位的利益以及国家利益，客观方面表现为行为人由于严重不负责任，造成国有公司、企业、事业单位破产或者严重损失，致使国家利益遭受重大损失的行为，主体是国有公司、企业、事业单位的工作人员，主观方面是过失，客观方面表现为行为人滥用职权，造成国有公司、企业、事业单位破产或者严重损失，致使国家利益遭受重大损失的行为，主观方面是故意}。

那么，国有公司、企业、事业单位人员失职罪与国有公司、企业、事业单位人员滥用职权罪的相同点：$G \cap H = \{$客体是国家对公司、企业的管理制度和国有公司、企业、事业单位的利益以及国家利益，主体是国有公司、企业、事业单位的工作人员}。

国有公司、企业、事业单位人员失职罪与国有公司、企业、事业单位人员滥用职权罪的不同点：$G \cup H - G \cap H = \{$客观方面表现为行为人由于严重不负责任，造成国有公司、企业、事业单位破产或者严重损失，致使国家利益遭受重大损失的行为，主观方面是过失，客观方面表现为行为人滥用职权，造成国有公司、企业、事业单位破产或者严重损失，致使国家利益遭受重大损失的行为，主观方面是故意}。

第四节　破坏金融管理秩序罪

一、破坏金融管理秩序罪概述

（一）破坏金融管理秩序罪的概念

破坏金融管理秩序罪，是指行为人违反有关金融法律、法规，以伪造、变造、欺骗或其他方法严重危害金融管理秩序，依法应负刑事责任的行为。

（二）破坏金融管理秩序罪的构成特征

关于破坏金融管理秩序罪的构成特征，根据现行刑法的规定，主要有以下几个方面，其集合表现为：

设 A 为破坏金融管理秩序罪的集合，则 A＝｛破坏金融管理秩序罪｝；

设 B 为破坏金融管理秩序罪的客体的集合，则 B＝｛客体是国家的金融管理秩序｝；

设 C 为破坏金融管理秩序罪的客观方面的集合，则 C＝｛客观方面表现为行为人违反有关金融法律、法规，以伪造、变造、欺骗或其他方法严重危害金融管理秩序，依法应负刑事责任的行为｝；

设 D 为破坏金融管理秩序罪的主体的集合，则 D＝｛主体是特殊主体，即除了具备一般主体所要求的要件外，还必须具有特定的身份，其主要是指银行或其他金融机构的工作人员｝；

设 E 为破坏金融管理秩序罪的主观方面的集合，则 E＝｛主观方面是故意｝；

则 A＝B∪C∪D∪E，即 ｛破坏金融管理秩序罪｝＝｛客体是国家的金融管理秩序｝∪｛客观方面表现为行为人违反有关金融法律、法规，以伪造、变造、欺骗或其他方法严重危害金融管理秩序，依法应负刑事责任的行为｝∪｛主体是特殊主体，即除了具备一般主体所要求的要件外，还必须具有特定的身份，其主要是指银行或其他金融机构的工作人员｝∪｛主观方面只能是故意｝＝｛客体是国家的金融管理秩序，客观方面表现为行为人违反有关金融法律、法规，以伪造、变造、欺骗或其他方法严重危害金融管理秩序，依法应负刑事责任的行为，主体是特殊主体，即除了具备一般主体所要求的要件外，还必须具有特定的身份，其主要是指银行或其他金融机构的工作人员，主观方面只能是故意｝。

（三）破坏金融管理秩序罪的类型

根据现行刑法对破坏金融管理秩序罪所作的规定来看，本节共有 30 种具体犯罪，用子集的方式来表达，其构造表现为：

｛破坏金融管理秩序罪｝

{伪造货币罪}

{出售、购买、运输假币罪}

{金融工作人员购买假币、以假币换取货币罪}

{持有、使用假币罪}

{变造货币罪}

{擅自设立金融机构罪}

{伪造、变造、转让金融机构经营许可证、批准文件罪}

{高利转贷罪}

{骗取贷款、票据承兑、金融票证罪}

{非法吸收公众存款罪}

{伪造、变造金融票证罪}

{妨害信用卡管理罪}

{窃取、收买、非法提供信用卡信息罪}

{伪造、变造国家有价证券罪}

{伪造、变造股票、公司、企业债券罪}

{擅自发行股票、公司、企业债券罪}

{内幕交易、泄露内幕信息罪}

{利用未公开信息交易罪}

{编造并传播证券、期货交易虚假信息罪}

{诱骗投资者买卖证券、期货合约罪}

{操纵证券、期货市场罪}

{背信运用受托财产罪}

{违规运用资金罪}

{违法发放贷款罪}

{吸收客户资金不入账罪}

{非法出具金融票证罪}

{对违法票据承兑、付款、保证罪}

{逃汇罪}

{骗购外汇罪}

{洗钱罪}

……

{伪造货币罪，出售、购买、运输假币罪，金融工作人员购买假币、以假币换取货币罪，持有、使用假币罪，变造货币罪，擅自设立金融机构罪，伪造、变造、转让金融机构经营许可证、批准文件罪，高利转贷罪，骗取贷款、票据承兑、金融票证罪，非法吸收公众存款罪，伪造、变造金融票证罪，妨害信用卡管理罪，窃取、收买、非法提供信用卡信息罪，伪造、变造国家有价证券罪，伪造、变造股票、公司、企业债券罪，擅自发行股票、公司、企业债券罪，内幕交易、泄露内幕信息罪，利用未公开信息交易罪，编造并传播证券、期货交易虚假信息罪，诱骗投资者买卖证券、期货合约罪，操纵证券、期货市场罪，背信运用受托财产罪，违规运用资金罪，违法发放贷款罪，吸收客户资金不入账罪，非法出具金融票证罪，对违法票据承兑、付款、保证罪，逃汇罪，骗购外汇罪，洗钱罪}

二、破坏金融管理秩序罪的界限

（一）伪造货币罪与走私假币罪

A＝{伪造货币罪}；B＝{走私假币罪}

A∩B＝{伪造货币罪}∩{走私假币罪}＝{客体是国家对货币的管理制度，客观方面表现为行为人违反货币管理法律、法规，仿照货币的图案、形状、色彩等，采用各种方法制造假币的行为，主体是年满16周岁、具有刑事责任能力的自然人，主观方面是故意}∩{客体是国家对外贸易管制和金融管理秩序，客观方面表现为行为人违反海关法律、法规，逃避海关监管，运输、携带、邮寄假币进出境，或者直接向私人非法收购以及在内海、领海、界河、界湖运输、收购、贩卖假币的行为，主体可以是年满 16 周岁、具有刑事责任能力的自然人，也可以是单位，主观方面是故意｝＝｛主体可以是年满 16 周岁、具有刑事责任能力的自然人，主观方面是故意｝。

A∪B＝｛伪造货币罪｝∪｛走私假币罪｝＝｛客体是国家对货币的管理制度，客观方面表现为行为人违反货币管理法律、法规，仿照货币的图案、形状、色彩等，采用各种方法制造假币的行为，主体是年满 16 周岁、具有刑事责任能力的自然人，主观方面是故意｝∪｛客体是国家对外贸易管制和金融管理秩序，客观方面表现为行为人违反海关法律、法规，逃避海关监管，运输、携带、邮寄假币进出境，或者直接向私人非法收购以及在内海、领海、界河、界湖运输、收购、贩卖假币的行为，主体可以是年满 16 周岁、具有刑事责任能力的自然人，也可以是单位，主观方面是故意｝＝｛客体是国家对货币的管理制度，客观方面表现为行为人违反货币管理法律、法规，仿照货币的图案、形状、色彩等，采用各种方法制造假币的行为，主体是年满 16 周岁、具有刑事责任能力的自然人，主观方面是故意，客体是国家对外贸易管制和金融管理秩序，客观方面表现为行为人违反海关法律、法规，逃避海关监管，运输、携带、邮寄假币进出境，或者直接向私人非法收购以及在内海、领海、界河、界湖运输、收购、贩卖假币的行为，主体是单位｝。

那么，伪造货币罪与走私假币罪的相同点：A∩B＝｛主体可以是年满 16 周岁、具有刑事责任能力的自然人，主观方面是故意｝。

伪造货币罪与走私假币罪的不同点：A∪B－A∩B＝｛客体是国家对货币的管理制度，客观方面表现为行为人违反货币管理法律、法规，仿照货币的图案、形状、色彩等，采用各种方法制造假币的行为，客体是国家对外贸易管制和金融管理秩序，客观方面表现为行为人违反海关法律、法规，逃避海关监管，运输、携带、邮寄假币进出境，或者直接向私人非法收购以及在内海、领海、界河、界湖运输、收购、贩卖假币的行为，主体是单位}。

（二）伪造货币罪与变造货币罪

A＝{伪造货币罪}；C＝{变造货币罪}

A∩C＝{伪造货币罪}∩{变造货币罪}＝{客体是国家对货币的管理制度，客观方面表现为行为人违反货币管理法律、法规，仿照货币的图案、形状、色彩等，采用各种方法制造假币的行为，主体是年满16周岁、具有刑事责任能力的人，主观方面是故意，且以假币冒充真币投入流通为目的}∩{客体是国家对货币的管理制度，客观方面表现为行为人违反货币管理法律、法规，对货币采用剪贴、挖补、揭层、涂改等方法加工处理，使其改变形态、升值，数额较大的行为，主体是年满16周岁、具有刑事责任能力的人，主观方面是故意，且以变造货币冒充真币投入流通为目的}＝{客体是国家对货币的管理制度，主体是年满16周岁、具有刑事责任能力的人，主观方面是故意，且以使假币投入流通为目的}。

A∪C＝{伪造货币罪}∪{变造货币罪}＝{客体是国家对货币的管理制度，客观方面表现为行为人违反货币管理法律、法规，仿照货币的图案、形状、色彩等，采用各种方法制造假币的行为，主体是年满16周岁、具有刑事责任能力的人，主观方面是故意，且以假币冒充真币投入流通为目的}∪{客体是国家对货币的管理制度，客观方面表现为行为人违反货币管理法律、法规，对货币采用剪贴、挖补、揭层、涂改等方法加工处理，使其改变形态、升值，数额较大的行为，主体是年满16周岁、具有刑事责任能力的人，主观方面是故意，且以变造货币冒充真币投入流通为目的}＝{客体是国家对货币的管理制度，客观方面表现为行为人违反货币管理法律、法规，仿照货币的图案、形状、色彩等，采用各种方法制造假币的行为，主体是年满 16 周岁、具有刑事责任能力的人，主观方面是故意，且以假币冒充真币投入流通为目的，客观方面表现为行为人违反货币管理法律、法规，对货币采用剪贴、挖补、揭层、涂改等方法加工处理，使其改变形态、升值，数额较大的行为，主观方面是故意，且以变造货币冒充真币投入流通为目的}。

那么，伪造货币罪与变造货币罪的相同点：A∩C = {客体是国家对货币的管理制度，主体是年满 16 周岁、具有刑事责任能力的人，主观方面是故意，且以使假币投入流通为目的}。

伪造货币罪与变造货币罪的不同点：A∪C - A∩C = {客观方面表现为行为人违反货币管理法律、法规，仿照货币的图案、形状、色彩等，采用各种方法制造假币的行为，主观方面是故意，且以假币冒充真币投入流通为目的，客观方面表现为行为人违反货币管理法律、法规，对货币采用剪贴、挖补、揭层、涂改等方法加工处理，使其改变形态、升值，数额较大的行为，主观方面是故意，且以变造货币冒充真币投入流通为目的}。

（三）擅自发行股票、公司、企业债券罪与伪造、变造股票、公司、企业债券罪

D = {擅自发行股票、公司、企业债券罪}；E = {伪造、变造股票、公司、企业债券罪}

D∩E = {擅自发行股票、公司、企业债券罪} ∩ {伪造、变造股票、公司、企业债券罪} = {客体是国家对股票、公司、企业债券的管理制度和股票、公司、企业债券认购者的合法权益，客观方面表现为行为人违反股票、公司、企业债券管理法律、法规，未经国家有关主管部门批准，擅自发行股票或者公司、企业债券，数额巨大、后果严重或者有其他严重情节的行为，主体可以是年

满 16 周岁、具有刑事责任能力的自然人，也可以是单位，主观方面是故意｝∩｛客体是国家对股票、公司、企业债券的管理制度，客观方面表现为行为人违反国家有价证券管理法律、法规，伪造、变造股票、公司、企业债券，数额较大的行为，主体可以是年满 16 周岁、具有刑事责任能力的自然人，也可以是单位，主观方面是故意｝＝｛客体是国家对股票、公司、企业债券的管理制度，主体是年满 16 周岁、具有刑事责任能力的自然人与单位，主观方面是故意｝。

D∪E＝｛擅自发行股票、公司、企业债券罪｝∪｛伪造、变造股票、公司、企业债券罪｝＝｛客体是国家对股票、公司、企业债券的管理制度和股票、公司、企业债券认购者的合法权益，客观方面表现为行为人违反股票、公司、企业债券管理法律、法规，未经国家有关主管部门批准，擅自发行股票或者公司、企业债券，数额巨大、后果严重或者有其他严重情节的行为，主体可以是年满 16 周岁、具有刑事责任能力的自然人，也可以是单位，主观方面是故意｝∪｛客体是国家对股票、公司、企业债券的管理制度，客观方面表现为行为人违反国家有价证券管理法律、法规，伪造、变造股票、公司、企业债券，数额较大的行为，主体可以是年满 16 周岁、具有刑事责任能力的自然人，也可以是单位，主观方面是故意｝＝｛客体是国家对股票、公司、企业债券的管理制度和股票、公司、企业债券认购者的合法权益，客观方面表现为行为人违反股票、公司、企业债券管理法律、法规，未经国家有关主管部门批准，擅自发行股票或者公司、企业债券，数额巨大、后果严重或者有其他严重情节的行为，主体可以是年满 16 周岁、具有刑事责任能力的自然人，也可以是单位，主观方面是故意，客体是国家对股票、公司、企业债券的管理制度，客观方面表现为行为人违反国家有价证券管理法律、法规，伪造、变造股票、公司、企业债券，数额较大的行为｝。

那么，擅自发行股票、公司、企业债券罪与伪造、变造股票、公司、企业债券罪的相同点：D∩E＝｛客体是国家对股票、公司、企业债券的管理制度，主体是年满 16 周岁、具有刑事责任能力的自然人与单位，主观方面是故意｝。

擅自发行股票、公司、企业债券罪与伪造、变造股票、公司、企业债券罪的不同点：D∪E－D∩E＝｛客体是股票、公司、企业债券认购者的合法权益，客观方面表现为行为人违反股票、公司、企业债券管理法律、法规，未经国家有关主管部门批准，擅自发行股票或者公司、企业债券，数额巨大、后果严重或者有其他严重情节的行为，客观方面表现为行为人违反国家有价证券管理法律、法规，伪造、变造股票、公司、企业债券，数额较大的行为｝。

（四）擅自发行股票、公司、企业债券罪与欺诈发行证券罪

F＝｛擅自发行股票、公司、企业债券罪｝；G＝｛欺诈发行证券罪｝

F∩G＝｛擅自发行股票、公司、企业债券罪｝∩｛欺诈发行证券罪｝＝｛客体是国家对股票、公司、企业债券的管理制度和股票、公司、企业债券认购者的合法权益，客观方面表现为行为人违反股票、公司、企业债券管理法律、法规，未经国家有关主管部门批准，擅自发行股票或者公司、企业债券，数额巨大、后果严重或者有其他严重情节的行为，主体可以是年满 16 周岁、具有刑事责任能力的人，也可以是单位，主观方面是故意｝∩｛客体是股票、公司、企业债券管理制度和股票、公司、企业债券认购者的合法权益，客观方面表现为行为人在招股说明书、认股书、公司、企业债券募集办法等发行文件中隐瞒重要事实或者编造重大虚假内容，发行股票或者公司、企业债券、存托凭证或者国务院依法认定的其他证券，数额巨大、后果严重或者有其他严重情节的行为，

主体是具有年满 16 周岁、具有刑事责任能力的股票、公司、企业债券发行资格的公司发起人、公司、企业及其工作人员，主观方面是故意} = {客体是国家对股票、公司、企业债券的管理制度和股票、公司、企业债券认购者的合法权益，主体可以是年满 16 周岁、具有刑事责任能力的人，也可以是单位，主观方面是故意}。

$F∪G$ = {擅自发行股票、公司、企业债券罪}∪{欺诈发行证券罪} = {客体是国家对股票、公司、企业债券的管理制度和股票、公司、企业债券认购者的合法权益，客观方面表现为行为人违反股票、公司、企业债券管理法律、法规，未经国家有关主管部门批准，擅自发行股票或者公司、企业债券，数额巨大、后果严重或者有其他严重情节的行为，主体可以是年满 16 周岁、具有刑事责任能力的人，也可以是单位，主观方面是故意}∪{客体是股票、公司、企业债券管理制度和股票、公司、企业债券认购者的合法权益，客观方面表现为行为人在招股说明书、认股书、公司、企业债券募集办法等发行文件中隐瞒重要事实或者编造重大虚假内容，发行股票或者公司、企业债券、存托凭证或者国务院依法认定的其他证券，数额巨大、后果严重或者有其他严重情节的行为，主体是年满 16 周岁、具有刑事责任能力的具有股票、公司、企业债券发行资格的公司发起人、公司、企业及其工作人员，主观方面是故意} = {客体是国家对股票、公司、企业债券的管理制度和股票、公司、企业债券认购者的合法权益，客观方面表现为行为人违反股票、公司、企业债券管理法律、法规，未经国家有关主管部门批准，擅自发行股票或者公司、企业债券，数额巨大、后果严重或者有其他严重情节的行为，主体可以是年满 16 周岁、具有刑事责任能力的人，也可以是单位，主观方面是故意，客观方面表现为行为人在招股说明书、认股书、公司、企业债券募集办法等发行文件中隐瞒重要事实或者编造重大虚假内容，发行股票或者公司、企业债券、存托凭证或者国务院依法认定的其他证券，数额巨大、后果严重或者有其他严重情节的行为，主体是具有股票、公司、企业债券发行资格的公司发起人、公司、企业及其工作人员}。

那么，擅自发行股票、公司、企业债券罪与欺诈发行证券罪的相同点：F∩G＝{客体是国家对股票、公司、企业债券的管理制度和股票、公司、企业债券认购者的合法权益，主体可以是年满16周岁、具有刑事责任能力的人，也可以是单位，主观方面是故意}。

擅自发行股票、公司、企业债券罪与欺诈发行证券罪的不同点：F∪G－F∩G＝{客观方面表现为行为人违反股票、公司、企业债券管理法律、法规，未经国家有关主管部门批准，擅自发行股票或者公司、企业债券，数额巨大、后果严重或者有其他严重情节的行为，主体可以是年满16周岁、具有刑事责任能力的人，也可以是单位，客观方面表现为行为人在招股说明书、认股书、公司、企业债券募集办法等发行文件中隐瞒重要事实或者编造重大虚假内容，发行股票或者公司、企业债券、存托凭证或者国务院依法认定的其他证券，数额巨大、后果严重或者有其他严重情节的行为，主体是具有股票、公司、企业债券发行资格的公司发起人、公司、企业及其工作人员}。

（五）内幕交易、泄露内幕信息罪与利用未公开信息交易罪

H＝{内幕交易、泄露内幕信息罪}；I＝{利用未公开信息交易罪}

H∩I＝{内幕交易、泄露内幕信息罪}∩{利用未公开信息交易罪}＝{客体是证券、期货交易管理制度和其他投资者的合法权益，客观方面表现为行为人违反证券、期货管理法律、法规，在涉及证券的发行，证券、期货交易或者其他对证券、期货交易价格有

重大影响的信息尚未公开前，买入或者卖出该证券，或者从事与该内幕信息有关的期货交易，或者泄露该信息，或者明示、暗示他人从事上述交易活动，情节严重的行为，主体是证券、期货交易内幕信息的知情人员或者非法获取证券、期货交易内幕信息的人员和单位，主观方面是故意} ∩ {客体是证券、期货交易管理制度和其他投资者的合法权益，客观方面表现为行为人利用因职务便利获取的内幕信息以外的其他未公开的信息，违反规定，从事与该信息相关的证券、期货交易活动，或者明示、暗示他人从事相关交易活动，情节严重的行为，主体是证券交易所、期货交易所、证券公司、期货经纪公司、基金管理公司、商业银行、保险公司等金融机构的从业人员以及有关监管部门或者行业协会的工作人员和单位，主观方面是故意} = {客体是证券、期货交易管理制度和其他投资者的合法权益，主观方面是故意}。

H∪I = {内幕交易、泄露内幕信息罪} ∪ {利用未公开信息交易罪} = {客体是证券、期货交易管理制度和其他投资者的合法权益，客观方面表现为行为人违反证券、期货管理法律、法规，在涉及证券的发行，证券、期货交易或者其他对证券、期货交易价格有重大影响的信息尚未公开前，买入或者卖出该证券，或者从事与该内幕信息有关的期货交易，或者泄露该信息，或者明示、暗示他人从事上述交易活动，情节严重的行为，主体是证券、期货交易内幕信息的知情人员或者非法获取证券、期货交易内幕信息的人员和单位，主观方面是故意} ∪ {客体是证券、期货交易管理制度和其他投资者的合法权益，客观方面表现为行为人利用因职务便利获取的内幕信息以外的其他未公开的信息，违反规定，从事与该信息相关的证券、期货交易活动，或者明示、暗示他人从事相关交易活动，情节严重的行为，主体是证券交易所、期货交易所、证券公司、期货经纪公司、基金管理公司、商业银行、保险公司等金融机构的从业人员以及有关监管部门或者行业协会的工作人员和单位，主观方面是故意｝＝｛客体是证券、期货交易管理制度和其他投资者的合法权益，客观方面表现为行为人违反证券、期货管理法律、法规，在涉及证券的发行，证券、期货交易或者其他对证券、期货交易价格有重大影响的信息尚未公开前，买入或者卖出该证券，或者从事与该内幕信息有关的期货交易，或者泄露该信息，或者明示、暗示他人从事上述交易活动，情节严重的行为，主体是证券、期货交易内幕信息的知情人员或者非法获取证券、期货交易内幕信息的人员和单位，主观方面是故意，客观方面表现为行为人利用因职务便利获取的内幕信息以外的其他未公开的信息，违反规定，从事与该信息相关的证券、期货交易活动，或者明示、暗示他人从事相关交易活动，情节严重的行为，主体是证券交易所、期货交易所、证券公司、期货经纪公司、基金管理公司、商业银行、保险公司等金融机构的从业人员以及有关监管部门或者行业协会的工作人员和单位｝。

那么，内幕交易、泄露内幕信息罪与利用未公开信息交易罪的相同点：$H \cap I = ｛$客体是证券、期货交易管理制度和其他投资者的合法权益，主观方面是故意｝。

内幕交易、泄露内幕信息罪与利用未公开信息交易罪的不同点：$H \cup I - H \cap I = ｛$客观方面表现为行为人违反证券、期货管理法律、法规，在涉及证券的发行，证券、期货交易或者其他对证券、期货交易价格有重大影响的信息尚未公开前，买入或者卖出该证券，或者从事与该内幕信息有关的期货交易，或者泄露该信息，或者明示、暗示他人从事上述交易活动，情节严重的行为，主体是证券、期货交易内幕信息的知情人员或者非法获取证券、期货交易内幕信息的人员和单位，客观方面表现为行为人违反证券、期货管理法律、法规，在涉及证券的发行，证券、期货交易或者其他对证券、期货交易价格有重大影响的信息尚未公开前，买入或者卖出该证券，或者从事与该内幕信息有关的期货交易，或者泄露该信息，或者明示、暗示他人从事上述交易活动，情节严重的行为，主体是证券交易所、期货交易所、证券公司、期货经纪公司、基金管理公司、商业银行、保险公司等金融机构的从业人员以及有关监管部门或者行业协会的工作人员和单位｝。

（六）违法发放贷款罪与违规运用资金罪

J =｛违法发放贷款罪｝；K =｛违规运用资金罪｝

J∩K =｛违法发放贷款罪｝∩｛违规运用资金罪｝=｛客体是信贷管理秩序和金融机构的单位利益或者国家利益，客观方面表现为行为人违反国家规定发放贷款，数额巨大或者造成重大损失的行为，主体是银行或者其他金融机构及其工作人员，主观方面是故意｝∩｛客体是金融管理秩序和客户资金及受托财产的使用权及资金安全，客观方面表现为行为人违反国家规定运用资金的行为，主体是社会保障基金管理机构、住房公积金管理机构等公众资金管理机构以及保险公司、保险资产管理公司、证券投资基金管理公司，主观方面是故意｝=｛主观方面是故意｝。

J∪K =｛违法发放贷款罪｝∪｛违规运用资金罪｝=｛客体是信贷管理秩序和金融机构的单位利益或者国家利益，客观方面表现为行为人违反国家规定发放贷款，数额巨大或者造成重大损失的行为，主体是银行或者其他金融机构及其工作人员，主观方面是故意｝∪｛客体是金融管理秩序和客户资金及受托财产的使用权及资金安全，客观方面表现为行为人违反国家规定运用资金的行为，主体是社会保障基金管理机构、住房公积金管理机构等公众资金管理机构以及保险公司、保险资产管理公司、证券投资基金管理公司，主观方面是故意｝=｛客体是信贷管理秩序和金融机构的单位利益或者国家利益，客观方面表现为行为人违反国家规定发放贷款，数额巨大或者造成重大损失的行为，主体是银行或者其他金融机构及其工作人员，主观方面是故意，客体是金融管理秩序和客户资金及受托财产的使用权及资金安全，客观方面表现为行为人违反国家规定运用资金的行为，主体是社会保障基金管理机构、住房公积金管理机构等公众资金管理机构以及保险公司、保险资产管理公司、证券投资基金管理公司}。

那么，违法发放贷款罪与违规运用资金罪的相同点：J∩K = {主观方面是故意}。

违法发放贷款罪与违规运用资金罪的不同点：J∪K − J∩K = {客体是信贷管理秩序和金融机构的单位利益或者国家利益，客观方面表现为行为人违反国家规定发放贷款，数额巨大或者造成重大损失的行为，主体是银行或者其他金融机构及其工作人员，客体是金融管理秩序和客户资金及受托财产的使用权及资金安全，客观方面表现为行为人违反国家规定运用资金的行为，主体是社会保障基金管理机构、住房公积金管理机构等公众资金管理机构以及保险公司、保险资产管理公司、证券投资基金管理公司}。

（七）逃汇罪与骗购外汇罪

L = {逃汇罪}；M = {骗购外汇罪}

L∩M = {逃汇罪} ∩ {骗购外汇罪} = {客体是外汇管理秩序，客观方面表现为行为人违反国家规定，擅自将外汇存放境外，或者将境内的外汇非法转移到境外，数额较大的行为，主体是公司、企业或者其他单位，主观方面是故意} ∩ {客体是外汇管理秩序，客观方面表现为行为人违反外汇管理法律、法规，使用伪造、变造、失效的凭证、单据或者采用其他方式，向外汇指定银行骗购外汇，数额较大的行为，主体是年满 16 周岁、具有刑事责任能力的人和单位，主观方面是故意} = {客体是外汇管理秩序，主观方面是故意}。

L∪M = {逃汇罪} ∪ {骗购外汇罪} = {客体是外汇管理秩序，客观方面表现为行为人违反国家规定，擅自将外汇存放境外，或者将境内的外汇非法转移到境外，数额较大的行为，主体是公司、企业或者其他单位，主观方面是故意}∪{客体是外汇管理秩序，客观方面表现为行为人违反外汇管理法律、法规，使用伪造、变造、失效的凭证、单据或者采用其他方式，向外汇指定银行骗购外汇，数额较大的行为，主体是年满 16 周岁、具有刑事责任能力的人和单位，主观方面是故意}={客体是外汇管理秩序，客观方面表现为行为人违反国家规定，擅自将外汇存放境外，或者将境内的外汇非法转移到境外，数额较大的行为，主体是公司、企业或者其他单位，主观方面是故意，客观方面表现为行为人违反外汇管理法律、法规，使用伪造、变造、失效的凭证、单据或者采用其他方式，向外汇指定银行骗购外汇，数额较大的行为，主体是年满 16 周岁、具有刑事责任能力的人和单位}。

那么，逃汇罪与骗购外汇罪的相同点：L∩M={客体是外汇管理秩序，主观方面是故意}。

逃汇罪与骗购外汇罪的不同点：L∪M−L∩M={客观方面表现为行为人违反国家规定，擅自将外汇存放境外，或者将境内的外汇非法转移到境外，数额较大的行为，主体是公司、企业或者其他单位，客观方面表现为行为人违反外汇管理法律、法规，使用伪造、变造、失效的凭证、单据或者采用其他方式，向外汇指定银行骗购外汇，数额较大的行为，主体是年满 16 周岁、具有刑事责任能力的人和单位}。

（八）洗钱罪与伪证罪

N={洗钱罪}；O={伪证罪}

N∩O={洗钱罪}∩{伪证罪}={客体是金融管理秩序和国家司法秩序，客观方面表现为行为人实施了提供资金账户，将财产转换为现金、金融票据、有价证券，通过转账或者其他支付结算方式转移资金，跨境转移资产，或者以其他方法掩饰、隐瞒犯罪所得及其收益的来源和性质的行为，主体是年满 16 周岁、具有刑事责任能力的人和单位，主观方面是故意}∩{客体是司法机关正常的刑事诉讼秩序，客观方面表现为行为人在刑事诉讼中对与案件有重要关系的情节，作虚假证明、鉴定、记录、翻译的行为，主体是刑事诉讼中的证人、鉴定人、记录人、翻译人，主观方面是故意}={客体是司法机关正常的刑事诉讼秩序，主观方面是故意}。

N∪O ={洗钱罪}∪{伪证罪}={客体是金融管理秩序和国家司法秩序，客观方面表现为行为人实施了提供资金账户，将财产转换为现金、金融票据、有价证券，通过转账或者其他支付结算方式转移资金，跨境转移资产，或者以其他方法掩饰、隐瞒犯罪所得及其收益的来源和性质的行为，主体是年满 16 周岁、具有刑事责任能力的人和单位，主观方面是故意}∪{客体是司法机关正常的刑事诉讼秩序，客观方面表现为行为人在刑事诉讼中对与案件有重要关系的情节，作虚假证明、鉴定、记录、翻译的行为，主体是刑事诉讼中的证人、鉴定人、记录人、翻译人，主观方面是故意}={客体是金融管理秩序和国家司法秩序，客观方面表现为行为人实施了提供资金账户，将财产转换为现金、金融票据、有价证券，通过转账或者其他支付结算方式转移资金，跨境转移资产，或者以其他方法掩饰、隐瞒犯罪所得及其收益的来源和性质的行为，主体是年满 16 周岁、具有刑事责任能力的人和单位，主观方面是故意，客体是司法机关正常的刑事诉讼秩序，客观方面表现为行为人在刑事诉讼中对与案件有重要关系的情节，作虚假证明、鉴定、记录、翻译的行为，主体是刑事诉讼中的证人、鉴定人、记录人、翻译人}。

那么，洗钱罪与伪证罪的相同点：N∩O ={客体是司法机关正常的刑事诉讼秩序，主观方面是故意}。

洗钱罪与伪证罪的不同点：N∪O － N∩O ={客体是金融管理

秩序和国家司法秩序，客观方面表现为行为人实施了提供资金账户，将财产转换为现金、金融票据、有价证券，通过转账或者其他支付结算方式转移资金，跨境转移资产，或者以其他方法掩饰、隐瞒犯罪所得及其收益的来源和性质的行为，主体是年满 16 周岁、具有刑事责任能力的人和单位，客观方面表现为行为人在刑事诉讼中对与案件有重要关系的情节，作虚假证明、鉴定、记录、翻译的行为，主体是刑事诉讼中的证人、鉴定人、记录人、翻译人｝。

（九）洗钱罪与窝藏、包庇罪

N ＝｜洗钱罪｝；P ＝｜窝藏、包庇罪｝

N∩P ＝｜洗钱罪｝∩｜窝藏、包庇罪｝＝｜客体是金融管理秩序和国家司法秩序，客观方面表现为行为人实施了提供资金账户，将财产转换为现金、金融票据、有价证券，通过转账或者其他支付结算方式转移资金，跨境转移资产，或者以其他方法掩饰、隐瞒犯罪所得及其收益的来源和性质的行为，主体是年满 16 周岁、具有刑事责任能力的人和单位，主观方面是故意｝∩｜客体是司法机关正常的刑事诉讼秩序，客观方面表现为行为人明知是犯罪的人而为其提供隐藏处所、财物，帮助其逃匿或者作假证明包庇的行为，主体是年满 16 周岁、具有刑事责任能力的人，主观方面是故意｝＝｜客体是司法机关正常的刑事诉讼秩序，主体是年满 16 周岁、具有刑事责任能力的人，主观方面是故意｝。

N∪P ＝｜洗钱罪｝∪｜窝藏、包庇罪｝＝｜客体是金融管理秩序和国家司法秩序，客观方面表现为行为人实施了提供资金账户，将财产转换为现金、金融票据、有价证券，通过转账或者其他支付结算方式转移资金，跨境转移资产，或者以其他方法掩饰、隐瞒犯罪所得及其收益的来源和性质的行为，主体是年满 16 周岁、具有刑事责任能力的人和单位，主观方面是故意｝∪｜客体是司法机关正常的刑事诉讼秩序，客观方面表现为行为人明知是犯罪的人而为其提供隐藏处所、财物，帮助其逃匿或者作假证明包庇的行为，主体是年满 16 周岁、具有刑事责任能力的人，主观方面是故意｝＝｛客体是金融管理秩序和国家司法秩序，客观方面表现为行为人实施了提供资金账户，将财产转换为现金、金融票据、有价证券，通过转账或者其他支付结算方式转移资金，跨境转移资产，或者以其他方法掩饰、隐瞒犯罪所得及其收益的来源和性质的行为，主体是年满 16 周岁、具有刑事责任能力的人和单位，主观方面是故意，客观方面表现为行为人明知是犯罪的人而为其提供隐藏处所、财物，帮助其逃匿或者作假证明包庇的行为｝。

那么，洗钱罪与窝藏、包庇罪的相同点：$N \cap P$＝｛客体是司法机关正常的刑事诉讼秩序，主体是年满 16 周岁、具有刑事责任能力的人，主观方面是故意｝。

洗钱罪与窝藏、包庇罪的不同点：$N \cup P - N \cap P$＝｛客体是金融管理秩序，客观方面表现为行为人实施了提供资金账户，将财产转换为现金、金融票据、有价证券，通过转账或者其他支付结算方式转移资金，跨境转移资产，或者以其他方法掩饰、隐瞒犯罪所得及其收益的来源和性质的行为，主体是单位，客观方面表现为行为人明知是犯罪的人而为其提供隐藏处所、财物，帮助其逃匿或者作假证明包庇的行为｝。

（十）洗钱罪与掩饰、隐瞒犯罪所得、犯罪所得收益罪的界限

N＝｛洗钱罪｝；Q＝｛掩饰、隐瞒犯罪所得、犯罪所得收益罪｝

$N \cap Q$＝｛洗钱罪｝$\cap$｛掩饰、隐瞒犯罪所得、犯罪所得收益罪｝＝｛客体是金融管理秩序和国家司法秩序，客观方面表现为行为人实施了提供资金账户，将财产转换为现金、金融票据、有价证券，通过转账或者其他支付结算方式转移资金，跨境转移资产，或者

以其他方法掩饰、隐瞒犯罪所得及其收益的来源和性质的行为，主体是年满 16 周岁、具有刑事责任能力的人和单位，主观方面是故意} ∩ {客体是司法机关的刑事追诉活动，客观方面表现为行为人明知是犯罪所得及其产生的收益而予以窝藏、转移、收购、代为销售或者以其他方法掩饰、隐瞒的行为，主体是年满 16 周岁、具有刑事责任能力的人和单位，主观方面是故意} = {客体是司法机关正常的刑事诉讼秩序，主体是年满 16 周岁、具有刑事责任能力的人和单位，主观方面是故意}。

N∪Q = {洗钱罪} ∪ {掩饰、隐瞒犯罪所得、犯罪所得收益罪} = {客体是金融管理秩序和国家司法秩序，客观方面表现为行为人实施了提供资金账户，将财产转换为现金、金融票据、有价证券，通过转账或者其他支付结算方式转移资金，跨境转移资产，或者以其他方法掩饰、隐瞒犯罪所得及其收益的来源和性质的行为，主体是年满 16 周岁、具有刑事责任能力的人和单位，主观方面是故意} ∪ {客体是司法机关的刑事追诉活动，客观方面表现为行为人明知是犯罪所得及其产生的收益而予以窝藏、转移、收购、代为销售或者以其他方法掩饰、隐瞒的行为，主体是年满 16 周岁、具有刑事责任能力的人和单位，主观方面是故意} = {客体是金融管理秩序和国家司法秩序，客观方面表现为行为人实施了提供资金账户，将财产转换为现金、金融票据、有价证券，通过转账或者其他支付结算方式转移资金，跨境转移资产，或者以其他方法掩饰、隐瞒犯罪所得及其收益的来源和性质的行为，主体是年满 16 周岁、具有刑事责任能力的人和单位，主观方面是故意，客观方面表现为行为人明知是犯罪所得及其产生的收益而予以窝藏、转移、收购、代为销售或者以其他方法掩饰、隐瞒的行为}。

那么，洗钱罪与掩饰、隐瞒犯罪所得、犯罪所得收益罪的相同点：N∩Q = {客体是司法机关正常的刑事诉讼秩序，主体是年满 16 周岁、具有刑事责任能力的人和单位，主观方面是故意}。

洗钱罪与掩饰、隐瞒犯罪所得、犯罪所得收益罪的不同点：N∪Q－N∩Q＝｛客体是金融管理秩序，客观方面表现为行为人实施了提供资金账户，将财产转换为现金、金融票据、有价证券，通过转账或者其他支付结算方式转移资金，跨境转移资产，或者以其他方法掩饰、隐瞒犯罪所得及其收益的来源和性质的行为，客观方面表现为行为人明知是犯罪所得及其产生的收益而予以窝藏、转移、收购、代为销售或者以其他方法掩饰、隐瞒的行为｝。

（十一）洗钱罪与窝藏、转移、隐瞒毒品、毒赃罪的界限

N＝｛洗钱罪｝；R＝｛窝藏、转移、隐瞒毒品、毒赃罪｝

N∩R＝｛洗钱罪｝∩｛窝藏、转移、隐瞒毒品、毒赃罪｝＝｛客体是金融管理秩序和国家司法秩序，客观方面表现为行为人实施了提供资金账户，将财产转换为现金、金融票据、有价证券，通过转账或者其他支付结算方式转移资金，跨境转移资产，或者以其他方法掩饰、隐瞒犯罪所得及其收益的来源和性质的行为，主体是年满16周岁、具有刑事责任能力的人和单位，主观方面是故意｝∩｛客体是国家司法机关惩治走私、贩卖、运输、制造毒品犯罪分子的正常秩序，客观方面表现为行为人明知是走私、贩卖、运输、制造毒品的犯罪分子的毒品或者犯罪所得的财物，而予以窝藏、转移、隐瞒的行为，主体是年满16周岁、具有刑事责任能力的人，主观方面是故意｝＝｛主体是年满16周岁、具有刑事责任能力的人，主观方面是故意｝。

N∪R＝｛洗钱罪｝∪｛窝藏、转移、隐瞒毒品、毒赃罪｝＝｛客体是金融管理秩序和国家司法秩序，客观方面表现为行为人实施了提供资金账户，将财产转换为现金、金融票据、有价证券，通过转账或者其他支付结算方式转移资金，跨境转移资产，或者以其他方法掩饰、隐瞒犯罪所得及其收益的来源和性质的行为，主体是年满16周岁、具有刑事责任能力的人和单位，主观方面是故意｝∪｛客体是国家司法机关惩治走私、贩卖、运输、制造毒品犯

罪分子的正常秩序，客观方面表现为行为人明知是走私、贩卖、运输、制造毒品的犯罪分子的毒品或者犯罪所得的财物，而予以窝藏、转移、隐瞒的行为，主体是年满 16 周岁、具有刑事责任能力的人，主观方面是故意}＝{客体是金融管理秩序和国家司法秩序，客观方面表现为行为人实施了提供资金账户，将财产转换为现金、金融票据、有价证券，通过转账或者其他支付结算方式转移资金，跨境转移资产，或者以其他方法掩饰、隐瞒犯罪所得及其收益的来源和性质的行为，主体是年满 16 周岁、具有刑事责任能力的人和单位，主观方面是故意，客体是国家司法机关惩治走私、贩卖、运输、制造毒品犯罪分子的正常秩序，客观方面表现为行为人明知是走私、贩卖、运输、制造毒品的犯罪分子的毒品或者犯罪所得的财物，而予以窝藏、转移、隐瞒的行为}。

那么，洗钱罪与窝藏、转移、隐瞒毒品、毒赃罪的相同点：N∩R＝{主体是年满 16 周岁、具有刑事责任能力的人和单位，主观方面是故意}。

洗钱罪与窝藏、转移、隐瞒毒品、毒赃罪的不同点：N∪R－N∩R＝{客体是金融管理秩序和国家司法秩序，客观方面表现为行为人实施了提供资金账户，将财产转换为现金、金融票据、有价证券，通过转账或者其他支付结算方式转移资金，跨境转移资产，或者以其他方法掩饰、隐瞒犯罪所得及其收益的来源和性质的行为，客体是国家司法机关惩治走私、贩卖、运输、制造毒品犯罪分子的正常秩序，客观方面表现为行为人明知是走私、贩卖、运输、制造毒品的犯罪分子的毒品或者犯罪所得的财物，而予以窝藏、转移、隐瞒的行为}。

第五节 金融诈骗罪

一、金融诈骗罪概述

(一) 金融诈骗罪的概念

金融诈骗罪，是指行为人以非法占有为目的，采取虚构事实或者隐瞒真相的方法，实施集资、贷款、票据、金融凭证、有价证券、信用证、信用卡、保险诈骗活动，数额较大，侵害公私财产权益，破坏国家金融管理秩序，依法应负刑事责任的行为。

(二) 金融诈骗罪的构成特征

关于金融诈骗罪的构成特征，根据现行刑法的规定，主要有以下几个方面，其集合表现为：

设 A 为金融诈骗罪的集合，则 A = {金融诈骗罪}；

设 B 为金融诈骗罪的客体的集合，则 B = {客体是金融管理秩序和公私财产所有权}；

设 C 为金融诈骗罪的客观方面的集合，则 C = {客观方面表现为行为人采取虚构事实或者隐瞒真相的方法，实施集资、贷款、票据、金融凭证、有价证券、信用证、信用卡、保险诈骗活动，数额较大，侵害公私财产权益，破坏国家金融管理秩序，依法应负刑事责任的行为}；

设 D 为金融诈骗罪的主体的集合，则 D = {主体较一般犯罪的主体复杂，有的是一般自然人犯罪主体，有的是特殊犯罪主体，有的犯罪只能由自然人构成，有的犯罪既可以由自然人构成也可以由单位构成}；

设 E 为金融诈骗罪的主观方面的集合，则 E = {主观方面是直接故意，且以非法占有他人财产为目的}；

则 A＝B∪C∪D∪E，即 {金融诈骗罪}＝{客体是金融管理秩序和公私财产所有权}∪{客观方面表现为行为人采取虚构事实或者隐瞒真相的方法，实施集资、贷款、票据、金融凭证、有价证券、信用证、信用卡、保险诈骗活动，数额较大，侵害公私财产权益，破坏国家金融管理秩序，依法应负刑事责任的行为}∪{主体较一般犯罪的主体复杂，有的是一般自然人犯罪主体，有的是特殊犯罪主体，有的犯罪只能由自然人构成，有的犯罪既可以由自然人构成也可以由单位构成}∪{主观方面是直接故意，且以非法占有他人财产为目的}＝{客体是金融管理秩序和公私财产所有权，客观方面表现为行为人采取虚构事实或者隐瞒真相的方法，实施集资、贷款、票据、金融凭证、有价证券、信用证、信用卡、保险诈骗活动，数额较大，侵害公私财产权益，破坏国家金融管理秩序，依法应负刑事责任的行为，主体较一般犯罪的主体复杂，有的是一般自然人犯罪主体，有的是特殊犯罪主体，有的犯罪只能由自然人构成，有的犯罪既可以由自然人构成也可以由单位构成，主观方面是直接故意，且以非法占有他人财产为目的}。

（三）金融诈骗罪的类型

根据现行刑法对金融诈骗罪所做的规定来看，本节共有 8 种具体犯罪，用子集的方式来表达，其构造表现为：

{金融诈骗罪}

{集资诈骗罪}

{贷款诈骗罪}

{票据诈骗罪}

{金融凭证诈骗罪}

{信用证诈骗罪}

{信用卡诈骗罪}

｛有价证券诈骗罪｝

｛保险诈骗罪｝

⋯⋯

｛集资诈骗罪、贷款诈骗罪、票据诈骗罪、金融凭证诈骗罪、信用证诈骗罪、信用卡诈骗罪、有价证券诈骗罪、保险诈骗罪｝

二、金融诈骗罪的界限

（一）集资诈骗罪与贷款诈骗罪

A＝｛集资诈骗罪｝；B＝｛贷款诈骗罪｝

A∩B＝｛集资诈骗罪｝∩｛贷款诈骗罪｝＝｛客体是资金募集管理秩序和公私财产所有权，客观方面表现为行为人采用虚构事实或者隐瞒真相等欺诈手段非法集资，骗取集资款，数额较大的行为，主体是年满16周岁、具有刑事责任能力的人和单位，主观方面是直接故意，且以非法占有为目的｝∩｛客体是信贷管理秩序和金融机构对贷款的所有权，客观方面表现为行为人采用虚构事实或者隐瞒真相等欺诈手段骗取银行或者其他金融机构的贷款，数额较大的行为，主体是年满16周岁、具有刑事责任能力的人，主观方面是直接故意，且以非法占有为目的｝＝｛主体是年满16周岁、具有刑事责任能力的人，主观方面是直接故意，且以非法占有为目的｝。

A∪B＝｛集资诈骗罪｝∪｛贷款诈骗罪｝＝｛客体是资金募集管理秩序和公私财产所有权，客观方面表现为行为人采用虚构事实或者隐瞒真相等欺诈手段非法集资，骗取集资款，数额较大的行为，主体是年满16周岁、具有刑事责任能力的人和单位，主观方面是直接故意，且以非法占有为目的｝∪｛客体是信贷管理秩序和金融机构对贷款的所有权，客观方面表现为行为人采用虚构事实或者隐瞒真相等欺诈手段骗取银行或者其他金融机构的贷款，数额较大的行为，主体是年满 16 周岁、具有刑事责任能力的人，主观方面是直接故意，且以非法占有为目的}＝{客体是资金募集管理秩序和公私财产所有权，客观方面表现为行为人采用虚构事实或者隐瞒真相等欺诈手段非法集资，骗取集资款，数额较大的行为，主体是年满 16 周岁、具有刑事责任能力的人和单位，主观方面是直接故意，且以非法占有为目的，客体是信贷管理秩序和金融机构对贷款的所有权，客观方面表现为行为人采用虚构事实或者隐瞒真相等欺诈手段骗取银行或者其他金融机构的贷款，数额较大的行为}。

那么，集资诈骗罪与贷款诈骗罪的相同点：A∩B＝{主体是年满 16 周岁、具有刑事责任能力的人，主观方面是直接故意，且以非法占有为目的}。

集资诈骗罪与贷款诈骗罪的不同点：A∪B－A∩B＝{客体是资金募集管理秩序和公私财产所有权，客观方面表现为行为人采用虚构事实或者隐瞒真相等欺诈手段非法集资，骗取集资款，数额较大的行为，主体是单位，客体是信贷管理秩序和金融机构对贷款的所有权，客观方面表现为行为人采用虚构事实或者隐瞒真相等欺诈手段骗取银行或者其他金融机构的贷款，数额较大的行为}。

（二）集资诈骗罪与金融凭证诈骗罪

A＝{集资诈骗罪}；C＝{金融凭证诈骗罪}

A∩C＝{集资诈骗罪}∩{金融凭证诈骗罪}＝{客体是资金募集管理秩序和公私财产所有权，客观方面表现为行为人采用虚构事实或者隐瞒真相等欺诈手段非法集资，骗取集资款，数额较大的行为，主体是年满 16 周岁、具有刑事责任能力的人和单位，主观方面是直接故意，且以非法占有为目的}∩{客体是银行结算凭证管理秩序和公私财产所有权，客观方面表现为行为人使用伪造、变造的委托收款凭证、汇款凭证、银行存单等结算凭证进行诈骗活动，数额较大的行为，主体是年满 16 周岁、具有刑事责任能力的人和单位，主观方面是直接故意，且以非法占有为目的｝＝｛主体是年满 16 周岁、具有刑事责任能力的人和单位，主观方面是直接故意，且以非法占有为目的｝。

A∪C＝｛集资诈骗罪｝∪｛金融凭证诈骗罪｝＝｛客体是资金募集管理秩序和公私财产所有权，客观方面表现为行为人采用虚构事实或者隐瞒真相等欺诈手段非法集资，骗取集资款，数额较大的行为，主体是年满 16 周岁、具有刑事责任能力的人和单位，主观方面是直接故意，且以非法占有为目的｝∪｛客体是银行结算凭证管理秩序和公私财产所有权，客观方面表现为行为人使用伪造、变造的委托收款凭证、汇款凭证、银行存单等结算凭证进行诈骗活动，数额较大的行为，主体是年满 16 周岁、具有刑事责任能力的人和单位，主观方面是直接故意，且以非法占有为目的｝＝｛客体是资金募集管理秩序和公私财产所有权，客观方面表现为行为人采用虚构事实或者隐瞒真相等欺诈手段非法集资，骗取集资款，数额较大的行为，主体是年满 16 周岁、具有刑事责任能力的人和单位，主观方面是直接故意，且以非法占有为目的，客体是银行结算凭证管理秩序和公私财产所有权，客观方面表现为行为人使用伪造、变造的委托收款凭证、汇款凭证、银行存单等结算凭证进行诈骗活动，数额较大的行为｝。

那么，集资诈骗罪与金融凭证诈骗罪的相同点：A∩C＝｛主体是年满 16 周岁、具有刑事责任能力的人和单位，主观方面是直接故意，且以非法占有为目的｝。

集资诈骗罪与金融凭证诈骗罪的不同点：A∪C－A∩C＝｛客体是资金募集管理秩序和公私财产所有权，客观方面表现为行为人采用虚构事实或者隐瞒真相等欺诈手段非法集资，骗取集资款，数额较大的行为，客体是银行结算凭证管理秩序和公私财产所有权，客观方面表现为行为人使用伪造、变造的委托收款凭证、汇款凭证、银行存单等结算凭证进行诈骗活动，数额较大的行为}。

（三）信用卡诈骗罪与信用证诈骗罪

D = {信用卡诈骗罪}；E = {信用证诈骗罪}

D∩E = {信用卡诈骗罪} ∩ {信用证诈骗罪} = {客体是信用卡管理秩序和公私财产所有权，客观方面表现为行为人利用信用卡从事诈骗活动，数额较大的行为，主体是年满16周岁、具有刑事责任能力的人和单位，主观方面是直接故意，且以非法占有为目的} ∩ {客体是信用证管理秩序和公私财产所有权，客观方面表现为行为人利用信用证从事诈骗活动的行为，主体是年满16周岁、具有刑事责任能力的人和单位，主观方面是直接故意，且以非法占有为目的} = {主体是年满16周岁、具有刑事责任能力的人和单位，主观方面是直接故意，且以非法占有为目的}。

D∪E = {信用卡诈骗罪} ∪ {信用证诈骗罪} = {客体是信用卡管理秩序和公私财产所有权，客观方面表现为行为人利用信用卡从事诈骗活动，数额较大的行为，主体是年满16周岁、具有刑事责任能力的人和单位，主观方面是直接故意，且以非法占有为目的} ∪ {客体是信用证管理秩序和公私财产所有权，客观方面表现为行为人利用信用证从事诈骗活动的行为，主体是年满16周岁、具有刑事责任能力的人和单位，主观方面是直接故意，且以非法占有为目的} = {客体是信用卡管理秩序和公私财产所有权，客观方面表现为行为人利用信用卡从事诈骗活动，数额较大的行为，主体是年满16周岁、具有刑事责任能力的人和单位，主观方面是直接故意，且以非法占有为目的，客体是信用证管理秩序和公私财产所有权，客观方面表现为行为人利用信用证从事诈骗活动的行为}。

那么，信用卡诈骗罪与信用证诈骗罪的相同点：D∩E = {主体是年满 16 周岁、具有刑事责任能力的人和单位，主观方面是直接故意，且以非法占有为目的｝。

　　信用卡诈骗罪与信用证诈骗罪的不同点：D∪E－D∩E＝｛客体是信用卡管理秩序和公私财产所有权，客观方面表现为行为人利用信用卡从事诈骗活动，数额较大的行为，客体是信用证管理秩序和公私财产所有权，客观方面表现为行为人利用信用证从事诈骗活动的行为｝。

　　（四）信用卡诈骗罪与妨害信用卡管理罪

　　D＝｛信用卡诈骗罪｝；F＝｛妨害信用卡管理罪｝

　　D∩F＝｛信用卡诈骗罪｝∩｛妨害信用卡管理罪｝＝｛客体是信用卡管理秩序和公私财产所，有权，客观方面表现为行为人利用信用卡从事诈骗活动，数额较大的行为，主体是年满 16 周岁、具有刑事责任能力的人和单位，主观方面是直接故意，且以非法占有为目的｝∩｛客体是国家对金融票证管理制度，客观方面表现为行为人违反信用卡管理法律、法规，妨害信用卡管理的行为，主体是年满 16 周岁、具有刑事责任能力的人，主观方面是故意｝＝｛主体是年满 16 周岁、具有刑事责任能力的人，主观方面是故意｝。

　　D∪F＝｛信用卡诈骗罪｝∪｛妨害信用卡管理罪｝＝｛客体是信用卡管理秩序和公私财产所有权，客观方面表现为行为人利用信用卡从事诈骗活动，数额较大的行为，主体是年满 16 周岁、具有刑事责任能力的人和单位，主观方面是直接故意，且以非法占有为目的｝∪｛客体是国家对金融票证管理制度，客观方面表现为行为人违反信用卡管理法律、法规，妨害信用卡管理的行为，主体是年满 16 周岁、具有刑事责任能力的人，主观方面是故意｝＝｛客体是信用卡管理秩序和公私财产所有权，客观方面表现为行为人利用信用卡从事诈骗活动，数额较大的行为，主体是年满 16 周岁、具有刑事责任能力的人和单位，主观方面是直接故意，且以非法占有为目的，客体是国家对金融票证管理制度，客观方面表现为行为人违反信用卡管理法律、法规，妨害信用卡管理的行为}。

那么，信用卡诈骗罪与妨害信用卡管理罪的相同点：D∩F = {主体是年满 16 周岁、具有刑事责任能力的人，主观方面是直接故意}。

信用卡诈骗罪与妨害信用卡管理罪不同点：D∪F – D∩F = {客体是信用卡管理秩序和公私财产所有权，客观方面表现为行为人利用信用卡从事诈骗活动，数额较大的行为，主观方面是直接故意，且以非法占有为目的，主体是单位，客体是国家对金融票证管理制度，客观方面表现为行为人违反信用卡管理法律、法规，妨害信用卡管理的行为，主观方面是故意}。

（五）保险诈骗罪与故意杀人罪

G = {保险诈骗罪}；H = {故意杀人罪}

G∩H = {保险诈骗罪} ∩ {故意杀人罪} = {客体是国家对保险的管理秩序和保险公司的财产所有权，客观方面表现为行为人采用欺诈手段骗取保险金，数额较大的行为，主体是年满 16 周岁、具有刑事责任能力的投保人、被保险业人或者受益人和单位，主观方面是直接故意，且以非法占有为目的} ∩ {客体是他人的生命权利，客观方面表现为行为人非法剥夺他人生命的行为，主体是年满 14 周岁、具有刑事责任能力的自然人，主观方面是故意} = {主体是年满 16 周岁、具有刑事责任能力的自然人，主观方面是故意}。

G∪H = {保险诈骗罪} ∪ {故意杀人罪} = {客体是国家对保险的管理秩序和保险公司的财产所有权，客观方面表现为行为人采用欺诈手段骗取保险金，数额较大的行为，主体是年满 16 周岁、具有刑事责任能力的投保人、被保险业人或者受益人和单位，主观方面是直接故意，且以非法占有为目的$\}\cup\{$客体是他人的生命权利，客观方面表现为行为人非法剥夺他人生命的行为，主体是年满 14 周岁、具有刑事责任能力的自然人，主观方面是故意$\}$ = $\{$客体是国家对保险的管理秩序和保险公司的财产所有权，客观方面表现为行为人采用欺诈手段骗取保险金，数额较大的行为，主体是年满 16 周岁、具有刑事责任能力的投保人、被保险业人或者受益人和单位，主观方面是直接故意，且以非法占有为目的，客体是他人的生命权利，客观方面表现为行为人非法剥夺他人生命的行为，主体是年满 14 周岁、具有刑事责任能力的自然人，主观方面是故意$\}$。

那么，保险诈骗罪与故意杀人罪的相同点：$G\cap H = \{$主体是年满 16 周岁、具有刑事责任能力的自然人，主观方面是直接故意$\}$。

保险诈骗罪与故意杀人罪的不同点：$G\cup H - G\cap H = \{$客体是国家对保险的管理秩序和保险公司的财产所有权，客观方面表现为行为人采用欺诈手段骗取保险金，数额较大的行为，主体是年满 16 周岁、具有刑事责任能力的投保人、被保险业人或者受益人和单位，主观方面是直接故意，且以非法占有为目的，客体是他人的生命权利，客观方面表现为行为人非法剥夺他人生命的行为，主体是年满 14 周岁、具有刑事责任能力的自然人，主观方面是间接故意$\}$。

（六）保险诈骗罪与故意伤害罪的界限

$G = \{$保险诈骗罪$\}$；$I = \{$故意伤害罪$\}$

$G\cap I = \{$保险诈骗罪$\}\cap\{$故意伤害罪$\} = \{$客体是国家对保险的管理秩序和保险公司的财产所有权，客观方面表现为行为人采用欺诈手段骗取保险金，数额较大的行为，主体是年满 16 周岁、具有刑事责任能力的投保人、被保险业人或者受益人和单位，主观方面是直接故意，且以非法占有为目的}∩{客体是他人的健康权利，客观方面表现为行为人非法损害他人身体健康的行为，主体是年满14周岁或者16周岁、具有刑事责任能力的自然人，主观方面是故意} = {主体是年满16周岁、具有刑事责任能力的自然人，主观方面是故意}。

G∪I = {保险诈骗罪}∪{故意伤害罪} = {客体是国家对保险的管理秩序和保险公司的财产所有权，客观方面表现为行为人采用欺诈手段骗取保险金，数额较大的行为，主体是年满16周岁、具有刑事责任能力的投保人、被保险业人或者受益人和单位，主观方面是直接故意，且以非法占有为目的}∪{客体是他人的健康权利，客观方面表现为行为人非法损害他人身体健康的行为，主体是年满14周岁或者16周岁、具有刑事责任能力的自然人，主观方面是故意} = {客体是国家对保险的管理秩序和保险公司的财产所有权，客观方面表现为行为人采用欺诈手段骗取保险金，数额较大的行为，主体是年满16周岁、具有刑事责任能力的投保人、被保险业人或者受益人和单位，主观方面是直接故意，且以非法占有为目的，客体是他人的健康权利，客观方面表现为行为人非法损害他人身体健康的行为，主体是年满14周岁或者16周岁、具有刑事责任能力的自然人，主观方面是故意}。

那么，保险诈骗罪与故意伤害罪的相同点：G∩I = {主体是年满16周岁、具有刑事责任能力的自然人，主观方面是直接故意}。

保险诈骗罪与故意伤害罪的不同点：G∪I - G∩I = {客体是国家对保险的管理秩序和保险公司的财产所有权，客观方面表现为行为人采用欺诈手段骗取保险金，数额较大的行为，主体是年满16周岁、具有刑事责任能力的投保人、被保险业人或者受益人和单位，主观方面是直接故意，且以非法占有为目的，客体是他人的健康权利，客观方面表现为行为人非法损害他人身体健康的行为，主体是年满14周岁或者16周岁、具有刑事责任能力的自然人，主观方面是间接故意｝。

（七）保险诈骗罪与故意毁坏财物罪

G＝｛保险诈骗罪｝；J＝｛故意毁坏财物罪｝

G∩J＝｛保险诈骗罪｝∩｛故意毁坏财物罪｝＝｛客体是国家对保险的管理秩序和保险公司的财产所有权，客观方面表现为行为人采用欺诈手段骗取保险金，数额较大的行为，主体是年满16周岁、具有刑事责任能力的投保人、被保险业人或者受益人和单位，主观方面是直接故意，且以非法占有为目的｝∩｛客体是公私财产所有权，客观方面表现为行为人故意毁坏公私财物，数额较大或者有其他严重情节的行为，主体是年满16周岁、具有刑事责任能力的自然人，主观方面是故意｝＝｛主体是年满16周岁、具有刑事责任能力的自然人，主观方面是故意｝。

G∪J＝｛保险诈骗罪｝∪｛故意毁坏财物罪｝＝｛客体是国家对保险的管理秩序和保险公司的财产所有权，客观方面表现为行为人采用欺诈手段骗取保险金，数额较大的行为，主体是年满16周岁、具有刑事责任能力的投保人、被保险业人或者受益人和单位，主观方面是直接故意，且以非法占有为目的｝∪｛客体是公私财产所有权，客观方面表现为行为人故意毁坏公私财物，数额较大或者有其他严重情节的行为，主体是年满16周岁、具有刑事责任能力的自然人，主观方面是故意｝＝｛客体是国家对保险的管理秩序和保险公司的财产所有权，客观方面表现为行为人采用欺诈手段骗取保险金，数额较大的行为，主体是年满16周岁、具有刑事责任能力的投保人、被保险业人或者受益人和单位，主观方面是直接故意，且以非法占有为目的，客体是公私财产所有权，客观方面表现为行为人故意毁坏公私财物，数额较大或者有其他严重情节的行为，主体是年满16周岁、具有刑事责任能力的自然人，主观方面是故意｝。

那么，保险诈骗罪与故意毁坏财物罪的相同点：G∩J＝{主体是年满 16 周岁、具有刑事责任能力的自然人，主观方面是直接故意}。

保险诈骗罪与故意毁坏财物罪的不同点：G∪J－G∩J＝{客体是国家对保险的管理秩序和保险公司的财产所有权，客观方面表现为行为人采用欺诈手段骗取保险金，数额较大的行为，主体是年满 16 周岁、具有刑事责任能力的投保人、被保险业人或者受益人和单位，主观方面是直接故意，且以非法占有为目的，客体是公私财产所有权，客观方面表现为行为人故意毁坏公私财物，数额较大或者有其他严重情节的行为，主体是年满 16 周岁、具有刑事责任能力的自然人，主观方面是间接故意}。

第六节　危害税收征管罪

一、危害税收征管罪概述

（一）危害税收征管罪的概念

危害税收征管罪，是指行为人违反税收管理法律、法规，危害税收征管活动，情节严重，依法应负刑事责任的行为。

（二）危害税收征管罪的构成特征

关于危害税收征管罪的构成特征，根据现行刑法的规定，主要有以下几个方面，其集合表现为：

设 A 为危害税收征管罪的集合，则 A＝{危害税收征管罪}；

设 B 为危害税收征管罪的客体的集合，则 B＝{客体是国家税收征管秩序}；

设 C 为危害税收征管罪的客观方面的集合，则 C＝{客观方面表现为行为人违反税收管理法律、法规，危害税收征管活动，情节严重，依法应负刑事责任的行为}；

设 D 为危害税收征管罪的主体的集合，则 D = {主体多数为一般主体，除抗税罪外，都可以由单位构成}；

设 E 为危害税收征管罪的主观方面的集合，则 E = {主观方面是直接故意}；

则 A = B∪C∪D∪E，即 {危害税收征管罪} = {客体是国家税收征管秩序}∪{客观方面表现为行为人违反税收管理法律、法规，危害税收征管活动，情节严重，依法应负刑事责任的行为}∪{主体多数为一般主体，除抗税罪外，都可以由单位构成}∪{主观方面是直接故意} = {客体国家税收征管秩序，客观方面表现为行为人违反税收管理法律、法规，危害税收征管活动，情节严重，依法应负刑事责任的行为，主体多数为一般主体，除抗税罪外，都可以由单位构成，主观方面是直接故意}。

（三）危害税收征管罪的类型

根据现行刑法对危害税收征管罪所做的规定来看，本节共有 13 种具体犯罪，用子集的方式来表达，其构造表现为：

{危害税收征管罪}

{逃税罪}

{抗税罪}

{逃避追缴欠税罪}

{骗取出口退税罪}

{虚开增值税专用发票、用于骗取出口退税、抵扣税款发票罪}

{伪造、出售伪造的增值税专用发票罪}

{非法出售增值税专用发票罪}

{非法购买增值税专用发票、购买伪造的增值税专用发票罪}

{非法制造、出售非法制造的用于骗取出口退税、抵扣税款发票罪}

{非法制造、出售非法制造的发票罪}

{非法出售用于骗取出口退税、抵扣税款发票罪}

{非法出售发票罪}

{持有伪造的发票罪}

……

{逃税罪, 抗税罪, 逃避追缴欠税罪, 骗取出口退税罪, 虚开增值税专用发票、用于骗取出口退税、抵扣税款发票罪, 伪造、出售伪造的增值税专用发票罪, 非法出售增值税专用发票罪, 非法购买增值税专用发票、购买伪造的增值税专用发票罪, 非法制造、出售非法制造的用于骗取出口退税、抵扣税款发票罪, 非法制造、出售非法制造的发票罪, 非法出售用于骗取出口退税、抵扣税款发票罪, 非法出售发票罪, 持有伪造的发票罪}

二、危害税收征管罪的界限

(一) 逃税罪与抗税罪

A = {逃税罪}; B = {抗税罪}

A∩B = {逃税罪} ∩ {抗税罪} = {客体是税收征管秩序和国家对应征税款的所有权, 客观方面表现为行为人采取欺骗、隐瞒手段进行虚假纳税申报或者不申报, 逃避缴纳税款数额较大并且占应纳税额 10% 以上的行为, 主体是年满 16 周岁、具有刑事责任能力的纳税人和单位, 主观方面是直接故意, 且以不缴或者少缴应纳税款为目的} ∩ {客体是税收征管秩序和国家对应征税款以及代扣、代收税款的所有权以及税务机关工作人员的人身权利, 客观方面表现为行为人违反税收管理法律、法规, 以暴力、威胁方法拒不缴纳应纳税款以及代扣、代收的税款的行为, 主体是年满 16

周岁、具有刑事责任能力的纳税人、扣缴义务人，主观方面是直接故意，且以拒缴税款为目的｝＝｛客体是税收征管秩序，主体是年满 16 周岁、具有刑事责任能力的纳税人，主观方面是直接故意｝。

　　A∪B＝｛逃税罪｝∪｛抗税罪｝＝｛客体是税收征管秩序和国家对应征税款的所有权，客观方面表现为行为人采取欺骗、隐瞒手段进行虚假纳税申报或者不申报，逃避缴纳税款数额较大并且占应纳税额 10% 以上的行为，主体是年满 16 周岁、具有刑事责任能力的纳税人和单位，主观方面是直接故意，且以不缴或者少缴应纳税款为目的｝∪｛客体是税收征管秩序和国家对应征税款以及代扣、代收税款的所有权以及税务机关工作人员的人身权利，客观方面表现为行为人违反税收管理法律、法规，以暴力、威胁方法拒不缴纳应纳税款以及代扣、代收的税款的行为，主体是年满 16 周岁、具有刑事责任能力的纳税人、扣缴义务人，主观方面是直接故意，且以拒缴税款为目的｝＝｛客体是税收征管秩序和国家对应征税款的所有权，客观方面表现为行为人采取欺骗、隐瞒手段进行虚假纳税申报或者不申报，逃避缴纳税款数额较大并且占应纳税额 10% 以上的行为，主体是年满 16 周岁、具有刑事责任能力的纳税人和单位，主观方面是直接故意，且以不缴或者少缴应纳税款为目的，客体是税收征管秩序和国家对应征税款以及代扣、代收税款的所有权以及税务机关工作人员的人身权利，客观方面表现为行为人违反税收管理法律、法规，以暴力、威胁方法拒不缴纳应纳税款以及代扣、代收的税款的行为，主体是年满 16 周岁、具有刑事责任能力的纳税人、扣缴义务人，主观方面是直接故意，且以拒缴税款为目的｝。

　　那么，逃税罪与抗税罪的相同点：A∩B＝｛客体是税收征管秩序，主体是年满 16 周岁、具有刑事责任能力的纳税人，主观方面是直接故意｝。

逃税罪与抗税罪的不同点：$A \cup B - A \cap B =$｛客体是国家对应征税款的所有权，客观方面表现为行为人采取欺骗、隐瞒手段进行虚假纳税申报或者不申报，逃避缴纳税款数额较大并且占应纳税额 10% 以上的行为，主体是单位，主观方面是直接故意，且以不缴或者少缴应纳税款为目的，客体是国家对应征税款以及代扣、代收税款的所有权以及税务机关工作人员的人身权利，客观方面表现为行为人违反税收管理法律、法规，以暴力、威胁方法拒不缴纳应纳税款以及代扣、代收的税款的行为，主体是扣缴义务人，主观方面是直接故意，且以拒缴税款为目的｝。

（二）逃税罪与逃避追缴欠税罪

$A =$｛逃税罪｝；$C =$｛逃避追缴欠税罪｝

$A \cap C =$｛逃税罪｝$\cap$｛逃避追缴欠税罪｝$=$｛客体是税收征管秩序和国家对应征税款的所有权，客观方面表现为行为人采取欺骗、隐瞒手段进行虚假纳税申报或者不申报，逃避缴纳税款数额较大并且占应纳税额 10% 以上的行为，主体是年满 16 周岁、具有刑事责任能力的纳税人和单位，主观方面是直接故意，且以不缴或者少缴应纳税款为目的｝$\cap$｛客体是税收征管秩序和国家对纳税人所欠税款的所有权，客观方面表现为行为人违反税收管理法律、法规，采取转移或者隐匿财产的手段，致使税务机关无法追缴欠缴的税款，数额较大的行为，主体是年满 16 周岁、具有刑事责任能力的欠税人和单位，主观方面是直接故意，且以逃避追缴所欠应纳税款为目的｝$=$｛客体是税收征管秩序，主体是年满 16 周岁、具有刑事责任能力的纳税人和单位，主观方面是直接故意｝。

$A \cup C =$｛逃税罪｝$\cup$｛逃避追缴欠税罪｝$=$｛客体是税收征管秩序和国家对应征税款的所有权，客观方面表现为行为人采取欺骗、隐瞒手段进行虚假纳税申报或者不申报，逃避缴纳税款数额较大并且占应纳税额 10% 以上的行为，主体是年满 16 周岁、具有刑事责任能力的纳税人和单位，主观方面是直接故意，且以不缴或者少缴应纳税款为目的｝∪｛客体是税收征管秩序和国家对纳税人所欠税款的所有权，客观方面表现为行为人违反税收管理法律、法规，采取转移或者隐匿财产的手段，致使税务机关无法追缴欠缴的税款，数额较大的行为，主体是年满 16 周岁、具有刑事责任能力的欠税人和单位，主观方面是直接故意，且以逃避追缴所欠应纳税款为目的｝＝｛客体是税收征管秩序和国家对应征税款的所有权，客观方面表现为行为人采取欺骗、隐瞒手段进行虚假纳税申报或者不申报，逃避缴纳税款数额较大并且占应纳税额 10% 以上的行为，主体是年满 16 周岁、具有刑事责任能力的纳税人和单位，主观方面是直接故意，且以不缴或者少缴应纳税款为目的，客体是税收征管秩序和国家对纳税人所欠税款的所有权，客观方面表现为行为人违反税收管理法律、法规，采取转移或者隐匿财产的手段，致使税务机关无法追缴欠缴的税款，数额较大的行为，主体是年满 16 周岁、具有刑事责任能力的欠税人和单位，主观方面是直接故意，且以逃避追缴所欠应纳税款为目的｝。

那么，逃税罪与逃避追缴欠税罪的相同点：A∩C ＝｛客体是税收征管秩序，主体是年满 16 周岁、具有刑事责任能力的纳税人和单位，主观方面是直接故意｝。

逃税罪与逃避追缴欠税罪的不同点：A∪C－A∩C ＝｛客体是国家对应征税款的所有权，客观方面表现为行为人采取欺骗、隐瞒手段进行虚假纳税申报或者不申报，逃避缴纳税款数额较大并且占应纳税额 10% 以上的行为，主体是年满 16 周岁、具有刑事责任能力的欠税人和单位，主观方面是直接故意，且以不缴或者少缴应纳税款为目的，客体是国家对纳税人所欠税款的所有权，客观方面表现为行为人违反税收管理法律、法规，采取转移或者隐匿财产的手段，致使税务机关无法追缴欠缴的税款，数额较大的行为，主体是年满 16 周岁、具有刑事责任能力的纳税人和单位，主观方面是直接故意，且以逃避追缴所欠应纳税款为目的}。

（三）逃税罪与骗取出口退税罪

A＝{逃税罪}；D＝{骗取出口退税罪}

A∩D＝{逃税罪}∩{骗取出口退税罪}＝{客体是税收征管秩序和国家对应征税款的所有权，客观方面表现为行为人采取欺骗、隐瞒手段进行虚假纳税申报或者不申报，逃避缴纳税款数额较大并且占应纳税额 10% 以上的行为，主体是年满 16 周岁、具有刑事责任能力的纳税人和单位，主观方面是直接故意，且以不缴或者少缴应纳税款为目的}∩{客体是税收征管秩序和国家对被骗税款的所有权，客观方面表现为行为人违反税收管理法律、法规，以假报出口或者其他欺骗手段，骗取国家出口退税款，数额较大的行为，主体是年满 16 周岁、具有刑事责任能力的人和单位，主观方面是直接故意，且以非法占有国家税款为目的}＝{客体是税收征管秩序，主体是年满 16 周岁、具有刑事责任能力的人和单位，主观方面是直接故意}。

A∪D＝{逃税罪}∪{骗取出口退税罪}＝{客体是税收征管秩序和国家对应征税款的所有权，客观方面表现为行为人采取欺骗、隐瞒手段进行虚假纳税申报或者不申报，逃避缴纳税款数额较大并且占应纳税额 10% 以上的行为，主体是年满 16 周岁、具有刑事责任能力的纳税人和单位，主观方面是直接故意，且以不缴或者少缴应纳税款为目的}∪{客体是税收征管秩序和国家对被骗税款的所有权，客观方面表现为行为人违反税收管理法律、法规，以假报出口或者其他欺骗手段，骗取国家出口退税款，数额较大的行为，主体是年满 16 周岁、具有刑事责任能力的人和单位，主观方面是直接故意，且以非法占有国家税款为目的}＝{客体是税收征管秩序和国家对应征税款的所有权，客观方面表现为行为人采取欺骗、隐瞒手段进行虚假纳税申报或者不申报，逃避缴纳税款数额较大并且占应纳税额 10% 以上的行为，主体是年满 16 周岁、具有刑事责任能力的纳税人和单位，主观方面是直接故意，且以不缴或者少缴应纳税款为目的，客体是税收征管秩序和国家对被骗税款的所有权，客观方面表现为行为人违反税收管理法律、法规，以假报出口或者其他欺骗手段，骗取国家出口退税款，数额较大的行为，主体是年满 16 周岁、具有刑事责任能力的人和单位，主观方面是直接故意，且以非法占有国家税款为目的}。

那么，逃税罪与骗取出口退税罪的相同点：$A \cap D = \{$客体是税收征管秩序，主体是年满 16 周岁、具有刑事责任能力的人和单位，主观方面是直接故意}。

逃税罪与骗取出口退税罪的不同点：$A \cup D - A \cap D = \{$客体是国家对应征税款的所有权，客观方面表现为行为人采取欺骗、隐瞒手段进行虚假纳税申报或者不申报，逃避缴纳税款数额较大并且占应纳税额 10% 以上的行为，主体是年满 16 周岁、具有刑事责任能力的纳税人和单位，主观方面是直接故意，且以不缴或者少缴应纳税款为目的，客体是国家对被骗税款的所有权，客观方面表现为行为人违反税收管理法律、法规，以假报出口或者其他欺骗手段，骗取国家出口退税款，数额较大的行为，主体是年满 16 周岁、具有刑事责任能力的人和单位，主观方面是直接故意，且以非法占有国家税款为目的}。

（四）虚开增值税专用发票、用于骗取出口退税、抵扣税款发票罪与伪造、出售伪造的增值税专用发票罪

$E = \{$虚开增值税专用发票、用于骗取出口退税、抵扣税款发票罪$\}$；$F = \{$伪造、出售伪造的增值税专用发票罪$\}$

$E \cap F = \{$虚开增值税专用发票、用于骗取出口退税、抵扣税款发票罪$\} \cap \{$伪造、出售伪造的增值税专用发票罪$\} = \{$客体是国家对增值税专用发票以及用于骗取出口退税、抵扣税款发票的管理

秩序，客观方面表现为行为人违反发票管理法律、法规，虚开增值税专用发票或者用于骗取出口退税、抵扣税款的增值税专用发票以外的其他发票的行为，主体是年满 16 周岁、具有刑事责任能力的自然人和单位，主观方面是故意}∩{客体是国家对增值税专用发票的管理秩序，客观方面表现为行为人违反发票管理法律、法规，伪造或者出售伪造的增值税专用发票的行为，主体是年满 16 周岁、具有刑事责任能力的自然人和单位，主观方面是故意}={客体是国家对增值税专用发票的管理秩序，主体是年满 16 周岁、具有刑事责任能力的自然人和单位，主观方面是故意}。

E∪F={虚开增值税专用发票、用于骗取出口退税、抵扣税款发票罪}∪{伪造、出售伪造的增值税专用发票罪}={客体是国家对增值税专用发票以及用于骗取出口退税、抵扣税款发票的管理秩序，客观方面表现为行为人违反发票管理法律、法规，虚开增值税专用发票或者用于骗取出口退税、抵扣税款的增值税专用发票以外的其他发票的行为，主体是年满 16 周岁、具有刑事责任能力的自然人和单位，主观方面是故意}∪{客体是国家对增值税专用发票的管理秩序，客观方面表现为行为人违反发票管理法律、法规，伪造或者出售伪造的增值税专用发票的行为，主体是年满 16 周岁、具有刑事责任能力的自然人和单位，主观方面是故意}={客体是国家对增值税专用发票以及用于骗取出口退税、抵扣税款发票的管理秩序，客观方面表现为行为人违反发票管理法律、法规，虚开增值税专用发票或者用于骗取出口退税、抵扣税款的增值税专用发票以外的其他发票的行为，主体是年满 16 周岁、具有刑事责任能力的自然人和单位，主观方面是故意，客观方面表现为行为人违反发票管理法律、法规，伪造或者出售伪造的增值税专用发票的行为}。

那么，虚开增值税专用发票、用于骗取出口退税、抵扣税款发票罪与伪造、出售伪造的增值税专用发票罪的相同点：E∩F=

{客体是国家对增值税专用发票的管理秩序，主体是年满 16 周岁、具有刑事责任能力的自然人和单位，主观方面是故意}。

虚开增值税专用发票、用于骗取出口退税、抵扣税款发票罪与伪造、出售伪造的增值税专用发票罪的不同点：$E \cup F - E \cap F =$ {客体是国家对用于骗取出口退税、抵扣税款发票的管理秩序，客观方面表现为行为人违反发票管理法律、法规，虚开增值税专用发票或者用于骗取出口退税、抵扣税款的增值税专用发票以外的其他发票的行为，客观方面表现为行为人违反发票管理法律、法规，伪造或者出售伪造的增值税专用发票的行为}。

（五）虚开增值税专用发票、用于骗取出口退税、抵扣税款发票罪与非法出售增值税专用发票罪

$E =$ {虚开增值税专用发票、用于骗取出口退税、抵扣税款发票罪}；$G =$ {非法出售增值税专用发票罪}

$E \cap G =$ {虚开增值税专用发票、用于骗取出口退税、抵扣税款发票罪} $\cap$ {非法出售增值税专用发票罪} = {客体是国家对增值税专用发票以及用于骗取出口退税、抵扣税款发票的管理秩序，客观方面表现为行为人违反发票管理法律、法规，虚开增值税专用发票或者用于骗取出口退税、抵扣税款的增值税专用发票以外的其他发票的行为，主体是年满 16 周岁、具有刑事责任能力的自然人和单位，主观方面是故意} $\cap$ {客体是国家对增值税专用发票的管理秩序，客观方面表现为行为人违反发票管理法律、法规，非法出售增值税专用发票的行为，主体是年满 16 周岁、具有刑事责任能力的自然人和单位，主观方面是故意} = {客体是国家对增值税专用发票的管理秩序，主体是年满 16 周岁、具有刑事责任能力的自然人和单位，主观方面是故意}。

$E \cup G =$ {虚开增值税专用发票、用于骗取出口退税、抵扣税款发票罪} $\cup$ {非法出售增值税专用发票罪} = {客体是国家对增

值税专用发票以及用于骗取出口退税、抵扣税款发票的管理秩序，客观方面表现为行为人违反发票管理法律、法规，虚开增值税专用发票或者用于骗取出口退税、抵扣税款的增值税专用发票以外的其他发票的行为，主体是年满16周岁、具有刑事责任能力的自然人和单位，主观方面是故意} ∪ {客体是国家对增值税专用发票的管理秩序，客观方面表现为行为人违反发票管理法律、法规，非法出售增值税专用发票的行为，主体是年满16周岁、具有刑事责任能力的自然人和单位，主观方面是故意} = {客体是国家对增值税专用发票以及用于骗取出口退税、抵扣税款发票的管理秩序，客观方面表现为行为人违反发票管理法律、法规，虚开增值税专用发票或者用于骗取出口退税、抵扣税款的增值税专用发票以外的其他发票的行为，主体是年满16周岁、具有刑事责任能力的自然人和单位，主观方面是故意，客观方面表现为行为人违反发票管理法律、法规，非法出售增值税专用发票的行为}。

那么，虚开增值税专用发票、用于骗取出口退税、抵扣税款发票罪与非法出售增值税专用发票罪的相同点：E∩G = {客体是国家对增值税专用发票的管理秩序，主体是年满16周岁、具有刑事责任能力的自然人和单位，主观方面是故意}。

虚开增值税专用发票、用于骗取出口退税、抵扣税款发票罪与非法出售增值税专用发票罪的不同点：E∪G − E∩G = {客体是国家对用于骗取出口退税、抵扣税款发票的管理秩序，客观方面表现为行为人违反发票管理法律、法规，虚开增值税专用发票或者用于骗取出口退税、抵扣税款的增值税专用发票以外的其他发票的行为，客观方面表现为行为人违反发票管理法律、法规，非法出售增值税专用发票的行为}。

（六）虚开增值税专用发票、用于骗取出口退税、抵扣税款发票罪与非法购买增值税专用发票、购买伪造的增值税专用发票罪

E = ｛虚开增值税专用发票、用于骗取出口退税、抵扣税款发票罪｝；H = ｛非法购买增值税专用发票、购买伪造的增值税专用发票罪｝

E∩H = ｛虚开增值税专用发票、用于骗取出口退税、抵扣税款发票罪｝∩｛非法购买增值税专用发票、购买伪造的增值税专用发票罪｝ = ｛客体是国家对增值税专用发票以及用于骗取出口退税、抵扣税款发票的管理秩序，客观方面表现为行为人违反发票管理法律、法规，虚开增值税专用发票或者用于骗取出口退税、抵扣税款的增值税专用发票以外的其他发票的行为，主体是年满 16 周岁、具有刑事责任能力的自然人和单位，主观方面是故意｝∩｛客体是国家对增值税专用发票的管理秩序，客观方面表现为行为人违反发票管理法律、法规，非法购买增值税专用发票，或者购买伪造的增值税专用发票的行为，主体是年满 16 周岁、具有刑事责任能力的人和单位，主观方面是故意｝ = ｛客体是国家对增值税专用发票的管理秩序，主体是年满 16 周岁、具有刑事责任能力的人和单位，主观方面是故意｝。

E∪H = ｛虚开增值税专用发票、用于骗取出口退税、抵扣税款发票罪｝∪｛非法购买增值税专用发票、购买伪造的增值税专用发票罪｝ = ｛客体是国家对增值税专用发票以及用于骗取出口退税、抵扣税款发票的管理秩序，客观方面表现为行为人违反发票管理法律、法规，虚开增值税专用发票或者用于骗取出口退税、抵扣税款的增值税专用发票以外的其他发票的行为，主体是年满 16 周岁、具有刑事责任能力的自然人和单位，主观方面是故意｝∪｛客体是国家对增值税专用发票的管理秩序，客观方面表现为行为人

违反发票管理法律、法规，非法购买增值税专用发票，或者购买伪造的增值税专用发票的行为，主体是年满 16 周岁、具有刑事责任能力的人和单位，主观方面是故意｝＝｛客体是国家对增值税专用发票以及用于骗取出口退税、抵扣税款发票的管理秩序，客观方面表现为行为人违反发票管理法律、法规，虚开增值税专用发票或者用于骗取出口退税、抵扣税款的增值税专用发票以外的其他发票的行为，主体是年满 16 周岁、具有刑事责任能力的自然人和单位，主观方面是故意，客观方面表现为行为人违反发票管理法律、法规，非法购买增值税专用发票，或者购买伪造的增值税专用发票的行为｝。

那么，虚开增值税专用发票、用于骗取出口退税、抵扣税款发票罪与非法购买增值税专用发票、购买伪造的增值税专用发票罪的相同点：$E \cap H = $｛客体是国家对增值税专用发票的管理秩序，主体是年满 16 周岁、具有刑事责任能力的人和单位，主观方面是故意｝。

虚开增值税专用发票、用于骗取出口退税、抵扣税款发票罪与非法购买增值税专用发票、购买伪造的增值税专用发票罪的不同点：$E \cup H - E \cap H = $｛客体是国家对用于骗取出口退税、抵扣税款发票的管理秩序，客观方面表现为行为人违反发票管理法律、法规，虚开增值税专用发票或者用于骗取出口退税、抵扣税款的增值税专用发票以外的其他发票的行为，客观方面表现为行为人违反发票管理法律、法规，非法购买增值税专用发票，或者购买伪造的增值税专用发票的行为｝。

（七）虚开增值税专用发票、用于骗取出口退税、抵扣税款发票罪与非法制造、出售非法制造的用于骗取出口退税、抵扣税款发票罪

$E = $｛虚开增值税专用发票、用于骗取出口退税、抵扣税款发

票罪｝；Ⅰ＝｛非法制造、出售非法制造的用于骗取出口退税、抵扣税款发票罪｝

　　Ｅ∩Ⅰ＝｛虚开增值税专用发票、用于骗取出口退税、抵扣税款发票罪｝∩｛非法制造、出售非法制造的用于骗取出口退税、抵扣税款发票罪｝＝｛客体是国家对增值税专用发票以及用于骗取出口退税、抵扣税款发票的管理秩序，客观方面表现为行为人违反发票管理法律、法规，虚开增值税专用发票或者用于骗取出口退税、抵扣税款的增值税专用发票以外的其他发票的行为，主体是年满16周岁、具有刑事责任能力的自然人和单位，主观方面是故意｝∩｛客体是国家对用于骗取出口退税、抵扣税款发票的管理秩序，客观方面表现为行为人违反发票管理法律、法规，伪造、擅自制造或者出售伪造、擅自制造的用于骗取出口退税、抵扣税款发票的行为，主体是年满16周岁、具有刑事责任能力的自然人和单位，主观方面是故意｝＝｛主体是年满16周岁、具有刑事责任能力的自然人和单位，主观方面是故意｝。

　　Ｅ∪Ⅰ＝｛虚开增值税专用发票、用于骗取出口退税、抵扣税款发票罪｝∪｛非法制造、出售非法制造的用于骗取出口退税、抵扣税款发票罪｝＝｛客体是国家对增值税专用发票以及用于骗取出口退税、抵扣税款发票的管理秩序，客观方面表现为行为人违反发票管理法律、法规，虚开增值税专用发票或者用于骗取出口退税、抵扣税款的增值税专用发票以外的其他发票的行为，主体是年满16周岁、具有刑事责任能力的自然人和单位，主观方面是故意｝∪｛客体是国家对用于骗取出口退税、抵扣税款发票的管理秩序，客观方面表现为行为人违反发票管理法律、法规，伪造、擅自制造或者出售伪造、擅自制造的用于骗取出口退税、抵扣税款发票的行为，主体是年满16周岁、具有刑事责任能力的人和单位，主观方面是故意｝＝｛客体是国家对增值税专用发票以及用于骗取出口退税、抵扣税款发票的管理秩序，客观方面表现为行为人违反发票管理法律、法规，虚开增值税专用发票或者用于骗取出口退税、抵扣税款的增值税专用发票以外的其他发票的行为，主体是年满 16 周岁、具有刑事责任能力的自然人和单位，主观方面是故意，客体是国家对用于骗取出口退税、抵扣税款发票的管理秩序，客观方面表现为行为人违反发票管理法律、法规，伪造、擅自制造或者出售伪造、擅自制造的用于骗取出口退税、抵扣税款发票的行为}。

那么，虚开增值税专用发票、用于骗取出口退税、抵扣税款发票罪与非法制造、出售非法制造的用于骗取出口退税、抵扣税款发票罪的相同点：$E \cap I =$ {客体是国家对用于骗取出口退税、抵扣税款发票的管理秩序，主体是年满 16 周岁、具有刑事责任能力的自然人和单位，主观方面是故意}。

虚开增值税专用发票、用于骗取出口退税、抵扣税款发票罪与非法制造、出售非法制造的用于骗取出口退税、抵扣税款发票罪的不同点：$E \cup I - E \cap I =$ {客体是国家对增值税专用发票的管理秩序，客观方面表现为行为人违反发票管理法律、法规，虚开增值税专用发票或者用于骗取出口退税、抵扣税款的增值税专用发票以外的其他发票的行为，客观方面表现为行为人违反发票管理法律、法规，伪造、擅自制造或者出售伪造、擅自制造的用于骗取出口退税、抵扣税款发票的行为}。

（八）虚开增值税专用发票、用于骗取出口退税、抵扣税款发票罪与非法出售用于骗取出口退税、抵扣税款发票罪的界限

$E =$ {虚开增值税专用发票、用于骗取出口退税、抵扣税款发票罪}；$J =$ {非法出售用于骗取出口退税、抵扣税款发票罪}

$E \cap J =$ {虚开增值税专用发票、用于骗取出口退税、抵扣税款发票罪} $\cap$ {非法出售用于骗取出口退税、抵扣税款发票罪} = {客

体是国家对增值税专用发票以及用于骗取出口退税、抵扣税款发票的管理秩序，客观方面表现为行为人违反发票管理法律、法规，虚开增值税专用发票或者用于骗取出口退税、抵扣税款的增值税专用发票以外的其他发票的行为，主体是年满 16 周岁、具有刑事责任能力的自然人和单位，主观方面是故意｝∩｛客体是国家对用于骗取出口退税、抵扣税款发票的管理秩序，客观方面表现为行为人违反发票管理法律、法规，非法出售用于骗取出口退税、抵扣税款发票的行为，主体是年满 16 周岁、具有刑事责任能力的自然人和单位，主观方面是故意｝=｛主体是年满 16 周岁、具有刑事责任能力的自然人和单位，主观方面是故意｝。

E∪J =｛虚开增值税专用发票、用于骗取出口退税、抵扣税款发票罪｝∪｛非法出售用于骗取出口退税、抵扣税款发票罪｝=｛客体是国家对增值税专用发票以及用于骗取出口退税、抵扣税款发票的管理秩序，客观方面表现为行为人违反发票管理法律、法规，虚开增值税专用发票或者用于骗取出口退税、抵扣税款的增值税专用发票以外的其他发票的行为，主体是年满 16 周岁、具有刑事责任能力的自然人和单位，主观方面是故意｝∪｛客体是国家对用于骗取出口退税、抵扣税款发票的管理秩序，客观方面表现为行为人违反发票管理法律、法规，非法出售用于骗取出口退税、抵扣税款发票的行为，主体是年满 16 周岁、具有刑事责任能力的人和单位，主观方面是故意｝=｛客体是国家对增值税专用发票以及用于骗取出口退税、抵扣税款发票的管理秩序，客观方面表现为行为人违反发票管理法律、法规，虚开增值税专用发票或者用于骗取出口退税、抵扣税款的增值税专用发票以外的其他发票的行为，主体是年满 16 周岁、具有刑事责任能力的自然人和单位，主观方面是故意，客观方面表现为行为人违反发票管理法律、法规，非法出售用于骗取出口退税、抵扣税款发票的行为｝。

那么，虚开增值税专用发票、用于骗取出口退税、抵扣税款发票罪与非法出售用于骗取出口退税、抵扣税款发票罪的相同点：E∩J＝{客体是国家对用于骗取出口退税、抵扣税款发票的管理秩序，主体是年满 16 周岁、具有刑事责任能力的自然人和单位，主观方面是故意}。

虚开增值税专用发票、用于骗取出口退税、抵扣税款发票罪与非法出售用于骗取出口退税、抵扣税款发票罪的不同点：E∪J－E∩J＝{客体是国家对增值税专用发票的管理秩序，客观方面表现为行为人违反发票管理法律、法规，虚开增值税专用发票或者用于骗取出口退税、抵扣税款的增值税专用发票以外的其他发票的行为，客观方面表现为行为人违反发票管理法律、法规，非法出售用于骗取出口退税、抵扣税款发票的行为}。

第七节　侵犯知识产权罪

一、侵犯知识产权罪概述

（一）侵犯知识产权罪的概念

侵犯知识产权罪，是指行为人违反知识产权管理法律、法规，侵犯他人的知识产权，情节严重，依法应负刑事责任的行为。

（二）侵犯知识产权罪的构成特征

关于侵犯知识产权罪的构成特征，根据现行刑法的规定，主要有以下几个方面，其集合表现为：

设 A 为侵犯知识产权罪的集合，则 A＝{侵犯知识产权罪}；

设 B 为侵犯知识产权罪的客体的集合，则 B＝{客体是国家对知识产权的管理秩序和知识产权权利人的利益}；

　　设 C 为侵犯知识产权罪的客观方面的集合，则 C =｛客观方面表现为行为人违反知识产权管理法律、法规，侵犯他人的知识产权，情节严重，依法应负刑事责任的行为｝；

　　设 D 为侵犯知识产权罪的主体的集合，则 D =｛主体为一般主体，个人和单位都可以构成｝；

　　设 E 为侵犯知识产权罪的主观方面的集合，则 E =｛主观方面是直接故意｝；

　　则 A = B∪C∪D∪E，即｛侵犯知识产权罪｝=｛客体是国家对知识产权的管理秩序和知识产权权利人的利益｝∪｛客观方面表现为行为人违反知识产权管理法律、法规，侵犯他人的知识产权，情节严重，依法应负刑事责任的行为｝∪｛主体为一般主体，个人和单位都可以构成｝∪｛主观方面是直接故意｝=｛客体是国家对知识产权的管理秩序和知识产权权利人的利益，客观方面表现为行为人违反知识产权管理法律、法规，侵犯他人的知识产权，情节严重，依法应负刑事责任的行为，主体为一般主体，个人和单位都可以构成，主观方面是直接故意｝。

（三）侵犯知识产权罪的类型

　　根据现行刑法对侵犯知识产权罪所作的规定来看，本节共有 8 种具体犯罪，用子集的方式来表达，其构造表现为：

｛侵犯知识产权罪｝

｛假冒注册商标罪｝

｛销售假冒注册商标的商品罪｝

｛非法制造、销售非法制造的注册商标标识罪｝

｛假冒专利罪｝

｛侵犯著作权罪｝

｛销售侵权复制品罪｝

｛侵犯商业秘密罪｝

{为境外窃取、刺探、收买、非法提供商业秘密罪}

……

{假冒注册商标罪，销售假冒注册商标的商品罪，非法制造、销售非法制造的注册商标标识罪，假冒专利罪，侵犯著作权罪，销售侵权复制品罪，侵犯商业秘密罪，为境外窃取、刺探、收买、非法提供商业秘密罪}

二、侵犯知识产权罪的界限

（一）假冒注册商标罪与销售假冒注册商标的商品罪

A = {假冒注册商标罪}；B = {销售假冒注册商标的商品罪}

A∩B = {假冒注册商标罪} ∩ {销售假冒注册商标的商品罪} = {客体是国家对注册商标的保护和管理秩序和注册商标所有人的专用权，客观方面表现为行为人违反注册商标管理法律、法规，未经注册商标所有人许可，在同一种商品、服务上使用与其注册商标相同的商标，情节严重的行为，主体是年满 16 周岁、具有刑事责任能力的自然人和单位，主观方面是故意} ∩ {客体是国家对注册商标的保护和管理秩序，客观方面表现为行为人违反注册商标管理法律、法规，销售明知是假冒注册商标的商品，违法所得数额较大或者有其他严重情节的行为，主体是年满 16 周岁、具有刑事责任能力的人和单位，主观方面是故意} = {客体是国家对注册商标的保护和管理秩序，主体是年满 16 周岁、具有刑事责任能力的人和单位，主观方面是故意}。

A∪B = {假冒注册商标罪} ∪ {销售假冒注册商标的商品罪} = {客体是国家对注册商标的保护和管理秩序和注册商标所有人的专用权，客观方面表现为行为人违反注册商标管理法律、法规，未经注册商标所有人许可，在同一种商品、服务上使用与其注册商标相同的商标，情节严重的行为，主体是年满 16 周岁、具有刑事责任能力的自然人和单位，主观方面是故意｝∪｛客体是国家对注册商标的保护和管理秩序，客观方面表现为行为人违反注册商标管理法律、法规，销售明知是假冒注册商标的商品，违法所得数额较大或者有其他严重情节的行为，主体是年满16周岁、具有刑事责任能力的人和单位，主观方面是故意｝＝｛客体是国家对注册商标的保护和管理秩序和注册商标所有人的专用权，客观方面表现为行为人违反注册商标管理法律、法规，未经注册商标所有人许可，在同一种商品、服务上使用与其注册商标相同的商标，情节严重的行为，主体是年满16周岁、具有刑事责任能力的自然人和单位，主观方面是故意，客观方面表现为行为人违反注册商标管理法律、法规，销售明知是假冒注册商标的商品，违法所得数额较大或者有其他严重情节的行为｝。

那么，假冒注册商标罪与销售假冒注册商标的商品罪的相同点：A∩B＝｛客体是国家对注册商标的保护和管理秩序，主体是年满16周岁、具有刑事责任能力的人和单位，主观方面是故意｝。

假冒注册商标罪与销售假冒注册商标的商品罪的不同点：A∪B－A∩B＝｛客体是国家对注册商标所有人的专用权，客观方面表现为行为人违反注册商标管理法律、法规，未经注册商标所有人许可，在同一种商品、服务上使用与其注册商标相同的商标，情节严重的行为，客观方面表现为行为人违反注册商标管理法律、法规，销售明知是假冒注册商标的商品，违法所得数额较大或者有其他严重情节的行为｝。

（二）假冒注册商标罪与非法制造、销售非法制造的注册商标标识罪

A＝｛假冒注册商标罪｝；C＝｛非法制造、销售非法制造的注册商标标识罪｝

A∩C＝｛假冒注册商标罪｝∩｛非法制造、销售非法制造的注

册商标标识罪｝＝｛客体是国家对注册商标的保护和管理秩序和注册商标所有人的专用权，客观方面表现为行为人违反注册商标管理法律、法规，未经注册商标所有人许可，在同一种商品、服务上使用与其注册商标相同的商标，情节严重的行为，主体是年满16 周岁、具有刑事责任能力的自然人和单位，主观方面是故意｝∩｛客体是国家对注册商标的保护和管理秩序，客观方面表现为行为人违反注册商标管理法律、法规，伪造、擅自制造他人注册商标标识，或者销售伪造、擅自制造他人注册商标标识，情节严重的行为，主体是年满16 周岁、具有刑事责任能力的人和单位，主观方面是故意｝＝｛客体是国家对注册商标的保护和管理秩序，主体是年满16 周岁、具有刑事责任能力的人和单位，主观方面是故意｝。

A∪C＝｛假冒注册商标罪｝∪｛非法制造、销售非法制造的注册商标标识罪｝＝｛客体是国家对注册商标的保护和管理秩序和注册商标所有人的专用权，客观方面表现为行为人违反注册商标管理法律、法规，未经注册商标所有人许可，在同一种商品、服务上使用与其注册商标相同的商标，情节严重的行为，主体是年满16 周岁、具有刑事责任能力的自然人和单位，主观方面是故意｝∪｛客体是国家对注册商标的保护和管理秩序，客观方面表现为行为人违反注册商标管理法律、法规，伪造、擅自制造他人注册商标标识，或者销售伪造、擅自制造他人注册商标标识，情节严重的行为，主体是年满16 周岁、具有刑事责任能力的人和单位，主观方面是故意｝＝｛客体是国家对注册商标的保护和管理秩序和注册商标所有人的专用权，客观方面表现为行为人违反注册商标管理法律、法规，未经注册商标所有人许可，在同一种商品、服务上使用与其注册商标相同的商标，情节严重的行为，主体是年满16 周岁、具有刑事责任能力的自然人和单位，主观方面是故意，客观方面表现为行为人违反注册商标管理法律、法规，伪造、擅自制造他人注册商标标识，或者销售伪造、擅自制造他人注册商标标识，情节严重的行为｝。

那么，假冒注册商标罪与非法制造、销售非法制造的注册商标标识罪的相同点：$A \cap C =$｛客体是国家对注册商标的保护和管理秩序，主体是年满 16 周岁、具有刑事责任能力的人和单位，主观方面是故意｝。

假冒注册商标罪与非法制造、销售非法制造的注册商标标识罪的不同点：$A \cup C - A \cap C =$｛客体是国家对注册商标所有人的专用权，客观方面表现为行为人违反注册商标管理法律、法规，未经注册商标所有人许可，在同一种商品、服务上使用与其注册商标相同的商标，情节严重的行为，客观方面表现为行为人违反注册商标管理法律、法规，伪造、擅自制造他人注册商标标识，或者销售伪造、擅自制造他人注册商标标识，情节严重的行为｝。

（三）假冒注册商标罪与假冒专利罪

$A =$｛假冒注册商标罪｝；$D =$｛假冒专利罪｝

$A \cap D =$｛假冒注册商标罪｝ $\cap$ ｛假冒专利罪｝$=$｛客体是国家对注册商标的保护和管理秩序和注册商标所有人的专用权，客观方面表现为行为人违反注册商标管理法律、法规，未经注册商标所有人许可，在同一种商品、服务上使用与其注册商标相同的商标，情节严重的行为，主体是年满 16 周岁、具有刑事责任能力的人和单位，主观方面是故意｝$\cap$｛客体是国家对专利的保护和管理秩序和专利所有人的专用权，客观方面表现为行为人违反注册商标管理法律、法规，未经专利权人许可，在非专利产品上使用其专利标记或专利号，情节严重的行为，主体是年满 16 周岁、具有刑事责任能力的人和单位，主观方面是故意｝$=$｛主体是年满 16 周岁、具有刑事责任能力的人和单位，主观方面是故意｝。

A∪D = {假冒注册商标罪} ∪ {假冒专利罪} = {客体是国家对注册商标的保护和管理秩序和注册商标所有人的专用权，客观方面表现为行为人违反注册商标管理法律、法规，未经注册商标所有人许可，在同一种商品、服务上使用与其注册商标相同的商标，情节严重的行为，主体是年满 16 周岁、具有刑事责任能力的人和单位，主观方面是故意} ∪ {客体是国家对专利的保护和管理秩序和专利所有人的专用权，客观方面表现为行为人违反注册商标管理法律、法规，未经专利权人许可，在非专利产品上使用其专利标记或专利号，情节严重的行为，主体是年满 16 周岁、具有刑事责任能力的人和单位，主观方面是故意} = {客体是国家对注册商标的保护和管理秩序和注册商标所有人的专用权，客观方面表现为行为人违反注册商标管理法律、法规，未经注册商标所有人许可，在同一种商品、服务上使用与其注册商标相同的商标，情节严重的行为，主体是年满 16 周岁、具有刑事责任能力的人和单位，主观方面是故意，客体是国家对专利的保护和管理秩序和专利所有人的专用权，客观方面表现为行为人违反注册商标管理法律、法规，未经专利权人许可，在非专利产品上使用其专利标记或专利号，情节严重的行为}。

那么，假冒注册商标罪与假冒专利罪的相同点：A∩D = {主体是年满 16 周岁、具有刑事责任能力的人和单位，主观方面是故意}。

假冒注册商标罪与假冒专利罪的不同点：A∪D – A∩D = {客体是国家对注册商标的保护和管理秩序和注册商标所有人的专用权，客观方面表现为行为人违反注册商标管理法律、法规，未经注册商标所有人许可，在同一种商品、服务上使用与其注册商标相同的商标，情节严重的行为，客体是国家对专利的保护和管理秩序和专利所有人的专用权，客观方面表现为行为人违反注册商标管理法律、法规，未经专利权人许可，在非专利产品上使用其专利标记或专利号，情节严重的行为｝。

（四）侵犯著作权罪与销售侵权复制品罪

E＝｛侵犯著作权罪｝；F＝｛销售侵权复制品罪｝

E∩F＝｛侵犯著作权罪｝∩｛销售侵权复制品罪｝＝｛客体是国家对著作权以及有关权利保护和管理秩序和著作权人依法享有的著作权以及有关权利，客观方面表现为行为人违反著作权以及与著作权有关权利的法律、法规，侵犯他人著作权或者与著作权有关的权利，违法所得数额较大或者有其他严重情节的行为，主体是年满16周岁、具有刑事责任能力的人和单位，主观方面是直接故意，以营利为目的｝∩｛客体是国家对著作权以及有关权利的保护和管理秩序，客观方面表现为行为人违反著作权以及与著作权有关权利的法律、法规，销售明知是侵犯他人著作权的复制品，违法所得数额巨大或者有其他严重情节的行为，主体是年满16周岁、具有刑事责任能力的人和单位，主观方面是直接故意，以营利为目的｝＝｛客体是国家对著作权的保护和管理秩序，主体是年满16周岁、具有刑事责任能力的人和单位，主观方面是直接故意，以营利为目的｝。

E∪F＝｛侵犯著作权罪｝∪｛销售侵权复制品罪｝＝｛客体是国家对著作权以及有关权利保护和管理秩序和著作权人依法享有的著作权以及有关权利，客观方面表现为行为人违反著作权以及与著作权有关权利的法律、法规，侵犯他人著作权或者与著作权有关的权利，违法所得数额较大或者有其他严重情节的行为，主体是年满16周岁、具有刑事责任能力的人和单位，主观方面是直接故意，以营利为目的｝∪｛客体是国家对著作权以及有关权利的保护和管理秩序，客观方面表现为行为人违反著作权以及与著作权有关权利的法律、法规，销售明知是侵犯他人著作权的复制品，违法所得数额巨大或者有其他严重情节的行为，主体是年满16周岁、具有刑事责任能力的人和单位,主观方面是直接故意,以营利为目的}={客体是国家对著作权以及有关权利保护和管理秩序和著作权人依法享有的著作权以及有关权利,客观方面表现为行为人违反著作权以及与著作权有关权利的法律、法规,侵犯他人著作权或者与著作权有关的权利,违法所得数额较大或者有其他严重情节的行为,主体是年满16周岁、具有刑事责任能力的人和单位,主观方面是直接故意,以营利为目的,客体是国家对著作权以及有关权利的保护和管理秩序,客观方面表现为行为人违反著作权以及与著作权有关权利的法律、法规,销售明知是侵犯他人著作权的复制品,违法所得数额巨大或者有其他严重情节的行为}。

那么,侵犯著作权罪与销售侵权复制品罪的相同点:$E \cap F=${客体是国家对著作权以及有关权利保护和管理秩序,主体是年满16周岁、具有刑事责任能力的人和单位,主观方面是直接故意,以营利为目的}。

侵犯著作权罪与销售侵权复制品罪的不同点:$E \cup F - E \cap F=${客体是国家对著作权人依法享有的著作权以及有关权利,客观方面表现为行为人违反著作权以及与著作权有关权利的法律、法规,侵犯他人著作权或者与著作权有关的权利,违法所得数额较大或者有其他严重情节的行为,客观方面表现为行为人违反著作权以及与著作权有关权利的法律、法规,销售明知是侵犯他人著作权的复制品,违法所得数额巨大或者有其他严重情节的行为}。

(五)侵犯商业秘密罪与非法获取国家秘密罪

$G=${侵犯商业秘密罪};$H=${非法获取国家秘密罪}

$G \cap H=${侵犯商业秘密罪} $\cap$ {非法获取国家秘密罪}={客体是国家对商业秘密的保护和管理秩序以及商业秘密权利人依法享有的专有权,客观方面表现为行为人违反商业秘密管理法律、法规，以盗窃、贿赂、欺诈、胁迫、电子侵入或者其他不正当手段获取权利人的商业秘密，披露、使用或者允许他人使用以前项手段获取的权利人的商业秘密，违反保密义务或者违反权利人有关保守商业秘密的要求，披露、使用或者允许他人使用其所掌握的商业秘密，或者明知是前三项所列行为，获取、披露、使用或者允许他人使用该商业秘密的行为，主体是年满 16 周岁、具有刑事责任能力的自然人和单位，主观方面是故意$\}\cap\{$客体是国家的保密制度，客观方面表现为行为人以窃取、刺探、收买方法，非法获取国家秘密的行为，主体是年满 16 周岁、具有刑事责任能力的自然人，主观方面是故意$\}=\{$主体是年满 16 周岁、具有刑事责任能力的自然人，主观方面是故意$\}$。

$G\cup H=\{$侵犯商业秘密罪$\}\cup\{$非法获取国家秘密罪$\}=\{$客体是国家对商业秘密的保护和管理秩序以及商业秘密权利人依法享有的专有权，客观方面表现为行为人违反商业秘密管理法律、法规，以盗窃、贿赂、欺诈、胁迫、电子侵入或者其他不正当手段获取权利人的商业秘密，披露、使用或者允许他人使用以前项手段获取的权利人的商业秘密，违反保密义务或者违反权利人有关保守商业秘密的要求，披露、使用或者允许他人使用其所掌握的商业秘密，或者明知是前三项所列行为，获取、披露、使用或者允许他人使用该商业秘密的行为，主体是年满 16 周岁、具有刑事责任能力的自然人和单位，主观方面是故意$\}\cup\{$客体是国家的保密制度，客观方面表现为行为人以窃取、刺探、收买方法，非法获取国家秘密的行为，主体是年满 16 周岁、具有刑事责任能力的自然人，主观方面是故意$\}=\{$客体是国家对商业秘密的保护和管理秩序以及商业秘密权利人依法享有的专有权，客观方面表现为行为人违反商业秘密管理法律、法规，以盗窃、贿赂、欺诈、胁迫、电子侵入或者其他不正当手段获取权利人的商业秘密，披露、使用或者允许他人使用以前项手段获取的权利人的商业秘密，违反保密义务或者违反权利人有关保守商业秘密的要求，披露、使用或者允许他人使用其所掌握的商业秘密，或者明知是前三项所列行为，获取、披露、使用或者允许他人使用该商业秘密的行为，主体是年满 16 周岁、具有刑事责任能力的自然人和单位，主观方面是故意，客体是国家的保密制度，客观方面表现为行为人以窃取、刺探、收买方法，非法获取国家秘密的行为}。

那么，侵犯商业秘密罪与非法获取国家秘密罪的相同点：$G \cap H = \{$主体是年满 16 周岁、具有刑事责任能力的自然人，主观方面是故意}。

侵犯商业秘密罪与非法获取国家秘密罪的不同点：$G \cup H - G \cap H = \{$客体是国家对商业秘密的保护和管理秩序以及商业秘密权利人依法享有的专有权，客观方面表现为行为人违反商业秘密管理法律、法规，以盗窃、贿赂、欺诈、胁迫、电子侵入或者其他不正当手段获取权利人的商业秘密，披露、使用或者允许他人使用以前项手段获取的权利人的商业秘密，违反保密义务或者违反权利人有关保守商业秘密的要求，披露、使用或者允许他人使用其所掌握的商业秘密，或者明知是前三项所列行为，获取、披露、使用或者允许他人使用该商业秘密的行为，主体是单位，客体是国家的保密制度，客观方面表现为行为人以窃取、刺探、收买方法，非法获取国家秘密的行为}。

（六）侵犯商业秘密罪与故意泄露国家秘密罪

$G = \{$侵犯商业秘密罪}；$I = \{$故意泄露国家秘密罪}

$G \cap I = \{$侵犯商业秘密罪} $\cap$ {故意泄露国家秘密罪} = {客体是国家对商业秘密的保护和管理秩序以及商业秘密权利人依法享有的专有权，客观方面表现为行为人违反商业秘密管理法律、法规，以盗窃、贿赂、欺诈、胁迫、电子侵入或者其他不正当手段获取权利人的商业秘密，披露、使用或者允许他人使用以前项手段获取的权利人的商业秘密，违反保密义务或者违反权利人有关保守商业秘密的要求，披露、使用或者允许他人使用其所掌握的商业秘密，或者明知是前三项所列行为，获取、披露、使用或者允许他人使用该商业秘密的行为，主体是年满 16 周岁、具有刑事责任能力的人和单位，主观方面是故意}∩{客体是国家的保密制度，客观方面表现为行为人违反保守国家秘密法的规定，泄露国家秘密，情节严重的行为，主体是年满 16 周岁、具有刑事责任能力的国家机关工作人员和非国家机关工作人员，主观方面是故意} ={主体是年满 16 周岁、具有刑事责任能力的人，主观方面是故意}。

G∪I ={侵犯商业秘密罪}∪{故意泄露国家秘密罪} ={客体是国家对商业秘密的保护和管理秩序以及商业秘密权利人依法享有的专有权，客观方面表现为行为人违反商业秘密管理法律、法规，以盗窃、贿赂、欺诈、胁迫、电子侵入或者其他不正当手段获取权利人的商业秘密，披露、使用或者允许他人使用以前项手段获取的权利人的商业秘密，违反保密义务或者违反权利人有关保守商业秘密的要求，披露、使用或者允许他人使用其所掌握的商业秘密，或者明知是前三项所列行为，获取、披露、使用或者允许他人使用该商业秘密的行为，主体是年满 16 周岁、具有刑事责任能力的人和单位，主观方面是故意}∪{客体是国家的保密制度，客观方面表现为行为人违反保守国家秘密法的规定，泄露国家秘密，情节严重的行为，主体是年满 16 周岁、具有刑事责任能力的国家机关工作人员和非国家机关工作人员，主观方面是故意} ={客体是国家对商业秘密的保护和管理秩序以及商业秘密权利人依法享有的专有权，客观方面表现为行为人违反商业秘密管理法律、法规，以盗窃、贿赂、欺诈、胁迫、电子侵入或者其他不正当手段获取权利人的商业秘密，披露、使用或者允许他人使用以前项手段获取的权利人的商业秘密，违反保密义务或者违反权利人有关保守商业秘密的要求，披露、使用或者允许他人使用其所掌握的商业秘密，或者明知是前三项所列行为，获取、披露、使用或者允许他人使用该商业秘密的行为，主体是年满 16 周岁、具有刑事责任能力的人和单位，主观方面是故意，客体是国家的保密制度，客观方面表现为行为人违反保守国家秘密法的规定，泄露国家秘密，情节严重的行为，主体是年满 16 周岁、具有刑事责任能力的国家机关工作人员和非国家机关工作人员}。

那么，侵犯商业秘密罪与故意泄露国家秘密罪的相同点：$G \cap I = \{$主体是年满 16 周岁、具有刑事责任能力的人，主观方面是故意$\}$。

侵犯商业秘密罪与故意泄露国家秘密罪的不同点：$G \cup I - G \cap I = \{$客体是国家对商业秘密的保护和管理秩序以及商业秘密权利人依法享有的专有权，客观方面表现为行为人违反商业秘密管理法律、法规，以盗窃、贿赂、欺诈、胁迫、电子侵入或者其他不正当手段获取权利人的商业秘密，披露、使用或者允许他人使用以前项手段获取的权利人的商业秘密，违反保密义务或者违反权利人有关保守商业秘密的要求，披露、使用或者允许他人使用其所掌握的商业秘密，或者明知是前三项所列行为，获取、披露、使用或者允许他人使用该商业秘密的行为，主体是单位，客体是国家的保密制度，客观方面表现为行为人违反保守国家秘密法的规定，泄露国家秘密，情节严重的行为，主体是国家机关工作人员和非国家机关工作人员}。

（七）侵犯商业秘密罪与为境外窃取、刺探、收买、非法提供商业秘密罪

$G = \{$侵犯商业秘密罪$\}$；$J = \{$为境外窃取、刺探、收买、非法提供商业秘密罪$\}$

$G \cap J = \{$侵犯商业秘密罪$\} \cap \{$为境外窃取、刺探、收买、非法

提供商业秘密罪｝＝｛客体是国家对商业秘密的保护和管理秩序以及商业秘密权利人依法享有的专有权，客观方面表现为行为人违反商业秘密管理法律、法规，以盗窃、贿赂、欺诈、胁迫、电子侵入或者其他不正当手段获取权利人的商业秘密，披露、使用或者允许他人使用以前项手段获取的权利人的商业秘密，违反保密义务或者违反权利人有关保守商业秘密的要求，披露、使用或者允许他人使用其所掌握的商业秘密，或者明知是前三项所列行为，获取、披露、使用或者允许他人使用该商业秘密的行为，主体是年满16周岁、具有刑事责任能力的人和单位，主观方面是故意｝∩｛客体是国家对商业秘密的保护和管理秩序，客观方面表现为行为人违反保守国家秘密法的规定，为境外的机构、组织、人员窃取、刺探、收买、非法提供商业秘密的行为，主体是年满16周岁、具有刑事责任能力的人，主观方面是故意｝＝｛客体是国家对商业秘密的保护和管理秩序，主体是年满16周岁、具有刑事责任能力的人，主观方面是故意｝。

G∪J＝｛侵犯商业秘密罪｝∪｛为境外窃取、刺探、收买、非法提供商业秘密罪｝＝｛客体是国家对商业秘密的保护和管理秩序以及商业秘密权利人依法享有的专有权，客观方面表现为行为人违反商业秘密管理法律、法规，以盗窃、贿赂、欺诈、胁迫、电子侵入或者其他不正当手段获取权利人的商业秘密，披露、使用或者允许他人使用以前项手段获取的权利人的商业秘密，违反保密义务或者违反权利人有关保守商业秘密的要求，披露、使用或者允许他人使用其所掌握的商业秘密，或者明知是前三项所列行为，获取、披露、使用或者允许他人使用该商业秘密的行为，主体是年满16周岁、具有刑事责任能力的人和单位，主观方面是故意｝∪｛客体是国家对商业秘密的保护和管理秩序，客观方面表现为行为人违反保守国家秘密法的规定，为境外的机构、组织、人员窃取、刺探、收买、非法提供商业秘密的行为，主体是年满16周岁、具有刑事责任能力的人，主观方面是故意｝＝｛客体是国家对商业秘密的保护和管理秩序以及商业秘密权利人依法享有的专有权，客观方面表现为行为人违反商业秘密管理法律、法规，以盗窃、贿赂、欺诈、胁迫、电子侵入或者其他不正当手段获取权利人的商业秘密，披露、使用或者允许他人使用以前项手段获取的权利人的商业秘密，违反保密义务或者违反权利人有关保守商业秘密的要求，披露、使用或者允许他人使用其所掌握的商业秘密，或者明知是前三项所列行为，获取、披露、使用或者允许他人使用该商业秘密的行为，主体是年满 16 周岁、具有刑事责任能力的人和单位，主观方面是故意，客体是国家对商业秘密的保护和管理秩序，客观方面表现为行为人违反商业秘密管理法律、法规，为境外的机构、组织、人员窃取、刺探、收买、非法提供商业秘密的行为｝。

那么，侵犯商业秘密罪与为境外窃取、刺探、收买、非法提供商业秘密罪的相同点：G∩J＝｛客体是国家对商业秘密的保护和管理秩序，主体是年满 16 周岁、具有刑事责任能力的人，主观方面是故意｝。

侵犯商业秘密罪与为境外窃取、刺探、收买、非法提供商业秘密罪的不同点：G∪J－G∩J＝｛客体是国家对商业秘密权利人依法享有的专有权，客观方面表现为行为人违反商业秘密管理法律、法规，以盗窃、贿赂、欺诈、胁迫、电子侵入或者其他不正当手段获取权利人的商业秘密，披露、使用或者允许他人使用以前项手段获取的权利人的商业秘密，违反保密义务或者违反权利人有关保守商业秘密的要求，披露、使用或者允许他人使用其所掌握的商业秘密，或者明知是前三项所列行为，获取、披露、使用或者允许他人使用该商业秘密的行为，主体是单位，客观方面表现为行为人违反商业秘密管理法律、法规，为境外的机构、组织、人员窃取、刺探、收买、非法提供商业秘密的行为｝。

第八节　扰乱市场秩序罪

一、扰乱市场秩序罪概述

（一）扰乱市场秩序罪的概念

扰乱市场秩序罪，是指行为人违反市场管理法律、法规，在市场交易及相关领域从事各种非法活动，情节严重，依法应负刑事责任的行为。

（二）扰乱市场秩序罪的构成特征

关于扰乱市场秩序罪的构成特征，根据现行刑法的规定，主要有以下几个方面，其集合表现为：

设 A 为扰乱市场秩序罪的集合，则 A = {扰乱市场秩序罪}；

设 B 为扰乱市场秩序罪的客体的集合，则 B = {客体是社会主义市场经济秩序}；

设 C 为扰乱市场秩序罪的客观方面的集合，则 C = {客观方面表现为行为人违反市场管理法律、法规，在市场交易及相关领域从事各种非法活动，情节严重，依法应负刑事责任的行为}；

设 D 为扰乱市场秩序罪的主体的集合，则 D = {主体大多是一般主体，自然人与单位均可以构成本类犯罪的主体，少数犯罪为特殊主体}；

设 E 为扰乱市场秩序罪的主观方面的集合，则 E = {主观方面是故意}；

则 A = B∪C∪D∪E，即 {扰乱市场秩序罪} = {客体是破坏社会主义市场经济秩序} ∪ {客观方面表现为行为人违反市场管理法律、法规，在市场交易及相关领域从事各种非法活动，情节严重，依法应负刑事责任的行为｝∪｛主体大多是一般主体，自然人与单位均可以构成本类犯罪的主体，少数犯罪为特殊主体｝∪｛主观方面是故意｝＝｛客体是破坏社会主义市场经济秩序，客观方面表现为行为人违反市场管理法律、法规，在市场交易及相关领域从事各种非法活动，情节严重，依法应负刑事责任的行为，主体大多是一般主体，自然人与单位均可以构成本类犯罪的主体，少数犯罪为特殊主体，主观方面是故意｝。

（三）扰乱市场秩序罪的类型

根据现行刑法对扰乱市场秩序罪所作的规定来看，本节共有13 种具体犯罪，用子集的方式来表达，其构造表现为：

｛扰乱市场秩序罪｝

｛损害商业信誉、商品声誉罪｝

｛虚假广告罪｝

｛串通投标罪｝

｛合同诈骗罪｝

｛组织、领导传销活动罪｝

｛非法经营罪｝

｛强迫交易罪｝

｛伪造、倒卖伪造的有价证券罪｝

｛倒卖车票、船票罪｝

｛非法转让、倒卖土地使用权罪｝

｛提供虚假证明文件罪｝

｛出具证明文件重大失实罪｝

｛逃避商检罪｝

……

｛损害商业信誉、商品声誉罪，虚假广告罪，串通投标罪，合同诈骗罪，组织、领导传销活动罪，非法经营罪，强迫交易罪，伪造、倒卖伪造的有价证券罪，倒卖车票、船票罪，非法转让、倒卖土地使用权罪，提供虚假证明文件罪，出具证明文件重大失实罪，逃避商检罪｝

二、扰乱市场秩序罪的界限

（一）合同诈骗罪与诈骗罪

A =｛合同诈骗罪｝；B =｛诈骗罪｝

A∩B =｛合同诈骗罪｝∩｛诈骗罪｝=｛客体是合同管理秩序和合同对方当事人的财产所有权，客观方面表现为行为人在签订、履行合同中，采取虚构事实或者隐瞒真相的手段骗取对方当事人的财物，数额较大的行为，主体是年满 16 周岁、具有刑事责任能力的自然人和单位，主观方面是直接故意，且以非法占有为目的｝∩｛客体是公私财产所有权，客观方面表现为行为人用虚构事实或者隐瞒真相的方法，骗取数额较大的公私财物的行为，主体是年满 16 周岁、具有刑事责任能力的自然人，主观方面是直接故意，且以非法占有为目的｝=｛主体是年满 16 周岁、具有刑事责任能力的自然人，主观方面是直接故意，且以非法占有为目的｝。

A∪B =｛合同诈骗罪｝∪｛诈骗罪｝=｛客体是合同管理秩序和合同对方当事人的财产所有权，客观方面表现为行为人在签订、履行合同中，采取虚构事实或者隐瞒真相的手段骗取对方当事人的财物，数额较大的行为，主体是年满 16 周岁、具有刑事责任能力的自然人和单位，主观方面是直接故意，且以非法占有为目的｝∪｛客体是公私财产所有权，客观方面表现为行为人用虚构事实或者隐瞒真相的方法，骗取数额较大的公私财物的行为，主体是年满 16 周岁、具有刑事责任能力的自然人，主观方面是直接故意，且以非法占有为目的｝=｛客体是合同管理秩序和合同对方当事人的财产所有权，客观方面表现为行为人在签订、履行合同中，采取虚构事实或者隐瞒真相的手段骗取对方当事人的财物，数额较大的行为，主体是年满 16 周岁、具有刑事责任能力的自然人和单位，主观方面是直接故意，且以非法占有为目的，客体是公私财产所有权，客观方面表现为行为人用虚构事实或者隐瞒真相的方法，骗取数额较大的公私财物的行为}。

那么，合同诈骗罪与诈骗罪的相同点：A∩B = {主体是年满 16 周岁、具有刑事责任能力的自然人，主观方面是直接故意，且以非法占有为目的}。

合同诈骗罪与诈骗罪的不同点：A∪B − A∩B = {客体是合同管理秩序和合同对方当事人的财产所有权，客观方面表现为行为人在签订、履行合同中，采取虚构事实或者隐瞒真相的手段骗取对方当事人的财物，数额较大的行为，主体是单位，客体是公私财产所有权，客观方面表现为行为人用虚构事实或者隐瞒真相的方法，骗取数额较大的公私财物的行为}。

（二）合同诈骗罪与贷款诈骗罪

A = {合同诈骗罪}；C = {贷款诈骗罪}

A∩C = {合同诈骗罪} ∩ {贷款诈骗罪} = {客体是合同管理秩序和合同对方当事人的财产所有权，客观方面表现为行为人在签订、履行合同中，采取虚构事实或者隐瞒真相的手段骗取对方当事人的财物，数额较大的行为，主体是年满 16 周岁、具有刑事责任能力的自然人和单位，主观方面是直接故意，且以非法占有为目的} ∩ {客体是信贷管理秩序和金融机构对贷款的所有权，客观方面表现为行为人采用虚构事实或者隐瞒真相等欺诈手段骗取银行或者其他金融机构的贷款，数额较大的行为，主体是年满 16 周岁、具有刑事责任能力的自然人，主观方面是直接故意，且以非法占有为目的} = {主体是年满 16 周岁、具有刑事责任能力的自然人，主观方面是直接故意且以非法占有为目的}。

A∪C ={合同诈骗罪}∪{贷款诈骗罪}={客体是合同管理秩序和合同对方当事人的财产所有权，客观方面表现为行为人在签订、履行合同中，采取虚构事实或者隐瞒真相的手段骗取对方当事人的财物，数额较大的行为，主体是年满16周岁、具有刑事责任能力的自然人和单位，主观方面是直接故意，且以非法占有为目的}∪{客体是信贷管理秩序和金融机构对贷款的所有权，客观方面表现为行为人采用虚构事实或者隐瞒真相等欺诈手段骗取银行或者其他金融机构的贷款，数额较大的行为，主体是年满16周岁、具有刑事责任能力的自然人，主观方面是直接故意，且以非法占有为目的}={客体是合同管理秩序和合同对方当事人的财产所有权，客观方面表现为行为人在签订、履行合同中，采取虚构事实或者隐瞒真相的手段骗取对方当事人的财物，数额较大的行为，主体是年满16周岁、具有刑事责任能力的自然人和单位，主观方面是直接故意，且以非法占有为目的，客体是信贷管理秩序和金融机构对贷款的所有权，客观方面表现为行为人采用虚构事实或者隐瞒真相等欺诈手段骗取银行或者其他金融机构的贷款，数额较大的行为}。

那么，合同诈骗罪与贷款诈骗罪的相同点：A∩C={主体是年满16周岁、具有刑事责任能力的自然人，主观方面是直接故意，且以非法占有为目的}。

合同诈骗罪与贷款诈骗罪的不同点：A∪C－A∩C={客体是合同管理秩序和合同对方当事人的财产所有权，客观方面表现为行为人在签订、履行合同中，采取虚构事实或者隐瞒真相的手段骗取对方当事人的财物，数额较大的行为，主体是单位，客体是信贷管理秩序和金融机构对贷款的所有权，客观方面表现为行为人采用虚构事实或者隐瞒真相等欺诈手段骗取银行或者其他金融机构的贷款，数额较大的行为}。

（三）非法经营罪与生产、销售伪劣产品罪

D＝｛非法经营罪｝；E＝｛生产、销售伪劣产品罪｝

D∩E＝｛非法经营罪｝∩｛生产、销售伪劣产品罪｝＝｛客体是市场管理秩序，客观方面表现为行为人违反国家规定，从事非法经营活动，扰乱市场秩序，情节严重的行为，主体是年满16周岁、具有刑事责任能力的自然人和单位，主观方面是故意｝∩｛客体是产品质量管理制度和广大消费者的合法权益，客观方面表现为行为人违反产品质量管理法律、法规，在产品生产、销售过程中掺杂、掺假，以假充真，以次充好，或者以不合格产品冒充合格产品，销售金额较大的行为，主体可以是年满16周岁、具有刑事责任能力的自然人，也可以是单位，主观方面是故意｝＝｛主体可以是年满16周岁、具有刑事责任能力的自然人，也可以是单位，主观方面是故意｝。

D∪E＝｛非法经营罪｝∪｛生产、销售伪劣产品罪｝＝｛客体是市场管理秩序，客观方面表现为行为人违反国家规定，从事非法经营活动，扰乱市场秩序，情节严重的行为，主体是年满16周岁、具有刑事责任能力的自然人和单位，主观方面是故意｝∪｛客体是产品质量管理制度和广大消费者的合法权益，客观方面表现为行为人违反产品质量管理法律、法规，在产品生产、销售过程中掺杂、掺假，以假充真，以次充好，或者以不合格产品冒充合格产品，销售金额较大的行为，主体可以是年满16周岁、具有刑事责任能力的自然人，也可以是单位，主观方面是故意｝＝｛客体是市场管理秩序，客观方面表现为行为人违反国家规定，从事非法经营活动，扰乱市场秩序，情节严重的行为，主体是年满16周岁、具有刑事责任能力的自然人和单位，主观方面是故意，客体是产品质量管理制度和广大消费者的合法权益，客观方面表现为行为人违反产品质量管理法律、法规，在产品生产、销售过程中掺杂、掺假，以假充真，以次充好，或者以不合格产品冒充合格产品，销售金额较大的行为}。

那么，非法经营罪与生产、销售伪劣产品罪的相同点：D∩E = {主体可以是年满16周岁、具有刑事责任能力的自然人，也可以是单位，主观方面是故意}。

非法经营罪与生产、销售伪劣产品罪的不同点：D∪E－D∩E = {客体是市场管理秩序，客观方面表现为行为人违反国家规定，从事非法经营活动，扰乱市场秩序，情节严重的行为，客体是产品质量管理制度和广大消费者的合法权益，客观方面表现为行为人违反产品质量管理法律、法规，在产品生产、销售过程中掺杂、掺假，以假充真，以次充好，或者以不合格产品冒充合格产品，销售金额较大的行为}。

（四）非法经营罪与假冒注册商标罪

D = {非法经营罪}；F = {假冒注册商标罪}

D∩F = {非法经营罪}∩{假冒注册商标罪} = {客体是市场管理秩序，客观方面表现为行为人违反国家规定，从事非法经营活动，扰乱市场秩序，情节严重的行为，主体是年满16周岁、具有刑事责任能力的自然人和单位，主观方面是故意}∩{客体是国家对注册商标的保护和管理秩序和注册商标所有人的专用权，客观方面表现为行为人违反注册商标管理法律、法规，未经注册商标所有人许可，在同一种商品上使用与其注册商标相同的商标，情节严重的行为，主体是年满16周岁、具有刑事责任能力的自然人和单位，主观方面是故意} = {主体是年满16周岁、具有刑事责任能力的自然人和单位，主观方面是故意}。

D∪F = {非法经营罪}∪{假冒注册商标罪} = {客体是市场管理秩序，客观方面表现为行为人违反国家规定，从事非法经营活动，扰乱市场秩序，情节严重的行为，主体是年满16周岁、具有刑事责任能力的自然人和单位，主观方面是故意} ∪ {客体是国家对注册商标的保护和管理秩序和注册商标所有人的专用权，客观方面表现为行为人违反注册商标管理法律、法规，未经注册商标所有人许可，在同一种商品上使用与其注册商标相同的商标，情节严重的行为，主体是年满 16 周岁、具有刑事责任能力的自然人和单位，主观方面是故意} = {客体是市场管理秩序，客观方面表现为行为人违反国家规定，从事非法经营活动，扰乱市场秩序，情节严重的行为，主体是年满 16 周岁、具有刑事责任能力的自然人和单位，主观方面是故意，客体是国家对注册商标的保护和管理秩序和注册商标所有人的专用权，客观方面表现为行为人违反注册商标管理法律、法规，未经注册商标所有人许可，在同一种商品上使用与其注册商标相同的商标，情节严重的行为}。

那么，非法经营罪与假冒注册商标罪的相同点：$D \cap F$ = {主体是年满 16 周岁、具有刑事责任能力的自然人和单位，主观方面是故意}。

非法经营罪与假冒注册商标罪的不同点：$D \cup F - D \cap F$ = {客体是市场管理秩序，客观方面表现为行为人违反国家规定，从事非法经营活动，扰乱市场秩序，情节严重的行为，客体是国家对注册商标的保护和管理秩序和注册商标所有人的专用权，客观方面表现为行为人违反注册商标管理法律、法规，未经注册商标所有人许可，在同一种商品上使用与其注册商标相同的商标，情节严重的行为}。

（五）强迫交易罪与抢劫罪

G = {强迫交易罪}；H = {抢劫罪}

$G \cap H$ = {强迫交易罪} ∩ {抢劫罪} = {客体是市场管理秩序和他人的人身权利，客观方面表现为行为人以暴力、威胁为手段，强买强卖商品，或者强迫他人提供或者接受服务，或者强迫他人参与或者退出投标、拍卖，或者强迫他人转让或者收购公司、企业的股份、债券或者其他资产，或者强迫他人参与或者退出特定的经营活动，情节严重的行为，主体是年满 16 周岁、具有刑事责任能力的人和单位，主观方面是故意}∩{客体是他人的财产权利和他人的人身权利，客观方面表现为行为人当场使用暴力、胁迫或者其他方法，当场强行劫取公私财物的行为，主体是年满 14 周岁、具有刑事责任能力的人，主观方面是直接故意，且以非法占有为目的} = {客体是他人的人身权利，主体是年满 16 周岁、具有刑事责任能力的人，主观方面是故意}。

G∪H = {强迫交易罪}∪{抢劫罪} = {客体是市场管理秩序和他人的人身权利，客观方面表现为行为人以暴力、威胁为手段，强买强卖商品，或者强迫他人提供或者接受服务，或者强迫他人参与或者退出投标、拍卖，或者强迫他人转让或者收购公司、企业的股份、债券或者其他资产，或者强迫他人参与或者退出特定的经营活动，情节严重的行为，主体是年满 16 周岁、具有刑事责任能力的人和单位，主观方面是故意}∪{客体是他人的财产权利和他人的人身权利，客观方面表现为行为人当场使用暴力、胁迫或者其他方法，当场强行劫取公私财物的行为，主体是年满 14 周岁、具有刑事责任能力的人，主观方面是直接故意，且以非法占有为目的} = {客体是市场管理秩序和他人的人身权利，客观方面表现为行为人以暴力、威胁为手段，强买强卖商品，或者强迫他人提供或者接受服务，或者强迫他人参与或者退出投标、拍卖，或者强迫他人转让或者收购公司、企业的股份、债券或者其他资产，或者强迫他人参与或者退出特定的经营活动，情节严重的行为，主体是年满 16 周岁、具有刑事责任能力的人和单位，主观方面是故意，客体是他人的财产权利和他人的人身权利，客观方面表现为行为人当场使用暴力、胁迫或者其他方法，当场强行劫取公私财物的行为主观方面是直接故意，且以非法占有为目的}。

那么，强迫交易罪与抢劫罪的相同点：$G \cap H = \{$客体是他人的人身权利，主体是年满 16 周岁、具有刑事责任能力的人，主观方面是直接故意$\}$。

强迫交易罪与抢劫罪的不同点：$G \cup H - G \cap H = \{$客体是市场管理秩序，客观方面表现为行为人以暴力、威胁为手段，强买强卖商品，或者强迫他人提供或者接受服务，或者强迫他人参与或者退出投标、拍卖，或者强迫他人转让或者收购公司、企业的股份、债券或者其他资产，或者强迫他人参与或者退出特定的经营活动，情节严重的行为，主体是单位，主观方面是间接故意，客体是他人的财产权利，客观方面表现为行为人当场使用暴力、胁迫或者其他方法，当场强行劫取公私财物的行为，主体是年满 14 周岁、具有刑事责任能力的人，主观方面是直接故意，且以非法占有为目的$\}$。

（六）强迫交易罪与敲诈勒索罪

$G = \{$强迫交易罪$\}$；$I = \{$敲诈勒索罪$\}$

$G \cap I = \{$强迫交易罪$\} \cap \{$敲诈勒索罪$\} = \{$客体是市场管理秩序和他人的人身权利，客观方面表现为行为人以暴力、威胁为手段，强买强卖商品，或者强迫他人提供或者接受服务，或者强迫他人参与或者退出投标、拍卖，或者强迫他人转让或者收购公司、企业的股份、债券或者其他资产，或者强迫他人参与或者退出特定的经营活动，情节严重的行为，主体是年满 16 周岁、具有刑事责任能力的人和单位，主观方面是故意$\} \cap \{$客体是公私财产所有权和他人的人身权利，客观方面表现为行为人采用威胁或要挟方法使他人产生精神恐惧而被迫交付财物，数额较大或者多次敲诈勒索的行为，主体是年满 16 周岁、具有刑事责任能力的人，主观方面是直接故意，且以非法占有为目的$\} = \{$客体是他人的人身权利，主体是年满 16 周岁、具有刑事责任能力的人，主观方面是故意}。

　　G∪I＝{强迫交易罪}∪{敲诈勒索罪}＝{客体是市场管理秩序和他人的人身权利，客观方面表现为行为人以暴力、威胁为手段，强买强卖商品，或者强迫他人提供或者接受服务，或者强迫他人参与或者退出投标、拍卖，或者强迫他人转让或者收购公司、企业的股份、债券或者其他资产，或者强迫他人参与或者退出特定的经营活动，情节严重的行为，主体是年满16周岁、具有刑事责任能力的人和单位，主观方面是故意}∪{客体是公私财产所有权和他人的人身权利，客观方面表现为行为人采用威胁或要挟方法使他人产生精神恐惧而被迫交付财物，数额较大或者多次敲诈勒索的行为，主体是年满16周岁、具有刑事责任能力的人，主观方面是直接故意，且以非法占有为目的}＝{客体是市场管理秩序和他人的人身权利，客观方面表现为行为人以暴力、威胁为手段，强买强卖商品，或者强迫他人提供或者接受服务，或者强迫他人参与或者退出投标、拍卖，或者强迫他人转让或者收购公司、企业的股份、债券或者其他资产，或者强迫他人参与或者退出特定的经营活动，情节严重的行为，主体是年满16周岁、具有刑事责任能力的人和单位，主观方面是故意，客体是公私财产所有权和他人的人身权利，客观方面表现为行为人采用威胁或要挟方法使他人产生精神恐惧而被迫交付财物，数额较大或者多次敲诈勒索的行为，主观方面是直接故意，且以非法占有为目的}。

　　那么，强迫交易罪与敲诈勒索罪的相同点：G∩I＝{客体是他人的人身权利，主体是年满16周岁、具有刑事责任能力的人，主观方面是直接故意}。

　　强迫交易罪与敲诈勒索罪的不同点：G∪I－G∩I＝{客体是市场管理秩序，客观方面表现为行为人以暴力、威胁为手段，强买强卖商品，或者强迫他人提供或者接受服务，或者强迫他人参与或者退出投标、拍卖，或者强迫他人转让或者收购公司、企业的股份、债券或者其他资产，或者强迫他人参与或者退出特定的经营活动，情节严重的行为，主体是单位，主观方面是间接故意，客体是公私财产所有权，客观方面表现为行为人采用威胁或要挟方法使他人产生精神恐惧而被迫交付财物，数额较大或者多次敲诈勒索的行为，主观方面是直接故意，且以非法占有为目的}。

（七）伪造、倒卖伪造的有价票证罪与倒卖车票、船票罪

J ={伪造、倒卖伪造的有价票证罪}；K ={倒卖车票、船票罪}

J∩K ={伪造、倒卖伪造的有价票证罪}∩{倒卖车票、船票罪}={客体是有价票证管理秩序，客观方面表现为行为人伪造或者倒卖伪造的车票、船票、邮票或者其他有价票证，数额较大的行为，主体是年满16周岁、具有刑事责任能力的人和单位，主观方面是故意}∩{客体是车、船票证管理秩序，客观方面表现为行为人倒卖车票、船票，情节严重的行为，主体是年满16周岁、具有刑事责任能力的人和单位，主观方面是故意}={主体是年满16周岁、具有刑事责任能力的人和单位，主观方面是故意}。

J∪K ={伪造、倒卖伪造的有价票证罪}∪{倒卖车票、船票罪}={客体是有价票证管理秩序，客观方面表现为行为人伪造或者倒卖伪造的车票、船票、邮票或者其他有价票证，数额较大的行为，主体是年满16周岁、具有刑事责任能力的人和单位，主观方面是故意}∪{客体是车、船票证管理秩序，客观方面表现为行为人倒卖车票、船票，情节严重的行为，主体是年满16周岁、具有刑事责任能力的人和单位，主观方面是故意}={客体是有价票证管理秩序，客观方面表现为行为人伪造或者倒卖伪造的车票、船票、邮票或者其他有价票证，数额较大的行为，主体是年满16周岁、具有刑事责任能力的人和单位，主观方面是故意，客体是车、船票证管理秩序，客观方面表现为行为人倒卖车票、船票，情节严重的行为}。

那么，伪造、倒卖伪造的有价票证罪与倒卖车票、船票罪的相同点：J∩K = ｛主体是年满 16 周岁、具有刑事责任能力的人和单位，主观方面是故意｝。

伪造、倒卖伪造的有价票证罪与倒卖车票、船票罪的不同点：J∪K － J∩K = ｛客体是有价票证管理秩序，客观方面表现为行为人伪造或者倒卖伪造的车票、船票、邮票或者其他有价票证，数额较大的行为，客体是车、船票证管理秩序，客观方面表现为行为人倒卖车票、船票，情节严重的行为｝。

第四章

侵犯公民人身权利、民主权利罪

第一节　侵犯公民人身权利罪

一、侵犯公民人身权利罪概述

（一）侵犯公民人身权利罪的概念

侵犯公民人身权利罪，是指行为人故意或过失侵犯公民人身权利，依法应负刑事责任的行为。

（二）侵犯公民人身权利罪的构成特征

关于侵犯公民人身权利罪构成特征，根据现行刑法的规定，主要有以下几个方面，其集合表现为：

设 A 为侵犯公民人身权利罪的集合，则 A = ｛侵犯公民人身权利罪｝；

设 B 为侵犯公民人身权利罪的客体的集合，则 B = ｛客体是公民的人身权利｝；

设 C 为侵犯公民人身权利罪的客观方面的集合，则 C = ｛客观方面表现为行为人通过各种方式非法侵犯公民人身权利行为｝；

设 D 为侵犯公民人身权利罪的主体的集合，则 D = ｛主体是年满 16 周岁、具有刑事责任能力的自然人｝；

设 E 为侵犯公民人身权利罪的主观方面的集合，则 E ＝｛主观方面除过失致人死亡罪、过失致人重伤罪是过失以外，其他犯罪只能是故意｝；

则 A＝B∪C∪D∪E，即 ｛侵犯公民人身权利罪｝＝｛客体是公民的人身权利｝∪｛客观方面表现为行为人通过各种方式非法侵犯公民人身权利行为｝∪｛主体是年满 16 周岁、具有刑事责任能力的自然人｝∪｛主观方面除过失致人死亡罪、过失致人重伤罪是过失以外，其他犯罪只能是故意｝＝｛客体是公民的人身权利，客观方面表现为行为人通过各种方式非法侵犯公民人身权利行为，主体是年满 16 周岁、具有刑事责任能力的自然人，主观方面除过失致人死亡罪、过失致人重伤罪是过失以外，其他犯罪只能是故意｝。

（三）侵犯公民人身权利罪的类型

根据现行刑法对侵犯公民人身权利罪所作的规定来看，本节共有 24 种具体犯罪，用子集的方式来表达，其构造表现为：

｛侵犯公民人身权利罪｝

｛故意杀人罪｝

｛过失致人死亡罪｝

｛故意伤害罪｝

｛组织出卖人体器官罪｝

｛过失致人重伤罪｝

｛强奸罪｝

｛负有照护职责人员性侵罪｝

｛强制猥亵、侮辱妇女罪｝

｛猥亵儿童罪｝

｛非法拘禁罪｝

{绑架罪}

{拐卖妇女、儿童罪}

{收买被拐卖的妇女、儿童罪}

{聚众阻碍解救被收买的妇女、儿童罪}

{诬告陷害罪}

{强迫职工劳动罪}

{雇用童工从事危重劳动罪}

{非法搜查罪}

{非法侵入住宅罪}

{侮辱罪}

{诽谤罪}

{刑讯逼供罪}

{暴力取证罪}

{虐待被监管人罪}

……

{故意杀人罪，过失致人死亡罪，故意伤害罪，组织出卖人体器官罪，过失致人重伤罪，强奸罪，负有照护职责人员性侵罪，强制猥亵、侮辱罪，猥亵儿童罪，非法拘禁罪，绑架罪，拐卖妇女、儿童罪，收买被拐卖的妇女、儿童罪，聚众阻碍解救被收买的妇女、儿童罪，诬告陷害罪，强迫职工劳动罪，雇用童工从事危重劳动罪，非法搜查罪，非法侵入住宅罪，侮辱罪，诽谤罪，刑讯逼供罪，暴力取证罪，虐待被监管人罪}

二、侵犯公民人身权利罪的界限

（一）故意杀人罪与过失致人死亡罪

A ＝ {故意杀人罪}；B ＝ {过失致人死亡罪}

A∩B ＝ {故意杀人罪} ∩ {过失致人死亡罪} ＝ {客体是他人的

生命权利，客观方面表现为行为人非法剥夺他人生命的行为，主体是年满 12 周岁至 14 周岁、具有刑事责任能力的人，主观方面是故意⎫∩⎧客体是他人的生命权利，客观方面表现为行为人实施了致使他人死亡的行为，主体是年满 16 周岁、具有刑事责任能力的人，主观方面是过失⎫=⎧客体是他人的生命权利，主体是年满 16 周岁、具有刑事责任能力的人⎫。

A∪B =⎧故意杀人罪⎫∪⎧过失致人死亡罪⎫=⎧客体是他人的生命权利，客观方面表现为行为人非法剥夺他人生命的行为，主体是年满 12 周岁至 14 周岁、具有刑事责任能力的人，主观方面是故意⎫∪⎧客体是他人的生命权利，客观方面表现为行为人实施了致使他人死亡的行为，主体是年满 16 周岁、具有刑事责任能力的人，主观方面是过失⎫=⎧客体是他人的生命权利，客观方面表现为行为人非法剥夺他人生命的行为，主体是年满 12 周岁至 14 周岁、具有刑事责任能力的人，主观方面是故意，客观方面表现为行为人实施了致使他人死亡的行为，主体是年满 16 周岁、具有刑事责任能力的人，主观方面是过失⎫。

那么，故意杀人罪与过失致人死亡罪的相同点：A∩B =⎧客体是他人的生命权利，主体是年满 16 周岁、具有刑事责任能力的人⎫。

故意杀人罪与过失致人死亡罪的不同点：A∪B － A∩B =⎧客观方面表现为行为人非法剥夺他人生命的行为，主体是年满 12 周岁至 14 周岁、具有刑事责任能力的人，主观方面是故意，客观方面表现为行为人实施了致使他人死亡的行为，主观方面是过失⎫。

（二）故意杀人罪与故意伤害罪

A =⎧故意杀人罪⎫；C =⎧故意伤害罪⎫

A∩C =⎧故意杀人罪⎫∩⎧故意伤害罪⎫=⎧客体是他人的生命权利，客观方面表现为行为人非法剥夺他人生命的行为，主体是年满 12 周岁至 14 周岁、具有刑事责任能力的人，主观方面是故意 ∩ 客体是他人的健康权利，客观方面表现为行为人非法损害他人身体健康的行为，主体是年满 12 周岁至 16 周岁、具有刑事责任能力的人，主观方面是故意 = 主体是年满 14 周岁、具有刑事责任能力的人，主观方面是故意 。

A∪C = 故意杀人罪 ∪ 故意伤害罪 = 客体是他人的生命权利，客观方面表现为行为人非法剥夺他人生命的行为，主体是年满 12 周岁至 14 周岁、具有刑事责任能力的人，主观方面是故意 ∪ 客体是他人的健康权利，客观方面表现为行为人非法损害他人身体健康的行为，主体是年满 12 周岁至 16 周岁、具有刑事责任能力的人，主观方面是故意 = 客体是他人的生命权利，客观方面表现为行为人非法剥夺他人生命的行为，主体是年满 12 周岁至 14 周岁、具有刑事责任能力的人，主观方面是故意，客体是他人的健康权利，客观方面表现为行为人非法损害他人身体健康的行为，主体是年满 12 周岁至 16 周岁、具有刑事责任能力的人，主观方面是故意 。

那么，故意杀人罪与故意伤害罪的相同点：A∩C = 主体是年满 12 周岁至 14 周岁、具有刑事责任能力的人，主观方面是故意 。

故意杀人罪与故意伤害罪的不同点：A∪C – A∩C = 客体是他人的生命权利，客观方面表现为行为人非法剥夺他人生命的行为，客体是他人的健康权利，客观方面表现为行为人非法损害他人身体健康的行为，主体是年满 14 周岁至 16 周岁、具有刑事责任能力的人 。

（三）故意伤害罪与过失致人重伤罪的界限

C = 故意伤害罪 ；D = 过失致人重伤罪

C∩D = 故意伤害罪 ∩ 过失致人重伤罪 = 客体是他人的健康权利，客观方面表现为行为人非法损害他人身体健康的行为，主体是年满 12 周岁至 16 周岁、具有刑事责任能力的人，主观方面是故意 $\cap$ 客体是他人的健康权利，客观方面表现为行为人实施了造成他人身体重伤的行为，主体是年满 16 周岁、具有刑事责任能力的人，主观方面是过失 $=$ 客体是他人的健康权利，主体是年满 16 周岁、具有刑事责任能力的人 。

$C \cup D =$ 故意伤害罪 $\cup$ 过失致人重伤罪 $=$ 客体是他人的健康权利，客观方面表现为行为人非法损害他人身体健康的行为，主体是年满 12 周岁至 16 周岁、具有刑事责任能力的人，主观方面是故意 $\cup$ 客体是他人的健康权利，客观方面表现为行为人实施了造成他人身体重伤的行为，主体是年满 16 周岁、具有刑事责任能力的人，主观方面是过失 $=$ 客体是他人的健康权利，客观方面表现为行为人非法损害他人身体健康的行为，主体是年满 12 周岁至 16 周岁、具有刑事责任能力的人，主观方面是故意，客体是他人的健康权利，客观方面表现为行为人实施了造成他人身体重伤的行为，主体是年满 16 周岁、具有刑事责任能力的人，主观方面是过失 。

那么，故意伤害罪与过失致人重伤罪的相同点：$C \cap D =$ 客体是他人的健康权利，主体是年满 16 周岁、具有刑事责任能力的人 。

故意伤害罪与过失致人重伤罪的不同点：$C \cup D - C \cap D =$ 客观方面表现为行为人非法损害他人身体健康的行为，主体是年满 12 周岁至 14 周岁、具有刑事责任能力的人，主观方面是故意，客观方面表现为行为人实施了造成他人身体重伤的行为，主观方面是过失 。

（四）过失致人死亡罪与过失致人重伤罪

$B =$ 过失致人死亡罪 ；$D =$ 过失致人重伤罪

$B \cap D =$ 过失致人死亡罪 $\cap$ 过失致人重伤罪 $=$ 客体是他人的生命权利，客观方面表现为行为人实施了致使他人死亡的行为，主体是年满 16 周岁、具有刑事责任能力的人，主观方面是过失}∩{客体是他人的健康权利，客观方面表现为行为人实施了造成他人身体重伤的行为，主体是年满 16 周岁、具有刑事责任能力的人，主观方面是过失}={主体是年满 16 周岁、具有刑事责任能力的人，主观方面是过失}。

B∪D={过失致人死亡罪}∪{过失致人重伤罪}={客体是他人的生命权利，客观方面表现为行为人实施了致使他人死亡的行为，主体是年满 16 周岁、具有刑事责任能力的人，主观方面是过失}∪{客体是他人的健康权利，客观方面表现为行为人实施了造成他人身体重伤的行为，主体是年满 16 周岁、具有刑事责任能力的人，主观方面是过失}={客体是他人的生命权利，客观方面表现为行为人实施了致使他人死亡的行为，主体是年满 16 周岁、具有刑事责任能力的人，主观方面是过失，客体是他人的健康权利，客观方面表现为行为人实施了造成他人身体重伤的行为}。

那么，过失致人死亡罪与过失致人重伤罪的相同点：B∩D={主体是年满 16 周岁、具有刑事责任能力的人，主观方面是过失}。

过失致人死亡罪与过失致人重伤罪的不同点：B∪D－B∩D={客体是他人的生命权利，客观方面表现为行为人实施了致使他人死亡的行为，客体是他人的健康权利，客观方面表现为行为人实施了造成他人身体重伤的行为}。

（五）强奸罪与强制猥亵、侮辱罪

E={强奸罪}；F={强制猥亵、侮辱罪}

E∩F={强奸罪}∩{强制猥亵、侮辱罪}={客体是妇女的性的自主权利和幼女的身心健康，客观方面表现为行为人违背妇女意志，采取暴力、胁迫或者其他方法强行与妇女发生性交的行为以及同不满 14 周岁幼女发生性关系的行为，主体是年满 14 周岁、具有刑事责任能力的人，主观方面是直接故意｝∩｛客体是他人或者妇女的人格尊严、身心健康和社会公德，客观方面表现为行为人以暴力、胁迫或者其他方法强制猥亵他人或者侮辱妇女的行为，主体是年满 16 周岁、具有刑事责任能力的人，主观方面是直接故意｝=｛主观方面是直接故意｝。

E∪F＝｛强奸罪｝∪｛强制猥亵、侮辱罪｝=｛客体是妇女的性的自主权利和幼女的身心健康，客观方面表现为行为人违背妇女意志，采取暴力、胁迫或者其他手段，强行与妇女发生性交的行为以及同不满 14 周岁幼女发生性关系的行为，主体是年满 14 周岁、具有刑事责任能力的人，主观方面是直接故意｝∪｛客体是他人或者妇女的人格尊严、身心健康和社会公德，客观方面表现为行为人以暴力、胁迫或者其他方法强制猥亵他人或者侮辱妇女的行为，主体是年满 16 周岁、具有刑事责任能力的人，主观方面是直接故意｝=｛客体是妇女的性的自主权利和幼女的身心健康，客观方面表现为行为人违背妇女意志，采取暴力、胁迫或者其他手段，强行与妇女发生性交的行为以及同不满 14 周岁幼女发生性关系的行为，主体是年满 14 周岁、具有刑事责任能力的人，主观方面是直接故意，客体是他人或者妇女的人格尊严、身心健康和社会公德，客观方面表现为行为人以暴力、胁迫或者其他方法强制猥亵他人或者侮辱妇女的行为，主体是年满 16 周岁、具有刑事责任能力的人｝。

那么，强奸罪与强制猥亵、侮辱罪的相同点：E∩F=｛主观方面是直接故意｝。

强奸罪与强制猥亵、侮辱罪的不同点：E∪F−E∩F=｛客体是妇女的性的自主权利和幼女的身心健康，客观方面表现为行为人违背妇女意志，采取暴力、胁迫或者其他手段，强行与妇女发生性交的行为以及同不满 14 周岁幼女发生性关系的行为，主体是年满 14 周岁、具有刑事责任能力的人，客体是他人或者妇女的人格尊严、身心健康和社会公德，客观方面表现为行为人以暴力、胁迫或者其他方法强制猥亵他人或者侮辱妇女的行为，主体是年满 16 周岁、具有刑事责任能力的人｝。

（六）非法拘禁罪与绑架罪

G＝｛非法拘禁罪｝；H＝｛绑架罪｝

G∩H＝｛非法拘禁罪｝∩｛绑架罪｝＝｛客体是他人的人身自由权利，客观方面表现为行为人以拘禁或者其他强制方法非法剥夺人身自由的行为，主体是年满 16 周岁、具有刑事责任能力的人，主观方面是直接故意｝∩｛客体是他人的人身权利和财产权利，客观方面表现为行为人使用暴力、胁迫、麻醉或其他方法，强行劫持他人或者偷盗婴幼儿，或者出于其他目的劫持他人作为人质的行为，主体是年满 16 周岁、具有刑事责任能力的人，主观方面是直接故意，并且以勒索财物或以他人作为人质为目的｝＝｛主体是年满 16 周岁、具有刑事责任能力的人｝。

G∪H＝｛非法拘禁罪｝∪｛绑架罪｝＝｛客体是他人的人身自由权利，客观方面表现为行为人以拘禁或者其他强制方法非法剥夺人身自由的行为，主体是年满 16 周岁、具有刑事责任能力的人，主观方面是直接故意｝∪｛客体是他人的人身权利和财产权利，客观方面表现为行为人使用暴力、胁迫、麻醉或其他方法，强行劫持他人或者偷盗婴幼儿，或者出于其他目的劫持他人作为人质的行为，主体是年满 16 周岁、具有刑事责任能力的人，主观方面是直接故意，且以勒索财物或以他人作为人质为目的｝＝｛客体是他人的人身自由权利，客观方面表现为行为人以拘禁或者其他强制方法非法剥夺人身自由的行为，主体是年满 16 周岁、具有刑事责任能力的人，主观方面是直接故意，客体是他人的人身权利和财产权利，客观方面表现为行为人使用暴力、胁迫、麻醉或其他方法，强行劫持他人或者偷盗婴幼儿，或者出于其他目的劫持他人作为人质的行为，主观方面是直接故意，且以勒索财物或以他人作为人质为目的｝。

那么，非法拘禁罪与绑架罪的相同点：G∩H ＝｛主体是年满 16 周岁、具有刑事责任能力的人，主观方面是直接故意｝。

非法拘禁罪与绑架罪的不同点：G∪H － G∩H ＝｛客体是他人的人身自由权利，客观方面表现为行为人以拘禁或者其他强制方法非法剥夺人身自由的行为，主观方面是直接故意，客体是他人的人身权利和财产权利，客观方面表现为行为人使用暴力、胁迫、麻醉或其他方法，强行劫持他人或者偷盗婴幼儿，或者出于其他目的劫持他人作为人质的行为，主观方面是直接故意，且以勒索财物或以他人作为人质为目的｝。

（七）绑架罪与拐卖妇女、儿童罪

H ＝｛绑架罪｝；I ＝｛拐卖妇女、儿童罪｝

H∩I ＝｛绑架罪｝∩｛拐卖妇女、儿童罪｝＝｛客体是他人的人身权利和财产权利，客观方面表现为行为人使用暴力、胁迫、麻醉或其他方法，强行劫持他人或者偷盗婴幼儿，或者出于其他目的劫持他人作为人质的行为，主体是年满 16 周岁、具有刑事责任能力的人，主观方面是直接故意，且以勒索财物或以他人作为人质为目的｝∩｛客体是妇女、儿童的人身自由权利和被害人的家庭幸福以及婚姻关系，客观方面表现为行为人拐骗、绑架、收买、贩卖、接送、中转妇女、儿童的行为，主体是年满 16 周岁、具有刑事责任能力的人，主观方面是直接故意，且以出卖为目的｝＝｛主体是年满 16 周岁、具有刑事责任能力的人，主观方面是直接故意｝。

H∪I ＝｛绑架罪｝∪｛拐卖妇女、儿童罪｝＝｛客体是他人的人身权利和财产权利，客观方面表现为行为人使用暴力、胁迫、麻醉或其他方法，强行劫持他人或者偷盗婴幼儿，或者出于其他目的劫持他人作为人质的行为，主体是年满 16 周岁、具有刑事责任能力的人，主观方面是直接故意，且以勒索财物或以他人作为人质为目的}∪{客体是妇女、儿童的人身自由权利和被害人的家庭幸福以及婚姻关系，客观方面表现为行为人拐骗、绑架、收买、贩卖、接送、中转妇女、儿童的行为，主体是年满 16 周岁、具有刑事责任能力的人，主观方面是直接故意，且以出卖为目的} ＝{客体是他人的人身权利和财产权利，客观方面表现为行为人使用暴力、胁迫、麻醉或其他方法，强行劫持他人或者偷盗婴幼儿，或者出于其他目的劫持他人作为人质的行为，主体是年满 16 周岁、具有刑事责任能力的人，主观方面是直接故意，且以勒索财物或以他人作为人质为目的，客体是妇女、儿童的人身自由权利和被害人的家庭幸福以及婚姻关系，客观方面表现为行为人拐骗、绑架、收买、贩卖、接送、中转妇女、儿童的行为，主观方面是直接故意，且以出卖为目的}。

那么，绑架罪与拐卖妇女、儿童罪的相同点：H∩I ＝{主体是年满 16 周岁、具有刑事责任能力的人，主观方面是直接故意}。

绑架罪与拐卖妇女、儿童罪的不同点：H∪I － H∩I ＝{客体是他人的人身权利和财产权利，客观方面表现为行为人劫持他人或者使用暴力、胁迫或者其他方法劫持他人作为人质的行为，主观方面是直接故意，且以勒索财物为目的，客体是妇女、儿童的人身自由权利和被害人的家庭幸福以及婚姻关系，客观方面表现为行为人拐骗、绑架、收买、贩卖、接送、中转妇女、儿童的行为，主观方面是直接故意，且以出卖为目的}。

（八）拐卖妇女、儿童罪与拐骗儿童罪

I ＝{拐卖妇女、儿童罪}；J ＝{拐骗儿童罪}

I∩J ＝{拐卖妇女、儿童罪} ∩ {拐骗儿童罪} ＝{客体是妇女、儿童的人身自由权利和被害人的家庭幸福以及婚姻关系，客观方面表现为行为人拐骗、绑架、收买、贩卖、接送、中转妇女、儿童的行为，主体是年满 16 周岁、具有刑事责任能力的自然人，主观方面是直接故意，且以出卖为目的｝∩｛客体是他人的家庭关系和儿童的身心健康，客观方面表现为行为人以蒙骗、引诱或者其他方法，使不满 14 周岁的未成年人，脱离家庭或者监护人的行为，主体是年满 16 周岁、具有刑事责任能力的自然人，主观方面是直接故意｝＝｛主体是年满 16 周岁、具有刑事责任能力的自然人，主观方面是直接故意｝。

Ｉ∪Ｊ＝｛拐卖妇女、儿童罪｝∪｛拐骗儿童罪｝＝｛客体是妇女、儿童的人身自由权利和被害人的家庭幸福以及婚姻关系，客观方面表现为行为人拐骗、绑架、收买、贩卖、接送、中转妇女、儿童的行为，主体是年满 16 周岁、具有刑事责任能力的人，主观方面是直接故意，且以出卖为目的｝∪｛客体是他人的家庭关系和儿童的身心健康，客观方面表现为行为人以蒙骗、引诱或者其他方法，使不满 14 周岁的未成年人，脱离家庭或者监护人的行为，主体是年满 16 周岁、具有刑事责任能力的人，主观方面是直接故意｝＝｛客体是妇女、儿童的人身自由权利和被害人的家庭幸福以及婚姻关系，客观方面表现为行为人拐骗、绑架、收买、贩卖、接送、中转妇女、儿童的行为，主体是年满 16 周岁、具有刑事责任能力的人，主观方面是直接故意，且以出卖为目的，客体是他人的家庭关系和儿童的身心健康，客观方面表现为行为人以蒙骗、引诱或者其他方法，使不满 14 周岁的未成年人，脱离家庭或者监护人的行为｝。

那么，拐卖妇女、儿童罪与拐骗儿童罪的相同点：Ｉ∩Ｊ＝｛主体是年满 16 周岁、具有刑事责任能力的自然人，主观方面是直接故意｝。

拐卖妇女、儿童罪与拐骗儿童罪的不同点：Ｉ∪Ｊ－Ｉ∩Ｊ＝｛客体是妇女、儿童的人身自由权利和被害人的家庭幸福以及婚姻关系，客观方面表现为行为人拐骗、绑架、收买、贩卖、接送、中转妇女、儿童的行为，主观方面是直接故意，且以出卖为目的，客体是他人的家庭关系和儿童的身心健康，客观方面表现为行为人以蒙骗、引诱或者其他方法，使不满 14 周岁的未成年人，脱离家庭或者监护人的行为}。

（九）强制猥亵、侮辱罪与侮辱罪

F = {强制猥亵、侮辱罪}；K = {侮辱罪}

F∩K = {强制猥亵、侮辱罪} ∩ {侮辱罪} = {客体是他人或者妇女的人格尊严、身心健康和社会公德，客观方面表现为行为人以暴力、胁迫或者其他方法强制猥亵他人或者侮辱妇女的行为，主体是年满 16 周岁、具有刑事责任能力的人，主观方面是直接故意} ∩ {客体是他人的人格和名誉权利，客观方面表现为行为人使用暴力或者其他方法，公然贬低他人人格，破坏他人名誉，情节严重的行为，主体是年满 16 周岁、具有刑事责任能力的人，主观方面是直接故意} = {主体是年满 16 周岁、具有刑事责任能力的人，主观方面是直接故意}。

F∪K = {强制猥亵、侮辱罪} ∪ {侮辱罪} = {客体是他人或者妇女的人格尊严、身心健康和社会公德，客观方面表现为行为人以暴力、胁迫或者其他方法强制猥亵他人或者侮辱妇女的行为，主体是年满 16 周岁、具有刑事责任能力的人，主观方面是直接故意} ∪ {客体是他人的人格和名誉权利，客观方面表现为行为人使用暴力或者其他方法，公然贬低他人人格，破坏他人名誉，情节严重的行为，主体是年满 16 周岁、具有刑事责任能力的人，主观方面是直接故意} = {客体是他人或者妇女的人格尊严、身心健康和社会公德，客观方面表现为行为人以暴力、胁迫或者其他方法强制猥亵他人或者侮辱妇女的行为，主体是年满 16 周岁、具有刑事责任能力的人，主观方面是直接故意，客体是他人的人格和名誉权利，客观方面表现为行为人使用暴力或者其他方法，公然贬低他人人格，破坏他人名誉，情节严重的行为$\}$。

那么，强制猥亵、侮辱罪与侮辱罪的相同点：$F \cap K = \{$主体是年满 16 周岁、具有刑事责任能力的人，主观方面是直接故意$\}$。

强制猥亵、侮辱罪与侮辱罪的不同点：$F \cup K - F \cap K = \{$客体是他人或者妇女的人格尊严、身心健康和社会公德，客观方面表现为行为人以暴力、胁迫或者其他方法强制猥亵他人或者侮辱妇女的行为，客体是他人的人格和名誉权利，客观方面表现为行为人使用暴力或者其他方法，公然贬低他人人格，破坏他人名誉，情节严重的行为$\}$。

（十）诬告陷害罪与诽谤罪

$L = \{$诬告陷害罪$\}$；$M = \{$诽谤罪$\}$

$L \cap M = \{$诬告陷害罪$\} \cap \{$诽谤罪$\} = \{$客体是他人的人身权利和司法机关的正常活动，客观方面表现为行为人捏造事实，诬告陷害他人，意图使他人受刑事追究，情节严重的行为，主体是年满 16 周岁、具有刑事责任能力的人，主观方面是直接故意，且以意图使他人受刑事追究为目的$\} \cap \{$客体是他人的人格和名誉权利，客观方面表现为行为人捏造并散布某种事实，足以贬低他人人格，破坏他人名誉，情节严重的行为，主体是年满 16 周岁、具有刑事责任能力的人，主观方面是直接故意$\} = \{$主体是年满 16 周岁、具有刑事责任能力的人，主观方面是直接故意$\}$。

$L \cup M = \{$诬告陷害罪$\} \cup \{$诽谤罪$\} = \{$客体是他人的人身权利和司法机关的正常活动，客观方面表现为行为人捏造事实，诬告陷害他人，意图使他人受刑事追究，情节严重的行为，主体是年满 16 周岁、具有刑事责任能力的人，主观方面是直接故意，且以意图使他人受刑事追究为目的$\} \cup \{$客体是他人的人格和名誉权利，客观方面表现为行为人捏造并散布某种事实，足以贬低他人人格，破坏他人名誉，情节严重的行为，主体是年满 16 周岁、具有刑事责任能力的人，主观方面是直接故意}＝{客体是他人的人身权利和司法机关的正常活动，客观方面表现为行为人捏造事实，诬告陷害他人，意图使他人受刑事追究，情节严重的行为，主体是年满 16 周岁、具有刑事责任能力的人，主观方面是直接故意，且以意图使他人受刑事追究为目的，客体是他人的人格和名誉权利，客观方面表现为行为人捏造并散布某种事实，足以贬低他人人格，破坏他人名誉，情节严重的行为}。

那么，诬告陷害罪与诽谤罪的相同点：L∩M＝{主体是年满 16 周岁、具有刑事责任能力的人，主观方面是直接故意}。

诬告陷害罪与诽谤罪的不同点：L∪M－L∩M＝{客体是他人的人身权利和司法机关的正常活动，客观方面表现为行为人捏造事实，诬告陷害他人，意图使他人受刑事追究，情节严重的行为，主观方面是直接故意，且以意图使他人受刑事追究为目的，客体是他人的人格和名誉权利，客观方面表现为行为人捏造并散布某种事实，足以贬低他人人格，破坏他人名誉，情节严重的行为}。

（十一）刑讯逼供罪与暴力取证罪

N＝{刑讯逼供罪}；O＝{暴力取证罪}

N∩O＝{刑讯逼供罪}∩{暴力取证罪}＝{客体是公民的人身权利和司法机关的正常活动，客观方面表现为行为人对犯罪嫌疑人、被告人使用肉刑或者变相肉刑，逼取口供的行为，主体是司法工作人员，主观方面是直接故意，且以逼取口供为目的}∩{客体是公民的人身权利和司法机关的正常活动，客观方面表现为行为人使用暴力逼取证人证言的行为，主体是司法工作人员，主观方面是直接故意，且以逼取证人证言为目的}＝{客体是公民的人身权利和司法机关的正常活动，主体是司法工作人员，主观方面是直接故意}。

N∪O = {刑讯逼供罪}∪{暴力取证罪} = {客体是公民的人身权利和司法机关的正常活动，客观方面表现为行为人对犯罪嫌疑人、被告人使用肉刑或者变相肉刑，逼取口供的行为，主体是司法工作人员，主观方面是直接故意，且以逼取口供为目的}∪{客体是公民的人身权利和司法机关的正常活动，客观方面表现为行为人使用暴力逼取证人证言的行为，主体是司法工作人员，主观方面是直接故意，且以逼取证人证言为目的} = {客体是公民的人身权利和司法机关的正常活动，客观方面表现为行为人对犯罪嫌疑人、被告人使用肉刑或者变相肉刑，逼取口供的行为，主体是司法工作人员，主观方面是直接故意，且以逼取口供为目的，客观方面表现为行为人使用暴力逼取证人证言的行为，主观方面是直接故意，且以逼取证人证言为目的}。

那么，刑讯逼供罪与暴力取证罪的相同点：N∩O = {客体是公民的人身权利和司法机关的正常活动，主体是司法工作人员，主观方面是直接故意}。

刑讯逼供罪与暴力取证罪的不同点：N∪O − N∩O = {客观方面表现为行为人对犯罪嫌疑人、被告人使用肉刑或者变相肉刑，逼取口供的行为，主观方面是直接故意，且以逼取口供为目的，客观方面表现为行为人使用暴力逼取证人证言的行为，主观方面是直接故意，且以逼取证人证言为目的}。

第二节　侵犯公民民主权利罪

一、侵犯公民民主权利罪概述

（一）侵犯公民民主权利罪的概念

侵犯公民民主权利罪，是指行为人故意侵犯公民民主权利，依法应负刑事责任的行为。

（二）侵犯公民民主权利罪的构成特征

关于侵犯公民民主权利罪的构成特征，根据现行刑法的规定，主要有以下几个方面，其集合表现为：

设 A 为侵犯公民民主权利罪的集合，则 A = ｛侵犯公民民主权利的犯罪｝；

设 B 为侵犯公民民主权利罪的客体的集合，则 B = ｛客体是宪法和法律所规定的、公民享有的各项政治权利和自由｝；

设 C 为侵犯公民民主权利罪的客观方面的集合，则 C = ｛客观方面表现为行为人故意侵犯公民民主权利，依法应负刑事责任的行为｝；

设 D 为侵犯公民民主权利罪的主体的集合，则 D = ｛大多数犯罪的犯罪主体都是一般主体，即年满 16 周岁、具有刑事责任能力的人即可成为其犯罪主体，有些犯罪的犯罪主体是特殊主体，需要犯罪主体具备特定的身份｝；

设 E 为侵犯公民民主权利罪的主观方面的集合，则 E = ｛主观方面只能是故意｝；

则 A = B∪C∪D∪E，即 ｛侵犯公民民主权利罪｝ = ｛客体是宪法和法律所规定的、公民享有的各项政治权利和自由｝∪｛客观方面表现为行为人故意侵犯公民民主权利，依法应负刑事责任的行为｝∪｛大多数犯罪的犯罪主体都是一般主体，即年满 16 周岁、具有刑事责任能力的人即可成为其犯罪主体，有些犯罪的犯罪主体是特殊主体，需要犯罪主体具备特定的身份｝∪｛主观方面只能是故意｝ = ｛客体是宪法和法律所规定的、公民享有的各项政治权利和自由，客观方面表现为行为人故意侵犯公民民主权利，依法应负刑事责任的行为，大多数犯罪的犯罪主体都是一般主体，即年满 16 周岁、具有刑事责任能力的人即可成为其犯罪主体，有些犯罪的犯罪主体是特殊主体，需要犯罪主体具备特定的身份，主观方面只能是故意｝。

（三）侵犯公民民主权利罪的类型

根据现行刑法对侵犯公民民主权利罪所作的规定来看，本节共有10种具体犯罪，用子集的方式来表达，其构造表现为：

｛侵犯公民民主权利罪｝

｛煽动民族仇恨、民族歧视罪｝

｛出版歧视、侮辱少数民族作品罪｝

｛非法剥夺公民宗教信仰自由罪｝

｛侵犯少数民族风俗习惯罪｝

｛侵犯通信自由罪｝

｛私自开拆、隐匿、毁弃邮件、电报罪｝

｛侵犯公民个人信息罪｝

｛报复陷害罪｝

｛打击报复会计、统计人员罪｝

｛破坏选举罪｝

……

｛煽动民族仇恨、民族歧视罪，出版歧视、侮辱少数民族作品罪，非法剥夺公民宗教信仰自由罪，侵犯少数民族风俗习惯罪，侵犯通信自由罪，私自开拆、隐匿、毁弃邮件、电报罪，侵犯公民个人信息罪，报复陷害罪，打击报复会计、统计人员罪，破坏选举罪｝

二、侵犯公民民主权利罪的界限

（一）煽动民族仇恨、民族歧视罪与出版歧视、侮辱少数民族作品罪

A＝｛煽动民族仇恨、民族歧视罪｝；B＝｛出版歧视、侮辱少

数民族作品罪}

A∩B ＝{煽动民族仇恨、民族歧视罪}∩{暴力取证罪}＝{客体是我国各民族的平等与民族和睦的关系，客观方面表现为行为人以语言、文字或者其他方式煽动民族仇恨、民族歧视，情节严重的行为，主体是年满 16 周岁、具有刑事责任能力的人，主观方面是直接故意}∩{客体是少数民族的合法权利，客观方面表现为行为人在出版物中刊载歧视、侮辱少数民族的内容，情节恶劣，造成严重后果的行为，主体是年满 16 周岁、具有刑事责任能力在出版物中刊载歧视、侮辱少数民族内容的直接责任人员，主观方面是直接故意}＝{主体是年满 16 周岁、具有刑事责任能力的人，主观方面是直接故意}。

A∪B ＝{煽动民族仇恨、民族歧视罪}∪{暴力取证罪}＝{客体是我国各民族的平等与民族和睦的关系，客观方面表现为行为人以语言、文字或者其他方式煽动民族仇恨、民族歧视，情节严重的行为，主体是年满 16 周岁、具有刑事责任能力的人，主观方面是直接故意}∪{客体是少数民族的合法权利，客观方面表现为行为人在出版物中刊载歧视、侮辱少数民族的内容，情节恶劣，造成严重后果的行为，主体是年满 16 周岁、具有刑事责任能力在出版物中刊载歧视、侮辱少数民族内容的直接责任人员，主观方面是直接故意}＝{客体是我国各民族的平等与民族和睦的关系，客观方面表现为行为人以语言、文字或者其他方式煽动民族仇恨、民族歧视，情节严重的行为，主体是年满 16 周岁、具有刑事责任能力的人，主观方面是直接故意，客体是少数民族的合法权利，客观方面表现为行为人在出版物中刊载歧视、侮辱少数民族的内容，情节恶劣，造成严重后果的行为，主体是年满 16 周岁、具有刑事责任能力在出版物中刊载歧视、侮辱少数民族内容的直接责任人员}。

那么，煽动民族仇恨、民族歧视罪与出版歧视、侮辱少数民族作品罪的相同点：A∩B＝｛主体是年满16周岁、具有刑事责任能力的人，主观方面是直接故意｝。

煽动民族仇恨、民族歧视罪与出版歧视、侮辱少数民族作品罪的不同点：A∪B－A∩B＝｛客体是我国各民族的平等与民族和睦的关系，客观方面表现为行为人以语言、文字或者其他方式煽动民族仇恨、民族歧视，情节严重的行为，客体是少数民族的合法权利，客观方面表现为行为人在出版物中刊载歧视、侮辱少数民族的内容，情节恶劣，造成严重后果的行为，主体是在出版物中刊载歧视、侮辱少数民族内容的直接责任人员｝。

（二）非法剥夺公民宗教信仰自由罪与侵犯少数民族风俗习惯罪

C＝｛非法剥夺公民宗教信仰自由罪｝；D＝｛侵犯少数民族风俗习惯罪｝

C∩D＝｛非法剥夺公民宗教信仰自由罪｝∩｛侵犯少数民族风俗习惯罪｝＝｛客体是公民的宗教信仰自由，客观方面表现为行为人非法剥夺公民的宗教信仰自由，情节严重的行为，主体是国家机关工作人员，主观方面是直接故意｝∩｛客体是少数民族保持或者改革本民族风俗习惯的自由权利，客观方面表现为行为人侵犯少数民族风俗习惯，情节严重的行为，主体是国家机关工作人员，主观方面是直接故意｝＝｛主体是国家机关工作人员，主观方面是直接故意｝。

C∪D＝｛非法剥夺公民宗教信仰自由罪｝∪｛侵犯少数民族风俗习惯罪｝＝｛客体是公民的宗教信仰自由，客观方面表现为行为人非法剥夺公民的宗教信仰自由，情节严重的行为，主体是国家机关工作人员，主观方面是直接故意｝∪｛客体是少数民族保持或者改革本民族风俗习惯的自由权利，客观方面表现为行为人侵犯少数民族风俗习惯，情节严重的行为，主体是国家机关工作人员，主观方面是直接故意｝＝｛客体是公民的宗教信仰自由，客观方面表现为行为人非法剥夺公民的宗教信仰自由，情节严重的行为，主体是国家机关工作人员，主观方面是直接故意，客体是少数民族保持或者改革本民族风俗习惯的自由权利，客观方面表现为行为人侵犯少数民族风俗习惯，情节严重的行为｝。

那么，非法剥夺公民宗教信仰自由罪与侵犯少数民族风俗习惯罪的相同点：C∩D＝｛主体是国家机关工作人员，主观方面是直接故意｝。

非法剥夺公民宗教信仰自由罪与侵犯少数民族风俗习惯罪的不同点：C∪D−C∩D＝｛客体是公民的宗教信仰自由，客观方面表现为行为人非法剥夺公民的宗教信仰自由，情节严重的行为，客体是少数民族保持或者改革本民族风俗习惯的自由权利，客观方面表现为行为人侵犯少数民族风俗习惯，情节严重的行为｝。

（三）侵犯通信自由罪与私自开拆、隐匿、毁弃邮件、电报罪

E＝｛侵犯通信自由罪｝；F＝｛私自开拆、隐匿、毁弃邮件、电报罪｝

E∩F＝｛侵犯通信自由罪｝∩｛私自开拆、隐匿、毁弃邮件、电报罪｝＝｛客体是公民通信自由权利，客观方面表现为行为人隐匿、毁弃或者非法开拆他人信件，侵犯公民通信自由权利，情节严重的行为，主体是年满 16 周岁、具有刑事责任能力的人，主观方面是直接故意｝∩｛客体是公民通信自由和通信秘密权和国家邮电部门的正常活动及信誉，客观方面表现为行为人利用职务上的便利，私自开拆或者隐匿、毁弃邮件、电报的行为，主体是邮政工作人员，主观方面是直接故意｝＝｛客体是公民通信自由权利，主观方面是直接故意｝。

E∪F＝｛侵犯通信自由罪｝∪｛私自开拆、隐匿、毁弃邮件、电

报罪｝＝｛客体是公民通信自由权利，客观方面表现为行为人隐匿、毁弃或者非法开拆他人信件，侵犯公民通信自由权利，情节严重的行为，主体是年满 16 周岁、具有刑事责任能力的人，主观方面是直接故意｝∪｛客体是公民通信自由和通信秘密权和国家邮电部门的正常活动及信誉，客观方面表现为行为人利用职务上的便利，私自开拆或者隐匿、毁弃邮件、电报的行为，主体是邮政工作人员，主观方面是直接故意｝＝｛客体是公民通信自由权利，客观方面表现为行为人隐匿、毁弃或者非法开拆他人信件，侵犯公民通信自由权利，情节严重的行为，主体是年满 16 周岁、具有刑事责任能力的人，主观方面是直接故意，客体是公民通信自由和通信秘密权和国家邮电部门的正常活动及信誉，客观方面表现为行为人利用职务上的便利，私自开拆或者隐匿、毁弃邮件、电报的行为，主体是邮政工作人员｝。

那么，侵犯通信自由罪与私自开拆、隐匿、毁弃邮件、电报罪的相同点：E∩F＝｛客体是公民通信自由权利，主观方面是直接故意｝。

侵犯通信自由罪与私自开拆、隐匿、毁弃邮件、电报罪的不同点：E∪F－E∩F＝｛客观方面表现为行为人隐匿、毁弃或者非法开拆他人信件，侵犯公民通信自由权利，情节严重的行为，主体是年满 16 周岁、具有刑事责任能力的人，客体是通信秘密权和国家邮电部门的正常活动及信誉，客观方面表现为行为人利用职务上的便利，私自开拆或者隐匿、毁弃邮件、电报的行为，主体是邮政工作人员｝。

（四）报复陷害罪与诬告陷害罪

G＝｛报复陷害罪｝；H＝｛诬告陷害罪｝

G∩H＝｛报复陷害罪｝∩｛诬告陷害罪｝＝｛客体是公民的民主权利和国家机关的正常活动，客观方面表现为行为人滥用职权、假公济私，对控告人、申诉人、批评人、举报人实行报复陷害的行为，主体是年满 16 周岁、具有刑事责任能力的国家机关工作人员，主观方面是直接故意｝∩｛客体是他人的人身权利和司法机关的正常活动，客观方面表现为行为人捏造事实，诬告陷害他人，意图使他人受刑事追究，情节严重的行为，主体是年满 16 周岁、具有刑事责任能力的自然人，主观方面是直接故意，且以意图使他人受刑事追究为目的｝＝｛主体是年满 16 周岁、具有刑事责任能力的自然人，主观方面是直接故意｝。

G∪H＝｛报复陷害罪｝∪｛诬告陷害罪｝＝｛客体是公民的民主权利和国家机关的正常活动，客观方面表现为行为人滥用职权、假公济私，对控告人、申诉人、批评人、举报人实行报复陷害的行为，主体是年满 16 周岁、具有刑事责任能力的国家机关工作人员，主观方面是直接故意｝∪｛客体是他人的人身权利和司法机关的正常活动，客观方面表现为行为人捏造事实，诬告陷害他人，意图使他人受刑事追究，情节严重的行为，主体是年满 16 周岁、具有刑事责任能力的人，主观方面是直接故意，且以意图使他人受刑事追究为目的｝＝｛客体是公民的民主权利和国家机关的正常活动，客观方面表现为行为人滥用职权、假公济私，对控告人、申诉人、批评人、举报人实行报复陷害的行为，主体是年满 16 周岁、具有刑事责任能力的国家机关工作人员，主观方面是直接故意，客体是他人的人身权利和司法机关的正常活动，客观方面表现为行为人捏造事实，诬告陷害他人，意图使他人受刑事追究，情节严重的行为，主体是年满 16 周岁、具有刑事责任能力的人，主观方面是直接故意，且以意图使他人受刑事追究为目的｝。

那么，报复陷害罪与诬告陷害罪的相同点：G∩H＝｛主体是年满 16 周岁、具有刑事责任能力的自然人，主观方面是直接故意｝。

报复陷害罪与诬告陷害罪的不同点：G∪H－G∩H＝｛客体是

公民的民主权利和国家机关的正常活动，客观方面表现为行为人滥用职权、假公济私，对控告人、申诉人、批评人、举报人实行报复陷害的行为，主体是年满 16 周岁、具有刑事责任能力的人，客体是他人的人身权利和司法机关的正常活动，客观方面表现为行为人捏造事实，诬告陷害他人，意图使他人受刑事追究，情节严重的行为，主体是国家机关工作人员，主观方面是直接故意，且以意图使他人受刑事追究为目的}。

第三节　侵犯公民婚姻家庭罪

一、侵犯公民婚姻家庭罪概述

（一）侵犯公民婚姻家庭罪的概念

侵犯婚姻家庭罪，是指行为人故意侵犯他人依法享有的婚姻家庭权利，依法应负刑事责任的行为。

（二）侵犯公民婚姻家庭罪的构成特征

关于侵犯公民婚姻家庭罪构成特征，根据现行刑法的规定，主要有以下几个方面，其集合表现为：

设 A 为侵犯公民婚姻家庭罪的集合，则 A = {侵犯公民婚姻家庭罪}；

设 B 为侵犯公民婚姻家庭罪的客体的集合，则 B = {客体是公民的婚姻家庭权利}；

设 C 为侵犯公民婚姻家庭罪的客观方面的集合，则 C = {客观方面表现为行为人故意实施侵犯他人依法享有的婚姻家庭权利，依法应负刑事责任的行为}；

设 D 为侵犯公民婚姻家庭罪的主体的集合，则 D = {大多数犯罪是一般主体，即年满 16 周岁、具有刑事责任能力的自然人即可成为犯罪主体，也有的犯罪的主体是特殊主体}；

设 E 为侵犯公民婚姻家庭罪的主观方面的集合，则 E ={主观方面只能是故意}；

则 A = B∪C∪D∪E，即 {侵犯公民婚姻家庭罪}={客体是公民的婚姻家庭权利}∪{客观方面表现为行为人故意侵犯他人依法享有的婚姻家庭权利，依法应负刑事责任的行为}∪{主体大多数是一般主体，即年满 16 周岁、具有刑事责任能力的自然人即可成为犯罪主体，也有的犯罪的主体是特殊主体}∪{主观方面只能由故意构成}={客体是公民的婚姻家庭权利，客观方面表现为行为人故意侵犯他人依法享有的婚姻家庭权利，依法应负刑事责任的行为，主体大多数是一般主体，即年满 16 周岁、具有刑事责任能力的自然人即可成为犯罪主体，也有的犯罪的主体是特殊主体，主观方面只能是故意}。

（三）侵犯公民婚姻家庭罪的类型

根据现行刑法对侵犯公民婚姻家庭罪所作的规定来看，本节共有 9 种具体犯罪，用子集的方式来表达，其构造表现为：

{侵犯公民婚姻家庭罪}

{暴力干涉婚姻自由罪}

{重婚罪}

{破坏军婚罪}

{虐待罪}

{虐待被监护、看护人罪}

{遗弃罪}

{拐骗儿童罪}

{组织残疾人、儿童乞讨罪}

{组织未成年人进行违反治安管理活动罪}

……

{暴力干涉婚姻自由罪，重婚罪，破坏军婚罪，虐待罪，虐待被监护、看护人罪，遗弃罪，拐骗儿童罪，组织残疾人、儿童乞讨罪，组织未成年人进行违反治安管理活动罪}

二、侵犯公民婚姻家庭罪的界限

（一）重婚罪与破坏军婚罪

A = {重婚罪}；B = {破坏军婚罪}

A∩B = {重婚罪} ∩ {破坏军婚罪} = {客体是我国一夫一妻制的婚姻关系，客观方面表现为行为人有配偶而又与他人结婚，或者明知他人有配偶而与之结婚的行为，主体是重婚者和相婚者，主观方面是直接故意} ∩ {客体是现役军人的婚姻关系，客观方面表现为行为人明知是现役军人的配偶而与之同居或者结婚的行为，主体是年满16周岁、具有刑事责任能力的人，主观方面是直接故意} = {主观方面是直接故意}。

A∪B = {重婚罪} ∪ {破坏军婚罪} = {客体是我国一夫一妻制的婚姻关系，客观方面表现为行为人有配偶而又与他人结婚，或者明知他人有配偶而与之结婚的行为，主体是重婚者和相婚者，主观方面是直接故意} ∪ {客体是现役军人的婚姻关系，客观方面表现为行为人明知是现役军人的配偶而与之同居或者结婚的行为，主体是年满16周岁、具有刑事责任能力的人，主观方面是直接故意} = {客体是我国一夫一妻制的婚姻关系，客观方面表现为行为人有配偶而又与他人结婚，或者明知他人有配偶而与之结婚的行为，主体是重婚者和相婚者，主观方面是直接故意，客体是现役军人的婚姻关系，客观方面表现为行为人明知是现役军人的配偶而与之同居或者结婚的行为，主体是年满16周岁、具有刑事责任能力的人｝。

那么，重婚罪与破坏军婚罪的相同点：A∩B＝｛主观方面是直接故意｝。

重婚罪与破坏军婚罪的不同点：A∪B－A∩B＝｛客体是我国一夫一妻制的婚姻关系，客观方面表现为行为人有配偶而又与他人结婚，或者明知他人有配偶而与之结婚的行为，主体是重婚者和相婚者，客体是现役军人的婚姻关系，客观方面表现为行为人明知是现役军人的配偶而与之同居或者结婚的行为，主体是年满16 周岁、具有刑事责任能力的人｝。

（二）虐待罪与虐待被监护、看护人罪

C＝｛虐待罪｝；D＝｛虐待被监护、看护人罪｝

C∩D＝｛虐待罪｝∩｛虐待被监护、看护人罪｝＝｛客体是共同生活的家庭成员在家庭生活中的合法权益和家庭成员的身心健康，客观方面表现为行为人对共同生活的家庭成员，经常以打骂、捆绑、限制自由、侮辱人格、冻饿等方法，从肉体上和精神上进行摧残迫害，情节恶劣的行为，主体是家庭内部共同生活的成员，主观方面是故意｝∩｛客体是被监护、看护的人的人身权利、身心健康权利，客观方面表现为行为人虐待被监护、看护的人，情节恶劣的行为，主体是特殊主体，即对未成年人、老年人、患病的人、残疾人等负有监护、看护职责的人或者单位，主观方面是故意｝＝｛主观方面是故意｝。

C∪D＝｛虐待罪｝∪｛虐待被监护、看护人罪｝＝｛客体是共同生活的家庭成员在家庭生活中的合法权益和家庭成员的身心健康，客观方面表现为行为人对共同生活的家庭成员，经常以打骂、捆绑、限制自由、侮辱人格、冻饿等方法，从肉体上和精神上进行摧残迫害，情节恶劣的行为，主体是家庭内部共同生活的成员，主观方面是故意｝∪｛客体是被监护、看护的人的人身权利、身心健康权利，客观方面表现为行为人虐待被监护、看护的人，情节恶劣的行为，主体是特殊主体，即对未成年人、老年人、患病的人、残疾人等负有监护、看护职责的人或者单位，主观方面是故意}＝{客体是共同生活的家庭成员在家庭生活中的合法权益和家庭成员的身心健康，客观方面表现为行为人对共同生活的家庭成员，经常以打骂、捆绑、限制自由、侮辱人格、冻饿等方法，从肉体上和精神上进行摧残迫害，情节恶劣的行为，主体是家庭内部共同生活的成员，主观方面是故意，客体是被监护、看护的人的人身权利、身心健康权利，客观方面表现为行为人虐待被监护、看护的人，情节恶劣的行为，主体是特殊主体，即对未成年人、老年人、患病的人、残疾人等负有监护、看护职责的人或者单位}。

那么，虐待罪与虐待被监护、看护人罪的相同点：C∩D ＝ {主观方面是故意}。

虐待罪与虐待被监护、看护人罪的不同点：C∪D － C∩D ＝ {客体是共同生活的家庭成员在家庭生活中的合法权益和家庭成员的身心健康，客观方面表现为行为人对共同生活的家庭成员，经常以打骂、捆绑、限制自由、侮辱人格、冻饿等方法，从肉体上和精神上进行摧残迫害，情节恶劣的行为，主体是家庭内部共同生活的成员，客体是被监护、看护的人的人身权利、身心健康权利，客观方面表现为行为人虐待被监护、看护的人，情节恶劣的行为，主体是特殊主体，即对未成年人、老年人、患病的人、残疾人等负有监护、看护职责的人或者单位}。

（三）虐待罪与遗弃罪

C ＝ {虐待罪}；E ＝ {遗弃罪}

C∩E ＝ {虐待罪} ∩ {遗弃罪} ＝ {客体是共同生活的家庭成员在家庭生活中的合法权益和家庭成员的身心健康，客观方面表现为行为人对共同生活的家庭成员，经常以打骂、捆绑、限制自由、侮辱人格、冻饿等方法，从肉体上和精神上进行摧残迫害，情节恶劣的行为，主体是家庭内部共同生活的成员，主观方面是直接故意}∩{客体是家庭成员之间相互扶养的权利义务关系，客观方面表现为行为人对于年老、年幼、患病或者其他没有独立生活能力的人，负有扶养义务而拒绝扶养，情节恶劣的行为，主体是对被遗弃的人负有法律上的扶养义务而且有履行义务能力的人，主观方面是直接故意}={主观方面是直接故意}。

C∪E={虐待罪}∪{遗弃罪}={客体是共同生活的家庭成员在家庭生活中的合法权益和家庭成员的身心健康，客观方面表现为行为人对共同生活的家庭成员，经常以打骂、捆绑、限制自由、侮辱人格、冻饿等方法，从肉体上和精神上进行摧残迫害，情节恶劣的行为，主体是家庭内部共同生活的成员，主观方面是直接故意}∪{客体是家庭成员之间相互扶养的权利义务关系，客观方面表现为行为人对于年老、年幼、患病或者其他没有独立生活能力的人，负有扶养义务而拒绝扶养，情节恶劣的行为，主体是对被遗弃的人负有法律上的扶养义务而且有履行义务能力的人，主观方面是直接故意}={客体是共同生活的家庭成员在家庭生活中的合法权益和家庭成员的身心健康，客观方面表现为行为人对共同生活的家庭成员，经常以打骂、捆绑、限制自由、侮辱人格、冻饿等方法，从肉体上和精神上进行摧残迫害，情节恶劣的行为，主体是家庭内部共同生活的成员，主观方面是直接故意，客体是家庭成员之间相互扶养的权利义务关系，客观方面表现为行为人对于年老、年幼、患病或者其他没有独立生活能力的人，负有扶养义务而拒绝扶养，情节恶劣的行为，主体是对被遗弃的人负有法律上的扶养义务而且有履行义务能力的人}。

那么，虐待罪与遗弃罪的相同点：C∩E={主观方面是直接故意}。

虐待罪与遗弃罪的不同点：C∪E－C∩E={客体是共同生活

的家庭成员在家庭生活中的合法权益和家庭成员的身心健康，客观方面表现为行为人对共同生活的家庭成员，经常以打骂、捆绑、限制自由、侮辱人格、冻饿等方法，从肉体上和精神上进行摧残迫害，情节恶劣的行为，主体是家庭内部共同生活的成员，客体是家庭成员之间相互扶养的权利义务关系，客观方面表现为行为人对于年老、年幼、患病或者其他没有独立生活能力的人，负有扶养义务而拒绝扶养，情节恶劣的行为，主体是对被遗弃的人负有法律上的扶养义务而且有履行义务能力的人}。

（四）组织残疾人、儿童乞讨罪与组织未成年人进行违反治安管理活动罪

F＝{组织残疾人、儿童乞讨罪}；G＝{组织未成年人进行违反治安管理活动罪}

F∩G＝{组织残疾人、儿童乞讨罪}∩{组织未成年人进行违反治安管理活动罪}＝{客体是残疾人、儿童的身心健康，客观方面表现为行为人以暴力、胁迫手段组织残疾人或者不满十四周岁的未成年人乞讨的行为，主体是年满16周岁、具有刑事责任能力的人，主观方面是故意}∩{客体是社会治安管理秩序和未成年人的身心健康，客观方面表现为行为人组织未成年人进行盗窃、诈骗、抢夺、敲诈勒索等违反治安管理活动的行为，主体是年满16周岁、具有刑事责任能力的人，主观方面是故意}＝{主体是年满16周岁、具有刑事责任能力的人，主观方面是故意}。

F∪G＝{组织残疾人、儿童乞讨罪}∪{组织未成年人进行违反治安管理活动罪}＝{客体是残疾人、儿童的身心健康，客观方面表现为行为人以暴力、胁迫手段组织残疾人或者不满十四周岁的未成年人乞讨的行为，主体是年满16周岁、具有刑事责任能力的人，主观方面是故意}∪{客体是社会治安管理秩序和未成年人的身心健康，客观方面表现为行为人组织未成年人进行盗窃、诈

骗、抢夺、敲诈勒索等违反治安管理活动的行为，主体是年满 16 周岁、具有刑事责任能力的人，主观方面是故意} ={客体是残疾人、儿童的身心健康，客观方面表现为行为人以暴力、胁迫手段组织残疾人或者不满十四周岁的未成年人乞讨的行为，主体是年满 16 周岁、具有刑事责任能力的人，主观方面是故意，客体是社会治安管理秩序和未成年人的身心健康，客观方面表现为行为人组织未成年人进行盗窃、诈骗、抢夺、敲诈勒索等违反治安管理活动的行为}。

那么，组织残疾人、儿童乞讨罪与组织未成年人进行违反治安管理活动罪的相同点：F∩G ={主体是年满 16 周岁、具有刑事责任能力的人，主观方面是故意}。

组织残疾人、儿童乞讨罪与组织未成年人进行违反治安管理活动罪的不同点：F∪G－F∩G ={客体是残疾人、儿童的身心健康，客观方面表现为行为人以暴力、胁迫手段组织残疾人或者不满十四周岁的未成年人乞讨的行为，客体是社会治安管理秩序和未成年人的身心健康，客观方面表现为行为人组织未成年人进行盗窃、诈骗、抢夺、敲诈勒索等违反治安管理活动的行为}。

第五章

侵犯财产罪

第一节　非法占有型犯罪

一、非法占有型犯罪概述

（一）非法占有型犯罪的概念

非法占有型犯罪，是指行为人以非法占有为目的，实施了侵犯公私财产所有权的所有权能，将被害人的财产据为己有或转归第三人所有，依法应负刑事责任的行为。

（二）非法占有型犯罪的构成特征

关于非法占有型犯罪的构成特征，根据现行刑法的规定，主要有以下几个方面，其集合表现为：

设 A 为非法占有型犯罪的集合，则 A =｛非法占有型犯罪｝；

设 B 为非法占有型犯罪的客体的集合，则 B =｛客体是公私财产所有权｝；

设 C 为非法占有型犯罪的客观方面的集合，则 C =｛客观方面表现为行为人实施了侵犯公私财产所有权的所有权能，将被害人的财产据为己有或转归第三人所有，依法应负刑事责任的行为｝；

设 D 为非法占有型犯罪的主体的集合,则 D = {除抢劫罪的主体是年满 14 周岁外,大多数是一般主体,即年满 16 周岁、具有刑事责任能力的自然人即可成为犯罪主体,也有的犯罪的主体是特殊主体};

设 E 为非法占有型犯罪的主观方面的集合,则 E = {主观方面只能是故意,并且以非法占有为目的};

则 A = B∪C∪D∪E,即 {非法占有型犯罪} = {客体是公私财产所有权}∪{客观方面表现为行为人实施了侵犯公私财产所有权的所有权能,将被害人的财产据为己有或转归第三人所有,依法应负刑事责任的行为}∪{主体除抢劫罪的主体是年满 14 周岁外,大多数是一般主体,即年满 16 周岁、具有刑事责任能力的自然人即可成为犯罪主体,也有的犯罪的主体是特殊主体}∪{主观方面只能是故意,并且以非法占有为目的} = {客体是公私财产所有权,客观方面表现为行为人实施了侵犯公私财产所有权的所有权能,将被害人的财产据为己有或转归第三人所有,依法应负刑事责任的行为,主体除抢劫罪的主体是年满 14 周岁外,大多数是一般主体,即年满 16 周岁、具有刑事责任能力的自然人即可成为犯罪主体,也有的犯罪的主体是特殊主体,主观方面只能是故意,并且以非法占有为目的}。

(三) 非法占有型犯罪的类型

根据现行刑法对非法占有型犯罪所做的规定来看,本节共有 8 种具体犯罪,用子集的方式来表达,其构造表现为:

{非法占有型犯罪}

{抢劫罪}

{盗窃罪}

{诈骗罪}

{抢夺罪}

{聚众哄抢罪}

{侵占罪}

{职务侵占罪}

{敲诈勒索罪}

……

{抢劫罪、盗窃罪、诈骗罪、抢夺罪、聚众哄抢罪、侵占罪、职务侵占罪、敲诈勒索罪}

二、非法占有型犯罪的界限

（一）抢劫罪与绑架罪

A = {抢劫罪}；B = {绑架罪}

A∩B = {抢劫罪} ∩ {绑架罪} = {客体是他人的财产权利和他人的人身权利，客观方面表现为行为人当场使用暴力、胁迫或者其他方法，当场强行劫取公私财物的行为，主体是年满 14 周岁、具有刑事责任能力的人，主观方面是直接故意，且以非法占有为目的} ∩ {客体是他人的人身权利和财产权利，客观方面表现为行为人劫持他人或者使用暴力、胁迫或者其他方法劫持他人作为人质的行为，主体是年满 16 周岁、具有刑事责任能力的人，主观方面是直接故意，且以勒索财物为目的} = {客体是他人的人身权利和财产权利，主观方面是直接故意}。

A∪B = {抢劫罪} ∪ {绑架罪} = {客体是他人的财产权利和他人的人身权利，客观方面表现为行为人当场使用暴力、胁迫或者其他方法，当场强行劫取公私财物的行为，主体是年满 14 周岁、具有刑事责任能力的人，主观方面是直接故意，且以非法占有为目的} ∪ {客体是他人的人身权利和财产权利，客观方面表现为行为人劫持他人或者使用暴力、胁迫或者其他方法劫持他人作为人质的行为，主体是年满 16 周岁、具有刑事责任能力的人，主观方面是直接故意，且以勒索财物为目的}={客体是他人的财产权利和他人的人身权利，客观方面表现为行为人当场使用暴力、胁迫或者其他方法，当场强行劫取公私财物的行为，主体是年满 14 周岁、具有刑事责任能力的人，主观方面是直接故意，且以非法占有为目的，客体是他人的人身权利和财产权利，客观方面表现为行为人劫持他人或者使用暴力、胁迫或者其他方法劫持他人作为人质的行为，主体是年满 16 周岁、具有刑事责任能力的人，主观方面是直接故意，且以勒索财物为目的}。

那么，抢劫罪与绑架罪的相同点：A∩B ={客体是他人的人身权利和财产权利，主观方面是直接故意}。

抢劫罪与绑架罪的不同点：A∪B－A∩B ={客观方面表现为行为人当场使用暴力、胁迫或者其他方法，当场强行劫取公私财物的行为，主体是年满 14 周岁、具有刑事责任能力的人，主观方面是直接故意，且以非法占有为目的，客观方面表现为行为人劫持他人或者使用暴力、胁迫或者其他方法劫持他人作为人质的行为，主体是年满 16 周岁、具有刑事责任能力的人，主观方面是直接故意，且以勒索财物为目的}。

（二）抢劫罪与抢夺罪

A ={抢劫罪}；C ={抢夺罪}

A∩C ={抢劫罪}∩{抢夺罪}={客体是他人的财产权利和他人的人身权利，客观方面表现为行为人当场使用暴力、胁迫或者其他方法，当场强行劫取公私财物的行为，主体是年满 14 周岁、具有刑事责任能力的人，主观方面是直接故意，且以非法占有为目的}∩{客体是公私财产所有权，客观方面表现为行为人公然夺取数额较大的公私财物的行为，主体是年满 16 周岁、具有刑事责任能力的人，主观方面是直接故意，且以非法占有为目的}={客体是公私财产所有权，主观方面是直接故意，且以非法占有为目的}。

A∪C = {抢劫罪} ∪ {抢夺罪} = {客体是他人的财产权利和他人的人身权利，客观方面表现为行为人当场使用暴力、胁迫或者其他方法，当场强行劫取公私财物的行为，主体是年满 14 周岁、具有刑事责任能力的人，主观方面是直接故意，且以非法占有为目的} ∪ {客体是公私财产所有权，客观方面表现为行为人公然夺取数额较大的公私财物的行为，主体是年满 16 周岁、具有刑事责任能力的人，主观方面是直接故意，且以非法占有为目的} = {客体是他人的财产权利和他人的人身权利，客观方面表现为行为人当场使用暴力、胁迫或者其他方法，当场强行劫取公私财物的行为，主体是年满 14 周岁、具有刑事责任能力的人，主观方面是直接故意，且以非法占有为目的，客体是公私财产所有权，客观方面表现为行为人公然夺取数额较大的公私财物的行为，主体是年满 16 周岁、具有刑事责任能力的人}。

那么，抢劫罪与抢夺罪的相同点：A∩C = {客体是公私财产所有权，主观方面是直接故意，且以非法占有为目的}。

抢劫罪与抢夺罪的不同点：A∪C – A∩C = {客体是他人的人身权利，客观方面表现为行为人当场使用暴力、胁迫或者其他方法，当场强行劫取公私财物的行为，主体是年满 14 周岁、具有刑事责任能力的人，客观方面表现为行为人公然夺取数额较大的公私财物的行为，主体是年满 16 周岁、具有刑事责任能力的人}。

（三）抢劫罪与聚众哄抢罪

A = {抢劫罪}；D = {聚众哄抢罪}

A∩D = {抢劫罪} ∩ {聚众哄抢罪} = {客体是他人的财产权利和他人的人身权利，客观方面表现为行为人当场使用暴力、胁迫或者其他方法，当场强行劫取公私财物的行为，主体是年满 14 周岁、具有刑事责任能力的人，主观方面是直接故意，且以非法占有为目的｝∩｛客体是公私财产所有权，客观方面表现为行为人聚众哄抢公私财物，数额较大或者有其他严重情节的行为，主体是实施聚众哄抢犯罪的首要分子和积极参加的自然人，主观方面是直接故意，且以非法占有为目的｝＝｛主观方面是直接故意，且以非法占有为目的｝。

Ａ∪Ｄ＝｛抢劫罪｝∪｛聚众哄抢罪｝＝｛客体是他人的财产权利和他人的人身权利，客观方面表现为行为人当场使用暴力、胁迫或者其他方法，当场强行劫取公私财物的行为，主体是年满14周岁、具有刑事责任能力的人，主观方面是直接故意，且以非法占有为目的｝∪｛客体是公私财产所有权，客观方面表现为行为人聚众哄抢公私财物，数额较大或者有其他严重情节的行为，主体是实施聚众哄抢犯罪的首要分子和积极参加的自然人，主观方面是直接故意，且以非法占有为目的｝＝｛客体是他人的财产权利和他人的人身权利，客观方面表现为行为人当场使用暴力、胁迫或者其他方法，当场强行劫取公私财物的行为，主体是年满14周岁、具有刑事责任能力的人，主观方面是直接故意，且以非法占有为目的，客体是公私财产所有权，客观方面表现为行为人聚众哄抢公私财物，数额较大或者有其他严重情节的行为，主体是实施聚众哄抢犯罪的首要分子和积极参加的自然人｝。

那么，抢劫罪与聚众哄抢罪的相同点：Ａ∩Ｄ＝｛主观方面是直接故意，且以非法占有为目的｝。

抢劫罪与聚众哄抢罪的不同点：Ａ∪Ｄ－Ａ∩Ｄ＝｛客体是他人的财产权利和他人的人身权利，客观方面表现为行为人当场使用暴力、胁迫或者其他方法，当场强行劫取公私财物的行为，主体是年满14周岁、具有刑事责任能力的人，客体是公私财产所有权，客观方面表现为行为人聚众哄抢公私财物，数额较大或者有其他严重情节的行为，主体是实施聚众哄抢犯罪的首要分子和积极参加的自然人｝。

（四）抢劫罪与敲诈勒索罪

A＝｛抢劫罪｝；E＝｛敲诈勒索罪｝

A∩E＝｛抢劫罪｝∩｛敲诈勒索罪｝＝｛客体是他人的财产权利和他人的人身权利，客观方面表现为行为人当场使用暴力、胁迫或者其他方法，当场强行劫取公私财物的行为，主体是年满14周岁、具有刑事责任能力的人，主观方面是直接故意，且以非法占有为目的｝∩｛客体是公私财产所有权和他人的人身权利，客观方面表现为行为人采用威胁或要挟方法使他人产生精神恐惧而被迫交付财物，数额较大或者多次敲诈勒索的行为，主体是年满16周岁、具有刑事责任能力的人，主观方面是直接故意，且以非法占有为目的｝＝｛客体是他人的财产权利和他人的人身权利，主体是年满16周岁、具有刑事责任能力的人，主观方面是直接故意，且以非法占有为目的｝。

A∪E＝｛抢劫罪｝∪｛敲诈勒索罪｝＝｛客体是他人的财产权利和他人的人身权利，客观方面表现为行为人当场使用暴力、胁迫或者其他方法，当场强行劫取公私财物的行为，主体是年满14周岁、具有刑事责任能力的人，主观方面是直接故意，且以非法占有为目的｝∪｛客体是公私财产所有权和他人的人身权利，客观方面表现为行为人采用威胁或要挟方法使他人产生精神恐惧而被迫交付财物，数额较大或者多次敲诈勒索的行为，主体是年满16周岁、具有刑事责任能力的人，主观方面是直接故意，且以非法占有为目的｝＝｛客体是他人的财产权利和他人的人身权利，客观方面表现为行为人当场使用暴力、胁迫或者其他方法，当场强行劫取公私财物的行为，主体是年满14周岁、具有刑事责任能力的人，主观方面是直接故意，且以非法占有为目的，客观方面表现为行为人采用威胁或要挟方法使他人产生精神恐惧而被迫交付财物，数额较大或者多次敲诈勒索的行为｝。

那么，抢劫罪与敲诈勒索罪的相同点：A∩E＝｛客体是他人的财产权利和他人的人身权利，主体是年满 16 周岁、具有刑事责任能力的人，主观方面是直接故意，且以非法占有为目的｝。

抢劫罪与敲诈勒索罪的不同点：A∪E－A∩E＝｛客观方面表现为行为人当场使用暴力、胁迫或者其他方法，当场强行劫取公私财物的行为，主体是年满 14 周岁、具有刑事责任能力的人，客观方面表现为行为人采用威胁或要挟方法使他人产生精神恐惧而被迫交付财物，数额较大或者多次敲诈勒索的行为｝。

（五）盗窃罪与诈骗罪

F＝｛盗窃罪｝；G＝｛诈骗罪｝

F∩G＝｛盗窃罪｝∩｛诈骗罪｝＝｛客体是公私财产所有权，客观方面表现为行为人采取自认为不被被害人知情的方法秘密窃取公私财物，数额较大或多次盗窃、入户盗窃、携带凶器盗窃、扒窃的行为，主体是年满 16 周岁、具有刑事责任能力的人，主观方面是直接故意，且以非法占有为目的｝∩｛客体是公私财产所有权，客观方面表现为行为人用虚构事实或者隐瞒真相的方法，骗取数额较大的公私财物的行为，主体是年满 16 周岁、具有刑事责任能力的人，主观方面是直接故意，且以非法占有为目的｝＝｛客体是公私财产所有权，主体是年满 16 周岁、具有刑事责任能力的人，主观方面是直接故意，且以非法占有为目的｝。

F∪G＝｛盗窃罪｝∪｛诈骗罪｝＝｛客体是公私财产所有权，客观方面表现为行为人采取自认为不被被害人知情的方法秘密窃取公私财物，数额较大或多次盗窃、入户盗窃、携带凶器盗窃、扒窃的行为，主体是年满 16 周岁、具有刑事责任能力的人，主观方面是直接故意，且以非法占有为目的｝∪｛客体是公私财产所有权，客观方面表现为行为人用虚构事实或者隐瞒真相的方法，骗取数额较大的公私财物的行为，主体是年满 16 周岁、具有刑事责任能力的人，主观方面是直接故意，且以非法占有为目的｝=｛客体是公私财产所有权，客观方面表现为行为人采取自认为不被被害人知情的方法秘密窃取公私财物，数额较大或多次盗窃、入户盗窃、携带凶器盗窃、扒窃的行为，主体是年满 16 周岁、具有刑事责任能力的人，主观方面是直接故意，且以非法占有为目的，客观方面表现为行为人用虚构事实或者隐瞒真相的方法，骗取数额较大的公私财物的行为｝。

那么，盗窃罪与诈骗罪的相同点：$F \cap G =$｛客体是公私财产所有权，主体是年满 16 周岁、具有刑事责任能力的人，主观方面是直接故意，且以非法占有为目的｝。

盗窃罪与诈骗罪的不同点：$F \cup G - F \cap G =$｛客观方面表现为行为人采取自认为不被被害人知情的方法秘密窃取公私财物，数额较大或多次盗窃、入户盗窃、携带凶器盗窃、扒窃的行为，客观方面表现为行为人用虚构事实或者隐瞒真相的方法，骗取数额较大的公私财物的行为｝。

（六）侵占罪与职务侵占罪

$H =$｛侵占罪｝；$I =$｛职务侵占罪｝

$H \cap I =$｛侵占罪｝ $\cap$ ｛职务侵占罪｝$=$｛客体是公私财产所有权，客观方面表现为行为人将代为保管的他人财物非法占为己有，数额较大，拒不退还的，或将他人的遗忘物或者埋藏物非法占为己有，数额较大，拒不交出的行为，主体是年满 16 周岁、具有刑事责任能力的人，主观方面是直接故意，且以非法占有为目的｝ $\cap$ ｛客体是公司、企业或者其他单位的财产所有权，客观方面表现为行为人利用职务上的便利，将本单位财物非法占为己有，数额较大的行为，主体是公司、企业或者其他单位的工作人员，主观方面是直接故意，且以非法占有为目的｝$=$｛主观方面是直接故意，且以非法占有为目的｝。

H∪I＝{侵占罪}∪{职务侵占罪}＝{客体是公私财产所有权，客观方面表现为行为人将代为保管的他人财物非法占为己有，数额较大，拒不退还的，或将他人的遗忘物或者埋藏物非法占为己有，数额较大，拒不交出的行为，主体是年满16周岁、具有刑事责任能力的人，主观方面是直接故意，且以非法占有为目的}∪{客体是公司、企业或者其他单位的财产所有权，客观方面表现为行为人利用职务上的便利，将本单位财物非法占为己有，数额较大的行为，主体是公司、企业或者其他单位的工作人员，主观方面是直接故意，且以非法占有为目的}＝{客体是公私财产所有权，客观方面表现为行为人将代为保管的他人财物非法占为己有，数额较大，拒不退还的，或将他人的遗忘物或者埋藏物非法占为己有，数额较大，拒不交出的行为，主体是年满16周岁、具有刑事责任能力的人，主观方面是直接故意，且以非法占有为目的，客体是公司、企业或者其他单位的财产所有权，客观方面表现为行为人利用职务上的便利，将本单位财物非法占为己有，数额较大的行为，主体是公司、企业或者其他单位的工作人员}。

那么，侵占罪与职务侵占罪的相同点：H∩I＝{主观方面是直接故意，且以非法占有为目的}。

侵占罪与职务侵占罪的不同点：H∪I－H∩I＝{客体是公私财产所有权，客观方面表现为行为人客观方面表现为行为人将代为保管的他人财物非法占为己有，数额较大，拒不退还的，或将他人的遗忘物或者埋藏物非法占为己有，数额较大，拒不交出的行为，主体是年满16周岁、具有刑事责任能力的人，客体是公司、企业或者其他单位的财产所有权，客观方面表现为行为人利用职务上的便利，将本单位财物非法占为己有，数额较大的行为，主体是公司、企业或者其他单位的工作人员}。

第二节　挪用型犯罪

一、挪用型犯罪概述

（一）挪用型犯罪的概念

挪用型犯罪，是指行为人严重违反财产管理的规章制度，利用职务上的便利将本单位的资金或特定款物挪归自己使用、借贷给他人使用或改变原有特定用途，依法应负刑事责任的行为。

（二）挪用型犯罪的构成特征

关于挪用型犯罪的构成特征，根据现行刑法的规定，主要有以下几个方面，其集合表现为：

设 A 为挪用型犯罪的集合，则 A = ｛挪用型犯罪｝；

设 B 为挪用型犯罪的客体的集合，则 B = ｛客体是公司、企业或者其他单位资金的使用权和收益权和国家专款专用的财经管理制度｝；

设 C 为挪用型犯罪的客观方面的集合，则 C = ｛客观方面表现为行为人严重违反财产管理的规章制度，利用职务上的便利将本单位的资金或特定款物挪归自己使用、借贷给他人使用或改变原有特定用途，依法应负刑事责任的行为｝；

设 D 为挪用型犯罪的主体的集合，则 D = ｛主体是公司、企业或者其他单位的人员和掌管、支配、使用特定款物的直接责任人员｝；

设 E 为挪用型犯罪的主观方面的集合，则 E = ｛主观方面是故意，并且以非法使用为目的｝；

则 A = B∪C∪D∪E，即｛挪用型犯罪｝=｛客体是公司、企业或者其他单位资金的使用权和收益权和国家专款专用的财经管理制度}∪{客观方面表现为行为人严重违反财产管理的规章制度，利用职务上的便利将本单位的资金或特定款物挪归自己使用、借贷给他人使用或改变原有特定用途，依法应负刑事责任的行为}∪{主体是公司、企业或者其他单位的人员和掌管、支配、使用特定款物的直接责任人员}∪{主观方面只能是故意，并且以非法使用为目的}＝{客体是公司、企业或者其他单位资金的使用权和收益权和国家专款专用的财经管理制度，客观方面表现为行为人严重违反财产管理的规章制度，利用职务上的便利将本单位的资金或特定款物挪归自己使用、借贷给他人使用或改变原有特定用途，依法应负刑事责任的行为，主体是公司、企业或者其他单位的人员和掌管、支配、使用特定款物的直接责任人员，主观方面只能是故意，并且以非法使用为目的}。

（三）挪用型犯罪的类型

根据现行刑法对挪用型犯罪所作的规定来看，本节共有 2 种具体犯罪，用子集的方式来表达，其构造表现为：

{挪用型犯罪}

{挪用资金罪}

{挪用特定款物罪}

……

{挪用资金罪、挪用特定款物罪}

二、挪用型犯罪的界限

关于挪用型犯罪的界限主要应弄清挪用特定款物罪与挪用资金罪的界限。

A＝{挪用资金罪}；B＝{挪用特定款物罪}

A∩B＝{挪用资金罪}∩{挪用特定款物罪}＝{客体是公司、

企业或者其他单位资金的使用权和收益权，客观方面表现为行为人利用职务上的便利，挪用本单位资金归个人使用或者借贷给他人，数额较大，超过三个月未还的，或者虽未超过三个月，但数额较大、进行营利活动的，或者进行非法活动的行为，主体是公司、企业或者其他单位的人员，主观方面是直接故意，且以非法使用为目的｝∩｛客体是国家专款专用的财经管理制度，客观方面表现为行为人违反国家财经管理制度，挪用用于救灾、抢险、防汛、优抚、扶贫、移民、救济款物，情节严重，致使国家和人民群众利益遭受重大损害的行为，主体是掌管、支配、使用特定款物的直接责任人员，主观方面是故意｝＝｛主观方面是故意｝。

A∪B ＝｛挪用资金罪｝∪｛挪用特定款物罪｝＝｛客体是公司、企业或者其他单位资金的使用权和收益权，客观方面表现为行为人利用职务上的便利，挪用本单位资金归个人使用或者借贷给他人，数额较大，超过三个月未还的，或者虽未超过三个月，但数额较大、进行营利活动的，或者进行非法活动的行为，主体是公司、企业或者其他单位的人员，主观方面是直接故意，且以非法使用为目的｝∪｛客体是国家专款专用的财经管理制度，客观方面表现为行为人违反国家财经管理制度，挪用用于救灾、抢险、防汛、优抚、扶贫、移民、救济款物，情节严重，致使国家和人民群众利益遭受重大损害的行为，主体是掌管、支配、使用特定款物的直接责任人员，主观方面是故意｝＝｛客体是公司、企业或者其他单位资金的使用权和收益权，客观方面表现为行为人利用职务上的便利，挪用本单位资金归个人使用或者借贷给他人，数额较大，超过三个月未还的，或者虽未超过三个月，但数额较大、进行营利活动的，或者进行非法活动的行为，主体是公司、企业或者其他单位的人员，主观方面是直接故意，且以非法使用为目的，客体是国家专款专用的财经管理制度，客观方面表现为行为人违反国家财经管理制度，挪用用于救灾、抢险、防汛、优抚、扶贫、移民、救济款物，情节严重，致使国家和人民群众利益遭受重大损害的行为，主体是掌管、支配、使用特定款物的直接责任人员，主观方面是故意}。

那么，挪用特定款物罪与挪用资金罪的相同点：$A \cap B = \{$主观方面是故意$\}$。

挪用特定款物罪与挪用资金罪的不同点：$A \cup B - A \cap B = \{$客体是公司、企业或者其他单位资金的使用权和收益权，客观方面表现为行为人利用职务上的便利，挪用本单位资金归个人使用或者借贷给他人，数额较大，超过三个月未还的，或者虽未超过三个月，但数额较大、进行营利活动的，或者进行非法活动的行为，主体是公司、企业或者其他单位的人员，主观方面是直接故意，且以非法使用为目的，客体是国家专款专用的财经管理制度，客观方面表现为行为人违反国家财经管理制度，挪用用于救灾、抢险、防汛、优抚、扶贫、移民、救济款物，情节严重，致使国家和人民群众利益遭受重大损害的行为，主体是掌管、支配、使用特定款物的直接责任人员，主观方面是故意}。

第三节　毁损型犯罪

一、毁损型犯罪概述

（一）毁损型犯罪的概念

毁损型犯罪，是指行为人实施特定毁灭或损坏行为使公私财产全部或者部分失去价值或效用，或者破坏生产经营，依法应负刑事责任的行为。

（二）毁损型犯罪的构成特征

关于毁损型犯罪的构成特征，根据现行刑法的规定，主要有以下几个方面，其集合表现为：

设 A 为毁损型犯罪的集合，则 A = {毁损型犯罪}；

设 B 为毁损型犯罪的客体的集合，则 B = {客体是公私财产所有权和生产经营的正常秩序}；

设 C 为毁损型犯罪的客观方面的集合，则 C = {客观方面表现为行为人实施特定毁灭或损坏行为使公私财产全部或者部分失去价值或效用，或者破坏生产经营，依法应负刑事责任的行为}；

设 D 为毁损型犯罪的主体的集合，则 D = {主体是年满 16 周岁、具有刑事责任能力的自然人}；

设 E 为毁损型犯罪的主观方面的集合，则 E = {主观方面是故意，并且具有泄愤报复或者其他个人目的}；

则 A = B∪C∪D∪E，即 {毁损型犯罪} = {客体是公私财产所有权和生产经营的正常秩序}∪{客观方面表现为行为人实施特定毁灭或损坏行为使公私财产全部或者部分失去价值或效用，或者破坏生产经营，依法应负刑事责任的行为}∪{主体是年满 16 周岁、具有刑事责任能力的自然人}∪{主观方面只能是故意，并且具有泄愤报复或者其他个人目的} = {客体是公私财产所有权和生产经营的正常秩序，客观方面表现为行为人实施特定毁灭或损坏行为使公私财产全部或者部分失去价值或效用，或者破坏生产经营，依法应负刑事责任的行为，主体是年满 16 周岁、具有刑事责任能力的自然人，主观方面只能是故意，并且具有泄愤报复或者其他个人目的}。

（三）毁损型犯罪的类型

根据现行刑法对毁损型犯罪所做的规定来看，本节共有 2 种具体犯罪，用子集的方式来表达，其构造表现为：

{毁损型犯罪}

{故意毁坏财物罪}

{破坏生产经营罪}

……

{故意毁坏财物罪、破坏生产经营罪}

二、毁损型犯罪的界限

关于毁损型犯罪的界限主要应弄清故意毁坏财物罪与破坏生产经营罪的界限。

A ={故意毁坏财物罪};B ={破坏生产经营罪}

A∩B ={故意毁坏财物罪}∩{破坏生产经营罪}={客体是公私财产所有权,客观方面表现为行为人故意毁坏公私财物,数额较大或者有其他严重情节的行为,主体是年满16周岁、具有刑事责任能力的人,主观方面是故意}∩{客体是公私财产所有权和生产经营的正常秩序,客观方面表现为行为人毁坏机器设备、残害耕畜或者以其他方法破坏生产经营的行为,主体是年满16周岁、具有刑事责任能力的人,主观方面是故意,且具有泄愤报复或者其他个人目的}={客体是公私财产所有权,主体是年满16周岁、具有刑事责任能力的人,主观方面是故意}。

A∪B ={故意毁坏财物罪}∪{破坏生产经营罪}={客体是公私财产所有权,客观方面表现为行为人故意毁坏公私财物,数额较大或者有其他严重情节的行为,主体是年满16周岁、具有刑事责任能力的人,主观方面是故意}∪{客体是公私财产所有权和生产经营的正常秩序,客观方面表现为行为人毁坏机器设备、残害耕畜或者以其他方法破坏生产经营的行为,主体是年满16周岁、具有刑事责任能力的人,主观方面是故意,且具有泄愤报复或者其他个人目的}={客体是公私财产所有权,客观方面表现为行为人故意毁坏公私财物,数额较大或者有其他严重情节的行为,主体是年满16周岁、具有刑事责任能力的人,主观方面是故意,客体是公私财产所有权和生产经营的正常秩序,客观方面表现为行为人毁坏机器设备、残害耕畜或者以其他方法破坏生产经营的行为，主观方面是故意，且具有泄愤报复或者其他个人目的｝。

那么，破坏生产经营罪与故意毁坏财物罪的相同点：$A \cap B =$｛客体是公私财产所有权，主体是年满 16 周岁、具有刑事责任能力的人，主观方面是故意｝。

破坏生产经营罪与故意毁坏财物罪的不同点：$A \cup B - A \cap B =$｛客观方面表现为行为人故意毁坏公私财物，数额较大或者有其他严重情节的行为，客体是生产经营的正常秩序，客观方面表现为行为人毁坏机器设备、残害耕畜或者以其他方法破坏生产经营的行为，主观方面是故意，且具有泄愤报复或者其他个人目的｝。

第四节　恶意拖欠型犯罪

一、恶意拖欠型犯罪概述

（一）恶意拖欠型犯罪的概念

恶意拖欠型犯罪，是指行为人以转移财产、逃匿等方法逃避支付劳动者的劳动报酬或者有能力支付而不支付劳动者的劳动报酬，数额较大，经政府有关部门责令支付仍不支付的行为。

（二）恶意拖欠型犯罪的构成特征

关于恶意拖欠型犯罪的构成特征，根据现行刑法的规定，主要有以下几个方面，其集合表现为：

设 A 为恶意拖欠型犯罪的集合，则 A =｛恶意拖欠型犯罪｝；

设 B 为恶意拖欠型犯罪的客体的集合，则 B =｛劳动者按时足额获取劳动报酬的权利｝；

设 C 为恶意拖欠型犯罪的客观方面的集合，则 C =｛行为人以转移财产、逃匿等方法逃避支付劳动者的劳动报酬或者有能力支付而不支付劳动者的劳动报酬，数额较大，经政府有关部门责令支付仍不支付的行为｝；

设 D 为恶意拖欠型犯罪的主体的集合，则 D =｛应当支付劳动者报酬的自然人和单位｝；

设 E 为恶意拖欠型犯罪的主观方面的集合，则 E =｛故意｝；

则 A = B∪C∪D∪E，即｛恶意拖欠型犯罪｝=｛客体是劳动者按时足额获取劳动报酬的权利｝∪｛客观方面表现为行为人以转移财产、逃匿等方法逃避支付劳动者的劳动报酬或者有能力支付而不支付劳动者的劳动报酬，数额较大，经政府有关部门责令支付仍不支付的行为｝∪｛主体是应当支付劳动者报酬的自然人和单位｝∪｛主观方面是故意｝=｛客体是劳动者按时足额获取劳动报酬的权利，客观方面表现为行为人以转移财产、逃匿等方法逃避支付劳动者的劳动报酬或者有能力支付而不支付劳动者的劳动报酬，数额较大，经政府有关部门责令支付仍不支付的行为，主体是应当支付劳动者报酬的自然人和单位，主观方面是故意｝。

（三）恶意拖欠型犯罪的类型

根据现行刑法对恶意拖欠型犯罪所做的规定来看，本节只有 1 种具体犯罪，用子集的方式来表达，其构造表现为：

｛恶意拖欠型犯罪｝

｛拒不支付劳动报酬罪｝

……

｛拒不支付劳动报酬罪｝

二、恶意拖欠型犯罪的界限

关于恶意拖欠型犯罪的界限主要应弄清拒不支付劳动报酬罪与诈骗罪的界限。

A＝{拒不支付劳动报酬罪}；B＝{诈骗罪}

A∩B＝{拒不支付劳动报酬罪}∩{诈骗罪}＝{客体是劳动者按时足额获取劳动报酬的权利，客观方面表现为行为人以转移财产、逃匿等方法逃避支付劳动者的劳动报酬或者有能力支付而不支付劳动者的劳动报酬，数额较大，经政府有关部门责令支付仍不支付的行为，主体是应当支付劳动者报酬的自然人和单位，主观方面是故意}∩{客体是公私财产所有权，客观方面表现为行为人用虚构事实或者隐瞒真相的方法，骗取数额较大的公私财物的行为，主体是年满 16 周岁、具有刑事责任能力的人，主观方面是直接故意，且以非法占有为目的}＝{主观方面是故意}。

A∪B＝{拒不支付劳动报酬罪}∪{诈骗罪}＝{客体是劳动者按时足额获取劳动报酬的权利，客观方面表现为行为人以转移财产、逃匿等方法逃避支付劳动者的劳动报酬或者有能力支付而不支付劳动者的劳动报酬，数额较大，经政府有关部门责令支付仍不支付的行为，主体是应当支付劳动者报酬的自然人和单位，主观方面是故意}∪{客体是公私财产所有权，客观方面表现为行为人用虚构事实或者隐瞒真相的方法，骗取数额较大的公私财物的行为，主体是年满 16 周岁、具有刑事责任能力的人，主观方面是直接故意，且以非法占有为目的}＝{客体是劳动者按时足额获取劳动报酬的权利，客观方面表现为行为人以转移财产、逃匿等方法逃避支付劳动者的劳动报酬或者有能力支付而不支付劳动者的劳动报酬，数额较大，经政府有关部门责令支付仍不支付的行为，主体是应当支付劳动者报酬的自然人和单位，主观方面是故意，客体是公私财产所有权，客观方面表现为行为人用虚构事实或者隐瞒真相的方法，骗取数额较大的公私财物的行为，主体是年满 16 周岁、具有刑事责任能力的人，主观方面是直接故意，且以非法占有为目的}。

那么，拒不支付劳动报酬罪与诈骗罪的相同点：A∩B＝{主观方面是直接故意}。

　　拒不支付劳动报酬罪与诈骗罪的不同点：A∪B − A∩B ={客体是劳动者按时足额获取劳动报酬的权利，客观方面表现为行为人以转移财产、逃匿等方法逃避支付劳动者的劳动报酬或者有能力支付而不支付劳动者的劳动报酬，数额较大，经政府有关部门责令支付仍不支付的行为，主体是应当支付劳动者报酬的自然人和单位，主观方面是间接故意，客体是公私财产所有权，客观方面表现为行为人用虚构事实或者隐瞒真相的方法，骗取数额较大的公私财物的行为，主体是年满16周岁、具有刑事责任能力的人，主观方面是直接故意，且以非法占有为目的}。

第六章

妨害社会管理秩序罪

第一节 扰乱公共秩序罪

一、扰乱公共秩序罪概述

（一）扰乱公共秩序罪的概念

扰乱公共秩序罪，是指行为人故意或过失地采用各种方法和手段破坏国家对社会的正常管理活动，扰乱社会公共秩序，情节严重，依法应负刑事责任的行为。

（二）扰乱公共秩序罪的构成特征

关于扰乱公共秩序罪的构成特征，根据现行刑法的规定，主要有以下几个方面，其集合表现为：

设 A 为扰乱公共秩序罪的集合，则 A = |扰乱公共秩序罪|；

设 B 为扰乱公共秩序罪的客体的集合，则 B = |客体是社会公共秩序| = |公共秩序是指通过一定社会结构中人们必须共同遵守的生活规则来维持的公共生活有条不紊的状态|；

设 C 为扰乱公共秩序罪的客观方面的集合，则 C = |客观方面表现为行为人采用各种方法和手段破坏国家对社会的正常管理活动，扰乱社会公共秩序，情节严重，依法应负刑事责任的行为|；

设 D 为扰乱公共秩序罪的主体的集合，则 D = ｛主体是年满 16 周岁、具有刑事责任能力的自然人和单位｝；

设 E 为扰乱公共秩序罪的主观方面的集合，则 E = ｛主观方面绝大多数犯罪主观上是故意，只有少数犯罪主观上是过失｝；

则 A = B∪C∪D∪E，即 ｛扰乱公共秩序罪｝=｛客体是社会公共秩序，即通过一定社会结构中人们必须共同遵守的生活规则来维持的公共生活有条不紊的状态｝∪｛客观方面表现为行为人采用各种方法和手段破坏国家对社会的正常管理活动，扰乱社会公共秩序，情节严重，依法应负刑事责任的行为｝∪｛主体是年满 16 周岁、具有刑事责任能力的自然人和单位｝∪｛主观方面绝大多数犯罪是故意，只有少数犯罪是过失｝=｛客体是社会公共秩序，即通过一定社会结构中人们必须共同遵守的生活规则来维持的公共生活有条不紊的状态，客观方面表现为行为人采用各种方法和手段破坏国家对社会的正常管理活动，扰乱社会公共秩序，情节严重，依法应负刑事责任的行为，主体是年满 16 周岁、具有刑事责任能力的自然人和单位，主观方面绝大多数犯罪是故意，只有少数犯罪是过失｝。

（三）扰乱公共秩序罪的类型

根据现行刑法对扰乱公共秩序罪所做的规定来看，本节共有 56 种具体犯罪，用子集的方式来表达，其构造表现为：

｛扰乱公共秩序罪｝

｛妨害公务罪｝

｛袭警罪｝

｛冒名顶替罪｝

｛高空抛物罪｝

｛催收非法债务罪｝

｛煽动暴力抗拒法律实施罪｝

{招摇撞骗罪}

{伪造、变造、买卖国家机关公文、证件、印章罪}

{盗窃、抢夺、毁灭国家机关公文、证件、印章罪}

{伪造公司、企业、事业单位、人民团体印章罪}

{伪造、变造、买卖身份证件罪}

{使用虚假身份证件、盗用身份证件罪}

{非法生产、买卖警用装备罪}

{非法获取国家秘密罪}

{非法持有国家绝密、机密文件、资料、物品罪}

{非法生产、销售专用间谍器材、窃听、窃照专用器材罪}

{非法使用窃听、窃照专用器材罪}

{组织考试舞弊罪}

{非法出售、提供试题、答案罪}

{代替考试罪}

{非法侵入计算机信息系统罪}

{非法获取计算机信息系统数据、非法控制计算机信息系统罪}

{提供侵入、非法控制计算机信息系统程序、工具罪}

{破坏计算机信息系统罪}

{拒不履行信息网络安全管理义务罪}

{非法利用信息网络罪}

{帮助信息网络犯罪活动罪}

{扰乱无线电通讯管理秩序罪}

{聚众扰乱社会秩序罪}

{聚众冲击国家机关罪}

{扰乱国家机关工作秩序罪}

{组织、资助非法聚集罪}

{聚众扰乱公共场所秩序、交通秩序罪}

{投放虚假危险物质罪}

{编造、故意传播虚假恐怖信息罪}

{编造、故意传播虚假信息罪}

{聚众斗殴罪}

{寻衅滋事罪}

{组织、领导、参加黑社会性质组织罪}

{入境发展黑社会组织罪}

{包庇、纵容黑社会性质组织罪}

{传授犯罪方法罪}

{非法集会、游行、示威罪}

{非法携带武器、管制刀具、爆炸物参加集会、游行、示威罪}

{破坏集会、游行、示威罪}

{侮辱国旗、国徽、国歌罪}

{侵害英雄烈士名誉、荣誉罪}

{组织、利用会道门、邪教组织、利用迷信破坏法律实施罪}

{组织、利用会道门、邪教组织、利用迷信致人重伤、死亡罪}

{聚众淫乱罪}

{引诱未成年人聚众淫乱罪}

{盗窃、侮辱、故意毁坏尸体、尸骨、骨灰罪}

{赌博罪}

{开设赌场罪}

{组织参与国（境）外赌博罪}

{故意延误投递邮件罪}

......

{妨害公务罪，袭警罪，冒名顶替罪，高空抛物罪，催收非法债务罪，煽动暴力抗拒法律实施罪，招摇撞骗罪，伪造、变造、买卖国家机关公文、证件、印章罪，盗窃、抢夺、毁灭国家机关公文、证件、印章罪，伪造公司、企业、事业单位、人民团体印章罪，伪造、变造、买卖身份证件罪，使用虚假身份证件、盗用身份证件罪，非法生产、买卖警用装备罪，非法获取国家秘密罪，非法持有国家绝密、机密文件、资料、物品罪，非法生产、销售专用间谍器材、窃听、窃照专用器材罪，非法使用窃听、窃照专用器材罪，组织考试舞弊罪，非法出售、提供试题、答案罪，代替考试罪，非法侵入计算机信息系统罪，非法获取计算机信息系统数据、非法控制计算机信息系统罪，提供侵入、非法控制计算机信息系统程序、工具罪，破坏计算机信息系统罪，拒不履行信息网络安全管理义务罪，非法利用信息网络罪，帮助信息网络犯罪活动罪，扰乱无线电通讯管理秩序罪，聚众扰乱社会秩序罪，聚众冲击国家机关罪，扰乱国家机关工作秩序罪，组织、资助非法聚集罪，聚众扰乱公共场所秩序、交通秩序罪，投放虚假危险物质罪，编造、故意传播虚假恐怖信息罪，编造、故意传播虚假信息罪，聚众斗殴罪，寻衅滋事罪，组织、领导、参加黑社会性质组织罪，入境发展黑社会组织罪，包庇、纵容黑社会性质组织罪，传授犯罪方法罪，非法集会、游行、示威罪，非法携带武器、管制刀具、爆炸物参加集会、游行、示威罪，破坏集会、游行、示威罪，侮辱国旗、国徽、国歌罪，侵害英雄烈士名誉、荣誉罪，组织、利用会道门、邪教组织、利用迷信破坏法律实施罪，组织、利用会道门、邪教组织、利用迷信致人重伤、死亡罪，聚众淫乱罪，引诱未成年人聚众淫乱罪，盗窃、侮辱、故意毁坏尸体、尸骨、骨灰罪，赌博罪，开设赌场罪，组织参与国（境）外赌博罪，故意延误投递邮件罪

二、扰乱公共秩序罪的界限

（一）妨害公务罪与故意伤害罪

A = ｛妨害公务罪｝；B = ｛故意伤害罪｝

A∩B = ｛妨害公务罪｝∩｛故意伤害罪｝= ｛客体是国家机关工作人员、人大代表等人员执行公务活动的正常秩序，客观方面表现为行为人以暴力、威胁方法阻碍国家机关工作人员、人大代表、红十字会工作人员依法执行职务或者履行职责，或者故意阻碍国家安全机关、公安机关依法执行国家安全工作任务，虽未使用暴力、威胁方法，但造成严重后果的行为，主体是年满 16 周岁、具有刑事责任能力的人，主观方面是故意｝∩｛客体是他人的健康权利，客观方面表现为行为人非法损害他人身体健康的行为，主体是年满 12 至 16 周岁、具有刑事责任能力的人，主观方面是故意｝= ｛主体是年满 16 周岁、具有刑事责任能力的人，主观方面是故意｝。

A∪B = ｛妨害公务罪｝∪｛故意伤害罪｝= ｛客体是国家机关工作人员、人大代表等人员执行公务活动的正常秩序，客观方面表现为行为人以暴力、威胁方法阻碍国家机关工作人员、人大代表、红十字会工作人员依法执行职务或者履行职责，或者故意阻碍国家安全机关、公安机关依法执行国家安全工作任务，虽未使用暴力、威胁方法，但造成严重后果的行为，主体是年满 16 周岁、具有刑事责任能力的人，主观方面是故意｝∪｛客体是他人的健康权利，客观方面表现为行为人非法损害他人身体健康的行为，主体是年满 12 周岁至 16 周岁、具有刑事责任能力的人，主观方面是故意｝= ｛客体是国家机关工作人员、人大代表等人员执行公务活动的正常秩序，客观方面表现为行为人以暴力、威胁方法阻碍国家机关工作人员、人大代表、红十字会工作人员依法执行职务或者履行职责，或者故意阻碍国家安全机关、公安机关依法执行国家安全工作任务，虽未使用暴力、威胁方法，但造成严重后果的行为，主体是年满 16 周岁、具有刑事责任能力的人，主观方面是故意，客体是他人的健康权利，客观方面表现为行为人非法损害他人身体健康的行为，主体是年满 12 周岁至 16 周岁、具有刑事责任能力的人｝。

那么，妨害公务罪与故意伤害罪的相同点：A∩B =｛主体是年满 16 周岁、具有刑事责任能力的人，主观方面是故意｝。

妨害公务罪与故意伤害罪的不同点：A∪B – A∩B =｛客体是国家机关工作人员、人大代表等人员执行公务活动的正常秩序，客观方面表现为行为人以暴力、威胁方法阻碍国家机关工作人员、人大代表、红十字会工作人员依法执行职务或者履行职责，或者故意阻碍国家安全机关、公安机关依法执行国家安全工作任务，虽未使用暴力、威胁方法，但造成严重后果的行为，客体是他人的健康权利，客观方面表现为行为人非法损害他人身体健康的行为，主体是年满 12 周岁至 14 周岁、具有刑事责任能力的人｝。

（二）妨害公务罪与煽动暴力抗拒法律实施罪

A =｛妨害公务罪｝；C =｛煽动暴力抗拒法律实施罪｝

A∩C =｛妨害公务罪｝∩｛煽动暴力抗拒法律实施罪｝=｛客体是国家机关工作人员、人大代表等人员执行公务活动的正常秩序，客观方面表现为行为人以暴力、威胁方法阻碍国家机关工作人员、人大代表、红十字会工作人员依法执行职务或者履行职责，或者故意阻碍国家安全机关、公安机关依法执行国家安全工作任务，虽未使用暴力、威胁方法，但造成严重后果的行为，主体是年满 16 周岁、具有刑事责任能力的人，主观方面是故意｝∩｛客体是国家法律实施的秩序，客观方面表现为行为人蛊惑、挑动群众以暴力方法抗拒国家法律、行政法规的实施，扰乱公共秩序的行为，

主体是年满 16 周岁、具有刑事责任能力的人，主观方面是故意｝＝
｛主体是年满 16 周岁、具有刑事责任能力的人，主观方面是
故意｝。

A∪C＝｛妨害公务罪｝∪｛煽动暴力抗拒法律实施罪｝＝｛客体
是国家机关工作人员、人大代表等人员执行公务活动的正常秩序，
客观方面表现为行为人以暴力、威胁方法阻碍国家机关工作人员、
人大代表、红十字会工作人员依法执行职务或者履行职责，或者
故意阻碍国家安全机关、公安机关依法执行国家安全工作任务，
虽未使用暴力、威胁方法，但造成严重后果的行为，主体是年满
16 周岁、具有刑事责任能力的人，主观方面是故意｝∪｛客体是国
家法律实施的秩序，客观方面表现为行为人蛊惑、挑动群众以暴
力方法抗拒国家法律、行政法规的实施，扰乱公共秩序的行为，
主体是年满 16 周岁、具有刑事责任能力的人，主观方面是故意｝＝
｛客体是国家机关工作人员、人大代表等人员执行公务活动的正常
秩序，客观方面表现为行为人以暴力、威胁方法阻碍国家机关工
作人员、人大代表、红十字会工作人员依法执行职务或者履行职
责，或者故意阻碍国家安全机关、公安机关依法执行国家安全工
作任务，虽未使用暴力、威胁方法，但造成严重后果的行为，主
体是年满 16 周岁、具有刑事责任能力的人，主观方面是故意，客
体是国家法律实施的秩序，客观方面表现为行为人蛊惑、挑动群
众以暴力方法抗拒国家法律、行政法规的实施，扰乱公共秩序的
行为｝。

那么，妨害公务罪与煽动暴力抗拒法律实施罪的相同点：
A∩C＝｛主体是年满 16 周岁、具有刑事责任能力的人，主观方面
是故意｝。

妨害公务罪与煽动暴力抗拒法律实施罪的不同点：A∪C－
A∩C＝｛客体是国家机关工作人员、人大代表等人员执行公务活
动的正常秩序，客观方面表现为行为人以暴力、威胁方法阻碍国

家机关工作人员、人大代表、红十字会工作人员依法执行职务或者履行职责，或者故意阻碍国家安全机关、公安机关依法执行国家安全工作任务，虽未使用暴力、威胁方法，但造成严重后果的行为，客体是国家法律实施的秩序，客观方面表现为行为人蛊惑、挑动群众以暴力方法抗拒国家法律、行政法规的实施，扰乱公共秩序的行为｝。

（三）招摇撞骗罪与诈骗罪

D = ｛招摇撞骗罪｝；E = ｛诈骗罪｝

D∩E = ｛招摇撞骗罪｝∩｛诈骗罪｝= ｛客体是国家机关的威信和公民的合法权益，客观方面表现为行为人冒充国家机关工作人员到处行骗，损害国家机关威信、公共利益和公民合法利益的行为，主体是年满 16 周岁、具有刑事责任能力的人，主观方面是故意｝∩｛客体是公私财产所有权，客观方面表现为行为人用虚构事实或者隐瞒真相的方法，骗取数额较大的公私财物的行为，主体是年满 16 周岁、具有刑事责任能力的人，主观方面是直接故意，且以非法占有为目的｝= ｛主体是年满 16 周岁、具有刑事责任能力的人，主观方面是故意｝。

D∪E = ｛招摇撞骗罪｝∪｛诈骗罪｝= ｛客体是国家机关的威信和公民的合法权益，客观方面表现为行为人冒充国家机关工作人员到处行骗，损害国家机关威信、公共利益和公民合法利益的行为，主体是年满 16 周岁、具有刑事责任能力的人，主观方面是故意｝∪｛客体是公私财产所有权，客观方面表现为行为人用虚构事实或者隐瞒真相的方法，骗取数额较大的公私财物的行为，主体是年满 16 周岁、具有刑事责任能力的人，主观方面是直接故意，且以非法占有为目的｝= ｛客体是国家机关的威信和公民的合法权益，客观方面表现为行为人冒充国家机关工作人员到处行骗，损害国家机关威信、公共利益和公民合法利益的行为，主体是年满

16 周岁、具有刑事责任能力的人，主观方面是故意，客体是公私财产所有权，客观方面表现为行为人用虚构事实或者隐瞒真相的方法，骗取数额较大的公私财物的行为，主体是年满 16 周岁、具有刑事责任能力的人，主观方面是直接故意，且以非法占有为目的｝。

那么，招摇撞骗罪与诈骗罪的相同点：$D \cap E = ｛$主体是年满 16 周岁、具有刑事责任能力的人，主观方面是直接故意｝。

招摇撞骗罪与诈骗罪的不同点：$D \cup E - D \cap E = ｛$客体是国家机关的威信和公民的合法权益，客观方面表现为行为人冒充国家机关工作人员到处行骗，损害国家机关威信、公共利益和公民合法利益的行为，主观方面是间接故意，客体是公私财产所有权，客观方面表现为行为人用虚构事实或者隐瞒真相的方法，骗取数额较大的公私财物的行为，主观方面是直接故意，且以非法占有为目的｝。

（四）伪造、变造、买卖国家机关公文、证件、印章罪与盗窃、抢夺、毁灭国家机关公文、证件、印章罪

$F = ｛$伪造、变造、买卖国家机关公文、证件、印章罪｝；$G = ｛$盗窃、抢夺、毁灭国家机关公文、证件、印章罪｝

$F \cap G = ｛$伪造、变造、买卖国家机关公文、证件、印章罪｝$\cap ｛$盗窃、抢夺、毁灭国家机关公文、证件、印章罪｝$= ｛$客体是国家机关的正常管理秩序和信誉，客观方面表现为行为人擅自制作、改制以及购买、出售国家机关的公文、证件、印章，妨害国家机关对社会的管理活动，损害其信誉的行为，主体是年满 16 周岁、具有刑事责任能力的人，主观方面是故意｝$\cap ｛$客体是国家机关的正常管理秩序和信誉，客观方面表现为行为人秘密窃取、公然夺取或者故意毁坏国家机关公文、证件、印章的行为，主体是年满 16 周岁、具有刑事责任能力的人，主观方面是故意｝$= ｛$客体是国

家机关的正常管理秩序和信誉，主体是年满 16 周岁、具有刑事责任能力的人，主观方面是故意｝。

F∪G = ｛伪造、变造、买卖国家机关公文、证件、印章罪｝∪｛盗窃、抢夺、毁灭国家机关公文、证件、印章罪｝=｛客体是国家机关的正常管理秩序和信誉，客观方面表现为行为人擅自制作、改制以及购买、出售国家机关的公文、证件、印章，妨害国家机关对社会的管理活动，损害其信誉的行为，主体是年满 16 周岁、具有刑事责任能力的人，主观方面是故意｝∪｛客体是国家机关的正常管理秩序和信誉，客观方面表现为行为人秘密窃取、公然夺取或者故意毁坏国家机关公文、证件、印章的行为，主体是年满 16 周岁、具有刑事责任能力的人，主观方面是故意｝=｛客体是国家机关的正常管理秩序和信誉，客观方面表现为行为人擅自制作、改制以及购买、出售国家机关的公文、证件、印章，妨害国家机关对社会的管理活动，损害其信誉的行为，主体是年满 16 周岁、具有刑事责任能力的人，主观方面是故意，客观方面表现为行为人秘密窃取、公然夺取或者故意毁坏国家机关公文、证件、印章的行为｝。

那么，伪造、变造、买卖国家机关公文、证件、印章罪与盗窃、抢夺、毁灭国家机关公文、证件、印章罪的相同点：F∩G =｛客体是国家机关的正常管理秩序和信誉，主体是年满 16 周岁、具有刑事责任能力的人，主观方面是故意｝。

伪造、变造、买卖国家机关公文、证件、印章罪与盗窃、抢夺、毁灭国家机关公文、证件、印章罪的不同点：F∪G－F∩G =｛客观方面表现为行为人擅自制作、改制以及购买、出售国家机关的公文、证件、印章，妨害国家机关对社会的管理活动，损害其信誉的行为，客观方面表现为行为人秘密窃取、公然夺取或者故意毁坏国家机关公文、证件、印章的行为｝。

（五）伪造、变造、买卖国家机关公文、证件、印章罪与伪造公司、企业、事业单位、人民团体印章罪

F＝{伪造、变造、买卖国家机关公文、证件、印章罪}；H＝{伪造公司、企业、事业单位、人民团体印章罪}

F∩H＝{伪造、变造、买卖国家机关公文、证件、印章罪}∩{伪造公司、企业、事业单位、人民团体印章罪}＝{客体是国家机关的正常管理秩序和信誉，客观方面表现为行为人擅自制作、改制以及购买、出售国家机关的公文、证件、印章，妨害国家机关对社会的管理活动，损害其信誉的行为，主体是年满16周岁、具有刑事责任能力的人，主观方面是故意}∩{客体是公司、企业、事业单位、人民团体的正常管理秩序和信誉，客观方面表现为行为人擅自刻制或者仿制公司、企业、事业单位、人民团体印章，损害其信誉的行为，主体是年满16周岁、具有刑事责任能力的人，主观方面是故意}＝{主体是年满16周岁、具有刑事责任能力的人，主观方面是故意}。

F∪H＝{伪造、变造、买卖国家机关公文、证件、印章罪}∪{伪造公司、企业、事业单位、人民团体印章罪}＝{客体是国家机关的正常管理秩序和信誉，客观方面表现为行为人擅自制作、改制以及购买、出售国家机关的公文、证件、印章，妨害国家机关对社会的管理活动，损害其信誉的行为，主体是年满16周岁、具有刑事责任能力的人，主观方面是故意}∪{客体是公司、企业、事业单位、人民团体的正常管理秩序和信誉，客观方面表现为行为人擅自刻制或者仿制公司、企业、事业单位、人民团体印章，损害其信誉的行为，主体是年满16周岁、具有刑事责任能力的人，主观方面是故意}＝{客体是国家机关的正常管理秩序和信誉，客观方面表现为行为人擅自制作、改制以及购买、出售国家机关的公文、证件、印章，妨害国家机关对社会的管理活动，损害其信

誉的行为，主体是年满 16 周岁、具有刑事责任能力的人，主观方面是故意，客体是公司、企业、事业单位、人民团体的正常管理秩序和信誉，客观方面表现为行为人擅自刻制或者仿制公司、企业、事业单位、人民团体印章，损害其信誉的行为｝。

那么，伪造、变造、买卖国家机关公文、证件、印章罪与伪造公司、企业、事业单位、人民团体印章罪的相同点：F∩H＝｛主体是年满 16 周岁、具有刑事责任能力的人，主观方面是故意｝。

伪造、变造、买卖国家机关公文、证件、印章罪与伪造公司、企业、事业单位、人民团体印章罪的不同点：F∪H－F∩H＝｛客体是国家机关的正常管理秩序和信誉，客观方面表现为行为人擅自制作、改制以及购买、出售国家机关的公文、证件、印章，妨害国家机关对社会的管理活动，损害其信誉的行为，客体是公司、企业、事业单位、人民团体的正常管理秩序和信誉，客观方面表现为行为人擅自刻制或者仿制公司、企业、事业单位、人民团体印章，损害其信誉的行为｝。

（六）伪造、变造、买卖国家机关公文、证件、印章罪与伪造、变造居民身份证罪

F＝｛伪造、变造、买卖国家机关公文、证件、印章罪｝；I＝｛伪造、变造居民身份证罪｝

F∩I＝｛伪造、变造、买卖国家机关公文、证件、印章罪｝∩｛伪造、变造居民身份证罪｝＝｛客体是国家机关的正常管理秩序和信誉，客观方面表现为行为人擅自制作、改制以及购买、出售国家机关的公文、证件、印章，妨害国家机关对社会的管理活动，损害其信誉的行为，主体是年满 16 周岁、具有刑事责任能力的人，主观方面是故意｝∩｛客体是国家对居民身份证的管理制度，客观方面表现为行为人违反我国身份证管理法规，制作假的居民身份证或者对真的居民身份证进行改制的行为，主体是年满 16 周岁、

具有刑事责任能力的人，主观方面是故意｝＝｛主体是年满 16 周岁、具有刑事责任能力的人，主观方面是故意｝。

F∪I＝｛伪造、变造、买卖国家机关公文、证件、印章罪｝∪｛伪造、变造居民身份证罪｝＝｛客体是国家机关的正常管理秩序和信誉，客观方面表现为行为人擅自制作、改制以及购买、出售国家机关的公文、证件、印章，妨害国家机关对社会的管理活动，损害其信誉的行为，主体是年满 16 周岁、具有刑事责任能力的人，主观方面是故意｝∪｛客体是国家对居民身份证的管理制度，客观方面表现为行为人违反我国身份证管理法规，制作假的居民身份证或者对真的居民身份证进行改制的行为，主体是年满 16 周岁、具有刑事责任能力的人，主观方面是故意｝＝｛客体是国家机关的正常管理秩序和信誉，客观方面表现为行为人擅自制作、改制以及购买、出售国家机关的公文、证件、印章，妨害国家机关对社会的管理活动，损害其信誉的行为，主体是年满 16 周岁、具有刑事责任能力的人，主观方面是故意，客体是国家对居民身份证的管理制度，客观方面表现为行为人违反我国身份证管理法规，制作假的居民身份证或者对真的居民身份证进行改制的行为｝

那么，伪造、变造、买卖国家机关公文、证件、印章罪与伪造、变造居民身份证罪的相同点：F∩I＝｛主体是年满 16 周岁、具有刑事责任能力的人，主观方面是故意｝。

伪造、变造、买卖国家机关公文、证件、印章罪与伪造、变造居民身份证罪的不同点：F∪I－F∩I＝｛客体是国家机关的正常管理秩序和信誉，客观方面表现为行为人擅自制作、改制以及购买、出售国家机关的公文、证件、印章，妨害国家机关对社会的管理活动，损害其信誉的行为，客体是国家对居民身份证的管理制度，客观方面表现为行为人违反我国身份证管理法规，制作假的居民身份证或者对真的居民身份证进行改制的行为｝。

（七）非法获取国家秘密罪与非法持有国家绝密、机密文件、资料、物品罪

J＝｛非法获取国家秘密罪｝；K＝｛非法持有国家绝密、机密文件、资料、物品罪｝

J∩K＝｛非法获取国家秘密罪｝∩｛非法持有国家绝密、机密文件、资料、物品罪｝＝｛客体是国家的保密制度，客观方面表现为行为人以窃取、刺探、收买方法，非法获取国家秘密的行为，主体是年满 16 周岁、具有刑事责任能力的人，主观方面是故意｝∩｛客体是国家的保密制度，客观方面表现为行为人非法持有属于国家绝密、机密的文件、资料或者其他物品，拒不说明来源与用途的行为，主体是年满 16 周岁、具有刑事责任能力的人，主观方面是故意｝＝｛客体是国家的保密制度，主体是年满 16 周岁、具有刑事责任能力的人，主观方面是故意｝。

J∪K＝｛非法获取国家秘密罪｝∪｛非法持有国家绝密、机密文件、资料、物品罪｝＝｛客体是国家的保密制度，客观方面表现为行为人以窃取、刺探、收买方法，非法获取国家秘密的行为，主体是年满 16 周岁、具有刑事责任能力的人，主观方面是故意｝∪｛客体是国家的保密制度，客观方面表现为行为人非法持有属于国家绝密、机密的文件、资料或者其他物品，拒不说明来源与用途的行为，主体是年满 16 周岁、具有刑事责任能力的人，主观方面是故意｝＝｛客体是国家的保密制度，客观方面表现为行为人以窃取、刺探、收买方法，非法获取国家秘密的行为，主体是年满 16 周岁、具有刑事责任能力的人，主观方面是故意，客观方面表现为行为人非法持有属于国家绝密、机密的文件、资料或者其他物品，拒不说明来源与用途的行为｝。

那么，非法获取国家秘密罪与非法持有国家绝密、机密文件、资料、物品罪的相同点：J∩K＝｛客体是国家的保密制度，主体是

年满 16 周岁、具有刑事责任能力的人，主观方面是故意｝。

非法获取国家秘密罪与非法持有国家绝密、机密文件、资料、物品罪的不同点：J∪K－J∩K =｛客观方面表现为行为人以窃取、刺探、收买方法，非法获取国家秘密的行为，客观方面表现为行为人非法持有属于国家绝密、机密的文件、资料或者其他物品，拒不说明来源与用途的行为｝。

（八）非法生产、销售专用间谍器材、窃听、窃照专用器材罪与非法使用窃听、窃照专用器材罪

L =｛非法生产、销售专用间谍器材、窃听、窃照专用器材罪｝；M =｛非法使用窃听、窃照专用器材罪｝

L∩M =｛非法生产、销售专用间谍器材、窃听、窃照专用器材罪｝∩｛非法使用窃听、窃照专用器材罪｝=｛客体是国家对专用间谍器材、窃听、窃照专用器材的管理制度，客观方面表现为行为人实施了非法生产、销售专用间谍器材、窃听、窃照专用器材的行为，主体是年满 16 周岁、具有刑事责任能力的人，主观方面是故意，且以牟利为目的｝∩｛客体是国家对窃听、窃照专用器材的管理制度，客观方面表现为行为人违反有关法律规定，非法使用窃听、窃照专用器材，造成严重后果的行为，主体是年满 16 周岁、具有刑事责任能力的人，主观方面是故意｝=｛客体是国家对窃听、窃照专用器材的管理制度，主体是年满 16 周岁、具有刑事责任能力的人，主观方面是故意｝。

L∪M =｛非法生产、销售专用间谍器材、窃听、窃照专用器材罪｝∪｛非法使用窃听、窃照专用器材罪｝=｛客体是国家对专用间谍器材、窃听、窃照专用器材的管理制度，客观方面表现为行为人实施了非法生产、销售专用间谍器材、窃听、窃照专用器材的行为，主体是年满 16 周岁、具有刑事责任能力的人，主观方面是故意，且以牟利为目的｝∪｛客体是国家对窃听、窃照专用器材

的管理制度，客观方面表现为行为人违反有关法律规定，非法使用窃听、窃照专用器材，造成严重后果的行为，主体是年满 16 周岁、具有刑事责任能力的人，主观方面是故意｝＝｛客体是国家对专用间谍器材、窃听、窃照专用器材的管理制度，客观方面表现为行为人实施了非法生产、销售专用间谍器材、窃听、窃照专用器材的行为，主体是年满 16 周岁、具有刑事责任能力的人，主观方面是故意，且以牟利为目的，客观方面表现为行为人违反有关法律规定，非法使用窃听、窃照专用器材，造成严重后果的行为｝。

那么，非法生产、销售专用间谍器材、窃听、窃照专用器材罪与非法使用窃听、窃照专用器材罪的相同点：L∩M＝｛客体是国家对窃听、窃照专用器材的管理制度，主体是年满 16 周岁、具有刑事责任能力的人，主观方面是故意｝。

非法生产、销售专用间谍器材、窃听、窃照专用器材罪与非法使用窃听、窃照专用器材罪的不同点：L∪M－L∩M＝｛客体是国家对专用间谍器材的管理制度，客观方面表现为行为人实施了非法生产、销售专用间谍器材、窃听、窃照专用器材的行为，主观方面是故意，且以牟利为目的，客观方面表现为行为人违反有关法律规定，非法使用窃听、窃照专用器材，造成严重后果的行为，主观方面是故意｝。

（九）组织考试作弊罪与非法出售、提供试题、答案罪

N＝｛组织考试作弊罪｝；O＝｛非法出售、提供试题、答案罪｝

N∩O＝｛组织考试作弊罪｝∩｛非法出售、提供试题、答案罪｝＝｛客体是国家考试制度，客观方面表现为行为人在法律规定的国家考试中，组织作弊的，或者为他人实施前述行为提供作弊器材或者其他帮助的行为，主体是年满 16 周岁、具有刑事责任能力的人，主观方面是故意，且以牟利为目的｝∩｛客体是国家考试制度，客观方面表现为行为人为实施考试作弊，向他人非法出售

或者提供法律规定的国家考试的试题、答案的行为，主体是年满16周岁、具有刑事责任能力的人，主观方面是故意}＝{客体是国家考试制度，主体是年满16周岁、具有刑事责任能力的人，主观方面是故意}。

N∪O＝{组织考试作弊罪}∪{非法出售、提供试题、答案罪}＝{客体是国家考试制度，客观方面表现为行为人在法律规定的国家考试中，组织作弊的，或者为他人实施前述行为提供作弊器材或者其他帮助的行为，主体是年满16周岁、具有刑事责任能力的人，主观方面是故意，且以牟利为目的}∪{客体是国家考试制度，客观方面表现为行为人为实施考试作弊，向他人非法出售或者提供法律规定的国家考试的试题、答案的行为，主体是年满16周岁、具有刑事责任能力的人，主观方面是故意}＝{客体是国家考试制度，客观方面表现为行为人在法律规定的国家考试中，组织作弊的，或者为他人实施前述行为提供作弊器材或者其他帮助的行为，主体是年满16周岁、具有刑事责任能力的人，主观方面是故意，且以牟利为目的，客观方面表现为行为人为实施考试作弊，向他人非法出售或者提供法律规定的国家考试的试题、答案的行为}。

那么，组织考试作弊罪与非法出售、提供试题、答案罪的相同点：N∩O＝{客体是国家考试制度，主体是年满16周岁、具有刑事责任能力的人，主观方面是故意}。

组织考试作弊罪与非法出售、提供试题、答案罪的不同点：N∪O−N∩O＝{客观方面表现为行为人在法律规定的国家考试中，组织作弊的，或者为他人实施前述行为提供作弊器材或者其他帮助的行为，主观方面是故意，且以牟利为目的，客观方面表现为行为人为实施考试作弊，向他人非法出售或者提供法律规定的国家考试的试题、答案的行为}。

（十）组织考试作弊罪与代替考试罪

N＝{组织考试作弊罪}；P＝{代替考试罪}

N∩P＝{组织考试作弊罪}∩{代替考试罪}＝{客体是国家考试制度，客观方面表现为行为人在法律规定的国家考试中，组织作弊的，或者为他人实施前述行为提供作弊器材或者其他帮助的行为，主体是年满 16 周岁、具有刑事责任能力的人，主观方面是故意，且以牟利为目的}∩{客体是国家考试制度，客观方面表现为行为人代替他人或者让他人代替自己参加法律规定的国家考试的行为，主体是年满 16 周岁、具有刑事责任能力的人，主观方面是故意}＝{客体是国家考试制度，主体是年满 16 周岁、具有刑事责任能力的人，主观方面是故意}。

N∪P＝{组织考试作弊罪}∪{代替考试罪}＝{客体是国家考试制度，客观方面表现为行为人在法律规定的国家考试中，组织作弊的，或者为他人实施前述行为提供作弊器材或者其他帮助的行为，主体是年满 16 周岁、具有刑事责任能力的人，主观方面是故意，且以牟利为目的}∪{客体是国家考试制度，客观方面表现为行为人代替他人或者让他人代替自己参加法律规定的国家考试的行为，主体是年满 16 周岁、具有刑事责任能力的人，主观方面是故意}＝{客体是国家考试制度，客观方面表现为行为人在法律规定的国家考试中，组织作弊的，或者为他人实施前述行为提供作弊器材或者其他帮助的行为，主体是年满 16 周岁、具有刑事责任能力的人，主观方面是故意，且以牟利为目的，客观方面表现为行为人代替他人或者让他人代替自己参加法律规定的国家考试的行为}。

那么，组织考试作弊罪与代替考试罪的相同点：N∩P＝{客体是国家考试制度，主体是年满 16 周岁、具有刑事责任能力的人，主观方面是故意}。

组织考试作弊罪与代替考试罪的不同点：N∪P－N∩P＝{客观方面表现为行为人在法律规定的国家考试中，组织作弊的，或者为他人实施前述行为提供作弊器材或者其他帮助的行为，主观方面是故意，且以牟利为目的，客观方面表现为行为人代替他人或者让他人代替自己参加法律规定的国家考试的行为}。

（十一）非法侵入计算机信息系统罪与非法获取计算机信息系统数据、非法控制计算机信息系统罪

Q = {非法侵入计算机信息系统罪}；R = {非法获取计算机信息系统数据、非法控制计算机信息系统罪}

Q∩R = {非法侵入计算机信息系统罪} ∩ {非法获取计算机信息系统数据、非法控制计算机信息系统罪} = {客体是国家重要领域的计算机信息系统的安全，客观方面表现为行为人违反国家规定，侵入国家事务、国防建设、尖端科学技术领域的计算机信息系统的行为，主体是年满 16 周岁、具有刑事责任能力的人，主观方面是故意} ∩ {客体是国家重要领域以外的计算机信息系统的安全，客观方面表现为行为人违反国家规定，侵入国家事务、国防建设、尖端科学技术领域以外的计算机信息系统或者采用其他技术手段，获取该计算机信息系统中存储、处理或者传输的数据，或者对该计算机信息系统实施非法控制，情节严重的行为，主体是年满 16 周岁、具有刑事责任能力的人，主观方面是故意} = {主体是年满 16 周岁、具有刑事责任能力的人，主观方面是故意}。

Q∪R = {非法侵入计算机信息系统罪} ∪ {非法获取计算机信息系统数据、非法控制计算机信息系统罪} = {客体是国家重要领域的计算机信息系统的安全，客观方面表现为行为人违反国家规定，侵入国家事务、国防建设、尖端科学技术领域的计算机信息系统的行为，主体是年满 16 周岁、具有刑事责任能力的人，主观方面是故意} ∪ {客体是国家重要领域以外的计算机信息系统的安全，客观方面表现为行为人违反国家规定，侵入国家事务、国防建设、尖端科学技术领域以外的计算机信息系统或者采用其他技术手段，获取该计算机信息系统中存储、处理或者传输的数据，

或者对该计算机信息系统实施非法控制，情节严重的行为，主体是年满 16 周岁、具有刑事责任能力的人，主观方面是故意｝＝｛客体是国家重要领域的计算机信息系统的安全，客观方面表现为行为人违反国家规定，侵入国家事务、国防建设、尖端科学技术领域的计算机信息系统的行为，主体是年满 16 周岁、具有刑事责任能力的人，主观方面是故意，客体是国家重要领域以外的计算机信息系统的安全，客观方面表现为行为人违反国家规定，侵入国家事务、国防建设、尖端科学技术领域以外的计算机信息系统或者采用其他技术手段，获取该计算机信息系统中存储、处理或者传输的数据，或者对该计算机信息系统实施非法控制，情节严重的行为｝。

那么，非法侵入计算机信息系统罪与非法获取计算机信息系统数据、非法控制计算机信息系统罪的相同点：$Q \cap R$ ＝｛主体是年满 16 周岁、具有刑事责任能力的人，主观方面是故意｝。

非法侵入计算机信息系统罪与非法获取计算机信息系统数据、非法控制计算机信息系统罪的不同点：$Q \cup R - Q \cap R$ ＝｛客体是国家重要领域的计算机信息系统的安全，客观方面表现为行为人违反国家规定，侵入国家事务、国防建设、尖端科学技术领域的计算机信息系统的行为，客体是国家重要领域以外的计算机信息系统的安全，客观方面表现为行为人违反国家规定，侵入国家事务、国防建设、尖端科学技术领域以外的计算机信息系统或者采用其他技术手段，获取该计算机信息系统中存储、处理或者传输的数据，或者对该计算机信息系统实施非法控制，情节严重的行为｝。

（十二）非法侵入计算机信息系统罪与提供侵入、非法控制计算机信息系统程序、工具罪

Q ＝｛非法侵入计算机信息系统罪｝；S ＝｛提供侵入、非法控制计算机信息系统程序、工具罪｝

Q∩S＝{非法侵入计算机信息系统罪}∩{提供侵入、非法控制计算机信息系统程序、工具罪}＝{客体是国家重要领域的计算机信息系统的安全，客观方面表现为行为人违反国家规定，侵入国家事务、国防建设、尖端科学技术领域的计算机信息系统的行为，主体是年满16周岁、具有刑事责任能力的人，主观方面是故意}∩{客体是国家对计算机信息系统的保护制度，客观方面表现为行为人提供专门用于侵入、非法控制计算机信息系统的程序、工具，或者明知他人实施侵入、非法控制计算机信息系统的违法犯罪行为而为其提供程序、工具，情节严重的行为，主体是年满16周岁、具有刑事责任能力的人，主观方面是故意}＝{主体是年满16周岁、具有刑事责任能力的人，主观方面是故意}。

Q∪S＝{非法侵入计算机信息系统罪}∪{提供侵入、非法控制计算机信息系统程序、工具罪}＝{客体是国家重要领域的计算机信息系统的安全，客观方面表现为行为人违反国家规定，侵入国家事务、国防建设、尖端科学技术领域的计算机信息系统的行为，主体是年满16周岁、具有刑事责任能力的人，主观方面是故意}∪{客体是国家对计算机信息系统的保护制度，客观方面表现为行为人提供专门用于侵入、非法控制计算机信息系统的程序、工具，或者明知他人实施侵入、非法控制计算机信息系统的违法犯罪行为而为其提供程序、工具，情节严重的行为，主体是年满16周岁、具有刑事责任能力的人，主观方面是故意}＝{客体是国家重要领域的计算机信息系统的安全，客观方面表现为行为人违反国家规定，侵入国家事务、国防建设、尖端科学技术领域的计算机信息系统的行为，主体是年满16周岁、具有刑事责任能力的人，主观方面是故意，客体是国家对计算机信息系统的保护制度，客观方面表现为行为人提供专门用于侵入、非法控制计算机信息系统的程序、工具，或者明知他人实施侵入、非法控制计算机信息系统的违法犯罪行为而为其提供程序、工具，情节严重的行为}。

　　那么，非法侵入计算机信息系统罪与提供侵入、非法控制计算机信息系统程序、工具罪的相同点：Q∩S＝{主体是年满 16 周岁、具有刑事责任能力的人，主观方面是故意}。

　　非法侵入计算机信息系统罪与提供侵入、非法控制计算机信息系统程序、工具罪的不同点：Q∪S － Q∩S＝{客体是国家重要领域的计算机信息系统的安全，客观方面表现为行为人违反国家规定，侵入国家事务、国防建设、尖端科学技术领域的计算机信息系统的行为，客体是国家对计算机信息系统的保护制度，客观方面表现为行为人提供专门用于侵入、非法控制计算机信息系统的程序、工具，或者明知他人实施侵入、非法控制计算机信息系统的违法犯罪行为而为其提供程序、工具，情节严重的行为}。

　　（十三）非法侵入计算机信息系统罪与破坏计算机信息系统罪

　　Q＝{非法侵入计算机信息系统罪}；U＝{破坏计算机信息系统罪}

　　Q∩U＝{非法侵入计算机信息系统罪}∩{破坏计算机信息系统罪}＝{客体是国家重要领域的计算机信息系统的安全，客观方面表现为行为人违反国家规定，侵入国家事务、国防建设、尖端科学技术领域的计算机信息系统的行为，主体是年满 16 周岁、具有刑事责任能力的人，主观方面是故意}∩{客体是国家对计算机信息系统的保护制度，客观方面表现为行为人违反国家规定，对计算机信息系统功能进行删除、修改、增加、干扰，造成计算机信息系统不能正常运行，或者对计算机信息系统中存储、处理或者传输的数据和应用程序进行删除、修改、增加的操作，以及故意制作、传播计算机病毒等破坏性程序，影响计算机系统正常运行，后果严重的行为，主体是年满 16 周岁、具有刑事责任能力的人，主观方面是故意} ＝ {主体是年满 16 周岁、具有刑事责任能力的人，主观方面是故意}。

Q∪U ＝ {非法侵入计算机信息系统罪} ∪ {破坏计算机信息系统罪} ＝ {客体是国家重要领域的计算机信息系统的安全，客观方面表现为行为人违反国家规定，侵入国家事务、国防建设、尖端科学技术领域的计算机信息系统的行为，主体是年满 16 周岁、具有刑事责任能力的人，主观方面是故意} ∪ {客体是国家对计算机信息系统的保护制度，客观方面表现为行为人违反国家规定，对计算机信息系统功能进行删除、修改、增加、干扰，造成计算机信息系统不能正常运行，或者对计算机信息系统中存储、处理或者传输的数据和应用程序进行删除、修改、增加的操作，以及故意制作、传播计算机病毒等破坏性程序，影响计算机系统正常运行，后果严重的行为，主体是年满 16 周岁、具有刑事责任能力的人，主观方面是故意} ＝ {客体是国家重要领域的计算机信息系统的安全，客观方面表现为行为人违反国家规定，侵入国家事务、国防建设、尖端科学技术领域的计算机信息系统的行为，主体是年满 16 周岁、具有刑事责任能力的人，主观方面是故意，客体是国家对计算机信息系统的保护制度，客观方面表现为行为人违反国家规定，对计算机信息系统功能进行删除、修改、增加、干扰，造成计算机信息系统不能正常运行，或者对计算机信息系统中存储、处理或者传输的数据和应用程序进行删除、修改、增加的操作，以及故意制作、传播计算机病毒等破坏性程序，影响计算机系统正常运行，后果严重的行为}。

那么，非法侵入计算机信息系统罪与破坏计算机信息系统罪的相同点：Q∩U ＝ {主体是年满 16 周岁、具有刑事责任能力的人，主观方面是故意}。

非法侵入计算机信息系统罪与破坏计算机信息系统罪的不同点：Q∪U － Q∩U ＝ {客体是国家重要领域的计算机信息系统的安

全，客观方面表现为行为人违反国家规定，侵入国家事务、国防建设、尖端科学技术领域的计算机信息系统的行为，客体是国家对计算机信息系统的保护制度，客观方面表现为行为人违反国家规定，对计算机信息系统功能进行删除、修改、增加、干扰，造成计算机信息系统不能正常运行，或者对计算机信息系统中存储、处理或者传输的数据和应用程序进行删除、修改、增加的操作，以及故意制作、传播计算机病毒等破坏性程序，影响计算机系统正常运行，后果严重的行为}。

（十四）拒不履行信息网络安全管理义务罪与非法利用信息网络罪

V = {拒不履行信息网络安全管理义务罪}；W = {非法利用信息网络罪}

V∩W = {拒不履行信息网络安全管理义务罪}∩{非法利用信息网络罪} = {客体是国家信息网络安全，客观方面表现为行为人不履行法律、行政法规规定的信息网络安全管理义务，经监管部门责令采取改正措施而拒不改正，致使违法信息大量传播的、用户信息泄露造成严重后果，刑事案件证据灭失情节严重或者有其他严重情节的行为，主体是年满16周岁、具有刑事责任能力的人和单位，主观方面是故意}∩{客体是国家信息网络安全，客观方面表现为行为人利用信息网络实施设立用于实施诈骗、传授犯罪方法、制作或者销售违禁物品、管制物品等违法犯罪活动的网站、通讯群组，发布有关制作或者销售毒品、枪支、淫秽物品等违禁物品、管制物品或者其他违法犯罪信息，或者为实施诈骗等违法犯罪活动发布信息情节严重的行为，主体是年满16周岁、具有刑事责任能力的人和单位，主观方面是故意} = {客体是国家信息网络安全，主体是年满16周岁、具有刑事责任能力的人和单位，主观方面是故意}。

V∪W =｛拒不履行信息网络安全管理义务罪｝∪｛非法利用信息网络罪｝=｛客体是国家信息网络安全，客观方面表现为行为人不履行法律、行政法规规定的信息网络安全管理义务，经监管部门责令采取改正措施而拒不改正，致使违法信息大量传播的、用户信息泄露造成严重后果，刑事案件证据灭失情节严重或者有其他严重情节的行为，主体是年满16周岁、具有刑事责任能力的人和单位，主观方面是故意｝∪｛客体是国家信息网络安全，客观方面表现为行为人利用信息网络实施设立用于实施诈骗、传授犯罪方法、制作或者销售违禁物品、管制物品等违法犯罪活动的网站、通讯群组，发布有关制作或者销售毒品、枪支、淫秽物品等违禁物品、管制物品或者其他违法犯罪信息，或者为实施诈骗等违法犯罪活动发布信息情节严重的行为，主体是年满16周岁、具有刑事责任能力的人和单位，主观方面是故意｝=｛客体是国家信息网络安全，客观方面表现为行为人不履行法律、行政法规规定的信息网络安全管理义务，经监管部门责令采取改正措施而拒不改正，致使违法信息大量传播的、用户信息泄露造成严重后果，刑事案件证据灭失情节严重或者有其他严重情节的行为，主体是年满16周岁、具有刑事责任能力的人和单位，主观方面是故意，客观方面表现为行为人利用信息网络实施设立用于实施诈骗、传授犯罪方法、制作或者销售违禁物品、管制物品等违法犯罪活动的网站、通讯群组，发布有关制作或者销售毒品、枪支、淫秽物品等违禁物品、管制物品或者其他违法犯罪信息，或者为实施诈骗等违法犯罪活动发布信息情节严重的行为｝。

那么，拒不履行信息网络安全管理义务罪与非法利用信息网络罪的相同点：V∩W =｛客体是国家信息网络安全，主体是年满16周岁、具有刑事责任能力的人和单位，主观方面是故意｝。

拒不履行信息网络安全管理义务罪与非法利用信息网络罪的不同点：V∪W – V∩W =｛客观方面表现为行为人不履行法律、

行政法规规定的信息网络安全管理义务，经监管部门责令采取改正措施而拒不改正，致使违法信息大量传播的、用户信息泄露造成严重后果，刑事案件证据灭失情节严重或者有其他严重情节的行为，客观方面表现为行为人利用信息网络实施设立用于实施诈骗、传授犯罪方法、制作或者销售违禁物品、管制物品等违法犯罪活动的网站、通信群组，发布有关制作或者销售毒品、枪支、淫秽物品等违禁物品、管制物品或者其他违法犯罪信息，或者为实施诈骗等违法犯罪活动发布信息情节严重的行为｝。

（十五）非法利用信息网络罪与帮助信息网络犯罪活动罪

W＝｛非法利用信息网络罪｝；X＝｛帮助信息网络犯罪活动罪｝

W∩X＝｛非法利用信息网络罪｝∩｛帮助信息网络犯罪活动罪｝＝｛客体是国家信息网络安全，客观方面表现为行为人利用信息网络实施设立用于实施诈骗、传授犯罪方法、制作或者销售违禁物品、管制物品等违法犯罪活动的网站、通信群组，发布有关制作或者销售毒品、枪支、淫秽物品等违禁物品、管制物品或者其他违法犯罪信息，或者为实施诈骗等违法犯罪活动发布信息情节严重的行为，主体是年满16周岁、具有刑事责任能力的人和单位，主观方面是故意｝∩｛客体是国家信息网络安全，客观方面表现为行为人明知他人利用信息网络实施犯罪，为其犯罪提供互联网接入、服务器托管、网络存储、通信传输等技术支持，或者提供广告推广、支付结算等帮助，情节严重的行为，主体是年满16周岁、具有刑事责任能力的人和单位，主观方面是故意｝＝｛客体是国家信息网络安全，主体是年满16周岁、具有刑事责任能力的人和单位，主观方面是故意｝。

W∪X＝｛非法利用信息网络罪｝∪｛帮助信息网络犯罪活动罪｝＝｛客体是国家信息网络安全，客观方面表现为行为人利用信息网络实施设立用于实施诈骗、传授犯罪方法、制作或者销售违禁物品、管制物品等违法犯罪活动的网站、通讯群组，发布有关制作或者销售毒品、枪支、淫秽物品等违禁物品、管制物品或者其他违法犯罪信息，或者为实施诈骗等违法犯罪活动发布信息情节严重的行为，主体是年满 16 周岁、具有刑事责任能力的人和单位，主观方面是故意}∪{客体是国家信息网络安全，客观方面表现为行为人明知他人利用信息网络实施犯罪，为其犯罪提供互联网接入、服务器托管、网络存储、通信传输等技术支持，或者提供广告推广、支付结算等帮助，情节严重的行为，主体是年满 16 周岁、具有刑事责任能力的人和单位，主观方面是故意}={客体是国家信息网络安全，客观方面表现为行为人利用信息网络实施设立用于实施诈骗、传授犯罪方法、制作或者销售违禁物品、管制物品等违法犯罪活动的网站、通信群组，发布有关制作或者销售毒品、枪支、淫秽物品等违禁物品、管制物品或者其他违法犯罪信息，或者为实施诈骗等违法犯罪活动发布信息情节严重的行为，主体是年满 16 周岁、具有刑事责任能力的人和单位，主观方面是故意，客观方面表现为行为人明知他人利用信息网络实施犯罪，为其犯罪提供互联网接入、服务器托管、网络存储、通信传输等技术支持，或者提供广告推广、支付结算等帮助，情节严重的行为}。

那么，非法利用信息网络罪与帮助信息网络犯罪活动罪的相同点：W∩X={客体是国家信息网络安全，主体是年满 16 周岁、具有刑事责任能力的人和单位，主观方面是故意}。

非法利用信息网络罪与帮助信息网络犯罪活动罪的不同点：W∪X－W∩X={客观方面表现为行为人利用信息网络实施设立用于实施诈骗、传授犯罪方法、制作或者销售违禁物品、管制物品等违法犯罪活动的网站、通讯群组，发布有关制作或者销售毒品、枪支、淫秽物品等违禁物品、管制物品或者其他违法犯罪信息，或者为实施诈骗等违法犯罪活动发布信息情节严重的行为，客观方面表现为行为人明知他人利用信息网络实施犯罪，为其犯罪提供互联网接入、服务器托管、网络存储、通信传输等技术支持，或者提供广告推广、支付结算等帮助，情节严重的行为}。

（十六）聚众扰乱社会秩序罪与聚众冲击国家机关罪

Y={聚众扰乱社会秩序罪}；Z={聚众冲击国家机关罪}

Y∩Z={聚众扰乱社会秩序罪}∩{聚众冲击国家机关罪}={客体是党政机关、企事业单位或者人民团体正常的工作、生产、营业、教学和科研秩序，客观方面表现为行为人聚众扰乱社会秩序，情节严重，致使工作、生产、营业和教学、科研无法进行，造成严重损失的行为，主体是聚众扰乱社会秩序的首要分子和积极参加者，主观方面是故意}∩{客体是国家机关的正常工作秩序，客观方面表现为行为人聚众冲击国家机关，致使国家机关工作无法进行，造成严重损失的行为，主体是聚众冲击国家机关的首要分子和积极参加者，主观方面是故意}={主体是聚众犯罪的首要分子和积极参加者，主观方面是故意}。

Y∪Z={聚众扰乱社会秩序罪}∪{聚众冲击国家机关罪}={客体是党政机关、企事业单位或者人民团体正常的工作、生产、营业、教学和科研秩序，客观方面表现为行为人聚众扰乱社会秩序，情节严重，致使工作、生产、营业和教学、科研无法进行，造成严重损失的行为，主体是聚众扰乱社会秩序的首要分子和积极参加者，主观方面是故意}∪{客体是国家机关的正常工作秩序，客观方面表现为行为人聚众冲击国家机关，致使国家机关工作无法进行，造成严重损失的行为，主体是聚众冲击国家机关的首要分子和积极参加者，主观方面是故意}={客体是党政机关、企事业单位或者人民团体正常的工作、生产、营业、教学和科研秩序，客观方面表现为行为人聚众扰乱社会秩序，情节严重，致使工作、生产、营业和教学、科研无法进行，造成严重损失的行为，主体是聚众扰乱社会秩序的首要分子和积极参加者，主观方面是故意，客体是国家机关的正常工作秩序，客观方面表现为行为人聚众冲击国家机关，致使国家机关工作无法进行，造成严重损失的行为，主体是聚众冲击国家机关的首要分子和积极参加者}。

那么，聚众扰乱社会秩序罪与聚众冲击国家机关罪的相同点：$Y \cap Z = \{$主体是聚众犯罪的首要分子和积极参加者，主观方面是故意}。

聚众扰乱社会秩序罪与聚众冲击国家机关罪的不同点：$Y \cup Z - Y \cap Z = \{$客体是党政机关、企事业单位或者人民团体正常的工作、生产、营业、教学和科研秩序，客观方面表现为行为人聚众扰乱社会秩序，情节严重，致使工作、生产、营业和教学、科研无法进行，造成严重损失的行为，主体是聚众扰乱社会秩序的首要分子和积极参加者，客体是国家机关的正常工作秩序，客观方面表现为行为人聚众冲击国家机关，致使国家机关工作无法进行，造成严重损失的行为，主体是聚众冲击国家机关的首要分子和积极参加者}。

（十七）聚众冲击国家机关罪与扰乱国家机关工作秩序罪

$Z = \{$聚众冲击国家机关罪}；$A1 = \{$扰乱国家机关工作秩序罪}

$Z \cap A1 = \{$聚众冲击国家机关罪} $\cap \{$扰乱国家机关工作秩序罪} $= \{$客体是国家机关的正常工作秩序，客观方面表现为行为人聚众冲击国家机关，致使国家机关工作无法进行，造成严重损失的行为，主体是聚众冲击国家机关的首要分子和积极参加者，主观方面是故意} $\cap \{$客体是国家机关的正常工作秩序，客观方面表现为行为人多次扰乱国家机关工作秩序，经行政处罚后仍不改正，造成严重后果的行为，主体是年满 16 周岁、具有刑事责任能力的人，主观方面是故意} $= \{$客体是国家机关的正常工作秩序，主观方面是故意}。

$Z \cup A1 = \{$聚众冲击国家机关罪} $\cup \{$扰乱国家机关工作秩序

罪｝=｛客体是国家机关的正常工作秩序，客观方面表现为行为人聚众冲击国家机关，致使国家机关工作无法进行，造成严重损失的行为，主体是聚众冲击国家机关的首要分子和积极参加者，主观方面是故意｝∪｛客体是国家机关的正常工作秩序，客观方面表现为行为人多次扰乱国家机关工作秩序，经行政处罚后仍不改正，造成严重后果的行为，主体是年满 16 周岁、具有刑事责任能力的人，主观方面是故意｝=｛客体是国家机关的正常工作秩序，客观方面表现为行为人聚众冲击国家机关，致使国家机关工作无法进行，造成严重损失的行为，主体是聚众冲击国家机关的首要分子和积极参加者，主观方面是故意，主体是客观方面表现为行为人多次扰乱国家机关工作秩序，经行政处罚后仍不改正，造成严重后果的行为｝。

那么，聚众冲击国家机关罪与扰乱国家机关工作秩序罪的相同点：Z∩A1 =｛客体是国家机关的正常工作秩序，主体年满 16 周岁、具有刑事责任能力的人，主观方面是故意｝。

聚众冲击国家机关罪与扰乱国家机关工作秩序罪的不同点：Z∪A1 – Z∩A1 =｛客观方面表现为行为人聚众冲击国家机关，致使国家机关工作无法进行，造成严重损失的行为，主体是聚众冲击国家机关的首要分子和积极参加者，客观方面表现为行为人多次扰乱国家机关工作秩序，经行政处罚后仍不改正，造成严重后果的行为｝。

（十八）聚众扰乱社会秩序罪与聚众扰乱公共场所秩序、交通秩序罪

Y =｛聚众扰乱社会秩序罪｝；B1 =｛聚众扰乱公共场所秩序、交通秩序罪｝

Y∩B1 =｛聚众扰乱社会秩序罪｝∩｛聚众扰乱公共场所秩序、交通秩序罪｝=｛客体是党政机关、企事业单位或者人民团体正常

的工作、生产、营业、教学和科研秩序，客观方面表现为行为人聚众扰乱社会秩序，情节严重，致使工作、生产、营业和教学、科研无法进行，造成严重损失的行为，主体是聚众扰乱社会秩序的首要分子和积极参加者，主观方面是故意｝∩｛客体是公共场所秩序和交通秩序，客观方面表现为行为人聚众扰乱车站、码头、民用航空站、商场、公园、影剧院、展览会、运动场或者其他公共场所秩序，聚众堵塞交通或者破坏交通秩序，抗拒、阻碍国家治安管理工作人员依法执行职务，情节严重的行为，主体是聚众扰乱公共场所秩序、交通秩序的首要分子，主观方面是故意｝＝｛主体是聚众犯罪的首要分子，主观方面是故意｝。

Y∪B1＝｛聚众扰乱社会秩序罪｝∪｛聚众扰乱公共场所秩序、交通秩序罪｝＝｛客体是党政机关、企事业单位或者人民团体正常的工作、生产、营业、教学和科研秩序，客观方面表现为行为人聚众扰乱社会秩序，情节严重，致使工作、生产、营业和教学、科研无法进行，造成严重损失的行为，主体是聚众扰乱社会秩序的首要分子和积极参加者，主观方面是故意｝∪｛客体是公共场所秩序和交通秩序，客观方面表现为行为人聚众扰乱车站、码头、民用航空站、商场、公园、影剧院、展览会、运动场或者其他公共场所秩序，聚众堵塞交通或者破坏交通秩序，抗拒、阻碍国家治安管理工作人员依法执行职务，情节严重的行为，主体是聚众扰乱公共场所秩序、交通秩序的首要分子，主观方面是故意｝＝｛客体是党政机关、企事业单位或者人民团体正常的工作、生产、营业、教学和科研秩序，客观方面表现为行为人聚众扰乱社会秩序，情节严重，致使工作、生产、营业和教学、科研无法进行，造成严重损失的行为，主体是聚众扰乱社会秩序的首要分子和积极参加者，主观方面是故意，客体是公共场所秩序和交通秩序，客观方面表现为行为人聚众扰乱车站、码头、民用航空站、商场、公园、影剧院、展览会、运动场或者其他公共场所秩序，聚众堵塞交通或者破坏交通秩序，抗拒、阻碍国家治安管理工作人员依法执行职务，情节严重的行为，主体是聚众扰乱公共场所秩序、交通秩序的首要分子｝。

那么，聚众扰乱社会秩序罪与聚众扰乱公共场所秩序、交通秩序罪的相同点：$Y \cap B1 =$｛主体是聚众犯罪的首要分子，主观方面是故意｝。

聚众扰乱社会秩序罪与聚众扰乱公共场所秩序、交通秩序罪的不同点：$Y \cup B1 - Y \cap B1 =$｛客体是党政机关、企事业单位或者人民团体正常的工作、生产、营业、教学和科研秩序，客观方面表现为行为人聚众扰乱社会秩序，情节严重，致使工作、生产、营业和教学、科研无法进行，造成严重损失的行为，主体是聚众扰乱社会秩序的首要分子和积极参加者，客体是公共场所秩序和交通秩序，客观方面表现为行为人聚众扰乱车站、码头、民用航空站、商场、公园、影剧院、展览会、运动场或者其他公共场所秩序，聚众堵塞交通或者破坏交通秩序，抗拒、阻碍国家治安管理工作人员依法执行职务，情节严重的行为，主体是聚众扰乱公共场所秩序、交通秩序的首要分子｝。

（十九）聚众扰乱社会秩序罪与聚众斗殴罪

$Y =$｛聚众扰乱社会秩序罪｝；$C1 =$｛聚众斗殴罪｝

$Y \cap C1 =$｛聚众扰乱社会秩序罪｝$\cap$｛聚众斗殴罪｝$=$｛客体是党政机关、企事业单位或者人民团体正常的工作、生产、营业、教学和科研秩序，客观方面表现为行为人聚众扰乱社会秩序，情节严重，致使工作、生产、营业和教学、科研无法进行，造成严重损失的行为，主体是聚众扰乱社会秩序的首要分子和积极参加者，主观方面是故意｝$\cap$｛客体是社会的公共秩序，客观方面表现为行为人双方出于个人恩怨、争夺势力范围或者其他不正当目的，而纠集多人成帮结伙打架斗殴，破坏公共秩序的行为，主体是聚众斗殴的首要分子和其他积极参加者，主观方面是故意｝$=$｛主体是聚众犯罪的首要分子和其他积极参加者，主观方面是故意}。

Y∪C1 = {聚众扰乱社会秩序罪}∪{聚众斗殴罪} = {客体是党政机关、企事业单位或者人民团体正常的工作、生产、营业、教学和科研秩序，客观方面表现为行为人聚众扰乱社会秩序，情节严重，致使工作、生产、营业和教学、科研无法进行，造成严重损失的行为，主体是聚众扰乱社会秩序的首要分子和积极参加者，主观方面是故意}∪{客体是社会的公共秩序，客观方面表现为行为人双方出于个人恩怨、争夺势力范围或者其他不正当目的，而纠集多人成帮结伙打架斗殴，破坏公共秩序的行为，主体是聚众斗殴的首要分子和其他积极参加者，主观方面是故意} = {客体是党政机关、企事业单位或者人民团体正常的工作、生产、营业、教学和科研秩序，客观方面表现为行为人聚众扰乱社会秩序，情节严重，致使工作、生产、营业和教学、科研无法进行，造成严重损失的行为，主体是聚众扰乱社会秩序的首要分子和积极参加者，主观方面是故意，客体是社会的公共秩序，客观方面表现为行为人双方出于个人恩怨、争夺势力范围或者其他不正当目的，而纠集多人成帮结伙打架斗殴，破坏公共秩序的行为，主体是聚众斗殴的首要分子和其他积极参加者}。

那么，聚众扰乱社会秩序罪与聚众斗殴罪的相同点：Y∩C1 = {主体是聚众犯罪的首要分子和其他积极参加者，主观方面是故意}。

聚众扰乱社会秩序罪与聚众斗殴罪的不同点：Y∪C1 – Y∩C1 = {客体是党政机关、企事业单位或者人民团体正常的工作、生产、营业、教学和科研秩序，客观方面表现为行为人聚众扰乱社会秩序，情节严重，致使工作、生产、营业和教学、科研无法进行，造成严重损失的行为，主体是聚众扰乱社会秩序的首要分子和积极参加者，客体是社会的公共秩序，客观方面表现为行为人双方出于个人恩怨、争夺势力范围或者其他不正当目的，而纠集多人

成帮结伙打架斗殴，破坏公共秩序的行为，主体是聚众斗殴的首
要分子和其他积极参加者｝。

（二十）聚众扰乱社会秩序罪与寻衅滋事罪

Y＝｛聚众扰乱社会秩序罪｝；D1＝｛寻衅滋事罪｝

Y∩D1＝｛聚众扰乱社会秩序罪｝∩｛寻衅滋事罪｝＝｛客体是党
政机关、企事业单位或者人民团体正常的工作、生产、营业、教
学和科研秩序，客观方面表现为行为人聚众扰乱社会秩序，情节
严重，致使工作、生产、营业和教学、科研无法进行，造成严重
损失的行为，主体是年满 16 周岁、具有刑事责任能力的聚众扰乱
社会秩序的首要分子和积极参加者，主观方面是故意｝∩｛客体是
社会的公共秩序，客观方面表现为行为人随意殴打他人，追逐、
拦截、辱骂、恐吓他人，情节恶劣或者强拿硬要或者任意损毁、
占用公私财物，情节严重或者在公共场所起哄闹事，造成公共场
所秩序严重混乱的行为，主体是年满 16 周岁、具有刑事责任能力
的人，主观方面是故意｝＝｛主体是年满 16 周岁、具有刑事责任能
力的人，主观方面是故意｝。

Y∪D1＝｛聚众扰乱社会秩序罪｝∪｛寻衅滋事罪｝＝｛客体是党
政机关、企事业单位或者人民团体正常的工作、生产、营业、教
学和科研秩序，客观方面表现为行为人聚众扰乱社会秩序，情节
严重，致使工作、生产、营业和教学、科研无法进行，造成严重
损失的行为，主体是年满 16 周岁、具有刑事责任能力的聚众扰乱
社会秩序的首要分子和积极参加者，主观方面是故意｝∪｛客体是
社会的公共秩序，客观方面表现为行为人随意殴打他人，追逐、
拦截、辱骂、恐吓他人，情节恶劣或者强拿硬要或者任意损毁、
占用公私财物，情节严重或者在公共场所起哄闹事，造成公共场
所秩序严重混乱的行为，主体是年满 16 周岁、具有刑事责任能力
的人，主观方面是故意｝＝｛客体是党政机关、企事业单位或者人
民团体正常的工作、生产、营业、教学和科研秩序，客观方面表

现为行为人聚众扰乱社会秩序，情节严重，致使工作、生产、营业和教学、科研无法进行，造成严重损失的行为，主体是聚众扰乱社会秩序的首要分子和积极参加者，主观方面是故意，客体是社会的公共秩序，客观方面表现为行为人随意殴打他人，追逐、拦截、辱骂、恐吓他人，情节恶劣或者强拿硬要或者任意损毁、占用公私财物，情节严重或者在公共场所起哄闹事，造成公共场所秩序严重混乱的行为}。

那么，聚众扰乱社会秩序罪与寻衅滋事罪的相同点：$Y \cap D1 =$ {主体是年满 16 周岁、具有刑事责任能力的人，主观方面是故意}。

聚众扰乱社会秩序罪与寻衅滋事罪的不同点：$Y \cup D1 - Y \cap D1 =$ {客体是党政机关、企事业单位或者人民团体正常的工作、生产、营业、教学和科研秩序，客观方面表现为行为人聚众扰乱社会秩序，情节严重，致使工作、生产、营业和教学、科研无法进行，造成严重损失的行为，主体是聚众扰乱社会秩序的首要分子和积极参加者，客体是社会的公共秩序，客观方面表现为行为人随意殴打他人，追逐、拦截、辱骂、恐吓他人，情节恶劣或者强拿硬要或者任意损毁、占用公私财物，情节严重或者在公共场所起哄闹事，造成公共场所秩序严重混乱的行为}。

(二十一) 聚众斗殴罪与寻衅滋事罪

$C1 =$ {聚众斗殴罪}；$D1 =$ {寻衅滋事罪}

$C1 \cap D1 =$ {聚众斗殴罪} $\cap$ {寻衅滋事罪} = {客体是社会的公共秩序，客观方面表现为行为人双方出于个人恩怨、争夺势力范围或者其他不正当目的，而纠集多人成帮结伙打架斗殴，破坏公共秩序的行为，主体是年满 16 周岁、具有刑事责任能力的聚众斗殴的首要分子和其他积极参加者，主观方面是故意} $\cap$ {客体是社会的公共秩序，客观方面表现为行为人在公共场所无事生非，起哄闹事，随意殴打、追逐、拦截、辱骂、恐吓他人，强拿硬要或者任意损毁、占用公私财物，破坏公共秩序，情节恶劣或者情节严重、后果严重的行为，主体是年满 16 周岁、具有刑事责任能力的人，主观方面是故意｝＝｛客体是社会的公共秩序，主体是年满 16 周岁、具有刑事责任能力的人，主观方面是故意｝。

C1∪D1＝｛聚众斗殴罪｝∪｛寻衅滋事罪｝＝｛客体是社会的公共秩序，客观方面表现为行为人双方出于个人恩怨、争夺势力范围或者其他不正当目的，而纠集多人成帮结伙打架斗殴，破坏公共秩序的行为，主体是年满 16 周岁、具有刑事责任能力的聚众斗殴的首要分子和其他积极参加者，主观方面是故意｝∪｛客体是社会的公共秩序，客观方面表现为行为人在公共场所无事生非，起哄闹事，随意殴打、追逐、拦截、辱骂、恐吓他人，强拿硬要或者任意损毁、占用公私财物，破坏公共秩序，情节恶劣或者情节严重、后果严重的行为，主体是年满 16 周岁、具有刑事责任能力的人，主观方面是故意｝＝｛客体是社会的公共秩序，客观方面表现为行为人双方出于个人恩怨、争夺势力范围或者其他不正当目的，而纠集多人成帮结伙打架斗殴，破坏公共秩序的行为，主体是聚众斗殴的首要分子和其他积极参加者，主观方面是故意，客观方面表现为行为人在公共场所无事生非，起哄闹事，随意殴打、追逐、拦截、辱骂、恐吓他人，强拿硬要或者任意损毁、占用公私财物，破坏公共秩序，情节恶劣或者情节严重、后果严重的行为｝。

那么，聚众斗殴罪与寻衅滋事罪的相同点：C1∩D1＝｛客体是社会的公共秩序，主体是年满 16 周岁、具有刑事责任能力的人，主观方面是故意｝。

聚众斗殴罪与寻衅滋事罪的不同点：C1∪D1 – C1∩D1＝｛客观方面表现为行为人双方出于个人恩怨、争夺势力范围或者其他不正当目的，而纠集多人成帮结伙打架斗殴，破坏公共秩序的行为，主体是聚众斗殴的首要分子和其他积极参加者，客观方面表现为行为人在公共场所无事生非，起哄闹事，随意殴打、追逐、拦截、辱骂、恐吓他人，强拿硬要或者任意损毁、占用公私财物，破坏公共秩序，情节恶劣或者情节严重、后果严重的行为｝。

（二十二）编造、故意传播虚假恐怖信息罪与编造、故意传播虚假信息罪

E1 =｛编造、故意传播虚假恐怖信息罪｝；F1 =｛编造、故意传播虚假信息罪｝

E1∩F1 =｛编造、故意传播虚假恐怖信息罪｝∩｛编造、故意传播虚假信息罪｝=｛客体是社会的公共秩序，客观方面表现为行为人编造爆炸威胁、生化威胁、放射威胁等恐怖信息，或者知是编造的恐怖信息而故意传播，严重扰乱社会秩序的行为，主体是年满 16 周岁、具有刑事责任能力的人，主观方面是故意｝∩｛客体是社会的公共秩序，客观方面表现为行为人编造虚假的险情、疫情、灾情、警情，在信息网络或者其他媒体上传播，或者明知是上述虚假信息，故意在信息网络或者其他媒体上传播，严重扰乱社会秩序的行为，主体是年满 16 周岁、具有刑事责任能力的人，主观方面是故意｝=｛客体是社会的公共秩序，主体是年满 16 周岁、具有刑事责任能力的人，主观方面是故意｝。

E1∪F1 =｛编造、故意传播虚假恐怖信息罪｝∪｛编造、故意传播虚假信息罪｝=｛客体是社会的公共秩序，客观方面表现为行为人编造爆炸威胁、生化威胁、放射威胁等恐怖信息，或者知是编造的恐怖信息而故意传播，严重扰乱社会秩序的行为，主体是年满 16 周岁、具有刑事责任能力的人，主观方面是故意｝∪｛客体是社会的公共秩序，客观方面表现为行为人编造虚假的险情、疫情、灾情、警情，在信息网络或者其他媒体上传播，或者明知是上述虚假信息，故意在信息网络或者其他媒体上传播，严重扰乱社会

秩序的行为，主体是年满 16 周岁、具有刑事责任能力的人，主观方面是故意}＝{客体是社会的公共秩序，客观方面表现为行为人编造爆炸威胁、生化威胁、放射威胁等恐怖信息，或者知是编造的恐怖信息而故意传播，严重扰乱社会秩序的行为，主体是年满 16 周岁、具有刑事责任能力的人，主观方面是故意，客观方面表现为行为人编造虚假的险情、疫情、灾情、警情，在信息网络或者其他媒体上传播，或者明知是上述虚假信息，故意在信息网络或者其他媒体上传播，严重扰乱社会秩序的行为}

那么，编造、故意传播虚假恐怖信息罪与编造、故意传播虚假信息罪的相同点：E1∩F1 = {客体是社会的公共秩序，主体是年满 16 周岁、具有刑事责任能力的人，主观方面是故意}。

编造、故意传播虚假恐怖信息罪与编造、故意传播虚假信息罪的不同点：E1∪F1 – E1∩F1 = {客观方面表现为行为人编造爆炸威胁、生化威胁、放射威胁等恐怖信息，或者知是编造的恐怖信息而故意传播，严重扰乱社会秩序的行为，客观方面表现为行为人编造虚假的险情、疫情、灾情、警情，在信息网络或者其他媒体上传播，或者明知是上述虚假信息，故意在信息网络或者其他媒体上传播，严重扰乱社会秩序的行为}。

（二十三）组织、领导、参加黑社会性质组织罪与入境发展黑社会组织罪

G1 = {组织、领导、参加黑社会性质组织罪}；H1 = {入境发展黑社会组织罪}

G1∩H1 = {组织、领导、参加黑社会性质组织罪}∩{入境发展黑社会组织罪} = {客体是社会治安管理秩序，客观方面表现为行为人组织、领导和积极参加以暴力、威胁或者其他手段，有组织地进行违法犯罪活动，称霸一方，为非作恶，欺压、残害群众，严重破坏经济、社会生活秩序的黑社会性质的组织的行为，主体

是年满 16 周岁、具有刑事责任能力的人，主观方面是故意｝∩｛客体是社会治安管理秩序，客观方面表现为行为人到中华人民共和国境内发展组织成员的行为，主体是年满 16 周岁、具有刑事责任能力的境外的黑社会组织的人员，主观方面是故意｝＝｛客体是社会治安管理秩序，主体是年满 16 周岁、具有刑事责任能力的人，主观方面是故意｝。

G1∪H1＝｛组织、领导、参加黑社会性质组织罪｝∪｛入境发展黑社会组织罪｝＝｛客体是社会治安管理秩序，客观方面表现为行为人组织、领导和积极参加以暴力、威胁或者其他手段，有组织地进行违法犯罪活动，称霸一方，为非作恶，欺压、残害群众，严重破坏经济、社会生活秩序的黑社会性质的组织的行为，主体是年满 16 周岁、具有刑事责任能力的人，主观方面是故意｝∪｛客体是社会治安管理秩序，客观方面表现为行为人到中华人民共和国境内发展组织成员的行为，主体是年满 16 周岁、具有刑事责任能力的境外的黑社会组织的人员，主观方面是故意｝＝｛客体是社会治安管理秩序，客观方面表现为行为人组织、领导和积极参加以暴力、威胁或者其他手段，有组织地进行违法犯罪活动，称霸一方，为非作恶，欺压、残害群众，严重破坏经济、社会生活秩序的黑社会性质的组织的行为，主体是年满 16 周岁、具有刑事责任能力的人，主观方面是故意，客观方面表现为行为人到中华人民共和国境内发展组织成员的行为，主体是境外的黑社会组织的人员｝。

那么，组织、领导、参加黑社会性质组织罪与入境发展黑社会组织罪的相同点：G1∩H1＝｛客体是社会治安管理秩序，主体是年满 16 周岁、具有刑事责任能力的人，主观方面是故意｝。

组织、领导、参加黑社会性质组织罪与入境发展黑社会组织罪的不同点：G1∪H1－G1∩H1＝｛客观方面表现为行为人组织、领导和积极参加以暴力、威胁或者其他手段，有组织地进行违法犯罪活动，称霸一方，为非作恶，欺压、残害群众，严重破坏经济、社会生活秩序的黑社会性质的组织的行为，客观方面表现为行为人到中华人民共和国境内发展组织成员的行为，主体是境外的黑社会组织的人员｝。

（二十四）组织、领导、参加黑社会性质组织罪与包庇、纵容黑社会性质组织罪

G1 ＝｛组织、领导、参加黑社会性质组织罪｝；I1 ＝｛包庇、纵容黑社会性质组织罪｝

G1∩I1 ＝｛组织、领导、参加黑社会性质组织罪｝∩｛包庇、纵容黑社会性质组织罪｝＝｛客体是社会治安管理秩序，客观方面表现为行为人组织、领导和积极参加以暴力、威胁或者其他手段，有组织地进行违法犯罪活动，称霸一方，为非作恶，欺压、残害群众，严重破坏经济、社会生活秩序的黑社会性质的组织的行为，主体是年满16周岁、具有刑事责任能力的人，主观方面是故意｝∩｛客体是社会治安管理秩序，客观方面表现为行为人包庇黑社会性质的组织，或者纵容黑社会性质的组织进行违法犯罪活动的行为，主体是年满16周岁、具有刑事责任能力的国家机关工作人员，主观方面是故意｝＝｛客体是社会治安管理秩序，主体是年满16周岁、具有刑事责任能力的人，主观方面是故意｝。

G1∪I1 ＝｛组织、领导、参加黑社会性质组织罪｝∪｛包庇、纵容黑社会性质组织罪｝＝｛客体是社会治安管理秩序，客观方面表现为行为人组织、领导和积极参加以暴力、威胁或者其他手段，有组织地进行违法犯罪活动，称霸一方，为非作恶，欺压、残害群众，严重破坏经济、社会生活秩序的黑社会性质的组织的行为，主体是年满16周岁、具有刑事责任能力的人，主观方面是故意｝∪｛客体是社会治安管理秩序，客观方面表现为行为人包庇黑社会性质的组织，或者纵容黑社会性质的组织进行违法犯罪活动的行

为，主体是年满 16 周岁、具有刑事责任能力的国家机关工作人员，主观方面是故意｝＝｛客体是社会治安管理秩序，客观方面表现为行为人组织、领导和积极参加以暴力、威胁或者其他手段，有组织地进行违法犯罪活动，称霸一方，为非作恶，欺压、残害群众，严重破坏经济、社会生活秩序的黑社会性质的组织的行为，主体是年满 16 周岁、具有刑事责任能力的人，主观方面是故意，客观方面表现为行为人包庇黑社会性质的组织，或者纵容黑社会性质的组织进行违法犯罪活动的行为，主体是国家机关工作人员｝。

那么，组织、领导、参加黑社会性质组织罪与包庇、纵容黑社会性质组织罪的相同点：G1∩I1＝｛客体是社会治安管理秩序，主体是年满 16 周岁、具有刑事责任能力的人，主观方面是故意｝。

组织、领导、参加黑社会性质组织罪与包庇、纵容黑社会性质组织罪的不同点：G1∪I1－G1∩I1＝｛客观方面表现为行为人组织、领导和积极参加以暴力、威胁或者其他手段，有组织地进行违法犯罪活动，称霸一方，为非作恶，欺压、残害群众，严重破坏经济、社会生活秩序的黑社会性质的组织的行为，客观方面表现为行为人包庇黑社会性质的组织，或者纵容黑社会性质的组织进行违法犯罪活动的行为，主体是国家机关工作人员｝。

（二十五）非法集会、游行、示威罪与非法携带武器、管制刀具、爆炸物参加集会、游行、示威罪

J1＝｛非法集会、游行、示威罪｝；K1＝｛非法携带武器、管制刀具、爆炸物参加集会、游行、示威罪｝

J1∩K1＝｛非法集会、游行、示威罪｝∩｛非法携带武器、管制刀具、爆炸物参加集会、游行、示威罪｝＝｛客体是国家对集会、游行、示威活动的管理制度和社会的公共秩序，客观方面表现为行为人举行集会、游行、示威，未依照法律规定申请或者申请未获许可，或者未按照主管机关许可的起止时间、地点、路线进行，

又拒不服从解散命令，严重破坏社会秩序的行为，主体是年满 16
周岁、具有刑事责任能力的非法集会、游行、示威的负责人和直
接责任人员，主观方面是故意｝∩｛客体是国家对集会、游行、示
威活动的管理制度和社会的公共秩序，客观方面表现为行为人违
反法律规定，携带武器、管制刀具或者爆炸物参加集会、游行、
示威的行为，主体是年满 16 周岁、具有刑事责任能力的人，主观
方面是故意｝＝｛客体是国家对集会、游行、示威活动的管理制度
和社会的公共秩序，主体是年满 16 周岁、具有刑事责任能力的人，
主观方面是故意｝。

J1∪K1 =｛非法集会、游行、示威罪｝∪｛非法携带武器、管制
刀具、爆炸物参加集会、游行、示威罪｝＝｛客体是国家对集会、
游行、示威活动的管理制度和社会的公共秩序，客观方面表现为
行为人举行集会、游行、示威，未依照法律规定申请或者申请未
获许可，或者未按照主管机关许可的起止时间、地点、路线进行，
又拒不服从解散命令，严重破坏社会秩序的行为，主体是年满 16
周岁、具有刑事责任能力的非法集会、游行、示威的负责人和直
接责任人员，主观方面是故意｝∪｛客体是国家对集会、游行、示
威活动的管理制度和社会的公共秩序，客观方面表现为行为人违
反法律规定，携带武器、管制刀具或者爆炸物参加集会、游行、
示威的行为，主体是年满 16 周岁、具有刑事责任能力的人，主观
方面是故意｝＝｛客体是国家对集会、游行、示威活动的管理制度
和社会的公共秩序，客观方面表现为行为人举行集会、游行、示
威，未依照法律规定申请或者申请未获许可，或者未按照主管机
关许可的起止时间、地点、路线进行，又拒不服从解散命令，严
重破坏社会秩序的行为，主体是非法集会、游行、示威的负责人
和直接责任人员，主观方面是故意，客观方面表现为行为人违反
法律规定，携带武器、管制刀具或者爆炸物参加集会、游行、示
威的行为｝。

那么，非法集会、游行、示威罪与非法携带武器、管制刀具、爆炸物参加集会、游行、示威罪的相同点：J1∩K1＝{客体是国家对集会、游行、示威活动的管理制度和社会的公共秩序，主体是年满16周岁、具有刑事责任能力的人，主观方面是故意}。

非法集会、游行、示威罪与非法携带武器、管制刀具、爆炸物参加集会、游行、示威罪的不同点：J1∪K1－J1∩K1＝{客观方面表现为行为人举行集会、游行、示威，未依照法律规定申请或者申请未获许可，或者未按照主管机关许可的起止时间、地点、路线进行，又拒不服从解散命令，严重破坏社会秩序的行为，主体是非法集会、游行、示威的负责人和直接责任人员，客观方面表现为行为人违反法律规定，携带武器、管制刀具或者爆炸物参加集会、游行、示威的行为}。

（二十六）非法集会、游行、示威罪与破坏集会、游行、示威罪

J1＝{非法集会、游行、示威罪}；L1＝{破坏集会、游行、示威罪}

J1∩L1＝{非法集会、游行、示威罪}∩{破坏集会、游行、示威罪}＝{客体是国家对集会、游行、示威活动的管理制度和社会的公共秩序，客观方面表现为行为人举行集会、游行、示威，未依照法律规定申请或者申请未获许可，或者未按照主管机关许可的起止时间、地点、路线进行，又拒不服从解散命令，严重破坏社会秩序的行为，主体是年满16周岁、具有刑事责任能力的非法集会、游行、示威的负责人和直接责任人员，主观方面是故意}∩{客体是公民依法享有的集会、游行、示威的权利和社会的公共秩序，客观方面表现为行为人扰乱、冲击或者以其他方法破坏依法举行的集会、游行、示威，造成公共秩序混乱的行为，主体是年满16周岁、具有刑事责任能力的人，主观方面是故意}＝{客体是

社会的公共秩序，主体是年满 16 周岁、具有刑事责任能力的人，主观方面是故意｝。

J1∪L1 =｛非法集会、游行、示威罪｝∪｛破坏集会、游行、示威罪｝=｛客体是国家对集会、游行、示威活动的管理制度和社会的公共秩序，客观方面表现为行为人举行集会、游行、示威，未依照法律规定申请或者申请未获许可，或者未按照主管机关许可的起止时间、地点、路线进行，又拒不服从解散命令，严重破坏社会秩序的行为，主体是年满 16 周岁、具有刑事责任能力的非法集会、游行、示威的负责人和直接责任人员，主观方面是故意｝∪｛客体是公民依法享有的集会、游行、示威的权利和社会的公共秩序，客观方面表现为行为人扰乱、冲击或者以其他方法破坏依法举行的集会、游行、示威，造成公共秩序混乱的行为，主体是年满 16 周岁、具有刑事责任能力的人，主观方面是故意｝=｛客体是国家对集会、游行、示威活动的管理制度和社会的公共秩序，客观方面表现为行为人举行集会、游行、示威，未依照法律规定申请或者申请未获许可，或者未按照主管机关许可的起止时间、地点、路线进行，又拒不服从解散命令，严重破坏社会秩序的行为，主体是非法集会、游行、示威的负责人和直接责任人员，主观方面是故意，客体是公民依法享有的集会、游行、示威的权利和社会的公共秩序，客观方面表现为行为人扰乱、冲击或者以其他方法破坏依法举行的集会、游行、示威，造成公共秩序混乱的行为｝。

那么，非法集会、游行、示威罪与破坏集会、游行、示威罪的相同点：J1∩L1 =｛客体是社会的公共秩序，主体是年满 16 周岁、具有刑事责任能力的人，主观方面是故意｝。

非法集会、游行、示威罪与破坏集会、游行、示威罪的不同点：J1∪L1 –J1∩L1 =｛客体是国家对集会、游行、示威活动的管理制度，客观方面表现为行为人举行集会、游行、示威，未依照法律规定申请或者申请未获许可，或者未按照主管机关许可的起止时间、地点、路线进行，又拒不服从解散命令，严重破坏社会秩序的行为，主体是非法集会、游行、示威的负责人和直接责任人员，客体是公民依法享有的集会、游行、示威的权利，客观方面表现为行为人扰乱、冲击或者以其他方法破坏依法举行的集会、游行、示威，造成公共秩序混乱的行为}。

（二十七）组织、利用会道门、邪教组织、利用迷信破坏法律实施罪与组织、利用会道门、邪教组织、利用迷信致人重伤、死亡罪

M1＝{组织、利用会道门、邪教组织、利用迷信破坏法律实施罪}；N1＝{组织、利用会道门、邪教组织、利用迷信致人重伤、死亡罪}

M1∩N1＝{组织、利用会道门、邪教组织、利用迷信破坏法律实施罪}∩{组织、利用会道门、邪教组织、利用迷信致人重伤、死亡罪}＝{客体是国家法律、行政法规实施的正常秩序，客观方面表现为行为人组织和利用会道门、邪教组织或者利用迷信破坏国家法律、行政法规实施的行为，主体是年满16周岁、具有刑事责任能力的人，主观方面是故意}∩{客体是社会管理秩序和他人的生命权，客观方面表现为行为人组织和利用会道门、邪教组织或者利用迷信蒙骗他人，致人死亡的行为，主体是年满16周岁、具有刑事责任能力的人，主观方面是故意}＝{主体是年满16周岁、具有刑事责任能力的人，主观方面是故意}。

M1∪N1＝{组织、利用会道门、邪教组织、利用迷信破坏法律实施罪}∪{组织、利用会道门、邪教组织、利用迷信致人重伤、死亡罪}＝{客体是国家法律、行政法规实施的正常秩序，客观方面表现为行为人组织和利用会道门、邪教组织或者利用迷信破坏国家法律、行政法规实施的行为，主体是年满16周岁、具有刑事

责任能力的人，主观方面是故意｝∪｛客体是社会管理秩序和他人的生命权，客观方面表现为行为人组织和利用会道门、邪教组织或者利用迷信蒙骗他人，致人死亡的行为，主体是年满 16 周岁、具有刑事责任能力的人，主观方面是故意｝＝｛客体是国家法律、行政法规实施的正常秩序，客观方面表现为行为人组织和利用会道门、邪教组织或者利用迷信破坏国家法律、行政法规实施的行为，主体是年满 16 周岁、具有刑事责任能力的人，主观方面是故意，客体是社会管理秩序和他人的生命权，客观方面表现为行为人组织和利用会道门、邪教组织或者利用迷信蒙骗他人，致人死亡的行为｝。

那么，组织、利用会道门、邪教组织、利用迷信破坏法律实施罪与组织、利用会道门、邪教组织、利用迷信致人重伤、死亡罪的相同点：$M1 \cap N1 = \{$主体是年满 16 周岁、具有刑事责任能力的人，主观方面是故意｝。

组织、利用会道门、邪教组织、利用迷信破坏法律实施罪与组织、利用会道门、邪教组织、利用迷信致人重伤、死亡罪的不同点：$M1 \cup N1 - M1 \cap N1 = \{$客体是国家法律、行政法规实施的正常秩序，客观方面表现为行为人组织和利用会道门、邪教组织或者利用迷信破坏国家法律、行政法规实施的行为，客体是社会管理秩序和他人的生命权，客观方面表现为行为人组织和利用会道门、邪教组织或者利用迷信蒙骗他人，致人死亡的行为｝。

（二十八）聚众淫乱罪与引诱未成年人聚众淫乱罪

$O1 = \{$聚众淫乱罪｝；$P1 = \{$引诱未成年人聚众淫乱罪｝

$O1 \cap P1 = \{$聚众淫乱罪｝∩｛引诱未成年人聚众淫乱罪｝＝｛客体是社会公共秩序和社会风化，客观方面表现为行为人聚集多人进行淫乱活动或者多次参加聚众淫乱活动的行为，主体是年满 16 周岁、具有刑事责任能力的人，主观方面是故意｝∩｛客体是社会公共秩序和社会风化，客观方面表现为行为人以各种方式诱惑未成年人参加聚众淫乱活动的行为，主体是年满 16 周岁、具有刑事责任能力的人，主观方面是故意｝＝｛客体是社会公共秩序和社会风化，主体是年满 16 周岁、具有刑事责任能力的人，主观方面是故意｝。

O1∪P1 ＝｛聚众淫乱罪｝∪｛引诱未成年人聚众淫乱罪｝＝｛客体是社会公共秩序和社会风化，客观方面表现为行为人聚集多人进行淫乱活动或者多次参加聚众淫乱活动的行为，主体是年满 16 周岁、具有刑事责任能力的人，主观方面是故意｝∪｛客体是社会公共秩序和社会风化，客观方面表现为行为人以各种方式诱惑未成年人参加聚众淫乱活动的行为，主体是年满 16 周岁、具有刑事责任能力的人，主观方面是故意｝＝｛客体是社会公共秩序和社会风化，客观方面表现为行为人聚集多人进行淫乱活动或者多次参加聚众淫乱活动的行为，主体是年满 16 周岁、具有刑事责任能力的人，主观方面是故意，客观方面表现为行为人以各种方式诱惑未成年人参加聚众淫乱活动的行为｝。

那么，聚众淫乱罪与引诱未成年人聚众淫乱罪的相同点：O1∩P1 ＝｛客体是社会公共秩序和社会风化，主体是年满 16 周岁、具有刑事责任能力的人，主观方面是故意｝。

聚众淫乱罪与引诱未成年人聚众淫乱罪的不同点：O1∪P1－O1∩P1 ＝｛客观方面表现为行为人聚集多人进行淫乱活动或者多次参加聚众淫乱活动的行为，客观方面表现为行为人以各种方式诱惑未成年人参加聚众淫乱活动的行为｝。

（二十九）赌博罪与开设赌场罪

Q1 ＝｛赌博罪｝；R1 ＝｛开设赌场罪｝

Q1∩R1 ＝｛赌博罪｝∩｛开设赌场罪｝＝｛客体是社会风尚和社会管理秩序，客观方面表现为行为人聚众赌博或者以赌博为业的行为，主体是年满 16 周岁、具有刑事责任能力的人，主观方面是故意，且以营利为目的｝∩｛客体是社会风尚和社会管理秩序，客观方面表现为行为人为赌博提供场所或者在计算机网络上建立赌博网站的行为，主体是年满 16 周岁、具有刑事责任能力的人，主观方面是故意，且以营利为目的｝＝｛客体是社会风尚和社会管理秩序，主体是年满 16 周岁、具有刑事责任能力的人，主观方面是故意，且以营利为目的｝。

Q1∪R1 ＝｛赌博罪｝∪｛开设赌场罪｝＝｛客体是社会风尚和社会管理秩序，客观方面表现为行为人聚众赌博或者以赌博为业的行为，主体是年满 16 周岁、具有刑事责任能力的人，主观方面是故意，且以营利为目的｝∪｛客体是社会风尚和社会管理秩序，客观方面表现为行为人为赌博提供场所或者在计算机网络上建立赌博网站的行为，主体是年满 16 周岁、具有刑事责任能力的人，主观方面是故意，且以营利为目的｝＝｛客体是社会风尚和社会管理秩序，客观方面表现为行为人聚众赌博或者以赌博为业的行为，主体是年满 16 周岁、具有刑事责任能力的人，主观方面是故意，且以营利为目的，客观方面表现为行为人为赌博提供场所或者在计算机网络上建立赌博网站的行为｝。

那么，赌博罪与开设赌场罪的相同点：Q1∩R1 ＝｛客体是社会风尚和社会管理秩序，主体是年满 16 周岁、具有刑事责任能力的人，主观方面是故意，且以营利为目的｝。

赌博罪与开设赌场罪的不同点：Q1∪R1 － Q1∩R1 ＝｛客观方面表现为行为人聚众赌博或者以赌博为业的行为，客观方面表现为行为人为赌博提供场所或者在计算机网络上建立赌博网站的行为｝。

（三十）赌博罪与组织参与国（境）外赌博罪

Q1 ＝｛赌博罪｝；S1 ＝｛组织参与国（境）外赌博罪｝

Q1∩S1 = ｛赌博罪｝∩｛组织参与国（境）外赌博罪｝= ｛客体是社会风尚和社会管理秩序，客观方面表现为行为人聚众赌博或者以赌博为业的行为，主体是年满16周岁、具有刑事责任能力的人，主观方面是故意，且以营利为目的｝∩｛客体是社会风尚和社会管理秩序，客观方面表现为行为人组织中华人民共和国公民参与国（境）外赌博，数额巨大或者有其他严重情节的行为，主体是年满16周岁、具有刑事责任能力的人，主观方面是故意，且以营利为目的｝= ｛客体是社会风尚和社会管理秩序，主体是年满16周岁、具有刑事责任能力的人，主观方面是故意，且以营利为目的｝。

Q1∪S1 = ｛赌博罪｝∪｛组织参与国（境）外赌博罪｝= ｛客体是社会风尚和社会管理秩序，客观方面表现为行为人聚众赌博或者以赌博为业的行为，主体是年满16周岁、具有刑事责任能力的人，主观方面是故意，且以营利为目的｝∪｛客体是社会风尚和社会管理秩序，客观方面表现为行为人组织中华人民共和国公民参与国（境）外赌博，数额巨大或者有其他严重情节的行为，主体是年满16周岁、具有刑事责任能力的人，主观方面是故意，且以营利为目的｝= ｛客体是社会风尚和社会管理秩序，客观方面表现为行为人聚众赌博或者以赌博为业的行为，主体是年满16周岁、具有刑事责任能力的人，主观方面是故意，且以营利为目的，客观方面表现为行为人组织中华人民共和国公民参与国（境）外赌博，数额巨大或者有其他严重情节的行为｝。

那么，赌博罪与组织参与国（境）外赌博罪的相同点：Q1∩S1 = ｛客体是社会风尚和社会管理秩序，主体是年满16周岁、具有刑事责任能力的人，主观方面是故意，且以营利为目的｝。

赌博罪与组织参与国（境）外赌博罪的不同点：Q1∪S1 − Q1∩S1 = ｛客观方面表现为行为人聚众赌博或者以赌博为业的行为，客观方面表现为行为人组织中华人民共和国公民参与国（境）

外赌博，数额巨大或者有其他严重情节的行为｝。

第二节　妨害司法罪

一、妨害司法罪概述

（一）妨害司法罪的概念

妨害司法罪，是指行为人故意违反法律、法规的有关规定，实施各种妨害司法机关的正常司法活动，破坏国家司法权的行使，情节严重，依法应负刑事责任的行为。

（二）妨害司法罪的构成特征

关于妨害司法罪的构成特征，根据现行刑法的规定，主要有以下几个方面，其集合表现为：

设 A 为妨害司法罪的集合，则 A = ｛妨害司法罪｝；

设 B 为妨害司法罪的客体的集合，则 B = ｛客体是司法机关的正常诉讼活动｝；

设 C 为妨害司法罪的客观方面的集合，则 C = ｛客观方面表现为行为人违反法律、法规的有关规定，实施各种妨害司法机关的正常司法活动，破坏国家司法权的行使，情节严重，依法应负刑事责任的行为｝；

设 D 为妨害司法罪的主体的集合，则 D = ｛主体是年满 16 周岁、具有刑事责任能力的自然人｝；

设 E 为妨害司法罪的主观方面的集合，则 E = ｛主观方面只能是故意｝；

则 A = B∪C∪D∪E，即 ｛妨害司法罪｝ = ｛客体是司法机关的正常诉讼活动｝∪｛客观方面表现为行为人违反法律、法规的有关规定，实施各种妨害司法机关的正常司法活动，破坏国家司法权的行使，情节严重，依法应负刑事责任的行为｝∪｛主体是年满 16 周岁、具有刑事责任能力的自然人｝∪｛主观方面只能是故意｝＝｛客体是司法机关的正常诉讼活动，客观方面表现为行为人违反法律、法规的有关规定，实施各种妨害司法机关的正常司法活动，破坏国家司法权的行使，情节严重，依法应负刑事责任的行为，主体是年满 16 周岁、具有刑事责任能力的自然人，主观方面只能是故意｝。

（三）妨害司法罪的类型

根据现行刑法对妨害司法罪所作的规定来看，本节共有 20 种具体犯罪，用子集的方式来表达，其构造表现为：

｛妨害司法罪｝

｛伪证罪｝

｛辩护人、诉讼代理人毁灭证据、伪造证据、妨害作证罪｝

｛妨害作证罪｝

｛帮助毁灭、妨害作证罪｝

｛虚假诉讼罪｝

｛打击报复证人罪｝

｛泄露不应公开的案件信息罪｝

｛披露、报道不应公开的案件信息罪｝

｛扰乱法庭秩序罪｝

｛窝藏、包庇罪｝

｛拒绝提供间谍犯罪、恐怖主义犯罪、极端主义犯罪证据罪｝

｛掩饰、隐瞒犯罪所得、犯罪所得收益罪｝

｛拒不执行判决、裁定罪｝

｛非法处置查封、扣押、冻结的财产罪｝

｛破坏监管秩序罪｝

{脱逃罪}

{劫夺被押解人员罪}

{组织越狱罪}

{暴动越狱罪}

{聚众持械越狱罪}

……

{伪证罪，辩护人、诉讼代理人毁灭证据、伪造证据、妨害作证罪，妨害作证罪，帮助毁灭、妨害作证罪，虚假诉讼罪，打击报复证人罪，泄露不应公开的案件信息罪，披露、报道不应公开的案件信息罪，扰乱法庭秩序罪，窝藏、包庇罪，拒绝提供间谍犯罪、恐怖主义犯罪、极端主义犯罪证据罪，掩饰、隐瞒犯罪所得、犯罪所得收益罪，拒不执行判决、裁定罪，非法处置查封、扣押、冻结的财产罪，破坏监管秩序罪，脱逃罪，劫夺被押解人员罪，组织越狱罪，暴动越狱罪，聚众持械越狱罪}

二、妨害司法罪的界限

（一）伪证罪与辩护人、诉讼代理人毁灭证据、伪造证据、妨害作证罪

A = {伪证罪}；B = {辩护人、诉讼代理人毁灭证据、伪造证据、妨害作证罪}

A∩B = {伪证罪} ∩ {辩护人、诉讼代理人毁灭证据、伪造证据、妨害作证罪} = {客体是司法机关正常的刑事诉讼秩序，客观方面表现为行为人在刑事诉讼中对与案件有重要关系的情节，作虚假证明、鉴定、记录、翻译的行为，主体是刑事诉讼中的证人、鉴定人、记录人、翻译人，主观方面是故意，且以意图陷害他人或者隐匿罪证为目的} ∩ {客体是司法机关的刑事诉讼秩序，客观方面表现为行为人在刑事诉讼中，毁灭、伪造证据，帮助当事人

毁灭、伪造证据，威胁、引诱证人违背事实改变证言或者作伪证的行为，主体是刑事诉讼中的辩护人、诉讼代理人，主观方面是故意}={客体是司法机关正常的刑事诉讼秩序，主观方面是故意}。

A∪B={伪证罪}∪{辩护人、诉讼代理人毁灭证据、伪造证据、妨害作证罪}={客体是司法机关正常的刑事诉讼秩序，客观方面表现为行为人在刑事诉讼中对与案件有重要关系的情节，作虚假证明、鉴定、记录、翻译的行为，主体是刑事诉讼中的证人、鉴定人、记录人、翻译人，主观方面是故意，且以意图陷害他人或者隐匿罪证为目的}∪{客体是司法机关的刑事诉讼秩序，客观方面表现为行为人在刑事诉讼中，毁灭、伪造证据，帮助当事人毁灭、伪造证据，威胁、引诱证人违背事实改变证言或者作伪证的行为，主体是刑事诉讼中的辩护人、诉讼代理人，主观方面是故意}={客体是司法机关正常的刑事诉讼秩序，客观方面表现为行为人在刑事诉讼中对与案件有重要关系的情节，作虚假证明、鉴定、记录、翻译的行为，主体是刑事诉讼中的证人、鉴定人、记录人、翻译人，主观方面是故意，且以意图陷害他人或者隐匿罪证为目的，客观方面表现为行为人在刑事诉讼中，毁灭、伪造证据，帮助当事人毁灭、伪造证据，威胁、引诱证人违背事实改变证言或者作伪证的行为，主体是刑事诉讼中的辩护人、诉讼代理人}。

那么，伪证罪与辩护人、诉讼代理人毁灭证据、伪造证据、妨害作证罪的相同点：A∩B={客体是司法机关正常的刑事诉讼秩序，主观方面是故意}。

伪证罪与辩护人、诉讼代理人毁灭证据、伪造证据、妨害作证罪的不同点：A∪B−A∩B={客观方面表现为行为人在刑事诉讼中对与案件有重要关系的情节，作虚假证明、鉴定、记录、翻译的行为，主体是刑事诉讼中的证人、鉴定人、记录人、翻译人，客观方面表现为行为人在刑事诉讼中，毁灭、伪造证据，帮助当事人毁灭、伪造证据，威胁、引诱证人违背事实改变证言或者作伪证的行为，主体是刑事诉讼中的辩护人、诉讼代理人｝。

（二）伪证罪与妨害作证罪

A＝｛伪证罪｝；C＝｛妨害作证罪｝

A∩C＝｛伪证罪｝∩｛妨害作证罪｝＝｛客体是司法机关正常的刑事诉讼秩序，客观方面表现为行为人在刑事诉讼中对与案件有重要关系的情节，作虚假证明、鉴定、记录、翻译的行为，主体是刑事诉讼中的证人、鉴定人、记录人、翻译人，主观方面是故意，且以意图陷害他人或者隐匿罪证为目的｝∩｛客体是司法机关正常的诉讼秩序、公民依法作证的权利以及公民的人身权利，客观方面表现为行为人以暴力、威胁、贿买等方法阻止证人作证或者指使他人作伪证的行为，主体是年满 16 周岁、具有刑事责任能力的人，主观方面是故意｝＝｛客体是司法机关正常的刑事诉讼秩序，主观方面是故意｝。

A∪C＝｛伪证罪｝∪｛妨害作证罪｝＝｛客体是司法机关正常的刑事诉讼秩序，客观方面表现为行为人在刑事诉讼中对与案件有重要关系的情节，作虚假证明、鉴定、记录、翻译的行为，主体是刑事诉讼中的证人、鉴定人、记录人、翻译人，主观方面是故意，且以意图陷害他人或者隐匿罪证为目的｝∪｛客体是司法机关正常的诉讼秩序、公民依法作证的权利以及公民的人身权利，客观方面表现为行为人以暴力、威胁、贿买等方法阻止证人作证或者指使他人作伪证的行为，主体是年满 16 周岁、具有刑事责任能力的人，主观方面是故意｝＝｛客体是司法机关正常的刑事诉讼秩序，客观方面表现为行为人在刑事诉讼中对与案件有重要关系的情节，作虚假证明、鉴定、记录、翻译的行为，主体是刑事诉讼中的证人、鉴定人、记录人、翻译人，主观方面是故意，且以意图陷害他人或者隐匿罪证为目的，客体是公民依法作证的权利以及公民的人身权利，客观方面表现为行为人以暴力、威胁、贿买等方法阻止证人作证或者指使他人作伪证的行为，主体是年满 16周岁、具有刑事责任能力的人}。

那么，伪证罪与妨害作证罪的相同点：A∩C = {客体是司法机关正常的刑事诉讼秩序，主观方面是故意}。

伪证罪与妨害作证罪的不同点：A∪C – A∩C = {客观方面表现为行为人在刑事诉讼中对与案件有重要关系的情节，作虚假证明、鉴定、记录、翻译的行为，主体是年满 16 周岁、具有刑事责任能力的人，主观方面是故意，且以意图陷害他人或者隐匿罪证为目的，客体是公民依法作证的权利以及公民的人身权利，客观方面表现为行为人以暴力、威胁、贿买等方法阻止证人作证或者指使他人作伪证的行为，主体是刑事诉讼中的证人、鉴定人、记录人、翻译人}。

（三）伪证罪与帮助毁灭、妨害作证罪

A = {伪证罪}；D = {帮助毁灭、妨害作证罪}

A∩D = {伪证罪} ∩ {帮助毁灭、妨害作证罪} = {客体是司法机关正常的刑事诉讼秩序，客观方面表现为行为人在刑事诉讼中对与案件有重要关系的情节，作虚假证明、鉴定、记录、翻译的行为，主体是刑事诉讼中的证人、鉴定人、记录人、翻译人，主观方面是故意，且以意图陷害他人或者隐匿罪证为目的} ∩ {客体是司法机关正常的诉讼秩序，客观方面表现为行为人帮助当事人毁灭、伪造证据，情节严重的行为，主体是年满 16 周岁、具有刑事责任能力的人，主观方面是故意} = {客体是司法机关正常的刑事诉讼秩序，主观方面是故意}。

A∪D = {伪证罪} ∪ {帮助毁灭、妨害作证罪} = {客体是司法机关正常的刑事诉讼秩序，客观方面表现为行为人在刑事诉讼中对与案件有重要关系的情节，作虚假证明、鉴定、记录、翻译的行为，主体是刑事诉讼中的证人、鉴定人、记录人、翻译人，主观方面是故意，且以意图陷害他人或者隐匿罪证为目的}∪{客体是司法机关正常的诉讼秩序，客观方面表现为行为人帮助当事人毁灭、伪造证据，情节严重的行为，主体是年满16周岁、具有刑事责任能力的人，主观方面是故意} = {客体是司法机关正常的刑事诉讼秩序，客观方面表现为行为人在刑事诉讼中对与案件有重要关系的情节，作虚假证明、鉴定、记录、翻译的行为，主体是刑事诉讼中的证人、鉴定人、记录人、翻译人，主观方面是故意，且以意图陷害他人或者隐匿罪证为目的，客观方面表现为行为人帮助当事人毁灭、伪造证据，情节严重的行为，主体是年满16周岁、具有刑事责任能力的人}。

那么，伪证罪与帮助毁灭、妨害作证罪的相同点：A∩D = {客体是司法机关正常的刑事诉讼秩序，主观方面是故意}。

伪证罪与帮助毁灭、妨害作证罪的不同点：A∪D－A∩D = {客观方面表现为行为人在刑事诉讼中对与案件有重要关系的情节，作虚假证明、鉴定、记录、翻译的行为，主体是刑事诉讼中的证人、鉴定人、记录人、翻译人，客观方面表现为行为人帮助当事人毁灭、伪造证据，情节严重的行为，主体是年满16周岁、具有刑事责任能力的人，主观方面是故意，且以意图陷害他人或者隐匿罪证为目的}。

（四）虚假诉讼罪与诈骗罪

E = {虚假诉讼罪}；F = {诈骗罪}

E∩F = {虚假诉讼罪}∩{诈骗罪} = {客体是正常的司法秩序和他人的合法权益，客观方面表现为行为人以捏造的事实提起民事诉讼，妨害司法秩序或者严重侵害他人合法权益的行为，主体是年满16周岁、具有刑事责任能力的人和单位，主观方面是直接故意，且以非法牟利为目的｝∩｛客体是公私财产所有权，客观方面表现为行为人用虚构事实或者隐瞒真相的方法，骗取数额较大的公私财物的行为，主体是年满 16 周岁、具有刑事责任能力的人，主观方面是直接故意，且以非法占有为目的｝=｛主体是年满 16 周岁、具有刑事责任能力的人，主观方面是故意｝。

E∪F =｛虚假诉讼罪｝∪｛诈骗罪｝=｛客体是正常的司法秩序和他人的合法权益，客观方面表现为行为人以捏造的事实提起民事诉讼，妨害司法秩序或者严重侵害他人合法权益的行为，主体是年满 16 周岁、具有刑事责任能力的人和单位，主观方面是直接故意，且以非法牟利为目的｝∪｛客体是公私财产所有权，客观方面表现为行为人用虚构事实或者隐瞒真相的方法，骗取数额较大的公私财物的行为，主体是年满 16 周岁、具有刑事责任能力的人，主观方面是直接故意，且以非法占有为目的｝=｛客体是正常的司法秩序和他人的合法权益，客观方面表现为行为人以捏造的事实提起民事诉讼，妨害司法秩序或者严重侵害他人合法权益的行为，主体是年满 16 周岁、具有刑事责任能力的人和单位，主观方面是直接故意，且以非法牟利为目的，客体是公私财产所有权，客观方面表现为行为人用虚构事实或者隐瞒真相的方法，骗取数额较大的公私财物的行为，主体是年满 16 周岁、具有刑事责任能力的人，主观方面是直接故意，且以非法占有为目的｝。

那么，虚假诉讼罪与诈骗罪的相同点：E∩F =｛主体是年满 16 周岁、具有刑事责任能力的人，主观方面是直接故意｝。

虚假诉讼罪与诈骗罪的不同点：E∪F − E∩F =｛客体是正常的司法秩序和他人的合法权益，客观方面表现为行为人以捏造的事实提起民事诉讼，妨害司法秩序或者严重侵害他人合法权益的行为，主体是单位，主观方面是直接故意，且以非法牟利为目的，客体是公私财产所有权，客观方面表现为行为人用虚构事实或者隐瞒真相的方法，骗取数额较大的公私财物的行为，主观方面是直接故意，且以非法占有为目的｝。

（五）虚假诉讼罪与伪证罪

E = ｛虚假诉讼罪｝；A = ｛伪证罪｝

E∩A = ｛虚假诉讼罪｝∩｛伪证罪｝ = ｛客体是正常的司法秩序和他人的合法权益，客观方面表现为行为人以捏造的事实提起民事诉讼，妨害司法秩序或者严重侵害他人合法权益的行为，主体是年满 16 周岁、具有刑事责任能力的人和单位，主观方面是直接故意，且以非法牟利为目的｝∩｛客体是司法机关正常的刑事诉讼秩序，客观方面表现为行为人在刑事诉讼中对与案件有重要关系的情节，作虚假证明、鉴定、记录、翻译的行为，主体是刑事诉讼中年满 16 周岁、具有刑事责任能力的证人、鉴定人、记录人、翻译人，主观方面是直接故意，且以意图陷害他人或者隐匿罪证为目的｝ = ｛客体是正常的司法秩序，主体是年满 16 周岁、具有刑事责任能力的人，主观方面是故意｝。

E∪A = ｛虚假诉讼罪｝∪｛伪证罪｝ = ｛客体是正常的司法秩序和他人的合法权益，客观方面表现为行为人以捏造的事实提起民事诉讼，妨害司法秩序或者严重侵害他人合法权益的行为，主体是年满 16 周岁、具有刑事责任能力的人和单位，主观方面是直接故意，且以非法牟利为目的｝∪｛客体是司法机关正常的刑事诉讼秩序，客观方面表现为行为人在刑事诉讼中对与案件有重要关系的情节，作虚假证明、鉴定、记录、翻译的行为，主体是刑事诉讼中年满 16 周岁、具有刑事责任能力的证人、鉴定人、记录人、翻译人，主观方面是直接故意，且以意图陷害他人或者隐匿罪证为目的｝ = ｛客体是正常的司法秩序和他人的合法权益，客观方面表现为行为人以捏造的事实提起民事诉讼，妨害司法秩序或者严重侵害他人合法权益的行为，主体是年满 16 周岁、具有刑事责任能力的人和单位，主观方面是直接故意，且以非法牟利为目的，客体是司法机关正常的刑事诉讼秩序，客观方面表现为行为人在刑事诉讼中对与案件有重要关系的情节，作虚假证明、鉴定、记录、翻译的行为，主体是刑事诉讼中年满 16 周岁、具有刑事责任能力的证人、鉴定人、记录人、翻译人，主观方面是直接故意，且以意图陷害他人或者隐匿罪证为目的}。

那么，虚假诉讼罪与伪证罪的相同点：E∩A ={客体是正常的司法秩序，主体是年满 16 周岁、具有刑事责任能力的人，主观方面是直接故意}。

虚假诉讼罪与伪证罪的不同点：E∪A − E∩A ={客体是正常的司法秩序和他人的合法权益，客观方面表现为行为人以捏造的事实提起民事诉讼，妨害司法秩序或者严重侵害他人合法权益的行为，主体是刑事诉讼中的证人、鉴定人、记录人、翻译人，主观方面是直接故意，且以非法牟利为目的，客体是司法机关正常的刑事诉讼秩序，客观方面表现为行为人在刑事诉讼中对与案件有重要关系的情节，作虚假证明、鉴定、记录、翻译的行为，主体是单位，主观方面是直接故意，且以意图陷害他人或者隐匿罪证为目的}。

（六）泄露不应公开的案件信息罪与披露、报道不应公开的案件信息罪

F ={泄露不应公开的案件信息罪}；G ={披露、报道不应公开的案件信息罪}

F∩G ={泄露不应公开的案件信息罪} ∩ {披露、报道不应公开的案件信息罪} ={客体是正常的司法秩序，客观方面表现为行为人实施了泄露依法不公开审理的案件中不应当公开的信息，造成信息公开传播或者其他严重后果的行为，主体是特殊主体，即以司法工作人员、辩护人、诉讼代理人或者其他诉讼参与人的身份参与司法活动的人，主观方面是故意} ∩ {客体是正常的司法秩

序，客观方面表现为行为人实施了公开披露、报道依法不公开审理的案件中不应当公开的案件信息，情节严重的行为，主体是年满16周岁、具有刑事责任能力的人和单位，主观方面是故意} = {客体是正常的司法秩序，主观方面是故意}。

F∪G = {泄露不应公开的案件信息罪}∪{披露、报道不应公开的案件信息罪} = {客体是正常的司法秩序，客观方面表现为行为人实施了泄露依法不公开审理的案件中不应当公开的信息，造成信息公开传播或者其他严重后果的行为，主体是特殊主体，即以司法工作人员、辩护人、诉讼代理人或者其他诉讼参与人的身份参与司法活动的人，主观方面是故意}∪{客体是正常的司法秩序，客观方面表现为行为人实施了公开披露、报道依法不公开审理的案件中不应当公开的案件信息，情节严重的行为，主体是年满16周岁、具有刑事责任能力的人和单位，主观方面是故意} = {客体是正常的司法秩序，客观方面表现为行为人实施了泄露依法不公开审理的案件中不应当公开的信息，造成信息公开传播或者其他严重后果的行为，主体是特殊主体，即以司法工作人员、辩护人、诉讼代理人或者其他诉讼参与人的身份参与司法活动的人，主观方面是故意，客观方面表现为行为人实施了公开披露、报道依法不公开审理的案件中不应当公开的案件信息，情节严重的行为，主体是年满16周岁、具有刑事责任能力的人和单位}。

那么，泄露不应公开的案件信息罪与披露、报道不应公开的案件信息罪的相同点：F∩G = {客体是正常的司法秩序，主观方面是故意}。

泄露不应公开的案件信息罪与披露、报道不应公开的案件信息罪的不同点：F∪G − F∩G = {客观方面表现为行为人实施了泄露依法不公开审理的案件中不应当公开的信息，造成信息公开传播或者其他严重后果的行为，主体是特殊主体，即以司法工作人员、辩护人、诉讼代理人或者其他诉讼参与人的身份参与司法活动的人，客观方面表现为行为人实施了公开披露、报道依法不公开审理的案件中不应当公开的案件信息，情节严重的行为，主体是年满 16 周岁、具有刑事责任能力的人和单位｝。

（七）扰乱法庭秩序罪与破坏监管秩序罪的界限

H＝｛扰乱法庭秩序罪｝；I＝｛破坏监管秩序罪｝

H∩I＝｛扰乱法庭秩序罪｝∩｛破坏监管秩序罪｝＝｛客体是法庭的正常秩序，客观方面表现为行为人聚众哄闹、冲击法庭，或者殴打司法工作人员，严重扰乱法庭秩序的行为，主体是年满 16 周岁、具有刑事责任能力的人，主观方面是故意｝∩｛客体是司法机关依法对被关押的罪犯实施监管的正常秩序，客观方面表现为行为人以殴打监管人员、聚众闹事等方式扰乱监管秩序，情节严重的行为，主体是依法被关押的罪犯，主观方面是故意｝＝｛主观方面是故意｝。

H∪I＝｛扰乱法庭秩序罪｝∪｛破坏监管秩序罪｝＝｛客体是法庭的正常秩序，客观方面表现为行为人聚众哄闹、冲击法庭，或者殴打司法工作人员，严重扰乱法庭秩序的行为，主体是年满 16 周岁、具有刑事责任能力的人，主观方面是故意｝∪｛客体是司法机关依法对被关押的罪犯实施监管的正常秩序，客观方面表现为行为人以殴打监管人员、聚众闹事等方式扰乱监管秩序，情节严重的行为，主体是依法被关押的罪犯，主观方面是故意｝＝｛客体是法庭的正常秩序，客观方面表现为行为人聚众哄闹、冲击法庭，或者殴打司法工作人员，严重扰乱法庭秩序的行为，主体是年满 16 周岁、具有刑事责任能力的人，主观方面是故意，客体是司法机关依法对被关押的罪犯实施监管的正常秩序，客观方面表现为行为人以殴打监管人员、聚众闹事等方式扰乱监管秩序，情节严重的行为，主体是依法被关押的罪犯｝。

那么，扰乱法庭秩序罪与破坏监管秩序罪的相同点：H∩I＝｛主观方面是故意｝。

　　扰乱法庭秩序罪与破坏监管不同点：$H∪I-H∩I=${客体是法庭的正常秩序，客观方面表现为行为人聚众哄闹、冲击法庭，或者殴打司法工作人员，严重扰乱法庭秩序的行为，主体是年满16周岁、具有刑事责任能力的人，客体是司法机关依法对被关押的罪犯实施监管的正常秩序，客观方面表现为行为人以殴打监管人员、聚众闹事等方式扰乱监管秩序，情节严重的行为，主体是依法被关押的罪犯}。

　　（八）窝藏、包庇罪与拒绝提供间谍犯罪、恐怖主义犯罪、极端主义犯罪证据罪

　　$J=${窝藏、包庇罪}；$K=${拒绝提供间谍犯罪、恐怖主义犯罪、极端主义犯罪证据罪}

　　$J∩K=${窝藏、包庇罪}$∩${拒绝提供间谍犯罪、恐怖主义犯罪、极端主义犯罪证据罪}$=${客体是司法机关正常的刑事诉讼秩序，客观方面表现为行为人明知是犯罪的人而为其提供隐藏处所、财物，帮助其逃匿或者作假证明包庇的行为，主体是年满16周岁、具有刑事责任能力的人，主观方面是故意}$∩${客体是国家安全机关查处间谍犯罪的正常秩序，客观方面表现为行为人明知他人有间谍、恐怖主义、极端主义犯罪行为，在国家安全机关向其调查有关情况、收集有关证据时，拒绝提供，情节严重的行为，主体是年满16周岁、具有刑事责任能力的人，主观方面是故意}$=${主体是年满16周岁、具有刑事责任能力的人，主观方面是故意}。

　　$J∪K=${窝藏、包庇罪}$∪${拒绝提供间谍犯罪、恐怖主义犯罪、极端主义犯罪证据罪}$=${客体是司法机关正常的刑事诉讼秩序，客观方面表现为行为人明知是犯罪的人而为其提供隐藏处所、财物，帮助其逃匿或者作假证明包庇的行为，主体是年满16周岁、具有刑事责任能力的人，主观方面是故意}$∪${客体是司法机关查处间谍、恐怖主义、极端主义犯罪的正常秩序，客观方面表现为

行为人明知他人有间谍、恐怖主义、极端主义犯罪行为，在司法机关向其调查有关情况、收集有关证据时，拒绝提供，情节严重的行为｝={客体是司法机关正常的刑事诉讼秩序，客观方面表现为行为人明知是犯罪的人而为其提供隐藏处所、财物，帮助其逃匿或者作假证明包庇的行为，主体是年满 16 周岁、具有刑事责任能力的人，主观方面是故意，客体是司法机关查处间谍、恐怖主义、极端主义犯罪的正常秩序，客观方面表现为行为人明知他人有间谍、恐怖主义、极端主义犯罪行为，在司法机关向其调查有关情况、收集有关证据时，拒绝提供，情节严重的行为｝。

那么，窝藏、包庇罪与拒绝提供间谍犯罪、恐怖主义犯罪、极端主义犯罪证据罪的相同点：J∩K＝{主体是年满 16 周岁、具有刑事责任能力的人，主观方面是故意｝。

窝藏、包庇罪与拒绝提供间谍犯罪、恐怖主义犯罪、极端主义犯罪证据罪的不同点：J∪K－J∩K＝{客体是司法机关正常的刑事诉讼秩序，客观方面表现为行为人明知是犯罪的人而为其提供隐藏处所、财物，帮助其逃匿或者作假证明包庇的行为，客体是司法机关查处间谍、恐怖主义、极端主义犯罪的正常秩序，客观方面表现为行为人明知他人有间谍、恐怖主义、极端主义犯罪行为，在司法机关向其调查有关情况、收集有关证据时，拒绝提供，情节严重的行为｝。

（九）窝藏、包庇罪与掩饰、隐瞒犯罪所得、犯罪所得收益罪

J＝{窝藏、包庇罪}；L＝{掩饰、隐瞒犯罪所得、犯罪所得收益罪}

J∩L＝{窝藏、包庇罪}∩{掩饰、隐瞒犯罪所得、犯罪所得收益罪}＝{客体是司法机关正常的刑事诉讼秩序，客观方面表现为

行为人明知是犯罪的人而为其提供隐藏处所、财物，帮助其逃匿或者作假证明包庇的行为，主体是年满 16 周岁、具有刑事责任能力的人，主观方面是故意｝∩｛客体是司法机关刑事司法的正常秩序，客观方面表现为行为人明知是犯罪所得及其产生的收益而予以窝藏、转移、收购、代为销售或者以其他方法掩饰、隐瞒的行为，主体是年满 16 周岁、具有刑事责任能力的人和单位，主观方面是故意｝=｛客体是司法机关正常的刑事诉讼秩序，主体是年满 16 周岁、具有刑事责任能力的人，主观方面是故意｝。

J∪L=｛窝藏、包庇罪｝∪｛掩饰、隐瞒犯罪所得、犯罪所得收益罪｝=｛客体是司法机关正常的刑事诉讼秩序，客观方面表现为行为人明知是犯罪的人而为其提供隐藏处所、财物，帮助其逃匿或者作假证明包庇的行为，主体是年满 16 周岁、具有刑事责任能力的人，主观方面是故意｝∪｛客体是司法机关刑事司法的正常秩序，客观方面表现为行为人明知是犯罪所得及其产生的收益而予以窝藏、转移、收购、代为销售或者以其他方法掩饰、隐瞒的行为，主体是年满 16 周岁、具有刑事责任能力的人和单位，主观方面是故意｝=｛客体是司法机关正常的刑事诉讼秩序，客观方面表现为行为人明知是犯罪的人而为其提供隐藏处所、财物，帮助其逃匿或者作假证明包庇的行为，主体是年满 16 周岁、具有刑事责任能力的人，主观方面是故意，客观方面表现为行为人明知是犯罪所得及其产生的收益而予以窝藏、转移、收购、代为销售或者以其他方法掩饰、隐瞒的行为，主体是单位｝。

那么，窝藏、包庇罪与掩饰、隐瞒犯罪所得、犯罪所得收益罪的相同点：J∩L=｛客体是司法机关正常的刑事诉讼秩序，主体是年满 16 周岁、具有刑事责任能力的人，主观方面是故意｝。

窝藏、包庇罪与掩饰、隐瞒犯罪所得、犯罪所得收益罪的不同点：J∪L−J∩L=｛客观方面表现为行为人明知是犯罪的人而为其提供隐藏处所、财物，帮助其逃匿或者作假证明包庇的行为，客观方面表现为行为人明知是犯罪所得及其产生的收益而予以窝藏、转移、收购、代为销售或者以其他方法掩饰、隐瞒的行为，主体是单位}。

（十）脱逃罪与劫夺被押解人员罪

M={脱逃罪}；N={劫夺被押解人员罪}

M∩N={脱逃罪}∩{劫夺被押解人员罪}={客体是司法机关依法对被关押的罪犯、被告人、犯罪嫌疑人实施监管的正常秩序，客观方面表现为行为人逃离羁押场所及其他摆脱司法机关监管的行为，主体是年满16周岁、具有刑事责任能力的依法被关押的罪犯、被告人、犯罪嫌疑人，主观方面是故意}∩{客体是司法机关对被押解人的监管秩序，客观方面表现为行为人使用暴力、胁迫以及其他方法，将押解途中的罪犯、被告人、犯罪嫌疑人夺走的行为，主体是年满16周岁、具有刑事责任能力的人，主观方面是故意}={主体是年满16周岁、具有刑事责任能力的人，主观方面是故意}。

M∪N={脱逃罪}∪{劫夺被押解人员罪}={客体是司法机关依法对被关押的罪犯、被告人、犯罪嫌疑人实施监管的正常秩序，客观方面表现为行为人逃离羁押场所及其他摆脱司法机关监管的行为，主体是年满16周岁、具有刑事责任能力的依法被关押的罪犯、被告人、犯罪嫌疑人，主观方面是故意}∪{客体是司法机关对被押解人的监管秩序，客观方面表现为行为人使用暴力、胁迫以及其他方法，将押解途中的罪犯、被告人、犯罪嫌疑人夺走的行为，主体是年满16周岁、具有刑事责任能力的人，主观方面是故意}={客体是司法机关依法对被关押的罪犯、被告人、犯罪嫌疑人实施监管的正常秩序，客观方面表现为行为人逃离羁押场所及其他摆脱司法机关监管的行为，主体是年满16周岁、具有刑事责任能力的依法被关押的罪犯、被告人、犯罪嫌疑人，主观方面是故意，客体是司法机关对被押解人的监管秩序，客观方面表现为行为人使用暴力、胁迫以及其他方法，将押解途中的罪犯、被告人、犯罪嫌疑人夺走的行为，主体是年满 16 周岁、具有刑事责任能力的人｝。

那么，脱逃罪与劫夺被押解人员罪的相同点：$M \cap N = \{$主体是年满 16 周岁、具有刑事责任能力的人，主观方面是故意｝。

脱逃罪与劫夺被押解人员罪的不同点：$M \cup N - M \cap N = \{$客体是司法机关依法对被关押的罪犯、被告人、犯罪嫌疑人实施监管的正常秩序，客观方面表现为行为人逃离羁押场所及其他摆脱司法机关监管的行为，主体是依法被关押的罪犯、被告人、犯罪嫌疑人，客体是司法机关对被押解人的监管秩序，客观方面表现为行为人使用暴力、胁迫以及其他方法，将押解途中的罪犯、被告人、犯罪嫌疑人夺走的行为｝。

（十一）脱逃罪与组织越狱罪

$M = \{$脱逃罪｝；$O = \{$组织越狱罪｝

$M \cap O = \{$脱逃罪｝$\cap\{$组织越狱罪｝$= \{$客体是司法机关依法对被关押的罪犯、被告人、犯罪嫌疑人实施监管的正常秩序，客观方面表现为行为人逃离羁押场所及其他摆脱司法机关监管的行为，主体是依法被关押的罪犯、被告人、犯罪嫌疑人，主观方面是故意｝$\cap\{$客体是司法机关对在押人员实行监管的正常秩序，客观方面表现为行为人在首要分子的组织、策划、指挥下，有组织、有计划地从羁押场所逃跑的行为，主体是依法被关押的罪犯、被告人、犯罪嫌疑人，主观方面是故意｝$= \{$主体是依法被关押的罪犯、被告人、犯罪嫌疑人，主观方面是故意｝。

$M \cup O = \{$脱逃罪｝$\cup\{$组织越狱罪｝$= \{$客体是司法机关依法对被关押的罪犯、被告人、犯罪嫌疑人实施监管的正常秩序，客观方面表现为行为人逃离羁押场所及其他摆脱司法机关监管的行为，主体是依法被关押的罪犯、被告人、犯罪嫌疑人，主观方面是故意｝∪｛客体是司法机关对在押人员实行监管的正常秩序，客观方面表现为行为人在首要分子的组织、策划、指挥下，有组织、有计划地从羁押场所逃跑的行为，主体是依法被关押的罪犯、被告人、犯罪嫌疑人，主观方面是故意｝＝｛客体是司法机关依法对被关押的罪犯、被告人、犯罪嫌疑人实施监管的正常秩序，客观方面表现为行为人逃离羁押场所及其他摆脱司法机关监管的行为，主体是依法被关押的罪犯、被告人、犯罪嫌疑人，主观方面是故意，客体是司法机关对在押人员实行监管的正常秩序，客观方面表现为行为人在首要分子的组织、策划、指挥下，有组织、有计划地从羁押场所逃跑的行为｝。

那么，脱逃罪与组织越狱罪的相同点：M∩O＝｛主体是依法被关押的罪犯、被告人、犯罪嫌疑人，主观方面是故意｝。

脱逃罪与组织越狱罪的不同点：M∪O－M∩O＝｛客体是司法机关依法对被关押的罪犯、被告人、犯罪嫌疑人实施监管的正常秩序，客观方面表现为行为人逃离羁押场所及其他摆脱司法机关监管的行为，客体是司法机关对在押人员实行监管的正常秩序，客观方面表现为行为人在首要分子的组织、策划、指挥下，有组织、有计划地从羁押场所逃跑的行为｝。

（十二）脱逃罪与暴动越狱罪

M＝｛脱逃罪｝；P＝｛暴动越狱罪｝

M∩P＝｛脱逃罪｝∩｛暴动越狱罪｝＝｛客体是司法机关依法对被关押的罪犯、被告人、犯罪嫌疑人实施监管的正常秩序，客观方面表现为行为人逃离羁押场所及其他摆脱司法机关监管的行为，主体是依法被关押的罪犯、被告人、犯罪嫌疑人，主观方面是故意｝∩｛客体是司法机关对被关押的人员实行监管的正常秩序，客观方面表现为行为人在首要分子的组织、策划、指挥下，采用暴力手段集体从关押场所逃跑的行为，主体是依法被关押的罪犯、被告人、犯罪嫌疑人，主观方面是故意｝＝｛主体是依法被关押的罪犯、被告人、犯罪嫌疑人，主观方面是故意｝。

$M \cup P =$｛脱逃罪｝$\cup$｛暴动越狱罪｝＝｛客体是司法机关依法对被关押的罪犯、被告人、犯罪嫌疑人实施监管的正常秩序，客观方面表现为行为人逃离羁押场所及其他摆脱司法机关监管的行为，主体是依法被关押的罪犯、被告人、犯罪嫌疑人，主观方面是故意｝$\cup$｛客体是司法机关对被关押的人员实行监管的正常秩序，客观方面表现为行为人在首要分子的组织、策划、指挥下，采用暴力手段集体从关押场所逃跑的行为，主体是依法被关押的罪犯、被告人、犯罪嫌疑人，主观方面是故意｝＝｛客体是司法机关依法对被关押的罪犯、被告人、犯罪嫌疑人实施监管的正常秩序，客观方面表现为行为人逃离羁押场所及其他摆脱司法机关监管的行为，主体是依法被关押的罪犯、被告人、犯罪嫌疑人，主观方面是故意，客体是司法机关对被关押的人员实行监管的正常秩序，客观方面表现为行为人在首要分子的组织、策划、指挥下，采用暴力手段集体从关押场所逃跑的行为｝。

那么，脱逃罪与暴动越狱罪的相同点：$M \cap P =$｛主体是依法被关押的罪犯、被告人、犯罪嫌疑人，主观方面是故意｝。

脱逃罪与暴动越狱罪的不同点：$M \cup P - M \cap P =$｛客体是司法机关依法对被关押的罪犯、被告人、犯罪嫌疑人实施监管的正常秩序，客观方面表现为行为人逃离羁押场所及其他摆脱司法机关监管的行为，客体是司法机关对被关押的人员实行监管的正常秩序，客观方面表现为行为人在首要分子的组织、策划、指挥下，采用暴力手段集体从关押场所逃跑的行为｝。

（十三）脱逃罪与聚众持械越狱罪

$M =$｛脱逃罪｝；$Q =$｛聚众持械越狱罪｝

M∩Q＝{脱逃罪}∩{聚众持械越狱罪}＝{客体是司法机关依法对被关押的罪犯、被告人、犯罪嫌疑人实施监管的正常秩序，客观方面表现为行为人逃离羁押场所及其他摆脱司法机关监管的行为，主体是依法被关押的罪犯、被告人、犯罪嫌疑人，主观方面是故意}∩{客体是司法机关对在押人员实行监管的正常秩序，客观方面表现为行为人纠集多人，在首要分子的组织、策划、指挥下，持凶器劫夺依法被关押人员的行为，主体是年满 16 周岁、具有刑事责任能力的人，主观方面是故意}＝{客体是司法机关对在押人员实行监管的正常秩序，主观方面是故意}。

M∪Q＝{脱逃罪}∪{聚众持械越狱罪}＝{客体是司法机关依法对被关押的罪犯、被告人、犯罪嫌疑人实施监管的正常秩序，客观方面表现为行为人逃离羁押场所及其他摆脱司法机关监管的行为，主体是依法被关押的罪犯、被告人、犯罪嫌疑人，主观方面是故意}∪{客体是司法机关对在押人员实行监管的正常秩序，客观方面表现为行为人纠集多人，在首要分子的组织、策划、指挥下，持凶器劫夺依法被关押人员的行为，主体是年满 16 周岁、具有刑事责任能力的人，主观方面是故意}＝{客体是司法机关依法对被关押的罪犯、被告人、犯罪嫌疑人实施监管的正常秩序，客观方面表现为行为人逃离羁押场所及其他摆脱司法机关监管的行为，主体是依法被关押的罪犯、被告人、犯罪嫌疑人，主观方面是故意，客体是司法机关对在押人员实行监管的正常秩序，客观方面表现为行为人纠集多人，在首要分子的组织、策划、指挥下，持凶器劫夺依法被关押人员的行为}。

那么，脱逃罪与聚众持械越狱罪的相同点：M∩Q＝{主观方面是故意}。

脱逃罪与聚众持械越狱罪的不同点：M∪Q－M∩Q＝{客体是司法机关依法对被关押的罪犯、被告人、犯罪嫌疑人实施监管的正常秩序，客观方面表现为行为人逃离羁押场所及其他摆脱司法机关监管的行为，主体是依法被关押的罪犯、被告人、犯罪嫌疑人，客体是司法机关对在押人员实行监管的正常秩序，客观方面表现为行为人纠集多人，在首要分子的组织、策划、指挥下，持凶器劫夺依法被关押人员的行为，主体是年满 16 周岁、具有刑事责任能力的人}。

第三节　妨害国（边）境管理罪

一、妨害国（边）境管理罪概述

（一）妨害国（边）境管理罪的概念

妨害国（边）境管理罪，是指行为人故意违反国家关于出入国（边）境管理的法规，非法出入国（边）境，以及从事与非法出入（边）境直接相关的破坏国（边）境正常管理秩序，情节严重，依法应负刑事责任的行为。

（二）妨害国（边）境管理罪的构成特征

关于妨害国（边）境管理罪的构成特征，根据现行刑法的规定，主要有以下几个方面，其集合表现为：

设 A 为妨害国（边）境管理罪的集合，则 A = {妨害国（边）境管理罪}；

设 B 为妨害国（边）境管理罪的客体的集合，则 B = {客体是国家对国（边）境管理的正常秩序}；

设 C 为妨害国（边）境管理罪的客观方面的集合，则 C = {客观方面表现为行为人违反国家关于出入国（边）境管理的法规，非法出入国（边）境，以及从事与非法出入国（边）境直接相关的破坏国（边）境正常管理秩序，情节严重，依法应负刑事责任的行为}；

设 D 为妨害国（边）境管理罪的主体的集合，则 D = {主体是年满 16 周岁、具有刑事责任能力的自然人}；

设 E 为妨害国（边）境管理罪的主观方面的集合，则 E = {主观方面只能是故意}；

则 A = B∪C∪D∪E，即 {妨害国（边）境管理罪} = {客体是国家对国（边）境管理的正常秩序}∪{客观方面表现为行为人违反国家关于出入国（边）境管理的法规，非法出入国（边）境，以及从事与非法出入（边）境直接相关的破坏国（边）境正常管理秩序，情节严重，依法应负刑事责任的行为}∪{主体是年满 16 周岁、具有刑事责任能力的自然人}∪{主观方面只能是故意} = {客体是国家对国（边）境管理的正常秩序，客观方面表现为行为人违反国家关于出入国（边）境管理的法规，非法出入国（边）境，以及从事与非法出入（边）境直接相关的破坏国（边）境正常管理秩序，情节严重，依法应负刑事责任的行为，主体是年满 16 周岁、具有刑事责任能力的自然人，主观方面只能是故意}。

（三）妨害国（边）境管理罪的类型

根据现行刑法对妨害国（边）境管理罪所作的规定来看，本节共有 8 种具体犯罪，用子集的方式来表达，其构造表现为：

{妨害国（边）境管理罪}

{组织他人偷越国（边）境罪}

{骗取出境证件罪}

{提供伪造、变造的出入境证件罪}

{出售出入境证件罪}

{运送他人偷越国（边）境罪}

{偷越国（边）境罪}

{破坏界碑、界桩罪}

{破坏永久性测量标志罪}

……

{组织他人偷越国（边）境罪，骗取出境证件罪，提供伪造、变造的出入境证件罪，出售出入境证件罪，运送他人偷越国（边）境罪，偷越国（边）境罪，破坏界碑、界桩罪，破坏永久性测量标志罪}

二、妨害国（边）境管理罪的界限

（一）组织他人偷越国（边）境罪与运送他人偷越国（边）境罪

A＝{组织他人偷越国（边）境罪}；B＝{运送他人偷越国（边）境罪}

A∩B＝{组织他人偷越国（边）境罪}∩{运送他人偷越国（边）境罪}＝{客体是国家对国（边）境的正常管理秩序，客观方面表现为行为人非法策划、指挥、串连、拉拢、安排他人偷越国（边）境的行为，主体是年满16周岁、具有刑事责任能力的人，主观方面是故意}∩{客体是国家对国（边）境的管理秩序，客观方面表现为行为人以一定的方式将偷越国（边）境的人运出或者运进我国国（边）境罪的行为，主体是年满16周岁、具有刑事责任能力的人，主观方面是故意}＝{客体是国家对国（边）境的正常管理秩序，主体是年满16周岁、具有刑事责任能力的人，主观方面是故意}。

A∪B＝{组织他人偷越国（边）境罪}∪{运送他人偷越国（边）境罪}＝{客体是国家对国（边）境的正常管理秩序，客观方面表现为行为人非法策划、指挥、串连、拉拢、安排国（边）境的行为，主体是年满16周岁、具有刑事责任能力的人，主观方面是故意}∪{客体是国家对国（边）境的管理秩序，客观方面表现为行为人以一定的方式将偷越国（边）境的人运出或者运进我国国（边）境罪的行为，主体是年满 16 周岁、具有刑事责任能力的人，主观方面是故意}={客体是国家对国（边）境的正常管理秩序，客观方面表现为行为人非法策划、指挥、串连、拉拢、安排他人偷越国（边）境的行为，主体是年满 16 周岁、具有刑事责任能力的人，主观方面是故意，客观方面表现为行为人以一定的方式将偷越国（边）境的人运出或者运进我国国（边）境罪的行为}。

那么，组织他人偷越国（边）境罪与运送他人偷越国（边）境罪的相同点：A∩B={客体是国家对国（边）境的正常管理秩序，主体是年满 16 周岁、具有刑事责任能力的人，主观方面是故意}。

组织他人偷越国（边）境罪与运送他人偷越国（边）境罪的不同点：A∪B－A∩B={客观方面表现为行为人非法策划、指挥、串连、拉拢、安排他人偷越国（边）境的行为，客观方面表现为行为人以一定的方式将偷越国（边）境的人运出或者运进我国国（边）境罪的行为}。

（二）组织他人偷越国（边）境罪与偷越国（边）境罪

A={组织他人偷越国（边）境罪}；C={偷越国（边）境罪}

A∩C={组织他人偷越国（边）境罪}∩{偷越国（边）境罪}={客体是国家对国（边）境的正常管理秩序，客观方面表现为行为人非法策划、指挥、串连、拉拢、安排他人偷越国（边）境的行为，主体是年满 16 周岁、具有刑事责任能力的人，主观方面是故意}∩{客体是国家对国（边）境的管理秩序，客观方面表现为行为人违反国（边）境管理法规，非法出入我国国（边）境，情节严重的行为，主体是年满 16 周岁、具有刑事责任能力的人，主观方面是故意｝=｛客体是国家对国（边）境的正常管理秩序，主体是年满 16 周岁、具有刑事责任能力的人，主观方面是故意｝。

A∪C=｛组织他人偷越国（边）境罪｝∪｛偷越国（边）境罪｝=｛客体是国家对国（边）境的正常管理秩序，客观方面表现为行为人非法策划、指挥、串连、拉拢、安排他人偷越国（边）境的行为，主体是年满 16 周岁、具有刑事责任能力的人，主观方面是故意｝∪｛客体是国家对国（边）境的管理秩序，客观方面表现为行为人违反国（边）境管理法规，非法出入我国国（边）境，情节严重的行为，主体是年满 16 周岁、具有刑事责任能力的人，主观方面是故意｝=｛客体是国家对国（边）境的正常管理秩序，客观方面表现为行为人非法策划、指挥、串连、拉拢、安排他人偷越国（边）境的行为，主体是年满 16 周岁、具有刑事责任能力的人，主观方面是故意，客观方面表现为行为人违反国（边）境管理法规，非法出入我国国（边）境，情节严重的行为｝。

那么，组织他人偷越国（边）境罪与偷越国（边）境罪的相同点：A∩C=｛客体是国家对国（边）境的正常管理秩序，主体是年满 16 周岁、具有刑事责任能力的人，主观方面是故意｝。

组织他人偷越国（边）境罪与偷越国（边）境罪的不同点：A∪C−A∩C=｛客观方面表现为行为人非法策划、指挥、串连、拉拢、安排他人偷越国（边）境的行为，客观方面表现为行为人违反国（边）境管理法规，非法出入我国国（边）境，情节严重的行为｝。

（三）骗取出境证件罪与提供伪造、变造的出入境证件罪

D=｛骗取出境证件罪｝；E=｛提供伪造、变造的出入境证件罪｝

D∩E=｛骗取出境证件罪｝∩｛提供伪造、变造的出入境证件罪｝=｛客体是国家对出境证件的管理制度，客观方面表现为行为人以劳务输出、经贸往来或者其他名义，弄虚作假，骗取护照、

签证等出境证件，为组织他人偷越国（边）境使用的行为，主体是年满 16 周岁、具有刑事责任能力的人和单位，主观方面是故意｝∩｛客体是国家对出入境证件的管理制度，客观方面表现为行为人为他人提供伪造、变造的护照、签证等出入境证件的行为，主体是年满 16 周岁、具有刑事责任能力的人，主观方面是故意｝=｛客体是国家对出境证件的管理制度，主体是年满 16 周岁、具有刑事责任能力的人，主观方面是故意｝。

D∪E =｛骗取出境证件罪｝∪｛提供伪造、变造的出入境证件罪｝=｛客体是国家对出境证件的管理制度，客观方面表现为行为人以劳务输出、经贸往来或者其他名义，弄虚作假，骗取护照、签证等出境证件，为组织他人偷越国（边）境使用的行为，主体是年满 16 周岁、具有刑事责任能力的人和单位，主观方面是故意｝∪｛客体是国家对出入境证件的管理制度，客观方面表现为行为人为他人提供伪造、变造的护照、签证等出入境证件的行为，主体是年满 16 周岁、具有刑事责任能力的人，主观方面是故意｝=｛客体是国家对出境证件的管理制度，客观方面表现为行为人以劳务输出、经贸往来或者其他名义，弄虚作假，骗取护照、签证等出境证件，为组织他人偷越国（边）境使用的行为，主体是年满 16 周岁、具有刑事责任能力的人和单位，主观方面是故意，客体是国家对出入境证件的管理制度，客观方面表现为行为人为他人提供伪造、变造的护照、签证等出入境证件的行为｝。

那么，骗取出境证件罪与提供伪造、变造的出入境证件罪的相同点：D∩E =｛客体是国家对出境证件的管理制度，主体是年满 16 周岁、具有刑事责任能力的人，主观方面是故意｝。

骗取出境证件罪与提供伪造、变造的出入境证件罪的不同点：D∪E − D∩E =｛客观方面表现为行为人以劳务输出、经贸往来或者其他名义，弄虚作假，骗取护照、签证等出境证件，为组织他人偷越国（边）境使用的行为，主体是单位，客体是国家对入境证件的管理制度，客观方面表现为行为人为他人提供伪造、变造的护照、签证等出入境证件的行为｝。

（四）骗取出境证件罪与出售出入境证件罪

D＝｛骗取出境证件罪｝；F＝｛出售出入境证件罪｝

D∩F＝｛骗取出境证件罪｝∩｛出售出入境证件罪｝＝｛客体是国家对出境证件的管理制度，客观方面表现为行为人以劳务输出、经贸往来或者其他名义，弄虚作假，骗取护照、签证等出境证件，为组织他人偷越国（边）境使用的行为，主体是年满16周岁、具有刑事责任能力的人和单位，主观方面是故意｝∩｛客体是国家对出入境证件的管理制度，客观方面表现为行为人非法出售护照、签证等出入境证件的行为，主体是年满16周岁、具有刑事责任能力的人，主观方面是故意｝＝｛客体是国家对出境证件的管理制度，主体是年满16周岁、具有刑事责任能力的人，主观方面是故意｝。

D∪F＝｛骗取出境证件罪｝∪｛出售出入境证件罪｝＝｛客体是国家对出境证件的管理制度，客观方面表现为行为人以劳务输出、经贸往来或者其他名义，弄虚作假，骗取护照、签证等出境证件，为组织他人偷越国（边）境使用的行为，主体是年满16周岁、具有刑事责任能力的人和单位，主观方面是故意｝∪｛客体是国家对出入境证件的管理制度，客观方面表现为行为人非法出售护照、签证等出入境证件的行为，主体是年满16周岁、具有刑事责任能力的人，主观方面是故意｝＝｛客体是国家对出境证件的管理制度，客观方面表现为行为人以劳务输出、经贸往来或者其他名义，弄虚作假，骗取护照、签证等出境证件，为组织他人偷越国（边）境使用的行为，主体是年满16周岁、具有刑事责任能力的人和单位，主观方面是故意，客体是国家对出入境证件的管理制度，客观方面表现为行为人非法出售护照、签证等出入境证件的行为｝。

那么，骗取出境证件罪与出售出入境证件罪的相同点：D∩F＝｛客体是国家对出入境证件的管理制度，主体是年满16周岁、具有刑事责任能力的人，主观方面是故意｝。

骗取出境证件罪与出售出入境证件罪的不同点：$D \cup F - D \cap F =$ ｛客体是国家对出境证件的管理制度，客观方面表现为行为人以劳务输出、经贸往来或者其他名义，弄虚作假，骗取护照、签证等出境证件，为组织他人偷越国（边）境使用的行为，主体是单位，客观方面表现为行为人非法出售护照、签证等出入境证件的行为｝。

（五）破坏界碑、界桩罪与破坏永久性测量标志罪

$G = $ ｛破坏界碑、界桩罪｝；$H = $ ｛破坏永久性测量标志罪｝

$G \cap H = $ ｛破坏界碑、界桩罪｝$\cap$｛破坏永久性测量标志罪｝= ｛客体是国家对边境界碑、界桩的正常管理秩序，客观方面表现为行为人破坏国家边境的界碑、界桩的行为，主体是年满 16 周岁、具有刑事责任能力的人，主观方面是故意｝$\cap$｛客体是国家对永久性测量标志的正常管理秩序，客观方面表现为行为人破坏国家永久性测量标志的行为，主体是年满 16 周岁、具有刑事责任能力的人，主观方面是故意｝= ｛主体是年满 16 周岁、具有刑事责任能力的人，主观方面是故意｝。

$G \cup H = $ ｛破坏界碑、界桩罪｝$\cup$｛破坏永久性测量标志罪｝= ｛客体是国家对边境界碑、界桩的正常管理秩序，客观方面表现为行为人破坏国家边境的界碑、界桩的行为，主体是年满 16 周岁、具有刑事责任能力的人，主观方面是故意｝$\cup$｛客体是国家对永久性测量标志的正常管理秩序，客观方面表现为行为人破坏国家永久性测量标志的行为，主体是年满 16 周岁、具有刑事责任能力的人，主观方面是故意｝= ｛客体是国家对边境界碑、界桩的正常管理秩序，客观方面表现为行为人破坏国家边境的界碑、界桩的行为，主体是年满 16 周岁、具有刑事责任能力的人，主观方面是故意，客体是国家对永久性测量标志的正常管理秩序，客观方面表现为行为人破坏国家永久性测量标志的行为｝。

那么，破坏界碑、界桩罪与破坏永久性测量标志罪的相同点：$G \cap H =$ {主体是年满 16 周岁、具有刑事责任能力的人，主观方面是故意}。

破坏界碑、界桩罪与破坏永久性测量标志罪的不同点：$G \cup H - G \cap H =$ {客体是国家对边境界碑、界桩的正常管理秩序，客观方面表现为行为人破坏国家边境的界碑、界桩的行为，客体是国家对永久性测量标志的正常管理秩序，客观方面表现为行为人破坏国家永久性测量标志的行为}。

第四节　妨害文物管理罪

一、妨害文物管理罪概述

（一）妨害文物管理罪的概念

妨害文物管理罪，是指行为人故意或过失毁损文物，非法向外国人出售、赠送珍贵文物，倒卖文物，非法出售、私赠文物藏品，盗掘古文化遗址、古墓葬，盗掘古人类化石、古脊椎动物化石，抢夺、窃取国有档案，以及擅自出卖、转让国有档案，依法应负刑事责任的行为。

（二）妨害文物管理罪的构成特征

关于妨害文物管理罪的构成特征，根据现行刑法的规定，主要有以下几个方面，其集合表现为：

设 A 为妨害文物管理罪的集合，则 A = {妨害文物管理罪}；

设 B 为妨害文物管理罪的客体的集合，则 B = {客体是国家对文物管理的正常秩序}；

设 C 为妨害文物管理罪的客观方面的集合，则 C = {客观方面表现为行为人故意或过失毁损文物，非法向外国人出售、赠送珍贵文物，倒卖文物，非法出售、私赠文物藏品，盗掘古文化遗址、古墓葬，盗掘古人类化石、古脊椎动物化石，抢夺、窃取国有档案，以及擅自出卖、转让国有档案，依法应负刑事责任的行为｝；

设 D 为妨害文物管理罪的主体的集合，则 D = ｛主体是年满 16 周岁、具有刑事责任能力的自然人｝；

设 E 为妨害文物管理罪的主观方面的集合，则 E = ｛主观方面除过失毁损文物罪为过失外，其他犯罪在主观上只能是故意｝；

则 A = B∪C∪D∪E，即 ｛妨害文物管理罪｝=｛客体是国家对文物管理的正常秩序｝∪｛客观方面表现为行为人故意或过失毁损文物，非法向外国人出售、赠送珍贵文物，倒卖文物，非法出售、私赠文物藏品，盗掘古文化遗址、古墓葬，盗掘古人类化石、古脊椎动物化石，抢夺、窃取国有档案，以及擅自出卖、转让国有档案，依法应负刑事责任的行为｝∪｛主体是年满 16 周岁、具有刑事责任能力的自然人和单位｝∪｛主观方面除过失毁损文物罪为过失外，其他犯罪在主观上只能是故意｝=｛客体是国家对文物管理的正常秩序，客观方面表现为行为人故意或过失毁损文物，非法向外国人出售、赠送珍贵文物，倒卖文物，非法出售、私赠文物藏品，盗掘古文化遗址、古墓葬，盗掘古人类化石、古脊椎动物化石，抢夺、窃取国有档案，以及擅自出卖、转让国有档案，依法应负刑事责任的行为，主体是年满 16 周岁、具有刑事责任能力的自然人和单位，主观方面除过失毁损文物罪为过失外，其他犯罪在主观上只能是故意｝。

（三）妨害文物管理罪的类型

根据现行刑法对妨害社会管理秩序罪所作的规定来看，本节共有 10 种具体犯罪，用子集的方式来表达，其构造表现为：

｛妨害文物管理罪｝

{故意损毁文物罪}

{故意损毁名胜古迹罪}

{过失损毁文物罪}

{非法向外国人出售、赠送珍贵文物罪}

{倒卖文物罪}

{非法出售、私赠文物藏品罪}

{盗掘古文化遗址、古墓葬罪}

{盗掘古人类化石、古脊椎动物化石罪}

{抢夺、窃取国有档案罪}

{擅自出卖、转让国有档案罪}

……

{故意损毁文物罪，故意损毁名胜古迹罪，过失损毁文物罪，非法向外国人出售、赠送珍贵文物罪，倒卖文物罪，非法出售、私赠文物藏品罪，盗掘古文化遗址、古墓葬罪，盗掘古人类化石、古脊椎动物化石罪，抢夺、窃取国有档案罪，擅自出卖、转让国有档案罪}

二、妨害文物管理罪的界限

（一）故意损毁文物罪与故意损毁名胜古迹罪

A =｛故意损毁文物罪｝；B =｛故意损毁名胜古迹罪｝

A∩B =｛故意损毁文物罪｝∩｛故意损毁名胜古迹罪｝=｛客体是国家对文物的保护制度，客观方面表现为行为人损毁国家保护的珍贵文物或者被确定为全国重点文物保护单位、省级文物保护单位的文物的行为，主体是年满 16 周岁、具有刑事责任能力的人，主观方面是故意｝∩｛客体是国家对名胜古迹的保护制度，客观方面表现为行为人损毁国家保护的名胜古迹，情节严重的行为，主体是年满 16 周岁、具有刑事责任能力的人，主观方面是故意｝=

｛主体是年满 16 周岁、具有刑事责任能力的人，主观方面是故意｝。

A∪B ＝｛故意损毁文物罪｝∪｛故意损毁名胜古迹罪｝＝｛客体是国家对文物的保护制度，客观方面表现为行为人损毁国家保护的珍贵文物或者被确定为全国重点文物保护单位、省级文物保护单位的文物的行为，主体是年满 16 周岁、具有刑事责任能力的人，主观方面是故意｝∪｛客体是国家对名胜古迹的保护制度，客观方面表现为行为人损毁国家保护的名胜古迹，情节严重的行为，主体是年满 16 周岁、具有刑事责任能力的人，主观方面是故意｝＝｛客体是国家对文物的保护制度，客观方面表现为行为人损毁国家保护的珍贵文物或者被确定为全国重点文物保护单位、省级文物保护单位的文物的行为，主体是年满 16 周岁、具有刑事责任能力的人，主观方面是故意，客体是国家对名胜古迹的保护制度，客观方面表现为行为人损毁国家保护的名胜古迹，情节严重的行为｝。

那么，故意损毁文物罪与故意损毁名胜古迹罪的相同点：A∩B ＝｛主体是年满 16 周岁、具有刑事责任能力的人，主观方面是故意｝。

故意损毁文物罪与故意损毁名胜古迹罪的不同点：A∪B － A∩B ＝｛客体是国家对文物的保护制度，客观方面表现为行为人损毁国家保护的珍贵文物或者被确定为全国重点文物保护单位、省级文物保护单位的文物的行为，客体是国家对名胜古迹的保护制度，客观方面表现为行为人损毁国家保护的名胜古迹，情节严重的行为｝。

（二）故意损毁文物罪与过失损毁文物罪

A ＝｛故意损毁文物罪｝；C ＝｛过失损毁文物罪｝

A∩C ＝｛故意损毁文物罪｝∩｛过失损毁文物罪｝＝｛客体是国

家对文物的保护制度，客观方面表现为行为人损毁国家保护的珍贵文物或者被确定为全国重点文物保护单位、省级文物保护单位的文物的行为，主体是年满 16 周岁、具有刑事责任能力的人，主观方面是故意｝∩｛客体是国家对文物的保护制度，客观方面表现为行为人损毁国家保护的珍贵文物或者被确定为全国重点文物保护单位、省级文物保护单位的文物，造成了严重后果的行为，主体是年满 16 周岁、具有刑事责任能力的人，主观方面是过失｝＝｛客体是国家对文物的保护制度，主体是年满 16 周岁、具有刑事责任能力的人，主观方面是故意｝。

A∪C＝｛故意损毁文物罪｝∪｛过失损毁文物罪｝＝｛客体是国家对文物的保护制度，客观方面表现为行为人损毁国家保护的珍贵文物或者被确定为全国重点文物保护单位、省级文物保护单位的文物的行为，主体是年满 16 周岁、具有刑事责任能力的人，主观方面是故意｝∪｛客体是国家对文物的保护制度，客观方面表现为行为人损毁国家保护的珍贵文物或者被确定为全国重点文物保护单位、省级文物保护单位的文物，造成了严重后果的行为，主体是年满 16 周岁、具有刑事责任能力的人，主观方面是过失｝＝｛客体是国家对文物的保护制度，客观方面表现为行为人损毁国家保护的珍贵文物或者被确定为全国重点文物保护单位、省级文物保护单位的文物的行为，主体是年满 16 周岁、具有刑事责任能力的人，主观方面是故意，客观方面表现为行为人损毁国家保护的珍贵文物或者被确定为全国重点文物保护单位、省级文物保护单位的文物，造成了严重后果的行为，主观方面是过失｝。

那么，故意损毁文物罪与过失损毁文物罪的相同点：A∩C＝｛客体是国家对文物的保护制度，主体是年满 16 周岁、具有刑事责任能力的人｝。

故意损毁文物罪与过失损毁文物罪的不同点：A∪C－A∩C＝｛客观方面表现为行为人损毁国家保护的珍贵文物或者被确定为全

国重点文物保护单位、省级文物保护单位的文物的行为，主观方面是故意，客观方面表现为行为人损毁国家保护的珍贵文物或者被确定为全国重点文物保护单位、省级文物保护单位的文物，造成了严重后果的行为，主观方面是过失}。

（三）倒卖文物罪与非法向外国人出售、赠送珍贵文物罪

D = {倒卖文物罪}；E = {非法向外国人出售、赠送珍贵文物罪}

D∩E = {倒卖文物罪} ∩ {非法向外国人出售、赠送珍贵文物罪} = {客体是国家对文物的管理制度，客观方面表现为行为人倒卖国家禁止经营的文物，情节严重的行为，主体是年满16周岁、具有刑事责任能力的人和单位，主观方面是故意，且以牟利为目的} ∩ {客体是国家对收藏的珍贵文物的保护制度，客观方面表现为行为人违反文物保护法规，将收藏的国家禁止出口的珍贵文物私自出售或者私自赠送给外国人的行为，主体是年满16周岁、具有刑事责任能力的人和单位，主观方面是故意} = {主体是年满16周岁、具有刑事责任能力的人和单位，主观方面是故意}。

D∪E = {倒卖文物罪} ∪ {非法向外国人出售、赠送珍贵文物罪} = {客体是国家对文物的管理制度，客观方面表现为行为人倒卖国家禁止经营的文物，情节严重的行为，主体是年满16周岁、具有刑事责任能力的人和单位，主观方面是故意，且以牟利为目的} ∪ {客体是国家对收藏的珍贵文物的保护制度，客观方面表现为行为人违反文物保护法规，将收藏的国家禁止出口的珍贵文物私自出售或者私自赠送给外国人的行为，主体是年满16周岁、具有刑事责任能力的人和单位，主观方面是故意} = {客体是国家对文物的管理制度，客观方面表现为行为人倒卖国家禁止经营的文物，情节严重的行为，主体是年满16周岁、具有刑事责任能力的人和单位，主观方面是故意，且以牟利为目的，客体是国家对收藏的珍贵文物的保护制度，客观方面表现为行为人违反文物保护

法规，将收藏的国家禁止出口的珍贵文物私自出售或者私自赠送给外国人的行为}。

那么，倒卖文物罪与非法向外国人出售、赠送珍贵文物罪的相同点：$D \cap E$ = {主体是年满 16 周岁、具有刑事责任能力的人和单位，主观方面是故意}。

倒卖文物罪与非法向外国人出售、赠送珍贵文物罪的不同点：$D \cup E - D \cap E$ = {客体是国家对文物的管理制度，客观方面表现为行为人倒卖国家禁止经营的文物，情节严重的行为，主观方面是故意，且以牟利为目的，客体是国家对收藏的珍贵文物的保护制度，客观方面表现为行为人违反文物保护法规，将收藏的国家禁止出口的珍贵文物私自出售或者私自赠送给外国人的行为}。

（四）倒卖文物罪与非法出售、私赠文物藏品罪

D = {倒卖文物罪}；F = {非法出售、私赠文物藏品罪}

$D \cap F$ = {倒卖文物罪} $\cap$ {非法出售、私赠文物藏品罪} = {客体是国家对文物的管理制度，客观方面表现为行为人倒卖国家禁止经营的文物，情节严重的行为，主体是年满 16 周岁、具有刑事责任能力的人和单位，主观方面是故意，且以牟利为目的} $\cap$ {客体是国家对国有文物藏品的管理制度和国家的文物所有权，客观方面表现为行为人违反文物保护法规，将国家保护的文物藏品出售或者私自送给非国有单位或者个人的行为，主体是国有博物馆、图书馆等单位，主观方面是故意} = {主观方面是故意}。

$D \cup F$ = {倒卖文物罪} $\cup$ {非法出售、私赠文物藏品罪} = {客体是国家对文物的管理制度，客观方面表现为行为人倒卖国家禁止经营的文物，情节严重的行为，主体是年满 16 周岁、具有刑事责任能力的人和单位，主观方面是故意，且以牟利为目的} $\cup$ {客体是国家对国有文物藏品的管理制度和国家的文物所有权，客观方面表现为行为人违反文物保护法规，将国家保护的文物藏品出售或者私自送给非国有单位或者个人的行为，主体是国有博物馆、

图书馆等单位，主观方面是故意｝＝｛客体是国家对文物的管理制度，客观方面表现为行为人倒卖国家禁止经营的文物，情节严重的行为，主体是年满 16 周岁、具有刑事责任能力的人和单位，主观方面是故意，且以牟利为目的，客体是国家对国有文物藏品的管理制度和国家的文物所有权，客观方面表现为行为人违反文物保护法规，将国家保护的文物藏品出售或者私自送给非国有单位或者个人的行为，主体是国有博物馆、图书馆等单位，主观方面是故意｝。

那么，倒卖文物罪与非法出售、私赠文物藏品罪的相同点：$D \cap F = \{$主观方面是故意$\}$。

倒卖文物罪与非法出售、私赠文物藏品罪的不同点：$D \cup F - D \cap F = \{$客体是国家对文物的管理制度，客观方面表现为行为人倒卖国家禁止经营的文物，情节严重的行为，主体是年满 16 周岁、具有刑事责任能力的人和单位，主观方面是故意，且以牟利为目的，客体是国家对国有文物藏品的管理制度和国家的文物所有权，客观方面表现为行为人违反文物保护法规，将国家保护的文物藏品出售或者私自送给非国有单位或者个人的行为，主体是国有博物馆、图书馆等单位｝。

（五）盗掘古文化遗址、古墓葬罪与盗掘古人类化石、古脊椎动物化石罪

$G = \{$盗掘古文化遗址、古墓葬罪$\}$；$H = \{$盗掘古人类化石、古脊椎动物化石罪$\}$

$G \cap H = \{$盗掘古文化遗址、古墓葬罪$\} \cap \{$盗掘古人类化石、古脊椎动物化石罪$\} = \{$客体是国家的文物管理制度和对古文化遗址、古墓葬的所有权，客观方面表现为行为人盗掘具有历史、艺术、科学价值的古文化遗址、古墓葬的行为，主体是年满 16 周岁、具有刑事责任能力的人，主观方面是故意，且一般具有非法占有

古文化遗址、古墓葬中文物的目的}∩{客体是国家对古人类化石和古脊椎动物化石的保护制度及其所有权，客观方面表现为行为人盗掘国家保护的具有科学价值的古人类化石和古脊椎动物化石的行为，主体是年满 16 周岁、具有刑事责任能力的人，主观方面是故意}＝{主体是年满 16 周岁、具有刑事责任能力的人，主观方面是故意}。

G∪H＝{盗掘古文化遗址、古墓葬罪}∪{盗掘古人类化石、古脊椎动物化石罪}＝{客体是国家的文物管理制度和对古文化遗址、古墓葬的所有权，客观方面表现为行为人盗掘具有历史、艺术、科学价值的古文化遗址、古墓葬的行为，主体是年满 16 周岁、具有刑事责任能力的人，主观方面是故意，且一般具有非法占有古文化遗址、古墓葬中文物的目的}∪{客体是国家对古人类化石和古脊椎动物化石的保护制度及其所有权，客观方面表现为行为人盗掘国家保护的具有科学价值的古人类化石和古脊椎动物化石的行为，主体是年满 16 周岁、具有刑事责任能力的人，主观方面是故意}＝{客体是国家的文物管理制度和对古文化遗址、古墓葬的所有权，客观方面表现为行为人盗掘具有历史、艺术、科学价值的古文化遗址、古墓葬的行为，主体是年满 16 周岁、具有刑事责任能力的人，主观方面是故意，且一般具有非法占有古文化遗址、古墓葬中文物的目的，客体是国家对古人类化石和古脊椎动物化石的保护制度及其所有权，客观方面表现为行为人盗掘国家保护的具有科学价值的古人类化石和古脊椎动物化石的行为}。

那么，盗掘古文化遗址、古墓葬罪与盗掘古人类化石、古脊椎动物化石罪的相同点：G∩H＝{主体是年满 16 周岁、具有刑事责任能力的人，主观方面是故意}。

盗掘古文化遗址、古墓葬罪与盗掘古人类化石、古脊椎动物化石罪的不同点：G∪H－G∩H＝{客体是国家的文物管理制度和对古文化遗址、古墓葬的所有权，客观方面表现为行为人盗掘具有历史、艺术、科学价值的古文化遗址、古墓葬的行为，主观方面是故意，且一般具有非法占有古文化遗址、古墓葬中文物的目的，客体是国家对古人类化石和古脊椎动物化石的保护制度及其所有权，客观方面表现为行为人盗掘国家保护的具有科学价值的古人类化石和古脊椎动物化石的行为｝。

（六）抢夺、窃取国有档案罪与擅自出卖、转让国有档案罪

I＝｜抢夺、窃取国有档案罪｝；J＝｜擅自出卖、转让国有档案罪｝

I∩J＝｜擅自出卖、转让国有档案罪｝∩｜擅自出卖、转让国有档案罪｝＝｜客体是国家对国有档案的管理制度及其所有权，客观方面表现为行为人公然夺取或者秘密窃取国家所有的档案的行为，主体是年满 16 周岁、具有刑事责任能力的人，主观方面是故意｝∩｜客体是国家对国有档案的管理制度及其所有权，客观方面表现为行为人违反档案法的规定，擅自出卖、转让国家所有的档案，情节严重的行为，主体是年满 16 周岁、具有刑事责任能力的人，主观方面是故意｝＝｜客体是国家对国有档案的管理制度及其所有权，主体是年满 16 周岁、具有刑事责任能力的人，主观方面是故意｝。

I∪J＝｜擅自出卖、转让国有档案罪｝∪｜擅自出卖、转让国有档案罪｝＝｜客体是国家对国有档案的管理制度及其所有权，客观方面表现为行为人公然夺取或者秘密窃取国家所有的档案的行为，主体是年满 16 周岁、具有刑事责任能力的人，主观方面是故意｝∪｜客体是国家对国有档案的管理制度及其所有权，客观方面表现为行为人违反档案法的规定，擅自出卖、转让国家所有的档案，情节严重的行为，主体是年满 16 周岁、具有刑事责任能力的人，主观方面是故意｝＝｜客体是国家对国有档案的管理制度及其所有权，

客观方面表现为行为人公然夺取或者秘密窃取国家所有的档案的行为，主体是年满 16 周岁、具有刑事责任能力的人，主观方面是故意，客观方面表现为行为人违反档案法的规定，擅自出卖、转让国家所有的档案，情节严重的行为｝。

那么，抢夺、窃取国有档案罪与擅自出卖、转让国有档案罪的相同点：$I \cap J = \{$客体是国家对国有档案的管理制度及其所有权，主体是年满 16 周岁、具有刑事责任能力的人，主观方面是故意｝。

抢夺、窃取国有档案罪与擅自出卖、转让国有档案罪的不同点：$I \cup J - I \cap J = \{$客观方面表现为行为人公然夺取或者秘密窃取国家所有的档案的行为，客观方面表现为行为人违反档案法的规定，擅自出卖、转让国家所有的档案，情节严重的行为｝。

第五节　危害公共卫生罪

一、危害公共卫生罪概述

（一）危害公共卫生罪的概念

危害公共卫生罪，是指行为人故意或者过失地违反国家对公共卫生的管理秩序，严重危及或损害公民生命、财产安全，造成或足以造成危害后果，情节严重，依法应负刑事责任的行为。

（二）危害公共卫生罪的构成特征

关于危害公共卫生罪的构成特征，根据现行刑法的规定，主要有以下几个方面，其集合表现为：

设 A 为危害公共卫生罪的集合，则 A = ｛危害公共卫生罪｝；

设 B 为危害公共卫生罪的客体的集合，则 B = ｛客体是国家对公共卫生的管理秩序｝；

设 C 为危害公共卫生罪的客观方面的集合，则 C = {客观方面表现为行为人违反国家对公共卫生的管理秩序，严重危及或损害公民生命、财产安全，造成或足以造成危害后果，情节严重，依法应负刑事责任的行为}；

设 D 为危害公共卫生罪的主体的集合，则 D = {主体是年满 16 周岁、具有刑事责任能力的自然人和单位}；

设 E 为危害公共卫生罪的主观方面的集合，则 E = {主观方面大多数犯罪在主观上是故意，少数犯罪在主观上是过失}；

则 A = B∪C∪D∪E，即 {危害公共卫生罪} = {客体是国家对公共卫生的管理秩序}∪{客观方面表现为行为人违反国家对公共卫生的管理秩序，严重危及或损害公民生命、财产安全，造成或足以造成危害后果，情节严重，依法应负刑事责任的行为}∪{主体是年满 16 周岁、具有刑事责任能力的自然人和单位}∪{主观方面大多数犯罪是故意，少数犯罪是过失} = {客体是国家对公共卫生的管理秩序，客观方面表现为行为人违反国家对公共卫生的管理秩序，严重危及或损害公民生命、财产安全，造成或足以造成危害后果，情节严重，依法应负刑事责任的行为，主体是年满 16 周岁、具有刑事责任能力的自然人和单位，主观方面大多数犯罪是故意，少数犯罪是过失}。

（三）危害公共卫生罪的类型

根据现行刑法对危害公共卫生罪所作的规定来看，本节共有 13 种具体犯罪，用子集的方式来表达，其构造表现为：

{危害公共卫生罪}

{妨害传染病防治罪}

{传染病菌种、毒种扩散罪}

{妨害国境卫生检疫罪}

{非法组织卖血罪}

{强迫卖血罪}

{非法采集、供应血液、制作、供应血液制品罪}

{采集、供应血液、制作、供应血液制品事故罪}

{非法采集人类遗传资源、走私人类遗传资源材料罪}

{非法植入基因编辑、克隆胚胎罪}

{医疗事故罪}

{非法行医罪}

{非法进行节育手术罪}

{妨害动植物防疫、检疫罪}

……

{妨害传染病防治罪，传染病菌种、毒种扩散罪，妨害国境卫生检疫罪，非法组织卖血罪，强迫卖血罪，非法采集、供应血液、制作、供应血液制品罪，采集、供应血液、制作、供应血液制品事故罪，非法采集人类遗传资源、走私人类遗传资源材料罪，非法植入基因编辑、克隆胚胎罪，医疗事故罪，非法行医罪，非法进行节育手术罪，妨害动植物防疫、检疫罪}

二、危害公共卫生罪的界限

（一）妨害传染病防治罪与传染病菌种、毒种扩散罪

A = {妨害传染病防治罪}；B = {传染病菌种、毒种扩散罪}

A∩B = {妨害传染病防治罪} ∩ {传染病菌种、毒种扩散罪} = {客体是国家对传染病防治的管理秩序，客观方面表现为行为人违反传染病防治法的规定，引起甲类传染病以及依法确定采取甲类传染病预防、控制措施的传染病传播或者有传播严重危险的行为，主体是年满 16 周岁、具有刑事责任能力的人和单位，主观方面是过失} ∩ {客体是国家对传染病防治的管理秩序，客观方面表现为行为人违反国务院卫生行政部门的有关规定，造成传染病菌种、毒种扩散，后果严重的行为，主体是从事实验、保藏、携带、运

输传染病菌种、毒种的人员，主观方面是过失}＝{客体是国家对传染病防治的管理秩序，主观方面是过失}。

A∪B＝{妨害传染病防治罪}∪{传染病菌种、毒种扩散罪}＝{客体是国家对传染病防治的管理秩序，客观方面表现为行为人违反传染病防治法的规定，引起甲类传染病以及依法确定采取甲类传染病预防、控制措施的传染病传播或者有传播严重危险的行为，主体是年满16周岁、具有刑事责任能力的人和单位，主观方面是过失}∪{客体是国家对传染病防治的管理秩序，客观方面表现为行为人违反国务院卫生行政部门的有关规定，造成传染病菌种、毒种扩散，后果严重的行为，主体是从事实验、保藏、携带、运输传染病菌种、毒种的人员，主观方面是过失}＝{客体是国家对传染病防治的管理秩序，客观方面表现为行为人违反传染病防治法的规定，引起甲类传染病以及依法确定采取甲类传染病预防、控制措施的传染病传播或者有传播严重危险的行为，主体是年满16周岁、具有刑事责任能力的人和单位，主观方面是过失，客观方面表现为行为人违反国务院卫生行政部门的有关规定，造成传染病菌种、毒种扩散，后果严重的行为，主体是从事实验、保藏、携带、运输传染病菌种、毒种的人员}。

那么，妨害传染病防治罪与传染病菌种、毒种扩散罪的相同点：A∩B＝{客体是国家对传染病防治的管理秩序，主观方面是过失}。

妨害传染病防治罪与传染病菌种、毒种扩散罪的不同点：A∪B－A∩B＝{客观方面表现为行为人违反传染病防治法的规定，引起甲类传染病以及依法确定采取甲类传染病预防、控制措施的传染病传播或者有传播严重危险的行为，主体是年满16周岁、具有刑事责任能力的人和单位，客观方面表现为行为人违反国务院卫生行政部门的有关规定，造成传染病菌种、毒种扩散，后果严重的行为，主体是从事实验、保藏、携带、运输传染病菌种、毒种的人员｝。

（二）妨害传染病防治罪与妨害国境卫生检疫罪

A＝｛妨害传染病防治罪｝；C＝｛妨害国境卫生检疫罪｝

A∩C＝｛妨害传染病防治罪｝∩｛妨害国境卫生检疫罪｝＝｛客体是国家对传染病防治的管理秩序，客观方面表现为行为人违反传染病防治法的规定，引起甲类传染病以及依法确定采取甲类传染病预防、控制措施的传染病传播或者有传播严重危险的行为，主体是年满16周岁、具有刑事责任能力的人和单位，主观方面是过失｝∩｛客体是国家对国境卫生检疫的管理秩序，客观方面表现为行为人违反国境卫生检疫规定，引起检疫传染病传播或者有传播严重危险的行为，主体是年满16周岁、具有刑事责任能力的人和单位，主观方面是过失｝＝｛主体是年满16周岁、具有刑事责任能力的人和单位，主观方面是过失｝。

A∪C＝｛妨害传染病防治罪｝∪｛妨害国境卫生检疫罪｝＝｛客体是国家对传染病防治的管理秩序，客观方面表现为行为人违反传染病防治法的规定，引起甲类传染病以及依法确定采取甲类传染病预防、控制措施的传染病传播或者有传播严重危险的行为，主体是年满16周岁、具有刑事责任能力的人和单位，主观方面是过失｝∪｛客体是国家对国境卫生检疫的管理秩序，客观方面表现为行为人违反国境卫生检疫规定，引起检疫传染病传播或者有传播严重危险的行为，主体是年满16周岁、具有刑事责任能力的人和单位，主观方面是过失｝＝｛客体是国家对传染病防治的管理秩序，客观方面表现为行为人违反传染病防治法的规定，引起甲类传染病传播或者有传播严重危险的行为，主体是年满16周岁、具有刑事责任能力的人和单位，主观方面是过失，客体是国家对国境卫生检疫的管理秩序，客观方面表现为行为人违反传染病防治法的规定，引起甲类传染病以及依法确定采取甲类传染病预防、控制措施的传染病传播或者有传播严重危险的行为｝。

那么，妨害传染病防治罪与妨害国境卫生检疫罪的相同点：A∩C＝{主体是年满 16 周岁、具有刑事责任能力的人和单位，主观方面是过失}。

妨害传染病防治罪与妨害国境卫生检疫罪的不同点：A∪C－A∩C＝{客体是国家对传染病防治的管理秩序，客观方面表现为行为人违反传染病防治法的规定，引起甲类传染病以及依法确定采取甲类传染病预防、控制措施的传染病传播或者有传播严重危险的行为，客体是国家对国境卫生检疫的管理秩序，客观方面表现为行为人违反国境卫生检疫规定，引起检疫传染病传播或者有传播严重危险的行为}。

（三）妨害传染病防治罪与妨害动植物防疫、检疫罪

A＝{妨害传染病防治罪}；D＝{妨害动植物防疫、检疫罪}

A∩D＝{妨害传染病防治罪}∩{妨害动植物防疫、检疫罪}＝{客体是国家对传染病防治的管理秩序，客观方面表现为行为人违反传染病防治法的规定，引起甲类传染病以及依法确定采取甲类传染病预防、控制措施的传染病传播或者有传播严重危险的行为，主体是年满 16 周岁、具有刑事责任能力的人和单位，主观方面是过失}∩{客体是国家对动植物防疫、检疫的管理制度，客观方面表现为行为人违反有关动植物防疫、检疫的国家规定，引起重大动植物疫情的，或者有引起重大动植物疫情危险，情节严重的行为，主体是年满 16 周岁、具有刑事责任能力的人和单位，主观方面是故意}＝{主体是年满 16 周岁、具有刑事责任能力的人和单位}。

A∪D＝{妨害传染病防治罪}∪{妨害动植物防疫、检疫罪}＝{客体是国家对传染病防治的管理秩序，客观方面表现为行为人违反传染病防治法的规定，引起甲类传染病以及依法确定采取甲类传染病预防、控制措施的传染病传播或者有传播严重危险的行为，主体是年满 16 周岁、具有刑事责任能力的人和单位，主观方面是

过失｝∪｛客体是国家对动植物防疫、检疫的管理制度，客观方面表现为行为人违反有关动植物防疫、检疫的国家规定，引起重大动植物疫情的，或者有引起重大动植物疫情危险，情节严重的行为，主体是年满16周岁、具有刑事责任能力的人和单位，主观方面是故意｝＝｛客体是国家对传染病防治的管理秩序，客观方面表现为行为人违反传染病防治法的规定，引起甲类传染病以及依法确定采取甲类传染病预防、控制措施的传染病传播或者有传播严重危险的行为，主体是年满16周岁、具有刑事责任能力的人和单位，主观方面是过失，客体是国家对动植物防疫、检疫的管理制度，客观方面表现为行为人违反有关动植物防疫、检疫的国家规定，引起重大动植物疫情的，或者有引起重大动植物疫情危险，情节严重的行为｝。

那么，妨害传染病防治罪与妨害动植物防疫、检疫罪的相同点：A∩D＝｛主体是年满16周岁、具有刑事责任能力的人和单位｝。

妨害传染病防治罪与妨害动植物防疫、检疫罪的不同点：A∪D－A∩D＝｛客体是国家对传染病防治的管理秩序，客观方面表现为行为人违反传染病防治法的规定，引起甲类传染病以及依法确定采取甲类传染病预防、控制措施的传染病传播或者有传播严重危险的行为，主观方面是过失，客体是国家对动植物防疫、检疫的管理制度，客观方面表现为行为人违反有关动植物防疫、检疫的国家规定，引起重大动植物疫情的，或者有引起重大动植物疫情危险，情节严重的行为，主观方面是故意｝。

（四）非法组织卖血罪与强迫卖血罪

E＝｛非法组织卖血罪｝；F＝｛强迫卖血罪｝

E∩F＝｛非法组织卖血罪｝∩｛强迫卖血罪｝＝｛客体是国家对采供血的管理秩序，客观方面表现为行为人未经卫生行政主管部门的批准或者委托，擅自组织他人向血站、红十字会等采集血液机构出卖血液的行为，主体是年满 16 周岁、具有刑事责任能力的人，主观方面是故意，并且一般具有牟利的目的}∩{客体是国家对采供血的管理秩序和他人的人身权利，客观方面表现为行为人以暴力、威胁方法强迫他人出卖血液的行为，主体是年满 16 周岁、具有刑事责任能力的人，主观方面是故意，并且一般具有牟利的目的}={客体是国家对采供血的管理秩序，主体是年满 16 周岁、具有刑事责任能力的人，主观方面是故意，并且一般具有牟利的目的}。

E∪F={非法组织卖血罪}∪{强迫卖血罪}={客体是国家对采供血的管理秩序，客观方面表现为行为人未经卫生行政主管部门的批准或者委托，擅自组织他人向血站、红十字会等采集血液机构出卖血液的行为，主体是年满 16 周岁、具有刑事责任能力的人，主观方面是故意，并且一般具有牟利的目的}∪{客体是国家对采供血的管理秩序和他人的人身权利，客观方面表现为行为人以暴力、威胁方法强迫他人出卖血液的行为，主体是年满 16 周岁、具有刑事责任能力的人，主观方面是故意，并且一般具有牟利的目的}={客体是国家对采供血的管理秩序，客观方面表现为行为人未经卫生行政主管部门的批准或者委托，擅自组织他人向血站、红十字会等采集血液机构出卖血液的行为，主体是年满 16 周岁、具有刑事责任能力的人，主观方面是故意，并且一般具有牟利的目的，客体是他人的人身权利，客观方面表现为行为人以暴力、威胁方法强迫他人出卖血液的行为}。

那么，非法组织卖血罪与强迫卖血罪的相同点：E∩F={客体是国家对采供血的管理秩序，主体是年满 16 周岁、具有刑事责任能力的人，主观方面是故意，并且一般具有牟利的目的}。

非法组织卖血罪与强迫卖血罪的不同点：E∪F − E∩F={客观方面表现为行为人未经卫生行政主管部门的批准或者委托，擅自组织他人向血站、红十字会等采集血液机构出卖血液的行为，客体是他人的人身权利，客观方面表现为行为人以暴力、威胁方法强迫他人出卖血液的行为}。

（五）非法组织卖血罪与非法采集、供应血液、制作、供应血液制品罪

E = {非法组织卖血罪}；G = {非法采集、供应血液、制作、供应血液制品罪}

E∩G = {非法组织卖血罪} ∩ {非法采集、供应血液、制作、供应血液制品罪} = {客体是国家对采供血的管理秩序，客观方面表现为行为人未经卫生行政主管部门的批准或者委托，擅自组织他人向血站、红十字会等采集血液机构出卖血液的行为，主体是年满16周岁、具有刑事责任能力的人，主观方面是故意，并且一般具有牟利的目的} ∩ {客体是国家对采集、供应血液或者制作、供应血液制品的管理秩序和不特定多数人的健康权利，客观方面表现为行为人非法采集、供应血液或者制作、供应血液制品，不符合国家规定的标准，足以危害人体健康的行为，主体是年满16周岁、具有刑事责任能力的人，主观方面是故意} = {主体是年满16周岁、具有刑事责任能力的人，主观方面是故意}。

E∪G = {非法组织卖血罪} ∪ {非法采集、供应血液、制作、供应血液制品罪} = {客体是国家对采供血的管理秩序，客观方面表现为行为人未经卫生行政主管部门的批准或者委托，擅自组织他人向血站、红十字会等采集血液机构出卖血液的行为，主体是年满16周岁、具有刑事责任能力的人，主观方面是故意，并且一般具有牟利的目的} ∪ {客体是国家对采集、供应血液或者制作、供应血液制品的管理秩序和不特定多数人的健康权利，客观方面表现为行为人非法采集、供应血液或者制作、供应血液制品，不符合国家规定的标准，足以危害人体健康的行为，主体是年满16周岁、具有刑事责任能力的人，主观方面是故意} = {客体是国家

对采供血的管理秩序，客观方面表现为行为人未经卫生行政主管部门的批准或者委托，擅自组织他人向血站、红十字会等采集血液机构出卖血液的行为，主体是年满 16 周岁、具有刑事责任能力的人，主观方面是故意，并且一般具有牟利的目的，客体是国家对采集、供应血液或者制作、供应血液制品的管理秩序和不特定多数人的健康权利，客观方面表现为行为人非法采集、供应血液或者制作、供应血液制品，不符合国家规定的标准，足以危害人体健康的行为，主观方面是故意}。

那么，非法组织卖血罪与非法采集、供应血液、制作、供应血液制品罪的相同点：E∩G =｛主体是年满 16 周岁、具有刑事责任能力的人，主观方面是故意}。

非法组织卖血罪与非法采集、供应血液、制作、供应血液制品罪的不同点：E∪G－E∩G =｛客体是国家对采供血的管理秩序，客观方面表现为行为人未经卫生行政主管部门的批准或者委托，擅自组织他人向血站、红十字会等采集血液机构出卖血液的行为，主观方面是故意，并且一般具有牟利的目的，客体是国家对采集、供应血液或者制作、供应血液制品的管理秩序和不特定多数人的健康权利，客观方面表现为行为人非法采集、供应血液或者制作、供应血液制品，不符合国家规定的标准，足以危害人体健康的行为}。

（六）非法组织卖血罪与采集、供应血液、制作、供应血液制品事故罪

E =｛非法组织卖血罪}；H =｛采集、供应血液、制作、供应血液制品事故罪}

E∩H =｛非法组织卖血罪}∩｛采集、供应血液、制作、供应血液制品事故罪}=｛客体是国家对采供血的管理秩序，客观方面表现为行为人未经卫生行政主管部门的批准或者委托，擅自组织

他人向血站、红十字会等采集血液机构出卖血液的行为，主体是年满 16 周岁、具有刑事责任能力的人，主观方面是故意，并且一般具有牟利的目的｝∩｛客体是国家对血液制品的采集、制作、供应的管理秩序和他人生命、健康的权利，客观方面表现为行为人在采集、供应血液或者制作、供应血液制品的过程中，不依照规定进行检测或者违背其他操作规定，造成危害他人身体健康后果的行为，主体是经国家主管部门批准采集、供应血液或者制作、供应血液制品的部门，主观方面是过失｝＝｛客体是国家对采供血的管理秩序｝。

E∪H＝｛非法组织卖血罪｝∪｛采集、供应血液、制作、供应血液制品事故罪｝＝｛客体是国家对采供血的管理秩序，客观方面表现为行为人未经卫生行政主管部门的批准或者委托，擅自组织他人向血站、红十字会等采集血液机构出卖血液的行为，主体是年满 16 周岁、具有刑事责任能力的人，主观方面是故意，并且一般具有牟利的目的｝∪｛客体是国家对血液制品的采集、制作、供应的管理秩序和他人生命、健康的权利，客观方面表现为行为人在采集、供应血液或者制作、供应血液制品的过程中，不依照规定进行检测或者违背其他操作规定，造成危害他人身体健康后果的行为，主体是经国家主管部门批准采集、供应血液或者制作、供应血液制品的部门，主观方面是过失｝＝｛客体是国家对采供血的管理秩序，客观方面表现为行为人未经卫生行政主管部门的批准或者委托，擅自组织他人向血站、红十字会等采集血液机构出卖血液的行为，主体是年满 16 周岁、具有刑事责任能力的人，主观方面是故意，并且一般具有牟利的目的，客体是国家对血液制品的采集、制作、供应的管理秩序和他人生命、健康的权利，客观方面表现为行为人在采集、供应血液或者制作、供应血液制品的过程中，不依照规定进行检测或者违背其他操作规定，造成危害他人身体健康后果的行为，主体是经国家主管部门批准采集、供应血液或者制作、供应血液制品的部门，主观方面是过失}。

那么，非法组织卖血罪与采集、供应血液、制作、供应血液制品事故罪的相同点：E∩H = {客体是国家对采供血的管理秩序}。

非法组织卖血罪与采集、供应血液、制作、供应血液制品事故罪的不同点：E∪H – E∩H = {客观方面表现为行为人未经卫生行政主管部门的批准或者委托，擅自组织他人向血站、红十字会等采集血液机构出卖血液的行为，主体是年满 16 周岁、具有刑事责任能力的人，主观方面是故意，并且一般具有牟利的目的，客体是他人生命、健康的权利，客观方面表现为行为人在采集、供应血液或者制作、供应血液制品的过程中，不依照规定进行检测或者违背其他操作规定，造成危害他人身体健康后果的行为，主体是经国家主管部门批准采集、供应血液或者制作、供应血液制品的部门，主观方面是过失}。

（七）医疗事故罪与非法行医罪

I = {医疗事故罪}；J = {非法行医罪}

I∩J = {医疗事故罪} ∩ {非法行医罪} = {客体是医疗卫生管理制度和就诊人的生命、健康权利，客观方面表现为行为人由于严重不负责任，造成就诊人死亡或者严重损害就诊人身体健康的行为，主体是医务人员，主观方面是过失} ∩ {客体是医疗卫生管理秩序和就诊人的健康权、生命权，客观方面表现为行为人未取得医生执业资格而非法从事医疗业务，情节严重的行为，主体是未取得医生执业资格的人，主观方面是故意} = {客体是医疗卫生管理制度和就诊人的生命、健康权利}。

I∪J = {医疗事故罪} ∪ {非法行医罪} = {客体是医疗卫生管理制度和就诊人的生命、健康权利，客观方面表现为行为人由于严重不负责任，造成就诊人死亡或者严重损害就诊人身体健康的行为，主体是医务人员，主观方面是过失｝∪｛客体是医疗卫生管理秩序和就诊人的健康权、生命权，客观方面表现为行为人未取得医生执业资格而非法从事医疗业务，情节严重的行为，主体是未取得医生执业资格的人，主观方面是故意｝＝｛客体是医疗卫生管理制度和就诊人的生命、健康权利，客观方面表现为行为人由于严重不负责任，造成就诊人死亡或者严重损害就诊人身体健康的行为，主体是医务人员，主观方面是过失，客观方面表现为行为人未取得医生执业资格而非法从事医疗业务，情节严重的行为，主体是未取得医生执业资格的人，主观方面是故意｝。

那么，医疗事故罪与非法行医罪的相同点：I∩J＝｛客体是医疗卫生管理制度和就诊人的生命、健康权利｝。

医疗事故罪与非法行医罪的不同点：I∪J－I∩J＝｛客观方面表现为行为人由于严重不负责任，造成就诊人死亡或者严重损害就诊人身体健康的行为，主体是医务人员，主观方面是过失，客观方面表现为行为人未取得医生执业资格而非法从事医疗业务，情节严重的行为，主体是未取得医生执业资格的人，主观方面是故意｝。

（八）医疗事故罪与非法进行节育手术罪

I＝｛医疗事故罪｝；K＝｛非法进行节育手术罪｝

I∩K＝｛医疗事故罪｝∩｛非法进行节育手术罪｝＝｛客体是医疗卫生管理制度和就诊人的生命、健康权利，客观方面表现为行为人由于严重不负责任，造成就诊人死亡或者严重损害就诊人身体健康的行为，主体是医务人员，主观方面是过失｝∩｛客体是国家的计划生育制度和就诊人的健康权利，客观方面表现为行为人擅自为他人进行节育复通手术、假节育手术、终止妊娠手术或者摘取宫内节育器，情节严重的行为，主体是未取得医生执业资格的人，主观方面是故意｝＝｛客体是医疗卫生管理制度和就诊人的生命、健康权利}。

I∪K={医疗事故罪}∪{非法进行节育手术罪}={客体是医疗卫生管理制度和就诊人的生命、健康权利，客观方面表现为行为人由于严重不负责任，造成就诊人死亡或者严重损害就诊人身体健康的行为，主体是医务人员，主观方面是过失}∪{客体是国家的计划生育制度和就诊人的健康权利，客观方面表现为行为人擅自为他人进行节育复通手术、假节育手术、终止妊娠手术或者摘取宫内节育器，情节严重的行为，主体是未取得医生执业资格的人，主观方面是故意}={客体是医疗卫生管理制度和就诊人的生命、健康权利，客观方面表现为行为人由于严重不负责任，造成就诊人死亡或者严重损害就诊人身体健康的行为，主体是医务人员，主观方面是过失，客体是国家的计划生育制度和就诊人的健康权利，客观方面表现为行为人擅自为他人进行节育复通手术、假节育手术、终止妊娠手术或者摘取宫内节育器，情节严重的行为，主体是未取得医生执业资格的人，主观方面是故意}。

那么，医疗事故罪与非法进行节育手术罪的相同点：I∩K={客体是医疗卫生管理制度}。

医疗事故罪与非法进行节育手术罪的不同点：I∪K－I∩K={客体是就诊人的生命、健康权利，客观方面表现为行为人由于严重不负责任，造成就诊人死亡或者严重损害就诊人身体健康的行为，主体是医务人员，主观方面是过失，客体是国家的计划生育制度和就诊人的健康权利，客观方面表现为行为人擅自为他人进行节育复通手术、假节育手术、终止妊娠手术或者摘取宫内节育器，情节严重的行为，主体是未取得医生执业资格的人，主观方面是故意}。

第六节 破坏环境资源保护罪

一、破坏环境资源保护罪概述

（一）破坏环境资源保护罪的概念

破坏环境资源保护罪，是指行为人故意或者过失地违反环境资源保护法律、法规，采取各种方式污染或者破坏生态环境与自然资源，依法应负刑事责任的行为。

（二）破坏环境资源保护罪的构成特征

关于破坏环境资源保护罪的构成特征，根据现行刑法的规定，主要有以下几个方面，其集合表现为：

设 A 为破坏环境资源保护罪的集合，则 A＝｛破坏环境资源保护罪｝；

设 B 为破坏环境资源保护罪的客体的集合，则 B＝｛客体国家对环境资源保护的管理制度｝；

设 C 为破坏环境资源保护罪的客观方面的集合，则 C＝｛客观方面表现为行为人违反环境资源保护法律、法规，采取各种方式污染或者破坏生态环境与自然资源，依法应负刑事责任的行为｝；

设 D 为破坏环境资源保护罪的主体的集合，则 D＝｛主体年满16 周岁、具有刑事责任能力的自然人和单位｝；

设 E 为破坏环境资源保护罪的主观方面的集合，则 E＝｛主观方面大多数犯罪在主观上是故意，少数犯罪在主观上是过失｝；

则 A＝B∪C∪D∪E，即 ｛破坏环境资源保护罪｝＝｛客体是国家对环境资源保护的管理制度｝∪｛客观方面表现为行为人违反环境资源保护法律、法规，采取各种方式污染或者破坏生态环境与自然资源，依法应负刑事责任的行为}∪{主体是年满 16 周岁、具有刑事责任能力的自然人和单位}∪{主观方面大多数犯罪是故意，少数犯罪是过失} = {客体是国家对环境资源保护的管理制度，客观方面表现为行为人违反环境资源保护法律、法规，采取各种方式污染或者破坏生态环境与自然资源，依法应负刑事责任的行为，主体是年满 16 周岁、具有刑事责任能力的自然人和单位，主观方面大多数犯罪是故意，少数犯罪是过失}。

（三）破坏环境资源保护罪的类型

根据现行刑法对破坏环境资源保护罪所作的规定来看，本节共有 16 种具体犯罪，用子集的方式来表达，其构造表现为：

{破坏环境资源保护罪}

{污染环境罪}

{非法处置进口的固体废物罪}

{擅自进口固体废物罪}

{非法捕捞水产品罪}

{危害珍贵、濒危野生动物罪}

{非法狩猎罪}

{非法猎捕、收购、运输、出售陆生野生动物罪}

{非法占用农用地罪}

{破坏自然保护地罪}

{非法采矿罪}

{破坏性采矿罪}

{危害国家重点保护植物罪}

{非法引进、释放、丢弃外来入侵物种罪}

{盗伐林木罪}

{滥伐林木罪}

{非法收购、运输盗伐、滥伐的林木罪}

……

｛污染环境罪，非法处置进口的固体废物罪，擅自进口固体废物罪，非法捕捞水产品罪，危害珍贵、濒危野生动物罪，非法狩猎罪，非法猎捕、收购、运输、出售陆生野生动物罪，非法占用农用地罪，破坏自然保护地罪，非法采矿罪，破坏性采矿罪，危害国家重点保护植物罪，非法引进、释放、丢弃外来入侵物种罪，盗伐林木罪，滥伐林木罪，非法收购、运输盗伐、滥伐的林木罪｝

二、破坏环境资源保护罪的界限

（一）污染环境罪与非法处置进口的固体废物罪

A ＝｛污染环境罪｝；B ＝｛非法处置进口的固体废物罪｝

A∩B ＝｛污染环境罪｝∩｛非法处置进口的固体废物罪｝＝｛客体是国家的环境保护制度，客观方面表现为行为人违反国家规定，排放、倾倒或者处置有放射性的废物、含传染病病原体的废物、有毒物质或者其他有害物质，严重污染环境的行为，主体是年满 16 周岁、具有刑事责任能力的人和单位，主观方面是过失｝∩｛客体是国家对固体废物污染环境的防治制度，客观方面表现为行为人违反国家规定，将境外的固体废物进境倾倒、堆放、处置的行为，主体是年满 16 周岁、具有刑事责任能力的人和单位，主观方面是故意｝＝｛主体是年满 16 周岁、具有刑事责任能力的人和单位｝。

A∪B ＝｛污染环境罪｝∪｛非法处置进口的固体废物罪｝＝｛客体是国家的环境保护制度，客观方面表现为行为人违反国家规定，排放、倾倒或者处置有放射性的废物、含传染病病原体的废物、有毒物质或者其他有害物质，严重污染环境的行为，主体是年满 16 周岁、具有刑事责任能力的人和单位，主观方面是过失｝∪｛客体是国家对固体废物污染环境的防治制度，客观方面表现为行为人违反国家规定，将境外的固体废物进境倾倒、堆放、处置的行为，主体是年满 16 周岁、具有刑事责任能力的人和单位，主观方面是故意}={客体是国家的环境保护制度，客观方面表现为行为人违反国家规定，排放、倾倒或者处置有放射性的废物、含传染病病原体的废物、有毒物质或者其他有害物质，严重污染环境的行为，主体是年满 16 周岁、具有刑事责任能力的人和单位，主观方面是过失，客体是国家对固体废物污染环境的防治制度，客观方面表现为行为人违反国家规定，将境外的固体废物进境倾倒、堆放、处置的行为，主观方面是故意}。

那么，污染环境罪与非法处置进口的固体废物罪的相同点：A∩B={主体是年满 16 周岁、具有刑事责任能力的人和单位}。

污染环境罪与非法处置进口的固体废物罪的不同点：A∪B－A∩B={客体是国家的环境保护制度，客观方面表现为行为人违反国家规定，排放、倾倒或者处置有放射性的废物、含传染病病原体的废物、有毒物质或者其他有害物质，严重污染环境的行为，主观方面是过失，客体是国家对固体废物污染环境的防治制度，客观方面表现为行为人违反国家规定，将境外的固体废物进境倾倒、堆放、处置的行为，主观方面是故意}。

（二）污染环境罪与擅自进口固体废物罪

A＝{污染环境罪}；C＝{擅自进口固体废物罪}

A∩C＝{污染环境罪}∩{擅自进口固体废物罪}＝{客体是国家的环境保护制度，客观方面表现为行为人违反国家规定，排放、倾倒或者处置有放射性的废物、含传染病病原体的废物、有毒物质或者其他有害物质，严重污染环境的行为，主体是年满 16 周岁、具有刑事责任能力的人和单位，主观方面是过失}∩{客体是国家对进口固体废物的管理秩序及固体废物污染环境防治制度，客观方面表现为行为人未经国务院有关主管部门许可，擅自进口固体废物用作原料，造成重大环境污染事故，致使公私财产遭受重大损失或者严重危害人体健康的行为，主体是年满 16 周岁、具有刑事责任能力的人和单位，主观方面是故意} = {主体是年满 16 周岁、具有刑事责任能力的人和单位}。

A∪C = {污染环境罪}∪{擅自进口固体废物罪} = {客体是国家的环境保护制度，客观方面表现为行为人违反国家规定，排放、倾倒或者处置有放射性的废物、含传染病病原体的废物、有毒物质或者其他有害物质，严重污染环境的行为，主体是年满 16 周岁、具有刑事责任能力的人和单位，主观方面是过失}∪{客体是国家对进口固体废物的管理秩序及固体废物污染环境防治制度，客观方面表现为行为人未经国务院有关主管部门许可，擅自进口固体废物用作原料，造成重大环境污染事故，致使公私财产遭受重大损失或者严重危害人体健康的行为，主体是年满 16 周岁、具有刑事责任能力的人和单位，主观方面是故意} = {客体是国家的环境保护制度，客观方面表现为行为人违反国家规定，排放、倾倒或者处置有放射性的废物、含传染病病原体的废物、有毒物质或者其他有害物质，严重污染环境的行为，主体是年满 16 周岁、具有刑事责任能力的人和单位，主观方面是过失，客体是国家对进口固体废物的管理秩序及固体废物污染环境防治制度，客观方面表现为行为人未经国务院有关主管部门许可，擅自进口固体废物用作原料，造成重大环境污染事故，致使公私财产遭受重大损失或者严重危害人体健康的行为，主观方面是故意}。

那么，污染环境罪与擅自进口固体废物罪的相同点：A∩C = {主体是年满 16 周岁、具有刑事责任能力的人和单位}。

污染环境罪与擅自进口固体废物罪的不同点：A∪C － A∩C = {客体是国家的环境保护制度，客观方面表现为行为人违反国家规定，排放、倾倒或者处置有放射性的废物、含传染病病原体的废物、有毒物质或者其他有害物质，严重污染环境的行为，主观方面是过失，客体是国家对进口固体废物的管理秩序及固体废物污染环境防治制度，客观方面表现为行为人未经国务院有关主管部门许可，擅自进口固体废物用作原料，造成重大环境污染事故，致使公私财产遭受重大损失或者严重危害人体健康的行为，主观方面是故意｝。

（三）危害珍贵、濒危野生动物罪与非法狩猎罪

D＝｛危害珍贵、濒危野生动物罪｝；E＝｛非法狩猎罪｝

D∩E＝｛危害珍贵、濒危野生动物罪｝∩｛非法狩猎罪｝＝｛客体是国家对珍贵、濒危野生动物资源的保护制度，客观方面表现为行为人违反国家野生动物保护法规，猎捕、杀害国家重点保护的珍贵、濒危野生动物、非法收购、运输、出售国家重点保护的珍贵、濒危野生动物及其制品的行为，主体是年满 16 周岁、具有刑事责任能力的人和单位，主观方面是故意｝∩｛客体是国家对普通野生动物资源的保护制度，客观方面表现为行为人违反狩猎法规，在禁猎区、禁猎期或者使用禁用的工具、方法进行狩猎，破坏野生动物资源，情节严重的行为，主体是年满 16 周岁、具有刑事责任能力的人和单位，主观方面是故意｝＝｛主体是年满 16 周岁、具有刑事责任能力的人和单位，主观方面是故意｝。

D∪E＝｛危害珍贵、濒危野生动物罪｝∪｛非法狩猎罪｝＝｛客体是国家对珍贵、濒危野生动物资源的保护制度，客观方面表现为行为人违反国家野生动物保护法规，猎捕、杀害国家重点保护的珍贵、濒危野生动物、非法收购、运输、出售国家重点保护的珍贵、濒危野生动物及其制品的行为，主体是年满 16 周岁、具有刑事责任能力的人和单位，主观方面是故意｝∪｛客体是国家对普通野生动物资源的保护制度，客观方面表现为行为人违反狩猎法规，在禁猎区、禁猎期或者使用禁用的工具、方法进行狩猎，破坏野生动物资源，情节严重的行为，主体是年满 16 周岁、具有刑事责任能力的人和单位，主观方面是故意｝＝｛客体是国家对珍贵、

濒危野生动物资源的保护制度，客观方面表现为行为人违反国家野生动物保护法规，猎捕、杀害国家重点保护的珍贵、濒危野生动物、非法收购、运输、出售国家重点保护的珍贵、濒危野生动物及其制品的行为，主体是年满 16 周岁、具有刑事责任能力的人和单位，主观方面是故意，客体是国家对普通野生动物资源的保护制度，客观方面表现为行为人违反狩猎法规，在禁猎区、禁猎期或者使用禁用的工具、方法进行狩猎，破坏野生动物资源，情节严重的行为}。

那么，危害珍贵、濒危野生动物罪与非法狩猎罪的相同点：D∩E = {主体是年满 16 周岁、具有刑事责任能力的人和单位，主观方面是故意}。

危害珍贵、濒危野生动物罪与非法狩猎罪的不同点：D∪E − D∩E = {客体是国家对珍贵、濒危野生动物资源的保护制度，客观方面表现为行为人违反国家野生动物保护法规，猎捕、杀害国家重点保护的珍贵、濒危野生动物、非法收购、运输、出售国家重点保护的珍贵、濒危野生动物及其制品的行为，客体是国家对普通野生动物资源的保护制度，客观方面表现为行为人违反狩猎法规，在禁猎区、禁猎期或者使用禁用的工具、方法进行狩猎，破坏野生动物资源，情节严重的行为}。

（四）危害珍贵、濒危野生动物罪与非法捕捞水产品罪

D = {危害珍贵、濒危野生动物罪}；F = {非法捕捞水产品罪}

D∩F = {危害珍贵、濒危野生动物罪} ∩ {非法捕捞水产品罪} = {客体是国家对珍贵、濒危野生动物资源的保护制度，客观方面表现为行为人违反国家野生动物保护法规，猎捕、杀害国家重点保护的珍贵、濒危野生动物、非法收购、运输、出售国家重点保护的珍贵、濒危野生动物及其制品的行为，主体是年满 16 周岁、具有刑事责任能力的人和单位，主观方面是故意} ∩ {客体是国家对水产资源的保护制度，客观方面表现为行为人违反保护水产资源

法规，在禁渔区、禁渔期或者使用禁用的工具、方法捕捞水产品，情节严重的行为，主体是年满 16 周岁、具有刑事责任能力的人和单位，主观方面是故意}={主体是年满 16 周岁、具有刑事责任能力的人和单位，主观方面是故意}。

D∪F={危害珍贵、濒危野生动物罪}∪{非法捕捞水产品罪}={客体是国家对珍贵、濒危野生动物资源的保护制度，客观方面表现为行为人违反国家野生动物保护法规，猎捕、杀害国家重点保护的珍贵、濒危野生动物、非法收购、运输、出售国家重点保护的珍贵、濒危野生动物及其制品的行为，主体是年满 16 周岁、具有刑事责任能力的人和单位，主观方面是故意}∪{客体是国家对水产资源的保护制度，客观方面表现为行为人违反保护水产资源法规，在禁渔区、禁渔期或者使用禁用的工具、方法捕捞水产品，情节严重的行为，主体是年满 16 周岁、具有刑事责任能力的人和单位，主观方面是故意}={客体是国家对珍贵、濒危野生动物资源的保护制度，客观方面表现为行为人违反国家野生动物保护法规，猎捕、杀害国家重点保护的珍贵、濒危野生动物、非法收购、运输、出售国家重点保护的珍贵、濒危野生动物及其制品的行为，主体是年满 16 周岁、具有刑事责任能力的人和单位，主观方面是故意，客体是国家对水产资源的保护制度，客观方面表现为行为人违反保护水产资源法规，在禁渔区、禁渔期或者使用禁用的工具、方法捕捞水产品，情节严重的行为}。

那么，危害珍贵、濒危野生动物罪与非法捕捞水产品罪的相同点：D∩F={主体是年满 16 周岁、具有刑事责任能力的人和单位，主观方面是故意}。

危害珍贵、濒危野生动物罪与非法捕捞水产品罪的不同点：D∪F−D∩F={客体是国家对珍贵、濒危野生动物资源的保护制度，客观方面表现为行为人违反国家野生动物保护法规，猎捕、杀害国家重点保护的珍贵、濒危野生动物、非法收购、运输、出售国家重点保护的珍贵、濒危野生动物及其制品的行为，客体是国家对水产资源的保护制度，客观方面表现为行为人违反保护水产资源法规，在禁渔区、禁渔期或者使用禁用的工具、方法捕捞水产品，情节严重的行为}。

（五）非法狩猎罪与非法捕捞水产品罪

E = {非法狩猎罪}；F = {非法捕捞水产品罪}

E∩F = {非法狩猎罪} ∩ {非法捕捞水产品罪} = {客体是国家对普通野生动物资源的保护制度，客观方面表现为行为人违反狩猎法规，在禁猎区、禁猎期或者使用禁用的工具、方法进行狩猎，破坏野生动物资源，情节严重的行为，主体是年满 16 周岁、具有刑事责任能力的人和单位，主观方面是故意} ∩ {客体是国家对水产资源的保护制度，客观方面表现为行为人违反保护水产资源法规，在禁渔区、禁渔期或者使用禁用的工具、方法捕捞水产品，情节严重的行为，主体是年满 16 周岁、具有刑事责任能力的人和单位，主观方面是故意} = {主体是年满 16 周岁、具有刑事责任能力的人和单位，主观方面是故意}。

E∪F = {非法狩猎罪} ∪ {非法捕捞水产品罪} = {客体是国家对普通野生动物资源的保护制度，客观方面表现为行为人违反狩猎法规，在禁猎区、禁猎期或者使用禁用的工具、方法进行狩猎，破坏野生动物资源，情节严重的行为，主体是年满 16 周岁、具有刑事责任能力的人和单位，主观方面是故意} ∪ {客体是国家对水产资源的保护制度，客观方面表现为行为人违反保护水产资源法规，在禁渔区、禁渔期或者使用禁用的工具、方法捕捞水产品，情节严重的行为，主体是年满 16 周岁、具有刑事责任能力的人和单位，主观方面是故意} = {客体是国家对普通野生动物资源的保护制度，客观方面表现为行为人违反狩猎法规，在禁猎区、禁猎期或者使用禁用的工具、方法进行狩猎，破坏野生动物资源，情节严重的行为，主体是年满 16 周岁、具有刑事责任能力的人和单位，主观方面是故意，客体是国家对水产资源的保护制度，客观方面表现为行为人违反保护水产资源法规，在禁渔区、禁渔期或者使用禁用的工具、方法捕捞水产品，情节严重的行为}。

那么，非法狩猎罪与非法捕捞水产品罪的相同点：$E \cap F = \{$主体是年满 16 周岁、具有刑事责任能力的人和单位，主观方面是故意}。

非法狩猎罪与非法捕捞水产品罪的不同点：$E \cup F - E \cap F = \{$客体是国家对普通野生动物资源的保护制度，客观方面表现为行为人违反狩猎法规，在禁猎区、禁猎期或者使用禁用的工具、方法进行狩猎，破坏野生动物资源，情节严重的行为，客体是国家对水产资源的保护制度，客观方面表现为行为人违反保护水产资源法规，在禁渔区、禁渔期或者使用禁用的工具、方法捕捞水产品，情节严重的行为}。

（六）非法采矿罪与破坏性采矿罪

$G = \{$非法采矿罪}；$H = \{$破坏性采矿罪}

$G \cap H = \{$非法采矿罪} $\cap$ {破坏性采矿罪} $= \{$客体是国家对矿产资源的保护管理制度，客观方面表现为行为人违反矿产资源法的规定，未取得采矿许可证擅自采矿的，擅自进入国家规划矿区、对国民经济具有重要价值的矿区和他人矿区范围采矿的，擅自开采国家规定实行保护性开采的特定矿种，经责令停止开采后拒不停止开采，造成矿产资源破坏的行为，主体是年满 16 周岁、具有刑事责任能力的人和单位，主观方面是故意} $\cap$ {客体是国家对矿产资源的保护管理制度，客观方面表现为行为人违反矿产资源法的规定，采取破坏性的开采方法开采矿产资源，造成矿产资源严重破坏的行为，主体是年满 16 周岁、具有刑事责任能力的人和单位，主观方面是故意} $= \{$客体是国家对矿产资源的保护管理制度，主体是年满 16 周岁、具有刑事责任能力的人和单位，主观方面是故意}。

G∪H =｛非法采矿罪｝∪｛破坏性采矿罪｝=｛客体是国家对矿产资源的保护管理制度，客观方面表现为行为人违反矿产资源法的规定，未取得采矿许可证擅自采矿的，擅自进入国家规划矿区、对国民经济具有重要价值的矿区和他人矿区范围采矿的，擅自开采国家规定实行保护性开采的特定矿种，经责令停止开采后拒不停止开采，造成矿产资源破坏的行为，主体是年满 16 周岁、具有刑事责任能力的人和单位，主观方面是故意｝∪｛客体是国家对矿产资源的保护管理制度，客观方面表现为行为人违反矿产资源法的规定，采取破坏性的开采方法开采矿产资源，造成矿产资源严重破坏的行为，主体是年满 16 周岁、具有刑事责任能力的人和单位，主观方面是故意｝=｛客体是国家对矿产资源的保护管理制度，客观方面表现为行为人违反矿产资源法的规定，未取得采矿许可证擅自采矿的，擅自进入国家规划矿区、对国民经济具有重要价值的矿区和他人矿区范围采矿的，擅自开采国家规定实行保护性开采的特定矿种，经责令停止开采后拒不停止开采，造成矿产资源破坏的行为，主体是年满 16 周岁、具有刑事责任能力的人和单位，主观方面是故意，客观方面表现为行为人违反矿产资源法的规定，采取破坏性的开采方法开采矿产资源，造成矿产资源严重破坏的行为｝。

那么，非法采矿罪与破坏性采矿罪的相同点：G∩H =｛客体是国家对矿产资源的保护管理制度，主体是年满 16 周岁、具有刑事责任能力的人和单位，主观方面是故意｝。

非法采矿罪与破坏性采矿罪的不同点：G∪H – G∩H =｛客观方面表现为行为人违反矿产资源法的规定，未取得采矿许可证擅自采矿的，擅自进入国家规划矿区、对国民经济具有重要价值的矿区和他人矿区范围采矿的，擅自开采国家规定实行保护性开采的特定矿种，经责令停止开采后拒不停止开采，造成矿产资源破坏的行为，客观方面表现为行为人违反矿产资源法的规定，采取破坏性的开采方法开采矿产资源，造成矿产资源严重破坏的行为}。

（七）危害国家重点保护植物罪与盗伐林木罪

I = {危害国家重点保护植物罪}；J = {盗伐林木罪}

I∩J = {危害国家重点保护植物罪} ∩ {盗伐林木罪} = {客体是国家对重点保护植物的管理制度，客观方面表现为行为人违反国家规定，非法采伐、毁坏国家重点保护植物、非法收购、运输、加工、出售国家重点保护植物及其制品的行为，主体是年满16周岁、具有刑事责任能力的人和单位，主观方面是故意} ∩ {客体是国家的林业管理制度和林木所有权，客观方面表现为行为人盗伐森林或者其他林木，数量较大的行为，主体是年满16周岁、具有刑事责任能力的人和单位，主观方面是故意，且具有非法占有的目的} = {主体是年满16周岁、具有刑事责任能力的人和单位，主观方面是故意}。

I∪J = {危害国家重点保护植物罪} ∪ {盗伐林木罪} = {客体是国家对重点保护植物的管理制度，客观方面表现为行为人违反国家规定，非法采伐、毁坏国家重点保护植物、非法收购、运输、加工、出售国家重点保护植物及其制品的行为，主体是年满16周岁、具有刑事责任能力的人和单位，主观方面是故意} ∪ {客体是国家的林业管理制度和林木木质所有权，客观方面表现为行为人盗伐森林或者其他林木，数量较大的行为，主体是年满16周岁、具有刑事责任能力的人和单位，主观方面是故意，且具有非法占有的目的} = {客体是国家对重点保护植物的管理制度，客观方面表现为行为人违反国家规定，非法采伐、毁坏国家重点保护植物、非法收购、运输、加工、出售国家重点保护植物及其制品的行为，主体是年满16周岁、具有刑事责任能力的人和单位，主观方面是故意，客体是国家的林业管理制度和林木木质所有权，客观方面表现为行为人盗伐森林或者其他林木，数量较大的行为，主观方面是故意，且具有非法占有的目的｝。

那么，危害国家重点保护植物罪与盗伐林木罪的相同点：I∩J =｛主体是年满16周岁、具有刑事责任能力的人和单位，主观方面是故意｝。

危害国家重点保护植物罪与盗伐林木罪的不同点：I∪J – I∩J =｛客体是国家对重点保护植物的管理制度，客观方面表现为行为人违反国家规定，非法采伐、毁坏国家重点保护植物、非法收购、运输、加工、出售国家重点保护植物及其制品的行为，客体是国家的林业管理制度和林木所有权，客观方面表现为行为人盗伐森林或者其他林木，数量较大的行为，主观方面是故意，且具有非法占有的目的｝。

（八）危害国家重点保护植物罪与滥伐林木罪

I =｛危害国家重点保护植物罪｝；K =｛滥伐林木罪｝

I∩K =｛危害国家重点保护植物罪｝∩｛滥伐林木罪｝=｛客体是国家对重点保护植物的管理制度，客观方面表现为行为人违反国家规定，非法采伐、毁坏国家重点保护植物、非法收购、运输、加工、出售国家重点保护植物及其制品的行为，主体是年满16周岁、具有刑事责任能力的人和单位，主观方面是故意｝∩｛客体是国家的林业管理制度，客观方面表现为行为人违反森林法的规定，滥伐森林或者其他林木，数量较大的行为，主体是年满16周岁、具有刑事责任能力的人和单位，主观方面是故意｝=｛主体是年满16周岁、具有刑事责任能力的人和单位，主观方面是故意｝。

I∪K =｛危害国家重点保护植物罪｝∪｛滥伐林木罪｝=｛客体是国家对重点保护植物的管理制度，客观方面表现为行为人违反国家规定，非法采伐、毁坏国家重点保护植物、非法收购、运输、加工、出售国家重点保护植物及其制品的行为，主体是年满 16 周岁、具有刑事责任能力的人和单位，主观方面是故意}∪{客体是国家的林业管理制度，客观方面表现为行为人违反森林法的规定，滥伐森林或者其他林木，数量较大的行为，主体是年满 16 周岁、具有刑事责任能力的人和单位，主观方面是故意}={客体是国家对重点保护植物的管理制度，客观方面表现为行为人违反国家规定，非法采伐、毁坏国家重点保护植物、非法收购、运输、加工、出售国家重点保护植物及其制品的行为，主体是年满 16 周岁、具有刑事责任能力的人和单位，主观方面是故意，客体是国家的林业管理制度，客观方面表现为行为人违反森林法的规定，滥伐森林或者其他林木，数量较大的行为}。

那么，危害国家重点保护植物罪与滥伐林木罪的相同点：I∩K＝{主体是年满 16 周岁、具有刑事责任能力的人和单位，主观方面是故意}。

危害国家重点保护植物罪与滥伐林木罪的不同点：I∪K－I∩K＝{客体是国家对重点保护植物的管理制度，客观方面表现为行为人违反国家规定，非法采伐、毁坏国家重点保护植物、非法收购、运输、加工、出售国家重点保护植物及其制品的行为，客体是国家的林业管理制度，客观方面表现为行为人违反森林法的规定，滥伐森林或者其他林木，数量较大的行为}。

（九）危害国家重点保护植物罪与非法收购、运输盗伐、滥伐的林木罪

I＝{危害国家重点保护植物罪}；M＝{非法收购、运输盗伐、滥伐的林木罪}

I∩M＝{危害国家重点保护植物罪}∩{非法收购、运输盗伐、滥伐的林木罪}＝{客体是国家对重点保护植物的管理制度，客观方面表现为行为人违反国家规定，非法采伐、毁坏国家重点保护

植物、非法收购、运输、加工、出售国家重点保护植物及其制品的行为，主体是年满 16 周岁、具有刑事责任能力的人和单位，主观方面是故意｝∩｛客体是国家对林业资源的保护管理制度，客观方面表现为行为人明知是盗伐、滥伐的林木而非法收购、运输，情节严重的行为，主体是年满 16 周岁、具有刑事责任能力的人和单位，主观方面是故意｝＝｛主体是年满 16 周岁、具有刑事责任能力的人和单位，主观方面是故意｝。

I∪M＝｛危害国家重点保护植物罪｝∪｛非法收购、运输盗伐、滥伐的林木罪｝＝｛客体是国家对重点保护植物的管理制度，客观方面表现为行为人违反国家规定，非法采伐、毁坏国家重点保护植物、非法收购、运输、加工、出售国家重点保护植物及其制品的行为，主体是年满 16 周岁、具有刑事责任能力的人和单位，主观方面是故意｝∪｛客体是国家对林业资源的保护管理制度，客观方面表现为行为人明知是盗伐、滥伐的林木而非法收购、运输，情节严重的行为，主体是年满 16 周岁、具有刑事责任能力的人和单位，主观方面是故意｝＝｛客体是国家对重点保护植物的管理制度，客观方面表现为行为人违反国家规定，非法采伐、毁坏国家重点保护植物、非法收购、运输、加工、出售国家重点保护植物及其制品的行为，主体是年满 16 周岁、具有刑事责任能力的人和单位，主观方面是故意，客体是国家对林业资源的保护管理制度，客观方面表现为行为人明知是盗伐、滥伐的林木而非法收购、运输，情节严重的行为｝。

那么，危害国家重点保护植物罪与非法收购、运输盗伐、滥伐的林木罪的相同点：I∩M＝｛主体是年满 16 周岁、具有刑事责任能力的人和单位，主观方面是故意｝。

危害国家重点保护植物罪与非法收购、运输盗伐、滥伐的林木罪的不同点：I∪M－I∩M＝｛客体是国家对重点保护植物的管理制度，客观方面表现为行为人违反国家规定，非法采伐、毁坏国家重点保护植物、非法收购、运输、加工、出售国家重点保护植物及其制品的行为，客体是国家对林业资源的保护管理制度，客观方面表现为行为人明知是盗伐、滥伐的林木而非法收购、运输，情节严重的行为}。

（十）盗伐林木罪与滥伐林木罪

J = {盗伐林木罪}；K = {滥伐林木罪}

J∩K = {盗伐林木罪} ∩ {滥伐林木罪} = {客体是国家的林业管理制度和林木所有权，客观方面表现为行为人盗伐森林或者其他林木，数量较大的行为，主体是年满 16 周岁、具有刑事责任能力的人和单位，主观方面是故意，且具有非法占有的目的} ∩ {客体是国家的林业管理制度，客观方面表现为行为人违反森林法的规定，滥伐森林或者其他林木，数量较大的行为，主体是年满 16 周岁、具有刑事责任能力的人和单位，主观方面是故意} = {客体是国家的林业管理制度，主体是年满 16 周岁、具有刑事责任能力的人和单位}。

J∪K = {盗伐林木罪} ∪ {滥伐林木罪} = {客体是国家的林业管理制度和林木所有权，客观方面表现为行为人盗伐森林或者其他林木，数量较大的行为，主体是年满 16 周岁、具有刑事责任能力的人和单位，主观方面是故意，且具有非法占有的目的} ∪ {客体是国家的林业管理制度，客观方面表现为行为人违反森林法的规定，滥伐森林或者其他林木，数量较大的行为，主体是年满 16 周岁、具有刑事责任能力的人和单位，主观方面是故意} = {客体是国家的林业管理制度和林木所有权，客观方面表现为行为人盗伐森林或者其他林木，数量较大的行为，主体是年满 16 周岁、具有刑事责任能力的人和单位，主观方面是故意，且具有非法占有的目的，客体是国家的林业管理制度，客观方面表现为行为人违反森林法的规定，滥伐森林或者其他林木，数量较大的行为，主观方面是故意｝。

那么，盗伐林木罪与滥伐林木罪的相同点：J∩K＝｛客体是国家的林业管理制度，主体是年满 16 周岁、具有刑事责任能力的人和单位，主观方面是故意｝。

盗伐林木罪与滥伐林木罪的不同点：J∪K－J∩K＝｛客体是林木所有权，客观方面表现为行为人盗伐森林或者其他林木，数量较大的行为，主观方面是故意，且具有非法占有的目的，客观方面表现为行为人违反森林法的规定，滥伐森林或者其他林木，数量较大的行为｝。

第七节　走私、贩卖、运输、制造毒品罪

一、走私、贩卖、运输、制造毒品罪概述

（一）走私、贩卖、运输、制造毒品罪的概念

走私、贩卖、运输、制造毒品罪，是指行为人故意违反禁毒法律、法规，实施走私、贩卖、运输、制造毒品等破坏禁毒管制活动，依法应负刑事责任行为。

（二）走私、贩卖、运输、制造毒品罪的构成特征

关于走私、贩卖、运输、制造毒品罪的构成特征，根据现行刑法的规定，主要有以下几个方面，其集合表现为：

设 A 为走私、贩卖、运输、制造毒品罪的集合，则 A ＝｛走私、贩卖、运输、制造毒品罪｝；

设 B 为走私、贩卖、运输、制造毒品罪的客体的集合，则 B ＝｛客体是国家对麻醉药品和精神药品的管制、人民的健康和社会风尚｝；

设 C 为走私、贩卖、运输、制造毒品罪的客观方面的集合，则 C = {客观方面表现为行为人违反禁毒法律、法规，实施走私、贩卖、运输、制造毒品等破坏禁毒管制活动，依法应负刑事责任行为}；

设 D 为走私、贩卖、运输、制造毒品罪的主体的集合，则 D = {主体是年满 16 周岁、具有刑事责任能力的自然人和单位}；

设 E 为走私、贩卖、运输、制造毒品罪的主观方面的集合，则 E = {主观方面只能是故意}；

则 A = B∪C∪D∪E，即 {走私、贩卖、运输、制造毒品罪} = {客体是国家对麻醉药品和精神药品的管制、人民的健康和社会风尚}∪{客观方面表现为行为人违反禁毒法律、法规，实施走私、贩卖、运输、制造毒品等破坏禁毒管制活动，依法应负刑事责任行为}∪{主体是年满 16 周岁、具有刑事责任能力的自然人和单位}∪{主观方面只能是故意} = {客体是国家对麻醉药品和精神药品的管制、人民的健康和社会风尚，客观方面表现为行为人违反禁毒法律、法规，实施走私、贩卖、运输、制造毒品等破坏禁毒管制活动，依法应负刑事责任行为，主体是年满 16 周岁、具有刑事责任能力的自然人和单位，主观方面只能是故意}。

（三）走私、贩卖、运输、制造毒品罪的类型

根据现行刑法对走私、贩卖、运输、制造毒品罪所作的规定来看，本节共有 13 种具体犯罪，用子集的方式来表达，其构造表现为：

{走私、贩卖、运输、制造毒品罪}

{走私、贩卖、运输、制造毒品罪}

{非法持有毒品罪}

{包庇毒品犯罪分子罪}

{窝藏、转移、隐瞒毒品、毒赃罪}

｛走私制毒物品罪｝

｛非法买卖制毒物品罪｝

｛非法种植毒品原植物罪｝

｛非法买卖、运输、携带、持有毒品原植物种子、幼苗罪｝

｛引诱、教唆、欺骗他人吸毒罪｝

｛强迫他人吸毒罪｝

｛容留他人吸毒罪｝

｛非法提供麻醉药品、精神药品罪｝

｛妨害兴奋剂管理罪｝

……

｛走私、贩卖、运输、制造毒品罪，非法持有毒品罪，包庇毒品犯罪分子罪，窝藏、转移、隐瞒毒品、毒赃罪，走私制毒物品罪，非法买卖制毒物品罪，非法种植毒品原植物罪，非法买卖、运输、携带、持有毒品原植物种子、幼苗罪，引诱、教唆、欺骗他人吸毒罪，强迫他人吸毒罪，容留他人吸毒罪，非法提供麻醉药品、精神药品罪，妨害兴奋剂管理罪｝

二、走私、贩卖、运输、制造毒品罪的界限

（一）走私、贩卖、运输、制造毒品罪与非法持有毒品罪

A =｛走私、贩卖、运输、制造毒品罪｝；B =｛非法持有毒品罪｝

A∩B =｛走私、贩卖、运输、制造毒品罪｝∩｛非法持有毒品罪｝=｛客体是国家对毒品的管制，客观方面表现为行为人违反国家毒品管制法规，走私、贩卖、运输、制造鸦片、海洛因、甲基苯丙胺（冰毒）、吗啡、可卡因以及其他毒品的行为，主体是年满16周岁、具有刑事责任能力的人和单位，主观方面是故意｝∩｛客体是国家对毒品的管制，客观方面表现为行为人明知是鸦片、海洛因等毒品而非法持有，数量较大的行为，主体是年满 16 周岁、

具有刑事责任能力的人，主观方面是故意}={客体是国家对毒品的管制，主体是年满 16 周岁、具有刑事责任能力的人，主观方面是故意}。

A∪B={走私、贩卖、运输、制造毒品罪}∪{非法持有毒品罪}={客体是国家对毒品的管制，客观方面表现为行为人违反国家毒品管制法规，走私、贩卖、运输、制造鸦片、海洛因、甲基苯丙胺（冰毒）、吗啡、可卡因以及其他毒品的行为，主体是年满 16 周岁、具有刑事责任能力的人和单位，主观方面是故意}∪{客体是国家对毒品的管制，客观方面表现为行为人明知是鸦片、海洛因等毒品而非法持有，数量较大的行为，主体是年满 16 周岁、具有刑事责任能力的人，主观方面是故意}={客体是国家对毒品的管制，客观方面表现为行为人违反国家毒品管制法规，走私、贩卖、运输、制造鸦片、海洛因、甲基苯丙胺（冰毒）、吗啡、可卡因以及其他毒品的行为，主体是年满 16 周岁、具有刑事责任能力的人和单位，主观方面是故意，客观方面表现为行为人明知是鸦片、海洛因等毒品而非法持有，数量较大的行为}。

那么，走私、贩卖、运输、制造毒品罪与非法持有毒品罪的相同点：A∩B={客体是国家对毒品的管制，主体是年满 16 周岁、具有刑事责任能力的人，主观方面是故意}。

走私、贩卖、运输、制造毒品罪与非法持有毒品罪的不同点：A∪B–A∩B={客观方面表现为行为人违反国家毒品管制法规，走私、贩卖、运输、制造鸦片、海洛因、甲基苯丙胺（冰毒）、吗啡、可卡因以及其他毒品的行为，客观方面表现为行为人明知是鸦片、海洛因等毒品而非法持有，数量较大的行为}。

（二）走私、贩卖、运输、制造毒品罪与走私制毒物品罪

A={走私、贩卖、运输、制造毒品罪}；C={走私制毒物品罪}

A∩C={走私、贩卖、运输、制造毒品罪}∩{走私制毒物品

罪｝＝｛客体是国家对毒品的管制，客观方面表现为行为人违反国家毒品管制法规，走私、贩卖、运输、制造鸦片、海洛因、甲基苯丙胺（冰毒）、吗啡、可卡因以及其他毒品的行为，主体是年满16周岁、具有刑事责任能力的人和单位，主观方面是故意｝∩｛客体是国家对制毒物品进出境的管制，客观方面表现为行为人违反国家规定，非法运输、携带醋酸酐、乙醚、三氯甲烷或者其他用于制造毒品的原料或者配剂进出境的行为，主体是年满16周岁、具有刑事责任能力的人和单位，主观方面是故意｝＝｛主体是年满16周岁、具有刑事责任能力的人和单位，主观方面是故意｝。

　　A∪C＝｛走私、贩卖、运输、制造毒品罪｝∪｛走私制毒物品罪｝＝｛客体是国家对毒品的管制，客观方面表现为行为人违反国家毒品管制法规，走私、贩卖、运输、制造鸦片、海洛因、甲基苯丙胺（冰毒）、吗啡、可卡因以及其他毒品的行为，主体是年满16周岁、具有刑事责任能力的人和单位，主观方面是故意｝∪｛客体是国家对制毒物品进出境的管制，客观方面表现为行为人违反国家规定，非法运输、携带醋酸酐、乙醚、三氯甲烷或者其他用于制造毒品的原料或者配剂进出境的行为，主体是年满16周岁、具有刑事责任能力的人和单位，主观方面是故意｝＝｛客体是国家对毒品的管制，客观方面表现为行为人违反国家毒品管制法规，走私、贩卖、运输、制造鸦片、海洛因、甲基苯丙胺（冰毒）、吗啡、可卡因以及其他毒品的行为，主体是年满16周岁、具有刑事责任能力的人和单位，主观方面是故意，客体是国家对制毒物品进出境的管制，客观方面表现为行为人违反国家规定，非法运输、携带醋酸酐、乙醚、三氯甲烷或者其他用于制造毒品的原料或者配剂进出境的行为｝。

　　那么，走私、贩卖、运输、制造毒品罪与走私制毒物品罪的相同点：A∩C＝｛主体是年满16周岁、具有刑事责任能力的人和单位，主观方面是故意｝。

走私、贩卖、运输、制造毒品罪与走私制毒物品罪的不同点：A∪C－A∩C＝{客体是国家对毒品的管制，客观方面表现为行为人违反国家毒品管制法规，走私、贩卖、运输、制造鸦片、海洛因、甲基苯丙胺（冰毒）、吗啡、可卡因以及其他毒品的行为，客体是国家对制毒物品进出境的管制，客观方面表现为行为人违反国家规定，非法运输、携带醋酸酐、乙醚、三氯甲烷或者其他用于制造毒品的原料或者配剂进出境的行为}。

（三）走私、贩卖、运输、制造毒品罪与非法买卖制毒物品罪

A＝{走私、贩卖、运输、制造毒品罪}；D＝{非法买卖制毒物品罪}

A∩D＝{走私、贩卖、运输、制造毒品罪}∩{非法买卖制毒物品罪}＝{客体是国家对毒品的管制，客观方面表现为行为人违反国家毒品管制法规，走私、贩卖、运输、制造鸦片、海洛因、甲基苯丙胺（冰毒）、吗啡、可卡因以及其他毒品的行为，主体是年满16周岁、具有刑事责任能力的人和单位，主观方面是故意}∩{客体是国家对制毒物品的管制，客观方面表现为行为人违反国家规定，在境内非法买卖醋酸酐、乙醚、三氯甲烷或者其他用于制造毒品的原料或者配剂的行为，主体是年满16周岁、具有刑事责任能力的人和单位，主观方面是故意}＝{主体是年满16周岁、具有刑事责任能力的人和单位，主观方面是故意}。

A∪D＝{走私、贩卖、运输、制造毒品罪}∪{非法买卖制毒物品罪}＝{客体是国家对毒品的管制，客观方面表现为行为人违反国家毒品管制法规，走私、贩卖、运输、制造鸦片、海洛因、甲基苯丙胺（冰毒）、吗啡、可卡因以及其他毒品的行为，主体是年满16周岁、具有刑事责任能力的人和单位，主观方面是故意}∪{客体是国家对制毒物品的管制，客观方面表现为行为人违反国

家规定，在境内非法买卖醋酸酐、乙醚、三氯甲烷或者其他用于制造毒品的原料或者配剂的行为，主体是年满 16 周岁、具有刑事责任能力的人和单位，主观方面是故意｝＝｛客体是国家对毒品的管制，客观方面表现为行为人违反国家毒品管制法规，走私、贩卖、运输、制造鸦片、海洛因、甲基苯丙胺（冰毒）、吗啡、可卡因以及其他毒品的行为，主体是年满 16 周岁、具有刑事责任能力的人和单位，主观方面是故意，客体是国家对制毒物品的管制，客观方面表现为行为人违反国家规定，在境内非法买卖醋酸酐、乙醚、三氯甲烷或者其他用于制造毒品的原料或者配剂的行为｝。

那么，走私、贩卖、运输、制造毒品罪与非法买卖制毒物品罪的相同点：A∩D＝｛主体是年满 16 周岁、具有刑事责任能力的人和单位，主观方面是故意｝。

走私、贩卖、运输、制造毒品罪与非法买卖制毒物品罪的不同点：A∪D－A∩D＝｛客体是国家对毒品的管制，客观方面表现为行为人违反国家毒品管制法规，走私、贩卖、运输、制造鸦片、海洛因、甲基苯丙胺（冰毒）、吗啡、可卡因以及其他毒品的行为，客体是国家对制毒物品的管制，客观方面表现为行为人违反国家规定，在境内非法买卖醋酸酐、乙醚、三氯甲烷或者其他用于制造毒品的原料或者配剂的行为｝。

（四）走私、贩卖、运输、制造毒品罪与非法种植毒品原植物罪

A＝｛走私、贩卖、运输、制造毒品罪｝；E＝｛非法种植毒品原植物罪｝

A∩E＝｛走私、贩卖、运输、制造毒品罪｝∩｛非法种植毒品原植物罪｝＝｛客体是国家对毒品的管制，客观方面表现为行为人违反国家毒品管制法规，走私、贩卖、运输、制造鸦片、海洛因、甲基苯丙胺（冰毒）、吗啡、可卡因以及其他毒品的行为，主体是

年满 16 周岁、具有刑事责任能力的人和单位，主观方面是故意}∩
{客体是国家对种植毒品原植物的管制，客观方面表现为行为人违
反国家规定，非法种植罂粟、大麻等毒品原植物，情节严重的行
为，主体是年满 16 周岁、具有刑事责任能力的人，主观方面是故
意}＝{主体是年满 16 周岁、具有刑事责任能力的人，主观方面是
故意}。

A∪E＝{走私、贩卖、运输、制造毒品罪}∪{非法种植毒品
原植物罪}＝{客体是国家对毒品的管制，客观方面表现为行为人
违反国家毒品管制法规，走私、贩卖、运输、制造鸦片、海洛因、
甲基苯丙胺（冰毒）、吗啡、可卡因以及其他毒品的行为，主体是
年满 16 周岁、具有刑事责任能力的人和单位，主观方面是故意}∪
{客体是国家对种植毒品原植物的管制，客观方面表现为行为人违
反国家规定，非法种植罂粟、大麻等毒品原植物，情节严重的行
为，主体是年满 16 周岁、具有刑事责任能力的人，主观方面是
故意}＝{客体是国家对毒品的管制，客观方面表现为行为人违反
国家毒品管制法规，走私、贩卖、运输、制造鸦片、海洛因、甲
基苯丙胺（冰毒）、吗啡、可卡因以及其他毒品的行为，主体是年
满 16 周岁、具有刑事责任能力的人和单位，主观方面是故意，客
体是国家对种植毒品原植物的管制，客观方面表现为行为人违反
国家规定，非法种植罂粟、大麻等毒品原植物，情节严重的
行为}。

那么，走私、贩卖、运输、制造毒品罪与非法种植毒品原植
物罪的相同点：A∩E＝{主体是年满 16 周岁、具有刑事责任能力
的人，主观方面是故意}。

走私、贩卖、运输、制造毒品罪与非法种植毒品原植物罪的
不同点：A∪E－A∩E＝{客体是国家对毒品的管制，客观方面表
现为行为人违反国家毒品管制法规，走私、贩卖、运输、制造鸦
片、海洛因、甲基苯丙胺（冰毒）、吗啡、可卡因以及其他毒品的

行为，主体是单位，客体是国家对种植毒品原植物的管制，客观方面表现为行为人违反国家规定，非法种植罂粟、大麻等毒品原植物，情节严重的行为｝。

（五）走私、贩卖、运输、制造毒品罪与非法买卖、运输、携带、持有毒品原植物种子、幼苗罪的界限

A＝｛走私、贩卖、运输、制造毒品罪｝；F＝｛非法买卖、运输、携带、持有毒品原植物种子、幼苗罪｝

A∩F＝｛走私、贩卖、运输、制造毒品罪｝∩｛非法买卖、运输、携带、持有毒品原植物种子、幼苗罪｝＝｛客体是国家对毒品的管制，客观方面表现为行为人违反国家毒品管制法规，走私、贩卖、运输、制造鸦片、海洛因、甲基苯丙胺（冰毒）、吗啡、可卡因以及其他毒品的行为，主体是年满16周岁、具有刑事责任能力的人和单位，主观方面是故意｝∩｛客体是国家对毒品原植物种子、幼苗的管制，客观方面表现为行为人违反国家规定，非法买卖、运输、携带、持有未经灭活的罂粟等毒品原植物种子或者幼苗，数量较大的行为，主体是年满16周岁、具有刑事责任能力的人，主观方面是故意｝＝｛主体是年满16周岁、具有刑事责任能力的人，主观方面是故意｝。

A∪F＝｛走私、贩卖、运输、制造毒品罪｝∪｛非法买卖、运输、携带、持有毒品原植物种子、幼苗罪｝＝｛客体是国家对毒品的管制，客观方面表现为行为人违反国家毒品管制法规，走私、贩卖、运输、制造鸦片、海洛因、甲基苯丙胺（冰毒）、吗啡、可卡因以及其他毒品的行为，主体是年满16周岁、具有刑事责任能力的人和单位，主观方面是故意｝∪｛客体是国家对毒品原植物种子、幼苗的管制，客观方面表现为行为人违反国家规定，非法买卖、运输、携带、持有未经灭活的罂粟等毒品原植物种子或者幼苗，数量较大的行为，主体是年满16周岁、具有刑事责任能力的

人，主观方面是故意} = {客体是国家对毒品的管制，客观方面表现为行为人违反国家毒品管制法规，走私、贩卖、运输、制造鸦片、海洛因、甲基苯丙胺（冰毒）、吗啡、可卡因以及其他毒品的行为，主体是年满 16 周岁、具有刑事责任能力的人和单位，主观方面是故意，客体是国家对毒品原植物种子、幼苗的管制，客观方面表现为行为人违反国家规定，非法买卖、运输、携带、持有未经灭活的罂粟等毒品原植物种子或者幼苗，数量较大的行为}。

那么，走私、贩卖、运输、制造毒品罪与非法买卖、运输、携带、持有毒品原植物种子、幼苗罪的相同点：A∩F = {主体是年满 16 周岁、具有刑事责任能力的人，主观方面是故意}。

走私、贩卖、运输、制造毒品罪与非法买卖、运输、携带、持有毒品原植物种子、幼苗罪的不同点：A∪F − A∩F = {客体是国家对毒品的管制，客观方面表现为行为人违反国家毒品管制法规，走私、贩卖、运输、制造鸦片、海洛因、甲基苯丙胺（冰毒）、吗啡、可卡因以及其他毒品的行为，主体是单位，客体是国家对毒品原植物种子、幼苗的管制，客观方面表现为行为人违反国家规定，非法买卖、运输、携带、持有未经灭活的罂粟等毒品原植物种子或者幼苗，数量较大的行为}。

（六）强迫他人吸毒罪与引诱、教唆、欺骗他人吸毒罪

G = {强迫他人吸毒罪}；H = {引诱、教唆、欺骗他人吸毒罪}

G∩H = {强迫他人吸毒罪} ∩ {引诱、教唆、欺骗他人吸毒罪} = {客体是国家对毒品的管制和他人的健康权利，客观方面表现为行为人违背他人意志，以暴力、威胁或者其他手段，强行迫使他人吸食、注射毒品的行为，主体是年满 16 周岁、具有刑事责任能力的人，主观方面是故意} ∩ {客体是国家对毒品的管制和他人的健康权利，客观方面表现为行为人使用各种方式引诱、教唆、欺骗他人吸食、注射毒品的行为，主体是年满 16 周岁、具有刑事责任能力的人，主观方面是故意} = {客体是国家对毒品的管制和他

人的健康权利，主体是年满 16 周岁、具有刑事责任能力的人，主观方面是故意}。

G∪H = {强迫他人吸毒罪}∪{引诱、教唆、欺骗他人吸毒罪} = {客体是国家对毒品的管制和他人的健康权利，客观方面表现为行为人违背他人意志，以暴力、威胁或者其他手段，强行迫使他人吸食、注射毒品的行为，主体是年满 16 周岁、具有刑事责任能力的人，主观方面是故意}∪{客体是国家对毒品的管制和他人的健康权利，客观方面表现为行为人使用各种方式引诱、教唆、欺骗他人吸食、注射毒品的行为，主体是年满 16 周岁、具有刑事责任能力的人，主观方面是故意} = {客体是国家对毒品的管制和他人的健康权利，客观方面表现为行为人违背他人意志，以暴力、威胁或者其他手段，强行迫使他人吸食、注射毒品的行为，主体是年满 16 周岁、具有刑事责任能力的人，主观方面是故意，客观方面表现为行为人使用各种方式引诱、教唆、欺骗他人吸食、注射毒品的行为}。

那么，强迫他人吸毒罪与引诱、教唆、欺骗他人吸毒罪的相同点：G∩H = {客体是国家对毒品的管制和他人的健康权利，主体是年满 16 周岁、具有刑事责任能力的人，主观方面是故意}。

强迫他人吸毒罪与引诱、教唆、欺骗他人吸毒罪的不同点：G∪H－G∩H = {客观方面表现为行为人违背他人意志，以暴力、威胁或者其他手段，强行迫使他人吸食、注射毒品的行为，客观方面表现为行为人使用各种方式引诱、教唆、欺骗他人吸食、注射毒品的行为}。

（七）强迫他人吸毒罪与容留他人吸毒罪

G = {强迫他人吸毒罪}；I = {容留他人吸毒罪}

G∩I = {强迫他人吸毒罪}∩{容留他人吸毒罪} = {客体是国家对毒品的管制和他人的健康权利，客观方面表现为行为人违背他人意志，以暴力、威胁或者其他手段，强行迫使他人吸食、注射毒品的行为，主体是年满 16 周岁、具有刑事责任能力的人，主观方面是故意｝∩｛客体是国家对毒品的管制和他人的健康权利，客观方面表现为行为人为他人吸食、注射毒品提供场所的行为，主体是年满 16 周岁、具有刑事责任能力的人，主观方面是故意｝＝｛客体是国家对毒品的管制和他人的健康权利，主体是年满 16 周岁、具有刑事责任能力的人，主观方面是故意｝。

$G \cup I$＝｛强迫他人吸毒罪｝∪｛容留他人吸毒罪｝＝｛客体是国家对毒品的管制和他人的健康权利，客观方面表现为行为人违背他人意志，以暴力、威胁或者其他手段，强行迫使他人吸食、注射毒品的行为，主体是年满 16 周岁、具有刑事责任能力的人，主观方面是故意｝∪｛客体是国家对毒品的管制和他人的健康权利，客观方面表现为行为人为他人吸食、注射毒品提供场所的行为，主体是年满 16 周岁、具有刑事责任能力的人，主观方面是故意｝＝｛客体是国家对毒品的管制和他人的健康权利，客观方面表现为行为人违背他人意志，以暴力、威胁或者其他手段，强行迫使他人吸食、注射毒品的行为，主体是年满 16 周岁、具有刑事责任能力的人，主观方面是故意，客观方面表现为行为人为他人吸食、注射毒品提供场所的行为｝。

那么，强迫他人吸毒罪与容留他人吸毒罪的相同点：$G \cap I$＝｛客体是国家对毒品的管制和他人的健康权利，主体是年满 16 周岁、具有刑事责任能力的人，主观方面是故意｝。

强迫他人吸毒罪与容留他人吸毒罪的不同点：$G \cup I - G \cap I$＝｛客观方面表现为行为人违背他人意志，以暴力、威胁或者其他手段，强行迫使他人吸食、注射毒品的行为，客观方面表现为行为人为他人吸食、注射毒品提供场所的行为｝。

（八）强迫他人吸毒罪与非法提供麻醉药品、精神药品罪

G＝｛强迫他人吸毒罪｝；J＝｛非法提供麻醉药品、精神药

品罪}

G∩J＝{强迫他人吸毒罪}∩{非法提供麻醉药品、精神药品罪}＝{客体是国家对毒品的管制和他人的健康权利，客观方面表现为行为人违背他人意志，以暴力、威胁或者其他手段，强行迫使他人吸食、注射毒品的行为，主体是年满16周岁、具有刑事责任能力的人，主观方面是故意}∩{客体是国家对麻醉药品、精神药品的管制，客观方面表现为行为人违反国家规定，向吸食、注射毒品的人提供国家规定管制的能够使人形成瘾癖的麻醉药品、精神药品的行为，主体是依法从事生产、运输、管理、使用国家管制的麻醉药品、精神药品的人员和单位，主观方面是故意}＝{主观方面是故意}。

G∪J＝{强迫他人吸毒罪}∪{非法提供麻醉药品、精神药品罪}＝{客体是国家对毒品的管制和他人的健康权利，客观方面表现为行为人违背他人意志，以暴力、威胁或者其他手段，强行迫使他人吸食、注射毒品的行为，主体是年满16周岁、具有刑事责任能力的人，主观方面是故意}∪{客体是国家对麻醉药品、精神药品的管制，客观方面表现为行为人违反国家规定，向吸食、注射毒品的人提供国家规定管制的能够使人形成瘾癖的麻醉药品、精神药品的行为，主体是依法从事生产、运输、管理、使用国家管制的麻醉药品、精神药品的人员和单位，主观方面是故意}＝{客体是国家对毒品的管制和他人的健康权利，客观方面表现为行为人违背他人意志，以暴力、威胁或者其他手段，强行迫使他人吸食、注射毒品的行为，主体是年满16周岁、具有刑事责任能力的人，主观方面是故意，客体是国家对麻醉药品、精神药品的管制，客观方面表现为行为人违反国家规定，向吸食、注射毒品的人提供国家规定管制的能够使人形成瘾癖的麻醉药品、精神药品的行为，主体是依法从事生产、运输、管理、使用国家管制的麻醉药品、精神药品的人员和单位}。

那么，强迫他人吸毒罪与非法提供麻醉药品、精神药品罪的相同点：G∩J＝{主观方面是故意}。

强迫他人吸毒罪与非法提供麻醉药品、精神药品罪的不同点：G∪J－G∩J＝{客体是国家对毒品的管制和他人的健康权利，客观方面表现为行为人违背他人意志，以暴力、威胁或者其他手段，强行迫使他人吸食、注射毒品的行为，主体是年满 16 周岁、具有刑事责任能力的人，客体是国家对麻醉药品、精神药品的管制，客观方面表现为行为人违反国家规定，向吸食、注射毒品的人提供国家规定管制的能够使人形成瘾癖的麻醉药品、精神药品的行为，主体是依法从事生产、运输、管理、使用国家管制的麻醉药品、精神药品的人员和单位}。

第八节　组织、强迫、引诱、容留、介绍卖淫罪

一、组织、强迫、引诱、容留、介绍卖淫罪概述

（一）组织、强迫、引诱、容留、介绍卖淫罪的概念

组织、强迫、引诱、容留、介绍卖淫罪，是指行为人故意实施组织、强迫、引诱、容留、介绍卖淫等各种卖淫活动，侵犯社会善良风尚，依法应负刑事责任的行为。

（二）组织、强迫、引诱、容留、介绍卖淫罪的构成特征

关于组织、强迫、引诱、容留、介绍卖淫罪的构成特征，根据现行刑法的规定，主要有以下几个方面，其集合表现为：

设 A 为组织、强迫、引诱、容留、介绍卖淫罪的集合，则 A＝{组织、强迫、引诱、容留、介绍卖淫罪}；

设 B 为组织、强迫、引诱、容留、介绍卖淫罪的客体的集合，

则 B =｛客体是社会善良风尚｝；

设 C 为组织、强迫、引诱、容留、介绍卖淫罪的客观方面的集合，则 C =｛客观方面表现为行为人实施了组织、强迫、引诱、容留、介绍卖淫等各种卖淫活动，侵犯社会善良风尚，依法应负刑事责任的行为｝；

设 D 为组织、强迫、引诱、容留、介绍卖淫罪的主体的集合，则 D =｛除传播性病罪为特殊主体之外，其他都是一般主体，即年满 16 周岁、具有刑事责任能力的自然人｝；

设 E 为组织、强迫、引诱、容留、介绍卖淫罪的主观方面的集合，则 E =｛主观方面只能是故意｝；

则 A = B∪C∪D∪E，即 ｛组织、强迫、引诱、容留、介绍卖淫罪｝=｛客体是社会治安管理秩序和社会善良风尚｝∪｛客观方面表现为行为人实施了组织、强迫、引诱、容留、介绍卖淫等各种卖淫活动，侵犯社会善良风尚，依法应负刑事责任的行为｝∪｛主体除传播性病罪为特殊主体之外，其他都是一般主体，即年满 16 周岁、具有刑事责任能力的自然人｝∪｛主观方面大多数犯罪是故意，少数犯罪是过失｝=｛客体是社会治安管理秩序和社会善良风尚，客观方面表现为行为人实施了组织、强迫、引诱、容留、介绍卖淫等各种卖淫活动，侵犯社会善良风尚，依法应负刑事责任的行为，主体除传播性病罪为特殊主体之外，其他都是一般主体，即年满 16 周岁、具有刑事责任能力的自然人，主观方面只能是故意｝。

（三）组织、强迫、引诱、容留、介绍卖淫罪的类型

根据现行刑法对组织、强迫、引诱、容留、介绍卖淫罪所作的规定来看，本节共有 6 种具体犯罪，用子集的方式来表达，其构造表现为：

｛组织、强迫、引诱、容留、介绍卖淫罪｝

｛组织卖淫罪｝

{强迫卖淫罪}

{协助组织卖淫罪}

{引诱、容留、介绍卖淫罪}

{引诱幼女卖淫罪}

{传播性病罪}

……

{组织卖淫罪, 强迫卖淫罪, 协助组织卖淫罪, 引诱、容留、介绍卖淫罪, 引诱幼女卖淫罪, 传播性病罪}

二、组织、强迫、引诱、容留、介绍卖淫罪的界限

(一) 组织卖淫罪与协助组织卖淫罪

A = {组织卖淫罪}；B = {协助组织卖淫罪}

A∩B = {组织卖淫罪} ∩ {协助组织卖淫罪} = {客体是社会治安管理秩序和社会风尚, 客观方面表现为行为人以招募、雇佣、引诱、容留等手段, 纠集、控制、策划、指挥多人从事卖淫的行为, 主体是年满 16 周岁、具有刑事责任能力的人, 主观方面是故意} ∩ {客体是社会治安管理秩序和社会风尚, 客观方面表现为行为人为他人组织卖淫活动提供帮助的行为, 主体是年满 16 周岁、具有刑事责任能力的人, 主观方面是故意} = {客体是社会治安管理秩序和社会风尚, 主体是年满 16 周岁、具有刑事责任能力的人, 主观方面是故意}。

A∪B = {组织卖淫罪} ∪ {协助组织卖淫罪} = {客体是社会治安管理秩序和社会风尚, 客观方面表现为行为人以招募、雇佣、引诱、容留等手段, 纠集、控制、策划、指挥多人从事卖淫的行为, 主体是年满 16 周岁、具有刑事责任能力的人, 主观方面是故意} ∪ {客体是社会治安管理秩序和社会风尚, 客观方面表现为行为人为他人组织卖淫活动提供帮助的行为, 主体是年满 16 周岁、

具有刑事责任能力的人，主观方面是故意｝＝｛客体是社会治安管理秩序和社会风尚，客观方面表现为行为人以招募、雇佣、引诱、容留等手段，纠集、控制、策划、指挥多人从事卖淫的行为，主体是年满16周岁、具有刑事责任能力的人，主观方面是故意，客观方面表现为行为人为他人组织卖淫活动提供帮助的行为｝。

那么，组织卖淫罪与协助组织卖淫罪的相同点：A∩B＝｛客体是社会治安管理秩序和社会风尚，主体是年满16周岁、具有刑事责任能力的人，主观方面是故意｝。

组织卖淫罪与协助组织卖淫罪的不同点：A∪B－A∩B＝｛客观方面表现为行为人以招募、雇佣、引诱、容留等手段，纠集、控制、策划、指挥多人从事卖淫的行为，客观方面表现为行为人为他人组织卖淫活动提供帮助的行为｝。

（二）组织卖淫罪与强迫卖淫罪

A＝｛组织卖淫罪｝；C＝｛强迫卖淫罪｝

A∩C＝｛组织卖淫罪｝∩｛强迫卖淫罪｝＝｛客体是社会治安管理秩序和社会风尚，客观方面表现为行为人以招募、雇佣、引诱、容留等手段，纠集、控制、策划、指挥多人从事卖淫的行为，主体是年满16周岁、具有刑事责任能力的人，主观方面是故意｝∩｛客体是社会治安管理秩序和他人的性的自主权，客观方面表现为行为人以暴力、胁迫、虐待或者其他强制手段，迫使他人违背自己的意志卖淫的行为，主体是年满16周岁、具有刑事责任能力的人，主观方面是故意｝＝｛客体是社会治安管理秩序，主体是年满16周岁、具有刑事责任能力的人，主观方面是故意｝。

A∪C＝｛组织卖淫罪｝∪｛强迫卖淫罪｝＝｛客体是社会治安管理秩序和社会风尚，客观方面表现为行为人以招募、雇佣、引诱、容留等手段，纠集、控制、策划、指挥多人从事卖淫的行为，主体是年满16周岁、具有刑事责任能力的人，主观方面是故意｝∪

｛客体是社会治安管理秩序和他人的性的自主权，客观方面表现为行为人以暴力、胁迫、虐待或者其他强制手段，迫使他人违背自己的意志卖淫的行为，主体是年满 16 周岁、具有刑事责任能力的人，主观方面是故意｝＝｛客体是社会治安管理秩序和社会风尚，客观方面表现为行为人以招募、雇佣、引诱、容留等手段，纠集、控制、策划、指挥多人从事卖淫的行为，主体是年满 16 周岁、具有刑事责任能力的人，主观方面是故意，客体是社会治安管理秩序和他人的性的自主权，客观方面表现为行为人以暴力、胁迫、虐待或者其他强制手段，迫使他人违背自己的意志卖淫的行为｝。

那么，组织卖淫罪与强迫卖淫罪的相同点：A∩C＝｛客体是社会治安管理秩序，主体是年满 16 周岁、具有刑事责任能力的人，主观方面是故意｝。

组织卖淫罪与强迫卖淫罪的不同点：A∪C－A∩C＝｛客体是社会风尚，客观方面表现为行为人以招募、雇佣、引诱、容留等手段，纠集、控制、策划、指挥多人从事卖淫的行为，客体是他人的性的自主权，客观方面表现为行为人以暴力、胁迫、虐待或者其他强制手段，迫使他人违背自己的意志卖淫的行为｝。

（三）引诱、容留、介绍卖淫罪与引诱幼女卖淫罪

D＝｛引诱、容留、介绍卖淫罪｝；E＝｛引诱幼女卖淫罪｝

D∩E＝｛引诱、容留、介绍卖淫罪｝∩｛引诱幼女卖淫罪｝＝｛客体是社会治安管理秩序和社会风尚，客观方面表现为行为人以金钱、物质或者其他利益诱使他人卖淫，或者为他人卖淫提供场所，或者为卖淫者嫖娼者牵线搭桥的行为，主体是年满 16 周岁、具有刑事责任能力的人，主观方面是故意，且大多以营利为目的｝∩｛客体是社会治安管理秩序和幼女的身心健康，客观方面表现为行为人以金钱、物质或者其他利益，诱使不满 14 周岁的幼女卖淫的行为，主体是年满 16 周岁、具有刑事责任能力的人，主观方面是

故意}={客体是社会治安管理秩序，主体是年满 16 周岁、具有刑事责任能力的人，主观方面是故意}。

D∪E={引诱、容留、介绍卖淫罪}∪{引诱幼女卖淫罪}={客体是社会治安管理秩序和社会风尚，客观方面表现为行为人以金钱、物质或者其他利益诱使他人卖淫，或者为他人卖淫提供场所，或者为卖淫者嫖娼者牵线搭桥的行为，主体是年满 16 周岁、具有刑事责任能力的人，主观方面是故意，且大多以营利为目的}∪{客体是社会治安管理秩序和幼女的身心健康，客观方面表现为行为人以金钱、物质或者其他利益，诱使不满 14 周岁的幼女卖淫的行为，主体是年满 16 周岁、具有刑事责任能力的人，主观方面是故意}={客体是社会治安管理秩序和社会风尚，客观方面表现为行为人以金钱、物质或者其他利益诱使他人卖淫，或者为他人卖淫提供场所，或者为卖淫者嫖娼者牵线搭桥的行为，主体是年满 16 周岁、具有刑事责任能力的人，主观方面是故意，且大多以营利为目的，客体是社会治安管理秩序和幼女的身心健康，客观方面表现为行为人以金钱、物质或者其他利益，诱使不满 14 周岁的幼女卖淫的行为}。

那么，引诱、容留、介绍卖淫罪与引诱幼女卖淫罪的相同点：D∩E={客体是社会治安管理秩序，主体是年满 16 周岁、具有刑事责任能力的人，主观方面是故意}。

引诱、容留、介绍卖淫罪与引诱幼女卖淫罪的不同点：D∪E－D∩E={客体是社会风尚，客观方面表现为行为人以金钱、物质或者其他利益诱使他人卖淫，或者为他人卖淫提供场所，或者为卖淫者嫖娼者牵线搭桥的行为，主观方面是故意，且大多以营利为目的，客体是幼女的身心健康，客观方面表现为行为人以金钱、物质或者其他利益，诱使不满 14 周岁的幼女卖淫的行为}。

第九节　制造、贩卖、传播淫秽物品罪

一、制造、贩卖、传播淫秽物品罪概述

（一）制造、贩卖、传播淫秽物品罪的概念

制造、贩卖、传播淫秽物品罪，是指行为人故意实施制造、贩卖、传播淫秽物品等活动，情节严重，依法应负刑事责任的行为。

（二）制造、贩卖、传播淫秽物品罪的构成特征

关于制造、贩卖、传播淫秽物品罪的构成特征，根据现行刑法的规定，主要有以下几个方面，其集合表现为：

设 A 为制造、贩卖、传播淫秽物品罪的集合，则 A = ｛制造、贩卖、传播淫秽物品罪｝；

设 B 为制造、贩卖、传播淫秽物品罪的客体的集合，则 B = ｛客体是国家对文化市场的管理秩序｝；

设 C 为制造、贩卖、传播淫秽物品罪的客观方面的集合，则 C = ｛客观方面表现为行为人故意实施制造、贩卖、传播淫秽物品等活动，情节严重，依法应负刑事责任的行为｝；

设 D 为制造、贩卖、传播淫秽物品罪的主体的集合，则 D = ｛主体是年满 16 周岁、具有刑事责任能力的自然人和单位｝；

设 E 为制造、贩卖、传播淫秽物品罪的主观方面的集合，则 E = ｛主观方面除为他人提供书号出版淫秽书刊罪是过失以外，其他犯罪都是故意｝；

则 A = B∪C∪D∪E，即 ｛制造、贩卖、传播淫秽物品罪｝ = ｛客体是国家对文化市场的管理秩序｝∪｛客观方面表现为行为人故

意实施制造、贩卖、传播淫秽物品等活动，情节严重，依法应负刑事责任的行为}∪{主体是年满 16 周岁、具有刑事责任能力的自然人和单位}∪{主观方面除为他人提供书号出版淫秽书刊罪是过失以外，其他犯罪都是故意} ＝ {客体是国家对文化市场的管理秩序，客观方面表现为行为人故意实施制造、贩卖、传播淫秽物品等活动，情节严重，依法应负刑事责任的行为，主体是年满 16 周岁、具有刑事责任能力的自然人和单位，主观方面除为他人提供书号出版淫秽书刊罪是过失以外，其他犯罪都是故意}。

（三）制造、贩卖、传播淫秽物品罪的类型

根据现行刑法对制造、贩卖、传播淫秽物品罪所作的规定来看，本节共有 5 种具体犯罪，用子集的方式来表达，其构造表现为：

{制造、贩卖、传播淫秽物品罪}

{制作、复制、出版、贩卖、传播淫秽物品牟利罪}

{为他人提供书号出版淫秽书刊罪}

{传播淫秽物品罪}

{组织播放淫秽音像制品罪}

{组织淫秽表演罪}

……

{制作、复制、出版、贩卖、传播淫秽物品牟利罪，为他人提供书号出版淫秽书刊罪，传播淫秽物品罪，组织播放淫秽音像制品罪，组织淫秽表演罪}

二、制造、贩卖、传播淫秽物品罪的界限

（一）制作、复制、出版、贩卖、传播淫秽物品牟利罪与传播淫秽物品罪

A ＝{制作、复制、出版、贩卖、传播淫秽物品牟利罪}；B ＝

{传播淫秽物品罪}

A∩B={制作、复制、出版、贩卖、传播淫秽物品牟利罪}∩
{传播淫秽物品罪}={客体是国家对文化市场的管理秩序,客观方
面表现为行为人制作、复制、出版、贩卖、传播淫秽物品的行为,
主体是年满16周岁、具有刑事责任能力的人和单位,主观方面是
故意,且以牟利为目的}∩{客体是国家对文化市场的管理秩序,
客观方面表现为行为人在社会上传播淫秽的书刊、影片、音像、
图片或者其他淫秽物品,情节严重的行为,主体是年满16周岁、
具有刑事责任能力的人和单位,主观方面是故意,且不以牟利为
目的}={客体是国家对文化市场的管理秩序,主体是年满16周
岁、具有刑事责任能力的人和单位,主观方面是故意}。

A∪B={制作、复制、出版、贩卖、传播淫秽物品牟利罪}∪
{传播淫秽物品罪}={客体是国家对文化市场的管理秩序,客观方
面表现为行为人制作、复制、出版、贩卖、传播淫秽物品的行为,
主体是年满16周岁、具有刑事责任能力的人和单位,主观方面是
故意,且以牟利为目的}∪{客体是国家对文化市场的管理秩序,
客观方面表现为行为人在社会上传播淫秽的书刊、影片、音像、
图片或者其他淫秽物品,情节严重的行为,主体是年满16周岁、
具有刑事责任能力的人和单位,主观方面是故意,且不以牟利为
目的}={客体是国家对文化市场的管理秩序,客观方面表现为行
为人制作、复制、出版、贩卖、传播淫秽物品的行为,主体是年
满16周岁、具有刑事责任能力的人和单位,主观方面是故意,且
以牟利为目的,客观方面表现为行为人在社会上传播淫秽的书刊、
影片、音像、图片或者其他淫秽物品,情节严重的行为,主观方
面是故意,且不以牟利为目的}。

那么,制作、复制、出版、贩卖、传播淫秽物品牟利罪与传
播淫秽物品罪的相同点:A∩B={客体是国家对文化市场的管理
秩序,主体是年满16周岁、具有刑事责任能力的人和单位,主观

方面是故意｝。

制作、复制、出版、贩卖、传播淫秽物品牟利罪与传播淫秽物品罪的不同点：A∪B－A∩B＝｛客观方面表现为行为人制作、复制、出版、贩卖、传播淫秽物品的行为，主观方面是故意，且以牟利为目的，客观方面表现为行为人在社会上传播淫秽的书刊、影片、音像、图片或者其他淫秽物品，情节严重的行为，主观方面是故意，且不以牟利为目的｝。

（二）制作、复制、出版、贩卖、传播淫秽物品牟利罪与为他人提供书号出版淫秽书刊罪

A＝｛制作、复制、出版、贩卖、传播淫秽物品牟利罪｝；C＝｛为他人提供书号出版淫秽书刊罪｝

A∩C＝｛制作、复制、出版、贩卖、传播淫秽物品牟利罪｝∩｛为他人提供书号出版淫秽书刊罪｝＝｛客体是国家对文化市场的管理秩序，客观方面表现为行为人制作、复制、出版、贩卖、传播淫秽物品的行为，主体是年满16周岁、具有刑事责任能力的人和单位，主观方面是故意，且以牟利为目的｝∩｛客体是国家对书刊出版的管理秩序，客观方面表现为行为人违反国家出版法规，为他人提供书号，出版淫秽书刊的行为，主体是年满16周岁、具有刑事责任能力的人和单位，主观方面是过失｝＝｛主体是年满16周岁、具有刑事责任能力的人和单位｝。

A∪C＝｛制作、复制、出版、贩卖、传播淫秽物品牟利罪｝∪｛为他人提供书号出版淫秽书刊罪｝＝｛客体是国家对文化市场的管理秩序，客观方面表现为行为人制作、复制、出版、贩卖、传播淫秽物品的行为，主体是年满16周岁、具有刑事责任能力的人和单位，主观方面是故意，且以牟利为目的｝∪｛客体是国家对书刊出版的管理秩序，客观方面表现为行为人违反国家出版法规，为他人提供书号，出版淫秽书刊的行为，主体是年满16周岁、具有

刑事责任能力的人和单位，主观方面是过失} = {客体是国家对文化市场的管理秩序，客观方面表现为行为人制作、复制、出版、贩卖、传播淫秽物品的行为，主体是年满 16 周岁、具有刑事责任能力的人和单位，主观方面是故意，且以牟利为目的，客体是国家对书刊出版的管理秩序，客观方面表现为行为人违反国家出版法规，为他人提供书号，出版淫秽书刊的行为，主观方面是过失}。

那么，制作、复制、出版、贩卖、传播淫秽物品牟利罪与为他人提供书号出版淫秽书刊罪的相同点：A∩C = {主体是年满 16 周岁、具有刑事责任能力的人和单位}。

制作、复制、出版、贩卖、传播淫秽物品牟利罪与为他人提供书号出版淫秽书刊罪的不同点：A∪C – A∩C = {客体是国家对文化市场的管理秩序，客观方面表现为行为人制作、复制、出版、贩卖、传播淫秽物品的行为，主观方面是故意，且以牟利为目的，客体是国家对书刊出版的管理秩序，客观方面表现为行为人违反国家出版法规，为他人提供书号，出版淫秽书刊的行为，主观方面是过失}。

（三）组织播放淫秽音像制品罪与组织淫秽表演罪

D = {组织播放淫秽音像制品罪}；E = {组织淫秽表演罪}

D∩E = {组织播放淫秽音像制品罪} ∩ {组织淫秽表演罪} = {客体是国家对文化市场的管理秩序，客观方面表现为行为人组织播放淫秽的电影、录像等音像制品的行为，主体是年满 16 周岁、具有刑事责任能力的人和单位，主观方面是故意，且不以牟利为目的} ∩ {客体是国家对文化市场的管理秩序和社会治安管理秩序，客观方面表现为行为人纠集、策划、指挥、安排他人在一定场所当众进行诲淫性演出的行为，主体是年满 16 周岁、具有刑事责任能力的人和单位，主观方面是故意} = {客体是国家对文化市场的管理秩序，主体是年满 16 周岁、具有刑事责任能力的人和单位，主观方面是故意}。

D∪E = {组织播放淫秽音像制品罪} ∪ {组织淫秽表演罪} = {客体是国家对文化市场的管理秩序，客观方面表现为行为人组织播放淫秽的电影、录像等音像制品的行为，主体是年满 16 周岁、具有刑事责任能力的人和单位，主观方面是故意，且不以牟利为目的} ∪ {客体是国家对文化市场的管理秩序和社会治安管理秩序，客观方面表现为行为人纠集、策划、指挥、安排他人在一定场所当众进行海淫性演出的行为，主体是年满 16 周岁、具有刑事责任能力的人和单位，主观方面是故意} = {客体是国家对文化市场的管理秩序，客观方面表现为行为人组织播放淫秽的电影、录像等音像制品的行为，主体是年满 16 周岁、具有刑事责任能力的人和单位，主观方面是故意，且不以牟利为目的，客体是国家对文化市场的管理秩序和社会治安管理秩序，客观方面表现为行为人纠集、策划、指挥、安排他人在一定场所当众进行海淫性演出的行为，主观方面是故意}。

那么，组织播放淫秽音像制品罪与组织淫秽表演罪的相同点：D∩E = {客体是国家对文化市场的管理秩序，主体是年满 16 周岁、具有刑事责任能力的人和单位，主观方面是故意}。

组织播放淫秽音像制品罪与组织淫秽表演罪的不同点：D∪E − D∩E = {客观方面表现为行为人组织播放淫秽的电影、录像等音像制品的行为，主观方面是故意，且不以牟利为目的，客体是社会治安管理秩序，客观方面表现为行为人纠集、策划、指挥、安排他人在一定场所当众进行海淫性演出的行为}。

第七章

危害国防利益罪

第一节　平时危害国防利益罪

一、平时危害国防利益罪概述

（一）平时危害国防利益罪的概念

平时危害国防利益罪，是指行为人于平时故意或者过失地违反国防法规，拒不履行国防义务，或以其他形式危害国防利益，依法应负刑事责任的行为。

（二）平时危害国防利益罪的构成特征

关于平时危害国防利益罪的构成特征，根据现行刑法的规定，主要有以下几个方面，其集合表现为：

设 A 为平时危害国防利益罪的集合，则 A = {平时危害国防利益罪}；

设 B 为平时危害国防利益罪的客体的集合，则 B = {客体是国防利益}；

设 C 为平时危害国防利益罪的客观方面的集合，则 C = {客观方面表现为行为人于平时违反国防法规，拒不履行国防义务，或以其他形式危害国防利益，依法应负刑事责任的行为}；

设 D 为平时危害国防利益罪的主体的集合，则 D = {主体是年满 16 周岁、具有刑事责任能力的自然人和单位}；

设 E 为平时危害国防利益罪的主观方面的集合，则 E = {主观方面大多数犯罪在主观上是故意，少数犯罪在主观上是过失}；

则 A = B∪C∪D∪E，即 {平时危害国防利益罪} = {客体是国防利益}∪{客观方面表现为行为人于平时违反国防法规，拒不履行国防义务，或以其他形式危害国防利益，依法应负刑事责任的行为}∪{主体是年满 16 周岁、具有刑事责任能力的自然人和单位}∪{主观方面大多数犯罪是故意，少数犯罪是过失} = {客体是国防利益，客观方面表现为行为人于平时违反国防法规，拒不履行国防义务，或以其他形式危害国防利益，依法应负刑事责任的行为，主体是年满 16 周岁、具有刑事责任能力的自然人和单位，主观方面大多数犯罪是故意，少数犯罪是过失}。

（三）平时危害国防利益罪的类型

根据现行刑法对平时危害国防利益罪作的规定来看，本节共有 16 种具体犯罪，用子集的方式来表达，其构造表现为：

{平时危害国防利益罪}

{阻碍军人执行职务罪}

{阻碍军事行动罪}

{破坏武器装备、军事设施、军事通信罪}

{过失损坏武器装备、军事设施、军事通信罪}

{故意提供不合格武器装备、军事设施罪}

{过失提供不合格武器装备、军事设施罪}

{聚众冲击军事禁区罪}

{聚众扰乱军事管理区秩序罪}

{冒充军人招摇撞骗罪}

{煽动军人逃离部队罪}

{雇佣逃离部队军人罪}

{接送不合格兵员罪}

{伪造、变造、买卖武装部队公文、证件、印章罪}

{盗窃、抢夺武装部队公文、证件、印章罪}

{非法生产、买卖武装部队制式服装罪}

{伪造、盗窃、买卖、非法提供、非法使用武装部队专用标志罪}

......

{阻碍军人执行职务罪，阻碍军事行动罪，破坏武器装备、军事设施、军事通信罪，过失损坏武器装备、军事设施、军事通信罪，故意提供不合格武器装备、军事设施罪，过失提供不合格武器装备、军事设施罪，聚众冲击军事禁区罪，聚众扰乱军事管理区秩序罪，冒充军人招摇撞骗罪，煽动军人逃离部队罪，雇佣逃离部队军人罪，接送不合格兵员罪，伪造、变造、买卖武装部队公文、证件、印章罪，盗窃、抢夺武装部队公文、证件、印章罪，非法生产、买卖武装部队制式服装罪，伪造、盗窃、买卖、非法提供、非法使用武装部队专用标志罪}

二、平时危害国防利益罪的界限

(一) 阻碍军人执行职务罪与阻碍军事行动罪

A = {阻碍军人执行职务罪}；B = {阻碍军事行动罪}

A∩B = {阻碍军人执行职务罪} ∩ {阻碍军事行动罪} = {客体是军人依法执行职务的活动，客观方面表现为以暴力、威胁方法阻碍军人依法执行职务的行为，主体是年满 16 周岁、具有刑事责任能力的人，主观方面是故意} ∩ {客体是武装部队的军事行动秩序，客观方面表现为阻碍武装部队军事行动，造成严重后果的行为，主体是年满 16 周岁、具有刑事责任能力的人，主观方面是故意｝＝｛主体是年满 16 周岁、具有刑事责任能力的人，主观方面是故意｝。

A∪B＝｛阻碍军人执行职务罪｝∪｛阻碍军事行动罪｝＝｛客体是军人依法执行职务的活动，客观方面表现为以暴力、威胁方法阻碍军人依法执行职务的行为，主体是年满 16 周岁、具有刑事责任能力的人，主观方面是故意｝∪｛客体是武装部队的军事行动秩序，客观方面表现为阻碍武装部队军事行动，造成严重后果的行为，主体是年满 16 周岁、具有刑事责任能力的人，主观方面是故意｝＝｛客体是军人依法执行职务的活动，客观方面表现为以暴力、威胁方法阻碍军人依法执行职务的行为，主体是年满 16 周岁、具有刑事责任能力的人，主观方面是故意，客体是武装部队的军事行动秩序，客观方面表现为阻碍武装部队军事行动，造成严重后果的行为｝。

那么，阻碍军人执行职务罪与阻碍军事行动罪的相同点：A∩B＝｛主体是年满 16 周岁、具有刑事责任能力的人，主观方面是故意｝。

阻碍军人执行职务罪与阻碍军事行动罪的不同点：A∪B－A∩B＝｛客体是军人依法执行职务的活动，客观方面表现为以暴力、威胁方法阻碍军人依法执行职务的行为，客体是武装部队的军事行动秩序，客观方面表现为阻碍武装部队军事行动，造成严重后果的行为｝。

（二）破坏武器装备、军事设施、军事通信罪与过失损坏武器装备、军事设施、军事通信罪

C＝｛破坏武器装备、军事设施、军事通信罪｝；D＝｛过失损坏武器装备、军事设施、军事通信罪｝

C∩D＝{破坏武器装备、军事设施、军事通信罪}∩{过失损坏武器装备、军事设施、军事通信罪}＝{客体是武装部队的军事行动秩序，客观方面表现为行为人破坏部队的武器装备、军事设施、军事通信的行为，主体是年满 16 周岁、具有刑事责任能力的人，主观方面是故意}∩{客体是武器装备、军事设施的使用效能和军事通信保障秩序，客观方面表现为行为人损坏部队的武器装备、军事设施、军事通信，造成严重后果的行为，主体是年满 16 周岁、具有刑事责任能力的人，主观方面是故意}＝{主体是年满 16 周岁、具有刑事责任能力的人，主观方面是故意}。

C∪D＝{破坏武器装备、军事设施、军事通信罪}∪{过失损坏武器装备、军事设施、军事通信罪}＝{客体是武装部队的军事行动秩序，客观方面表现为行为人破坏部队的武器装备、军事设施、军事通信的行为，主体是年满 16 周岁、具有刑事责任能力的人，主观方面是故意}∪{客体是武器装备、军事设施的使用效能和军事通信保障秩序，客观方面表现为行为人损坏部队的武器装备、军事设施、军事通信，造成严重后果的行为，主体是年满 16 周岁、具有刑事责任能力的人，主观方面是故意}＝{客体是武装部队的军事行动秩序，客观方面表现为行为人破坏部队的武器装备、军事设施、军事通信的行为，主体是年满 16 周岁、具有刑事责任能力的人，主观方面是故意，客体是武器装备、军事设施的使用效能和军事通信保障秩序，客观方面表现为行为人损坏部队的武器装备、军事设施、军事通信，造成严重后果的行为}。

那么，破坏武器装备、军事设施、军事通信罪与过失损坏武器装备、军事设施、军事通信罪的相同点：C∩D＝{主体是年满 16 周岁、具有刑事责任能力的人，主观方面是故意}。

破坏武器装备、军事设施、军事通信罪与过失损坏武器装备、军事设施、军事通信罪的不同点：C∪D－C∩D＝{客体是武装部队的军事行动秩序，客观方面表现为行为人破坏部队的武器装备、军事设施、军事通信的行为，客体是武器装备、军事设施的使用效能和军事通信保障秩序，客观方面表现为行为人损坏部队的武器装备、军事设施、军事通信，造成严重后果的行为｝。

（三）故意提供不合格武器装备、军事设施罪与过失提供不合格武器装备、军事设施罪

E =｛故意提供不合格武器装备、军事设施罪｝；F =｛过失提供不合格武器装备、军事设施罪｝

E∩F =｛故意提供不合格武器装备、军事设施罪｝∩｛过失提供不合格武器装备、军事设施罪｝=｛客体是武装部队对武器装备、军事设施的正常使用和武装部队的合法利益，客观方面表现为行为人将不合格的武器装备、军事设施提供给武装部队的行为，主体是年满 16 周岁、具有刑事责任能力的人，主观方面是故意｝∩｛客体是武装部队对武器装备、军事设施的正常使用和武装部队的合法利益，客观方面表现为行为人将不合格的武器装备、军事设施提供给武装部队，造成严重后果的行为，主体是年满 16 周岁、具有刑事责任能力的人，主观方面是过失｝=｛客体是武装部队对武器装备、军事设施的正常使用和武装部队的合法利益，主体是年满 16 周岁、具有刑事责任能力的人｝。

E∪F =｛故意提供不合格武器装备、军事设施罪｝∪｛过失提供不合格武器装备、军事设施罪｝=｛客体是武装部队对武器装备、军事设施的正常使用和武装部队的合法利益，客观方面表现为行为人将不合格的武器装备、军事设施提供给武装部队的行为，主体是年满 16 周岁、具有刑事责任能力的人，主观方面是故意｝∪｛客体是武装部队对武器装备、军事设施的正常使用和武装部队的合法利益，客观方面表现为行为人将不合格的武器装备、军事设施提供给武装部队，造成严重后果的行为，主体是年满 16 周岁、具有刑事责任能力的人，主观方面是过失｝=｛客体是武装部队对

武器装备、军事设施的正常使用和武装部队的合法利益，客观方面表现为行为人将不合格的武器装备、军事设施提供给武装部队的行为，主体是年满 16 周岁、具有刑事责任能力的人，主观方面是故意，客观方面表现为行为人将不合格的武器装备、军事设施提供给武装部队，造成严重后果的行为，主观方面是过失｝。

那么，故意提供不合格武器装备、军事设施罪与过失损坏武器装备、军事设施、军事通信罪的相同点：E∩F =｛客体是武装部队对武器装备、军事设施的正常使用和武装部队的合法利益，主体是年满 16 周岁、具有刑事责任能力的人｝。

故意提供不合格武器装备、军事设施罪与过失损坏武器装备、军事设施、军事通信罪的不同点：E∪F – E∩F =｛客观方面表现为行为人将不合格的武器装备、军事设施提供给武装部队的行为，主观方面是故意，客观方面表现为行为人将不合格的武器装备、军事设施提供给武装部队，造成严重后果的行为，主观方面是过失｝。

（四）聚众冲击军事禁区罪与聚众扰乱军事管理区秩序罪

G =｛聚众冲击军事禁区罪｝；H =｛聚众扰乱军事管理区秩序罪｝

G∩H =｛聚众冲击军事禁区罪｝∩｛聚众扰乱军事管理区秩序罪｝=｛客体是军事禁区的管理秩序，客观方面表现为行为人聚众冲击军事禁区，严重扰乱军事禁区秩序的行为，主体是聚众冲击军事禁区的首要分子和积极参加者，主观方面是故意｝∩｛客体是军事管理区的正常活动，客观方面表现为行为人聚众扰乱军事管理区秩序，情节严重，致使军事管理区工作无法进行，造成严重损失的行为，主体是聚众扰乱军事管理区的首要分子和积极参加者，主观方面是故意｝=｛主观方面是故意｝。

G∪H =｛聚众冲击军事禁区罪｝∪｛聚众扰乱军事管理区秩序罪｝=｛客体是军事禁区的管理秩序，客观方面表现为行为人聚众冲击军事禁区，严重扰乱军事禁区秩序的行为，主体是聚众冲击军事禁区的首要分子和积极参加者，主观方面是故意｝∪｛客体是军事管理区的正常活动，客观方面表现为行为人聚众扰乱军事管理区秩序，情节严重，致使军事管理区工作无法进行，造成严重损失的行为，主体是聚众扰乱军事管理区的首要分子和积极参加者，主观方面是故意｝＝｛客体是军事禁区的管理秩序，客观方面表现为行为人聚众冲击军事禁区，严重扰乱军事禁区秩序的行为，主体是聚众冲击军事禁区的首要分子和积极参加者，主观方面是故意，客体是军事管理区的正常活动，客观方面表现为行为人聚众扰乱军事管理区秩序，情节严重，致使军事管理区工作无法进行，造成严重损失的行为，主体是聚众扰乱军事管理区的首要分子和积极参加者｝。

那么，聚众冲击军事禁区罪与聚众扰乱军事管理区秩序罪的相同点：$G \cap H = $｛主观方面是故意｝。

聚众冲击军事禁区罪与聚众扰乱军事管理区秩序罪的不同点：$G \cup H - G \cap H = $｛客体是军事禁区的管理秩序，客观方面表现为行为人聚众冲击军事禁区，严重扰乱军事禁区秩序的行为，主体是聚众冲击军事禁区的首要分子和积极参加者，客体是军事管理区的正常活动，客观方面表现为行为人聚众扰乱军事管理区秩序，情节严重，致使军事管理区工作无法进行，造成严重损失的行为，主体是聚众扰乱军事管理区的首要分子和积极参加者｝。

（五）煽动军人逃离部队罪与雇佣逃离部队军人罪

$I = $｛煽动军人逃离部队罪｝；$J = $｛雇佣逃离部队军人罪｝

$I \cap J = $｛煽动军人逃离部队罪｝$\cap$｛雇佣逃离部队军人罪｝$= $｛客体是军队对军人的管理制度，客观方面表现为行为人以鼓动、怂恿、劝导、利诱等手段煽动现役军人逃离部队，不履行军人职责，情节严重的行为，主体是年满 16 周岁、具有刑事责任能力的人，主观方面是故意｝∩｛客体是军队对军人的管理制度，客观方面表现为行为人对逃离部队的军人而予以雇用，情节严重的行为，主体是年满 16 周岁、具有刑事责任能力的人，主观方面是故意｝＝｛客体是军队对军人的管理制度，主体是年满 16 周岁、具有刑事责任能力的人，主观方面是故意｝。

I∪J＝｛煽动军人逃离部队罪｝∪｛雇佣逃离部队军人罪｝＝｛客体是军队对军人的管理制度，客观方面表现为行为人以鼓动、怂恿、劝导、利诱等手段煽动现役军人逃离部队，不履行军人职责，情节严重的行为，主体是年满 16 周岁、具有刑事责任能力的人，主观方面是故意｝∪｛客体是军队对军人的管理制度，客观方面表现为行为人对逃离部队的军人而予以雇用，情节严重的行为，主体是年满 16 周岁、具有刑事责任能力的人，主观方面是故意｝＝｛客体是军队对军人的管理制度，客观方面表现为行为人以鼓动、怂恿、劝导、利诱等手段煽动现役军人逃离部队，不履行军人职责，情节严重的行为，主体是年满 16 周岁、具有刑事责任能力的人，主观方面是故意，客观方面表现为行为人对逃离部队的军人而予以雇用，情节严重的行为｝。

那么，煽动军人逃离部队罪与雇佣逃离部队军人罪的相同点：I∩J＝｛客体是军队对军人的管理制度，主体是年满 16 周岁、具有刑事责任能力的人，主观方面是故意｝。

煽动军人逃离部队罪与雇佣逃离部队军人罪的不同点：I∪J－I∩J＝｛客观方面表现为行为人以鼓动、怂恿、劝导、利诱等手段煽动现役军人逃离部队，不履行军人职责，情节严重的行为，客观方面表现为行为人对逃离部队的军人而予以雇用，情节严重的行为｝。

（六）伪造、变造、买卖武装部队公文、证件、印章罪与盗窃、抢夺武装部队公文、证件、印章罪

K＝｛伪造、变造、买卖武装部队公文、证件、印章罪｝；L＝

｛盗窃、抢夺武装部队公文、证件、印章罪｝

K∩L＝｛伪造、变造、买卖武装部队公文、证件、印章罪｝∩｛盗窃、抢夺武装部队公文、证件、印章罪｝＝｛客体是武装部队公文、证件、印章的管理制度，客观方面表现为行为人伪造、变造、买卖武装部队公文、证件、印章的行为，主体是年满16周岁、具有刑事责任能力的人，主观方面是故意，并且具有非法获取公文、证件、印章的目的｝∩客体是武装部队公文、证件、印章的管理制度，客观方面表现为行为人秘密窃取、公然夺取武装部队公文、证件、印章的行为，主体是年满16周岁、具有刑事责任能力的人，主观方面是故意，并且具有非法获取公文、证件、印章的目的｝＝｛客体是武装部队公文、证件、印章的管理制度，主体是年满16周岁、具有刑事责任能力的人，主观方面是故意，并且具有非法获取公文、证件、印章的目的｝。

K∪L＝｛伪造、变造、买卖武装部队公文、证件、印章罪｝∪｛盗窃、抢夺武装部队公文、证件、印章罪｝＝｛客体是武装部队公文、证件、印章的管理制度，客观方面表现为行为人伪造、变造、买卖武装部队公文、证件、印章的行为，主体是年满16周岁、具有刑事责任能力的人，主观方面是故意，并且具有非法获取公文、证件、印章的目的｝∪客体是武装部队公文、证件、印章的管理制度，客观方面表现为行为人秘密窃取、公然夺取武装部队公文、证件、印章的行为，主体是年满16周岁、具有刑事责任能力的人，主观方面是故意，并且具有非法获取公文、证件、印章的目的｝＝｛客体是武装部队公文、证件、印章的管理制度，客观方面表现为行为人伪造、变造、买卖武装部队公文、证件、印章的行为，主体是年满16周岁、具有刑事责任能力的人，主观方面是故意，并且具有非法获取公文、证件、印章的目的，客观方面表现为行为人秘密窃取、公然夺取武装部队公文、证件、印章的行为｝。

那么，伪造、变造、买卖武装部队公文、证件、印章罪与盗窃、抢夺武装部队公文、证件、印章罪的相同点：K∩L＝{客体是武装部队公文、证件、印章的管理制度，主体是年满 16 周岁、具有刑事责任能力的人，主观方面是故意，并且具有非法获取公文、证件、印章的目的}。

伪造、变造、买卖武装部队公文、证件、印章罪与盗窃、抢夺武装部队公文、证件、印章罪的不同点：K∪L－K∩L＝{客观方面表现为行为人伪造、变造、买卖武装部队公文、证件、印章的行为，客观方面表现为行为人秘密窃取、公然夺取武装部队公文、证件、印章的行为}。

（七）伪造、变造、买卖武装部队公文、证件、印章罪与非法生产、买卖武装部队制式服装罪

K＝{伪造、变造、买卖武装部队公文、证件、印章罪}；M＝{非法生产、买卖武装部队制式服装罪}

K∩M＝{伪造、变造、买卖武装部队公文、证件、印章罪}∩{非法生产、买卖武装部队制式服装罪}＝{客体是武装部队公文、证件、印章的管理制度，客观方面表现为行为人伪造、变造、买卖武装部队公文、证件、印章的行为，主体是年满 16 周岁、具有刑事责任能力的人，主观方面是故意，并且具有非法获取公文、证件、印章的目的}∩{客体是武装部队服装的管理制度，客观方面表现为行为人非法生产、买卖武装部队制式服装，情节严重的行为，主体是年满 16 周岁、具有刑事责任能力的人和单位，主观方面是故意}＝{主体是年满 16 周岁、具有刑事责任能力的人，主观方面是故意}。

K∪M＝{伪造、变造、买卖武装部队公文、证件、印章罪}∪{非法生产、买卖武装部队制式服装罪}＝{客体是武装部队公文、证件、印章的管理制度，客观方面表现为行为人伪造、变造、买卖武装部队公文、证件、印章的行为，主体是年满 16 周岁、具有

刑事责任能力的人，主观方面是故意，并且具有非法获取公文、证件、印章的目的}∪{客体是武装部队服装的管理制度，客观方面表现为行为人非法生产、买卖武装部队制式服装，情节严重的行为，主体是年满16周岁、具有刑事责任能力的人和单位，主观方面是故意}={客体是武装部队公文、证件、印章的管理制度，客观方面表现为行为人伪造、变造、买卖武装部队公文、证件、印章的行为，主体是年满16周岁、具有刑事责任能力的人，主观方面是故意，并且具有非法获取公文、证件、印章的目的，客体是武装部队服装的管理制度，客观方面表现为行为人非法生产、买卖武装部队制式服装，情节严重的行为，主观方面是故意}。

那么，伪造、变造、买卖武装部队公文、证件、印章罪与非法生产、买卖武装部队制式服装罪的相同点：K∩M={主体是年满16周岁、具有刑事责任能力的人，主观方面是故意}。

伪造、变造、买卖武装部队公文、证件、印章罪与非法生产、买卖武装部队制式服装罪的不同点：K∪M−K∩M={客体是武装部队公文、证件、印章的管理制度，客观方面表现为行为人伪造、变造、买卖武装部队公文、证件、印章的行为，主观方面是故意，且具有非法获取公文、证件、印章的目的，客体是武装部队服装的管理制度，客观方面表现为行为人非法生产、买卖武装部队制式服装，情节严重的行为}。

（八）伪造、变造、买卖武装部队公文、证件、印章罪与伪造、盗窃、买卖、非法提供、非法使用武装部队专用标志罪

K={伪造、变造、买卖武装部队公文、证件、印章罪}；N={伪造、盗窃、买卖、非法提供、非法使用武装部队专用标志罪}

K∩N={伪造、变造、买卖武装部队公文、证件、印章罪}∩{伪造、盗窃、买卖、非法提供、非法使用武装部队专用标志罪}=

｜客体是武装部队公文、证件、印章的管理制度，客观方面表现为行为人伪造、变造、买卖武装部队公文、证件、印章的行为，主体是年满 16 周岁、具有刑事责任能力的人，主观方面是故意，并且具有非法获取公文、证件、印章的目的｝∩｛客体是武装部队专用标志的管理制度，客观方面表现为行为人伪造、盗窃、买卖或者非法提供、使用武装部队车辆号牌等专用标志，情节严重的行为，主体是年满 16 周岁、具有刑事责任能力的人和单位，主观方面是故意｝=｛主体是年满 16 周岁、具有刑事责任能力的人｝。

K∪N =｛伪造、变造、买卖武装部队公文、证件、印章罪｝∪｛伪造、盗窃、买卖、非法提供、非法使用武装部队专用标志罪｝=｛客体是武装部队公文、证件、印章的管理制度，客观方面表现为行为人伪造、变造、买卖武装部队公文、证件、印章的行为，主体是年满 16 周岁、具有刑事责任能力的人，主观方面是故意，并且具有非法获取公文、证件、印章的目的｝∪｛客体是武装部队专用标志的管理制度，客观方面表现为行为人伪造、盗窃、买卖或者非法提供、使用武装部队车辆号牌等专用标志，情节严重的行为，主体是年满 16 周岁、具有刑事责任能力的人和单位，主观方面是故意｝=｛客体是武装部队公文、证件、印章的管理制度，客观方面表现为行为人伪造、变造、买卖武装部队公文、证件、印章的行为，主体是年满 16 周岁、具有刑事责任能力的人，主观方面是故意，并且具有非法获取公文、证件、印章的目的，客体是武装部队专用标志的管理制度，客观方面表现为行为人伪造、盗窃、买卖或者非法提供、使用武装部队车辆号牌等专用标志，情节严重的行为，主体是单位｝。

那么，伪造、变造、买卖武装部队公文、证件、印章罪与伪造、盗窃、买卖、非法提供、非法使用武装部队专用标志罪的相同点：K∩N =｛主体是年满 16 周岁、具有刑事责任能力的人，主观方面是故意｝。

伪造、变造、买卖武装部队公文、证件、印章罪与伪造、盗窃、买卖、非法提供、非法使用武装部队专用标志罪的不同点：$K \cup N - K \cap N = \{$客体是武装部队公文、证件、印章的管理制度，客观方面表现为行为人伪造、变造、买卖武装部队公文、证件、印章的行为，主观方面是故意，并且具有非法获取公文、证件、印章的目的，客体是武装部队专用标志的管理制度，客观方面表现为行为人伪造、盗窃、买卖或者非法提供、使用武装部队车辆号牌等专用标志，情节严重的行为，主体是单位$\}$。

第二节　战时危害国防利益罪

一、战时危害国防利益罪概述

（一）战时危害国防利益罪的概念

战时危害国防利益罪，是指行为人于战时故意违反国防法规，拒不履行国防义务，或以其他形式危害国防利益，依法应负刑事责任的行为。

（二）战时危害国防利益罪的构成特征

关于战时危害国防利益罪的构成特征，根据现行刑法的规定，主要有以下几个方面，其集合表现为：

设 A 为战时危害国防利益罪的集合，则 A = $\{$战时危害国防利益罪$\}$；

设 B 为战时危害国防利益罪的客体的集合，则 B = $\{$客体是国防利益$\}$；

设 C 为战时危害国防利益罪的客观方面的集合，则 C = $\{$客观方面表现为行为人于战时违反国防法规，拒不履行国防义务，或者以其他形式危害国防利益，依法应负刑事责任的行为}；

设 D 为战时危害国防利益罪的主体的集合，则 D＝{主体是年满 16 周岁、具有刑事责任能力的自然人和单位}；

设 E 为战时危害国防利益罪的主观方面的集合，则 E＝{主观方面是故意}；

则 A＝B∪C∪D∪E，即 {战时危害国防利益罪}＝{客体是国防利益}∪{客观方面表现为行为人于战时违反国防法规，拒不履行国防义务，或者以其他形式危害国防利益，依法应负刑事责任的行为}∪{主体是年满 16 周岁、具有刑事责任能力的自然人和单位}∪{主观方面是故意}＝{客体是国防利益，客观方面表现为行为人于战时违反国防法规，拒不履行国防义务，或者以其他形式危害国防利益，依法应负刑事责任的行为，主体是年满 16 周岁、具有刑事责任能力的自然人和单位，主观方面是故意}。

（三）战时危害国防利益罪的类型

根据现行刑法对战时危害国防利益罪作的规定来看，本节共有 7 种具体犯罪，用子集的方式来表达，其构造表现为：

{战时危害国防利益罪}

{战时拒绝、逃避征召、军事训练罪}

{战时拒绝、逃避服役罪}

{战时故意提供虚假敌情罪}

{战时造谣扰乱军心罪}

{战时窝藏逃离部队军人罪}

{战时拒绝、故意延误军事订货罪}

{战时拒绝军事征用罪}

……

{战时拒绝、逃避征召、军事训练罪，战时拒绝、逃避服役罪，战时故意提供虚假敌情罪，战时造谣扰乱军心罪，战时窝藏

逃离部队军人罪，战时拒绝、故意延误军事订货罪，战时拒绝军
事征用罪}

二、战时危害国防利益罪的界限

（一）战时拒绝、逃避征召、军事训练罪与战时拒绝、逃
避服役

A = {战时拒绝、逃避征召、军事训练罪}；B = {战时拒绝、
逃避服役罪}

A∩B = {战时拒绝、逃避征召、军事训练罪}∩{战时拒绝、
逃避服役罪} = {客体是武装部队专用标志的管理制度，客观方面
表现为行为人违反《兵役法》的规定，在战时拒绝、逃避征召或
者军事训练，情节严重的行为，主体是预备役人员，主观方面是
故意，并且具有逃避军事义务的目的}∩{客体是兵役管理制度，
客观方面表现为行为人违反兵役法规定，在战时拒绝、逃避服役，
情节严重的行为，主体是符合兵役法规定的应征公民，主观方面
是故意} = {主观方面是故意}。

A∪B = {战时拒绝、逃避征召、军事训练罪}∪{战时拒绝、
逃避服役罪} = {客体是武装部队专用标志的管理制度，客观方面
表现为行为人违反《兵役法》的规定，在战时拒绝、逃避征召或
者军事训练，情节严重的行为，主体是预备役人员，主观方面是
故意，并且具有逃避军事义务的目的}∪{客体是兵役管理制度，
客观方面表现为行为人违反兵役法规定，在战时拒绝、逃避服役，
情节严重的行为，主体是符合兵役法规定的应征公民，主观方面
是故意} = {客体是武装部队专用标志的管理制度，客观方面表现
为行为人违反《兵役法》的规定，在战时拒绝、逃避征召或者军
事训练，情节严重的行为，主体是预备役人员，主观方面是故意，
并且具有逃避军事义务的目的，客体是兵役管理制度，客观方面

表现为行为人违反兵役法规定，在战时拒绝、逃避服役，情节严重的行为，主体是符合兵役法规定的应征公民}。

那么，战时拒绝、逃避征召、军事训练罪与战时拒绝、逃避服役罪的相同点：A∩B =｛主观方面是故意｝。

战时拒绝、逃避征召、军事训练罪与战时拒绝、逃避服役罪的不同点：A∪B－A∩B =｛客体是武装部队专用标志的管理制度，客观方面表现为行为人违反《兵役法》的规定，在战时拒绝、逃避征召或者军事训练，情节严重的行为，主体是预备役人员，主观方面是故意，且具有逃避军事义务的目的，客体是兵役管理制度，客观方面表现为行为人违反兵役法规定，在战时拒绝、逃避服役，情节严重的行为，主体是符合兵役法规定的应征公民｝。

（二）战时故意提供虚假敌情罪与战时造谣扰乱军心罪

C =｛战时故意提供虚假敌情罪｝；D =｛战时造谣扰乱军心罪｝

C∩D =｛战时故意提供虚假敌情罪｝∩｛战时造谣扰乱军心罪｝=｛客体是武装部队的作战利益，客观方面表现为行为人战时故意向武装部队提供虚假敌情，造成严重后果的行为，主体是年满 16 周岁、具有刑事责任能力的人，主观方面是故意｝∩｛客体是武装部队的作战利益，客观方面表现为行为人战时故意制造谣言，向武装部队散布，扰乱军心的行为，主体是年满 16 周岁、具有刑事责任能力的人，主观方面是故意｝=｛客体是武装部队的作战利益，主体是年满 16 周岁、具有刑事责任能力的人，主观方面是故意｝。

C∪D =｛战时故意提供虚假敌情罪｝∪｛战时造谣扰乱军心罪｝=｛客体是武装部队的作战利益，客观方面表现为行为人战时故意向武装部队提供虚假敌情，造成严重后果的行为，主体是年满 16 周岁、具有刑事责任能力的人，主观方面是故意｝∪｛客体是武装部队的作战利益，客观方面表现为行为人战时故意制造谣言，向武装部队散布，扰乱军心的行为，主体是年满 16 周岁、具有刑事责任能力的人，主观方面是故意｝＝｛客体是武装部队的作战利益，客观方面表现为行为人战时故意向武装部队提供虚假敌情，造成严重后果的行为，主体是年满16周岁、具有刑事责任能力的人，主观方面是故意，客观方面表现为行为人战时故意制造谣言，向武装部队散布，扰乱军心的行为｝。

那么，战时故意提供虚假敌情罪与战时造谣扰乱军心罪的相同点：$C \cap D$＝｛客体是武装部队的作战利益，主体是年满16周岁、具有刑事责任能力的人，主观方面是故意｝。

战时故意提供虚假敌情罪与战时造谣扰乱军心罪的不同点：$C \cup D - C \cap D$＝｛客观方面表现为行为人战时故意向武装部队提供虚假敌情，造成严重后果的行为，客观方面表现为行为人战时故意制造谣言，向武装部队散布，扰乱军心的行为｝。

（三）战时拒绝、故意延误军事订货罪与战时拒绝军事征用罪

E＝｛战时拒绝、故意延误军事订货罪｝；F＝｛战时拒绝军事征用罪｝

$E \cap F$＝｛战时拒绝、故意延误军事订货罪｝∩｛战时拒绝军事征用罪｝＝｛客体是战时军需供应制度，客观方面表现为行为人在战时拒绝或延误军事订货，情节严重的行为，主体是承担国防科研生产任务或者接受国家军事订货的企业，主观方面是故意｝∩｛客体是战时军需供应制度，客观方面表现为行为人在战时拒绝或延误军事订货，情节严重的行为，主体是承担国防科研生产任务或者接受国家军事订货的企业，主观方面是故意｝＝｛客体是战时军需供应制度，主体是承担国防科研生产任务或者接受国家军事订货的企业，主观方面是故意｝。

$E \cup F$＝｛战时拒绝、故意延误军事订货罪｝∪｛战时拒绝军事征用罪｝＝｛客体是战时军需供应制度，客观方面表现为行为人在

战时拒绝或延误军事订货，情节严重的行为，主体是承担国防科研生产任务或者接受国家军事订货的企业，主观方面是故意} ∪ {客体是战时军需供应制度，客观方面表现为行为人在战时拒绝或延误军事订货，情节严重的行为，主体是承担国防科研生产任务或者接受国家军事订货的企业，主观方面是故意} = {客体是战时军需供应制度，客观方面表现为行为人在战时拒绝或延误军事订货，情节严重的行为，主体是承担国防科研生产任务或者接受国家军事订货的企业，主观方面是故意，客观方面表现为行为人在战时拒绝或延误军事订货，情节严重的行为}。

那么，战时拒绝、故意延误军事订货罪与战时拒绝军事征用罪的相同点：E∩F = {客体是战时军需供应制度，主体是承担国防科研生产任务或者接受国家军事订货的企业，主观方面是故意}。

战时拒绝、故意延误军事订货罪与战时拒绝军事征用罪的不同点：E∪F - E∩F = {客观方面表现为行为人在战时拒绝或延误军事订货，情节严重的行为，客观方面表现为行为人在战时拒绝或延误军事订货，情节严重的行为}。

CHAPTER 08 >> 第八章

贪污贿赂罪

第一节 贪污型犯罪

一、贪污型犯罪概述

（一）贪污型犯罪的概念

贪污型犯罪，是指国家工作人员利用职务上的便利，非法占有、使用公私财物，损害国家工作人员职务行为廉洁性和公私财产所有权，依法应负刑事责任的行为。

（二）贪污型犯罪的构成特征

根据现行刑法对贪污型犯罪所作的规定来看，构成该类犯罪必须具备以下几个方面的构成特征，其集合表现为：

设 A 为贪污型犯罪的集合，则 A = ｛贪污型犯罪｝；

设 B 为贪污型犯罪客体的集合，则 B = ｛客体是国家工作人员职务的廉洁性和公私财产所有权｝；

设 C 为贪污型犯罪客观方面的集合，则 C = ｛客观方面表现为行为人利用职务上的便利，非法占有、使用公私财物，损害国家工作人员职务行为廉洁性和公私财产所有权，依法应负刑事责任的行为｝；

设 D 为贪污型犯罪主体的集合，则 D = {多数为自然人犯罪主体，少数为单位犯罪主体}；

设 E 为贪污型犯罪主观方面的集合，则 E = {主观方面是直接故意}；

则 A = B∪C∪D∪E，即 {贪污型犯罪} = {客体为国家工作人员职务的廉洁性和公私财产所有权}∪{客观方面表现为行为人利用职务上的便利，非法占有、使用公私财物，损害国家工作人员职务行为廉洁性和公私财产所有权，依法应受刑罚处罚的行为}∪{主体多数为自然人犯罪主体，少数为单位犯罪主体}∪{主观方面是直接故意} = {客体为国家工作人员职务的廉洁性和公私财产所有权，客观方面表现为行为人利用职务上的便利，非法占有、使用公私财物，损害国家工作人员职务行为廉洁性和公私财产所有权，依法应受刑罚处罚的行为，主体多数为自然人犯罪主体，少数为单位犯罪主体，主观方面是直接故意}。

(三) 贪污犯罪的类型

根据现行刑法对贪污型犯罪所作的规定来看，本节共有 6 种具体犯罪，用子集的方式来表达，其构造表现为：

{贪污型犯罪}

{贪污罪}

{挪用公款罪}

{巨额财产来源不明罪}

{隐瞒境外存款罪}

{私分国有资产罪}

{私分罚没财物罪}

……

{贪污罪、挪用公款罪、巨额财产来源不明罪、隐瞒境外存款罪、私分国有资产罪、私分罚没财物罪}

二、贪污型犯罪的界限

（一）贪污罪与挪用公款罪

A = ｛贪污罪｝；B = ｛挪用公款罪｝

A∩B = ｛贪污罪｝∩｛挪用公款罪｝= ｛客体是国家工作人员职务行为的廉洁性和公共财产的所有权，客观方面表现为行为人利用职务上的便利，侵吞、窃取、骗取或者以其他手段非法占有公共财物的行为，主体是国家工作人员，主观方面是故意，并且以非法占有公共财物为目的｝∩｛客体是公款的使用、收益权和国家工作人员职务行为的廉洁性，客观方面表现为利用职务上的便利，挪用公款归个人使用，进行非法活动的，或者挪用公款数额较大、进行营利活动的，或者挪用公款数额较大、超过三个月未还的行为，主体是国家工作人员，主观方面是故意｝= ｛客体是国家工作人员职务行为的廉洁性，主体是国家工作人员，主观方面是故意｝。

A∪B = ｛贪污罪｝∪｛挪用公款罪｝= ｛客体是国家工作人员职务行为的廉洁性和公共财产的所有权，客观方面表现为行为人利用职务上的便利，侵吞、窃取、骗取或者以其他手段非法占有公共财物的行为，主体是国家工作人员，主观方面是故意，并且以非法占有公共财物为目的｝∪｛客体是公款的使用、收益权和国家工作人员职务行为的廉洁性，客观方面表现为利用职务上的便利，挪用公款归个人使用，进行非法活动的，或者挪用公款数额较大、进行营利活动的，或者挪用公款数额较大、超过三个月未还的行为，主体是国家工作人员，主观方面是故意｝= ｛客体是国家工作人员职务行为的廉洁性和公共财产的所有权，客观方面表现为行为人利用职务上的便利，侵吞、窃取、骗取或者以其他手段非法占有公共财物的行为，主体是国家工作人员，主观方面是故意，并且以非法占有公共财物为目的，客体是公款的使用、收益权和国家工作人员职务行为的廉洁性，客观方面表现为利用职务上的便利，挪用公款归个人使用，进行非法活动的，或者挪用公款数额较大、进行营利活动的，或者挪用公款数额较大、超过三个月未还的行为｝。

那么，贪污罪与挪用公款罪的相同点：A∩B＝｛客体是国家工作人员职务行为的廉洁性，主体是国家工作人员，主观方面是故意｝。

贪污罪与挪用公款罪的不同点：A∪B－A∩B＝｛客体是公共财产的所有权，客观方面表现为行为人利用职务上的便利，侵吞、窃取、骗取或者以其他手段非法占有公共财物的行为，客体是公款的使用、收益权，主观方面是以非法占有公共财物为目的，客观方面表现为利用职务上的便利，挪用公款归个人使用，进行非法活动的，或者挪用公款数额较大、进行营利活动的，或者挪用公款数额较大、超过三个月未还的行为｝。

（二）贪污罪与侵占罪

A＝｛贪污罪｝；C＝｛侵占罪｝

A∩C＝｛贪污罪｝∩｛侵占罪｝＝｛客体是国家工作人员职务行为的廉洁性和公共财产的所有权，客观方面表现为行为人利用职务上的便利，侵吞、窃取、骗取或者以其他手段非法占有公共财物的行为，主体是国家工作人员与受国家机关、国有公司、企业、事业单位、人民团体委托管理、经营国有财产的人员，主观方面是直接故意，并且以非法占有公共财物为目的｝∩｛客体是公私财产所有权，客观方面表现为行为人将自己代为保管的他人财物或者将他人的遗忘物、埋藏物非法占为己有，拒不交还，数额较大的行为，主体是年满16周岁、具有刑事责任能力的人，主观方面是直接故意，且以非法占有公私财物为目的｝＝｛客体是公共财产所有权，主观方面是直接故意，且以非法占有为目的}。

A∪C = {贪污罪}∪{侵占罪} = {客体是国家工作人员职务行为的廉洁性和公共财产的所有权，客观方面表现为行为人利用职务上的便利，侵吞、窃取、骗取或者以其他手段非法占有公共财物的行为，主体是国家工作人员与受国家机关、国有公司、企业、事业单位、人民团体委托管理、经营国有财产的人员，主观方面是直接故意，并且以非法占有公共财物为目的}∪{客体是公私财产所有权，客观方面表现为行为人将自己代为保管的他人财物或者将他人的遗忘物、埋藏物非法占为己有，拒不交还，数额较大的行为，主体是年满 16 周岁、具有刑事责任能力的人，主观方面是直接故意，且以非法占有公私财物为目的} = {客体是国家工作人员职务行为的廉洁性和公共财产的所有权，客观方面表现为行为人利用职务上的便利，侵吞、窃取、骗取或者以其他手段非法占有公共财物的行为，主体是国家工作人员与受国家机关、国有公司、企业、事业单位、人民团体委托管理、经营国有财产的人员，主观方面是直接故意，并且以非法占有公共财物为目的，客体是公私财产所有权，客观方面表现为行为人将自己代为保管的他人财物或者将他人的遗忘物、埋藏物非法占为己有，拒不交还，数额较大的行为，主体是年满 16 周岁、具有刑事责任能力的人，主观方面是故意，且以非法占有公私财物为目的}。

那么，贪污罪与侵占罪的相同点：A∩C = {客体是公共财产所有权，主观方面是直接故意，且以非法占有为目的}。

贪污罪与侵占罪的不同点：A∪C − A∩C = {客体是国家工作人员职务行为的廉洁性，客观方面表现为行为人利用职务上的便利，侵吞、窃取、骗取或者以其他手段非法占有公共财物的行为，主体是国家工作人员与受国家机关、国有公司、企业、事业单位、人民团体委托管理、经营国有财产的人员，主观方面是故意，且以非法占有公共财物为目的，客体是私人财产所有权，客观方面表现为行为人将自己代为保管的他人财物或者将他人的遗忘物、埋藏物非法占为己有，拒不交还，数额较大的行为，主体是年满16周岁、具有刑事责任能力的人，主观方面是故意，且以非法占有公私财物为目的}。

（三）贪污罪与职务侵占罪

A＝{贪污罪}；D＝{职务侵占罪}

A∩D＝{贪污罪}∩{职务侵占罪}＝{客体是国家工作人员职务行为的廉洁性和公共财产的所有权，客观方面表现为行为人利用职务上的便利，侵吞、窃取、骗取或者以其他手段非法占有公共财物的行为，主体是国家工作人员与受国家机关、国有公司、企业、事业单位、人民团体委托管理、经营国有财产的人员，主观方面是直接故意，并且以非法占有公共财物为目的}∩{客体是公司、企业或者其他单位的财产所有权，客观方面表现为行为人利用职务上的便利，将本单位财物非法占为己有，数额较大的行为，主体是公司、企业或者其他单位的人员，主观方面是直接故意，且以非法占有公私财物为目的}＝{客体是公共财产所有权，主观方面是直接故意，且以非法占有为目的}。

A∪D＝{贪污罪}∪{职务侵占罪}＝{客体是国家工作人员职务行为的廉洁性和公共财产的所有权，客观方面表现为行为人利用职务上的便利，侵吞、窃取、骗取或者以其他手段非法占有公共财物的行为，主体是国家工作人员受国家机关、国有公司、企业、事业单位、人民团体委托管理、经营国有财产的人员，主观方面是直接故意，并且以非法占有公共财物为目的}∪{客体是公司、企业或者其他单位的财产所有权，客观方面表现为行为人利用职务上的便利，将本单位财物非法占为己有，数额较大的行为，主体是公司、企业或者其他单位的人员，主观方面是直接故意，且以非法占有公私财物为目的}＝{客体是国家工作人员职务行为的廉洁性和公共财产的所有权，客观方面表现为行为人利用职务上的便利，侵吞、窃取、骗取或者以其他手段非法占有公共财物的行为，主体是国家工作人员受国家机关、国有公司、企业、事业单位、人民团体委托管理、经营国有财产的人员，主观方面是直接故意，并且以非法占有公共财物为目的，客体是公司、企业或者其他单位的财产所有权，客观方面表现为行为人利用职务上的便利，将本单位财物非法占为己有，数额较大的行为，主体是公司、企业或者其他单位的人员，主观方面是直接故意，且以非法占有公私财物为目的}。

那么，贪污罪与职务侵占罪的相同点：A∩D＝{客体是公共财产所有权，主观方面是直接故意，且以非法占有为目的}。

贪污罪与职务侵占罪的不同点：A∪D－A∩D＝{客体是国家工作人员职务行为的廉洁性和公共财产的所有权，客观方面表现为行为人利用职务上的便利，侵吞、窃取、骗取或者以其他手段非法占有公共财物的行为，主体是国家工作人员与受国家机关、国有公司、企业、事业单位、人民团体委托管理、经营国有财产的人员，主观方面是直接故意，并且以非法占有公共财物为目的，客体是公司、企业或者其他单位的财产所有权，客观方面表现为行为人利用职务上的便利，将本单位财物非法占为己有，数额较大的行为，主体是公司、企业或者其他单位的人员，主观方面是直接故意，且以非法占有公私财物为目的}。

（四）贪污罪与盗窃罪

A＝{贪污罪}；D＝{盗窃罪}

A∩D＝{贪污罪}∩{盗窃罪}＝{客体是国家工作人员职务行为的廉洁性和公共财产的所有权，客观方面表现为行为人利用职务上的便利，侵吞、窃取、骗取或者以其他手段非法占有公共财物的行为，主体是国家工作人员与受国家机关、国有公司、企业、事业单位、人民团体委托管理、经营国有财产的人员，主观方面是直接故意，并且以非法占有公共财物为目的}∩{客体是公私财产所有权，客观方面表现为行为人实施了秘密窃取公私财物数额较大、多次盗窃、入户盗窃、携带凶器盗窃、扒窃公私财物的行为，主体是年满16周岁、具有刑事责任能力的人，主观方面是直接故意，且以非法占有公私财物为目的}={客体是公私财产所有权，主观方面是直接故意，且以非法占有为目的}。

A∪D={贪污罪}∪{盗窃罪}={客体是国家工作人员职务行为的廉洁性和公共财产的所有权，客观方面表现为行为人利用职务上的便利，侵吞、窃取、骗取或者以其他手段非法占有公共财物的行为，主体是国家工作人员与受国家机关、国有公司、企业、事业单位、人民团体委托管理、经营国有财产的人员，主观方面是直接故意，并且以非法占有公共财物为目的}∪{客体是公私财产所有权，客观方面表现为行为人实施了秘密窃取公私财物数额较大、多次盗窃、入户盗窃、携带凶器盗窃、扒窃公私财物的行为，主体是年满16周岁、具有刑事责任能力的人，主观方面是直接故意，且以非法占有公私财物为目的}={客体是国家工作人员职务行为的廉洁性和公共财产的所有权，客观方面表现为行为人利用职务上的便利，侵吞、窃取、骗取或者以其他手段非法占有公共财物的行为，主体是国家工作人员与受国家机关、国有公司、企业、事业单位、人民团体委托管理、经营国有财产的人员，主观方面是直接故意，并且以非法占有公共财物为目的，客体是公私财产所有权，客观方面表现为行为人实施了秘密窃取公私财物数额较大、多次盗窃、入户盗窃、携带凶器盗窃、扒窃公私财物的行为，主体是年满16周岁、具有刑事责任能力的人，主观方面是直接故意，且以非法占有公私财物为目的}。

那么，贪污罪与盗窃罪的相同点：A∩D={客体是公共财产所有权，主观方面是直接故意，且以非法占有为目的}。

贪污罪与盗窃罪的不同点：A∪D－A∩D＝｛客体是国家工作人员职务行为的廉洁性，客观方面表现为行为人利用职务上的便利，侵吞、窃取、骗取或者以其他手段非法占有公共财物的行为，主体是国家工作人员与受国家机关、国有公司、企业、事业单位、人民团体委托管理、经营国有财产的人员，主观方面是直接故意，且以非法占有公共财物为目的，客体是私人财产所有权，客观方面表现为行为人实施了秘密窃取公私财物数额较大、多次盗窃、入户盗窃、携带凶器盗窃、扒窃公私财物的行为，主体是年满16周岁、具有刑事责任能力的人，主观方面是直接故意，且以非法占有公私财物为目的｝。

（五）贪污罪与诈骗罪

A＝｛贪污罪｝；E＝｛诈骗罪｝

A∩E＝｛贪污罪｝∩｛诈骗罪｝＝｛客体是国家工作人员职务行为的廉洁性和公共财产的所有权，客观方面表现为行为人利用职务上的便利，侵吞、窃取、骗取或者以其他手段非法占有公共财物的行为，主体是国家工作人员与受国家机关、国有公司、企业、事业单位、人民团体委托管理、经营国有财产的人员，主观方面是直接故意，并且以非法占有公共财物为目的｝∩｛客体是公私财产所有权，客观方面表现为行为人用虚构事实或者隐瞒真相的方法，骗取数额较大的公私财物的行为，主体是年满16周岁、具有刑事责任能力的人，主观方面是直接故意，且以非法占有公私财物为目的｝＝｛客体是公私财产所有权，主观方面是直接故意，且以非法占有为目的｝。

A∪E＝｛贪污罪｝∪｛诈骗罪｝＝｛客体是国家工作人员职务行为的廉洁性和公共财产的所有权，客观方面表现为行为人利用职务上的便利，侵吞、窃取、骗取或者以其他手段非法占有公共财物的行为，主体是国家工作人员与受国家机关、国有公司、企业、事业单位、人民团体委托管理、经营国有财产的人员，主观方面是直接故意，并且以非法占有公共财物为目的}∪{客体是公私财产所有权，客观方面表现为行为人用虚构事实或者隐瞒真相的方法，骗取数额较大的公私财物的行为，主体是年满 16 周岁、具有刑事责任能力的人，主观方面是直接故意，且以非法占有公私财物为目的}={客体是国家工作人员职务行为的廉洁性和公共财产的所有权，客观方面表现为行为人利用职务上的便利，侵吞、窃取、骗取或者以其他手段非法占有公共财物的行为，主体是国家工作人员与受国家机关、国有公司、企业、事业单位、人民团体委托管理、经营国有财产的人员，主观方面是直接故意，并且以非法占有公共财物为目的，客体是公私财产所有权，客观方面表现为行为人用虚构事实或者隐瞒真相的方法，骗取数额较大的公私财物的行为，主体是年满 16 周岁、具有刑事责任能力的人，主观方面是直接故意，且以非法占有公私财物为目的}。

那么，贪污罪与诈骗罪的相同点：$A \cap E$ = {客体是公共财产所有权，主观方面是直接故意，且以非法占有为目的}。

贪污罪与诈骗罪的不同点：$A \cup E - A \cap E$ = {客体是国家工作人员职务行为的廉洁性，客观方面表现为行为人利用职务上的便利，侵吞、窃取、骗取或者以其他手段非法占有公共财物的行为，主体是国家工作人员，客体是私人财产所有权，主观方面是直接故意，且以非法占有公共财物为目的，客观方面表现为行为人用虚构事实或者隐瞒真相的方法，骗取数额较大的公私财物的行为，主体是年满 16 周岁、具有刑事责任能力的人，主观方面是直接故意，且以非法占有公私财物为目的}。

（六）贪污罪与私分国有资产罪

A = {贪污罪}；F = {私分国有资产罪}

$A \cap F$ = {贪污罪}∩{私分国有资产罪} = {客体是国家工作人

员职务行为的廉洁性和公共财产的所有权，客观方面表现为行为人利用职务上的便利，侵吞、窃取、骗取或者以其他手段非法占有公共财物的行为，主体是国家工作人员与受国家机关、国有公司、企业、事业单位、人民团体委托管理、经营国有财产的人员，主观方面是直接故意，且以非法占有公共财物为目的}∩{客体是国家机关、国有公司、企业、事业单位、人民团体的正常活动和国有资产的所有权，客观方面表现为国家机关、国有公司、企业、事业单位、人民团体，违反国家规定，以单位名义将国有资产集体私分给个人，数额较大的行为，主体是国家机关、国有公司、企业、事业单位、人民团体，主观方面是直接故意，且具有非法集体私分国有资产的目的}={客体是公共财产所有权，主观方面是直接故意}。

A∪F={贪污罪}∪{私分国有资产罪}={客体是国家工作人员职务行为的廉洁性和公共财产的所有权，客观方面表现为行为人利用职务上的便利，侵吞、窃取、骗取或者以其他手段非法占有公共财物的行为，主体是国家工作人员与受国家机关、国有公司、企业、事业单位、人民团体委托管理、经营国有财产的人员，主观方面是直接故意，且以非法占有公共财物为目的}∪{客体是国家机关、国有公司、企业、事业单位、人民团体的正常活动和国有资产的所有权，客观方面表现为国家机关、国有公司、企业、事业单位、人民团体，违反国家规定，以单位名义将国有资产集体私分给个人，数额较大的行为，主体是国家机关、国有公司、企业、事业单位、人民团体，主观方面是直接故意，且具有非法集体私分国有资产的目的}={客体是国家工作人员职务行为的廉洁性和公共财产的所有权，客观方面表现为行为人利用职务上的便利，侵吞、窃取、骗取或者以其他手段非法占有公共财物的行为，主体是国家工作人员与受国家机关、国有公司、企业、事业单位、人民团体委托管理、经营国有财产的人员，主观方面是直接故意，且以非法占有公共财物为目的，客体是国家机关、国有公司、企业、事业单位、人民团体的正常活动和国有资产的所有权，客观方面表现为国家机关、国有公司、企业、事业单位、人民团体，违反国家规定，以单位名义将国有资产集体私分给个人，数额较大的行为，主体是国家机关、国有公司、企业、事业单位、人民团体，主观方面是直接故意，且具有非法集体私分国有资产的目的}。

那么，贪污罪与私分国有资产罪的相同点：A∩F＝{客体是公共财产所有权，主观方面是直接故意}。

贪污罪与私分国有资产罪的不同点：A∪F－A∩F＝{客体是国家工作人员职务行为的廉洁性，客观方面表现为行为人利用职务上的便利，侵吞、窃取、骗取或者以其他手段非法占有公共财物的行为，主体是国家工作人员与受国家机关、国有公司、企业、事业单位、人民团体委托管理、经营国有财产的人员，主观方面是直接故意，且以非法占有公共财物为目的，客体是国家机关、国有公司、企业、事业单位、人民团体的正常活动和国有资产的所有权，客观方面表现为国家机关、国有公司、企业、事业单位、人民团体，违反国家规定，以单位名义将国有资产集体私分给个人，数额较大的行为，主体是国家机关、国有公司、企业、事业单位、人民团体，主观方面是直接故意，且具有非法集体私分国有资产的目的}。

（七）贪污罪与私分罚没财物罪

A＝{贪污罪}；G＝{私分罚没财物罪}

A∩G＝{贪污罪}∩{私分罚没财物罪}＝{客体是国家工作人员职务行为的廉洁性和公共财产的所有权，客观方面表现为行为人利用职务上的便利，侵吞、窃取、骗取或者以其他手段非法占有公共财物的行为，主体是国家工作人员与受国家机关、国有公司、企业、事业单位、人民团体委托管理、经营国有财产的人员，主观方面是直接故意，且以非法占有公共财物为目的}∩{客体是国家机关、国有公司、企业、事业单位、人民团体的正常活动和国有资产的所有权，客观方面表现为行为人违反国家规定，将应上缴国家的罚没财物，以单位名义集体私分给个人的行为，主体是司法机关和行政执法机关，主观方面是直接故意，且具有非法私分罚没财物的目的}={客体是公共财产所有权，主观方面是直接故意}。

A∪G={贪污罪}∪{私分罚没财物罪}={客体是国家工作人员职务行为的廉洁性和公共财产的所有权，客观方面表现为行为人利用职务上的便利，侵吞、窃取、骗取或者以其他手段非法占有公共财物的行为，主体是国家工作人员与受国家机关、国有公司、企业、事业单位、人民团体委托管理、经营国有财产的人员，主观方面是直接故意，且以非法占有公共财物为目的}∪{客体是国家机关、国有公司、企业、事业单位、人民团体的正常活动和国有资产的所有权，客观方面表现为行为人违反国家规定，将应上缴国家的罚没财物，以单位名义集体私分给个人的行为，主体是司法机关和行政执法机关，主观方面是直接故意，且具有非法私分罚没财物的目的}={客体是国家工作人员职务行为的廉洁性和公共财产的所有权，客观方面表现为行为人利用职务上的便利，侵吞、窃取、骗取或者以其他手段非法占有公共财物的行为，主体是国家工作人员与受国家机关、国有公司、企业、事业单位、人民团体委托管理、经营国有财产的人员，主观方面是直接故意，且以非法占有公共财物为目的，客体是国家机关、国有公司、企业、事业单位、人民团体的正常活动和国有资产的所有权，客观方面表现为行为人违反国家规定，将应上缴国家的罚没财物，以单位名义集体私分给个人的行为，主体是司法机关和行政执法机关，主观方面是直接故意，且具有非法私分罚没财物的目的}。

那么，贪污罪与私分罚没财物罪的相同点：A∩G＝{客体是公共财产所有权，主观方面是直接故意}。

贪污罪与私分罚没财物罪的不同点：A∪G－A∩G＝{客体是国家工作人员职务行为的廉洁性，客观方面表现为行为人利用职务上的便利，侵吞、窃取、骗取或者以其他手段非法占有公共财物的行为，主体是国家工作人员与受国家机关、国有公司、企业、事业单位、人民团体委托管理、经营国有财产的人员，主观方面是直接故意，且以非法占有公共财物为目的，客体是国家机关、国有公司、企业、事业单位、人民团体的正常活动，客观方面表现为行为人违反国家规定，将应上缴国家的罚没财物，以单位名义集体私分给个人的行为，主体是司法机关和行政执法机关，主观方面是直接故意，且具有非法私分罚没财物的目的}。

（八）巨额财产来源不明罪与隐瞒境外存款罪

H＝{巨额财产来源不明罪}；I＝{隐瞒境外存款罪}

H∩I＝{巨额财产来源不明罪}∩{隐瞒境外存款罪}＝{客体是国家工作人员职务行为的廉洁性和国家机关的正常活动以及公私财产的所有权，客观方面表现为行为人的财产或者支出明显超过合法收入，差额巨大，而本人不能说明其来源是合法的行为，主体是国家工作人员，主观方面是故意，且具有非法占有公私财物的目的}∩{客体是国家工作人员职务行为的廉洁性，客观方面表现为行为人在境外存款，应当依照国家规定申报而隐瞒不报，数额较大的行为，主体是国家工作人员，主观方面是故意，且具有隐瞒境外存款的目的}＝{客体是国家工作人员职务行为的廉洁性，主体是国家工作人员，主观方面是故意}。

H∪I＝{巨额财产来源不明罪}∪{隐瞒境外存款罪}＝{客体是国家工作人员职务行为的廉洁性和国家机关的正常活动以及公私财产的所有权，客观方面表现为行为人的财产或者支出明显超过合法收入，差额巨大，而本人不能说明其来源是合法的行为，主体是国家工作人员，主观方面是故意，且具有非法占有公私财物的目的｝∪｛客体是国家工作人员职务行为的廉洁性，客观方面表现为行为人在境外存款，应当依照国家规定申报而隐瞒不报，数额较大的行为，主体是国家工作人员，主观方面是故意，且具有隐瞒境外存款的目的｝＝｛客体是国家工作人员职务行为的廉洁性和国家机关的正常活动以及公私财产的所有权，客观方面表现为行为人的财产或者支出明显超过合法收入，差额巨大，而本人不能说明其来源是合法的行为，主体是国家工作人员，主观方面是故意，且具有非法占有公私财物的目的，客体是国家工作人员职务行为的廉洁性，客观方面表现为行为人在境外存款，应当依照国家规定申报而隐瞒不报，数额较大的行为，主观方面是故意，且具有隐瞒境外存款的目的｝。

那么，巨额财产来源不明罪与隐瞒境外存款罪的相同点：H∩I＝｛客体是国家工作人员职务行为的廉洁性，主体是国家工作人员，主观方面是故意｝。

巨额财产来源不明罪与隐瞒境外存款罪的不同点：H∪I－H∩I＝｛客体是国家机关的正常活动以及公私财产的所有权，客观方面表现为行为人的财产或者支出明显超过合法收入，差额巨大，而本人不能说明其来源是合法的行为，主观方面是故意，且具有非法占有公私财物的目的，客观方面表现为行为人在境外存款，应当依照国家规定申报而隐瞒不报，数额较大的行为，主观方面是故意，且具有隐瞒境外存款的目的｝。

（九）私分国有资产罪与私分罚没财物罪

F＝｛私分国有资产罪｝；G＝｛私分罚没财物罪｝

F∩G＝｛私分国有资产罪｝∩｛私分罚没财物罪｝＝｛客体是国家机关、国有公司、企业、事业单位、人民团体的正常活动和国有资产的所有权，客观方面表现为国家机关、国有公司、企业、事业单位、人民团体，违反国家规定，以单位名义将国有资产集体私分给个人，数额较大的行为，主体是国家机关、国有公司、企业、事业单位、人民团体，主观方面是故意，且具有非法集体私分国有资产的目的}∩{客体是国家机关、国有公司、企业、事业单位、人民团体的正常活动和国有资产的所有权，客观方面表现为行为人违反国家规定，将应上缴国家的罚没财物，以单位名义集体私分给个人的行为，主体是司法机关和行政执法机关，主观方面是故意，且具有非法私分罚没财物的目的}＝{客体是国家机关、国有公司、企业、事业单位、人民团体的正常活动和国有资产的所有权，主观方面是故意}。

F∪G＝{私分国有资产罪}∪{私分罚没财物罪}＝{客体是国家机关、国有公司、企业、事业单位、人民团体的正常活动和国有资产的所有权，客观方面表现为国家机关、国有公司、企业、事业单位、人民团体，违反国家规定，以单位名义将国有资产集体私分给个人，数额较大的行为，主体是国家机关、国有公司、企业、事业单位、人民团体，主观方面是故意，且具有非法集体私分国有资产的目的}∪{客体是国家机关、国有公司、企业、事业单位、人民团体的正常活动和国有资产的所有权，客观方面表现为行为人违反国家规定，将应上缴国家的罚没财物，以单位名义集体私分给个人的行为，主体是司法机关和行政执法机关，主观方面是故意，且具有非法私分罚没财物的目的}＝{客体是国家机关、国有公司、企业、事业单位、人民团体的正常活动和国有资产的所有权，客观方面表现为国家机关、国有公司、企业、事业单位、人民团体，违反国家规定，以单位名义将国有资产集体私分给个人，数额较大的行为，主体是国家机关、国有公司、企业、事业单位、人民团体，主观方面是故意，且具有非法集体私分国有资产的目的，客体是国家机关、国有公司、企业、事业单位、人民团体的正常活动和国有资产的所有权，客观方面表现为行为人违反国家规定，将应上缴国家的罚没财物，以单位名义集体私分给个人的行为，主体是司法机关和行政执法机关，主观方面是故意，且具有非法私分罚没财物的目的}。

那么，私分国有资产罪与私分罚没财物罪的相同点：F∩G =｛客体是国家机关、国有公司、企业、事业单位、人民团体的正常活动和国有资产的所有权，主观方面是故意}。

私分国有资产罪与私分罚没财物罪的不同点：F∪G－F∩G =｛客观方面表现为国家机关、国有公司、企业、事业单位、人民团体，违反国家规定，以单位名义将国有资产集体私分给个人，数额较大的行为，主体是国家机关、国有公司、企业、事业单位、人民团体，主观方面是故意，且具有非法集体私分国有资产的目的，客观方面表现为行为人违反国家规定，将应上缴国家的罚没财物，以单位名义集体私分给个人的行为，主体是司法机关和行政执法机关，主观方面是故意，且具有非法私分罚没财物的目的}。

第二节　贿赂型犯罪

一、贿赂型犯罪概述

（一）贿赂型犯罪的概念

贿赂型犯罪，是指国家工作人员利用职务上的便利，非法占有、使用公私财物，损害国家工作人员职务行为廉洁性和公私财产所有权，依法应负刑事责任的行为。

（二）贿赂型犯罪的构成特征

根据现行刑法对贿赂型犯罪所作的规定来看，构成该类犯罪必须具备以下几个方面的构成特征，其集合表现为：

设 A 为贿赂型犯罪的集合，则 A = {贿赂型犯罪}；

设 B 为贿赂型犯罪客体的集合，则 B = {客体为国家工作人员职务的廉洁性和国家机关的正常活动和声誉}；

设 C 为贿赂型犯罪客观方面的集合，则 C = {客观方面表现为行为人利用职务上的便利，非法收受、索取他人财物，或者为谋取不正当利益，给予国家工作人员以财物，损害国家工作人员职务行为廉洁性，依法应负刑事责任的行为}；

设 D 为贿赂型犯罪主体的集合，则 D = {主体多数为自然人犯罪主体，少数为单位犯罪主体}；

设 E 为贿赂型犯罪主观方面的集合，则 E = {主观方面是直接故意}；

则 A = B∪C∪D∪E，即 {贿赂型犯罪} = {客体是国家工作人员职务的廉洁性和国家机关的正常活动和声誉}∪{客观方面表现为行为人利用职务上的便利，非法收受、索取他人财物，或者为谋取不正当利益，给予国家工作人员以财物，损害国家工作人员职务行为廉洁性，依法应负刑事责任的行为}∪{主体多数为自然人犯罪主体，少数为单位犯罪主体}∪{主观方面是直接故意} = {客体是国家工作人员职务的廉洁性和国家机关的正常活动和声誉，客观方面表现为行为人利用职务上的便利，非法收受、索取他人财物，或者为谋取不正当利益，给予国家工作人员以财物，损害国家工作人员职务行为廉洁性，依法应负刑事责任的行为，主体多数为自然人犯罪主体，少数为单位犯罪主体，主观方面是直接故意}。

（三）贿赂型犯罪的类型

根据现行刑法对贿赂型犯罪所作的规定来看，本节共有 8 种具体犯罪，用子集的方式来表达，其构造表现为：

｛贿赂型犯罪｝

｛受贿罪｝

｛单位受贿罪｝

｛利用影响力受贿罪｝

｛行贿罪｝

｛对有影响力的人行贿罪｝

｛对单位行贿罪｝

｛单位行贿罪｝

｛介绍贿赂罪｝

……

｛受贿罪、单位受贿罪、利用影响力受贿罪、行贿罪、对有影响力的人行贿罪、对单位行贿罪、单位行贿罪、介绍贿赂罪｝

二、贿赂型犯罪的界限

（一）受贿罪与贪污罪

A =｛受贿罪｝；B =｛贪污罪｝

A∩B =｛受贿罪｝∩｛贪污罪｝=｛客体是国家工作人员职务行为的廉洁性和国家机关的正常活动和声誉，客观方面表现为行为人利用职务上的便利，索取他人财物的，或者非法收受他人财物，为他人谋取利益的行为，主体是国家工作人员，主观方面是故意，并且具有获取贿赂的目的｝∩｛客体是国家工作人员职务行为的廉洁性和公共财产的所有权，客观方面表现为行为人利用职务上的便利，侵吞、窃取、骗取或者以其他手段非法占有公共财物的行为，主体是国家工作人员，主观方面是故意，并且以非法占有公共财物为目的｝=｛客体是国家工作人员职务行为的廉洁性，客观方面表现为行为人利用职务上的便利，主体是国家工作人员，主观方面是故意｝。

A∪B =｛受贿罪｝∪｛贪污罪｝=｛客体是国家工作人员职务行为的廉洁性和国家机关的正常活动和声誉，客观方面表现为行为人利用职务上的便利，索取他人财物的，或者非法收受他人财物，为他人谋取利益的行为，主体是国家工作人员，主观方面是故意，且具有获取贿赂的目的｝∪｛客体是国家工作人员职务行为的廉洁性和公共财产的所有权，客观方面表现为行为人利用职务上的便利，侵吞、窃取、骗取或者以其他手段非法占有公共财物的行为，主体是国家工作人员，主观方面是故意，且以非法占有公共财物为目的｝=｛客体是国家工作人员职务行为的廉洁性和国家机关的正常活动和声誉，客观方面表现为行为人利用职务上的便利，索取他人财物的，或者非法收受他人财物，为他人谋取利益的行为，主体是国家工作人员，主观方面是故意，且具有获取贿赂的目的，客体是国家工作人员职务行为的廉洁性和公共财产的所有权，客观方面表现为行为人利用职务上的便利，侵吞、窃取、骗取或者以其他手段非法占有公共财物的行为，主观方面是故意，且以非法占有公共财物为目的｝。

那么，受贿罪与贪污罪的相同点：A∩B =｛客体是国家工作人员职务行为的廉洁性，客观方面表现为行为人利用职务上的便利，主体是国家工作人员，主观方面是故意｝。

受贿罪与贪污罪的不同点：A∪B - A∩B =｛客体是国家机关的正常活动和声誉，客观方面表现为行为人索取他人财物的，或者非法收受他人财物，为他人谋取利益的行为，主观方面是故意，且具有获取贿赂的目的，客体是公共财产的所有权，客观方面表现为行为人侵吞、窃取、骗取或者以其他手段非法占有公共财物的行为，主观方面是故意，且以非法占有公共财物为目的｝。

（二）受贿罪与利用影响力受贿罪

A =｛受贿罪｝；C =｛利用影响力受贿罪｝

A∩C = ｛受贿罪｝∩｛利用影响力受贿罪｝=｛客体是国家工作人员职务行为的廉洁性和国家机关的正常活动和声誉，客观方面表现为行为人利用职务上的便利，索取他人财物的，或者非法收受他人财物，为他人谋取利益的行为，主体是国家工作人员，主观方面是故意，且具有获取贿赂的目的｝∩｛客体是国家工作人员职务行为的廉洁性和国家机关的正常活动和声誉，客观方面表现为行为人通过该国家工作人员职务上的行为，或者利用该国家工作人员职权或者地位形成的便利条件，通过其他国家工作人员职务上的行为，为请托人谋取不正当利益，索取请托人财物或者收受请托人财物，数额较大或者有其他较重情节的行为，主体是国家工作人员的近亲属或者其他与该国家工作人员关系密切的人，主观方面是故意，且具有获取贿赂的目的｝=｛客体是国家工作人员职务行为的廉洁性和国家机关的正常活动和声誉，主观方面是故意，且具有获取贿赂的目的｝。

A∪C = ｛受贿罪｝∪｛利用影响力受贿罪｝=｛客体是国家工作人员职务行为的廉洁性和国家机关的正常活动和声誉，客观方面表现为行为人利用职务上的便利，索取他人财物的，或者非法收受他人财物，为他人谋取利益的行为，主体是国家工作人员，主观方面是故意，且具有获取贿赂的目的｝∪｛客体是国家工作人员职务行为的廉洁性和国家机关的正常活动和声誉，客观方面表现为行为人通过该国家工作人员职务上的行为，或者利用该国家工作人员职权或者地位形成的便利条件，通过其他国家工作人员职务上的行为，为请托人谋取不正当利益，索取请托人财物或者收受请托人财物，数额较大或者有其他较重情节的行为，主体是国家工作人员的近亲属或者其他与该国家工作人员关系密切的人，主观方面是故意，且具有获取贿赂的目的｝=｛客体是国家工作人员职务行为的廉洁性和国家机关的正常活动和声誉，客观方面表现为行为人利用职务上的便利，索取他人财物的，或者非法收受他人财物，为他人谋取利益的行为，主体是国家工作人员，主观方面是故意，且具有获取贿赂的目的，客观方面表现为行为人通过该国家工作人员职务上的行为，或者利用该国家工作人员职权或者地位形成的便利条件，通过其他国家工作人员职务上的行为，为请托人谋取不正当利益，索取请托人财物或者收受请托人财物，数额较大或者有其他较重情节的行为，主体是国家工作人员的近亲属或者其他与该国家工作人员关系密切的人｝。

那么，受贿罪与利用影响力受贿罪的相同点：A∩C＝｛客体是国家工作人员职务行为的廉洁性和国家机关的正常活动和声誉，主观方面是故意，并且具有获取贿赂的目的｝。

受贿罪与利用影响力受贿罪的不同点：A∪C－A∩C＝｛客观方面表现为行为人利用职务上的便利，索取他人财物的，或者非法收受他人财物，为他人谋取利益的行为，主体是国家工作人员，客观方面表现为行为人通过该国家工作人员职务上的行为，或者利用该国家工作人员职权或者地位形成的便利条件，通过其他国家工作人员职务上的行为，为请托人谋取不正当利益，索取请托人财物或者收受请托人财物，数额较大或者有其他较重情节的行为，主体是国家工作人员的近亲属或者其他与该国家工作人员关系密切的人｝。

（三）受贿罪与单位受贿罪

A＝｛受贿罪｝；D＝｛单位受贿罪｝

A∩D＝｛受贿罪｝∩｛单位受贿罪｝＝｛客体是国家工作人员职务行为的廉洁性和国家机关的正常活动和声誉，客观方面表现为行为人利用职务上的便利，索取他人财物的，或者非法收受他人财物，为他人谋取利益的行为，主体是国家工作人员，主观方面是故意，且具有获取贿赂的目的｝∩｛客体是国家机关、国有公司、企业、事业单位、人民团体的正常活动与威信，客观方面表现为单位索取、非法收受他人财物，为他人谋取利益，情节严重的行为，主体是国家机关、国有公司、企业、事业单位、人民团体，主观方面是故意，且具有获取贿赂的目的｝＝｛主观方面是故意，且具有获取贿赂的目的｝。

A∪D＝｛受贿罪｝∪｛单位受贿罪｝＝｛客体是国家工作人员职务行为的廉洁性和国家机关的正常活动和声誉，客观方面表现为行为人利用职务上的便利，索取他人财物的，或者非法收受他人财物，为他人谋取利益的行为，主体是国家工作人员，主观方面是故意，且具有获取贿赂的目的｝∪｛客体是国家机关、国有公司、企业、事业单位、人民团体的正常活动与威信，客观方面表现为单位索取、非法收受他人财物，为他人谋取利益，情节严重的行为，主体是国家机关、国有公司、企业、事业单位、人民团体，主观方面是故意，且具有获取贿赂的目的｝＝｛客体是国家工作人员职务行为的廉洁性和国家机关的正常活动和声誉，客观方面表现为行为人利用职务上的便利，索取他人财物的，或者非法收受他人财物，为他人谋取利益的行为，主体是国家工作人员，主观方面是故意，且具有获取贿赂的目的，客体是国家机关、国有公司、企业、事业单位、人民团体的正常活动与威信，客观方面表现为单位索取、非法收受他人财物，为他人谋取利益，情节严重的行为，主体是国家机关、国有公司、企业、事业单位、人民团体｝。

那么，受贿罪与单位受贿罪的相同点：A∩D＝｛主观方面是故意，且具有获取贿赂的目的｝。

受贿罪与单位受贿罪的不同点：A∪D－A∩D＝｛客体是国家机关、国有公司、企业、事业单位、人民团体的正常活动与威信，客观方面表现为单位索取、非法收受他人财物，为他人谋取利益，情节严重的行为，主体是国家工作人员，客体是国家工作人员职务行为的廉洁性和国家机关的正常活动和声誉，客观方面表现为行为人利用职务上的便利，索取他人财物的，或者非法收受他人财物，为他人谋取利益的行为，主体是国家机关、国有公司、企业、事业单位、人民团体｝。

（四）受贿罪与非国家工作人员受贿罪

A＝｛受贿罪｝；E＝｛非国家工作人员受贿罪｝

A∩E＝｛受贿罪｝∩｛非国家工作人员受贿罪｝＝｛客体是国家工作人员职务行为的廉洁性和国家机关的正常活动和声誉，客观方面表现为行为人利用职务上的便利，索取他人财物的，或者非法收受他人财物，为他人谋取利益的行为，主体是国家工作人员，主观方面是故意，且具有获取贿赂的目的｝∩｛客体是国家对公司、企业等单位的管理制度和单位员工职务行为的廉洁性，客观方面表现为行为人利用职务上的便利，索取他人财物，或者非法收受他人财物为他人谋取利益，或者在经济往来中违反国家规定，收受各种名义的回扣、手续费归个人所有，数额较大的行为，主体是公司、企业或者其他单位的工作人员，主观方面是故意｝＝｛客体是单位员工职务行为的廉洁性，主观方面是故意｝。

A∪E＝｛受贿罪｝∪｛非国家工作人员受贿罪｝＝｛客体是国家工作人员职务行为的廉洁性和国家机关的正常活动和声誉，客观方面表现为行为人利用职务上的便利，索取他人财物的，或者非法收受他人财物，为他人谋取利益的行为，主体是国家工作人员，主观方面是故意，且具有获取贿赂的目的｝∪｛客体是国家对公司、企业等单位的管理制度和单位员工职务行为的廉洁性，客观方面表现为行为人利用职务上的便利，索取他人财物，或者非法收受他人财物为他人谋取利益，或者在经济往来中违反国家规定，收受各种名义的回扣、手续费归个人所有，数额较大的行为，主体是公司、企业或者其他单位的工作人员，主观方面是故意｝＝｛客体是国家工作人员职务行为的廉洁性和国家机关的正常活动和声誉，客观方面表现为行为人利用职务上的便利，索取他人财物的，或者非法收受他人财物，为他人谋取利益的行为，主体是国家工作人员，主观方面是故意，且具有获取贿赂的目的，客体是国家对公司、企业等单位的管理制度和单位员工职务行为的廉洁性，客观方面表现为行为人利用职务上的便利，索取他人财物，或者非法收受他人财物为他人谋取利益，或者在经济往来中违反国家规定，收受各种名义的回扣、手续费归个人所有，数额较大的行为，主体是公司、企业或者其他单位的工作人员}。

那么，受贿罪与非国家工作人员受贿罪的相同点：$A \cap E$ = {客体是单位员工职务行为的廉洁性，主观方面是故意}。

受贿罪与非国家工作人员受贿罪的不同点：$A \cup E - A \cap E$ = {客体是国家工作人员职务行为的廉洁性和国家机关的正常活动和声誉，客观方面表现为行为人利用职务上的便利，索取他人财物的，或者非法收受他人财物，为他人谋取利益的行为，主体是国家工作人员，主观方面是故意，且具有获取贿赂的目的，客体是国家对公司、企业等单位的管理制度和单位员工职务行为的廉洁性，客观方面表现为行为人利用职务上的便利，索取他人财物，或者非法收受他人财物为他人谋取利益，或者在经济往来中违反国家规定，收受各种名义的回扣、手续费归个人所有，数额较大的行为，主体是公司、企业或者其他单位的工作人员}。

（五）行贿罪与单位行贿罪

F = {行贿罪}；G = {单位行贿罪}

$F \cap G$ = {行贿罪} $\cap$ {单位行贿罪} = {客体是国家工作人员职务行为的不可收买性和国家机关的正常活动，客观方面表现为行为人给予国家工作人员以财物的行为，主体是年满16周岁、具有刑事责任能力的人，主观方面是故意，且具有为谋取不正当利益而收买国家工作人员的目的} $\cap$ {客体是公司、企业、事业、机关、团体的正常活动和声誉，客观方面表现为单位为谋取不正当利益而行贿，或者违反国家规定，给予国家工作人员以回扣、手续费，情节严重的行为，主体是公司、企业、事业单位、机关、团体，主观方面是故意，且具有谋取不正当利益的目的}＝{主观方面是故意，且具有谋取不正当利益的目的}。

F∪G＝{行贿罪}∪{单位行贿罪}＝{客体是国家工作人员职务行为的不可收买性和国家机关的正常活动，客观方面表现为行为人给予国家工作人员以财物的行为，主体是年满16周岁、具有刑事责任能力的人，主观方面是故意，且具有为谋取不正当利益而收买国家工作人员的目的}∪{客体是公司、企业、事业、机关、团体的正常活动和声誉，客观方面表现为单位为谋取不正当利益而行贿，或者违反国家规定，给予国家工作人员以回扣、手续费，情节严重的行为，主体是公司、企业、事业单位、机关、团体，主观方面是故意，且具有谋取不正当利益的目的}＝{客体是国家工作人员职务行为的不可收买性和国家机关的正常活动，客观方面表现为行为人给予国家工作人员以财物的行为，主体是年满16周岁、具有刑事责任能力的人，主观方面是故意，且具有为谋取不正当利益而收买国家工作人员的目的，客体是公司、企业、事业、机关、团体的正常活动和声誉，客观方面表现为单位为谋取不正当利益而行贿，或者违反国家规定，给予国家工作人员以回扣、手续费，情节严重的行为，主体是公司、企业、事业单位、机关、团体}

那么，行贿罪与单位行贿罪的相同点：F∩G＝{主观方面是故意，且具有谋取不正当利益的目的}。

行贿罪与单位行贿罪的不同点：F∪G－F∩G＝{客体是国家工作人员职务行为的不可收买性和国家机关的正常活动，客观方面表现为行为人给予国家工作人员以财物的行为，主体是年满16周岁、具有刑事责任能力的人，客体是公司、企业、事业、机关、团体的正常活动和声誉，客观方面表现为单位为谋取不正当利益而行贿，或者违反国家规定，给予国家工作人员以回扣、手续费，情节严重的行为，主体是公司、企业、事业单位、机关、团体｝。

（六）行贿罪与对有影响力的人行贿罪

F＝｛行贿罪｝；H＝｛对有影响力的人行贿罪｝

F∩H＝｛行贿罪｝∩｛对有影响力的人行贿罪｝＝｛客体是国家工作人员职务行为的不可收买性和国家机关的正常活动，客观方面表现为行为人给予国家工作人员以财物的行为，主体是年满16周岁、具有刑事责任能力的人，主观方面是直接故意，且具有为谋取不正当利益而收买国家工作人员的目的｝∩｛客体是国家工作人员职务行为的公正性与不可收买性，客观方面表现为行为人为谋取不正当利益，向国家工作人员的近亲属或者其他与该国家工作人员关系密切的人，或者向离职的国家工作人员或者其近亲属以及其他与其关系密切的人行贿的行为，主体是年满16周岁、具有刑事责任能力的人和单位，主观方面是直接故意，且具有为了谋取不正当利益而收买对国家工作人员有影响力的人员的目的｝＝｛客体是国家工作人员职务行为的不可收买性，主体是年满16周岁、具有刑事责任能力的人｝。

F∪H＝｛行贿罪｝∪｛对有影响力的人行贿罪｝＝｛客体是国家工作人员职务行为的不可收买性和国家机关的正常活动，客观方面表现为行为人给予国家工作人员以财物的行为，主体是年满16周岁、具有刑事责任能力的人，主观方面是直接故意，且具有为谋取不正当利益而收买国家工作人员的目的｝∪｛客体是国家工作人员职务行为的公正性与不可收买性，客观方面表现为行为人为谋取不正当利益，向国家工作人员的近亲属或者其他与该国家工作人员关系密切的人，或者向离职的国家工作人员或者其近亲属以及其他与其关系密切的人行贿的行为，主体是年满16周岁、具有刑事责任能力的人和单位，主观方面是直接故意，且具有为了

谋取不正当利益而收买对国家工作人员有影响力的人员的目的}＝
{客体是国家工作人员职务行为的不可收买性和国家机关的正常活
动，客观方面表现为行为人给予国家工作人员以财物的行为，主
体是年满 16 周岁、具有刑事责任能力的人，主观方面是故意，且
具有为谋取不正当利益而收买国家工作人员的目的，客体是国家
工作人员职务行为的公正性与不可收买性，客观方面表现为行为
人为谋取不正当利益，向国家工作人员的近亲属或者其他与该国
家工作人员关系密切的人，或者向离职的国家工作人员或者其近
亲属以及其他与其关系密切的人行贿的行为，主体是单位，主观
方面是直接故意，且具有为了谋取不正当利益而收买对国家工作
人员有影响力的人员的目的}。

那么，行贿罪与单位行贿罪的相同点：F∩H＝{客体是国家工
作人员职务行为的不可收买性，主体是年满 16 周岁、具有刑事责
任能力的人}。

行贿罪与单位行贿罪的不同点：F∪H－F∩H＝{客体是国家
机关的正常活动，客观方面表现为行为人给予国家工作人员以财
物的行为，主观方面是故意，且具有为谋取不正当利益而收买国
家工作人员的目的，客体是国家工作人员职务行为的公正性，客
观方面表现为行为人为谋取不正当利益，向国家工作人员的近亲
属或者其他与该国家工作人员关系密切的人，或者向离职的国家
工作人员或者其近亲属以及其他与其关系密切的人行贿的行为，
主体是单位，主观方面是直接故意，且具有为了谋取不正当利益
而收买对国家工作人员有影响力的人员的目的}。

（七）行贿罪与对单位行贿罪

F＝{行贿罪}；I＝{对单位行贿罪}

F∩I＝{行贿罪}∩{对单位行贿罪}＝{客体是国家工作人员职
务行为的不可收买性和国家机关的正常活动，客观方面表现为行

为人给予国家工作人员以财物的行为，主体是年满 16 周岁、具有刑事责任能力的人，主观方面是故意，且具有为谋取不正当利益而收买国家工作人员的目的}∩{客体是国家机关、国有公司、企业、事业单位、人民团体的正常活动和声誉，客观方面表现为行为人给予国家机关、国有公司、企业、事业单位、人民团体以财物的，或者要经济往来中，违反国家规定，给予各种名义的回扣、手续费的行为，主体是年满 16 周岁、具有刑事责任能力的人和单位，主观方面是故意，且具有为谋取不正当利益而收买特定单位的目的}={主体是年满 16 周岁、具有刑事责任能力的人，主观方面是故意}。

F∪I={行贿罪}∪{对单位行贿罪}={客体是国家工作人员职务行为的不可收买性和国家机关的正常活动，客观方面表现为行为人给予国家工作人员以财物的行为，主体是年满 16 周岁、具有刑事责任能力的人，主观方面是故意，且具有为谋取不正当利益而收买国家工作人员的目的}∪{客体是国家机关、国有公司、企业、事业单位、人民团体的正常活动和声誉，客观方面表现为行为人给予国家机关、国有公司、企业、事业单位、人民团体以财物的，或者要经济往来中，违反国家规定，给予各种名义的回扣、手续费的行为，主体是年满 16 周岁、具有刑事责任能力的人和单位，主观方面是故意，且具有为谋取不正当利益而收买特定单位的目的}={客体是国家工作人员职务行为的不可收买性和国家机关的正常活动，客观方面表现为行为人给予国家工作人员以财物的行为，主体是年满 16 周岁、具有刑事责任能力的人，主观方面是故意，且具有为谋取不正当利益而收买国家工作人员的目的，客体是国家机关、国有公司、企业、事业单位、人民团体的正常活动和声誉，客观方面表现为行为人给予国家机关、国有公司、企业、事业单位、人民团体以财物的，或者要经济往来中，违反国家规定，给予各种名义的回扣、手续费的行为，主体是单位，主观方面是故意，且具有为谋取不正当利益而收买特定单位的目的｝。

那么，行贿罪与对单位行贿罪的相同点：F∩I=｛主体是年满16周岁、具有刑事责任能力的人，主观方面是故意｝。

行贿罪与对单位行贿罪的不同点：F∪I−F∩I=｛客体是国家工作人员职务行为的不可收买性和国家机关的正常活动，客观方面表现为行为人给予国家工作人员以财物的行为，主观方面是故意，且具有为谋取不正当利益而收买国家工作人员的目的，客体是国家机关、国有公司、企业、事业单位、人民团体的正常活动和声誉，客观方面表现为行为人给予国家机关、国有公司、企业、事业单位、人民团体以财物的，或者要经济往来中，违反国家规定，给予各种名义的回扣、手续费的行为，主体是单位，主观方面是故意，且具有为谋取不正当利益而收买特定单位的目的｝。

第九章

渎职罪

第一节　国家机关工作人员渎职罪

一、国家机关工作人员渎职罪概述

（一）国家机关工作人员渎职罪的概念

国家机关工作人员渎职罪，是指国家机关工作人员滥用职权、玩忽职守、妨害国家机关正常工作程序，损害国家机关的公信力，致使国家和社会利益遭受重大损失的行为。

（二）国家机关工作人员渎职罪的构成特征

根据现行刑法对国家机关工作人员渎职罪所作的规定来看，构成该类犯罪必须具备以下几个方面的共同特征，其集合表现为：

设 A 为国家机关工作人员渎职罪集合，则A =｛国家机关工作人员渎职罪｝；

设 B 为国家机关工作人员渎职罪同类客体的集合，则 B =｛客体是国家机关工作的公信力｝；

设 C 为国家机关工作人员渎职罪客观方面的集合，则 C =｛客观方面表现为行为人滥用职权、玩忽职守、妨害国家机关正常工作程序，损害国家机关的公信力，致使国家和社会利益遭受重大损失的行为｝；

设 D 为国家机关工作人员渎职罪主体的集合，则 D =｛主体是国家机关工作人员｝；

设 E 为国家机关工作人员渎职罪主观方面的集合，则 E =｛主观方面既有故意，也有过失｝；

则 A = B∪C∪D∪E，即 ｛国家机关工作人员渎职罪｝=｛客体是国家机关工作的公信力｝∪｛客观方面表现为行为人滥用职权、玩忽职守、妨害国家机关正常工作程序，损害国家机关的公信力，致使国家和社会利益遭受重大损失的行为｝∪｛主体是国家机关工作人员｝∪｛主观方面既有故意，也有过失｝ = ｛客体为国家机关工作的公信力，客观方面表现为滥用职权、玩忽职守、妨害国家机关正常工作程序，损害国家机关的公信力，致使国家和社会利益遭受重大损失的行为，主体是国家机关工作人员，主观方面既有故意，也有过失｝。

（三）国家机关工作人员渎职罪的类型

根据现行刑法对国家机关工作人员渎职罪所作的规定来看，本节共有 9 种具体犯罪，用子集的方式来表达，其构造表现为：

｛国家机关工作人员渎职罪｝

｛滥用职权罪｝

｛玩忽职守罪｝

｛故意泄露国家秘密罪｝

｛过失泄露国家秘密罪｝

｛国家机关工作人员签订、履行合同失职被骗罪｝

｛非法批准征用、占用土地罪｝

｛非法低价出让国有土地使用权罪｝

｛招收公务员、学生徇私舞弊罪｝

｛失职造成珍贵文物损毁、流失罪｝

……

｛滥用职权罪，玩忽职守罪，故意泄露国家秘密罪，过失泄露国家秘密罪，国家机关工作人员签订、履行合同失职被骗罪，非法批准征用、占用土地罪，非法低价出让国有土地使用权罪，招收公务员、学生徇私舞弊罪，失职造成珍贵文物损毁、流失罪｝

二、国家机关工作人员渎职罪的界限

（一）滥用职权罪与玩忽职守罪

A = ｛滥用职权罪｝；B = ｛玩忽职守罪｝

A∩B = ｛滥用职权罪｝∩｛玩忽职守罪｝= ｛客体是国家机关的正常职能，客观方面表现为行为人超越职权，违法决定、处理其无权决定、处理的事项，或者违反规定处理公务，致使公共财产、国家和人民利益遭受重大损失的行为，主体是国家机关工作人员，主观方面是故意｝∩｛客体是国家机关的正常职能，客观方面表现为行为人严重不负责任，不履行或者不正确履行职责，致使公共财产、国家和人民利益遭受重大损失的行为，主体是国家机关工作人员，主观方面是过失｝= ｛客体是国家机关的正常职能，主体是国家机关工作人员｝。

A∪B = ｛滥用职权罪｝∪｛玩忽职守罪｝= ｛客体是国家机关的正常职能，客观方面表现为行为人超越职权，违法决定、处理其无权决定、处理的事项，或者违反规定处理公务，致使公共财产、国家和人民利益遭受重大损失的行为，主体是国家机关工作人员，主观方面是故意｝∪｛客体是国家机关的正常职能，客观方面表现为行为人严重不负责任，不履行或者不正确履行职责，致使公共财产、国家和人民利益遭受重大损失的行为，主体是国家机关工作人员，主观方面是过失｝= ｛客体是国家机关的正常职能，客观方面表现为行为人超越职权，违法决定、处理其无权决定、处理的事项，或者违反规定处理公务，致使公共财产、国家和人民利益遭受重大损失的行为，主体是国家机关工作人员，主观方面是故意，客观方面表现为行为人严重不负责任，不履行或者不正确履行职责，致使公共财产、国家和人民利益遭受重大损失的行为，主观方面是过失}。

那么，滥用职权罪与玩忽职守罪的相同点：$A \cap B = ${客体是国家机关的正常职能，主体是国家机关工作人员}。

滥用职权罪与玩忽职守罪的不同点：$A \cup B - A \cap B = ${客观方面表现为行为人超越职权，违法决定、处理其无权决定、处理的事项，或者违反规定处理公务，致使公共财产、国家和人民利益遭受重大损失的行为，主观方面是故意，客观方面表现为行为人严重不负责任，不履行或者不正确履行职责，致使公共财产、国家和人民利益遭受重大损失的行为，主观方面是过失}。

（二）故意泄露国家秘密罪与过失泄露国家秘密罪

$C = ${故意泄露国家秘密罪}；$D = ${过失泄露国家秘密罪}

$C \cap D = ${故意泄露国家秘密罪}$\cap${过失泄露国家秘密罪}$= ${客体是国家的保密制度，客观方面表现为行为人违反保守国家秘密法的规定，泄露国家秘密，情节严重的行为，主体是国家机关工作人员和非国家机关工作人员，主观方面是故意}$\cap${客体是国家的保密制度，客观方面表现为行为人违反保守国家秘密法的规定，泄露国家秘密，情节严重的行为，主体是国家机关工作人员和非国家机关工作人员，主观方面是过失}$= ${客体是国家的保密制度，客观方面表现为行为人违反保守国家秘密法的规定，泄露国家秘密，情节严重的行为，主体是国家机关工作人员和非国家机关工作人员}。

$C \cup D = ${故意泄露国家秘密罪}$\cup${过失泄露国家秘密罪}$=$

|客体是国家的保密制度，客观方面表现为行为人违反保守国家秘密法的规定，泄露国家秘密，情节严重的行为，主体是国家机关工作人员和非国家机关工作人员，主观方面是故意|∪|客体是国家的保密制度，客观方面表现为行为人违反保守国家秘密法的规定，泄露国家秘密，情节严重的行为，主体是国家机关工作人员和非国家机关工作人员，主观方面是过失|＝|客体是国家的保密制度，客观方面表现为行为人违反保守国家秘密法的规定，泄露国家秘密，情节严重的行为，主体是国家机关工作人员和非国家机关工作人员，主观方面是故意，主观方面是过失|。

那么，故意泄露国家秘密罪与过失泄露国家秘密罪的相同点：C∩D＝|客体是国家的保密制度，客观方面表现为行为人违反保守国家秘密法的规定，泄露国家秘密，情节严重的行为，主体是国家机关工作人员和非国家机关工作人员|。

故意泄露国家秘密罪与过失泄露国家秘密罪的不同点：C∪D－C∩D＝|主观方面是故意，主观方面是过失|。

第二节　司法机关工作人员渎职罪

一、司法机关工作人员渎职罪概述

（一）司法机关工作人员渎职罪的概念

司法机关工作人员渎职罪，是指国家机关工作人员滥用职权、玩忽职守、妨害国家机关正常工作程序，损害国家机关的公信力，致使国家和社会利益遭受重大损失的行为。

（二）司法机关工作人员渎职罪的构成特征

根据现行刑法对司法机关工作人员渎职罪所作的规定来看，

构成该类犯罪必须具备以下几个方面的共同特征，其集合表现为：

设 A 为司法机关工作人员渎职罪的集合，则 A = ｛司法机关工作人员渎职罪｝；

设 B 为司法机关工作人员渎职罪同类客体的集合，则 B = ｛客体为司法机关工作的公信力｝；

设 C 为司法机关工作人员渎职罪客观方面的集合，则 C = ｛客观方面表现为行为人徇私枉法、枉法裁判、执行判决、裁定失职、滥用职权、私放在押人员、失职致使在押人员脱逃、徇私舞弊减刑、假释、暂予监外执行，损害司法机关的公信力，致使国家和社会利益遭受重大损失的行为｝；

设 D 为司法机关工作人员渎职罪主体的集合，则 D = ｛主体是司法机关工作人员｝；

设 E 为司法机关工作人员渎职罪主观方面的集合，则 E = ｛主观方面既有故意，也有过失｝；

则 A = B∪C∪D∪E，即 ｛司法机关工作人员渎职罪｝= ｛客体为司法机关工作的公信力｝∪｛客观方面表现为行为人徇私枉法、枉法裁判、执行判决、裁定失职、滥用职权、私放在押人员、失职致使在押人员脱逃、徇私舞弊减刑、假释、暂予监外执行，损害司法机关的公信力，致使国家和社会利益遭受重大损失的行为｝∪｛主体是司法机关工作人员｝∪｛主观方面既有故意，也有过失｝= ｛客体为司法机关工作的公信力，客观方面表现为行为人徇私枉法、枉法裁判、执行判决、裁定失职、滥用职权、私放在押人员、失职致使在押人员脱逃、徇私舞弊减刑、假释、暂予监外执行，损害司法机关的公信力，致使国家和社会利益遭受重大损失的行为，主体是国家机关工作人员，主观方面既有故意，也有过失｝。

（三）司法机关工作人员渎职罪的类型

根据现行刑法对司法机关工作人员渎职罪所作的规定来看，

本节共有 7 种具体犯罪，用子集的方式来表达，其构造表现为：

{司法机关工作人员渎职罪}

{徇私枉法罪}

{民事、行政枉法裁判罪}

{执行判决、裁定失职罪}

{执行判决、裁定滥用职权罪}

{私放在押人员罪}

{失职致使在押人员脱逃罪}

{徇私舞弊减刑、假释、暂予监外执行罪}

……

{徇私枉法罪，民事、行政枉法裁判罪，执行判决、裁定失职罪，执行判决、裁定滥用职权罪，私放在押人员罪，失职致使在押人员脱逃罪，徇私舞弊减刑、假释、暂予监外执行罪}

二、司法机关工作人员渎职罪的界限

（一）徇私枉法罪与民事、行政枉法裁判罪

A = {徇私枉法罪}；B = {民事、行政枉法裁判罪}

A∩B = {徇私枉法罪} ∩ {民事、行政枉法裁判罪} = {客体是国家司法机关的刑事追诉和裁判职能，客观方面表现为行为人徇私枉法、徇情枉法，对明知是无罪的人而使他受追诉、对明知是有罪的人而故意包庇不使他受追诉，或者在刑事审判活动中故意违背事实和法律作枉法裁判的行为，主体是司法工作人员，主观方面是直接故意} ∩ {客体是人民法院的正常民事、行政审判职能，客观方面表现为行为人在民事、行政审判活动中故意违背事实和法律作枉法裁判，情节严重的行为，主体是行使民事、行政审判职能的审判人员，主观方面是故意} = {主观方面是故意}。

A∪B = {徇私枉法罪} ∪ {民事、行政枉法裁判罪} = {客体是国家司法机关的刑事追诉和裁判职能，客观方面表现为行为人徇私枉法、徇情枉法，对明知是无罪的人而使他受追诉、对明知是有罪的人而故意包庇不使他受追诉，或者在刑事审判活动中故意违背事实和法律作枉法裁判的行为，主体是司法工作人员，主观方面是直接故意｝∪｛客体是人民法院的正常民事、行政审判职能，客观方面表现为行为人在民事、行政审判活动中故意违背事实和法律作枉法裁判，情节严重的行为，主体是行使民事、行政审判职能的审判人员，主观方面是故意｝＝｛客体是国家司法机关的刑事追诉和裁判职能，客观方面表现为行为人徇私枉法、徇情枉法，对明知是无罪的人而使他受追诉、对明知是有罪的人而故意包庇不使他受追诉，或者在刑事审判活动中故意违背事实和法律作枉法裁判的行为，主体是司法工作人员，主观方面是直接故意，客体是人民法院的正常民事、行政审判职能，客观方面表现为行为人在民事、行政审判活动中故意违背事实和法律作枉法裁判，情节严重的行为，主体是行使民事、行政审判职能的审判人员｝。

那么，徇私枉法罪与民事、行政枉法裁判罪的相同点：A∩B＝｛主观方面是故意｝。

徇私枉法罪与民事、行政枉法裁判罪的不同点：A∪B－A∩B＝｛客体是国家司法机关的刑事追诉和裁判职能，客观方面表现为行为人徇私枉法、徇情枉法，对明知是无罪的人而使他受追诉、对明知是有罪的人而故意包庇不使他受追诉，或者在刑事审判活动中故意违背事实和法律作枉法裁判的行为，主体是司法工作人员，客体是人民法院的正常民事、行政审判职能，客观方面表现为行为人在民事、行政审判活动中故意违背事实和法律作枉法裁判，情节严重的行为，主体是行使民事、行政审判职能的审判人员｝。

（二）徇私枉法罪与枉法仲裁罪

A＝｛徇私枉法罪｝；C＝｛枉法仲裁罪｝

A∩C＝｛徇私枉法罪｝∩｛枉法仲裁罪｝＝｛客体是国家司法机关的刑事追诉和裁判职能，客观方面表现为行为人徇私枉法、徇情枉法，对明知是无罪的人而使他受追诉、对明知是有罪的人而故意包庇不使他受追诉，或者在刑事审判活动中故意违背事实和法律作枉法裁判的行为，主体是司法工作人员，主观方面是直接故意｝∩｛客体是仲裁机关仲裁活动的正常秩序，客观方面表现为行为人在仲裁活动中故意违背事实和法律作枉法裁决，情节严重的行为，主体是依法承担仲裁职责的人员，主观方面是故意｝＝｛主观方面是故意｝。

A∪C＝｛徇私枉法罪｝∪｛枉法仲裁罪｝＝｛客体是国家司法机关的刑事追诉和裁判职能，客观方面表现为行为人徇私枉法、徇情枉法，对明知是无罪的人而使他受追诉、对明知是有罪的人而故意包庇不使他受追诉，或者在刑事审判活动中故意违背事实和法律作枉法裁判的行为，主体是司法工作人员，主观方面是直接故意｝∪｛客体是仲裁机关仲裁活动的正常秩序，客观方面表现为行为人在仲裁活动中故意违背事实和法律作枉法裁决，情节严重的行为，主体是依法承担仲裁职责的人员，主观方面是故意｝＝｛客体是国家司法机关的刑事追诉和裁判职能，客观方面表现为行为人徇私枉法、徇情枉法，对明知是无罪的人而使他受追诉、对明知是有罪的人而故意包庇不使他受追诉，或者在刑事审判活动中故意违背事实和法律作枉法裁判的行为，主体是司法工作人员，主观方面是直接故意，客体是仲裁机关仲裁活动的正常秩序，客观方面表现为行为人在仲裁活动中故意违背事实和法律作枉法裁决，情节严重的行为，主体是依法承担仲裁职责的人员｝。

那么，徇私枉法罪与枉法仲裁罪的相同点：A∩C＝｛主观方面是故意}。

徇私枉法罪与枉法仲裁罪的不同点：A∪C－A∩C＝{客体是国家司法机关的刑事追诉和裁判职能，客观方面表现为行为人徇私枉法、徇情枉法，对明知是无罪的人而使他受追诉、对明知是有罪的人而故意包庇不使他受追诉，或者在刑事审判活动中故意违背事实和法律作枉法裁判的行为，主体是司法工作人员，客体是仲裁机关仲裁活动的正常秩序，客观方面表现为行为人在仲裁活动中故意违背事实和法律作枉法裁决，情节严重的行为，主体是依法承担仲裁职责的人员}。

（三）执行判决、裁定失职罪与执行判决、裁定滥用职权罪

D＝{执行判决、裁定失职罪}；E＝{执行判决、裁定滥用职权罪}

D∩E＝{执行判决、裁定失职罪}∩{执行判决、裁定滥用职权罪}＝{客体是司法机关执行判决、裁定的正常秩序，客观方面表现为行为人在执行判决、裁定活动中，严重不负责任，不依法采取诉讼保全措施、不履行法定执行职责，或者违法采取诉讼保全措施、强制执行措施，致使当事人或者其他人的利益遭受重大损失的行为，主体是法院中担负执行职能的工作人员，主观方面是过失}∩{客体是司法机关执行判决、裁定的正常秩序，客观方面表现为行为人在执行判决、裁定活动中，滥用职权，不依法采取诉讼保全措施、不履行法定执行职责，或者违法采取诉讼保全措施、强制执行措施，致使当事人或者其他人的利益遭受重大损失的行为，主体是法院中担负执行职能的工作人员，主观方面是故意}＝{客体是司法机关执行判决、裁定的正常秩序，主体是法院中担负执行职能的工作人员}。

D∪E＝{执行判决、裁定失职罪}∪{执行判决、裁定滥用职

权罪}＝{客体是司法机关执行判决、裁定的正常秩序，客观方面表现为行为人在执行判决、裁定活动中，严重不负责任，不依法采取诉讼保全措施、不履行法定执行职责，或者违法采取诉讼保全措施、强制执行措施，致使当事人或者其他人的利益遭受重大损失的行为，主体是法院中担负执行职能的工作人员，主观方面是过失}∪{客体是司法机关执行判决、裁定的正常秩序，客观方面表现为行为人在执行判决、裁定活动中，滥用职权，不依法采取诉讼保全措施、不履行法定执行职责，或者违法采取诉讼保全措施、强制执行措施，致使当事人或者其他人的利益遭受重大损失的行为，主体是法院中担负执行职能的工作人员，主观方面是故意}={客体是司法机关执行判决、裁定的正常秩序，客观方面表现为行为人在执行判决、裁定活动中，严重不负责任，不依法采取诉讼保全措施、不履行法定执行职责，或者违法采取诉讼保全措施、强制执行措施，致使当事人或者其他人的利益遭受重大损失的行为，主体是法院中担负执行职能的工作人员，主观方面是过失，客观方面表现为行为人在执行判决、裁定活动中，滥用职权，不依法采取诉讼保全措施、不履行法定执行职责，或者违法采取诉讼保全措施、强制执行措施，致使当事人或者其他人的利益遭受重大损失的行为，主观方面是故意}。

那么，执行判决、裁定失职罪与执行判决、裁定滥用职权罪的相同点：D∩E＝{客体是司法机关执行判决、裁定的正常秩序，主体是法院中担负执行职能的工作人员}。

执行判决、裁定失职罪与执行判决、裁定滥用职权罪的不同点：D∪E－D∩E＝{客观方面表现为行为人在执行判决、裁定活动中，滥用职权，不依法采取诉讼保全措施、不履行法定执行职责，或者违法采取诉讼保全措施、强制执行措施，致使当事人或者其他人的利益遭受重大损失的行为，主观方面是故意，客观方面表现为行为人在执行判决、裁定活动中，严重不负责任，不依法采取诉讼保全措施、不履行法定执行职责，或者违法采取诉讼保全措施、强制执行措施，致使当事人或者其他人的利益遭受重大损失的行为，主观方面是过失}。

（四）私放在押人员罪与失职致使在押人员脱逃罪

F＝{私放在押人员罪}；G＝{失职致使在押人员脱逃罪}

F∩G＝{私放在押人员罪}∩{失职致使在押人员脱逃罪}＝{客体是国家制裁犯罪的职能，客观方面表现为行为人私放在押的犯罪嫌疑人、被告人或者罪犯的行为，主体是司法工作人员，主观方面是故意}∩{客体是国家制裁犯罪的职能，客观方面表现为行为人由于严重不负责任，致使在押的犯罪嫌疑人、被告人或者罪犯脱逃，造成严重后果的行为，主体是司法工作人员，主观方面是过失}＝{客体是国家制裁犯罪的职能，主体是司法工作人员}。

F∪G＝{私放在押人员罪}∪{失职致使在押人员脱逃罪}＝{客体是国家制裁犯罪的职能，客观方面表现为行为人私放在押的犯罪嫌疑人、被告人或者罪犯的行为，主体是司法工作人员，主观方面是故意}∪{客体是国家制裁犯罪的职能，客观方面表现为行为人由于严重不负责任，致使在押的犯罪嫌疑人、被告人或者罪犯脱逃，造成严重后果的行为，主体是司法工作人员，主观方面是过失}＝{客体是国家制裁犯罪的职能，客观方面表现为行为人私放在押的犯罪嫌疑人、被告人或者罪犯的行为，主体是司法工作人员，主观方面是故意，客观方面表现为行为人由于严重不负责任，致使在押的犯罪嫌疑人、被告人或者罪犯脱逃，造成严重后果的行为，主观方面是过失}。

那么，私放在押人员罪与失职致使在押人员脱逃罪的相同点：F∩G＝{客体是国家制裁犯罪的职能，主体是司法工作人员}。

私放在押人员罪与失职致使在押人员脱逃罪的不同点：F∪G－F∩G＝{客观方面表现为行为人私放在押的犯罪嫌疑人、被告人或者罪犯的行为，主观方面是故意，客观方面表现为行为人由于严重不负责任，致使在押的犯罪嫌疑人、被告人或者罪犯脱逃，造成严重后果的行为，主观方面是过失｝。

第三节 其他国家工作人员渎职罪

一、其他国家工作人员渎职罪概述

（一）其他国家工作人员渎职罪的概念

其他国家机关工作人员渎职罪，是指国家机关工作人员滥用职权、徇私舞弊、玩忽职守、妨害国家机关与有关机关正常工作程序，损害国家机关的公信力，致使国家和社会利益遭受重大损失的行为。

（二）其他国家工作人员渎职罪的特征

根据现行刑法对其他国家机关工作人员渎职罪所作的规定来看，构成该类犯罪必须具备以下几个方面的共同特征，其集合表现为：

设 A 为其他国家机关工作人员渎职罪集合，则 A =｛其他国家机关工作人员渎职罪｝；

设 B 为其他国家机关工作人员渎职罪同类客体的集合，则 B =｛客体是国家机关工作的公信力｝；

设 C 为其他国家机关工作人员渎职罪客观方面的集合，则 C =｛客观方面表现为行为人滥用职权、徇私舞弊、玩忽职守、妨害国家机关与有关机关正常工作程序，损害国家机关的公信力，致使国家和社会利益遭受重大损失的行为｝；

设 D 为其他国家机关工作人员渎职罪主体的集合，则 D =｛主体是国家机关工作人员｝；

设 E 为其他国家机关工作人员渎职罪主观方面的集合，则 E ＝｛主观方面既有故意，也有过失｝；

则 A＝B∪C∪D∪E，即 ｛其他国家机关工作人员渎职罪｝＝｛客体为国家机关工作的公信力｝∪｛客观方面表现为行为人滥用职权、徇私舞弊、玩忽职守、妨害国家机关与有关机关正常工作程序，损害国家机关的公信力，致使国家和社会利益遭受重大损失的行为｝∪｛主体是国家机关工作人员｝∪｛主观方面既有故意，也有过失｝＝｛客体为国家机关工作的公信力，客观方面表现为行为人滥用职权、徇私舞弊、玩忽职守、妨害国家机关与有关机关正常工作程序，损害国家机关的公信力，致使国家和社会利益遭受重大损失的行为，主体是国家机关工作人员，主观方面既有故意，也有过失｝。

（三）其他国家工作人员渎职罪的类型

根据现行刑法对其他国家工作人员渎职罪所作的规定来看，本节共有 21 种具体犯罪，用子集的方式来表达，其构造表现为：

｛其他国家工作人员渎职罪｝

｛徇私舞弊不移交刑事案件罪｝

｛滥用管理公司、证券职权罪｝

｛徇私舞弊不征、少征税款罪｝

｛徇私舞弊发售发票、抵扣税款、出口退税罪｝

｛违法提供出口退税凭证罪｝

｛违法发放林木采伐许可证罪｝

｛环境监管失职罪｝

｛食品、药品监管渎职罪｝

｛传染病防治失职罪｝

｛放纵走私罪｝

｛商检徇私舞弊罪｝

｛商检失职罪｝

｛动植物检疫徇私舞弊罪｝

｛动植物检疫失职罪｝

｛放纵制售伪劣商品犯罪行为罪｝

｛办理偷越国（边）境人员出入境证件罪｝

｛放行偷越国（边）境人员罪｝

｛不解救被拐卖、绑架妇女、儿童罪｝

｛阻碍解救被拐卖、绑架妇女、儿童罪｝

｛帮助犯罪分子逃避处罚罪｝

｛枉法仲裁罪｝

……

｛徇私舞弊不移交刑事案件罪，滥用管理公司、证券职权罪，徇私舞弊不征、少征税款罪，徇私舞弊发售发票、抵扣税款、出口退税罪，违法提供出口退税凭证罪，违法发放林木采伐许可证罪，环境监管失职罪，食品、药品监管渎职罪，传染病防治失职罪，放纵走私罪，商检徇私舞弊罪，商检失职罪，动植物检疫徇私舞弊罪，动植物检疫失职罪，放纵制售伪劣商品犯罪行为罪，办理偷越国（边）境人员出入境证件罪，放行偷越国（边）境人员罪，不解救被拐卖、绑架妇女、儿童罪，阻碍解救被拐卖、绑架妇女、儿童罪，帮助犯罪分子逃避处罚罪，枉法仲裁罪｝

二、其他国家工作人员渎职罪的界限

（一）徇私舞弊不移交刑事案件罪与徇私舞弊减刑、假释、暂予监外执行罪

A ＝｛徇私舞弊不移交刑事案件罪｝；B ＝｛徇私舞弊减刑、假释、暂予监外执行罪｝

A∩B＝{徇私舞弊不移交刑事案件罪}∩{徇私舞弊减刑、假释、暂予监外执行罪}＝{客体是国家的刑罚权，客观方面表现为行为人徇私舞弊，对依法应当移交司法机关追究刑事责任的刑事案件不移交，情节严重的行为，主体是行政执法人员，主观方面是故意}∩{客体是国家的行刑职能，客观方面表现为行为人徇私舞弊，对不符合减刑、假释、暂予监外执行条件的罪犯，予以减刑、假释或者暂予监外执行的行为，主体是司法工作人员，主观方面是故意}＝{主观方面是故意}。

A∪B＝{徇私舞弊不移交刑事案件罪}∪{徇私舞弊减刑、假释、暂予监外执行罪}＝{客体是国家的刑罚权，客观方面表现为行为人徇私舞弊，对依法应当移交司法机关追究刑事责任的刑事案件不移交，情节严重的行为，主体是行政执法人员，主观方面是故意}∪{客体是国家的行刑职能，客观方面表现为行为人徇私舞弊，对不符合减刑、假释、暂予监外执行条件的罪犯，予以减刑、假释或者暂予监外执行的行为，主体是司法工作人员，主观方面是故意}＝{客体是国家的刑罚权，客观方面表现为行为人徇私舞弊，对依法应当移交司法机关追究刑事责任的刑事案件不移交，情节严重的行为，主体是行政执法人员，主观方面是故意，客体是国家的行刑职能，客观方面表现为行为人徇私舞弊，对不符合减刑、假释、暂予监外执行条件的罪犯，予以减刑、假释或者暂予监外执行的行为，主体是司法工作人员}。

那么，徇私舞弊不移交刑事案件罪与徇私舞弊减刑、假释、暂予监外执行罪的相同点：A∩B＝{主观方面是故意}。

徇私舞弊不移交刑事案件罪与徇私舞弊减刑、假释、暂予监外执行罪的不同点：A∪B－A∩B＝{客体是国家的刑罚权，客观方面表现为行为人徇私舞弊，对依法应当移交司法机关追究刑事责任的刑事案件不移交，情节严重的行为，主体是行政执法人员，客体是国家的行刑职能，客观方面表现为行为人徇私舞弊，对不符合减刑、假释、暂予监外执行条件的罪犯，予以减刑、假释或者暂予监外执行的行为，主体是司法工作人员｝。

（二）滥用管理公司、证券职权罪与滥用职权罪

C＝｛滥用管理公司、证券职权罪｝；D＝｛滥用职权罪｝

C∩D＝｛滥用管理公司、证券职权罪｝∩｛滥用职权罪｝＝｛客体是国家对公司、证券的正常管理职能，客观方面表现为行为人徇私舞弊，滥用职权，对不符合法律规定条件的公司设立、登记申请或者股票、债券发行、上市申请，予以批准或者登记，致使公共财产、国家和人民利益遭受重大损失的行为，主体是国家有关主管部门的国家机关工作人员和登记机关的上级部门，主观方面是故意｝∩｛客体是国家机关的正常职能，客观方面表现为行为人超越职权，违法决定、处理其无权决定、处理的事项，或者违反规定处理公务，致使公共财产、国家和人民利益遭受重大损失的行为，主体是国家机关工作人员，主观方面是故意｝＝｛主观方面是故意｝。

C∪D＝｛滥用管理公司、证券职权罪｝∪｛滥用职权罪｝＝｛客体是国家对公司、证券的正常管理职能，客观方面表现为行为人徇私舞弊，滥用职权，对不符合法律规定条件的公司设立、登记申请或者股票、债券发行、上市申请，予以批准或者登记，致使公共财产、国家和人民利益遭受重大损失的行为，主体是国家有关主管部门的国家机关工作人员和登记机关的上级部门，主观方面是故意｝∪｛客体是国家机关的正常职能，客观方面表现为行为人超越职权，违法决定、处理其无权决定、处理的事项，或者违反规定处理公务，致使公共财产、国家和人民利益遭受重大损失的行为，主体是国家机关工作人员，主观方面是故意｝＝｛客体是国家对公司、证券的正常管理职能，客观方面表现为行为人徇私舞弊，滥用职权，对不符合法律规定条件的公司设立、登记申请或者股票、债券发行、上市申请，予以批准或者登记，致使公共

财产、国家和人民利益遭受重大损失的行为，主体是国家有关主管部门的国家机关工作人员和登记机关的上级部门，主观方面是故意，客体是国家机关的正常职能，客观方面表现为行为人超越职权，违法决定、处理其无权决定、处理的事项，或者违反规定处理公务，致使公共财产、国家和人民利益遭受重大损失的行为，主体是国家机关工作人员}。

那么，滥用管理公司、证券职权罪与滥用职权罪的相同点：$C \cap D = \{$主观方面是故意$\}$。

滥用管理公司、证券职权罪与滥用职权罪的不同点：$C \cup D - C \cap D = \{$客体是国家对公司、证券的正常管理职能，客观方面表现为行为人徇私舞弊，滥用职权，对不符合法律规定条件的公司设立、登记申请或者股票、债券发行、上市申请，予以批准或者登记，致使公共财产、国家和人民利益遭受重大损失的行为，主体是国家有关主管部门的国家机关工作人员和登记机关的上级部门，客体是国家机关的正常职能，客观方面表现为行为人超越职权，违法决定、处理其无权决定、处理的事项，或者违反规定处理公务，致使公共财产、国家和人民利益遭受重大损失的行为，主体是国家机关工作人员$\}$。

（三）徇私舞弊发售发票、抵扣税款、出口退税罪与徇私舞弊不征、少征税款罪

$E = \{$徇私舞弊发售发票、抵扣税款、出口退税罪$\}$；$F = \{$徇私舞弊不征、少征税款罪$\}$

$E \cap F = \{$徇私舞弊发售发票、抵扣税款、出口退税罪$\} \cap \{$徇私舞弊不征、少征税款罪$\} = \{$客体是国家的征税权，客观方面表现为行为人违反法律、行政法规的规定，在办理发售发票、抵扣税款、出口退税工作中，徇私舞弊，致使国家利益遭受重大损失的行为，主体是税务机关的工作人员，主观方面是故意$\} \cap \{$客体

是国家的征税权，客观方面表现为行为人徇私舞弊，不征或者少征应征税款，致使国家税收遭受重大损失的行为，主体是税务机关的工作人员，主观方面是故意｝＝｛客体是国家的征税权，主体是税务机关的工作人员，主观方面是故意｝。

E∪F＝｛徇私舞弊发售发票、抵扣税款、出口退税罪｝∪｛徇私舞弊不征、少征税款罪｝＝｛客体是国家的征税权，客观方面表现为行为人违反法律、行政法规的规定，在办理发售发票、抵扣税款、出口退税工作中，徇私舞弊，致使国家利益遭受重大损失的行为，主体是税务机关的工作人员，主观方面是故意｝∪｛客体是国家的征税权，客观方面表现为行为人徇私舞弊，不征或者少征应征税款，致使国家税收遭受重大损失的行为，主体是税务机关的工作人员，主观方面是故意｝＝｛客体是国家的征税权，客观方面表现为行为人违反法律、行政法规的规定，在办理发售发票、抵扣税款、出口退税工作中，徇私舞弊，致使国家利益遭受重大损失的行为，主体是税务机关的工作人员，主观方面是故意，客观方面表现为行为人徇私舞弊，不征或者少征应征税款，致使国家税收遭受重大损失的行为｝。

那么，徇私舞弊发售发票、抵扣税款、出口退税罪与徇私舞弊不征、少征税款罪的相同点：E∩F＝｛客体是国家的征税权，主体是税务机关的工作人员，主观方面是故意｝。

徇私舞弊发售发票、抵扣税款、出口退税罪与徇私舞弊不征、少征税款罪的不同点：E∪F－E∩F＝｛客观方面表现为行为人违反法律、行政法规的规定，在办理发售发票、抵扣税款、出口退税工作中，徇私舞弊，致使国家利益遭受重大损失的行为，客观方面表现为行为人徇私舞弊，不征或者少征应征税款，致使国家税收遭受重大损失的行为｝。

（四）徇私舞弊发售发票、抵扣税款、出口退税罪与违法提供出口退税凭证罪

E＝{徇私舞弊发售发票、抵扣税款、出口退税罪}；G＝{违法提供出口退税凭证罪}

E∩G＝{徇私舞弊发售发票、抵扣税款、出口退税罪}∩{违法提供出口退税凭证罪}＝{客体是国家的征税权，客观方面表现为行为人违反法律、行政法规的规定，在办理发售发票、抵扣税款、出口退税工作中，徇私舞弊，致使国家利益遭受重大损失的行为，主体是税务机关的工作人员，主观方面是故意}∩{客体是国家机关的正常职能，客观方面表现为行为人违反国家规定，在提供出口货物报关单、出口收汇核销单等出口退税凭证的工作中，徇私舞弊，致使国家利益遭受重大损失的行为，主体是税务机关工作人员以外的其他国家机关工作人员，主观方面是故意}＝{主观方面是故意}。

E∪G＝{徇私舞弊发售发票、抵扣税款、出口退税罪}∪{违法提供出口退税凭证罪}＝{客体是国家的征税权，客观方面表现为行为人违反法律、行政法规的规定，在办理发售发票、抵扣税款、出口退税工作中，徇私舞弊，致使国家利益遭受重大损失的行为，主体是税务机关的工作人员，主观方面是故意}∪{客体是国家机关的正常职能，客观方面表现为行为人违反国家规定，在提供出口货物报关单、出口收汇核销单等出口退税凭证的工作中，徇私舞弊，致使国家利益遭受重大损失的行为，主体是税务机关工作人员以外的其他国家机关工作人员，主观方面是故意}＝{客体是国家的征税权，客观方面表现为行为人违反法律、行政法规的规定，在办理发售发票、抵扣税款、出口退税工作中，徇私舞弊，致使国家利益遭受重大损失的行为，主体是税务机关的工作人员，主观方面是故意，客体是国家机关的正常职能，客观方面

表现为行为人违反国家规定，在提供出口货物报关单、出口收汇核销单等出口退税凭证的工作中，徇私舞弊，致使国家利益遭受重大损失的行为，主体是税务机关工作人员以外的其他国家机关工作人员｝。

那么，徇私舞弊发售发票、抵扣税款、出口退税罪与违法提供出口退税凭证罪的相同点：E∩G＝｛主观方面是故意｝。

徇私舞弊发售发票、抵扣税款、出口退税罪与违法提供出口退税凭证罪的不同点：E∪G－E∩G＝｛客体是国家的征税权，客观方面表现为行为人违反法律、行政法规的规定，在办理发售发票、抵扣税款、出口退税工作中，徇私舞弊，致使国家利益遭受重大损失的行为，主体是税务机关的工作人员，客体是国家机关的正常职能，客观方面表现为行为人违反国家规定，在提供出口货物报关单、出口收汇核销单等出口退税凭证的工作中，徇私舞弊，致使国家利益遭受重大损失的行为，主体是税务机关工作人员以外的其他国家机关工作人员｝。

（五）商检徇私舞弊罪与商检失职罪

H＝｛商检徇私舞弊罪｝；I＝｛商检失职罪｝

H∩I＝｛商检徇私舞弊罪｝∩｛商检失职罪｝＝｛客体是国家的进出口商品检验职能，客观方面表现为行为人徇私舞弊，伪造检验结果的行为，主体是国家商检部门、商检机构的工作人员，主观方面是故意｝∩｛客体是国家的进出口商品检验职能，客观方面表现为行为人严重不负责任，对应当检验的物品不检验，或者延误检验出证、错误出证，致使国家利益遭受重大损失的行为，主体是国家商检部门、商检机构的工作人员，主观方面是过失｝＝｛客体是国家的进出口商品检验职能，主体是国家商检部门、商检机构的工作人员｝。

H∪I＝｛商检徇私舞弊罪｝∪｛商检失职罪｝＝｛客体是国家的

进出口商品检验职能，客观方面表现为行为人徇私舞弊，伪造检验结果的行为，主体是国家商检部门、商检机构的工作人员，主观方面是故意}∪{客体是国家的进出口商品检验职能，客观方面表现为行为人严重不负责任，对应当检验的物品不检验，或者延误检验出证、错误出证，致使国家利益遭受重大损失的行为，主体是国家商检部门、商检机构的工作人员，主观方面是过失}={客体是国家的进出口商品检验职能，客观方面表现为行为人徇私舞弊，伪造检验结果的行为，主体是国家商检部门、商检机构的工作人员，主观方面是故意，客观方面表现为行为人严重不负责任，对应当检验的物品不检验，或者延误检验出证、错误出证，致使国家利益遭受重大损失的行为，主观方面是过失}。

那么，商检徇私舞弊罪与商检失职罪的相同点：H∩I={客体是国家的进出口商品检验职能，主体是国家商检部门、商检机构的工作人员}。

商检徇私舞弊罪与商检失职罪的不同点：H∪I－H∩I={客观方面表现为行为人徇私舞弊，伪造检验结果的行为，主观方面是故意，客观方面表现为行为人严重不负责任，对应当检验的物品不检验，或者延误检验出证、错误出证，致使国家利益遭受重大损失的行为，主观方面是过失}。

（六）动植物检疫徇私舞弊罪与动植物检疫失职罪

J={动植物检疫徇私舞弊罪}；K={动植物检疫失职罪}

J∩K={动植物检疫失职罪}∩{动植物检疫失职罪}={客体是国家的进出境动植物检疫职能，客观方面表现为行为人徇私舞弊，伪造检疫结果的行为，主体是动植物检疫机关的检疫人员，主观方面是故意}∩{客体是国家的进出境动植物检疫职能，客观方面表现为行为人严重不负责任，对应当检疫的检疫物不检疫，或者延误检疫出证、错误出证，致使国家利益遭受重大损失的行为，主体是动植物检疫机关的检疫人员，主观方面是过失}={客体是国家的进出境动植物检疫职能，主体是动植物检疫机关的检疫人员｝。

J∪K＝｛动植物检疫徇私舞弊罪｝∪｛动植物检疫失职罪｝＝｛客体是国家的进出境动植物检疫职能，客观方面表现为行为人徇私舞弊，伪造检疫结果的行为，主体是动植物检疫机关的检疫人员，主观方面是故意｝∪｛客体是国家的进出境动植物检疫职能，客观方面表现为行为人严重不负责任，对应当检疫的检疫物不检疫，或者延误检疫出证、错误出证，致使国家利益遭受重大损失的行为，主体是动植物检疫机关的检疫人员，主观方面是过失｝＝｛客体是国家的进出境动植物检疫职能，客观方面表现为行为人徇私舞弊，伪造检疫结果的行为，主体是动植物检疫机关的检疫人员，主观方面是故意，客观方面表现为行为人严重不负责任，对应当检疫的检疫物不检疫，或者延误检疫出证、错误出证，致使国家利益遭受重大损失的行为，主观方面是过失｝。

那么，动植物检疫徇私舞弊罪与动植物检疫失职罪的相同点：J∩K＝｛客体是国家的进出境动植物检疫职能，主体是动植物检疫机关的检疫人员｝。

动植物检疫徇私舞弊罪与动植物检疫失职罪的不同点：J∪K－J∩K＝｛客观方面表现为行为人徇私舞弊，伪造检疫结果的行为，主观方面是故意，客观方面表现为行为人严重不负责任，对应当检疫的检疫物不检疫，或者延误检疫出证、错误出证，致使国家利益遭受重大损失的行为，主观方面是过失｝。

（七）办理偷越国（边）境人员出入境证件罪与放行偷越国（边）境人员罪

L＝｛办理偷越国（边）境人员出入境证件罪｝；M＝｛放行偷越国（边）境人员罪｝

L∩M＝｛办理偷越国（边）境人员出入境证件罪｝∩｛动植物

检疫失职罪}＝{客体是国家的出入境管理职能，客观方面表现为行为人对明知是企图偷越国（边）境的人员，予以办理出入境证件的行为，主体是负责办理护照、签证以及其他出入境证件的国家机关工作人员，主观方面是故意}∩{客体是国家的出入境管理职能，客观方面表现为行为人对明知是偷越国（边）境的人员，予以放行的行为，主体是边防、海关等国家机关工作人员，主观方面是故意}＝{客体是国家的出入境管理职能，主观方面是故意}。

L∪M＝{办理偷越国（边）境人员出入境证件罪}∪{动植物检疫失职罪}＝{客体是国家的出入境管理职能，客观方面表现为行为人对明知是企图偷越国（边）境的人员，予以办理出入境证件的行为，主体是负责办理护照、签证以及其他出入境证件的国家机关工作人员，主观方面是故意}∪{客体是国家的出入境管理职能，客观方面表现为行为人对明知是偷越国（边）境的人员，予以放行的行为，主体是边防、海关等国家机关工作人员，主观方面是故意}＝{客体是国家的出入境管理职能，客观方面表现为行为人对明知是企图偷越国（边）境的人员，予以办理出入境证件的行为，主体是负责办理护照、签证以及其他出入境证件的国家机关工作人员，主观方面是故意，客观方面表现为行为人对明知是偷越国（边）境的人员，予以放行的行为，主体是边防、海关等国家机关工作人员}。

那么，办理偷越国（边）境人员出入境证件罪与放行偷越国（边）境人员罪的相同点：L∩M＝{客体是国家的出入境管理职能，主观方面是故意}。

办理偷越国（边）境人员出入境证件罪与放行偷越国（边）境人员罪的不同点：L∪M－L∩M＝{客观方面表现为行为人对明知是企图偷越国（边）境的人员，予以办理出入境证件的行为，主体是负责办理护照、签证以及其他出入境证件的国家机关工作人员，客观方面表现为行为人对明知是偷越国（边）境的人员，予以放行的行为，主体是边防、海关等国家机关工作人员｝。

（八）阻碍解救被拐卖、绑架妇女、儿童罪与不解救被拐卖、绑架妇女、儿童罪

N＝｛阻碍解救被拐卖、绑架妇女、儿童罪｝；O＝｛不解救被拐卖、绑架妇女、儿童罪｝

N∩O＝｛阻碍解救被拐卖、绑架妇女、儿童罪｝∩｛不解救被拐卖、绑架妇女、儿童罪｝＝｛客体是国家机关的正常职能，客观方面表现为行为人利用职务阻碍解救被拐卖、绑架妇女、儿童的行为，主体是对被拐卖、绑架的妇女、儿童负有解救职责的国家机关工作人员，主观方面是故意｝∩｛客体是国家机关的正常职能，客观方面表现为行为人接到被拐卖、绑架的妇女、儿童及其家属的解救要求或者接到其他人的举报，而对被拐卖、绑架的妇女、儿童不进行解救，造成严重后果的行为，主体是对被拐卖、绑架的妇女、儿童负有解救职责的国家机关工作人员，主观方面是故意｝＝｛客体是国家机关的正常职能，主体是对被拐卖、绑架的妇女、儿童负有解救职责的国家机关工作人员，主观方面是故意｝。

N∪O＝｛阻碍解救被拐卖、绑架妇女、儿童罪｝∪｛不解救被拐卖、绑架妇女、儿童罪｝＝｛客体是国家机关的正常职能，客观方面表现为行为人利用职务阻碍解救被拐卖、绑架妇女、儿童的行为，主体是对被拐卖、绑架的妇女、儿童负有解救职责的国家机关工作人员，主观方面是故意｝∪｛客体是国家机关的正常职能，客观方面表现为行为人接到被拐卖、绑架的妇女、儿童及其家属的解救要求或者接到其他人的举报，而对被拐卖、绑架的妇女、儿童不进行解救，造成严重后果的行为，主体是对被拐卖、绑架的妇女、儿童负有解救职责的国家机关工作人员，主观方面是故意｝＝｛客体是国家机关的正常职能，客观方面表现为行为人利用

职务阻碍解救被拐卖、绑架妇女、儿童的行为，主体是对被拐卖、绑架的妇女、儿童负有解救职责的国家机关工作人员，主观方面是故意，客观方面表现为行为人接到被拐卖、绑架的妇女、儿童及其家属的解救要求或者接到其他人的举报，而对被拐卖、绑架的妇女、儿童不进行解救，造成严重后果的行为}。

那么，阻碍解救被拐卖、绑架妇女、儿童罪与不解救被拐卖、绑架妇女、儿童罪的相同点：N∩O＝{客体是国家机关的正常职能，主体是对被拐卖、绑架的妇女、儿童负有解救职责的国家机关工作人员，主观方面是故意}。

阻碍解救被拐卖、绑架妇女、儿童罪与不解救被拐卖、绑架妇女、儿童罪的不同点：N∪O－N∩O＝{客观方面表现为行为人利用职务阻碍解救被拐卖、绑架妇女、儿童的行为，客观方面表现为行为人接到被拐卖、绑架的妇女、儿童及其家属的解救要求或者接到其他人的举报，而对被拐卖、绑架的妇女、儿童不进行解救，造成严重后果的行为}。

第十章

军人违反职责罪

第一节　危害作战利益罪

一、危害作战利益罪概述

（一）危害作战利益罪概念

危害作战利益的犯罪，是指军人违反自身的职责，危害作战利益，依法应负刑事责任的行为。

（二）危害作战利益罪构成特征

根据现行刑法对危害作战利益罪所作的规定来看，构成该类犯罪必须具备以下几个方面的构成特征，其集合表现为：

设 A 为危害作战利益罪的集合，则 A = {危害作战利益罪}；

设 B 为危害作战利益罪同类客体的集合，则 B = {客体是国家的军事利益}；

设 C 为危害作战利益罪客观方面的集合，则 C = {客观方面表现为行为人违反自身的职责，危害作战利益，依法应负刑事责任的行为}；

设 D 为危害作战利益罪主体的集合，则 D = {主体是军人}；

设 E 为危害作战利益罪主观方面的集合，则 E = {主观方面多数犯罪出于故意，少数犯罪出于过失}；

则 A = B∪C∪D∪E，即 {危害作战利益的犯罪} = {客体是国家的军事利益}∪{客观方面表现为行为人违反自身的职责，危害作战利益，依法应负刑事责任的行为}∪{主体是军人}∪{主观方面是多数犯罪出于故意，少数犯罪出于过失} = {客体为国家的军事利益，客观方面表现为行为人违反自身的职责，危害作战利益，依法应负刑事责任的行为，主体是军人，主观方面是多数犯罪出于故意，少数犯罪出于过失}。

（三）危害作战利益罪的类型

根据现行刑法对危害作战利益罪所作的规定来看，本节共有 11 种具体犯罪，用子集的方式来表达，其构造表现为：

{危害作战利益罪}

{战时违抗命令罪}

{隐瞒、谎报军情罪}

{拒传、假传军令罪}

{投降罪}

{战时临阵脱逃罪}

{违令作战消极罪}

{拒不救援友邻部队罪}

{战时造谣惑众罪}

{战时自伤罪}

{遗弃伤病军人罪}

{战时拒不救治伤病军人罪}

……

{战时违抗命令罪，隐瞒、谎报军情罪，拒传、假传军令罪，投降罪，战时临阵脱逃罪，违令作战消极罪，拒不救援友邻部队

罪，战时造谣惑众罪，战时自伤罪，遗弃伤病军人罪，战时拒不救治伤病军人罪｝

二、危害作战利益罪的界限

（一）战时违抗命令罪与投降罪

A =｛战时违抗命令罪｝；B =｛投降罪｝

A∩B =｛战时违抗命令罪｝∩｛投降罪｝=｛客体是作战指挥秩序，客观方面表现为行为人在战时违背并抗拒执行命令，对作战造成危害的行为，主体是接受作战命令的部属人员，主观方面是故意｝∩｛客体是军人参战秩序和国防安全秩序，客观方面表现为行为人在战场上因贪生怕死，自动放下武器，向敌人投降的行为，主体是直接参战的军人，主观方面是故意｝=｛主观方面是故意｝。

A∪B =｛战时违抗命令罪｝∪｛投降罪｝=｛客体是作战指挥秩序，客观方面表现为行为人在战时违背并抗拒执行命令，对作战造成危害的行为，主体是接受作战命令的部属人员，主观方面是故意｝∪｛客体是军人参战秩序和国防安全秩序，客观方面表现为行为人在战场上因贪生怕死，自动放下武器，向敌人投降的行为，主体是直接参战的军人，主观方面是故意｝=｛客体是作战指挥秩序，客观方面表现为行为人在战时违背并抗拒执行命令，对作战造成危害的行为，主体是接受作战命令的部属人员，主观方面是故意，客体是军人参战秩序和国防安全秩序，客观方面表现为行为人在战场上因贪生怕死，自动放下武器，向敌人投降的行为，主体是直接参战的军人｝。

那么，战时违抗命令罪与投降罪的相同点：A∩B =｛主观方面是故意｝。

战时违抗命令罪与投降罪的不同点：A∪B – A∩B =｛客体是

作战指挥秩序，客观方面表现为行为人在战时违背并抗拒执行命令，对作战造成危害的行为，主体是接受作战命令的部属人员，客体是军人参战秩序和国防安全秩序，客观方面表现为行为人在战场上因贪生怕死，自动放下武器，向敌人投降的行为，主体是直接参战的军人｝。

（二）隐瞒、谎报军情罪与拒传、假传军令罪

C＝｛隐瞒、谎报军情罪｝；D＝｛拒传、假传军令罪｝

C∩D＝｛隐瞒、谎报军情罪｝∩｛拒传、假传军令罪｝＝｛客体是作战指挥秩序，客观方面表现为行为人将按规定应该向上级报告的军情隐而不报，掩盖事实真相，或者违背客观事实，将编造或者篡改的军情向上级报告，欺骗上级，对作战造成危害的行为，主体是军人，主观方面是故意｝∩｛客体是作战指挥秩序，客观方面表现为行为人有条件传递军令而拒绝传递，或者传递虚假的军令，对作战造成危害的行为，主体是军人，主观方面是故意｝＝｛客体是作战指挥秩序，主体是军人，主观方面是故意｝。

C∪D＝｛隐瞒、谎报军情罪｝∪｛拒传、假传军令罪｝＝｛客体是作战指挥秩序，客观方面表现为行为人将按规定应该向上级报告的军情隐而不报，掩盖事实真相，或者违背客观事实，将编造或者篡改的军情向上级报告，欺骗上级，对作战造成危害的行为，主体是军人，主观方面是故意｝∪｛客体是作战指挥秩序，客观方面表现为行为人有条件传递军令而拒绝传递，或者传递虚假的军令，对作战造成危害的行为，主体是军人，主观方面是故意｝＝｛客体是作战指挥秩序，客观方面表现为行为人将按规定应该向上级报告的军情隐而不报，掩盖事实真相，或者违背客观事实，将编造或者篡改的军情向上级报告，欺骗上级，对作战造成危害的行为，主体是军人，主观方面是故意，客观方面表现为行为人有条件传递军令而拒绝传递，或者传递虚假的军令，对作战造成危

害的行为，主观方面是故意}。

那么，隐瞒、谎报军情罪与拒传、假传军令罪的相同点：$C \cap D$ = {客体是作战指挥秩序，主体是军人，主观方面是故意}。

隐瞒、谎报军情罪与拒传、假传军令罪的不同点：$C \cup D$ - $C \cap D$ = {客观方面表现为行为人有条件传递军令而拒绝传递，或者传递虚假的军令，对作战造成危害的行为，客观方面表现为行为人有条件传递军令而拒绝传递，或者传递虚假的军令，对作战造成危害的行为}。

（三）投降罪与战时临阵脱逃罪

B = {投降罪}；E = {战时临阵脱逃罪}

$B \cap E$ = {投降罪} $\cap$ {战时临阵脱逃罪} = {客体是军人参战秩序和国防安全秩序，客观方面表现为行为人在战场上因贪生怕死，自动放下武器，向敌人投降的行为，主体是直接参战的军人，主观方面是故意} $\cap$ {客体是军人参战秩序，客观方面表现为行为人战时面临战斗任务而脱离战斗岗位，逃避参加战斗的行为，主体是直接参战的军人，主观方面是故意} = {客体是军人参战秩序，主体是直接参战的军人，主观方面是故意}。

$B \cup E$ = {投降罪} $\cup$ {战时临阵脱逃罪} = {客体是军人参战秩序和国防安全秩序，客观方面表现为行为人在战场上因贪生怕死，自动放下武器，向敌人投降的行为，主体是直接参战的军人，主观方面是故意} $\cup$ {客体是军人参战秩序，客观方面表现为行为人战时面临战斗任务而脱离战斗岗位，逃避参加战斗的行为，主体是直接参战的军人，主观方面是故意} = {客体是军人参战秩序和国防安全秩序，客观方面表现为行为人在战场上因贪生怕死，自动放下武器，向敌人投降的行为，主体是直接参战的军人，主观方面是故意，客观方面表现为行为人战时面临战斗任务而脱离战斗岗位，逃避参加战斗的行为，主体是直接参战的军人}。

那么，投降罪与战时临阵脱逃罪的相同点：B∩E = {客体是军人参战秩序，主体是直接参战的军人，主观方面是故意}。

投降罪与战时临阵脱逃罪的不同点：B∪E – B∩E = {客体是国防安全秩序，客观方面表现为行为人在战场上因贪生怕死，自动放下武器，向敌人投降的行为，客观方面表现为行为人战时面临战斗任务而脱离战斗岗位，逃避参加战斗的行为}。

（四）指使部属违反职责罪与违令作战消极罪

F = {指使部属违反职责罪}；G = {违令作战消极罪}

F∩G = {指使部属违反职责罪} ∩ {违令作战消极罪} = {客体是正当行使指挥权的秩序，客观方面表现为行为人滥用职权，指使部属进行违反职责的活动，造成严重后果的行为，主体是军队中的各级首长和其他有权指挥他人的人员，主观方面是故意} ∩ {客体是军人参战秩序，客观方面表现为行为人违抗命令，临阵畏缩，作战消极，造成严重后果的行为，主体是对部队和部属负有领导、管理职责的军人，主观方面是故意} = {主观方面是故意}。

F∪G = {指使部属违反职责罪} ∪ {违令作战消极罪} = {客体是正当行使指挥权的秩序，客观方面表现为行为人滥用职权，指使部属进行违反职责的活动，造成严重后果的行为，主体是军队中的各级首长和其他有权指挥他人的人员，主观方面是故意} ∪ {客体是军人参战秩序，客观方面表现为行为人违抗命令，临阵畏缩，作战消极，造成严重后果的行为，主体是对部队和部属负有领导、管理职责的军人，主观方面是故意} = {客体是正当行使指挥权的秩序，客观方面表现为行为人滥用职权，指使部属进行违反职责的活动，造成严重后果的行为，主体是军队中的各级首长和其他有权指挥他人的人员，主观方面是故意，客体是军人参战秩序，客观方面表现为行为人违抗命令，临阵畏缩，作战消极，造成严重后果的行为，主体是对部队和部属负有领导、管理职责的军人｝。

那么，指使部属违反职责罪与违令作战消极罪的相同点：F∩G＝｛主观方面是故意｝。

指使部属违反职责罪与违令作战消极罪的不同点：F∪G－F∩G＝｛客体是正当行使指挥权的秩序，客观方面表现为行为人滥用职权，指使部属进行违反职责的活动，造成严重后果的行为，主体是军队中的各级首长和其他有权指挥他人的人员，客体是军人参战秩序，客观方面表现为行为人违抗命令，临阵畏缩，作战消极，造成严重后果的行为，主体是对部队和部属负有领导、管理职责的军人｝。

（五）违令作战消极罪与拒不救援友邻部队罪

H＝｛违令作战消极罪｝；I＝｛拒不救援友邻部队罪｝

H∩I＝｛违令作战消极罪｝∩｛拒不救援友邻部队罪｝＝｛客体是军人参战秩序，客观方面表现为行为人违抗命令，临阵畏缩，作战消极，造成严重后果的行为，主体是对部队和部属负有领导、管理职责的军人，主观方面是故意｝∩｛客体是我军的作战利益和作战部队在战场上的友邻关系，客观方面表现为行为人明知友邻部队处境危急请求救援，自己有条件组织部队前去救援而没有救援，致使友邻部队遭受重大损失的行为，主体是对部队和部属负有领导、管理职责的军人，主观方面是故意｝＝｛主体是对部队和部属负有领导、管理职责的军人，主观方面是故意｝。

H∪I＝｛违令作战消极罪｝∪｛拒不救援友邻部队罪｝＝｛客体是军人参战秩序，客观方面表现为行为人违抗命令，临阵畏缩，作战消极，造成严重后果的行为，主体是对部队和部属负有领导、管理职责的军人，主观方面是故意｝∪｛客体是我军的作战利益和作战部队在战场上的友邻关系，客观方面表现为行为人明知友邻部队处境危急请求救援，自己有条件组织部队前去救援，致使友邻部队遭受重大损失的行为，主体是对部队和部属负有领导、管理职责的军人，主观方面是故意}＝{客体是军人参战秩序，客观方面表现为行为人违抗命令，临阵畏缩，作战消极，造成严重后果的行为，主体是对部队和部属负有领导、管理职责的军人，主观方面是故意，客体是我军的作战利益和作战部队在战场上的友邻关系，客观方面表现为行为人明知友邻部队处境危急请求救援，自己有条件组织部队前去救援而没有救援，致使友邻部队遭受重大损失的行为}。

那么，违令作战消极罪与拒不救援友邻部队罪的相同点：H∩I＝{主体是对部队和部属负有领导、管理职责的军人，主观方面是故意}。

违令作战消极罪与拒不救援友邻部队罪的不同点：H∪I－H∩I＝{客体是军人参战秩序，客观方面表现为行为人违抗命令，临阵畏缩，作战消极，造成严重后果的行为，客体是我军的作战利益和作战部队在战场上的友邻关系，客观方面表现为行为人明知友邻部队处境危急请求救援，自己有条件组织部队前去救援而没有救援，致使友邻部队遭受重大损失的行为客观方面表现为行为人明知友邻部队处境危急请求救援，自己有条件组织部队前去救援而没有救援，致使友邻部队遭受重大损失的行为}。

（六）遗弃伤病军人罪与战时拒不救治伤病军人罪

J＝{遗弃伤病军人罪}；K＝{战时拒不救治伤病军人罪}

J∩K＝{遗弃伤病军人罪}∩{战时拒不救治伤病军人罪}＝{客体是战场救护秩序，客观方面表现为行为人在战场上故意将军人遗弃，情节恶劣的行为，主体是军人，主观方面是故意}∩{客体是战时救护秩序，客观方面表现为行为人战时在救护治疗职位上，有条件救治而拒不救治危重伤病军人的行为，主体是正在履行救护治疗职责的医务工作人员，主观方面是故意}＝{客体是战场救护秩序，主观方面是故意}。

J∪K＝{遗弃伤病军人罪}∪{战时拒不救治伤病军人罪}＝{客体是战场救护秩序，客观方面表现为行为人在战场上故意将军人遗弃，情节恶劣的行为，主体是军人，主观方面是故意}∪{客体是战时救护秩序，客观方面表现为行为人战时在救护治疗职位上，有条件救治而拒不救治危重伤病军人的行为，主体是正在履行救护治疗职责的医务工作人员，主观方面是故意}＝{客体是战场救护秩序，客观方面表现为行为人在战场上故意将军人遗弃，情节恶劣的行为，主体是军人，主观方面是故意，客观方面表现为行为人战时在救护治疗职位上，有条件救治而拒不救治危重伤病军人的行为，主体是正在履行救护治疗职责的医务工作人员}。

那么，遗弃伤病军人罪与战时拒不救治伤病军人罪的相同点：J∩K＝{客体是战场救护秩序，主观方面是故意}。

遗弃伤病军人罪与战时拒不救治伤病军人罪的不同点：J∪K－J∩K＝{客观方面表现为行为人在战场上故意将军人遗弃，情节恶劣的行为，主体是军人，客观方面表现为行为人战时在救护治疗职位上，有条件救治而拒不救治危重伤病军人的行为，主体是正在履行救护治疗职责的医务工作人员}。

第二节　危害军事秘密罪

一、危害军事秘密罪概述

（一）危害军事秘密罪的概念

危害军事秘密罪，是指军人违反自身的职责，侵犯军事秘密，依法应负刑事责任的行为。

（二）危害军事秘密罪的构成特征

根据现行刑法对危害军事秘密罪所作的规定来看，构成该类

犯罪必须具备以下几个方面的共同特征,其集合表现为:

设 A 为危害军事秘密罪的集合,则 A = {危害作战利益罪};

设 B 为危害军事秘密罪同类客体的集合,则 B = {客体是国家的军事利益};

设 C 为危害军事秘密罪客观方面的集合,则 C = {客观方面表现为行为人违反自身的职责,侵犯军事秘密,依法应负刑事责任的行为};

设 D 为危害军事秘密罪主体的集合,则 D = {主体是军人};

设 E 为危害军事秘密罪主观方面的集合,则 E = {客观方面是故意};

则 A = B∪C∪D∪E,即 {危害军事秘密罪} = {客体为国家的军事利益}∪{客观方面表现为行为人违反自身的职责,侵犯军事秘密,依法应负刑事责任的行为}∪{主体是军人}∪{主观方面是故意} = {客体为国家的军事利益,客观方面表现为行为人违反自身的职责,危害军事秘密,依法应负刑事责任的行为,主体是军人,主观方面是故意}。

(三)危害军事秘密罪的类型

根据现行刑法对危害军事秘密罪所作的规定来看,本节共有 4 种具体犯罪,用子集的方式来表达,其构造表现为:

{危害军事秘密罪}

{非法获取军事秘密罪}

{为境外窃取、刺探、收买、非法提供军事秘密罪}

{故意泄露军事秘密罪}

{过失泄露军事秘密罪}

……

{非法获取军事秘密罪,为境外窃取、刺探、收买、非法提供军事秘密罪,故意泄露军事秘密罪,过失泄露军事秘密罪}

二、危害军事秘密罪的界限

（一）非法获取军事秘密罪与为境外窃取、刺探、收买、非法提供军事秘密罪

A = {非法获取军事秘密罪}；B = {为境外窃取、刺探、收买、非法提供军事秘密罪}

A∩B = {非法获取军事秘密罪} ∩ {为境外窃取、刺探、收买、非法提供军事秘密罪} = {客体是军事秘密的安全，客观方面表现为行为人以窃取、刺探、收买的方法非法获取军事秘密的行为，主体是军人，主观方面是故意} ∩ {客体是军事秘密的安全和国防安全，客观方面表现为行为人为境外的机构、组织、人员窃取、刺探、收买、非法提供军事秘密的行为，主体是军人，主观方面是故意} = {客体是军事秘密的安全，主体是军人，主观方面是故意}。

A∪B = {非法获取军事秘密罪} ∪ {为境外窃取、刺探、收买、非法提供军事秘密罪} = {客体是军事秘密的安全，客观方面表现为行为人以窃取、刺探、收买的方法非法获取军事秘密的行为，主体是军人，主观方面是故意} ∪ {客体是军事秘密的安全和国防安全，客观方面表现为行为人为境外的机构、组织、人员窃取、刺探、收买、非法提供军事秘密的行为，主体是军人，主观方面是故意} = {客体是军事秘密的安全，客观方面表现为行为人以窃取、刺探、收买的方法非法获取军事秘密的行为，主体是军人，主观方面是故意，客体是军事秘密的安全和国防安全，客观方面表现为行为人为境外的机构、组织、人员窃取、刺探、收买、非法提供军事秘密的行为}。

那么，非法获取军事秘密罪与为境外窃取、刺探、收买、非法提供军事秘密罪的相同点：A∩B = {客体是军事秘密的安全，

主体是军人，主观方面是故意｝。

非法获取军事秘密罪与为境外窃取、刺探、收买、非法提供军事秘密罪的不同点：A∪B－A∩B＝｛客观方面表现为行为人以窃取、刺探、收买的方法非法获取军事秘密的行为，客体是国防安全，客观方面表现为行为人为境外的机构、组织、人员窃取、刺探、收买、非法提供军事秘密的行为｝。

（二）故意泄露军事秘密罪与过失泄露军事秘密罪

C＝｛故意泄露军事秘密罪｝；D＝｛过失泄露军事秘密罪｝

C∩D＝｛故意泄露军事秘密罪｝∩｛过失泄露军事秘密罪｝＝｛客体是军事秘密的安全和国防安全，客观方面表现为行为人违反保守国家秘密法规，泄露军事秘密，情节严重的行为，主体是军人，主观方面是故意｝∩｛客体是军事秘密的安全和国防安全，客观方面表现为行为人违反保守国家秘密法规，泄露军事秘密，情节严重的行为，主体是军人，主观方面是过失｝＝｛客体是军事秘密的安全和国防安全，客观方面表现为行为人违反保守国家秘密法规，泄露军事秘密，情节严重的行为，主体是军人｝。

C∪D＝｛故意泄露军事秘密罪｝∪｛过失泄露军事秘密罪｝＝｛客体是军事秘密的安全和国防安全，客观方面表现为行为人违反保守国家秘密法规，泄露军事秘密，情节严重的行为，主体是军人，主观方面是故意｝∪｛客体是军事秘密的安全和国防安全，客观方面表现为行为人违反保守国家秘密法规，泄露军事秘密，情节严重的行为，主体是军人，主观方面是过失｝＝｛客体是军事秘密的安全和国防安全，客观方面表现为行为人违反保守国家秘密法规，泄露军事秘密，情节严重的行为，主体是军人，主观方面是故意，主观方面是过失｝。

那么，故意泄露军事秘密罪与过失泄露军事秘密罪的相同点：C∩D＝｛客体是军事秘密的安全和国防安全，客观方面表现为行为人违反保守国家秘密法规，泄露军事秘密，情节严重的行为，主体是军人｝。

故意泄露军事秘密罪与过失泄露军事秘密罪的不同点：$C \cup D - C \cap D = \{$主观方面是故意，主观方面是过失$\}$。

第三节　危害部队武器装备、军用物资罪

一、危害部队武器装备、军用物资罪概述

（一）危害部队武器装备、军用物资罪的概念

危害部队武器装备、军用物资罪，是指军人违反自身的职责，危害部队武器装备、军用物资，依法应受刑事责任的行为。

（二）危害部队武器装备、军用物资罪的构成特征

根据现行刑法对危害部队武器装备、军用物资罪所作的规定来看，构成该类犯罪必须具备以下几个方面的共同特征，其集合表现为：

设 A 为危害部队武器装备、军用物资罪的集合，则 A ＝｛危害部队武器装备、军用物资罪｝；

设 B 为危害部队武器装备、军用物资罪客体的集合，则 B ＝｛客体是国家的军事利益｝；

设 C 为危害部队武器装备、军用物资罪客观方面的集合，则 C ＝｛客观方面表现为行为人违反自身的职责，危害部队武器装备、军用物资，依法应受刑事责任的行为｝；

设 D 为危害部队武器装备、军用物资罪主体的集合，则 D ＝｛主体是军人｝；

设 E 为危害部队武器装备、军用物资罪主观方面的集合，则 E = {主观方面是多数犯罪出于故意，少数犯罪出于过失}；

则 A = B∪C∪D∪E，即{危害部队武器装备、军用物资罪 = {客体为国家的军事利益}∪{客观方面表现为行为人违反自身的职责，危害部队武器装备、军用物资，依法应受刑事责任的行为}∪{主体是军人}∪{主观方面是多数犯罪出于故意，少数犯罪出于过失} = {客体为国家的军事利益，客观方面表现为行为人违反自身的职责，危害部队武器装备、军用物资，依法应受刑事责任的行为，主体是军人，主观方面是多数犯罪出于故意，少数犯罪出于过失}。

(三) 危害部队武器装备、军用物资罪的类型

根据现行刑法对危害部队武器装备、军用物资罪所作的规定来看，本节共有 6 种具体犯罪，用子集的方式来表达，其构造表现为：

{危害部队武器装备、军用物资罪}

{武器装备肇事罪}

{擅自改变武器装备编配用途罪}

{盗窃、抢夺武器装备、军用物资罪}

{非法出卖、转让武器装备罪}

{遗弃武器装备罪}

{遗失武器装备罪}

……

{武器装备肇事罪，擅自改变武器装备编配用途罪，盗窃、抢夺武器装备、军用物资罪，非法出卖、转让武器装备罪，遗弃武器装备罪，遗失武器装备罪}

二、危害部队武器装备、军用物资罪的界限

（一）武器装备肇事罪与擅自改变武器装备编配用途罪

A＝｛武器装备肇事罪｝；B＝｛擅自改变武器装备编配用途罪｝

A∩B＝｛武器装备肇事罪｝∩｛擅自改变武器装备编配用途罪｝＝｛客体是部队武器装备的使用秩序，客观方面表现为违反武器装备使用规定，情节严重，因而发生责任事故，致人重伤、死亡或者造成其他严重后果的行为，主体是军人，主观方面是过失｝∩｛客体是部队武器装备的管理秩序，客观方面表现为行为人违反武器装备管理规定，擅自改变武器装备编配用途，造成严重后果的行为，主体是军人，主观方面是过失｝＝｛主体是军人，主观方面是过失｝。

A∪B＝｛武器装备肇事罪｝∪｛擅自改变武器装备编配用途罪｝＝｛客体是部队武器装备的使用秩序，客观方面表现为违反武器装备使用规定，情节严重，因而发生责任事故，致人重伤、死亡或者造成其他严重后果的行为，主体是军人，主观方面是过失｝∪｛客体是部队武器装备的管理秩序，客观方面表现为行为人违反武器装备管理规定，擅自改变武器装备编配用途，造成严重后果的行为，主体是军人，主观方面是过失｝＝｛客体是部队武器装备的使用秩序，客观方面表现为违反武器装备使用规定，情节严重，因而发生责任事故，致人重伤、死亡或者造成其他严重后果的行为，主体是军人，主观方面是过失，客体是部队武器装备的管理秩序，客观方面表现为行为人违反武器装备管理规定，擅自改变武器装备编配用途，造成严重后果的行为｝。

那么，武器装备肇事罪与擅自改变武器装备编配用途罪的相同点：A∩B＝｛主体是军人，主观方面是过失｝。

武器装备肇事罪与擅自改变武器装备编配用途罪的不同点：A∪B－A∩B＝｛客体是部队武器装备的使用秩序，客观方面表现

为违反武器装备使用规定，情节严重，因而发生责任事故，致人重伤、死亡或者造成其他严重后果的行为，客体是部队武器装备的管理秩序，客观方面表现为行为人违反武器装备管理规定，擅自改变武器装备编配用途，造成严重后果的行为｝。

（二）盗窃、抢夺武器装备、军用物资罪与非法出卖、转让武器装备罪

C = ｛盗窃、抢夺武器装备、军用物资罪｝；D = ｛非法出卖、转让武器装备罪｝

C∩D = ｛非法出卖、转让武器装备罪｝∩｛非法出卖、转让武器装备罪｝= ｛客体是部队武器装备、军用物资的所有权，客观方面表现为行为人采取秘密窃取或者乘人不备公然夺取的方法，非法占有部队武器装备或者军用物资的行为，主体是军人，主观方面是故意｝∩｛客体是部队武器装备的管理秩序，客观方面表现为行为人非法将部队的武器装备出卖或者转让他人的行为，主体是军人，主观方面是故意｝= ｛主体是军人，主观方面是故意｝。

C∪D = ｛非法出卖、转让武器装备罪｝∪｛非法出卖、转让武器装备罪｝= ｛客体是部队武器装备、军用物资的所有权，客观方面表现为行为人采取秘密窃取或者乘人不备公然夺取的方法，非法占有部队武器装备或者军用物资的行为，主体是军人，主观方面是故意｝∪｛客体是部队武器装备的管理秩序，客观方面表现为行为人非法将部队的武器装备出卖或者转让他人的行为，主体是军人，主观方面是故意｝= ｛客体是部队武器装备、军用物资的所有权，客观方面表现为行为人采取秘密窃取或者乘人不备公然夺取的方法，非法占有部队武器装备或者军用物资的行为，主体是军人，主观方面是故意，客体是部队武器装备的管理秩序，客观方面表现为行为人非法将部队的武器装备出卖或者转让他人的行为｝。

那么，盗窃、抢夺武器装备、军用物资罪与非法出卖、转让武器装备罪的相同点：C∩D＝｛主体是军人，主观方面是故意｝。

盗窃、抢夺武器装备、军用物资罪与非法出卖、转让武器装备罪的不同点：C∪D－C∩D＝｛客体是部队武器装备、军用物资的所有权，客观方面表现为行为人采取秘密窃取或者乘人不备公然夺取的方法，非法占有部队武器装备或者军用物资的行为，客体是部队武器装备的管理秩序，客观方面表现为行为人非法将部队的武器装备出卖或者转让他人的行为｝。

（三）遗弃武器装备罪与遗失武器装备罪

E＝｛遗弃武器装备罪｝；F＝｛遗失武器装备罪｝

E∩F＝｛遗弃武器装备罪｝∩｛遗失武器装备罪｝＝｛客体是部队武器装备的管理秩序，客观方面表现为行为人违抗命令，遗弃武器装备的行为，主体是军人，主观方面是故意｝∩｛客体是部队武器装备的管理秩序，客观方面表现为行为人遗失武器装备，不及时报告或者有其他严重情节的行为，主体是军人，主观方面是过失｝＝｛客体是部队武器装备的管理秩序，主体是军人｝。

E∪F＝｛遗弃武器装备罪｝∪｛遗失武器装备罪｝＝｛客体是部队武器装备的管理秩序，客观方面表现为行为人违抗命令，遗弃武器装备的行为，主体是军人，主观方面是故意｝∪｛客体是部队武器装备的管理秩序，客观方面表现为行为人遗失武器装备，不及时报告或者有其他严重情节的行为，主体是军人，主观方面是过失｝＝｛客体是部队武器装备的管理秩序，客观方面表现为行为人违抗命令，遗弃武器装备的行为，主体是军人，主观方面是故意，客观方面表现为行为人遗失武器装备，不及时报告或者有其他严重情节的行为，主观方面是过失｝。

那么，遗弃武器装备罪与遗失武器装备罪的相同点：E∩F＝｛客体是部队武器装备的管理秩序，主体是军人｝。

遗弃武器装备罪与遗失武器装备罪的不同点：$E \cup F - E \cap F =$ ｛客观方面表现为行为人违抗命令，遗弃武器装备的行为，主观方面是故意，客观方面表现为行为人遗失武器装备，不及时报告或者有其他严重情节的行为，主观方面是过失｝。

第四节　违反部队管理制度罪

一、违反部队管理制度罪概述

（一）违反部队管理制度罪的概念

违反部队管理制度罪，是指军人违反自身的职责，危害部队管理制度，依法应负刑事责任的行为。

（二）违反部队管理制度罪的构成特征

根据现行刑法对违反部队管理制度罪所作的规定来看，构成该类犯罪必须具备以下几个方面的共同特征，其集合表现为：

设 A 为违反部队管理制度罪的集合，则 A =｛违反部队管理制度罪｝；

设 B 为违反部队管理制度罪客体的集合，则 B =｛客体是国家的军事利益｝；

设 C 为违反部队管理制度罪客观方面的集合，则 C =｛客观方面表现为行为人违反自身的职责，危害部队管理制度，依法应负刑事责任的行为｝；

设 D 为违反部队管理制度罪主体的集合，则 D =｛主体是军人｝；

设 E 为违反部队管理制度罪主观方面的集合，则 E =｛主观方面是多数犯罪出于故意，少数犯罪出于过失｝；

则 A = B∪C∪D∪E，即｛违反部队管理制度罪｝=｛客体为国家的军事利益｝∪｛客观表现为行为人违反自身的职责，危害部队管理制度，依法应负刑事责任的行为｝∪｛主体是军人｝∪｛主观方面是多数犯罪出于故意，少数犯罪出于过失｝=｛客体为国家的军事利益，客观方面表现为行为人违反自身的职责，危害部队管理制度，依法应负刑事责任的行为，主体是军人，主观方面是多数犯罪出于故意，少数犯罪出于过失｝。

（三）违反部队管理制度罪的类型

根据现行刑法对违反部队管理制度罪所作的规定来看，本节共有 10 种具体犯罪，用子集的方式来表达，其构造表现为：

｛违反部队管理制度罪｝

｛擅离、玩忽军事职守罪｝

｛阻碍执行军事职务罪｝

｛指使部属违反职责罪｝

｛军人叛逃罪｝

｛逃离部队罪｝

｛擅自出卖、转让军队房地产罪｝

｛虐待部属罪｝

｛战时残害居民、掠夺居民财物罪｝

｛私放俘虏罪｝

｛虐待俘虏罪｝

……

｛擅离、玩忽军事职守罪，阻碍执行军事职务罪，指使部属违反职责罪，军人叛逃罪，逃离部队罪，擅自出卖、转让军队房地产罪，虐待部属罪，战时残害居民、掠夺居民财物罪，私放俘虏罪，虐待俘虏罪｝

二、违反部队管理制度罪的界限

（一）擅离、玩忽军事职守罪与阻碍执行军事职务罪

A＝｛擅离、玩忽军事职守罪｝；B＝｛阻碍执行军事职务罪｝

A∩B＝｛擅离、玩忽军事职守罪｝∩｛阻碍执行军事职务罪｝＝｛客体是指挥和值班、值勤秩序，客观方面表现为行为人擅离职守或者玩忽职守，造成严重后果的行为，主体是军队中的指挥人员和值班、值勤人员，主观方面是过失｝∩｛客体是指挥和值班、值勤秩序，客观方面表现为行为人对指挥人员或者值班、值勤人员施以暴力、威胁，阻碍其执行职务的行为，主体是军人，主观方面是故意｝＝｛客体是指挥和值班、值勤秩序｝。

A∪B＝｛擅离、玩忽军事职守罪｝∪｛阻碍执行军事职务罪｝＝｛客体是指挥和值班、值勤秩序，客观方面表现为行为人擅离职守或者玩忽职守，造成严重后果的行为，主体是军队中的指挥人员和值班、值勤人员，主观方面是过失｝∪｛客体是指挥和值班、值勤秩序，客观方面表现为行为人对指挥人员或者值班、值勤人员施以暴力、威胁，阻碍其执行职务的行为，主体是军人，主观方面是故意｝＝｛客体是指挥和值班、值勤秩序，客观方面表现为行为人擅离职守或者玩忽职守，造成严重后果的行为，主体是军队中的指挥人员和值班、值勤人员，主观方面是过失，客观方面表现为行为人对指挥人员或者值班、值勤人员施以暴力、威胁，阻碍其执行职务的行为，主体是军人，主观方面是故意｝。

那么，擅离、玩忽军事职守罪与阻碍执行军事职务罪的相同点：A∩B＝｛客体是指挥和值班、值勤秩序｝。

擅离、玩忽军事职守罪与阻碍执行军事职务罪的不同点：A∪B－A∩B＝｛客观方面表现为行为人擅离职守或者玩忽职守，造成严重后果的行为，主体是军队中的指挥人员和值班、值勤人员，主观方面是过失，客观方面表现为行为人对指挥人员或者值

班、值勤人员施以暴力、威胁，阻碍其执行职务的行为，主体是军人，主观方面是故意｝。

（二）军人叛逃罪与逃离部队罪

C＝｛军人叛逃罪｝；D＝｛逃离部队罪｝

C∩D＝｛军人叛逃罪｝∩｛逃离部队罪｝＝｛客体是国防安全秩序，客观方面表现为行为人在履行公务期间，擅离岗位，叛逃境外或者在境外叛逃，危害国家军事利益的行为，主体是军人，主观方面是故意｝∩｛客体是兵役秩序，客观方面表现为行为人违反兵役法规，逃离部队，情节严重的行为，主体是军人，主观方面是故意｝＝｛主体是军人，主观方面是故意｝。

C∪D＝｛军人叛逃罪｝∪｛逃离部队罪｝＝｛客体是国防安全秩序，客观方面表现为行为人在履行公务期间，擅离岗位，叛逃境外或者在境外叛逃，危害国家军事利益的行为，主体是军人，主观方面是故意｝∪｛客体是兵役秩序，客观方面表现为行为人违反兵役法规，逃离部队，情节严重的行为，主体是军人，主观方面是故意｝＝｛客体是国防安全秩序，客观方面表现为行为人在履行公务期间，擅离岗位，叛逃境外或者在境外叛逃，危害国家军事利益的行为，主体是军人，主观方面是故意，客体是兵役秩序，客观方面表现为行为人违反兵役法规，逃离部队，情节严重的行为｝。

那么，军人叛逃罪与逃离部队罪的相同点：C∩D＝｛主体是军人，主观方面是故意｝。

军人叛逃罪与逃离部队罪的不同点：C∪D－C∩D＝｛客体是国防安全秩序，客观方面表现为行为人在履行公务期间，擅离岗位，叛逃境外或者在境外叛逃，危害国家军事利益的行为，客体是兵役秩序，客观方面表现为行为人违反兵役法规，逃离部队，情节严重的行为｝。

（三）擅自改变武器装备编配用途罪与擅自出卖、转让军队房地产罪

E＝{擅自改变武器装备编配用途罪}；F＝{擅自出卖、转让军队房地产罪}

E∩F＝{擅自改变武器装备编配用途罪}∩{擅自出卖、转让军队房地产罪}＝{客体是部队武器装备的管理秩序，客观方面表现为行为人违反武器装备管理规定，擅自改变武器装备编配用途，造成严重后果的行为，主体是军人，主观方面是过失}∩{客体是军队房地产的管理秩序，客观方面表现为行为人违反军队房地产管理规定，擅自出卖、转让军队房地产，情节严重的行为，主体是军队各单位的主管人员和有房地产管理职责的人员，主观方面是故意}＝{主体是军人}。

E∪F＝{擅自改变武器装备编配用途罪}∪{擅自出卖、转让军队房地产罪}＝{客体是部队武器装备的管理秩序，客观方面表现为行为人违反武器装备管理规定，擅自改变武器装备编配用途，造成严重后果的行为，主体是军人，主观方面是过失}∪{客体是军队房地产的管理秩序，客观方面表现为行为人违反军队房地产管理规定，擅自出卖、转让军队房地产，情节严重的行为，主体是军队各单位的主管人员和有房地产管理职责的人员，主观方面是故意}＝{客体是部队武器装备的管理秩序，客观方面表现为行为人违反武器装备管理规定，擅自改变武器装备编配用途，造成严重后果的行为，主体是军人，主观方面是过失，客体是军队房地产的管理秩序，客观方面表现为行为人违反军队房地产管理规定，擅自出卖、转让军队房地产，情节严重的行为，主体是军队各单位的主管人员和有房地产管理职责的人员，主观方面是故意}。

那么，擅自改变武器装备编配用途罪与擅自出卖、转让军队房地产罪的相同点：E∩F＝{主体是军人}。

擅自改变武器装备编配用途罪与擅自出卖、转让军队房地产罪的不同点：E∪F－E∩F＝｛客体是部队武器装备的管理秩序，客观方面表现为行为人违反武器装备管理规定，擅自改变武器装备编配用途，造成严重后果的行为，主观方面是过失，客体是军队房地产的管理秩序，客观方面表现为行为人违反军队房地产管理规定，擅自出卖、转让军队房地产，情节严重的行为，主观方面是故意｝。

（四）私放俘虏罪与虐待俘虏罪

G＝｛私放俘虏罪｝；H＝｛虐待俘虏罪｝

G∩H＝｛私放俘虏罪｝∩｛虐待俘虏罪｝＝｛客体是我军对俘虏的管理秩序，客观方面表现为行为人私自将俘虏放走的行为，主体是军人，主观方面是故意｝∩｛客体是我军对俘虏的管理秩序，客观方面表现为行为人虐待俘虏，情节恶劣的行为，主体是军人，主观方面是故意｝＝｛客体是我军对俘虏的管理秩序，主体是军人，主观方面是故意｝。

G∪H＝｛私放俘虏罪｝∪｛虐待俘虏罪｝＝｛客体是我军对俘虏的管理秩序，客观方面表现为行为人私自将俘虏放走的行为，主体是军人，主观方面是故意｝∪｛客体是我军对俘虏的管理秩序，客观方面表现为行为人虐待俘虏，情节恶劣的行为，主体是军人，主观方面是故意｝＝｛客体是我军对俘虏的管理秩序，客观方面表现为行为人私自将俘虏放走的行为，主体是军人，主观方面是故意，客观方面表现为行为人虐待俘虏，情节恶劣的行为｝。

那么，私放俘虏罪与虐待俘虏罪的相同点：G∩H＝｛客体是我军对俘虏的管理秩序，主体是军人，主观方面是故意｝。

私放俘虏罪与虐待俘虏罪的不同点：G∪H－G∩H＝｛客观方面表现为行为人私自将俘虏放走的行为，客观方面表现为行为人虐待俘虏，情节恶劣的行为｝。

主要参考文献

1. 高铭暄. 新中国刑法学研究综述（1949 – 1985）［M］. 郑州：河南人民出版社，1986.

2. 高铭暄. 刑法学［M］. 北京：法律出版社，1983.

3. 高铭暄. 中国刑法学［M］. 北京：中国人民大学出版社，1989.

4. 高铭暄，马克昌，赵秉志. 刑法学［M］. 北京：中国法制出版社，1999.

5. 王作富. 中国刑法研究［M］. 北京：中国人民大学出版社，1988.

6. 高格. 刑法教程［M］. 长春：吉林大学出版社，1987.

7. 赵长青. 刑法学［M］. 北京：法律出版社，2000.

8. 陈忠林. 刑法（总论）［M］. 北京：中国人民大学出版社，2003.

9. 陈忠林. 刑法（分论）［M］. 北京：中国人民大学出版社，2003.

10. 陈忠林. 刑法学（上）［M］. 北京：法律出版社，2006.

11. 陈忠林. 刑法学（下）［M］. 北京：法律出版社，2006.

12. 陈忠林. 刑法总论［M］. 北京：高等教育出版社，2007.

13. 陈忠林. 刑法分论［M］. 北京：高等教育出版社，2007.

14. 王作富，黄京平. 刑法［M］. 7版. 北京：中国人民大学出版社，2021.

15. 李永升. 刑法总论 ［M］. 2 版，北京：法律出版社，2016.

16. 朱建华. 刑法分论 ［M］. 3 版，北京：法律出版社，2018.

17. 姜伟. 犯罪形态通论 ［M］. 北京：法律出版社，1994.

18. 李邦友. 结果加重犯基本理论研究 ［M］. 武汉：武汉大学出版社，2001.

19. 李永升. 刑法学基本范畴研究 ［M］. 北京：中国检察出版社，2011.

后　记

　　本人撰写的这本《中国刑法邻界问题集合研究》一书即将面世，值此书付梓之际，略述数语，权作后记。

　　本人之所以在今年推出这部专著，其主要原因是今年是本人研究生毕业暨任教三十二周年，虽然三十二年来，在科研方面不敢妄称成绩斐然，但自感没有落伍于时代，这也是出版本书之一大动机。自任教三十二年以来，本人在董鑫教授、邓又天教授、高绍先教授、赵长青教授等老一辈刑法学家的亲切关怀、教研室各位同人的鼎力协助以及各位研究生的共同努力下，撰写专著、教材、论文集达 100 余部，撰写学术论文 240 余篇，其中被中国人民大学复印资料《法学》《刑事法学》和中国社会科学院法学研究所《中国法学研究年鉴》全文转载和摘登的论文有十余篇。以上成果中有十多项荣获司法部、四川省、重庆市和西南政法大学社会科学优秀成果一等奖、二等奖、三等奖和优秀成果奖。这些成就的取得，除了前述原因之外，作为一个中华学人，与自身与生俱来的历史使命感和对学术无止境的追求精神亦有着千丝万缕的联系。因此，出版此书，以作三十二年学海求索之印记。

　　需要特别说明的是，本书除总论和分论的部分内容引用了有关专著、教材的概念和相关论述外，其他内容均系本人独立完成的成果。另外，借此书出版之际，特向西南政法大学校长、全国十大杰出青年法学家、著名法理学家、博士生导师付子堂教授，重庆大学法学院原院长、全国著名刑法学家、博士生导师陈忠林教授，西南政法大学法学院院长、党总支副书记、全国知名刑法学家、博士生导师梅传强教授，全国知名刑法学家、西南政法大学刑法教研室博士生导师朱建华教授、王利荣教授、石经海教授、袁林教授、高维俭教授等人表示衷心感谢，本人三十二年来在科研方面所取得的每一点进步，都与他们的亲切教诲与耳濡目染有着十分重要的关系。此外，本人还特别要向国家荣誉称号获得者、全国刑法学泰斗高铭暄教授，全国刑法学泰斗王作富教授、储槐植教授，中国法学会刑法学研究会原会长赵秉志教授，中国犯罪学学会原会长王牧教授以及全国著名刑法学家陈兴良教授、王新教授、张明楷教授、胡云腾教授、谢望原教授、冯军教授、黄京平教授、莫洪宪教授、康均心教授、曾粤兴教授、唐大森教授、李晓明教授等人表示衷心感谢，正因为有了他们的大力鼓励、支持和帮助，才使得本人的治学之路没有那样的艰辛和孤寂。为此，我要感谢西南政法大学能够赐予本人这么好的学术环境和学术氛围。最后，我还要特别感谢知识产权出版社的编辑，如果没有他们的无私帮助和鼎力支持，恐怕此书不可能得以如此顺利地出版，在本书出版之际，对他们所倾注的心血和艰辛的劳动表示衷心的感谢！

李永升
2021 年 10 月于西南政法大学